錢基博集

國學必讀

GUOXUE BIDU

傅宏星／主編
傅宏星／校訂

国家出版基金项目
NATIONAL PUBLICATION FOUNDATION

華中師範大學出版社

新出圖證(鄂)字 10 號

圖書在版編目(CIP)數據

國學必讀/錢基博編著;傅宏星校訂. —武漢:華中師範大學出版社,2012.10
(錢基博集/傅宏星主編)
ISBN 978-7-5622-5297-9

Ⅰ.①國…　Ⅱ.①錢…②傅…　Ⅲ.①國學—基本知識　Ⅳ.①Z126
中國版本圖書館 CIP 數據核字(2011)第 259521 號

國學必讀
錢基博編著
傅宏星主編　傅宏星校訂

責任編輯:郭志剛　　**責任校對**:郭　璋
封面設計:甘　英　　**封面製作**:胡　燦
出版發行:華中師範大學出版社
社址:湖北省武漢市珞喻路 152 號　　**郵編**:430079
電話:027—67863426(發行部)　027—67861321(郵購)
傳真:027—67863291
網址:http://www.ccnupress.com　　**電子信箱**:hscbs@public.wh.hb.cn
印刷:湖北恒泰印務有限公司　　**督印**:章光瓊
字數:584 千字　　**印張**:38　　**插頁**:4
開本:787mm×980mm　1/16
版次:2012 年 10 月第 1 版　　**印次**:2012 年 10 月第 1 次印刷
印數:1—2500　　**定價**:75.00 圓

歡迎上網查詢、購書

錢基博先生 1950 年摄於武漢

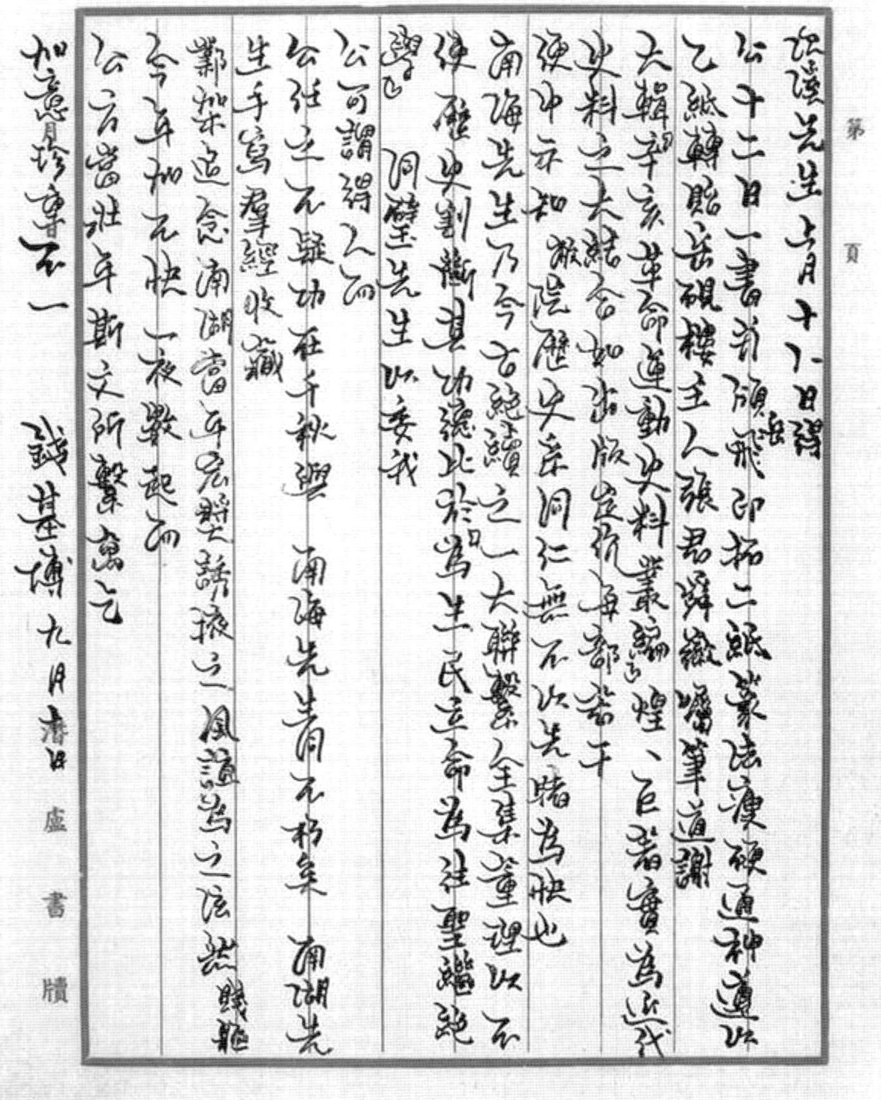

錢基博先生手蹟

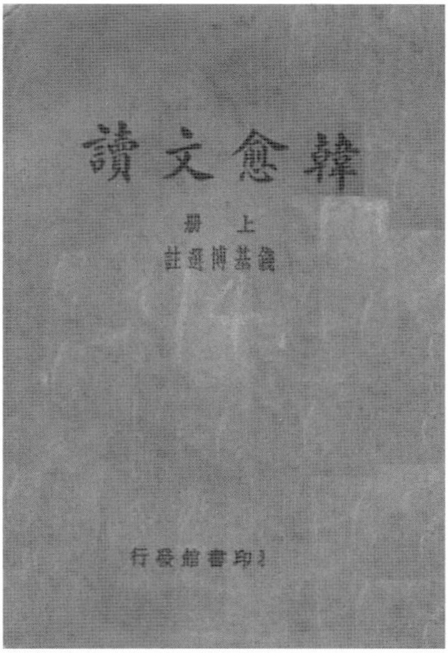

《韓愈文讀》書影

《語體文範》書影

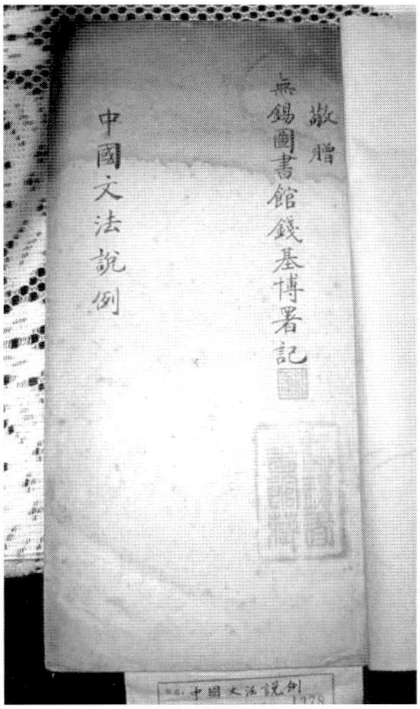

《中國文法說例》書影

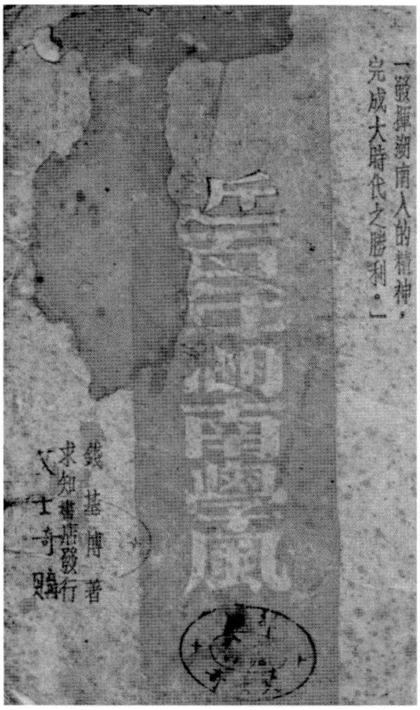

《近百年湖南學風》書影

錢基博先生捐贈華中師範學院之文物藏品——戰國青銅劍

錢基博先生捐贈華中師範學院之文物藏品——陶郢爰冥幣與玉璜

出版説明

錢基博先生（一八八七——一九五七），字子泉，號潛廬、老泉，江蘇無錫人。現代著名學者、文史專家和教育家。他一生勤奮讀書，博涉古今中西，治學領域極其廣泛，曾自述："基博論學，務爲浩博無涯涘，詁經譚史，旁涉百家，抉摘利病，發其闓奥。自謂集部之學，海内罕對。子部鈎稽，亦多匡發。而爲文初年學《戰國策》，喜縱横不拘繩墨。既而讀曾文正書，乃澤之以揚馬，字矜句鍊；又久而以爲典重少姿致，叙事學陳壽，議論學蘇軾，務爲抑揚爽朗。所作論説、序跋、碑傳、書牘，頗爲世所誦稱；碑傳雜記，於三十年來民情國故，頗多徵見，足備異日監戒。論説書牘，明融事理，而益以典雅古遒之辭出之，跌宕昭彰。序跋則以生平讀書無一字滑過，故於學術文章得失利病，多抉心發奥之論。"誠爲先生終生治學生涯的實録。可是對於當今一般學人而言，恐怕衹會注意錢老先生"文在桐城陽湖之外，别闢一塗"和"集部之學，海内罕對"兩個方面，殊不知他在史學、經學、子學等方面亦造詣宏深，不僅著作數量多，而且門類齊全，幾乎無人能及。而錢先生生前，雖未能對自己的所有著作進行彙編出版，但從目前僅存的八册綫裝本《潛廬集》钞稿中，仍可以看出他對於出版文集是有所考慮和規劃的。據説，上世紀五十年代初，江蘇古籍出版社就擬議出版《錢基博全集》，可惜由於歷史的原因未能實現。一九六一年，先生之弟錢基厚亦曾爲之編訂《潛廬家藏遺文集》，可惜現在下落不明。最可歎者，"文化大革命"運動中，先生遺留的五百餘册、綿歷數十寒暑的《日記》，遭到查抄、批判，並被付之一炬。因此，二十多年前，吴忠匡、周振甫、石聲淮等前輩學人就曾呼籲社會和有關學術團體、出版單位趕緊整理出版錢先生遺著，使其人其學不至湮没無聞。

一九八六年，臨近"錢基博先生誕辰百周年"的紀念日子，華中師範大學在章開沅先生的支持下，由錢先生弟子彭祖年、石聲淮、吴忠匡等人牽頭，做了大量富有成效的工作，如一九八七年底，華中師範大學以學報特刊的形式，首次將部分遺著結集面世，爲我們瞭解錢基博提供了極大的方便。同時，湖南嶽麓書社又重新出版了錢先生的《現代中國文學史》、《近百年湖南學風》等著作。十年之後，我校曹毓英先生以此次整理工作爲基礎，精心策劃，於一九九七年十二月編輯出版了《錢基博學術論著選》，此書對推動國内錢基博研究的深入開展可謂功不可没。此後又是一個十年期，我們委托傅宏星先生陸續對錢基博遺著在全國各大圖書館的保藏情況進行了一番細緻的普查，一份相對完善詳備的著作編年目録也隨之形成了。

綜觀錢先生一生，出版各類學術專著二十六部，編撰各類教材十二部，雜著十二部，稿本、油印本等未公開發行的著作二十一部，約計七十一部，目前均分藏於全國各大圖書館、大学和民間私人手中；而他的大量學術論文、碑傳雜記、書信則散見於解放前出版的地方報紙、學術刊物、鄉賢著述、譜牒家乘和私人手中，無人問津，漸致散佚。雖然先生逝世至今，大陸方面，他的一些代表性著作多次再版，甚至影印出版，如《經學通志》、《版本通義》、《〈周易〉解題及其讀法》、《〈四書〉解題及其讀法》、《現代中國文學史》、《（增訂新戰史例）孫子章句訓義》、《近百年湖南學風》等。港臺方面，臺灣商務印書館等出版機構亦有多部錢著多次重印出版。但這些重版的著作還不到錢先生公開出版物總數的五分之一。

華中師範大學是中國真正具有百年以上歷史的少數知名大學之一。在其一百多年的發展過程中，有一批又一批篳路藍縷、披荆斬棘的先驅者，他們嘔心瀝血，殫精竭慮，爲華中師大的奠基與成長作出了無可磨滅的貢獻。

隨着我們對大學學脈與傳承精神的感悟日深，出版社已將把挖掘百年老校豐富的學術資源作爲未來工作的重心之一。整理出版一代國學大師錢基博先生的文集，華中師範大學出版社責無旁貸。可以這麽説，正是在幾代學者的共同關心和努力下，經過二十年的醖釀和籌劃，二○○六年六月，我們才正式將《錢基博集》列爲我社在"十一五"期間的重點出版選題，計劃分輯推出。同時，精心組織，合理安排，從資料蒐集、點校、專審和圖書設計四個方面加大資金和人員的投入，努力打造好此項精品工程。

華中師範大學出版社

二○一○年十二月

凡　例

一、《錢基博集》以公開出版著作爲基礎，增補了目前已發現的未公開發表的手稿本、油印本等，還包括大量散落在《新無錫》、《無錫新報》、《錫報》、《通海新報》、《南通報》、《力行日報》、《江蘇民報》、《武漢日報》等報紙，以及《婦女雜誌》、《小説月報》、《教育雜誌》、《新教育》、《東方雜誌》、《無錫縣教育年刊》、《約翰聲》、《甲寅週刊》、《國學叢刊》、《清華學報》、《清華週刊》、《光華大學半月刊》、《青鶴》、《國立師範學院季刊》、《國立師範學院旬刊》等雜誌上的散文、小説、方志、序跋、書牘、碑傳等佚文。當然還包括目前我們能夠見到的地方教育雜誌、譜牒家乘、鄉賢著述中的序跋文函、碑傳雜記等，亦予以收録。

二、關於底本的選擇和確定。專著方面，有修訂本、增訂本的，以修訂本、增訂本爲底本；如果没有修訂本、增訂本，則需要比較初版、再版，取其較優者爲底本。當然，港臺的重印本、盗印本也在此遴選範圍之内。散篇方面，某一篇文章可能會在多處發表，文字或不盡相同，則酌情取捨，若影響到對句意的理解，則用脚注説明，以利讀者判斷。部分油印本還有復本，則取其較優者爲底本。各卷所據底本，一般無標點或僅用舊式圓點者，均重新標點；底本未分段者，一般不予分段。

三、各册散篇在前，專著在後。卷内各篇（專著和散篇），一般均按成文（成書）時間先後編次。凡有年月可考而日無可考者，列於各月之末；凡有年可考而月、日無可考者，列於各年之末；年份不詳者，列入各卷之末。爲節省篇幅，避免重複，凡已經被收入專著中的篇目，又没有必要單獨歸類或按單篇發表時間分列的，則只收録一次。有改動處，酌加注釋。凡輯入《錢基博集》者，一般仍採用原有標題，個别的酌加改動。新收録的論著亦遵此例，但未經發表的書信短箋則由編者根據内容或收信人另加標題。

四、各册部分專著，注明出版机构名稱、版期。凡輯於報刊之散篇者，注明所據報刊雜誌之名稱、版期。所標時間一律採用西曆。

五、凡收入本文集的作品，均不做删改；作者的原用字、原譯名，習見的异體字、通假字，原則上保持原貌；標點符號用法，多依從作者習慣，未予改動。

六、《錢基博集》除署名主編之外，校訂者不一，亦同署名。各册由校訂者標點、校勘。底本原注用小字或（　）標明；錯别字、脱字、衍字等則用脚注予以説明；缺字用□標出。

序言

余讀孟子書，至《萬章篇》："頌其詩，讀其書。"《周禮·春官·大師》注："頌之言誦也。""頌其詩"，即"誦其詩"；於詩曰誦，於書曰讀，而知誦與讀之有别。段玉裁《説文解字注》云："諷，誦也。誦，諷也。讀，籀書也。"《大司樂》："以樂語教國子興道諷誦言語。"注："倍文曰諷。以聲節之曰誦。"倍同背，謂不開讀也。誦則非直背文，又爲吟咏以聲節之。《周禮》經注析言之，諷誦是二。許統言之，諷誦是一。《竹部》："籀，讀書也。"《庸風傳》曰："讀，抽也。"《方言》曰："抽，讀也。"蓋籀抽古通用。《史記》"紬史記石室金匱之書"，字亦作抽。抽繹其義藴，至於無窮；是之謂讀。故卜筮之辭曰籀，謂抽繹易義而爲之也。太史公作《史記》，曰："余讀高祖侯功臣"；曰："太史公讀列侯至便侯"；曰："太史公讀秦楚之際"；曰："余讀諜記"；曰："太史公讀《春秋譜牒》"；曰："太史公讀《秦記》"；皆謂紬繹其事以作表也。然則孟子之爲學也，蓋讀與誦異品，詩以誦，書以讀。《荀子·勸學篇》："學惡乎始？惡乎終？"曰："其數則始乎誦經；終乎讀禮。"楊倞注："經，謂詩書。禮，謂典禮。"詩書可誦。典禮則讀而不誦。誦者玩其文辭之美。讀者索其義藴之奥。《樂記》曰："廣其節奏，省其文采，以繩德厚。”誦之法也。《孟子》曰：“博學而詳説之，將以反説約”；讀之法也。古人之所謂誦，今人曰讀。古人之所謂讀，今人曰看。曾滌生《諭兒子紀澤書》云：“看者，如爾去年看《史記》、《漢書》、韓文、《近思録》；今年看《周易折中》之類；是也。讀者如《四書》、《詩》、《書》、《易》、《左傳》諸經；《昭明文選》，李、杜、韓、蘇之詩，韓、歐、曾、王之文，非高聲朗誦，則不能得其雄偉之概；非密咏恬吟，則不能得其深遠之韻；二者不可偏廢。”是曾氏之教其子，亦看與讀並重。而今日之譚國文教學者，衹言讀本而無看本；譬如兩輪之廢其隻，雙足之刖其一。則甚矣其爲跛形不具之國文教學也！竊以爲讀之文宜主情，看之文宜主理；讀之文宜有序，看之文宜有物；讀之文宜短，而看者不宜過短；讀之文宜美，而看者不必盡美。鼓之舞之之謂作，情文相生者，讀之文也。長篇大論，善啓發人悟，而條達疏暢者，看之文也。余承乏此校，諸子劬學者多，乞正於余。余因最録五十四家文八十篇，雜記七十八則，言非一端，寫成此編，而析爲二部：曰文學通論，凡自魏文帝以下三十七家文四十四篇，雜記七十五則，讀之而古今文章之利病，可以析焉。曰國故概論，凡自唐陸德明以下二十家文三十六篇，雜記三則，讀之而古今學術之源流於是備焉。先之以文學通論者；曾滌生有言：“古聖觀天地之文，獸迒鳥跡而作書契，於是乎有文。文與文相生而爲字，字與字相續而成句，句與句相續而成篇。……古聖之精神語笑，胥寓於此。差若毫氂，謬以千里。詞氣之緩急，韻味之厚薄，屬文者一不慎，則規模立變！讀書者一不慎，則鹵莽無知！”故知舍文學，無以爲通國學之郵矣。題之曰國學必讀，而不曰國文者，蓋國文不過國學之一；而國學可以賅國文言之也。曰必讀者，謂非籀讀此編觀其會通未足與語於國學也。雖然，我則既言矣：“古人曰讀，今人曰看。”胡爲生今反古，不題曰必看而曰必讀？曰：按之《説文》：“看，睎也。睎，望也。”《孟子》“望望然去”。《釋名》：“望，茫也。遠視茫茫也。”則是看之爲言望也，有遠視茫茫不求甚解之意焉！未若讀之爲好學深思，籀繹其義藴至於無窮也！而弁之以作者録，以時代先後爲次；可以知人論世，覘學風之嬗變焉。其不知者，蓋闕如也。余文質無底，然自計六歲授書，迄今三十年，所讀鉅細字本，亡慮三千册；四書五經之外，其中多有四五過者；少亦一再過；提要鉤元，厪乃得此！然則此一編也，即以爲我中國數千年國學作品之統計簿也可！曾滌生曰："書籍之浩浩，著述者之衆若江海；然非一人之腹所能飲也；要在慎擇焉而已。"余則慎擇之矣！太史公曰："非好學深思，心知其意；固難爲淺見寡聞道！"杜元凱曰："學者原始要終，尋其枝葉，究其所窮，優柔自求，饜飫自趨，若江海之浸，膏澤之潤，涣然冰釋，怡然理順；然後爲得。"古之讀書者蓋如是也！噫！微斯人，吾誰與歸！

民國十二年二月十八日，無錫錢基博序於江蘇省立第三師範學校。

作者録

魏文帝，姓曹名丕，字子桓，曹操之長子也。少好文學，以著述爲務；自所勒成，垂百篇。又使諸儒撰集經傳，隨類相從，凡千餘篇，號《皇覽》。録《典論·論文》。

梁昭明太子，姓蕭名統，字德施，武帝之長子也。生而聰睿；讀書數行並下，過目皆憶。每游宴祖道，賦詩至十數韻，或作劇韻，皆屬思便成，無所點易。恒自討論墳籍；集古今人文章得六十卷，名曰《文選》。古人總集推爲弁冕。早卒，簡文帝集所著文，得二十卷。録《文選序》。

梁簡文帝，名綱，字世纘，武帝第三子也。幼而敏睿；六歲能屬文。武帝面試；把筆便成；歎曰："常以東阿爲虚，今則信矣。"讀書十行俱下，經目必記。辭藻艷發，然傷於輕靡；時號宮體，集一百卷。録《與湘東王論文書》。

唐陸德明，名元朗，以字行，吴縣人。善名理。歷仕陳隋。唐高祖時，爲國子博士，封吴縣男，著有《經典釋文》。諸經音讀，多遵行以爲依據，録《經典釋文叙録》。

宋蘇子瞻，名軾，眉山人。博通經史，師父洵爲文，既而得之於天。

嘗自謂作文如行雲流水，初無定質。其體涵渾光芒，雄視百代。有《易書傳》、《論語説》、《仇池筆記》、《東坡志林》、《東坡全集》、《東坡詞》等，凡數百卷。録《答謝民師論文書》。

明蘇平仲，名伯衡，建安人。博洽羣籍，爲古文有聲。太祖置禮賢館，平仲與焉。擢翰林院編修。有《蘇平仲集》十六卷。録《睿説》。

明唐荆川，名順之，字應德，武進人，嘉靖中會試第一。兼資文武，於學無所不窺。爲文章汪洋紆折，當明中葉，屹爲大宗。著有《荆川集》十二卷。學者稱荆川先生。官至右僉都御史，巡撫鳳陽；崇禎中，追謚襄文。録《與茅鹿門主事論文書》。

明顧亭林，名炎武，字寧人，崑山人，居亭林鎮，號亭林。明亡，不仕；周遊四方，載書自隨。其學主博學有恥；斂華就實。凡國家典制，郡邑掌故，天文儀象，河漕兵農之屬，莫不窮究原委。晚益篤志六經，精研考證。遂開清代樸學之風。所著《日知録》最爲精詣，又有《左傳杜解補正》、《九經誤字》、《石經考》、《音學五書》、《吴韻補正》、《天下郡國利病書》、《肇域志》、《二十一史年表》、《歷代帝王宅京記》、《昌平山水記》、《山東考古録》、《求古録》、《金石文字記》、《譎觚》、《菰中隨筆》、《救文格論》、《亭林詩文集》等數十種。録《日知録》論詩文十一則。

清魏善伯，名際瑞，初名祥，寧都人。性敏强記，於兵刑、禮制、律法，皆窮析原委，於古人文無專好；其自爲文，亦不孜孜求古人之法；雖頗嗜《莊子》、《史記》，爲文遇意成章，如風水之相遭，如雲在天，卷舒無定，得《莊》、《史》之意；然未嘗稍有摹仿。有《伯子文集》十卷。録《伯子論文》九則。

清魏凝叔，名禧，號勺庭；與兄際瑞、弟禮皆以文章名世，時稱寧都三魏；而禧才名尤高。有《叔子詩集》八卷，《文集》二十二卷。録《日録論文》七則。

清侯朝宗，名方域，商丘人。明末，隨父兵部侍郎恂官京師，與桐城方以智、如皋冒襄、宜興陳貞慧以氣類相推許，稱四公子。入清，中順治鄉試副榜。初放意聲伎，已而悔之；發憤爲詩古文，取法韓、歐，才氣横溢。有《壯悔堂文集》十卷，《遺稿》一卷，《四憶堂詩集》六卷。録《與任王谷論文書》。

清方望溪，名苞，字靈皐，桐城人，康熙進士，累官禮部侍郎。論學以宋儒爲宗；其説經皆推衍程朱之學，尤致力於《春秋》、《三禮》。文學歐、歸，嚴於義法。爲桐城派之初祖。所著有《周官辨》、《周官集注》、《周官析疑》、《春秋通論》、《春秋直解》、《禮記析疑》、《喪禮或問》、《儀禮析疑》、《春秋比事目録》、《左傳義法舉要》、《删定〈管子〉〈荀子〉〈史記〉注》、《補正離騷正義》、《删定通志堂宋元經解》、《望溪文集》。録《古文約選序例》、《書韓退之〈平淮西碑〉後》、《與孫以甯論作傳體要書》。

清劉海峰，名大櫆，字才甫，桐城人，副貢生。乾隆時，累舉鴻詞經學，皆報罷。爲文喜學《莊子》，尤力追昌黎。方望溪見之大驚服，語人曰："吾文何足算！邑子劉生乃國士爾！"自是名大著。姚惜抱從之遊，世遂有桐城派之目。詩格亦高，有《海峰文集》十卷，《詩集》八卷。録《論文偶記》五則。

清姚惜抱，名鼐，字姬傳，桐城人，乾隆進士，累官郎中。其論學主集義理、考據、詞章之長，不拘漢宋門户。桐城自方望溪、劉海峰倡爲古文；而惜抱繼之，選《古文辭類纂》以明義法。天下言文章者，推桐城爲宗。所著有《左傳補注》、《公羊補注》、《穀梁補注》、《國語補注》、《九經説》、《惜抱軒詩文集》、《筆記》。學者稱惜抱先生。録《復魯絜非論文分陰柔陽剛書》。

清阮芸臺，名元，儀徵人，乾隆進士，累官體仁閣大學士，加太傅。歷官中外，所至以提倡學術自任。在史館倡修《儒林傳》。在粵設學海堂。在浙設詁經精舍。又輯《經籍纂詁》，校刊《十三經注疏》，彙刻《學海堂經解》等書。所著曰《揅經室集》三十四卷。卒謚文達。録《文言説》。

清錢莘楣，名大昕，字曉徵，一號竹汀，嘉定人，乾隆進士，累官少詹事。精研羣籍，於經史文義，音韻訓詁，典章制度，氏族，地理，金石，畫象①，篆隸，罔不究心。兼通中西曆算。著有《唐石經考異》、《經典文字考異》、《廿二史考異》、《唐書史臣表》、《唐五代學士年表》、《宋學士年表》、《元史氏族表》、《元史藝文志》、《三史拾遺》、《諸史拾遺》、《通鑒注辨正》、《三統術衍》、《四史朔閏表》、《吴興舊德録》、《先德録》、《洪文惠

① "象"當作"像"。

洪文敏王伯厚王弇州年譜》、《疑年録》、《恒言録》、《十駕齋養新録》、《竹汀日記》、《鈔金石文跋尾》、《元詩記事》、《潛研堂詩文集》。録《十駕齋養新録·論古書音讀》三則。

清章實齋，名學誠，會稽人，乾隆進士，官國子監典籍。邃於史學，以纂修方志，爲時所重。所著有《文史通義》、《校讐通義》、《札迻》、《乙卯丙辰札記》、《實齋文鈔》。録《文集》、《古文十弊》。

清惲子居，名敬，號簡堂，乾隆舉人，累官江西吴城同知。自言其學非漢非宋，不主故常。治古文得力於韓非、李斯，與蘇明允相上下，近法家言；世稱陽湖派。有《大雲山房文稿》八卷。録《大雲山房文稿二集叙録》、《上曹儷笙侍郎書》。

清梁茝林，名章鉅，長樂人，嘉慶進士，累官至江蘇巡撫，兼署兩江總督。所著有《經塵》、《〈夏小正〉通釋》、《〈論語〉〈孟子〉〈三國志〉旁證》、《金石書畫題跋》、《退庵隨筆》、《楹聯叢話》、《浪蹟叢談》等書七十餘種。録《退庵論文》兩則。

清李申耆，名兆洛，武進人，嘉慶進士，官鳳臺知縣。工詩古文，精考證，尤精輿地之學，刊有《李氏五種》。時論盛推方、姚，崇散行而薄駢偶，崇八家而輕六朝。而申耆則以爲唐宋作者，無不導源漢魏；漢魏之駢偶，實唐宋散行之祖；輯《駢體文鈔》七十一卷，以當桐城姚氏之《古文辭類纂》。於是陽湖派别張一軍，與桐城抗顔行矣！有《養一齋文集》二十卷。録《駢體文鈔序》。

清包慎伯，名世臣，涇縣人，嘉慶舉人，官新喻縣知縣。好兵家言，熟於鹽漕河政得失。論文亦獨闢蹊徑。著有《安吴四種》三十六卷。録《文譜》、《與楊季子論文書》、《再與楊季子論文書》。

清陳恭甫，名壽祺，閩縣人，嘉慶進士，歷官翰林院編修。解經得兩漢大義，詩文沈博絶麗，有六朝、三唐風格。有《左海文集》十卷。録《經郛條例》、《漢讀舉例》。

清胡竹村，名培翬，字載屏，績溪人，嘉慶進士，官户部主事。有《研六室文集》。録《詁經文鈔序》。

清龔定庵，名自珍，字璱人，更名鞏祚，仁和人，道光進士，官禮部主事。博學負才氣，於經通《公羊春秋》；於史長西北輿地。晚尤好佛乘。

其文導源周秦諸子，沈博奥衍，自成一家。同、光之間，所謂新學家者，大率人人皆經過崇拜龔氏之一時期云。有《定庵文集》十五卷。録《六經正名》、《古史鉤沈》。

清魏默深，名源，邵陽人，道光進士，官高郵州知州。文筆奥衍，熟於掌故，尤精輿地之學。治經以西漢今文爲宗，與龔定庵並稱龔魏。有《曾子章句》、《詩古微》、《公羊微》、《春秋繁露注》、《聖武記》、《海國圖志》、《古微堂文集》、《清夜齋詩集》。録《兩漢經師今古文家法考序》。

清方植之，名東樹，桐城人。博覽經史，能詩文，與同里姚瑩石甫、上元管同異之、梅曾亮伯言四人皆稱姚惜抱高第弟子。中歲研究義理，一宗朱子；著《漢學商兑》，以攻考據家之失。又有《大意尊聞》、《書林揚觶》、《一得拳膺録》、《昭昧詹言》、《儀衛堂文集》等書。録《昭昧詹言》論詩文二十二則。

清曾滌生，名國藩，湘鄉人，道光進士，累官禮部侍郎，丁憂歸。會洪楊事起，遂團練鄉勇，連復沿江各省，封毅勇侯；爲同治中興功臣第一。以大學士任兩江總督，卒於官，謚文正。論學謂義理、考據、詞章三者，缺一不可。所爲古文，師桐城姚氏義法；而運以漢賦瑰麗之氣；厥爲桐城之别子焉。所著有《曾文正公全集》一百八十九卷。録《復李眉生論古文家用字之法書》、《復陳右銘太守論文章禁約書》、《求闕齋日記》論文九則。

清張廉卿，名裕釗，武昌人，道光舉人，官内閣中書。研究訓詁，專主音義。而師曾滌生爲古文，又獨得於《史記》之譎怪。蓋文氣雄駿不及曾，而意思之恢詭，詞句之廉勁，亦自成一家。所著有《左氏服賈注考證》、《今文尚書考證》、《濂亭文鈔》。録《答吴摯父論學古人在因聲求氣書》、《答劉生論文章之道莫要於雅健書》。

清吴摯父，名汝綸，桐城人，同治進士，官冀州知州。光緒末，充北京大學堂總教習，加五品卿銜，遊日本，考察教育制度，著《東游叢録》。篤嗜古文辭，私淑同里姚惜抱氏；少長，受知曾滌生，文益宏肆高潔。其教始學，必本周、秦古籍，由訓詁以求通其文詞；而要以能知當時之變備緩急。日本學者踔海請業；遠近以文字求是正者四面而至。所著有《易説》、《詩説》、《深州風土記》、《詩文集》。録《與姚仲實論文書》、《與嚴幾道論譯西書書》。

清嚴幾道，名復，字又陵，侯官人。光緒二年，以福建船政學生，派赴英國海軍學校；試輒最。歸國，累官海軍協都統，一等參謀官。於學無所不窺，舉中外治術學理，靡不究極原委，抉其失得，證明而會通之。六十年來，治西學者無其比也！譯有《天演論》、《原富》、《羣學肄言》、《穆勒名學》、《羣己權界論》、《社會通詮》。中國人之知治歐西政治、經濟、哲學諸科，蓋自氏啓其機鐍焉。録《譯〈天演論〉例言》。

清馬眉叔，名建忠，丹徒人，光緒三年，以郎中派赴法國政治學院聽講；明年，試最，得優奬；試卷刊法報，傳誦一時！仿歐西葛郎瑪，取《學》、《庸》、《論》、《孟》、《左》、《公》、《穀》、《史》、《漢》、韓文兼及諸子、《語》、《策》，爲之字櫛句比，繁稱博引，比例而同之，觸類而長之，窮古今之簡篇，字裏行間；求其會通；輯爲一書，名曰《文通》。創前古未有之業！中國之有文典，自馬氏始！録《文通序》、《文通例言》。

梁任公，名啓超，字卓如，新會人，受公羊學於南海康有爲，最爲高第弟子。其始論學術，則自荀卿以下漢、唐、宋、明、清學者，掊擊無完膚。而鑽研之深，則亦以爲國學之根柢極深厚，終有其不可磨滅者存！而於文章，夙不喜桐城派古文。幼年爲文，學晚漢、魏晉，頗尚矜練；既而自解放，務爲平易暢達，時雜以俚語韻語及外國語法，縱筆所至不檢束，學者競效之，號爲新文體。老輩則痛恨，詆爲野狐。然其文條理明晰，而富於情感，娓娓有致。中國政學維新之動機，要不得不歸功於梁氏焉！所著《飲冰室文集》以外，有《墨經校釋》、《中國歷史研究法》、《清代學術概論》、《盾鼻集》、《梁任公近著》、《講演集》等書。録《中學以上作文教學法》、《治國學的兩條大路》、《五千年史勢鳥瞰》、《歷史統計學》。

夏穗卿，名曾佑，錢塘人，治西漢今文家言，最與梁任公莫逆。所著《中國歷史教科書》，衡榷政學，一以今文學爲張本；而雜糅以歐儒之説。録《孔子學説》、《周秦之際之學派》。

章太炎，名炳麟，亦名絳，餘杭人。少受學德清俞樾，治小學極謹嚴。又喜治《左氏春秋》。時南海康有爲以治《公羊》，有高名；而章氏詆排特甚。中年以後，究心佛典，治俱舍唯識有所入。既亡命日本，涉臘①西籍，

① “臘”當作“獵”。

以新知附益舊學，日益宏肆。其治小學，以音韻爲骨幹。謂文字先有聲，然後有形；字之創造及其孳乳，皆以音衍。其精義多先儒所未發。而用佛學解老莊，極有理致。嘗自述治學進化之迹曰："平生學術，始則轉俗成真，終乃回真向俗。"雖然章氏謹守家法，而門户之見，時不能免。如治小學排斥鐘鼎文、龜甲文；治經學排斥今文派。所著刊行者，有《章氏叢書》、《國故概論》。録《中國文學的根源和近代學問的發達》、《教育的根本要從自國自心發出來》、《中國文字略説》、《古音娘日二紐歸泥説》、《論諸子的大概》。

柳翼謀，名詒徵，江蘇丹徒人也。自南海康有爲作《新學僞經考》、《孔子改制考》。績溪胡適汲其流，倡新漢學；以爲《周禮》爲僞作，《尚書》非信史；六籍皆儒家托古；持勿輕信古人之論。而胡氏尤善屬書離辭，指事類情。一時風動；後生小子，不事研誦，好騁異議；疑經蔑古，即成通人！餘杭章炳麟氏謂："惟其所至，《十七史》之作者骸骨亦已朽矣；一切稱爲僞托，亦奚不可？而儒家孔子究竟有無其人？今亦何從質驗。轉益充類，將謂我生以前，無一事可信，無一人是真。"可謂慨乎言之也！而柳氏不徇衆好，獨以爲古人古書不可輕疑。章氏比之"鳳鳴高岡"。其爲人美須髯，善譚議。治中國史學尤精洽，採摭極博，而議論有裁斷。歷任南京高等師範學校、東南大學國文教授。録《正史之史料》、《論近人講諸子學者之失》。

章行嚴，名士釗，長沙人，嘗遊學英國，喜譚邏輯之學。民國之初，嘗主《民立日報》；又創辦《獨立週報》、《甲寅雜誌》。其爲文條析事理，如曉事人語，洞徹中邊，罕與倫比！國人喜讀焉。所刊有《中等國文典》、《甲寅雜誌存稿》等書。録《答容挺公論譯名書》。

胡適之，名適，績溪人。績溪胡氏，本以經學傳家。而胡氏在美留學，兼治文學哲學，於西洋哲學史尤研究有得，授博士學位。歸國，任北京大學教授。一面倡建設的文學革命之論，而以國語的文學，打倒桐城派古文之舊勢力；一面又主張整理國故之議，以刷新國學之面目。其於中國學術界摧陷廓清之功，信不可没！惟其衡評國學，過重知識論；而功利之見太深，此其所短！所著有《中國哲學史大綱》、《章實齋年譜》、《胡適文存》、《嘗試集》等書。録《文學改良芻議》、《談新詩》、《論短篇小説》、《國語文法概論》、《清代學者治學的方法》、《研究國故的方法》、《諸子不出於王官論》。

胡步曾，名先驌，江西南昌人，美國加利福尼亞大學農科學士，廬山森林局副局長；現任東南大學植物學教授。顧胡氏治植物學，而好譚文學。與胡適之故交友；而論文學則斷斷不相下焉！録《中國文學改良論》。

江易園，名謙，婺源人，南通張謇弟子。嘗爲安徽教育司、南京高等師範學校校長。於音韻學研探造微。所著有《説音》、《古今音讀表》、《兩漢學風》等書。録《古今音異讀表序》。

江山淵，名瑔，廉江人。著《讀子卮言》二卷，中有精到語。録《論子部之沿革興廢》、《論九流之名稱》、《論道家爲百家所從出》。

江亢虎，以字行，安徽旌德人。容貌魁偉；工詩文而好譚議；交遊無厚薄，一接以禮。民國初元，創社會黨於上海。中國之言社會主義者，自江氏始！既而赴美國，任美國國立圖書館漢文部主任，加利福尼亞大學漢文教習；力以宣傳中國文化爲己任。又游歐陸，入新俄，參與國際大會。歸國後，任北京、東南兩大學社會講師。録《中國文化及於西方之影響》。

陳蘧庵，名嘉異，字德乘，湖南長沙人。嘗遊學日本，習法政；頗喜研治哲學社會諸問題。録《東方文化與吾人之大任》。

陸步青，名殿揚，江蘇吴縣人，畢業於上海南洋公學，曾任江蘇省立第五中學教務主任，現任江蘇省立第一中學校長兼南京高等師範學校英文講師。録《修辭學與語體文》。

胡寄塵，名懷琛，安徽涇縣人，畢業於上海南洋中學；曾任《太平洋報》、《神州日報》主筆；神州女學、滬江大學講師。録《新派詩説》。

蔡觀明，名達，江蘇東臺縣人，南通師範學校國文專修科畢業，現任江蘇省立第七中學教員；著有《文學通義》、《孤桐館詩》。録《詩之研究》。

愈之即胡愈之，商務印書館編輯。

西諦即鄭振鐸，商務印書館編輯。

錢基博，字子泉，一字潛夫，無錫人。幼年爲文學《戰國策》，喜縱横不拘繩墨；既而澤之以漢魏，字矜句練。又久而以爲厚重少姿致，叙事學陳壽，議論學蘇軾，務爲平易暢達。而論學則詁經譚史，旁涉百家，博學而無所成名。詆之者謂其博而不精，喜爲附會，殆實録也。録《我之中國文學的觀察》、《某社存古小學教學意見書》、《師範學校讀經科教授進程説明書》、《吴江沈潁若先生〈文字源流〉後序》。

作者待訪録

胡以魯
容挺公
劉叔雅
陳啓天
抗父
金可莊

目録

文學通論

國故概論

文學通論 WENXUETONGLU

一、魏文帝《典論》論文

文人相輕，自古而然！傅毅之於班固，伯仲之間耳！而固小之；與弟超書曰："武仲以能屬文爲蘭臺令史，下筆不能自休。"夫人善於自見，而文非一體，鮮能備善；是以各以所長，相輕所短。里語曰："家有弊帚，享之千金。"斯不自見之患也！今之文人，魯國孔融文舉、廣陵陳琳孔璋、山陽王粲仲宣、北海徐幹偉長、陳留阮瑀元瑜、汝南應瑒德璉、東平劉楨公幹，斯七子者，於學無所遺，於辭無所假，咸以自騁驥騄於千里，仰齊足而並馳。以此相服，亦良難矣！蓋君子審己以度人，故能免於斯累，而作論文。

王粲長於辭賦；徐幹時有齊氣，然粲之匹也！如粲之《初征》、《登樓》、《槐賦》、《征思》；幹之《玄猿》、《漏卮》、《圓扇》、《橘賦》；雖張、蔡不過也！然於他文。未能稱是。琳、瑀之章、表、書、記，今之儁也。應瑒和而不壯，劉楨壯而不密，孔融體氣高妙，有過人者。然不能持論；理不勝辭，以至乎雜以嘲戲；及其所善，揚、班儔也。常人貴遠賤近，向聲背實；又患闇於自見，謂己爲賢。夫文，本同而末異；蓋奏議宜雅，書論宜理，銘誄尚實，詩賦欲麗，此四科不同；故能之者偏也，唯通才能備其體。文以氣爲主，氣之清濁有體，不可力强而致；譬諸音樂，曲度雖均，節奏同檢；至於引氣不齊，巧拙有素；雖在父兄，不能以移子弟。蓋文章，經國之大業，不朽之盛事。年壽有時而盡，榮樂止乎其身，二者必至之常期，未若文章之無窮。是以古之作者，寄身於翰墨，見意於篇籍；不假良史之辭，不託飛馳之勢，而聲名自傳於後。故西伯幽而演《易》；周旦顯而制《禮》；不以隱約而弗務，不以康樂而加思。夫然！則古人賤尺璧而重寸陰，懼乎時之過已。而人多不强力；貧賤則懾於飢寒，富貴則流於逸樂；遂營目前之務，而遺千載之功。日月逝於上，體貌衰於下，忽然與萬物遷化。斯志士之大痛也！融等已逝，唯幹著論，成一家言。

二、梁昭明太子 《文選》序

式觀元始，眇覿玄風，冬穴夏巢之時，茹毛飲血之世，世質民淳，斯文未作。逮乎伏羲之王天下也，始畫八卦，造書契，以代結繩之政；由是文籍生焉。《易》曰：“觀乎天文，以察時變。觀乎人文，以化成天下。”文之時義，遠矣哉！若夫椎輪爲大輅之始；大輅寧有椎輪之質？增冰爲積水所成；積水曾微增冰之凜。何哉？蓋踵其事而增華，變其本而加厲。物既有之，文亦宜然。隨時變改，難可詳悉。嘗試論之曰：《詩序》云：“詩有六義焉：一曰風，二曰賦，三曰比，四曰興，五曰雅，六曰頌。”至於今之作者，異乎古昔。古詩之體，今則全取賦名。荀、宋表之於前；賈、馬繼之於末。自茲以降，源流實繁：述邑居，則有“憑虛”“亡是”之作。戒畋遊，則有《長楊》《羽獵》之制。若其紀一事，詠一物，風雲草木之興，魚蟲禽獸之流，推而廣之，不可勝載矣！又楚人屈原，含忠履潔；君匪從流，臣進逆耳；深思遠慮，遂放湘南。耿介之意既傷，壹鬱之懷靡愬。臨淵有懷沙之志，吟澤有憔悴之容。騷人之文，自茲而作。詩者，蓋志之所之也；情動於中而形於言。《關雎》《麟趾》，正始之道著。桑間濮上，亡國之音表。故風雅之道，粲然可觀！自炎漢中葉，厥塗漸異。退傅有“在鄒”之作。降將著“河梁”之篇。四言五言，區以别矣。又少則五字，多則九言，各體互興，分鑣並驅。頌者，所以遊揚德業，褒讚成功。吉甫有“穆若”之談，季子有“至矣”之歎。舒布爲詩，既言如彼。總成爲頌，又亦若此。次則箴興於補闕。戒出於弼匡。論則析理精微。銘則序事清潤。美終則誄發。圖像則讚興。又詔誥教令之流，表奏牋記之列，書誓符檄之品，吊祭悲哀之作，答客指事之制，三言八字之文，篇辭引序，碑碣志狀，衆制鋒起，源流間出。譬陶匏異器，並爲入耳之娱。黼黻不同，俱爲悦目之玩。作者之致，蓋云備矣。

余監撫餘閒，居多暇日；歷觀文圃①，泛覽辭林，未嘗不心遊目想，移晷忘倦。自姬、漢以來，眇焉悠邈；時更七代，數逾千祀；詞人才子，則名溢於縹囊；飛文染翰，則卷盈乎緗帙。自非略其蕪穢，集其清英，蓋欲兼功，太半難矣！若夫姬公之籍，孔子之書，與日月俱懸，鬼神争奥，孝敬之准式，人倫之師友，豈可重以芟夷，加之翦截！老、莊之作，管、孟之流，蓋以立意爲宗，不以能文爲本；今之所撰，又以略諸。若賢人之美辭，忠臣之抗直，謀夫之話，辨士之端，冰釋泉涌，金相玉振，所謂坐狙丘，議稷下，仲連之却秦軍，食其之下齊國，留侯之發八難，曲逆之吐六奇，蓋乃事美一時，語流千載，概見墳籍，旁出子史；若斯之流，又亦繁博；雖傳之簡牘，而事異篇章；今之所集，亦所不取。至於記事之史，繫年之書，所以褒貶是非，紀别異同；方之篇翰，亦已不同。若其讚論之綜緝辭采，序述之錯比文華；事出於沈思，義歸乎翰藻。故與夫篇什，雜而集之；遠自周室，迄於聖代，都爲三十卷，名曰《文選》云耳。

---

① 圃，宋本六臣註《文選》作“囿”。

三、梁簡文帝　與湘東王論文書

吾輩亦無所遊賞，止事披閱。性既好文，時復短詠；雖是庸音，不能閣筆；有慙技癢！更同故態！比見京師文體，懦鈍異常；競學浮疏；争爲闡緩。元冬修夜，思所不得。既殊比興，正背風騷！若夫六典三《禮》，所施則有地。吉凶嘉賓，用之則有所。未聞吟咏情性，反擬《内則》之篇！操筆寫志，更摹《酒誥》之作！遲遲春日，翻學《歸藏》！湛湛江水，遂同《大傳》！吾既拙於爲文，不敢輕有掎摭。但以當世之作，歷方古之才人，遠則揚、馬、曹、王，近則潘、陸、顔、謝，而觀其遣辭用心，了不相似。若以今文爲是，則古文爲非！若昔賢可稱，則今體宜棄！俱爲盍各，則未之敢許。又時有效謝康樂、裴鴻臚文者，亦頗有惑焉！何者？謝客吐言天拔，非①出於自然；時有不拘，是其糟粕！裴氏乃是良史之才，了無篇什之美！是爲學謝則不屆其精華，但得其冗長！師裴則蔑絶其所長，惟得其所短！謝故巧不可階。裴亦質不宜慕！故胸馳臆斷之侶，好名忘實之類，方

① “非”爲衍文。

分肉於仁獸！逞却步①於邯鄲！入庖②忘臭！效尤致禍！決羽謝生，豈三千之可及！伏膺裴氏，懼兩唐之不傳！故玉徽金銑，反爲拙目所嗤！《巴人》、《下里》，更合郢中之聽！《陽春》高而不和！妙聲絶而不尋！竟不精討錙銖，覈量文質，有異巧心，終愧妍手。是以握瑜懷玉之士，瞻鄭邦而知退！章甫翠履之人，望鸞鄉而歎息！詩既若此，筆又如之。徒以煙墨不言，受其驅染！紙札無情，任其摇襞！甚矣哉！文之横流，一至於此！至如近世謝朓、沈約之詩，任昉、陸倕之筆，斯實文章之冠冕，述作之楷模！張士簡之賦，周升逸之辯，亦成佳手！難可復遇！文章未墜，必有英絶，領袖之者，非弟而誰！每欲論之，無可與語！晤思子建，一共商権，辯兹清濁，使如涇渭。論兹月旦，類彼汝南。朱白既定；雌黄有别；使夫懷鼠知慚，濫竽自恥。譬斯袁紹，畏見子將。同彼盜牛，遥羞王烈，相思不見，我勞何如！

① 却步，《梁書》作“郤克”。

② “庖”當作“鮑”。

四、宋蘇子瞻　答謝民師論文書

軾受性剛簡，學迂材下，坐廢累年，不敢復齒縉紳；自還北海，見平生親舊，惘然如隔世人；況與左右無一日之雅，而敢求交乎！數賜見臨，傾蓋如故，幸甚過望，不可言也。所示書教及詩賦雜文，觀之熟矣。大略如行雲流水，初無定質；但常行於所當行，常止於不可不止；文理自然，恣態横生。孔子曰："言之不文，行之不遠。"又曰："辭達而已矣！"夫言止於達意；疑若不文，是大不然。求物之妙，如繫風捕影；能使是物了然於心者，蓋千萬人而不得一遇也，而況能使了然於口與手者乎？是之謂辭達。辭至於能達，則文不可勝用矣！揚雄好爲艱深之詞，以文淺易之説；若正言之，則人人知之矣！此正所謂雕蟲篆刻者，其《太玄》、《法言》，皆是類也；而獨悔於賦，何哉？終身雕篆，而獨變其音節，便謂之經；可乎？屈原作《離騷經》，蓋風、雅之再變者；雖與日月争光可也。可以其似賦而謂之雕蟲乎？使賈誼見孔子，升堂有餘矣！而乃以賦鄙之，至與司馬相如同科；雄之陋，如此比者甚衆。可與知者道，難與俗人言也。因論文偶及之耳。歐陽文忠公言："文章如精金美玉，市有定價；非人所能以口舌定貴賤也。"紛紛多言，豈有能益於左右；愧悚不已！

五、明蘇平仲　瞽説

尉遲楚好爲文；謂空同子曰："敢問文有體乎?"曰："何體之有!《易》有似《詩》者。《詩》有似《書》者。《書》有似《禮》者。何體之有!""有法乎?"曰："初何法?《典》、《謨》、《訓》、《誥》,《國風》、《雅》、《頌》,初何法?""難乎? 易乎?"曰："吾將言其難也,則古《詩》三百篇多出於小夫婦人。吾將言其易也,則成一家言者,一代不數人。""宜繁? 宜簡?"曰："不在繁,不在簡。狀情寫物在辭達。辭達,則一二言而非不足。辭未達,則千百言而非有餘。""宜何如?"曰："如江河。""何也?"曰："有本也。如鍵之於管,如樞之於户,如將之於三軍,如腰領之於衣裳。""何也?"曰："統攝也,如置陣,如構居第,如國建都。""何也?"曰："謹布置也。如草木焉。根而幹,幹而枝,枝而葉而葩。"曰："何也?"曰："條理精暢而有附麗也。如手足之十二脈焉,各有起,有出,有循,有注,有會。""何也?"曰："支分脈别,而榮衛流通也。如天地焉,包涵六合而不見端倪。""何也?"曰："氣象沈鬱也。如張海焉,波濤湧而魚龍張。""何也?"曰："浩汗詭怪也。如日月焉,朝夕見而令人喜。""何也?"曰："光景常新也。如煙霧舒而雲霞布。""何也?"曰："動蕩而變化也。如風霆流而雨雹集。”“何也?”曰：“神聚而冥會也。如重林，如邃谷。”“何也?”曰：“深遠也。如秋空，如寒冰。”“何也?”曰：“潔淨也。如太羹，如玄酒。”“何也?”曰：“雋永也。如瀨之旋，如馬之奔。”“何也?”曰：“回複馳騁也。如羊腸，如鳥道。”“何也?”曰：“縈迂曲折也。如孫、吴之兵。”“何也?”曰：“奇正相生也。如常山之蛇。”“何也?”曰：“首尾相應也。如父師之臨子弟，如孝子仁人之處親側，如元夫碩士，端冕而立乎宗廟朝廷。”“何也?”曰：“端嚴也，温雅也，正大也。如楚莊王之怒，如杞梁妻之泣，如昆陽城之戰，如公孫大娘之舞劍。”“何也?”曰：“激切也。雄壯也。頓挫也。如菽粟，如布帛，如精金，如美玉，如出水芙蓉。”“何也?”曰：“有補於世也。不假磨礱雕琢也。將烏乎以及此也?”曰：“《易》、《詩》、《書》、二《禮》、《春秋》所載，左丘明、高、赤所傳；孟、荀、莊、老之徒所著；朝焉，夕焉，諷焉，詠焉，習焉；斯得之矣。雖然，非力之可爲也。聖賢道德之光華，積於中而發乎外。其言不期文而文，譬猶天地之化，雨露之潤，物之魂魄以生華蔓羽毛，極人力所不能爲，孰非自然哉。故學於聖人之道，則聖人之言，莫之致而致之矣！學於聖人之言，非惟不得其道；並其所謂言，亦且不能至矣!”尉遲楚出以告公乘邱曰：“楚之於文也，其猶在山徑之間歟?微空同之道吾出也，吾不知大道之恢恢，於是盡心焉，將於文僩焉無難能者矣。”

六、明唐荆川　與茅鹿門主事論文書

熟觀鹿門之文，及鹿門與人論文之書，門庭路徑，與鄙意殊有契合；雖中間小小異同；異日當自融釋，不待喋喋也。至如鹿門所疑於我本是欲工文字之人，而不語人以求工文字者；此則有説：鹿門所見於我者，殆故吾也；而未嘗見夫槁形灰心之吾乎？吾豈欺鹿門者哉？其不語人以求工文字者，非謂一切抹殺，以文字絶不足爲也；蓋謂學者先務，有源委本末之别耳。文莫猶人，躬行未得；此一段公案，姑不敢論。只就文章家論之：雖其繩墨布置，奇正轉摺，自有專門法師；至於中一段精神命脈骨髓，則非洗滌心源，獨立物表，具今古隻眼者，不足以與此。今有兩人：其一人心地超然，所謂千古隻眼人也；即使未嘗操紙筆呻吟學爲文章；但直據胸臆，信手寫出，如寫家書，雖或疏鹵，然絶無煙火酸餡習氣；便是宇宙間一樣絶好文字。其一人猶然塵中人也；雖其專專學爲文章；其於所謂繩墨布置，則盡是矣；然番來覆去，不過是這幾句婆子舌頭語；索其所謂真精神，與千古不可磨滅之見，絶無有也；則文雖工而不免爲下格！此文章本色也。即如以詩爲喻：陶彭澤未嘗較聲律，雕句文；但信手寫出，便是宇宙間第一等好詩。何則？其本色高也。自有詩以來，其較聲律，雕句文，用心最苦而立説最嚴者，無如沈約；苦却一生精力；使人讀其詩，衹見其綑縛齷齪；滿卷累牘，竟不能道出一兩句好話。何則？其本色卑也。本色卑，文不能工也；而況非其本色者哉！且夫兩漢而下，文之不如古者，豈其所爲繩墨轉折之精之不盡如哉！秦漢以前，儒家者有儒家本色；至如老莊家有老莊本色；縱横家有縱横本色；名家、墨家、陰陽家皆有本色，雖其爲術也駁，而莫不皆有一段千古不可磨滅之見；是以老家必不肯剿儒家之説；縱横必不肯借墨家之談；各自其本色而鳴之爲言。其所言者，其本色也；是以精光注焉，而其言遂不泯於世。唐宋而下，文人莫不語性命，談治道，滿紙炫然，一切自託於儒家；然非其涵養畜聚之素，非真有一段千古不可磨滅之見，而影響剿説，蓋頭竊尾，如貧人借富人之衣，莊農作大賈之飾，極力裝做，醜態盡露；是以精光枵焉，而其言遂不久湮廢。然則秦漢而上，雖其老、墨、名、法、雜家之説而猶傳；今諸子之書，是也。唐宋而下，雖其一切語性命，談治道之説而亦不傳；歐陽永叔所見唐四庫書目，百不存一焉者，是也。後之文人，欲以立言爲不朽計者，可以知所用心矣！然則吾之不語人以求工文字者，乃其語人以求工文字者也；鹿門其可以信我矣！雖然，吾槁形而灰心焉久矣！而又敢與知文乎！今復縱言至此；吾過矣！吾過矣！此後鹿門更見我之文，其謂我之求工於文者耶？非求工於文者耶？鹿門當自知我矣！一笑！

七、明顧亭林《日知録》論詩文十一則

文須有益於天下 文之不可絶於天地間者；曰："明道"也；"記政事"也；"察民隱"也；"樂道人之善"也。若此者，有益於天下，有益於將來，多一篇，多一篇之益矣。若夫怪力亂神之事，無稽之言，剿襲之説，諛佞之文；若此者，有損於己，無益於人，多一篇，多一篇之損矣。

先生與友人書曰："孔子之删述《六經》，即伊尹、太公救民於水火之心；而今之注蟲魚，命草木者，皆不足以語此也。故曰：'載之空言，不如見之行事。'夫《春秋》之作，言焉而已！而謂之行事者；天下後世用以治人之書；將欲謂之空言而不可也！愚不揣有見於是。故凡文之不關於《六經》之指、當世之務者，一切不爲。而既以明道救人，則於當今之所通患，而未嘗專指其人者；亦遂不敢以避也。"

文人摹倣之病 近代文章之病，全在摹倣；即使逼肖古人，已非極詣；況遺其神理而得其皮毛者乎？且古人作文，時有利鈍。梁簡文《與湘東王書》云："今人有效謝康樂、裴鴻臚文者；學謝，則不屆其精華，但得其冗長；師裴，則蔑棄其所長，惟得其所短。"宋蘇子瞻云："今人學杜甫詩，得其粗俗而已!”金元裕之詩云:“少陵自有連城璧,争奈微之識碔砆!”夫文章一道,猶儒者之末事;乃欲如陸士衡所謂“謝朝華於已披,啟夕秀於未振”者;今且未見其人,進此而窺著述之林,益難之矣!

效《楚辭》者必不如《楚辭》;效《七發》者必不如《七發》。蓋其意中先有一人在前,既恐失之;而其筆力復不能自遂。此壽陵餘子學步邯鄲之説也!

洪氏《容齋隨筆》曰:“枚乘作《七發》,創意造端,麗辭諛旨,上薄騷些;故爲可喜!其後繼之者,如傅毅《七激》,張衡《七辯》,崔駰《七依》,馬融《七廣》,曹植《七啟》,王粲《七釋》,張協《七命》之類,規倣太切,了無新意。傅元又集之以爲《七林》,使人讀未終篇,往往棄之几格。柳子厚《晉問》,乃用其體,而超然别立機杼;激越清壯,漢晉諸文士之弊,於是一洗矣!東方朔《答客難》,自是文中傑出!楊雄擬之爲《解嘲》,尚有馳騁自得之妙。至於崔駰《達旨》,班固《賓戲》,張衡《應間》,皆章摹句寫;其病與《七林》同。及韓退之《進學解》出,於是一洗矣!”其言甚當。然此以辭之工拙論爾;若其意,則總不能出於古人範圍之外也。

《曲禮》之訓:“毋剿説,毋雷同。”此古人立言之本。

文章繁簡 韓文公作《樊宗師墓銘》曰:“維古於辭必己出。降而不能乃剽賊。後皆指前公相襲,從漢迄今用一律!”此極中今人之病。若宗師之文,則懲時人之失而又失之者也。作書須注,此自秦漢以前,可耳。若今日作書,而非注不可解;則是求簡而得繁;兩失之矣。子曰:“辭達而已矣。”

辭主乎達;不論其繁與簡也。繁簡之論興,而文亡矣!《史記》之繁處,必勝於《漢書》之簡處。《新唐書》之簡也,不簡於事而簡於文;其所以病也。

“時子因陳子而以告孟子。陳子以時子之言告孟子。”此不須重見而意已明。“齊人有一妻一妾而處室者。其良人出,則必饜酒肉而後反。其妻問所與飲食者?則盡富貴也。其妻告其妾曰:‘良人出,則必饜酒肉而後反。問其所與飲食者?盡富貴也。而未嘗有顯者來?吾將瞯良人之所之也。’”“有饋生魚於鄭子産。子産使校人畜之池。校人烹之;反命曰:‘始舍之,圉圉焉!少則洋洋焉!悠然而逝!’子産曰:‘得其所哉!得其所哉!’校人出；曰：‘孰謂子產智？予既烹而食之；曰：得其所哉！得其所哉！’”此必須重疊而情事乃盡。此孟子文章之妙。使入《新唐書》，於齊人，則必曰：“其妻疑而瞯之。”於子產，則必曰：“校人出而笑之。”兩言而已矣！是故辭主乎達，不主乎簡。劉器之曰：“《新唐書》好簡略其辭，故其辭多鬱而不明。”此作史之病也！且文章豈有繁簡邪！昔人之論謂“如風行水上，自然成文”。若不出於自然，而有意於繁簡；則失之矣。當日《進〈新唐書〉表》云：“其事則增於前，其文則省於舊。”《新唐書》所以不及古人者，其病正在此兩句也！

《黄氏日鈔》言：“蘇子由《古史》改《史記》，多有不當。如《樗里子傳》:《史記》曰：‘母，韓女也。樗里子滑稽多智。’《古史》曰：‘母，韓女也；滑稽多智。’似以母爲滑稽矣！然則‘樗里子’三字，其可省乎？《甘茂傳》:《史記》曰：‘甘茂者，下蔡人也；事下蔡史舉，學百家之説。’《古史》曰：‘下蔡史舉，學百家之説。’似史舉自學百家矣！然則‘事’之一字，其可省乎！以是知文不可以省字爲工。字而可省，太史公省之久矣！”

文人求古之病　《後周書·柳虯傳》：“時人論文體有今古之異。虯以爲‘時有今古，非文有今古’。”此至當之論。夫今之不能爲二漢，猶二漢之不能爲《尚書》、《左氏》；乃剿取《史》、《漢》中文法以爲古，甚者獵其一二字句，用之於文；殊爲不稱！

以今日之地爲不古，而借古地名；以今日之官爲不古，而借古官名；舍今日恒用之字，而借古事①之通用者；皆文人所以自蓋其俚淺也！

《唐書》鄭餘慶奏議類用古語，如“仰給縣官馬萬蹄”；有司不曉何等語。人訾其不適時。

宋陸務觀《跋前漢通用古字韻》曰：“古人讀書多，故作文時偶用一二古字，初不以爲工；亦自不知孰爲古？孰爲今也？近時乃或鈔掇《史》、《漢》中字入文辭中，自謂工妙；不知有笑之者！偶見此書，爲之太息！書以爲後生戒！”

元陶宗儀《輟耕録》曰：“凡書官銜，俱當從實；如廉訪使、總管之

---

① “事”當作“字”。

類，若改之曰‘監司’、‘太守’，是亂其官制。久遠莫可考矣！”

何孟春《餘冬序録》曰：“今人稱人姓，必易以世望；稱官，必用前代職名；稱府州縣，必用前代郡邑名；欲以爲異。不知文字間，著此何益於工拙？此不惟於理無取；且於事復有礙矣！李姓者稱‘隴西公’，杜曰‘京兆’，王曰‘琅邪’，鄭曰‘滎陽’，以一姓之望而概衆人，可乎？此其失自唐、五季間孫光憲輩始。《北夢瑣言》稱馮涓爲‘長樂公’，《冷齋夜話》稱陶穀爲‘五柳公’；類以昔人之號而概同姓，尤是可鄙。官職郡邑之建置，代有沿革；今必用前代名號而稱之，後將何所考焉！此所謂於理無取，而事復有礙者也。”

于慎行《筆麈》曰：“《史》、《漢》文字之佳，本自有在；非謂其官名地名之古也。今人慕其文之雅，往往取其官名地名以施於今；此應爲古人笑也！《史》、《漢》之文，如欲復古；何不以三代官名施於當日，而但記其實邪？文之雅俗，固不在此；徒混淆失實，無以示遠；大家不爲也！予素不工文辭，無所模擬；至於名義之微，則不敢苟；尋常小作，或有遷就；金石之文，斷不敢於官名地名，以古易今。前輩名家，亦多如此。”

古人集中無冗複　古人之文，不特一篇之中無冗複也；一集之中，亦無冗複。且如稱人之善，見於祭文，則不復見於志；見於志，則不復見於他文；後之人，讀其全集，可以互見也。又有互見於他人之文者，如歐陽公作《尹師魯誌》，不言近日古文自師魯始。以爲范公祭文已言之，可以互見；不必重出。蓋歐陽公自信己與范公之文，並可傳於後世也。亦可見古人之重愛其言也。

劉夢得作《柳子厚文集序》曰：“凡子厚名氏與仕與年暨行己之大方，有退之之誌若祭文在。”又可見古人不必其文之出於己也。

引古必用原文　凡引前人之言，必用原文。《水經注》引盛宏之《荆州記》曰：“江中有九十九洲。楚諺云：‘洲不百，故不出王者。’桓元有問鼎之志，乃增一洲以充百數；僭號數旬，宗滅身屠。及其傾敗，洲亦稍[①]毀。今上在西，忽有一洲自生，沙流迴薄，成不淹時。其後未幾龍飛江漢矣！”注乃北魏酈道元作；而記中所指今上，則有南宋文帝以宜都王即帝位之事。

① “稍”當作“銷”。

古人不以爲嫌。

五經中多有用韻　古人之文，化工也！自然而合於音；則雖無韻之文而往往有韻；苟其不然，則雖有韻之文，而時亦不用韻；終不以韻而害意也。三百篇之《詩》，有韻之文也；乃一章之中，有二三句不用韻者，如“瞻彼洛矣，維水泱泱”之類，是矣。一篇之中，有全章不用韻者，如《思齊》之四章、五章，《召旻》之四章，是矣。又有全篇無韻者，《周頌·清廟》、《維天之命》、《昊天有成命》、《時邁》、《武》諸篇，是矣。説者以爲當有餘聲；然以餘聲相協，而不入正文；此則所謂不以韻而害意者也。孔子贊《易》十篇：其《彖》、《象》、《傳》、《雜卦》五篇用韻；然其中無韻者亦十之一。《文言》、《繫辭》、《説卦》、《序卦》五篇不用韻；然亦間有一二：如“鼓之以雷霆，潤之以風雨；日月運行，一寒一暑；乾道成男，坤道成女”。“君子知微知彰，知柔知剛；萬夫之望。”此所謂化工之文，自然而合者；固未嘗有心於用韻也。《尚書》之體本不用韻；而《大禹謨》：“帝德廣運，乃聖乃神，乃武乃文；皇天眷命，奄有四海，爲天下君。”《伊訓》：“聖謨洋洋，嘉言孔彰，惟上帝不常。作善，降之百祥；作不善，降之百殃。爾惟德罔小，萬邦惟慶；爾惟不德罔大，墜厥宗。”《太誓》：“我武惟揚；侵于之疆，取彼凶殘，我伐用張；于湯有光。”《洪範》：“無偏無陂，遵王之義。無有作好，遵王之道。無有作惡，遵王之路。無偏無黨，王道蕩蕩。無黨無偏，王道平平。無反無側，王道正直。”皆用韻。又如《曲禮》：“行，前朱鳥而後元武，左青龍而右白虎，招摇在上，急繕其怒。”《禮運》：“元酒在室，醴泉在户；粢醍在堂，澄酒在下；陳其犧牲，備其鼎俎；列其琴瑟，管磬鐘鼓；修其祝嘏；以降上神，與其先祖；以正君臣；以篤父子；以睦兄弟，以齊上下；夫婦有所；是謂承天之祜。”《樂記》：“夫古者天地順而四時當；民有德而五穀昌；疾疢不作而無妖祥；此之謂大當。然後聖人作爲父子君臣以爲紀綱。”《中庸》：“故君子，不可以不修身；思修身，不可以不事親；思事親，不可以不知人；思知人，不可以不知天。”《孟子》：“師行而糧食，饑者弗食，勞者弗息，睊睊胥讒，民乃作慝。方命虐民，飲食若流；流連荒亡，爲諸侯憂！”凡此之類，在秦漢以前，諸子書並有之。太史公作贊，亦時一用韻。而漢人樂府詩，反有不用韻者。

古詩用韻之法　古詩用韻之法，大約有三：首句、次句連用韻，隔第三句而於第四句用韻者；《關雎》之首章，是也。凡漢以下詩，及唐人律詩之首句用韻者源於此。一起即隔句用韻者；《卷耳》之首章，是也。凡漢以下詩，及唐人律詩之首句不用韻者源於此。自首至末，句句用韻者；若《考槃》、《清人》、《還》、《著》、《十畝之間》、《月出》、《素冠》諸篇，又如《卷耳》之二章、三章、四章，《車攻》之一章、二章、三章、七章，《長發》之一章、二章、三章、四章、五章，是也。凡漢以下詩，若魏文帝《燕歌行》之類源於此。自是而變，則轉韻矣；轉韻之始，亦有連用、隔用之别；而錯綜變化，不可以一體拘。於是有上下各自爲韻；若《兔罝》及《采薇》之首章，《魚麗》之前三章，《卷阿》之首章者。有首末自爲一韻，中間自爲一韻，若《車攻》之五章者。有隔半章自爲韻，若《生民》之卒章者。有首提二韻，而下分二節承之，若《有瞽》之篇者。此皆詩之變格，然亦莫非出於自然，非有意之爲也。

先生《音學五書序》曰："《記》曰：'聲成文謂之音。'夫有文斯有音，比音而爲詩，詩成然後被之樂，此皆出於天，而非人之所能爲也。三代之時，其文皆本出於六書；其人皆出於族黨庠序，其性皆馴化於中和，而發之爲音，無不協於正。然而《周禮》大行人之職：九歲，屬瞽史，論書名，聽聲音；所以一道德而同風俗者，又不敢略也。是以《詩》三百五篇，上自《商頌》，下逮《陳靈》，以十五國之遠，千數百年之久，而其音未嘗有異。帝舜之歌，臯陶之賡，箕子之陳，文王、周公之繫，無弗同者。故三百五篇，古人之音書也。魏晉以下，去古日遠，詞賦日繁，而後名之曰韻。至宋周容、梁沈約而四聲之譜作。然自秦、漢之文，其音已漸戾於古，至東京益甚。而休文作譜，乃不能上據雅、南，旁摭騷、子，以成不刊之典；而僅按班、張以下諸人之賦，曹、劉以下諸人之詩所用之音，撰爲定本。於是今音行而古音亡，爲音學之一變。下及唐代，以詩賦取士，其韻一以陸法言《切韻》爲準；雖有同用、獨用之注，而其分部未嘗改也。至宋景祐之際，微有更易。理宗末年，平水劉淵始併二百六韻爲一百七韻；黄公紹作《韻會》，因之以迄於今。於是宋韻行而唐韻亡，爲音學之再變。世日遠而傳日訛，此道之亡，蓋二千有餘歲矣！炎武潛心有年，既得《廣韻》之書，乃始發悟於中而旁通其説。於是舉唐人以正宋人之失，據古經以正沈氏、唐人之失；而三代以上之音，部分秩如，至賾而不可亂。乃列古今音之變而究其所以不同，爲《音論》二卷。考正三代以上之音，注三百五篇，爲《詩本音》十卷；注《易》，爲《易音》三卷。辨沈氏部分之誤，而一一以古音定之，爲《唐韻正》二十卷。綜古音爲十部，爲《古音表》二卷。自是而《六經》之文乃可讀。其他諸子之書，離合有之，而不甚遠也。天之未喪斯文，必有聖人復起，舉今日之音而還之淳古者。"

詩有無韻之句　詩以義爲主，音從之；必盡一韻無可用之字，然後旁通他韻；又不得於他韻，則寧無韻；苟其義之至當而不可以他字易，則無韻不害；漢以上往往有之。

"暮投石壕村，有吏夜捉人。"兩韻也，至當不可易。下句云："老翁踰牆走，老婦出門看。"則無韻矣；亦至當不可易。古辭《紫騮馬歌》中有"舂穀持作飯，採葵持作羹"二句無韻。李太白《天馬歌》中有"白雲在青天，丘陵遠崔嵬"二句無韻。《野田黃雀行》首二句"游莫逐炎洲翠，棲莫近吴宫燕"無韻。《行行且游獵篇》首二句"邊城兒生年，不讀一字書"無韻。

古人不用長句成篇　古人有八言者，"胡瞻爾庭有縣貆兮"是也。有九言者，"凜乎若朽索之馭六馬"是也。然無用爲全章者，不特以其不便於歌也；長則意多冗，字多懈。七言排律所以從來少作；作亦不工者；何也？意多冗也；字多懈也。爲七言者，必使其不可裁而後工也；此漢人所以難之也！

詩體代降　《三百篇》之不能不降而《楚辭》；《楚辭》之不能不降而漢、魏；漢、魏之不能不降而六朝；六朝之不能不降而唐也；勢也。用一代之體，則必似一代之文而後爲合格。

詩文之所以代變，有不得不變者。一代之文，沿襲已久，不容人人皆道此語。今且千數百年矣，而猶取古人之陳言，一一而摹倣之；以是爲詩，可乎？故不似，則失其所以爲詩。似則失其所以爲吾。李、杜之詩，所以獨高於唐人者，以其未嘗不似而未嘗似也。知此者可與言詩也已矣！

八、清魏善伯 《伯子論文》九則

善養其氣　詩文不外情、事、景；而三者情爲本，然置頓不得法，則情爲章句所暱；尤貴善養其氣；故無窘窒懈累之病。古人爲文，雖有偉詞俊語，亦删而舍之者；正恐累氣而節其不勝也。收結恒須緊束，或故爲散弛懈緩者；亦如勞役之際，閉目偃倚，乃不至於困竭也。

文章有法　孟浩然"氣蒸雲夢澤，波揑岳陽城"；杜工部"吴楚東南坼，乾坤日夜浮"；力量氣魄，已無可加！而孟則繼之曰："欲濟無舟楫，端居耻聖明。"杜則繼之曰："親朋無一字，老病有孤舟。"皆以索摸幽渺①之情，攝歸至小。兩公所作，不謀而合；可見文章有法。若更求博大高深者以稱之，必無可稱；而力竭反蹶，無完詩矣！咏物專事刻畫，即事極力鋪叙；是皆不可以語詩也！

人之爲人，寫其獨至　人之爲人，有一端獨至者；即生平得力所在：雖曰一端，而其人之全體著矣！小疵小癖，反見大意；所謂"頰上三毫，眉間一點"是也。今必合衆美以譽人；而獨至者，反爲浮美所掩，人精神

① "索摸幽渺"，《昭代叢書》本《伯子論文》作"索寞幽眇"。

聚於一端，乃能獨至。吾之精神亦必聚於此人之一端，乃能寫其獨至。太史公善識此意，故文極古今之妙。

存瑕　古人文字，有累句、澀句、不成句處；而不改者，非不能改也；改之或傷氣格，故寧存其自然。名帖之存敗筆，古琴之仍焦尾，是也。昔人論《史記·張蒼傳》，有“年老口中無齒”句，宜删曰“老無齒”。《公羊傳》“齊使跛者逆跛者，禿者逆禿者，眇者逆眇者”；宜删云“各以類逆”。簡則簡，而非公羊、史遷之文！又於神情特不生動！知此説者，可悟存瑕之故矣！

宜簡不宜簡　文章有宜簡者；孟子“河東凶亦然”是也。有不宜簡者；“今王鼓樂於此”，“先生以利説秦、楚之王”，是也。鼓樂者憂喜不同情；説秦、楚者義利不同效；情相比而苦樂著；效相較而利害明；兩軍相遇，將卒各鬬也。移民移粟，述事而已！事止語畢，複則無味也。又有宜簡而不得不詳者；如《舜典》“二月東巡狩，五月南，八月西，十有一月朔”。典例所存，四時四方，不可偏廢也。禮制皆同，不煩重敘，而約之曰“如岱禮”；變之曰“如初”；又變之曰“如西禮”；委宛屈軼，斐然成章也。文有自然之情；有當然之理。情著爲狀。理著爲法。是斷然而不容穿鑿者也。

南北曲　南曲如抽絲，北曲如輪鎗。南曲如南風，北曲如北風。南曲如酒，北曲如水。南曲如六朝，北曲如漢魏。南曲自然者，如美人淡妝素服，文士羽扇綸巾。北曲自然者，如老僧世情物價，老農晴雨桑麻。南曲情聯，北曲勢斷。南曲圓滑，北曲勁澀。南曲柳顫花摇，北曲水落石出。南曲如珠落玉盤，北曲如金戈鐵馬。若貴堅重，賤輕浮；尚精緊，卑流蕩；喜乾淨，厭煩碎；愛老成，黜柔弱；取大方，棄鄙小；求蘊藉，忌粗率；則南北所同也。北曲步步撟高，南曲層層轉落。北曲枯折見媚，南曲宛轉歸正。北曲似粗而深厚，南曲似柔而筋節。北白似生似呆，南白貴温貴雅。北白或過文，或眼目，或案斷，南白有穿插，有挑撥，有埋伏。北白冗則極冗，簡則極簡，南白停匀而已作詩，題難於詩，作曲，白難於曲。

作文如瘿瓢藤杖　作文如作瘿瓢藤杖，本色不雕一毫，水磨又極精細。止任元樸者粗惡不堪！專事工夫者矯柔無味也！

文章煩簡　文章煩簡，非因字句多寡，篇幅長短。若庸絮懈蔓，一句亦謂之煩。切到精詳，連篇亦謂之簡。

引證古事　引證古事，以對舉二事爲妙。如《孟子》："王不待大；湯以七十里；文王以百里。"以大事小；則"湯事葛，文王事昆夷。""以小事大"；則"太王事獯鬻；句踐事吴。""王請大之"；則"文王之勇"，"武王之勇"。"不召之臣"；則"湯之於伊尹，桓公之於管仲"。"百世之師"；則伯夷、柳下惠。"不爲臣不見"；則段干木、泄柳。"宋行王政"；則湯征葛，武王東征。"養勇"；則北宫黝、孟施舍。蓋單舉，則似一事偶合。對舉二事，則其理若事無不確者；而證辨之力亦厚。

九、清魏凝叔《日録論文》七則

文之工者，美必兼兩　文之工者，美必兼兩。每下一筆，其可見之妙在此，却又有不可見之妙在彼。譬如作屋，左砂高聳，右砂低卸，必須培高右砂方稱；拙者礨土填石，人一見知爲補石砂之闕；巧者只栽竹樹，令高與左齊；人一見只賞歎林木幽茂之妙！而不知其意實補石砂低卸也。又文字首尾照應之法：有明明繳應起處者。有竟不顧者。有若無意牽動者。有反罵破通篇大意，實是照應收拾者。不明變化，則千篇一律，而文亦易入板俗矣！又古文接處用提法，人所易知。轉處用駐法，人所難曉。凡文之轉易流，便無力；故每於字句未轉時，情勢先轉，少駐而後下，則頓挫沉鬱之意生。辟如駿馬下陂，雖疾驅如飛，而四蹄著石處，步步有力。若駑馬下峻陂，只是滑溜將去，四蹄全作主不得。更有當轉而不用轉語，以開爲轉，以起爲轉者；以起爲轉，轉之能事盡矣！或問："學古人而不襲其跡，當由何道?"曰："平時不論何人何文，只將他好處沈酣。偏歷諸家，博采諸篇，刻意體認。及臨文時，不可著一名人，一名文在胸；則觸手與古法會，而自無某人某篇之跡。蓋模擬者，如人好香偏身，便佩香囊。沈酣而不模擬者，如人日夕住香肆中，衣帶間無一毫香物，却通身香氣迎人也。”

文之往而復還 文之感慨痛快馳驟者，必須往而復還。往而不還，則勢直氣泄，語盡味止。往而復還，則生顧盼。此嗚咽頓挫所從出也。

文有得水分，有得山分 歐文之妙，只是説而不説；説而又説；是以極吞吐往復參差離合之致。史遷加以超忽不羈，故其文特雄。彭①躬庵叙和公南海西秦詩曰：“字字句句拔起聳立，險秀異常；分明是一幅筆②山圖也。山無波瀾，無轉折；却以峰巒爲波瀾，起頓爲轉折。”嘗論文有得水分者，有得山分者。子瞻水分多，故波瀾動盪。退之山分多，故峰巒峭起。此序亦是山分文字。

意之屬與不屬 又嘗論古樂府，以跳脱斷缺爲古；是已。細求之：語雖不倫，意却自③屬。但章法妙，人不覺耳！然竟有各成一段，上下意絶不相屬者，却增减他不得，倒置他不得；此是何故？蓋意雖不屬，而其節之長短起伏，合之自成片斷，不可得而亂也。語不倫而意屬者；譬如複岡斷嶺，望之各成一山，察之皆有脊脈相連。意不屬而節屬者；譬如一林亂石，原無脈絡，而高下疏密，天然位置，可入畫圖。知此者可與讀文矣！

翻舊爲新之法 善作古文者，有窺古人作事主意，生出見識；却不去論古人；自己憑空發出議論，可驚可喜，只借古事作證。蓋發已論，則識愈奇。證古事，則議愈確。此翻舊爲新之法，蘇氏多用之。

作論有三不必二不可 作論者，有三不必，二不可：前人所已言；衆人所易知；摘拾小事，無關係處。此三不必作也。巧文刻深以攻前賢之短，而不中要害；取新出異以翻前人之案，而不切情實。此二不可作也。作論須先去此五病，然後乃議文章耳。

改文 善改文者，有移花接木之妙；如上下段本不相干，稍爲貫串，便成一氣；是也。有改頭易面之妙；如倒置前後，改易字句，便另成一種格調；是也。有脱胎换骨之妙；如原本説寒，將要緊處改换，翻成説熱；是也。深味此法，自己作文，亦增多少境界矣。

善改不如善删 東房言：“作文者善改不如善删。”此可得學簡之法。

---

① “彭”前脱“評”字。

② “筆”爲“華”之訛字。

③ “自”應作“相”。

然句中刪字，篇中刪句，集中刪篇，所易知也。善作文者，能於將作時刪意；未作時刪題；便省却多少筆墨。能刪題，乃真簡矣。

十、清侯朝宗　與任王谷論文書

僕少年溺於聲伎，未嘗刻意讀書；以此文章淺薄，不能發明古人之旨。然其大略，亦頗聞之矣：大約秦以前之文主骨，漢以後之文主氣。秦以前之文若六經，非可以文論也。其他如《老》、《韓》諸子、《左傳》、《戰國策》、《國語》，皆斂氣於骨者也。漢以後之文，若《史》，若《漢》，若八家，最擅其勝，皆運骨於氣者也。斂氣於骨者，如泰華三峰，直與天接；層嵐危蹬，非仙靈變化，未易攀陟；尋步計里，必蹶其趾；姑舉明文如李夢陽者，亦所謂蹶其趾者也。運骨於氣者，如縱舟長江大海間；其中煙嶼星島，往往可自成一都會；即颶風忽起，波濤萬狀，東泊西注，未知所底；苟能操舵覘星，立意不亂，亦自可免漂溺之失；此韓、歐諸子所以獨嵯峨於中流也！六朝選體之文，最不可恃；士雖多而將囂，或進或止，不按部伍；譬如用兵者，調遣旗幟聲援，但須知此中尚有小小行陣，遙相照應，未必全無益；至於摧鋒陷敵，必更有牙隊健兒，啣枚而前；若徒恃此，鮮有不敗。今之爲文，解此者罕矣！高者又欲舍八家，跨《史》、《漢》而趨先秦；則是不筏而問津，無羽翼而思飛舉；豈不怪哉！頃見足下所爲《杜周》、《張湯》諸論，奇確圓暢，若有餘力；僕目中所僅見！殫思著述，必當成名。然亦少有失；覺引天道報施湯、周處，稍涉覼縷。行文之旨，全在裁制；無論細大，皆可驅遣。當其閒漫纖碎處，反宜動色而陳，鑿鑿娓娓；使讀者見其關係，尋繹不倦。至大議論，人人能解者；不過數語發揮，便須控馭，歸於含蓄；若當快意時，聽其縱横，必一瀉無復餘地矣！譬如渴虹飲水。霜隼摶[1]空，瞥然一見，瞬息滅没；神力變態，轉更夭矯。足下以爲何如？

① “摶”爲“搏”之訛字。

十一、清方望溪 《古文約選》序例

古文所從來遠矣！六經、《語》、《孟》，其根源也。得其枝流，而義法最精者，莫如《左傳》、《史記》；然各自成書，具有首尾，不可以分劙。其次《公羊》、《穀梁傳》、《國語》、《國策》，雖有篇法可求，而皆通紀數百年之言與事；學者必覽其全而後可取精焉。惟兩漢書疏及唐宋八家之文，篇各一事，可擇其尤；而所取必至約，然後義法之精可見。故於韓取者十二；於歐十一；餘六家，或二十、三十而取一焉。兩漢書疏，則百之二三耳。學者能切究於此；而以求《左》、《史》、《公》、《穀》、《語》、《策》之義法，則觸類而通矣！雖然，此其末也！先儒謂韓子因文以見道；而其自稱，則曰："學古道，故欲兼通其辭。"群士果能因是以求六經、《語》、《孟》之旨而得其所歸；躬蹈仁義，自勉於忠孝，則立德立功以仰答我皇上愛育人材之至意者，皆基於此。是則余爲是編以助流政教之本志也夫！

一、三《傳》、《國語》、《國策》、《史記》爲古文正宗；然皆自成一體；學者必熟復全書而後能辨其門徑，入其窔奥。故是編所録，惟漢人散文及唐宋八家專集；俾承學治古文者先得其津梁；然後可溯流窮源，盡諸家之精蘊耳。

一、周末諸子，精深閎博。漢、唐、宋文家皆取精焉。但其著書，主於指事類情，汪洋自恣；不可繩以篇法。其篇法完具者，間亦有之；而體制亦別。故概弗採録。覽者當自得之。

一、在昔論議者皆謂："古文之衰，自東漢始。"非也。西漢惟武帝以前之文，生氣奮動，倜儻排宕，不可方物，而法度自具。昭宣以後，則漸覺繁重滯澀；惟劉子政傑出不群！然亦繩趨尺步；盛漢之風，邈無存矣！是編自武帝以後至蜀漢，所録僅三之一；然尚有以事宜講問，過而存之者。

一、韓退之云："漢朝人無不能爲文。"今觀其書疏吏牘，類皆雅飭可誦；茲所録僅五十餘篇；蓋以辨古文氣體，必至嚴，乃不雜也。既得門徑；必縱横百氏而後能成一家之言。退之自言"貪多務得，細大不捐"是也。

一、古文氣體，所貴清澄無滓。澄清之極，自然而發其光精；則《左傳》、《史記》之瑰麗濃郁是也。始學而求古，求典，必流爲明七子之僞體。故於《客難》、《解嘲》、《答賓戲》、《典引》之類，皆不録。雖相如《封禪書》，亦姑置焉。蓋相如天骨超俊，不從人間來；恐學者無從窺尋而妄摹其字句，則徒敝精神於蹇淺耳。

一、子長《世表》、《年表》、《月表序》，義法精深變化。退之、子厚讀經子，永叔史志論，其源並出於此。孟堅《藝文志·七略序》，淳實淵懿。子固序群書目録，介甫序《詩》、《書》、《周禮義》，其源並出於此。概勿編輯；以《史記》、《漢書》，治古文者必觀其全也。獨録《史記》自序；以其文雖載家傳後而別爲一篇；非史説[①]本文耳。

一、退之、永叔、介甫俱以志銘擅長。但序事之文，義法備於《左》、《史》。退之變《左》、《史》之格調，而陰用其義法。永叔摹《史記》之格調，而曲得其風神。介甫變退之之壁壘，而陰用其步伐。學者果能探《左》、《史》之精藴，則於三家誌銘，無事規撫，而自與之並矣！故於退之誌銘，奇崛高古精深者，皆不録。録馬少監、柳柳州二誌；皆變調，頗膚近。蓋誌銘宜實徵事跡，或事跡無可徵，乃叙述久故交親而出之以感慨；馬《誌》是也。或別生議論，可興可觀；柳《誌》是也。於永叔，獨録其叙述親故者；於介甫，獨録其別生議論者：各三數篇；其體制皆師退之。

---

① "史説"當爲"《史記》"。

俾學者知所從入也。

一、退之自言所學在辨“古書之真僞，與雖正而不至焉者”。蓋黑之不分，則所見爲白者，非真白也。子厚文筆古雋而義法多疵。歐、蘇、曾、王，亦間有不合；故略指其瑕，俾瑜者不爲揜耳！

一、《易》、《詩》、《書》、《春秋》及《四書》，一字不可增減。文之極則也。降而《左傳》、《史記》、韓文，雖長篇，句字可薙芟者甚少。其餘諸家，雖舉世傳誦之文，義枝辭冗者或不免矣！未便削去；姑鈎劃於旁，俾觀者別擇焉。

十二、清方望溪　書韓退之《平淮西碑》後

碑記墓誌之有銘，猶史有贊論，義法創自太史公；其指意辭法①，必取之本文之外。班史以下，有括終始事迹以爲贊論者；或於本文爲複矣！此意惟韓子識之！故其銘辭，未有義具於碑誌者。或體製所宜，事有覆舉；則必以補本文之間缺。如此篇兵謀戰功，詳於序；而既平後情事，則以銘出之。其大指然也，前幅蓋隱括序文；然序述比數世亂；而銘原亂之所生。序言官怠；而銘兼民困。序載戰降之數；銘具出兵之數。序標洄曲、文城收功之由；而銘備時曲、陵雲、邵陵、郾城、新城比勝之迹。至於師道之刺，元衡之傷，兵頓於久屯，相度之後至，皆前序所未及也。歐陽公號爲入韓子之奧窔；而以此類裁之，頗有不盡合者。介甫近之矣，而氣象則過隘。夫秦周以前，學者未嘗言文；而文之義法，無一之不備焉。唐宋以後，步趨繩尺，猶不能無過差。東鄉艾氏乃謂文之法至宋而始備，所謂强不知以爲知者耶！

---

① 法，《方望溪先生全集》作“事”。

十三、清方望溪　與孫以寧論作傳體要書

昔歸震川嘗自恨足迹不出里閈，所見所聞，無奇節偉行可紀。承命爲徵君作傳，此吾文所託以增重也！敢不竭其愚心。所示群賢論述，皆未得體要。蓋其大致不越三端：或詳講學宗指及師友淵源。或條舉平生義俠之迹。或盛稱門牆廣大，海内嚮仰者多。此三者，皆徵君之末迹也。三者詳，而徵君之志事隱矣！古之晰於文律者，所載之事，必與其人之規模相稱。太史公傳陸賈，其分奴婢裝資，瑣瑣者皆載焉。若《蕭曹世家》而條舉其治績，則文字雖增十倍，不可得而盡矣！故嘗見義於《留侯世家》曰："留侯所從容與上言天下事甚衆；非天下所以存亡故不著。"此明示後世綴文之士，以虛實詳略之權度也。宋、元諸史，若市肆簿籍，使覽者不能終篇；坐此義不講耳！徵君義俠，舍楊、左之事，皆鄉曲自好者所能勉也；其門牆廣大，乃度時揣己，不敢如孔孟之拒孺悲、夷之；非得已也；至論學則爲書甚具；故並弗採著於傳上，而虛言其大略。昔歐陽公作《尹師魯墓誌》，至以文自辨。而退之之誌李元賓，至今有疑其太略者。夫元賓年不及三十，其德未成，業未著；而銘辭有曰："才高乎當世，而行出乎古人。"

則外此尚安有可言者乎？僕此傳出，必有病其太略者。不知往者群賢所述，惟務徵實；故事愈詳而義愈陋。今詳者略，實者虛，而徵君所蘊蓄，轉似可得之意言之外。他日載之家乘，達於史官，慎毋以彼而易此。惟足下的然昭晰，無惑於群言；是徵君之所賴也！於僕之文，無加損焉。如別有欲商論者，則明以喻之。

十四、清劉海峰 《論文偶記》五則

神爲主氣輔之 行文之道，神爲主；氣輔之。曹子桓、蘇子由論文以氣爲主；是矣！然氣隨神轉。神渾則氣灝。神遠則氣逸，神偉則氣高，神變則氣奇，神深則氣靜，故神爲氣之主。至專以理爲主，則未盡其妙！蓋人不窮理讀書，則出詞鄙倍空疏。人無經濟，則言雖累牘，不適於用。故義理書卷經濟者，行文之材料。神氣音節者，行文之能事也。

神氣見於音節，音節準於字句 文章最要氣盛；然無神以主之，則氣無所附，蕩乎不知其所歸。神氣者，文之最精處也。音節者，文之稍粗處也。字句者，文之最粗處也。然予謂論文而至於字句，則文之能事盡矣！蓋音節者，神氣之迹也。字句者，音節之規也。神氣不可見，於音節見之。音節無可準，於字句準之。

音節爲神氣之迹，字句爲音節之矩 音節高，則神氣必高。音節下，則神氣必下。故音節爲神氣之迹。一句之中，或多一字，或少一字。一字之中，或用平聲，或用仄聲；同一平字、仄字，或用陰平、陽平、上聲、去聲、入聲；則音節迥異。故字句爲音節之矩。積字成句，積句成章，積章成篇，合而讀之，音節見矣！歌而詠之，神氣出矣！近人論文，不知有所謂音節者。至語以字句，必笑以爲末事。此論以[①]高實謬。作文若字句安頓不妙，豈復有文字乎！

無一定之律而有一定之妙　凡行文，字句短長，抑揚高下，無一定之律而有一定之妙；可以意會，不可以言傳。學者求神氣而得之音節；求音節而得之字句；思過半矣！其要只在讀古人文字時，設以此身代古人説話，一吞一吐，皆由彼而不由我；爛熟後，我之神氣，即古人之神氣；古人之音節，都在我喉吻間；合我喉吻者，便是與古人神氣音節相似處；自然鏗鏘發金石。

文之所貴　文貴奇。所謂珍愛者，必非常物。然有奇在字句者。有奇在意思者。有奇在筆者。有奇在邱壑者。有奇在氣者。有奇在神者。字句之奇，不足爲奇；氣奇，則真奇矣！讀古人文，於起滅轉接之間，覺有不可測識處，便是奇氣。文貴高。窮理則識高，立志則骨高，好古則調高。文貴大。道理博大，氣脈洪大，邱壑遠大。邱壑中必峰巒高大，波瀾闊大，乃可謂之遠大。文貴遠。遠必含蓄；或句上有句；或句下有句；或句中有句；或句外有句；説出者少，不説出者多；乃可謂遠。文貴簡。凡文筆老則簡。意真則簡。辭切則簡。理當則簡。味淡則簡。氣蘊則簡。品貴則簡。神遠而含藏不盡則簡。故簡爲文章盡境。文貴疏。凡文力大則疏。宋畫密，元畫疏；顔、柳字密，鍾、王字疏；孟堅文密，子長文疏。凡文氣疏則縱，密則拘。神疏則逸，密則勞；疏則生，密則死。文貴變。《易》曰："虎變文炳，豹變文蔚。"又曰："物相雜，故曰'文'。"故文者，變之謂也。一集之中，篇篇變。一篇之中，段段變。一段之中，句句變。神變，氣變，境變，音變，節變，句變，字變，唯昌黎能之。文貴瘦。須從瘦出而不宜以瘦名。蓋文至瘦，則筆能屈曲盡意而言無不達。然以瘦名，則文必狹隘。《公》、《穀》、《韓非》、王半山之文，極高峻難識，學之有得，便當舍去。文貴華。華正與樸相表裏；以其華美，故可貴重。所惡於華者，恐其近俗耳！所取於樸者，謂其不著粉飾耳！不著粉飾而精彩濃麗；自《左傳》、《莊子》、《史記》而外，其妙不傳！文貴參差。天之生物，無一無偶；而無一齊者。故雖排比之文，亦以隨勢屈曲貫注爲佳。文貴去陳言。昌黎論文，

① "以"當爲"似"。

以去陳言爲第一要義。《樊宗師誌銘》云："惟古於詞必己出。降而不能乃剽賊！後皆指前公相襲！自漢迄今用一律！"今人行文，反以用古人成語，自謂有出處，自矜爲典雅。不知其爲襲也！剽賊也！文字是日新之物，若陳陳相因，安得不腐臭！原本古文意義，到行文時，欲須重加鑄造一樣言語；不可便直用古人。此謂去陳言。未嘗不換字，却不是換字法。行文最貴品藻。無品藻不成文字。如曰"渾"，曰"浩"，曰"雄"，曰"奇"，曰"頓挫"，曰"跌宕"之類；不可勝數。然有神上事，有氣上事，有體上事，有色上事，有聲上事，有味上事，有識上事，有情上事，有才上事，有格上事，有境上事，須辨之甚明。文章品藻最貴者：曰"雄"。曰"逸"。歐陽子逸而未雄。昌黎雄處多，逸處少。太史公雄過昌黎，而逸處更多於雄處，所以爲至！

十五、清姚惜抱　復魯絜非論文分陰柔陽剛書

辱書引義謙而見推過當，非所敢任！鼐自幼迄衰，獲侍賢人長者爲師友，剽取見聞，加臆度爲説；非真知文，能爲文也；奚辱命之哉！蓋虚懷樂取者，君子之心！而誦所得以正於君子，亦鄙陋之志也！鼐聞天地之道，陰陽剛柔而已。文者，天地之精英，而陰陽剛柔之發也！惟聖人之言，統二氣之會而弗偏！然而《易》、《詩》、《書》、《論語》所載，亦間有可以剛柔分矣；值其時其人，告語之體，各有宜也。自諸子而降，其爲文無弗有偏者。其得於陽與剛之美者：則其文如霆，如電，如長風之出谷，如崇山峻崖，如決大川，如奔騏驥。其光也如杲日，如火，如金鏐鐵。其於人也，如憑高視遠，如君而朝萬衆，如鼓萬勇士而戰之。其得於陰與柔之美者：則其文如升初日，如清風，如雲，如霞，如烟，如幽林曲澗，如淪，如漾，如珠玉之輝，如鴻鵠之鳴而入寥廓。其於人也，漻乎其如歎，邈乎其如有思，暖乎其如喜，愀乎其如悲；觀其文，諷其音，則爲文者之性情形狀，

舉以殊焉。且夫陰陽剛柔，其本二端。造物者糅而氣有多寡；進絀①，則品次億萬以至於不可窮；萬物生焉。故曰："一陰一陽之爲道。"夫文之多變，亦若是也。糅而偏勝，可也。偏勝之極，一有一絶無；與夫剛不足爲剛，柔不足爲柔者，皆不可以言文。今夫野人孺子聞樂，以謂聲歌絃管之會爾！苟善樂者聞之，則五音十二律，必有一當；接於耳而分矣！夫論文者豈異於是乎！宋朝歐陽、曾公之文，其才皆偏於柔之美者也。歐公能取異己者之長而時濟之。曾公能避所短而不犯。觀先生之文，殆近於二公焉。抑人之學文，其功力所能至者，陳理義必明當；布置取舍，繁簡廉内②不失法；吐辭雅馴不蕪而已！古今至此者，蓋不數數得；然尚非文之至！文之至者，通乎神明！人力不及施也！先生以爲然乎？

① "絀"爲"詘"之訛字。
② "内"爲"肉"之訛字。

十六、清方植之《昭昧詹言》論詩文二十二則[①]

朱子論文所忌：意凡思緩。（政公《六一居士傳》）軟弱。没緊要。不仔細。辭意一直無餘。浮淺。不穩。絮。（説理要精細，却不要絮。）巧。（東坡時傷巧。）昧晦。（荆公、子固）不足。（政公）輕。冗。（南豐歐[②]后山文一事可思。）薄。

朱子云："學文學詩，須看得一家文字熟；向後看他人亦易知。"姬傳云："凡學詩文，且當就此一家用功。良久，盡其能，真有所得；然後舍而之他。不然，未有不失於孟浪者！"見道語，經濟語，惟於旁見側出，忽然露出，乃妙。或即古人指點；或即事指點，即物指點；愈不倫不類，愈遠妙不測！正面，古人只似帶出。似借指點，或借證明，而措語必精警；從無正衍實説者。思積而滿乃有異觀溢出爲奇！

創意（艱苦）　避凡俗淺近熟腐，凡人意中所有。

---

① 原注：照薛叔耘《論文集要》卷二寫録。

② "歐"爲"改"之誤字。

造言　刻意求與古人遠。常人筆下皆同者，别造一番。

選字　避庸舊。熟須换生，又不可僻。虚字須老。

隸事　避陳言不是求僻，乃博觀而選用之故。

文法　以斷爲貴。逆攝突起。倒挽。不許一筆平挨。入不言，出不辭。離合虚實，參差伸縮。

章法　有見於起處，有見於中間，有見於末。或二句頓上起下，或二句横截，有奇有正。

氣脈　草蛇灰綫多即用之以爲章法，則成粗俗莽夫！氣，所以行也。脈，所以縮章法而隱者也。章法，形骸。脈，所以來形骸也。語不接而意换。

起法　横空而來，快刀劈下。巨筆重壓，勇猛勇現。

轉接　横，逆，離。忌順接正接。

束法　倒截，逆挽，不測。

頓挫　往往用之未轉接前。有往必收，無垂不縮。

豫吞　此最是精神旺處，與一直下者不同。《莊》、《孟》多此法。

離合　專主行文言。横截，逆提，倒挽，補插，遥接。

伸縮　專主叙事言。

參差　用之行文，局陣，叙情事。

交代　題面，歸宿，題之情事。

事外曲致　詭變。似莊實諷，似緩實迫，愈悲愈恢。

截斷　斷愈多，愈便用奇，愈斬峭。斷而後接；用横，用對面，用逆，用離，用側，用遥接，大放開條收轉。

原本前哲，却句句直書即目；所以能避陳言。

姬傳云："凡學詩文，必先知古人謎悶難似處；否則其人必終於此事無望!"

以上論古詩者多。然多可通之於文。植翁自謂多屬微言；戴存莊亦謂陶、謝、杜、韓、蘇、黄諸公，不肯爲此顯白煩絮之言，此書直揭數千年微言奥旨。然若古大家所得尤深，所見必尤有精於此者。

十七、清惲子居《大雲山房文稿二集》叙録

昔者班孟堅因劉子政父子《七略》爲《藝文志》；序六藝爲九種，聖人之經，永世尊尚焉！其"諸子"則别爲十家，論可觀者九家。以爲："雖有蔽短，合其要歸，亦六經之支與流裔。"至哉此言！論古之圭臬也！敬嘗通會其説：儒家體備於《禮》及《論語》、《孝經》；墨家變而離其宗。道家、陰陽家，支駢於《易》。法家、名家，疏源於《春秋》。縱横家、雜家、小説家，適用於《詩》、《書》；孟堅所謂《詩》以正言，《書》以廣聽也。惟《詩》之流，復别爲詩賦家；而《樂》寓焉。農家、兵家、術數家、方技家，聖人未嘗專語之；然其體亦六藝之所孕也。是故六藝要其中，百家明其際會。六藝舉其大，百家盡其條流。其失者，孟堅已次第言之；而其得者，窮高極深，析事剖理，各有所屬。故曰："修六藝之文，觀九家之言，可以通萬方之略。"後世百家微而文集行！文集敝而經義起！經義散而文集益漓！學者少壯至老，貧賤至貴，漸漬於聖賢之精微，闡明於儒先之疏證，而文集反日替者；何哉？蓋附會六藝，屏絶百家，耳目之用不發，事物之賾不統；故性情之德不能用也！敬觀之前世：賈生自名家、縱横家入；故

其言浩汗而斷制。鼂錯自法家、兵家入，故其言峭實。董仲舒、劉子政自儒家、道家、陰陽家入，故其言和而多端。韓退之自儒家、法家、名家入，故其言峻而能達。曾子固、蘇子由自儒家、雜家入，故其言温而定。柳子厚、歐陽永叔自儒家、雜家、詞賦家入，故其言詳雅有度。杜牧之、蘇明允自兵家、縱横家入，故其言縱厲。蘇子瞻自縱横家、道家、小説家入，故其言逍遥而震動。至若黄初、甘露之間，子桓、子建氣體高朗，叔夜、嗣宗情識精微；始以輕雋爲適意，時俗爲自然，風格相仍，漸成軌範；於是文集與百家判爲二途！熙寧、寶慶之會，時師破壞經説。其失也鑿！陋儒襞積經文，其失也膚！後進之士，竊聖人遺説，規而畫之；睇而斲之；於是經義與文集並爲一物！太白、樂天、夢得諸人；自曹魏發情。靜修、幼清、正學諸人；自趙宋得理，遞趨遞下，卑冗日積！是故百家之敝，當折之以六藝。文集之衰，當起之以百家。其高下遠近華質，是又在乎人之所性焉；不可强也已！敬一人之見，恐違大雅。惟天下好學深思之君子教正之！

十八、清惲子居　上曹儷笙侍郎書

前者敬在寧都上謁。先生過聽彭臨川之言，諄然以昔人之所以爲古文者下問，侍坐之頃，未能達其心之所欲言。回縣後，竊願一陳其不敏。而下官之事上者，如古之奏記，如牋，如啟，皆束於體制，塗飾巧僞，殊無足觀。至前明之稟，幾於隸胥之辭矣。古者自上宰相，至於儕等相往復，皆曰書。其言疏通曲折，極其所至而後已。謹以達之左右。惟先生教正之：古文，文中之一體耳；而其體至正不可餘，餘則支；不可盡，盡則敝；不可爲容，爲容則體下。方望溪先生曰："古文雖小道，失其傳者七百年。"望溪之言若是；是明之遵巖、震川；本朝之雪苑、勺庭、堯峰諸君子；世俗推爲作者，一不得與乎望溪之所許矣！望溪謹厚，兼學有源本，豈妄爲此論耶！蓋遵巖、震川常有意爲古文者也；有意爲古文而平生之才與學，不能沛然於所爲之文之外，則將依附其體而爲之；依附具體而爲之，則爲支！爲敝！爲體下！不招而至矣！是故遵巖之文贍；贍則用力必過；其失也少支而多敝！震川之文謹；謹則置辭必近；其失也少敝而多支！而爲容之失，二家緩急不同，同出於體下！集中之得者十有六七，失者十而三四焉。此望溪之所以不滿也！李安溪先生曰："古文韓公之後，惟介甫得其法。"是説也視望溪之言有加甚焉！敬常即安溪之意推之：蓋雪苑、勺庭之失，毗於遵巖，而鋭過之；其疾徵於三蘇氏。堯峰之失，毗於震川，而弱過之；其疾徵於歐陽文忠公。歐與蘇二家所蓄有餘；故其疾難形。雪苑、勺庭、堯峰所蓄不足；故其疾易見。噫！可謂難矣！然望溪之於古文，則又有未至者；是故旨近端而有時而歧；辭近醇而有時而窳。近日朱梅崖等於望溪有不足之辭；而梅崖所得，視望溪益卑隘！文人之見，日勝一日；其力則日遜焉！是亦可虞者也！敬生於下里，以禄食趨走下吏，不獲與世之大人君子相處，而得其源流之所以然。同州諸前達，多習校録，嚴考證，成專家。爲賦詠者或適意自恣。而大江南北，以文名天下者，幾於昌狂無理，排溺一世之人！其勢力至今未已！敬爲之動者數矣！所幸少樂疎曠，未嘗捉筆求若輩所謂文之工者而浸清①之！其道不親，其事不習，故心不爲所陷而漸有以知其非。後與同州張皋文、吴仲倫，桐城王悔生游。始知姚姬傳之學，出於劉海峰，海峰之學，出於方望溪。及求三人之文觀之，未足以饜其心所欲云者！由是由本朝推之於明，推之於宋、唐，推之於漢於秦，齗齗焉析其正變，區其長短；然後知望溪之所以不滿者：蓋自厚趨薄；自堅趨瑕；自大趨小；而其體之正，不特遵巖、震川以下，未之有變，即海峰、姬傳亦非破壞典型，沈酣淫詖者；不可謂傳之盡失也。若是則所謂支，爲敝，爲體下；皆其薄，其瑕，其小爲之！如能盡其才與學以從事焉；則支者如山之立；敝者如水之去腐；體下者如負青天之高。於是積之而爲厚焉！歛之而爲堅焉！充之而爲大焉！且不患其傳之盡失也。然所謂才與學者，何哉？曾子固云："明必足以周萬事之理。道必足以適天下之用。智必足以通難知之意。文必足以達難顯之情。"如是而已。皋文最淵雅，中道而逝。仲倫才弱。悔生氣敗。敬蹉跎歲時，年及五十；無所成就必矣！天下之大，當必有具絶人之能；荒江老屋，求有以自信者！先生能留意焉，則斯事之幸也！

---

① "清"爲"漬"之訛字。

十九、清李申耆《駢體文鈔》序

少讀《文選》，頗知步趨齊梁；後蒙恩入庶常，台閣之制，例用駢體，而不能致工；因益搜輯古人遺篇，用資時習。區其鉅細，分爲三編；序而論之曰：天地之道，陰陽而已！奇偶也，方圓也，皆是也。陰陽相並俱生，故奇偶不能相離，方圓必相爲用；道奇而物偶；氣奇而形偶；神奇而識偶。孔子曰："道有變動，故曰'爻'。爻有等，故曰'物'。物相雜，故曰'文'。"又曰："分陰分陽，迭用柔剛；故易六位而成章。"相雜而迭用；文章之用，其盡于此乎！六經之文，班班具存。自秦迄隋，其體遞變；而文無異名。自唐以來，始有古文之目，而目六朝之文爲駢儷。而爲其學者，亦以是爲與古文殊路；既歧奇偶爲二；而於偶之中，又歧六朝與唐與宋爲三。夫苟第較其字句，獵其影響而已；則豈徒二焉三焉而已！以爲萬有不同，可也！夫氣有厚薄，天爲之也。學有純駁，人爲之也。體格有遷變，人與天參焉者也。義理無殊途，天與人合焉者也。得其厚薄純雜之故，則於其體格之變，可以知世焉。於其義理之無殊，可以知文焉。文之體，至六代而其變盡矣；沿其流極而泝之，以至乎其源，則其所出者一也。吾甚惜夫歧奇偶而二之者之毗於陰陽也！毗陽則躁剽！毗陰則沈膇！理所必至也！於相雜迭用之旨，均無當也。

上編著録若干首，皆廟堂之製，奏進之篇，垂諸典章，播諸金石者也。夫拜颺殿陛，敷頌功德，同德對越，表裏詩書者也；義必嚴以閎；氣必厚以愉；然後緯以精微之思，奮以瑰爍之辭；故高而不槬，華而不縟，雄而不矜，逶迤而不靡。馬、班已降，知者蓋希！或猥瑣補叙以爲平通。或詰屈彫琢以爲奇麗。朴即不文；華即無實。未有能振之者也；至於詔令章奏，固亦無取儷詞；而古文爲之，未嘗不沈詳整靜，茂美淵懿；訓詞深厚，實見於斯！豈得以唐、宋末流，澆玅浮尪，兼病其本哉！故亦略存大凡，使源流可知耳。

中編著録若干篇，指事述意之作也。或縝密而端慤。或豪侈而詄盪。蓋指事欲其曲以盡；述意欲其深以婉；澤以比興，則詞不迫切；資以故籍，故言爲典章也。韓非、淮南，已導先路。王符、應劭，其流孔長。立言之士，時有取焉！然枝葉已繁，或披其本，以仲宣之覃精，而子桓病其體弱；亦學者之通患也！碑誌之文，本與史殊體。中郎之作，質其有文，可爲後法。故録之尤備焉。

下編著録若干篇，多緣情寄興之作。戰國詼諧辨譎者流，實肇厥端。其言小；其旨淺；其趣博；往往託思於言表，潛神於旨裏，引情於趣外；是故小而能微，淺而能永，博而能檢。就其褊者，亦潤理内苞，秀采外溢；不徒以鏤繪爲工，逋峭取致而已。後之作者，乃以爲遊戲！佻側洸盪，忘其所歸，遂成俳優；病尤甚焉！尺牘之美，非關造作；妍媸雅鄭，每肖其人。齊梁啟事短篇，藻麗間見；既非具體，無關效法；而存一概，可知也。

二十、清阮芸臺　文言説

古人無筆墨紙硯之便，往往鑄金刻石，始傳久遠；其著之簡策者，亦有漆書刀削之勞；非如今人下筆千言，言事甚易也。許氏《説文》：“直言曰言，論難曰語。”《左傳》曰：“言之無文，行之不遠。”此何也？古人以簡策傳事者少，以口舌傳事者多；以目治事者少，以口耳治事者多；故同爲一言，轉相告語，必有愆誤；（《説文》：“言，从口从辛；辛，愆也。”）是必寡其詞，協其音以文其言；使人易於記誦，無能增改；且無方言俗語雜於其間，始能達意，始能行遠。孔子於《易》，所以著《文言》之篇也！古人歌、詩、箴、銘、諺、語，凡有韻之文，皆此道也。《爾雅·釋訓》主於訓蒙；子子孫孫以下，用韻者三十二條；亦此道也。孔子於《乾》、《坤》之言，自名曰文；此千古文章之祖也！爲文章者不務協音以成韻，修詞以達遠，使人易誦易記；而惟以單行之語，縱横恣肆，動輒千言萬字。不知此乃古人所謂直言之言，論難之語；非言之有文者也！非孔子之所謂文也！《文言》數百字，幾於句句用韻。孔子於此發明乾坤之藴，詮釋四德之名；幾費修詞之意，冀達意外之言；（《説文》曰：“詞，意内言外也。”蓋詞亦言也，非文也。《文言》曰：“修詞立其誠。”《説文》曰：“修説[①]也，詞之飾者乃得爲文，不得以詞即文也。”）要使遠近易誦，古今易傳；公卿學士皆能記誦以通天地萬物，以警國家身心；不但多用韻，抑且多用偶。即如樂行，憂違，偶也。長人，合體，偶也。和義，幹事，偶也。庸言，庸行，偶也。閑邪，善世，偶也。進德，修業，偶也。知至，知終，偶也。上位，下位，偶也。同聲，同氣，偶也。水濕，火燥，偶也。雲龍，風虎，偶也。本天，本地，偶也。無位，無民，偶也。勿用，在田，偶也。潛藏，文明，偶也。道革，位德，偶也。偕極天則，偶也。隱見，行成，偶也。學聚，問辨，偶也。寬居，仁行，偶也。合德，合明，合序，合吉凶，偶也。先天，後天，偶也。存亡，得喪，偶也。餘慶，餘殃，偶也。直内，方外，偶也。通理，居體，偶也。凡偶皆文也；於物，兩色相偶而交錯之，乃得名曰文。文即象其形也。（《考工記》曰：“青與白謂之文，赤與白謂之章。”《説文》曰：“文，錯畫也，象交文。”）然則千古之文，莫大於孔子之言易。孔子以用韻比偶之法，錯綜其言，而自名曰文；何後人之必欲反孔子之道而自命曰文，且尊之曰古也！

---

① “説”爲“飾”之訛字。

二十一、清梁茝林《退庵論文》兩則

文筆 今人自編其所著之集，大概分詩與文兩目而已。古人則不然：六朝以前多以文筆對舉；或以詩筆對舉。詩即有韻之文，可以文統之；故昭明《文選》，奄有詩歌。筆則專指紀載之作；故陸機《文賦》所列詩賦十體；不及傳志也。《南史·顔延之傳》："竣得臣筆，測得臣文。"劉勰《文心雕龍》云："無韻者筆，有韻者文。"此以文與筆分言之也。《梁書·劉潛傳》："三筆六詩。"又《庾肩吾傳》："詩既若此，筆又如之。"杜少陵詩稱"賈筆韓詩"；趙璘《因話録》稱"孟詩韓筆"；此以詩與筆分言之也。《宋書·傅亮傳》："高祖登庸之始，文筆皆是記室參軍滕演。"《魏書·温子昇傳》："臺中文筆，皆子昇爲之。"《北齊書·李廣傳》："集其文筆十卷，魏收爲之序。"《陳書·陸炎傳》："其所製文筆，多不存本。"《劉師知傳》"博涉書傳工文筆"。《徐伯陽傳》："年十五，以文筆稱。"《北史·魏高祖紀》："好爲文章；詩賦銘頌有大文筆，馬上口授。"《南齊書·晉安王子懋傳》："文章詩筆，乃是佳事。"《北史·蕭圓肅傳》"撰時人詩筆爲《文海》四十卷”。此以合文筆詩筆而爲言者也。至梁元帝《金樓子·立言篇》“以楊①榷前言，抵掌多識者謂之筆。咏歎風謡，流連哀思者謂之文”。又云：“至如文者，惟須綺縠紛披，宫徵靡曼，脣吻摇會，性靈摇蕩”云云。語尤分晰。今人於文筆二字之分，不講久矣！

韻 或疑文必有韻之語，爲不盡然。不知此劉彦和之説也。《文心雕龍·總術篇》云：“今之常言，有文有筆。無韻者筆，有韻者文。”彦和精於文理者，豈欺人哉！近人中知此理者頗鮮！阮芸臺先生曾詳言之曰：“所謂韻者，乃章句中之音韻；非但句末之韻脚也。六朝不押韻之文，其中奇偶相生，頓挫抑揚，皆有合乎宫羽。故沈休文作《謝靈運傳論》曰：‘五色相宣，八音協暢，由乎元黄律吕，各適物宜；欲使宫羽相變，低昂舛節。若前有浮聲，則後須切響。一簡之内，音韻盡殊。兩句之中，輕重悉異。妙達此旨，始可言文。’言之最爲暢曉。昭明所選，亦不盡有韻脚之文；而奇偶相生。宫羽悉協。溯其原本，乃出於經。孔子自名其言《易》者曰‘文’，此千古文章之祖。文言固有韻矣，而亦有平仄聲音焉。即如濕燥龍虎睹八句，上下何等聲音！無論龍虎二句不可顛倒；若改作龍虎燥濕睹，即無聲音矣！無論其德，其名，其序，其吉凶，四者不可錯亂；若倒不知退於不知亡不知喪之後，即無聲音矣！文言以後，以時代相次，則及於卜子夏之《詩大序》。序曰：‘性發於聲，聲成文謂之音。’又曰：‘主文而譎諫。’又曰：‘長言之不足，則嗟嘆之。’鄭康成釋聲成文爲宫商上下相應。釋主文爲與樂之宫商相應。此子夏直指詩之聲音爲文，不指翰藻也。凡文，在聲爲宫商，在色爲翰藻。即如《文言》雲龍風虎一節，乃千古宫商奇偶之祖。非一朝一夕之故一節，乃千古嗟嘆成文之祖。子夏《詩序》性發聲成一節，乃千古聲韻性情之祖。故曰：‘韻者，即聲音也。聲音，即文也。’然則今人所便單行之文，極其奥衍奔放者，乃古之筆，非古之文也。”沈休文之説，或可横指爲八代之衰。孔子、子夏之文體，豈不衰哉！

① “楊”爲“揚”之訛字。

二十二、清包慎伯　文譜

余嘗以隱顯回互激射説古文。然行文之法，又有奇偶、疾徐、墊拽、繁複、順逆、集散。不明此六者，則於古人之文，無以測其意之所至，而第其詣之所極。墊拽繁複者，回互之事。順逆集散者，激射之事。奇偶疾徐，則行於墊拽繁複、順逆集散之中，而所以爲回互激射者也。回互激射之法備，而後隱顯之義見矣。是故討論體勢，奇偶爲先；凝重多出於偶，流美多出於奇。體雖駢，必有奇以振其氣。勢雖散，必有偶以植其骨。儀厥錯綜，致爲微妙。《尚書》“欽明文思”一字爲偶；“安安”疊字爲偶；“允恭克讓”二字爲偶；偶勢變而生三；奇意行而若一。“光被四表，格於上下”語奇也而意偶。“克明峻德”四字一句奇。“以親九族”十六字四句偶。“協和萬邦”十字三句奇；而“萬邦”與“九族”、“百姓”語偶。“時雍”與“黎民於變”意偶。是奇也而偶寓焉。“乃命羲和”節奇。“若天”、“授時”隔句爲偶。中六字綱目爲偶。“分命”、“申命”四節；體全偶而詞悉奇。“帝曰諮”節奇。“期三百”十七字參差爲偶；“允釐”八字顛倒爲偶；而意皆奇。故雙意必偶；“欽明”、“允恭”等句是也。單意可奇可偶；“光被”、“允釐”等句是也。雖文字之始基，實奇偶之極軌。批根爲説，而其類從。慧業所存，斯爲隅舉。次論氣格，莫如疾徐。文之盛在沈鬱；文之妙在頓宕；而沈鬱頓宕之機，操於疾徐。此之不可不察也。《論語》“觚不觚”句，疾也；“觚哉觚哉”，徐也。“其然”句，徐也；“豈其然乎”句，疾也。此兩句爲疾徐也。《大學》“一家仁一國興仁”節，疾也；“堯舜率天下以仁”節，徐也。《孟子》“王曰何以利吾國”節，徐也；“未有仁而遺其親”節，疾也。此兩節爲疾徐也。“天下適諸侯曰巡守”一百四十九字徐；“先王無流連之樂”十六字疾。“國君進賢”一百二十二字徐；“故曰國人殺之”十七字疾。“尊賢使能，俊傑在位”五節徐；“信能行此五者”一節疾。此通篇爲疾徐也。有徐而疾不爲激；有疾而徐不爲紆；夫是以峻緩交得而調和奏膚也。墊拽者，爲其立説之不足聳聽也，故墊之使高。爲其抒議之未能折服也，故拽之使滿。高則其落也峻。滿則其發也疾。墊之法有上有下。《孟子》：“知而使之，是不仁也！不知而使之，是不智也！仁智，周公未之盡也！”又曰：“且以文王之德，百年而後崩，猶未洽於天下；武王、周公繼之，然後大行。”《韓非》：“今有不才之子，父母怒之弗爲改；鄉人譙之弗爲勸；師長教之弗爲變。”又云：“禹利天下；子産存鄭；皆以得謗。”又云：“視鍛錫，察青黄，區冶不能以必劍。發齒吻形容，伯樂不能以必馬。”又云：“侈而惰者貧；力而儉者富；今徵斂於富人以施布於貧家。”《史記》：“嘗以十倍之地，百萬之衆，叩關而攻秦。秦人開關延敵。九國之師，逡巡逃遁而不敢進。”又云：“非有仲尼、墨翟之賢，陶朱、猗頓之富”者。皆上墊也。《孟子》：“管仲、曾西之所不爲也。”又云：“非所以納交於孺子之父母也；非所以要譽於鄉黨朋友也；非惡其聲而然也。”《韓非子》：“磐石千里，不可謂富。象人百萬，不可謂强。”《史記》：“藉使子嬰有庸主之才，僅得中佐。”又云：“向使二世有庸主之行，而任忠賢；臣主一心而憂海内之患。”又云：“是所重者在於色樂珠玉；而所輕者在於人民”者。皆下墊也。拽之法有正有反。《孟子》：“萬取千焉；千取百焉；不爲不多矣；苟爲後義而先利。”又云：“文王以民力爲臺爲沼，而民歡樂之。予及汝偕亡，民欲與之偕亡。”又云：“此惟救死而恐不贍。”《荀子》：“螾無爪牙之利，筋骨之强，上食槁壤；下飲黄泉；用心一也。蟹六跪而二螯，非蛇螾之穴，無可託足者；用心躁也。是故無冥冥之志者，無昭昭之明，無惛惛之用者，無赫赫之功。”又云：“今之學者入乎耳，出乎口；口耳之間，則四寸耳！安能美七尺之軀！”《韓非》：“今有搆木鑽燧於夏后之世者，必爲鯀、禹笑矣！有決瀆於殷周之世者，必爲湯、武笑矣。”又云：“人主之左右，不必智也；人主於人有所智而聽之；因與左右論其言，是與愚人論智也！人主之左右，不必賢也；人主於人有所賢而禮之；因與左右論其行，是與不肖論賢也！”《吕覽》：“民農則樸，樸則易用，易用則邊境安，主位尊。民農則重，重則少私義，少私義，則公法立，力專一。民農則其産複，其産複則重徙，重徙則死其處而無二慮。”又云：“馬者伯樂相之，造父御之，賢主乘之，一日千里，無御相之勞而有其功。”《史記》：“天下以定，秦王之心，自以爲關中之固，金城千里，子孫帝王萬世之業也！秦王既没，餘威振於殊俗。”又云：“二世不行此術而重之以無道”者。皆正拽也。《孟子》：“天子能薦人於天，不能使天與之天下。諸侯能薦人於天子，不能使天子與之諸侯。大夫能薦人於諸侯，不能使諸侯與之大夫。”又云：“而居堯之宫，逼堯之子，是篡也！”又云：“將戕賊杞柳而後以爲桮棬。如將戕賊杞柳而以爲桮棬。”又云：“金重於羽者，豈謂一鈎金？”又云：“是君臣、父子、兄弟終去仁義懷利以相接。”《荀子》：“樂姚冶以險，則民流僈鄙賤矣！流僈則亂，鄙賤則争！争亂則兵弱城犯，敵國危之！”又云：“且夫暴國之君，誰與至哉？彼其所與至者，必其民也。而其民之親我歡若父母；其好我芬若椒蘭；彼反顧其上，則若灼黥，若仇讐；人之情雖桀跖，又豈肯爲其所惡，賊其所好？”《韓非》：“法術之士，操五不勝之勢，以歲數而又不得見。當涂之人，乘五勝之資，而旦暮獨説於前。”又云：“智士者遠見而畏於死亡，必不從重人矣。廉士者脩而羞與佞臣欺其主，必不從重人矣。是當涂之徒屬，非愚而不知患；即汙而不避姦者也。大臣挾愚汙之人，上與之欺主，下與之收利侵漁。”《史記》：“秦并海内，兼諸侯，南面稱帝，以四海養天下，斐然向風。”又云：“今秦二世立；天下莫不引領而觀其政。夫寒者利短褐；饑者甘糟糠；民之嗸嗸，新主之資也”者。皆反拽也。《孟子》：“知虞公之不可諫而去之秦”一百二十二字；《荀子》：“凡生於天地之間者，有血氣之屬必有知”一百八十一字；旋墊旋拽，備上下反正之致。文心之巧，於斯爲極！是故墊拽者，先覺之鴻寶，後進之梯航！未悟者既望洋而不知。聞聲者復震驚而不信。然得之則爲蹈厲風發。失之則爲樸樕遼落。姬嬴之際，至工斯業；降至東京，遺文具在，能者僅可十數；論者竟無片言。千里比肩，百世接踵，不其諒已。至於繁複者，與埶拽相需而成，而爲用尤廣。比之詩人，則長言詠歎之流也；文家之所以極情盡意，茂豫發越也。《孫武子》："聲不過五；五聲之變，不可勝聽也！色不過五；五色之變，不可勝觀也；味不過五；五味之變，不可勝嘗也！戰勝不過奇正；奇正之變，不可勝窮也"者；繁也。"奇正相生如循環之無端，孰能窮之"者；複也。《孟子》："穀與魚鱉不可勝食；材木不可勝用；七十者衣帛食肉，黎民不饑不寒。"又云："天下之欲疾其君者，皆欲赴愬於王"者；繁也。"然則一羽之不舉，爲不用力焉。"又曰："昔者禹抑洪水而天下平。"又曰："口之於味也，有同嗜焉。"又曰："鄉爲身死而不受，今爲宫室之美爲之"者；複也。"離婁之明"節，繁也。"聖人既竭目力"節，複也。"樂民之樂者，民亦樂其樂。憂民之憂者，民亦憂其憂。樂以天下，憂以天下。"又云："君子以仁存心，以禮存心。仁者愛人，有禮者敬人，愛人者人恒愛之，敬人者人恒敬之。"繁而兼複也。"得道者多助，失道者寡助。寡助之至，親戚畔之。多助之至，天下順之。以天下之所順，攻親戚之所畔。"複而兼繁者也。《荀子》之《議兵》、《禮論》、《樂論》、《性惡篇》，《吕覽》之《開春》、《慎行》、《貴直》、《不苟》、《似順》、《士容論》，《韓非》之《説難》、《孤憤》、《五蠹》、《顯學篇》，無不繁以助瀾，複以鬯趣；複如鼓風之浪；繁如捲風之雲；浪厚而盪，萬石比一葉之輕；雲深而釀；零雨有千里之遠；斯誠文陣之雄師，詞囿之家法矣！然而文勢之振，在於用逆。文氣之厚，在於用順。順逆之於文，如陰陽之於五行，奇正之於攻守也。《論語》："公叔文子之臣大夫僎。"逆而順也。"君取於吴，爲同姓，謂之吴孟子。"順而逆也。孟子："無恒産而有恒心者，惟士爲能。"本言當制民産，先言取民有制；又先言民之陷罪，由於無恒心；而無恒心，本於無恒産；并先言惟士之恒心，不係於恒産；則逆之逆也。《天下大悦而將歸已》章、《桀紂之失天下》章，全用逆。《君子之所以異於人者》章，全用順。深求童習之編，自得伐柯之則。略舉數端以需善擇。集散者，或以振綱領；或以争關紐；或奇特形於比附；或指歸示於牽連；或錯出以表全神；或補述以完風裁。是故集則有勢有事；而散則有縱有横。《左傳》："君將納民於軌物者也；故講事以度軌量謂之軌。取材以章物采謂之物。不軌不物，謂之亂政。"又云："將修先君之怨於鄭，而求寵於諸侯以和其民。”《孟子》：“是故君子有終身之憂，無一朝之患。”又云：“彼陷溺其民；王往而征之，夫誰與王敵?”又云：“仁不可爲衆也。夫國君好仁，天下無敵。”又云：“或勞心，或勞力。勞心者治人，勞力者治於人。治於人者食人，治人者食於人。”《韓非子》：“是以賞莫如厚而信，使民利之。罰莫如重而必，使民畏之。法莫如一而固，使民知之。”又云：“夫離法者罪，而諸先生以文學取！犯禁者誅，而群俠以私劍養！故法之所非，君之所取，吏之所誅，上之所養也。”又云：“故明主之國，無書簡之文，以法爲教。無先生之語，以吏爲師。無劍私之捍，以斬首爲勇。”又云：“强則能攻人者也。治則不可攻者也。治强不可責於外，内政之修也。”是集勢者也。《孟子》引“經始靈臺，時日曷喪”；徵古以明意。説“不違農時”、“五畝之宅”，緣情以比事。《吕覽》專精證驗。《韓非》旁通喻釋。《史記》載祠石墜履而西楚遂以遷鼎，述厠鼠驚人而上蔡無所税駕。曲逆意遠見於俎上，淮陰志異得之城下；臨印竊訾；好畤分槖；銜晦既殊，心跡斯别。右遊俠之克崇退讓，而知在位之專恣睚眦！稱權利之致於誠壹，而知居上之不收窮民！是集事者也。二帝同典，止紀都俞。五臣共謨，乃書陳告。是縱散者也。然龍門帝紀，已屬有心避就。金華臣傳，遂至僅存闕閲。（宋濂作《九國春秋》，事蹟悉詳記中。諸臣列傳勢難重出，寂寥已甚。今吴任臣書即竊其本也。）求其繼聲，未易屈指！《史記》廉將軍矜功争列，與避居連文，以美震悔之忠。長平侯重揖客，諱擊傷，於本傳不詳，以嘆尊容之廣。程、李名將，而行酒辨其優劣。汲鄭長者而廷論譏其局趣。是横散者也。然而六法備具；其於文也，猶魚兔之筌蹄，膚髮之脂澤也！《易》曰：“觀乎人文，以化成天下。”士君子能深思天下所以化成者，求諸古，驗諸事，發諸文；則庶乎言有物，而不囿於藻采雕繪之末技也夫！

二十三、清包慎伯　答張翰風論詩書

追惟矮屋一夕之談，等於笙磐①；而臨歧握手，唯以苦吟爲誡。仁者之贈，心佩不忘；更今三月，竟斷韻語；而篋中舊草，未忍焚棄；篇什頗充，不能莊寫，附緘去書，敬以相屬。宋氏以來，言詩必曰唐；近人乃盛言宋；而世臣獨尚六朝。尚六朝者，皆以排比靡麗爲工；而世臣獨求頓挫悠揚，以罄目送手揮之旨。是以游歷數州，未遇可言；何意足下遠隔千里，乃爲同術！然足下專推阮、陶；世臣則兼崇陸、謝。嘗謂詩本合於陳思而別於阮、陸；至李、杜而復合；既合而其末遂分而不可止；此則同之微異者也。蓋格莫峻於步兵。體莫宏於平原。步兵之激揚易見。平原之鼓盪難知。天挺兩宗，無獨有偶。太沖追步公幹；安仁接武仲宣；雖云遒麗，無足與參。彭澤沈鬱絕倫，惟以率語爲累；然上攀阮而下啟鮑；孟、韋非其嗣也。康樂清脆夷猶，以行沈鬱，如夏雲秋濤，乘虛變滅。故論陶於獨至，時出謝右；以言竟體芳馨，去之抑遠！宣城得其清脆，而沈鬱無聞。參軍有其沈

① “磐”爲“磬”之訛字。

鬱，而猶夷不顯。醴陵開府，庶幾具體；而江則格致較輕，微傷邊幅；庾則鉛華已重，反累清揚。是故善學者必辨其流。善鑑者必别其源。景陽、景純祖述步兵而變爲沈響。彦昇、法曹憲章康樂而發以么弦。子堅神骨俊逸，倡太白之前聲。處道氣體高妙，飛子美之嚆矢。是必心契單微，未易與吠聲逐迹者説也！三唐傑士，厥有七賢：鄭公首賦憑軾；少保續咏臨河，高唱復古，珍比素絲。伯玉之駘宕，子壽之精能，次山之柔厚，并具罏冶，無偭高曾。抗墜安詳，極於李、杜；所謂一字一句，若奮若搏。彼建安詞人，不得居其右者矣！事斯以來，歷年三五，師心所向，宗尚如斯。徒以見聞狹隘，材力怯薄，躬之不逮，良用爲恥耳！竊謂先王治世之大經，君子淑身之大法，必以禮樂。而禮壞樂崩，來自近古；端緒僅存，唯藉詩教。夫言詩教於今日，難矣！然而紀述必得其序，指斥必依其倫；禮也。危苦者等其曲折，哀思者懷其舊俗；樂也。凡所以化下風上，言無罪而聞足戒者，今之詩不猶之古乎？世臣生長孤露，早涉憂患，而能飭其領緣，勿邇奇衺，頗謂以詩自澤；言爲心聲，可意逆而得也。足下幸賜觀覽，汰其疵類；使得遵録定本，留存異日；庶幾自訟有方，時資省察；達則不昧初心；窮則力貞素志。麗澤之益，斯爲不負。此間已無可留，半月後便作歸計。敝居去歙，近在三程，或能襆被過訪，面承指授。天寒殊重，不具欲言。

二十四、清包慎伯　與楊季子論文書

辱書詢爲古文之要，詞意勤懇；世臣何可以當此耶！足下性嗜古書，尤躭齊梁諸子；而下筆顧清迴柔厚，駸駸有西漢之意。世臣傺陋偃蹇，何足以稱盛指？謹言其所知而足下擇之：竊謂自唐氏有爲古文之學，上者好言道，其次則言法；説者曰："言道者，言之有物者也。言法者，言之有序者也。"然道附於事而統於禮。子思嘆聖道之大；曰："禮儀三百，威儀三千。"孟子明王道而所言要於不緩民事，以養以教；至養民之制，教民之法，則亦無不本於禮。其離事與禮而虛言道以張其軍者，自退之始！而子厚和之！至明允、永叔迺用力於推究世事；而子瞻尤爲達者；然門面言道之語，滌除未盡。以致近世治古文者，一若非言道，則無以自尊其文。是非世臣所敢知也！天下之事，莫不有法。法之於文也尤精而嚴。夫具五官，備四體而後成爲人；其形質配合乖互，則貴賤妍醜分焉；然未有能一一指其成式者也。夫孟、荀，文之祖也；子政、子雲，文之盛也；典型具在，轍迹各殊。然則所謂法者，精而至博，嚴而至通者也。又有言爲文不可落人窠臼，託於退之尚異之旨者。夫窠臼之説，即《記》所譏之勦説雷同也。

比如有人焉，五官端正，四體調均，徧視數千萬人而莫有能同之者；得不謂之真異人乎哉？而戾者乃欲顛倒條理，删節助字，務取詰屈以眩讀者。是何異自憾狀貌之無以過人；而抉目截耳，折筋刲脇，蹣行於市；而矜詡其有異於人人也耶！至於退之諸文，序爲差劣，本供酬酢，情文無自；是以别尋端緒，仿於策士諷諭之遺；偶著新奇，旋成惡札；而論者不察，推爲功宗！其有爇繹前人名作，摘其微疵，抑揚生議以尊己見，所謂蠹生于木而反食其木；又或尋常卜①文，强推大義；二者之蔽，王、曾尤多。夫事無大小，苟能明其始末，究其義類，皆足以成至文；固不必悉本忠孝，攸關家國也。凡是陋習，染人爲易；而熙甫、順甫乃欲指以爲法，豈不謬哉！文類既殊，體裁各别；然惟言事與記事爲最難。言事之文，必先洞悉所事之條理原委，抉明正義；然後述現事之所以失，而條畫其補救之方。記事之文，必先表明緣起，而深究得失之故；然後述其本末，則是非明白，不惑將來，凡此二類；固非率爾所能；而古今能者必宗此法；機勢萬變，梧樞無改。至紀事而叙入其人之文，則爲尤難。《史記》點竄《内外傳》、《戰國策》諸書，遂如己出。班氏襲用前文，微有增損；而截然爲兩家，斯如製藥冶金，隨其鎔範，形依手變，性與物從；非具神奇，徒嫌依傍！馬、班紀載舊文，多非原本。故《史記》善賈生推言之論；而班氏《典引》直指以爲司馬。《始皇紀》後，亦兼載賈、馬之名。賈生之文入《漢書》者，已屬摘略；而其局度意氣，與《過秦》殊科。則知其出於司馬删潤無疑也。比及陳、范所載全文，多形蕪穢；或加以删薙，輒又見爲碎缺。故子瞻約趙抃之牘以行己意；而介甫嘆爲子長復出者，蓋深知其難也。《通鑑》删採忠宣，能使首尾完具，利害畢陳；原父鑪錘，斯爲可尚。世臣從前纂《汪容甫遺集》，曾採未成互異之稿，足爲完篇，筆勢一如容甫。容甫故工文；體勢又略與予近；猶易爲力。至作《谷西阿傳》，採録其奏議三篇。西阿人能自立，而文筆蕪靡，不及其意。世臣因其事必宜傳；又恐一加潤色，將與國史互異，致啟後人之疑；故止爲之删削移動；較量篇幅，十不存五；而未嘗改易一字，醇茂痛快，頓可誦讀。既與原文殊觀；又不亂以己意。較之子瞻所作，難易倍蓰！非足下其誰與喻此耶！世臣自幼失學，惟好究

① “卜”爲“小”之訛字。

事物之情狀。足下所志略同。鄙人前後雜文數十百篇，足下大都見之。其是否有合古人立言之旨？以及與近世聞人所言古文相承之法，是否同異？世臣不能自知，又將何以爲足下告耶？

二十五、清包慎伯　再與楊季子論文書

辱賜還答，知不以前書爲差謬；幸甚幸甚！然獎借逾分，又有未甚喻意之處。故復進以相開。惟足下照察。足下謂“聖道即王道；研究事務；擘畫精詳，則道已寓於文；故更無道可言”。固非世臣所任；而亦非世臣意也。世臣生乾隆中，比及成童，見百爲廢弛，賄賂公行，吏治汙而民氣欝，殆將有變；思所以禁暴除亂；於是學兵家。又見民生日蹙；一被水旱，則道殣相望；思所以勤本厚生；於是學農家。又見齊民跬步，即陷非辜；奸民趨死如鶩而常得自全；思所以飭邪禁非；於是學法家。既已求三家之學於古，而飢驅奔走者數十年；驗以人情地勢，殊不相遠；斟古酌今，時與當事論説所宜；雖補偏救弊之術，偶蒙採納；皆有所效，然極世臣學識之所至，尚未知其能爲富强否耶？民富則重犯法。政强則令必行。故過富强者爲霸，過霸者爲王。詩人之頌王業曰：“如茨如梁。”又曰：“莫不震疊。”未有既貧且弱而可言王道者也。故謂富强非王道之一事者，陋儒也！若遂以富强爲王道，古先其可誣乎？荀子曰：“學，始於誦詩，終於安禮。學至於禮而止。”孟子曰：“動容周旋中禮者，盛德之至也。”孔子曰：“齊之以禮”，“有禮則安”，“以禮爲國乎何有!”世臣溯自有識，迄於中身，非禮之念，時生於心；非禮之行，時見於事；惟不敢蕩檢踰閑，竊自附於鄉黨自好之末而已！而足下乃取文以載道之危言，致其推崇。前書方以言道自張爲前哲之病。而足下更爲此說。是重吾過也！足下又謂：“苦學彦昇、季友而不能近，以致詞氣生澀，非能入漢。”夫太白俯首宣城而不珍建安；子美詩親子建而苦學陰何；智過其師，事有天授。故足下之近漢也，得於天；而好彦昇、季友由於學。然彦昇、季友獨到之處，亦漢人所無；足下好之，無庸更疑也。至詢及晉卿往復論文之旨。足下疑世臣之別有秘密乎？晉卿古文之學，出於其舅氏張皋文先生；皋文受於劉才甫之弟子王悔生；蓋即熙甫、望溪相承之法；而晉卿才力桀驁；下筆輒能自拔，然世臣識晉卿時，晉卿未弱冠；迄今二十年，每論文，則判然無一語相合；而讀其文，則必嘆賞無與比方。晉卿亦以世臣一覽，便見其深；每有所作，必以相示；不以論議殊途爲意。是殆所謂能行者未必能言也。又詢及選學與八家優劣？及國朝名人孰爲近古？夫《文選》所載，自周秦以及齊梁，本非一體，八家工力至厚，莫不沈酣於周秦、兩漢子史百家；而得體勢於韓公子、《吕覽》者爲尤深；徒以薄其爲人，不欲形諸論說；然後世有識，飲水辨源，其可掩耶！自前明諸君泥子瞻“文起八代”之言；遂斥《選》學爲别裁僞體！良以應德、順甫、熙甫諸君，心力悴於八股；一切誦讀，皆爲制舉之資！遂取八家下乘横空起議照應鈎勒之篇，以爲準的。小儒目眯，前邪後許；而精深閎茂，反在屏棄！於是有反其道以求之者，至謂八家淺薄；務爲藻飾之詞，稱爲選學。格塞之語，詡爲先秦。夫六朝雖尚文采；然其健者，則緩急疾徐，縱送激射，同符《史》、《漢》；貌離神合，精彩奪人。至於秦漢之文，莫不洞達駘宕，劌目怵心；間有語不能通，則由傳寫譌誤，及當時方言；以此爲師，豈爲善擇？退之酷嗜子雲，碑板或至不可讀；而書説健舉渾厚，宜爲宗匠。子厚勁厲無前，然時有摹擬之迹，氣傷縝密。永叔奏議怵怛明暢，得大臣之體；翰札紆徐易直，真有德之言；而序記則爲庸調。明允長於推勘，辨駁一任峻急。介甫詞完氣健，饒有遠勢。子固茂密安和而雄强不足。子瞻機神敏妙；比及暮年，心手相忘，獨立千載。子由差弱；然其委婉敦縟，一節獨到，亦非父兄所能掩。足下試各取其全集讀之，凡爲三百年來選家所遺者，大抵皆出入秦漢而爲古人真脈所寄也；

其與《選》學，殊途同歸。貴鄉汪容甫頗有真解；惜其騖逐時譽，耗心餖飣！然有至者，固足爲後來先路矣！國初名集，所見甚尠；就中可指數者：侯朝宗隨人俯仰，致近俳優。汪鈍翁簡點瞻顧，僅足自守。魏叔子頗有才力，而學無原本，尤傷拉雜。方望溪視三子爲勝，而氣仍寒怯。儲畫山典實可尚，度涉市井。劉才甫極力修飾，略無菁華。姚姬傳風度秀整，邊幅急促。張皋文規形撫勢；惟説經之文爲善。惲子居力能自振，而破碎已甚；碑志小文，乃有完璧。凡此九賢，莫不具標能擅美，獨映當時之志；而蓋棺論定，曾不足以塞後人之望。白駒過隙，來者難誣。足下齒方弱冠，秀出時流；然生材非難，成材爲難。惟望以世臣之荒落爲鑑，及時自勉；則斯文之幸也。

二十六、清章實齋　文集

集之興也，其當文章升降之交乎！古者朝有典謨，官存法令，風詩采之閭里，敷奏登之廟堂；未有人自爲書，家存一説者也！（劉向校書，叙録諸子百家，皆云出於古者某官某氏之掌，是古無私門著述之徵也。餘詳外篇。）自治學分途，百家風起；周秦諸子之學，不勝紛紛；識者已病道術之裂矣！然專門傳家之業，未嘗欲以文名，苟足顯其業而可以授傳於其徒；（諸子俱有學徒傳授：《管》、《晏》二子書多紀其身三①事；莊子亦記學②將死之言；韓非《存韓篇》之終以李斯駁議，皆非本人所撰；蓋爲其學者各據聞見而附益之爾。）則其説友③遂止於是；而未嘗有參差龐雜之文也；兩漢文章漸富，爲著作之始衰。然賈生奏議，編入《新書》。（即《賈子書》。唐《集賢書目》始有《新書》之名。）相如詞賦，但記篇目。（《藝文志》《司馬相如賦》二十九篇，次《屈原賦》二十五篇之後，而叙録總云詩賦一百六家一千三百一十八篇，蓋各爲一家言，與《離騷》等。）皆成一家之

① “三”當作“後”。
② “學”當作“其”。
③ 友，《文史通義》通行本作“亦”。

言，與諸子未甚相遠。初未嘗有彙次諸體，裒焉而爲文集者也。自東京以降，訖乎建安、黄初之間，文章繁矣。然范、陳二史，（《文苑傳》始於《後漢書》）所次文士諸傳，識其文筆，皆云“所著詩、賦、碑、箴、頌、誄若干篇”；而不云“文集若干卷”；則文集之實已具，而文集之名猶未立也。（《隋志》云：“别集之名，東京所創。”蓋未深考。）自摯虞創爲《文章流别》，學者便之。於是别聚古人之作，標爲别集；則文集之名，實仿於晉代。（陳壽定《諸葛亮集》二十四篇，本云《諸葛亮故事》，其篇目載《三國志》，亦子書之體；而《晉書·陳壽傳》云定《諸葛亮集》，壽於目録標題夾[1]稱《諸葛氏集》蓋俗誤云。）而後世應酬牽率之作，决科俳優之文，亦汎濫横裂而争附别集之名；是劉《略》所不能收，班《志》所無可附。而所爲之文，亦矜情飾貌，矛盾参差；非復專門名家之語無旁出也。夫治學分而諸子出；公私之交也。言行殊而文集興；誠僞之判也。勢屢變，則屢卑。文愈繁，則愈亂。苟有好學深思之士，因文以求立言之質，因散而求會同之歸，則三變而古學可興。惜乎！循流者忘源，而溺名者喪實！二缶猶且以鍾惑，況滔滔之靡有抵極者！昔者向、歆父子之條别，其《周官》之遺法乎！聚古今文字而别其家；合天下學術而守於正；非歷代相傳有定式；則西漢之末，無由直溯周、秦之源也。（《藝文志》有録無書者亦歸其類，則劉向以前必有傳授矣；且《七略》分家亦未有確據，當是劉氏失其傳。）班《志》而後，紛紛著録者，或合或離，不知宗要。其書既不盡傳，則其部次之得失，叙録之善否，亦無從而悉考也。荀勗《中經》有四部：詩、賦、圖、贊，與汲塚之書歸丁部。王儉《七志》以詩賦爲《文翰志》，而介於諸子軍書之間，則集部之漸日開，而尚未居然列專目也。至阮孝緒撰《七録》；惟技術、佛、道分三類；而經典、紀傳、子兵、文集之四録，已全爲唐人經、史、子、集之權輿。是集部著録，實仿於蕭梁；而古學源流，至此爲一變；亦其時勢爲之也。嗚呼！著作衰而有文集，典故窮而有類書。學者貪於簡閲之易，而不知實學之衰。狃於易成之名，而不知大道之散！江河日下，豪傑之士，從狂瀾既倒之後，而欲障百川於東流；其不爲舉世所笑而指目牽引爲言詞；何可得耶！且名者，實之賓也。類者，例

① 夾，《文史通義》通行本作“亦”。

所起也。古人有專家之學，而後有專門之書；有專門之書，而後有專門之授受；（鄭樵蓋嘗云爾。）即類求書，因流溯源，部次之法明；雖三墳五典，可坐而致也。自校讎失傳，而文集、類書之學起；一編之中，先自不勝龐雜；後之興者，何從而窺古人之大體哉！夫《楚詞》，屈原一家之書也；自《七録》初收於集部；《隋志》特表"楚詞"類，因併總集、别集爲三類；遂爲著録諸家之成法。充其義理，則相如之賦，蘇、李之五言，枚生之《七發》，亦當别標一目而爲賦類、五言類、七發類矣。總集别集之稱，何足以配之？其源之濫，實始詞賦不列專家；而文人有别集也。《文心雕龍》，劉勰專門之書也；自《集賢書目》收爲總集；（《隋志》已然）《唐志》乃併《史通》、《文章龜鑑》、《史漢異議》爲一類；遂爲鄭《略》、馬《考》諸子之通規。（鄭《志》以《史通》入通史類，以《雕龍》入文集類。夫漁仲校讎，義例最精，猶舛誤若此；則俗學之薄①習已久矣。）充其義例，則魏文《典論》、葛洪《史抄》、張騭《文士傳》，（《典論·論文篇》如《雕龍》，《史抄》如《史漢異義》，《文士傳》如《文章龜鑑》，類皆相似。）亦當混合而入總集矣。史部子部之目，何得而分之？（《典論》，子類也。《史抄》、《文士傳》，史類也。）其例之混，實由文集難定專門；而似者可亂真也。著録既無源流。作者標題遂無定法。郎蔚之《諸州圖經集》則史部地理而有集名矣。（《隋志》所收。）王方慶《寶章集》，則經部小學而有集名矣。（《唐志》所收。）元覺《永嘉集》，則子部釋家而有集名矣。（《唐志》所收。）百家雜藝之末流，識既庸闇，文復鄙俚，或抄撮古人，或自命小數，本非集類，而紛紛稱集者，何足勝道！（雖曾氏《隆平集》亦從流俗，當改爲傳志，乃爲相稱。）然則三集既興；九流必混；學術之迷，豈特黎邱有鬼，岐路亡羊而已耶！

① "薄"爲"傳"之訛字。

二十七、清章實齋　古文十弊

余論古文辭義例，自與知好諸君書，凡數十通，筆爲論著；又有《文德》、《文理》、《質性》、《黠陋》、《俗嫌》、《俗忌》諸篇；亦詳哉其言之矣！然多論古人，鮮及近世，兹見近日作者所有言論與其撰著，頗有不安於心；因取最淺近者條爲十通，思與同志諸君相爲講明。若他篇所已及者不複述，覽者可互見焉。此不足以盡文之隱；然一隅三反，亦庶幾其近之矣。

一曰：凡爲古文辭者，必先識古人大體；而文辭工拙又其次焉。不知大體，則胸中是非不可以憑；其所論次，未必俱當事理。而事理本無病者，彼反見爲不然而補救之；則率天下之人而禍仁義矣！有名士投其母氏行述，請大興朱先生作誌；叙其母之節孝，則謂：乃祖衰年病廢卧床，溲便無時，家無次丁。乃母不避穢褻，躬親薰濯。其事既已美矣！又述：乃祖於時感然不安。乃母肅然對曰："婦年五十，今事八十老翁，何嫌何疑！"嗚呼！母行可嘉。而子文不肖甚矣！本無介帶①；何有嫌疑！節母既明大義，定知無是言也，此公無故自生嫌疑，特添注以斡旋其事；方自以爲得體！而不

① "帶"爲"蒂"之訛字。

知適如冰雪肌膚，剜成瘡痏；不免愈痕[1]愈濯[2]瘢矣！人苟不解文辭，如遇此等，但須據事直書；不可無故妄加雕飾，妄加雕飾，謂之“剜肉爲瘡”。此文人之通弊也！

二曰：《春秋》書内不諱小惡。歲寒知松柏之後彫。然則欲表松柏之貞，必明霜雪之厲；理勢之必然也。自世多嫌忌，將表松柏而又恐霜雪懷慚；則觸手皆荆棘矣！但大惡諱，小惡不諱；《春秋》之書内事，自有其權衡也。江南舊家輯有宗譜，有群從先世爲子聘某氏女；後以道遠家貧，力不能婚；恐失婚時，僞報子殤；俾女别聘。其女遂不食死，不知其子故在。是於守貞殉烈兩無所處；而女之行事，實不愧於貞烈，不忍泯也！據事直書，於翁誠不能無歉然矣！第《周官·媒氏》：“禁嫁殤。”是女本無死法也。《曾子問》：“娶女有日，而壻父母死；使人致命女氏。”注謂：“恐失人嘉會之時。”是古有辭昏之禮也。今制：“壻遠遊三年無聞；聽婦告官别嫁。”是律有遠絶離昏之條也。是則某翁詭託子殤；比例原情，尚不足爲大惡而必須諱也。而其族人動色相戒，必不容於直書；則匿其辭曰：“書報幼子之殤，而女家悮聞以爲壻也。”夫千萬里外，無故報幼子殤，而又不道及男女昏期；明者知其無是理也，則文章病矣！人非聖人，安能無失！古人叙一人之行事，尚不嫌於得失互見也。今叙一人之事，而欲顧其上下、左右、前後之人，皆無小疵；難矣！是之謂“八面求圓”。又文人之通弊也！

三曰：文欲如其事；未聞事欲如其文者也！嘗見名士爲人撰誌；其人蓋有朋友氣誼；誌文乃仿韓昌黎之誌柳州也，一步一趨，惟恐其或失也！中間感歎世情反復，已覺無病費呻吟矣！末叙喪費出於貴人！及内親竭勞其事；詢之其家，則貴人贈賻稍厚；非能任喪費也。而内親，則僅一臨穴而已！亦並未任其事也！且其子俱長成；非若柳州之幼子孤露，必待人爲經理者也！詰其何爲失實至此？則曰：“仿韓志柳墓終篇有云：‘歸葬費出觀察使裴君行立；又舅弟盧遵既葬子厚，又將經紀其家。’附紀二人，文情深厚。今誌欲似之耳。”余嘗舉以語人。人多笑之！不知臨文摹古，遷就重輕；又往往似之矣！是之謂“削趾適屨”。又文人之通弊也！

---

① “痕”當作“濯”。

② “濯”當作“痕”。

四曰：仁智爲聖，夫子不敢自居。瑚璉名器，子貢安能自定！稱人之善，尚恐不得其實。自作品題，豈宜誇耀成風耶！嘗見名士爲人作傳；自云：“吾鄉學者鮮知根本；惟余與某甲爲功於經術耳！”所謂某甲固有時名；亦未見必長經術也。作者乃欲援附爲名，高自標榜；恧矣！又有江湖遊士以詩著名；實亦未足副也。然有名實遠出其人下者，爲人作詩集序；述人請序之言曰：“君與某甲齊名。某甲既以弁言；君烏得無題品？”夫齊名本無其説，則請者必無是言；而自詡齊名，藉人炫己；顔頰不復知忸怩矣！且經援服、鄭，詩攀李、杜，猶曰：“高山景仰！”若某甲之經，某甲之詩，本非可恃；而猶藉爲名；是之謂“私署頭銜”。又文人之通弊也！

五曰：物以少爲貴；人亦宜然也！天下皆聖賢；孔孟亦弗尊尚矣！清言自可破俗；然在典午，則滔滔皆是也！前人譏《晉書》列傳，同於小説；正以採掇清言，多而少擇也。立朝風節，强項敢言；前史侈爲美談。明中葉後，門户朋黨，聲氣相激；誰非敢言之士！觀人於此，君子必有辨矣！不得因其强項申威，便標風烈；理固然也。我憲皇帝澄清吏治，裁革陋規，整飭官方，懲治貪墨，實爲千載一時。彼時居官，大法小廉，殆成風俗。貪冒之徒，莫不望風革面；時勢然也。今觀傳誌碑狀之文，叙雍正年府州縣官，盛稱“杜絶餽遺，搜除積弊，清苦自守，革除例外供支。”其文洵不愧於循吏傳矣！不知彼時逼於功令，不得不然。千萬人之所同，不足以爲盛節；豈可見奄寺而頌其不好色哉！山居而貴薪木；涉水而寳魚蝦；人知無是理也！而稱人者乃獨不然！是之謂“不達時勢”。又文人之通弊也！

六曰：史既成家；文存互見。有如《管晏列傳》，而勳詳於《齊世家》；張耳分題，而事總於《陳餘傳》；非惟命意有殊；抑亦詳略之體所宜然也。若夫文集之中，單行傳記；凡遇牽聯所及，更無互著之篇，勢必加詳；亦其理也。但必權其事理，足以副乎其人；乃不病其繁重爾！如唐平淮西，韓碑歸功裴度；可謂當矣！後中讒毁，改命於段文昌；千古爲之歎惜！但文昌狥於李愬。愬功本不可没，其失猶未甚也！假令當日無名偏裨，不關得失之人，身後表阡，侈陳淮西功績；則無是理矣！朱先生嘗爲故編修蔣君撰誌；中叙國家前後平定準回要略；則以蔣君總修方略，獨力勤勞；書成身死而不得叙功故也。然誌文雅健，學者慕之！後見某中書舍人死。有爲作家傳者，全襲蔣誌原文。蓋其人嘗任分纂數月，於例得列銜名者耳！

其實於書未寓目也！是與無名偏裨居淮西功，又何以異！而文人喜於摭事，幾等軍吏攘功；何可訓也！是之謂同里銘旌。昔有夸夫終身未膺一命，好襲頭銜；將死，遍召所知，籌計銘旌題字。或徇其意，假藉例封、待贈、修職、登仕諸階。彼皆掉頭不悦。最後有善諧者，取其鄉之貴顯，大書“勳階師保殿閣部院某國某封某公同里某人之柩”。人傳爲笑！故凡無端而影附者，謂之“同里銘旌”。不謂文人亦效之也！是又文人之通弊也！

七曰：陳平佐漢，志見社肉。李斯亡秦，兆端厠鼠。推微知著，固智士之相機[①]。搜間傳神，亦文家之妙用也！但必得其神志所在，則如圖畫名家，頰上妙於增毫。苟徒慕前人文辭之佳，强尋猥瑣以求其似；則如見桃花而有悟，遂取桃花作飯其中，豈復有神妙哉！又近來學者喜求徵實，每見殘碑斷石，餘文剩字，不關於正義者。往往藉以考古制度，補史缺遺；斯固善矣！因是行文貪多務得；明知贅餘非要；却爲有益後世推求，不憚辭費；是不特文無體要；抑思居今世而欲備後世考徵，正如董澤矢材，可勝暨乎！夫傳人也，文如其人；述事者，文如其事；足矣！其或有關考徵，要必本質所具，即或閒情逸出，正爲阿堵傳神。不此之務；但知市菜求增，是之謂“畫蛇添足”。又文人之通弊也！

八曰：文人固能文矣！文人所書之人，不必盡能文也！叙事之文，作者之言也；爲文爲質，惟其所欲；期如其事而已矣。記言之文，則非作者之言也；爲文爲質，期於適如其人之言；非作者所能自主也。貞烈婦女，明詩習禮，固有之矣！其有未嘗學問，或出鄉曲委巷；甚至傭嫗鬻婢，貞節孝義，皆出天性之優。是其質雖不愧古人，文則難期於儒雅也。每見此等傳記，述其言辭，原本《論語》、《孝經》，出入《毛詩》、《内則》；劉向之《傳》，曹昭之《誡》，不啻自其口出；可謂文矣！抑思善相夫者，何必盡識鹿車鴻案！善教子者，豈皆熟記畫荻丸熊！自文人胸有成竹，遂致閨修皆如板印；與其文而失實，何如質以傳真也！由是推之：名將起於卒伍；義俠或奮閭閻；言辭不必經生，記述貴於宛肖。而世有作者，於斯多不致思。是之謂“優伶演劇”。蓋優伶歌曲，雖耕氓役隸，矢口皆叶宫商；是以謂之戲也。而記傳之筆，從而效之！又文人之通弊也！

---

① 《文史通義》通行本作“相士之玄機”。

九曰：古人文成法立；未嘗有定格也！傳人適如其人；述事適如其事；無定之中，有一定焉。知其意者，旦暮遇之。不知其意，襲其形貌，神弗肖也。往余撰和州故給事《成性志傳》。性以建言著稱，故采録其奏議。然性少遭亂離，全家被害；追悼先世，每見文辭；而《猛省》之篇，尤沈痛可以教孝。故於終篇全録其文。其鄉有知名士賞余文曰："前載如許奏章；若無《猛省》之篇，譬如行船，鷁首重而舵樓輕矣！今此婁尾，可謂善謀篇也！"余戲詰云："設成君本無此篇，此船終不行耶！"蓋塾師講授四書文義，謂之時文；必有法度以合程式；而法度難以空言，則往往取譬以示蒙學；擬於房室，則有所謂間架結構；擬於身體，則有所謂眉目筋節；擬於繪畫，則有所謂點睛添毫；擬於形家，則有所謂來龍結穴；隨時取譬，然爲初學示法，亦自不得不然；無庸責也。惟時文結習，深錮腸腑；進窺一切古書古文，皆此時文見解；動操塾師啟蒙議論，則如用象棋枰布圍棋子，必不合矣！是之謂"井底天文"。又文人之通弊也！

十曰：時文可以評選。古文經世之業，不可以評選也。前人業評選之，則亦就文論文可耳。但評選之人，多非深知古文之人。夫古人之書，今不盡傳；其文見於史傳。評選之家，多從史傳采録。而史傳之例，往往删節原文以就隱括；故於文體所具，不盡全也。評選之家，不察其故；誤謂原文如是；又從而爲之辭焉！於引端不具而截中徑起者，詡謂發軔之離奇。於刊削餘文而遽入正傳者，詫爲篇終之嶄峭。於是好奇而寡識者轉相歎賞，刻意追摹；殆如左氏所云"非子之求而蒲之愛"矣！有明中葉以來，一種不情不理，自命爲古文者；起，不知所自來？收，不知所自往，專以此等出人思議，誇爲奇特，於是坦蕩之塗，生荆棘矣！夫文章變化，侔於鬼神；斗然而來，戛然而止，何嘗無此景氣[①]！何嘗不爲奇特！但如山之巖峭，水之波瀾，氣積勢盛，發於自然；必欲作而致之，無是理矣！文人好奇，易於受惑；是之謂"誤學邯鄲"。又文人之通弊也！

---

① "氣"爲"象"之誤字。

二十八、清曾滌生 復李眉生論古文家用字之法書

接手書，承詢虛實、譬喻、異詁等門，屬以破格相告；若鄙人有所秘惜也者。僕雖無狀，亦何敢稍懷吝心！特以年近六十，學問之事，一無所成；未言而先自愧赧！昔在京師，讀王懷祖、段茂堂諸書，亦嘗研究古文家用字之法。來函所詢三門：虛實者，實字而虛用；虛字而實用也。何以謂之實字虛用？如："春風風人，夏雨雨人。"上風雨，實字也；下風雨，則當作養字解；是虛用矣。"解衣衣我，推食食我。"上衣食，實字也；下衣食，則當作惠字解；是虛用矣。"春朝朝日，秋夕夕月。"上朝夕，實字也；下朝夕，則當作祭字解；是虛用矣。"入其門，無人門焉者；入其閨，無人閨焉者。"上門閨，實字也；下門閨，則當作守字解；是虛用矣。後人或以實者作本音讀，虛者破作他音讀；若風讀如諷，雨讀如籲，衣讀如裔，食讀如嗣之類。古人曾無是也。何以謂之虛字實用？如：步，行也，虛字也。然《管子》之六尺爲步，韓文之步有新船，《輿地》之瓜步、邀笛步。《詩經》之國步、天步；則實用矣。薄，迫也，虛字也。然因其叢密而林曰林薄；因其不厚而簾曰帷薄；以及《爾雅》之屋上薄，《莊子》之高門懸

薄；則實用矣。覆，敗也，虚字也。然《左傳》設伏以敗人之兵，其伏兵即名曰覆；如鄭突爲三覆以待之，韓穿帥七覆於敖前；是虚字而實用矣。從，順也，虚字也。然《左傳》於位次有定者，其次序即名曰從；如荀伯不復從，豎牛亂大從；是虚字而實用矣。然此猶就虚字之本義而引伸之也；亦有與本義全不相涉而借此字以名彼物者。如：收，斂也，虚字也；而車之軨名曰收。賢，長也，虚字也；而車轂之大穿名曰賢。畏，懼也，虚字也；而弓之淵名曰畏。峻，高也，虚字也；而弓之挂弦處名曰峻。此又器物命名，虚字實用之别爲一類也。至用字有譬喻之法。後世須數句而喻意始明。古人止一字而喻意已明。如：駿，良馬也。因其良而美之，故《爾雅》駿訓爲大。馬行必疾，故駿又訓爲速。《商頌》之"下國駿厖"，《周頌》之"駿發爾私"；是取大之義爲喻也。《武成》之"侯衛駿奔"，《管子》之"弟子駿作"；是取速之義爲喻也。膍，牛百葉也；或作肶，或作毗，音義並同。牛百葉重疊而體厚，故《爾雅》、《毛傳》皆訓爲厚。《節南山》之"天子是毗"，《采菽》之"福禄膍之"；是取厚之義爲喻也。宿，夜止也；止，則有留義。又有久義。子路之"無宿諾"，《孟子》之"不宿怨"；是取留之義爲喻也。《史記》之"宿將"、"宿儒"；是取久之義爲喻也。渴，欲飲也；欲之則有切望之義，又有急就之義。《鄭箋雲漢詩》曰："渴雨之甚"，石苞《檄吴書》曰："渴賞之士"；是取切望之義爲喻也。《公羊傳》曰："渴葬"，是急就之義爲喻也。至於異詁云者，則無論何書，處處有之，大抵人所共知，則爲常語。人所罕聞，則爲異詁。昔郭景純注《爾雅》，近世王伯申著《經傳釋詞》，於衆所易曉者，皆指爲常語而不甚置論。惟難曉者，則深究而詳辨之。如淫，訓爲淫亂，此常語人所共知也。然如《詩》之"既有淫威"，則淫訓爲大。《左傳》之"淫刑以逞"，則淫訓爲濫。《書》之"淫舍梏牛馬"，《左》之"淫芻蕘者"；則淫當訓爲縱。《莊子》之"淫文章"、"淫於性"；則淫字又當訓爲贅。皆異詁也。黨，訓鄉黨；此常語，人所共知也。然《説文》云："黨，不鮮也。"黨字從黑，則色不鮮，乃是本義。《方言》又云："黨，智也。"郭注以爲解寤之貌。鄉射禮"侯黨"，鄭注以爲"黨，旁也"。《左傳》"何黨之乎"，杜注以爲"黨，所也"。皆異詁也。展，訓爲舒展；此常語也。即《説文》訓展爲轉，《爾雅》訓展爲誠；亦常語，人所共知也。然《儀禮》"有司展群幣"，則展訓爲陳。《周禮》“展其功緒”，則展訓爲録。《旅獒》“時庸展親”，則展當訓爲存省。《周禮》之“展犧牲”、“展鐘”、“展樂器”，則展又當訓爲察驗。皆異詁也。此國藩講求故訓，分立三門之微意也。古人用字，不主故常；初無定例；要之各有精意運乎其間。且如高平曰阜，大道曰路，土之高者曰塚曰墳，皆實字也。然以其有高廣之意；故《爾雅》、《毛傳》於此四字均訓爲大。“四牡孔阜”、“爾殽既阜”、“火烈具阜”、“阜成兆民”，其用阜字，俱有盛大之意。王者之門曰路門，寢曰路寢，車曰路車，馬曰路馬，其用路字，俱有正大之意。長子曰冢子，長婦曰冢婦，天官曰冢宰，友邦曰冢君，其用冢字，俱有重大之意。《小雅》之“牂羊墳首”，《司烜》之共墳燭，其用墳字，俱有肥大之意。至《三墳》、《五典》，則高大矣。凡此等類，謂之實字虛用也可；謂之譬喻也可；即謂之異詁也亦可。閣下見讀《通鑑》司馬公本精於小學。胡身之亦博極群書。即就《通鑑》異詁之字，偶一鈔記；或他人視爲常語而己心以爲異，則且鈔之。或明日視爲常語，而今日以爲異；亦姑鈔之。久之多識雅訓，不特譬喻虛實二門可通；即其他各門，亦可觸類而貫徹矣！聊述鄙見，以答盛意。

二十九、清曾滌生　復陳右銘太守書

大著粗讀一過，駿快激昂，有陳同甫、葉水心諸人之風！僕昔備官朝列，亦嘗好觀古人之文章。竊以自唐以後，善學韓公者，莫如王介甫氏。而近世知言君子，惟桐城方氏、姚氏所得尤多。因就數家之作而考其風旨，私立禁約。以爲有必不可犯者，而後其法嚴而道始尊。大抵剽竊前言，句摹字擬；是爲戒律之首。稱人之善，依於庸德；不宜褒揚溢量，動稱奇行異徵，鄰於小説誕妄者之所爲。貶人之惡，又加慎焉。一篇之内，端緒不宜繁多；譬如萬山旁薄，必有主峰；龍衮九章，但挈一領；否則首尾衡決，陳義蕪雜；茲足戒也。識度曾不異人；或乃競爲僻字澀句以駭庸衆，斲自然之元氣；斯又才士之所同蔽！戒律之所必嚴。明茲數者，持守勿失；然後下筆造次，皆有法度。乃可專精以理吾之氣，深求韓公所謂與相如、子雲同工者，熟讀而强探，長吟以反覆；使其氣若翔翥於虛無之表；其辭跌宕俊邁而不可以方物。蓋論其本，則循戒律之説，詞愈簡而道愈進。論其末，則抗吾氣以與古人之氣相翕，有欲求太簡而不得者。兼營乎本末，斟酌乎繁簡，此自昔志士之所爲畢生矻矻，而吾輩所當勉焉者也！國藩粗識途徑，所求絶少；在軍日久，舊業益荒。忽忽衰老，百無一成。既承切問，略舉所見以資參證。

三十、清曾滌生《求闕齋日記》論文九則

謀篇布勢是一段最大功夫 古文之道，謀篇布勢，是一段最大功夫。《書經》、《左傳》每一篇空處較多，實處較少；旁面較多，正面較少。精神注於眉宇目光，不可周身皆眉，到處皆目也。綫索要如蛛絲馬跡；絲不可過粗，跡不可太密也！

熟 古人文筆，有雲屬波委官止神行之象；實從熟後生出。所謂文入妙來無過熟者此也。

布局 古文之布局，須有千巖萬壑，重巒複嶂之觀；不可一覽而盡，又不可雜亂無紀。

文欲氣盛在段落清 爲文全在氣盛。欲氣盛，全在段落清。每段分束之際，似斷不斷，似咽非咽，似吞非吞，似吐非吐；古人無限妙境，難於領取。每段張起之際，似承非承，似提非提，似突非突，似紓非紓；古人無限妙用，亦難領取。

奇辭大句須得氣以行 奇辭大句，須得瑰瑋飛騰之氣，驅之以行。凡堆重處皆化爲空虛，乃能爲大篇；所謂氣力有餘於文之外也。否則氣不能

舉其體矣！

陽剛之美與陰柔之美 吾嘗取姚姬傳先生之說：文章之道，分陽剛之美，陰柔之美。大抵陽剛者氣勢浩瀚，陰柔者韻味深美。浩瀚者噴薄而出之，深美者吞吐而出之。就吾所分十一類言之：論著類、詞賦類宜噴薄，序跋類宜吞吐，奏議類、哀祭類宜噴薄，詔令類、書牘類宜吞吐，傳志類、叙記類宜噴薄，典志類、雜記類宜吞吐。其一類中微有區别者：如哀祭類雖宜噴薄；而祭郊社祖宗，則宜吞吐。詔令類雖宜吞吐；而檄文則宜噴薄。書牘類雖宜吞吐；而論事則宜噴薄。此外各類皆可以是意推之。

雄直怪麗茹遠潔適 嘗慕古文境之美者，約有八言：陽剛之美，曰雄直怪麗。陰柔之美，曰茹遠潔適。蓄之數年，而余未能發爲文章，略得八美之一，以副斯志！是夜將此八言各作十六字贊之。至次日辰刻作畢，附録如左：

雄　劃然軒昂，盡棄故常！跌宕頓挫，捫之有芒！

直　黄河千曲，其體仍直。山勢如龍，轉換無迹。

怪　奇趣横生，人駭鬼眩；易玄山經，張韓互見。

麗　青春大澤，卉[①]卉初葩；詩騷之韻，班揚之華。

茹　衆義輻凑，吞多吐少；幽獨咀含，不求共曉。

遠　九天俯視，下界聚蚊！寤寐周孔，落落寡群！

潔　冗意陳言，類字盡芟。慎爾褒貶，神人共監。

適　心境兩閒，無營無待；柳記歐跋，得大自在！

古文古詩最可學者 偶思古文古詩最可學者，占八句云："《詩》之節，《書》之括，孟之烈，韓之越，馬之咽，莊之跌，陶之潔，杜之拙。"

古文之道與駢體通 古文之道，與駢體相通！由徐、庾而進於任、沈。由任、沈而進於潘、陸。由潘、陸而進於左思。由左思而進於班、張。由班、張而進於卿、雲。韓退之之文，比卿、雲更高一格。解學韓文，則窺《六經》之閫奥矣！

---

① "卉"爲"萬"之訛字。

三十一、清張廉卿　答吴摯父論學古人之文在因聲以求氣書

來書過以文事見推，且虚懷諮度，諄諄無已。裕釗則何足以知此！雖然，既承下問，不敢不竭其愚；古之論文者曰：“文以意爲主；而辭欲能副其意；氣欲能舉其辭。譬之車然；意爲之御，辭爲之載，而氣則所以行也。”其始在因聲以求氣。得其氣，則意與辭往往因之而並顯；而法不外是矣！是故契其一，而其餘可以緒引也！蓋曰意，曰辭，曰氣，曰法，之數者，非判然自爲一事，當乘乎其機而緄同以凝於一；惟其妙之一出於自然而已。自然者，無意於是，而莫不備至；動皆中乎其節，而莫或知其然。日星之布列，山川之流峙，是也。寧惟日星山川！凡天地之間之物之生而成文者，皆未嘗有見其營度而位置之者也！而莫不蔚然以炳！而秩然以從！夫文之至者，亦若是焉而已。觀者因其既成而求之，而後有某者某者之可言耳！夫作者之亡也久矣！而吾欲求至乎其域；則務通乎其微，以其無意爲之而莫不至也；故必諷誦之深且久，使吾之氣，與古人訢合於無間；然

後能深契自然之妙，而究極其能事。若夫專以沈思力索爲事者，固時亦可以得其意；然與夫心凝形釋，冥合於言議之表者，則或有間矣。故姚氏暨諸家因聲求氣之説爲不可易也。吾所求於古人者，由氣而通其意以及其辭與法而喻乎其深。及吾所自爲文，則一以意爲主；而辭氣與法胥從之矣。閣下以爲然乎？閣下爲苦中氣弱；諷誦久，則氣不足載其辭。裕釗邇歲亦正病此。往在江寧聞方存之云："長老所傳：'劉海峰絶豐偉；日取古人之文，縱聲讀之。姚惜抱則患氣羸；然亦不廢哦誦；但抑其聲使之下耳！'是或亦一道乎？裕釗比所遇多乖舛，又迫憂患，於此事恐終無所就。閣下才高而志遠，年盛而氣鋭！它日必能紹邑中諸老盛業！用敢進其粗有解於文字者以爲涓埃之裨。惟亮詧不宣。

三十二、清張廉卿　答劉生論文章之道莫要於雅健書

蚤春承寄示文數首；入秋，又得手書，勤拳懇至。足下之用心，何其近古人也！足下諸文，所爲尊君《事略》，最肫摯可愛！《讀老子》中一段詞甚高，闖然入古人之室矣！前幅微覺用力太重，少自然之趣。他文識議並超出凡近，而亦時不免病此。夫文章之道，莫要於雅健。欲爲健而厲之已甚；則或近俗！求免於俗而務爲自然，又或弱而不能振。古之爲文者，若左邱明、莊周、荀卿、司馬遷、韓愈之徒；沛然出之，言厲而氣雄；然無有一言一字之强附而致之者也。措焉而皆得其所安！文惟此最爲難！知其難也，而以意默參於二者之交；有機焉以寓其間，此固非黽莫所能企，而亦非口所能道；治之久而一旦悠然自得於其心；是則其至焉耳！至之之道無他，廣獲而精導；熟諷而湛思；舍此則未有可以速化而襲取之者也。吾告子止於是矣。夫文之爲事至深博，而裕釗所及知者止於是。其所不及知者，不敢以相告也。以足下之才，循而致之以不倦，他日必卓有所就。此乃稱心而言；非相譽之辭也。足下勿以疑而自沮焉可也。足下文，知友中多求觀者，故且欲留此，俟他日再奉還耳。惟亮察。不宣。

三十三、清吴挚甫 與姚仲實論文書

在津盤桓數日，深敬深敬！大著匆匆讀竟；所附記者，大抵得於所聞，非有心得相益。文事利病，亦有不必人言，徐乃自知者。從此不懈，所詣必日進。桐城諸老氣清體潔，海内所宗；獨雄奇瑰瑋之境尚少！蓋韓公得揚、馬之長，字字造出奇崛。歐陽公變爲平易，而奇崛乃在平易之中。後儒但能平易，不能奇崛；則才氣弱薄，不能復振。此一失也。曾文正公出而矯之；以漢賦之氣運之，而文體一變。故卓然爲一代大家。近時張廉卿又獨得於《史記》之譎怪。蓋文氣雄俊不及曾；而意思之恢詭，辭句之廉勁，亦能自成一家。是皆由桐城而推廣以自爲開宗之一祖。所謂有所變而後大者也。説道説經，不易成佳文。道貴正；而文者必以奇勝。經則義疏之流暢，訓詁之繁瑣，考證之該博，皆於文體有妨；故善爲文者尤慎於此。退之自言“執聖之權”；其言道止《原性》、《原道》等三篇而已。歐陽辨《易》論《詩》諸篇，不爲絶作；其他可知！至於常理凡語，涉筆即至者；用功深，則不距自遠。無足議也。

三十四、清吴摯甫　與嚴幾道論譯西書書

來示謂新舊二學，當並存具列；且將假自它之耀以袪蔽揭翳；最爲卓識！某前書未能自達所見，語輒過當。本意謂中國書籍猥雜，多不足行遠。西學行，則學人日力，奪去太半；益無暇流覽向時無足輕重之書。而《姚選古文》，則萬不能廢；以此爲學堂必用之書，當與六藝並傳不朽也。若中學之精美者，固亦不止此等。往時曾太傅言："《六經》外有七書。能通其一，即爲成學。七者兼通，則間氣所鍾，不數數見也。"七書者：《史記》、《漢書》、《莊子》、韓文、《文選》、《説文》、《通鑑》也。某於七書皆未致力；又欲妄增二書：其一姚公此書。餘一則曾公《十八家詩鈔》也。但此諸書，必高材秀傑之士，乃能治之。若資性平鈍，雖無西學，亦未能追其涂轍。獨《姚選古文》，即西學堂中，亦不能棄去不習；不習，則中學絶矣！世人乃欲編造俚文以便初學；此廢棄中學之漸！某所私憂而大恐者也。區區妄見，敬以奉質，別紙垂詢數事。某淺學不足仰副明問；謹率陳臆説，用備採擇：歐美文字，與我國絶殊；譯之似宜別創體制；如六朝人之譯佛書。其體全是特創。今不但不宜襲用中文，並亦不宜襲用佛書。竊謂以執

事雄筆，必可自我作古。又妄意彼書固自有體制；或易其辭而仍其體，似亦可也。不通西文，不敢意定。獨中國諸書，無可倣效耳！來示謂："行文欲求爾雅；有不可闌入之字，改竄則失真，因仍則傷潔。"此誠難事。鄙意與其傷潔，毋寧失真。凡瑣屑不足道之事，不記何傷！若名之爲文，俚俗鄙淺，薦紳所不道。此則昔之知言者無不懸爲戒律。曾氏所謂辭氣遠鄙也！文固有化俗爲雅之一法；如左氏之言"馬矢"，莊生之言"矢溺"，公羊之言"登來"，太史之言"夥頤"；在當時固皆以俚語爲文而不失爲雅。若范《書》所載鐵脛、尤來、大搶、五樓、五蟠等名目；竊料太史公執筆，必皆芟薙不書。不然，勝、廣、項氏時必多有俚鄙不經之事；何以《史記》中絶不一見？如今時鴉片館等比，自難入文；削之似不爲過。倘令爲林文忠作傳；則燒鴉片一事，固當大書特書；但必敘明原委，如史公之記平準，班氏之敘《鹽鐵論》耳！亦非一切割棄，至失事實也。姚郎中所選文，似難爲繼；獨曾文正《經史雜抄》，能自立一幟。王黎所續，似皆未善！國朝文字，姚春木所選《國朝文録》，較勝於廿四家。然文章之事，代不數人！人不數篇！若欲備一朝掌故，如《文粹》、《文鑑》之類，則世蓋多有。若謂足與文章之事，則姚郎中之後，止梅伯言、曾太傅及近日武昌張廉卿數人而已！其餘蓋皆自鄶也！來示謂"歐洲國史，略似中國所謂長篇紀事本末等比"。然則欲譯其書，即用曾太傅所稱叙記、典志二門，似爲得體。此二類，曾公于姚郎中所定諸類外，特建新類；非大手筆不易辨①也。歐洲記述名人，失之過詳；此宜以遷、固史法裁之。文無剪裁，專以求盡爲務；此非行遠所宜。中國間有此體；其最著者，則孟堅所爲《王莽傳》。若《穆天子》、《飛燕》、《太真》等傳，則小説家言；不足法也。歐史用韻，今亦以韻譯之，似無不可；獨雅詞爲難耳！中國用韻之文，退之爲極詣矣。私見如此，未審有當否？

① "辨"當爲"辦"。

三十五、清嚴幾道　譯《天演論》例言

一、譯事三難：信、達、雅。求其信，已大難矣！顧信矣不達；雖譯猶不譯也；則達尚焉。海通已來，象寄之才，隨地多有；而任取一書，責其能與於斯二者，則已寡矣！其故在淺嘗，一也；偏至，二也；辨之者少，三也。今是書所言，本五十年來西人新得之學，又爲作者晚出之書。譯文取明深義；故詞句之間，時有所傎到附益，不斤斤於字比句次；而意義則不倍本文；題曰“達恉”，不云“筆譯”，取便發揮，實非正法。什法師有云：“學我者病！”來者方多，幸勿以是書爲口實也！

一、西文句中名物字，多隨舉隨釋，如中文之旁支；後乃遥接前文，足意成句；故西文句法，少者二三字，多者數十百言；假令仿此爲譯，則恐必不可通；而删削取徑，又恐意義有漏；此在譯者將全文神理，融會於心；則下筆抒詞，自然互備。至原文詞理本深，難於共喻；則當前後引襯以顯其意。凡此經營，皆以爲達；爲達，即所以爲信也。

一、《易》曰：“修辭立誠。”子曰：“辭達而已！”又曰：“言之無文，行之不遠。”三者乃文章正軌，亦即爲譯事楷模，故信、達而外，求其爾雅。此不僅期以行遠已耳！實則精理微言，用漢以前字法句法，則爲達易；用近世俗利文字，則求達難。往往抑義就詞，毫釐千里，審擇於斯二者之間；夫固有所不得已也；豈釣奇哉！不佞此譯，頗貽艱深文陋之譏；實則刻意求顯，不過如是。又原書論說，多本名數格致及一切疇人之學；倘於之數者向未問津，雖作者同國之人，言語相通，仍多未喻；矧夫出以重譯也耶！

一、新理踵出，名目紛繁，索之中文，渺不可得。即有牽合，終嫌參差。譯者遇此，獨有自具衡量，即義定名。顧其事有甚難者。即如此書上卷《導言》十餘篇，乃因正論理深，先敷淺說；僕始繙《卮言》，而錢塘夏穗卿曾佑病其濫惡；謂《内典》原有此種，可名“懸談”。及桐城吴丈摯父汝綸見之；又謂“卮言”既成濫詞；“懸談”亦沿釋氏；均非能自樹立者所爲。不如用諸子舊例，隨篇標目爲佳。穗卿又謂如此則篇自爲文；於原書建立一本之義稍晦。而懸談、懸疏諸名，懸者玄也，乃會撮精旨之言；與此不合，必不可用。於是乃依其原目，質譯導言；而分注吴之篇目於下，取便閲者。此以見定名之難！雖欲避生吞活剥之誚，有不可得者矣！他如物競、天擇、儲能、效實諸名，皆由我始。一名之立，旬月踟躕。我罪我知，是存明哲。

三十六、清馬眉叔《文通》序

昔古聖開物成務，廢結繩而造書契；于是文字興焉。夫依類象形之謂文，形聲相益之謂字。形也，聲也，閲世遞變；而相沿訛謬至不可殫極。上古渺矣！漢承秦火，鄭、許輩起，務究元本；而小學乃權輿焉。自漢而降，小學旁分，各有專門。歐陽永叔曰：《爾雅》出于漢世。正名物講説資之；于是有訓詁之學。許慎作《説文》；于是有偏旁之學。篆隸古文，爲體各異；于是有字書之學。五聲異律，清濁相生，而孫炎始作字音；于是有音韻之學。吴敬甫分三家：一曰體制，二曰訓詁，三曰音韻。胡元瑞則謂小學一端，門徑十數，有博于文者、義者、音者、跡者、考者、評者；統類而要删之；不外訓詁、音韻、字書三者而已。三者之學，至我朝始稱大備。凡詁釋之難，點畫之細，音韻之微，靡不詳稽旁證，求其至當。然其得失異同，匿庸與嗜奇者又往往互相主奴；聚訟紛紜，莫衷一是；則以字形字聲，閲世而不能不變；今欲于已變之後，以返求夫未變之先，難矣！蓋所以證其未受①之形與聲者，第據此已變者耳。藉令沿源討流，悉其元

---

① “受”爲“變”之訛字。

本；所是正者，一字之疑，一音之訛，一畫之誤已耳。殊不知古先造字，點畫音韻，千變萬化；其賦以形而命以聲者，原無不變之理。而所以形其形而聲其聲者；神其形聲之用者，要有一成之律，貫乎其中，歷千古而無或少變。蓋形與聲之最易變者，就每字言之；而形聲變而猶有不變者，就集字成句言之也。《易》曰："艮其輔，言有序。"《詩》曰："出言有章。"曰"有序"，曰"有章"，即此有形有聲之字，施之于用，各得其宜，而著爲文者也。《傳》曰："物相雜謂之文。"《釋名》謂"會集象①采以成錦繡，會集衆字以成詞誼，如錦繡然也"。今字形字聲之最易變者，則載籍極博，轉使學者無所適從矣。而會集衆字以成文，其道終不變者，則古無傳焉。士生今日而不讀書爲文章，則已。士生今日而讀書爲文章，將發古人之所未發而又與學者以易知易能；其道奚從哉？《學記》謂"比年入學，中年考校，一年視離經辨志"。其疏云："離經，謂離析經理，使章句斷絶也。"《通雅》引作"離經辨句"，謂麗于六經，使時習之，先辨其句讀也。徐邈音豆。皇甫茂正云："讀書未知句度，下視服、杜。"度即讀，所謂句心也。然則古人小學，必先講解經理，斷絶句讀也明矣。夫知所以斷絶句讀，必先知所以集字成句成讀之義。劉氏《文心雕龍》云："夫人之立言，因字生句，積句成章，積章成篇。篇之彪炳，章無疵也。章之明靡，句無玷也，句之清英，字不妄也。振本而末從，知一而萬畢矣。"顧振本知一之故，劉氏亦未有發明。慨夫蒙子入塾，首授以四子書，聽其終日伊吾。及少長也，則爲之師者，就書衍説；至于逐字之部分類别，與夫字與字相配成句之義；且同一字也，有弁于句首者，有殿于句尾者；以及句讀先後參差之所以然；塾師固昧然也。而一二經師自命，與攻乎古文詞者，語之及此，罔不曰"此在神而明之耳，未可以言傳也"。噫！嘻！此非循其當然而不求其所以然之蔽也哉！後生學者，將何考藝而問道焉？上稽經史，旁及諸子百家；下至志書小説，凡措字遣辭，苟可以述吾心中之意以示今而傳後者，博引相參，要皆有一成不變之例。愚故罔揣固陋，取《四書》、《三傳》、《史》、《漢》、韓文爲歷代文詞升降之宗，兼及諸子、《語》、《策》，爲之字櫛句比，繁稱博引，比例而同之，觸類而長之；窮古今之簡篇，字裏行間，涣然冰

① "象"爲"衆"之訛字。

釋，皆有以得其會通，輯爲一書，名曰《文通》。部分爲四：首正名。天下事之可學者各自不同；而其承用之名，亦各有主義而不能相混。佛家之根塵法相，法律家之以准皆各及其即若，與夫軍中之令，司官之式，皆自爲條例。以及屈平之靈修，莊周之因是，鬼谷之捭闔，蘇、張之縱橫，所立之解，均不可移置他書。若非預爲詮解，標其立義之所在，而爲之界説；閱者必洸洋而不知所謂。故以正名冠焉。次論實字。凡字有義理可解者，皆曰實字。即其字所有之義而類之；或主之，或賓之，或先焉，或後焉，皆隨其義以定其句中之位；而措之乃各得其當。次論虚字。凡字無義理可解，而惟用以助辭氣之不足者，曰虚字。劉彦和云："至於夫惟蓋故者，發端之首唱，之而於以者，劄句之舊體；乎哉矣也，亦送末之常科。"虚字所助，不外此三端；而以類别之者因是已。字類既判，而聯字分疆，胥有定准，故以論句豆終焉。雖然，學問之事，可授受者規矩方圓。其不可授受者，心營意造。然即其可授受者，以深求夫不可授受者，而劉氏所論之文心，蘇轍氏所論之文氣，要不難一蹴貫通也。余特怪伊古以來，皆以文學有不可授受者在，併其可授受者而不一講焉！爰積十餘年之勤求深討以成此編。蓋將探夫自有文字以來至今未宣之秘奥，啟其緘縢；導後人以先路；掛一漏萬，知所不免。所望後起有同志者悉心領悟，隨時補正以臻美備。則愚十餘年力索之功，庶不泯也已！

三十七、清馬眉叔《文通》例言

是書本旨，專論句讀。而句讀，集字所成者也。惟字之在句讀也，必有其所。而字字相配，必從其類。類別而後進論夫句讀焉。夫字類與句讀，古書無論及者。故字類與字在句讀所居先後之處，古亦未有其名。夫名不正，則言不順。《語》曰："必也正名乎！"是書所論者三：首正名，次字類，次句讀。

古經籍歷數千年傳誦至今，其字句渾然，初無成法之可指。乃同一字也，同一句也，有一書迭見者，有他書互見者。是宜博引旁證，互相比擬，因其當然以進求其所同所異之所以然；而後著爲典則，義類昭然；但其間不無得失，所望後之同志，匡其不逮，俾臻美備。

此書在泰西名爲葛郎瑪。葛郎瑪者，音原希臘，訓曰字式；猶云學文之程式也。各國皆有本國之葛郎瑪，大旨相似。所異者，音韻與字形耳。童蒙入塾，先學切音，而後授以葛郎瑪。凡字之分類，與所以配用成句之式具在。明于此，無不文從字順，而後進學格致數度，旁及輿圖史乘，綽有餘力；未乃弱冠，已斐然有成矣！此書係仿葛郎瑪而作，後先次序，皆有定程。觀是書者稍一凌躐，必至无從領悟。如能自始至終，循序漸進，將逐條詳加體味；不惟執筆學中國古文詞，即有左宜右有之妙；其於泰西古今之一切文字，以視自來學西文者，蓋事半功倍矣！

構文之道，不外虛實兩字。實字，體骨；虛字，神情也。而經傳中實字易訓；虛字難釋。《顔氏家訓》有《音辭篇》，於古訓罕有發明。獨賴《爾雅》、《説文》二書解釋經傳之詞氣，最爲近似。然亦時有結轖爲病者。至以虛實之字，措諸句讀間；凡操筆爲文者，皆知當然；而其當然之所以然，雖經師通儒，亦有所不知。間嘗爲《孟子》"親之欲其貴也，愛之欲其富也"兩句中之兩其①字，皆指象言，何以不能相易？《論語》"愛之能勿勞乎，忠焉能勿誨乎"兩句之法相似。何爲之、焉二字，變用而不得相通？"俎豆之事，則嘗聞之矣；軍旅之事，未之學也"兩句之法。矣、也二字，何亦不能互變？凡此之類，曾以叩攻小學者；則皆知其如是，而卒不知其所以如是。是書爲之曲證分解，辨析毫釐，務令學者知所區别，而後施之於文，各得其當。若未得其真解，必將窮年累月，伊吾不輟。執筆之下，猶且與耳謀，與口謀，方能審其取舍。勞逸難易，迥殊霄壤！

此書爲古今來特創之書。凡事屬創見者，未可徒託空言；必確有憑證而後能見信於人。爲文之道，古人遠勝今人，則時運升降爲之也。古文之運，有三變焉。春秋之世，文運以神。《論語》之神淡。《繫辭》之神化。《左傳》之神雋。《檀弓》之神疏。莊周之神逸。周秦以後，文運以氣。《國語》之氣樸。《國策》之氣勁。《史記》之氣鬱。《漢書》之氣凝。而《孟子》則獨得浩然之氣。下此則韓愈氏之文，較諸以上運神運氣者，愈爲僅知文理而已！今所取爲憑證者，至韓愈氏而止。先乎韓文而非以上所數者，如《公羊》、《穀梁》、《荀子》、《管子》亦間取焉。維排偶聲律者，等之自鄶以下耳！凡所取書，皆取善本以是正焉。

書中正文，只叙義例，不參引書句，則大旨易明。正文内各句，有須引書爲證者。則從《十三經注疏》體，皆低一格寫，示與正文有别。引《論語》、《孟子》、《大學》、《中庸》與《公羊》、《穀梁》，只舉《論》、《孟》、《學》、《公》、《穀》一字以冠引書之首。《國語》、《國策》，只舉《語》、《策》，而以所引《語》、《策》之國名冠之。《公》、《穀》之後，綴以

① "兩其"爲"其兩"之倒文。

某公某年引《左氏》則不稱《左》，單標公名與其年；《莊子》只稱篇名；《史記》只稱某某本紀，某某世家、列傳，八書亦如之；前漢只稱某帝、某傳、某志；若引他史，必稱史名，如《後漢》、《三國》、《晉書》之類；韓文單舉篇名，且删其可省者。

諸所引書，實文章不祧之祖；故可取證爲法。其不如法者，則非其祖之所出，非文也。古今文詞經史道①家，姚姬傳氏之所類纂，曾文正之雜鈔，旁如詩賦詞曲，下至八股時文，蓋无有能外其法者。

凡引書句，易與上下文牽合誤讀。今於所引書句俱用小字，居中印於所引書名篇名之旁，以綫誌之，以示區别。

① “道”爲“百”之訛字。

三十八、胡以魯[①] 論譯名

傳四裔之語者曰“譯”；故稱譯必從其義；若襲用其音，則爲“借用語”；音譯二字，不可通也。借用語固不必借其字形。字形雖爲國字，而語非己有者，皆爲借用語；且不必借其音也。外國人所湊集之國字，揆諸國語不可通者；其形其音雖國語；其實仍借用語也。借用語原不在譯名範圍内；第世人方造音譯之名，以與義譯較長短；故並舉而論之。

社會不能孤立；言語又爲交際之要具；自非老死不相往還，如昔之愛斯幾摩人者，其國語必不免外語之侵入。此侵入之外語，謂之借用語。然言語爲一社會之成俗。借用外語，非其所習，亦非其所好也；不習不好，而猶舍己從人，如波蘭人之於俄語者可不論。不然者，必其事物思想非所

---

① 胡以魯（？—1915），字仰曾，浙江定海人。早年東渡日本，初習法政，獲法學士學位；之後在東京帝國大學攻讀語言學，獲文學士學位。在語言學方面，接受了德國語言學家繆勒和丹麥語言學家葉斯帕森等人的影響；留學期間又師從章炳麟研習國學。回國後，在北京大學開設語言學課程，編寫《語言學講義》和《國語學草創》作爲教材；這是中國普通語言學誕生的一個標誌。著有《國語學草創》（商務印書館 1923 年刊行）。——校訂者

固有。欲創新語，其國語又有所短；不得已而後乞借者也。固有之事物思想少而國語不足以爲譯者，概言之：即其國之文化，相形見絀；而其國語之性質，又但宜借用，不宜義譯耳。波斯語中，亞剌伯語居多數；英語中，拉丁、希臘、法語等居七分之五；日語中，漢語等居半；是其彰明較著者也。吾國語則反是。自來中國與外國交通，惟印度佛法入中國時，侏離之言隨之；所謂多義、此無、順古、生善以及此土所無者，皆著爲例，稱五不翻也。然迄今二千有餘載，佛法依然；不翻之外語，用者有幾？頂禮佛號以外，通常殆無聞也。外患之侵，無代蔑有，外語之防，則若涇與渭。征服於蒙古者百年；而借用歹以代不好，如鄭思肖所稱者，殆爲僅有之例。征服於滿洲者亦幾三百年；語言則轉以征服之；借爲我用者殆絶無也。殆於晚近，歐西文物盛傳；借用外語者方接踵而起。持之有故，言之成理者，約舉之蓋有六派：

（一）象形文字，多草昧社會之遺蹟；思想變遷，意標依舊；於是以爲非外語不足以表彰新穎之名詞。嫌象形之陋，主張借用外語者，此一派也。

（二）意標文字，多望文生義之蔽。名詞爲通俗所濫用；習爲浮華，泛然失其精義。則利用外語之玄妙以嚴其壁壘，此一派也。

（三）僑居其地，諷誦其書，對於外語名詞，聯想及其文物；鄉往既深，起語詞包暈之感。以爲非斯詞必不足以盡斯義者，此一派也。

（四）名詞之發達不同，即其引伸之義不能無異；輾轉假借，又特異於諸語族之所爲，藉以表彰新事新理所含衆義，往往不能吻合；則與其病過不及，毋寧仍外語之舊，以保其固有之分際，此一派也。

（五）習俗不同，則事功異。風土不同，則物産異。西勢東漸，文物蒸蒸；吾國名詞，遂無以應給之。此土所無，宜從主稱者，此一派也。

（六）北宋之亡，民日以婾。文敝言廢，常用不過千名而止；事物雖繁，莫能自號。述易作難，姑且因循者，此又一派也。

最後二派，鑒於事實不得已。前之四派，則持名理以衡言語者也。今先向名理論者一爲解説；然後就事實論者商榷焉。

天地之始無名也。名之起，緣於德業之摹倣。草昧之人，摹倣不出感覺感情二事；則粗疏迷離之義，遂爲名詞先天之病矣。此麥斯牟拉之所云；諸國語之所大同者也。習俗既成，雖哲者無能爲力；竭其能事，亦惟定名詞之界説，俾專用於一途；或採方言借用語以刷新其概念耳。然方言借用語既未嘗不同病。定義之功，新奇之感，又不過一時而止；習久則用之泛濫，義亦流而爲通俗，粗疏迷離，又如故矣！療後天病者，其法其功亦不過如前而止。費文豪之大力，作一時之補苴。思想之進化，與言語之凝滯，其相去終不可以道里計！二十世紀光明燦爛新世界，聆其名詞，非不新穎玄妙也；語學者一追溯其本義，則索然於千百年之上矣！象形文字，固其彰明較著者；音標語亦復如是也。通常用語，既因循舊名而不變。學術新語，亦大抵取材於希臘、拉丁而損益之。其舊社會之文化，未嘗高出於吾國。其措義獨能適用於今乎？知其不適而徒取音之標義，乃利其晦澀以自欺也；則非學者所當爲！將利用其晦澀以免通俗之濫用也；其效亦不過一時。習用之而知其本義，則粗疏迷離之感，既同於意標；習用之而不知，則生吞活剥之弊，或浮於望文生義矣！推其本原：一由人心措詞張皇欲爲之。一由聯想習慣性爲之。科學不能私名詞爲己有，即不得袪其病而去；語無東西，其敝一也。人心既有張皇欲矣！發語務求其新穎，冀以聳人之聽聞。聞者固亦有張皇欲而以新穎爲快也；新名詞既奏其效；遂於不甚適用處，亦雜湊而嘗試之；輾轉相傳，名詞遂從此泛濫矣！淫巧浮動之國民，其張皇之欲望，其習慣之變遷愈甚！則此泛濫之病愈劇！泛濫者日久而厭倦也；則與外語相接觸，即取而借用之。苟其文化較遜，則對於借用語，不惟有新穎之感；亦且不勝崇拜之情焉！一見聞其名詞，恍乎其事其物，皆洶湧而靡遺；是所謂包暈之感也！此感既深，對於借用語，遂神秘之無以易。而不悟此包暈者，爲吾心自發之聯想；爲名詞後起之義；及至習以爲常，吾心之役於外語者，蓋已久矣！使向者獨立自營，雖事物非吾固有；而名與實習，固亦能如是也。名者實之賓而已！視用爲轉移，何常之有！雖名詞既成後，引伸之義，不能無異同。然如吾國語者，易於連綴兩三詞成一。名詞義之過不及處，仍得藉兩三義之雜糅，有以損益之也。

例如邏輯，猶吾國之名學也。論者以名之義不足以概邏輯；遂主張借用之而不譯。夫不足云者，謂從夕從口取冥中自命之義；其源陋也；謂通俗之義多端也；謂引伸之義不同也；亦謂西洋之邏輯，褎然成一科學；尤非吾國昔之名學比也。是固然矣。然邏輯一詞原於希臘，訓詞，訓道，其本義之褊陋略同；引伸詞與道之義，舉凡一切言之成理，本條理以成科者，皆結以邏支；邏支者，邏輯之語尾音變也。吾國語，特木强難變耳。刑名、爵名、文名、散名，其引伸處亦有同者。假借之義，誠不若吾國之多；然能以之爲科學而研究之，則斟酌損益，仍非無術。曰演繹名理，曰歸納名理，望而知其爲名學之專名；其義所涵，視隱達邏輯，題達邏輯之但作内引外引解者，有過之無不及也。豈得以其易解易泛之故，因噎廢食哉？况教師就任曰隱達。折減以去亦曰題達。易地皆然；浮泛之病，不自吾始乎？培根後之邏輯，與亞利斯多德氏所草創者較，其内容之精粗，相去懸如。培根甚且斥亞氏之邏輯，爲無裨於人知；然斥之而猶襲用其名不變者。希臘、拉丁語固爲西洋諸國語之母；向且誦其書以學邏輯之學矣，深入人心，積重難變；概念隨用，義爲轉移，無待乎變更。强欲變更，而詞義膚淺之國語，又有所不足也。不足云者，文化短絀，未嘗具此概念；語詞之發達，又以在物質在感覺者居多；表形上之思，粗笨不適也。吾國語自與外語接觸以來，對外文化之差，既非若波斯之於亞剌伯，英之於拉丁、希臘，日本之於我；詞富形簡，分合自如，不若音標之累贅，假名之粗率。數千年來，自成大社會；其言語之特質，又獨與外語異其類，有自然阻力若此。此借用語所以至今不發達於吾國也。

况意標文字中，取借用音語雜糅之；詰屈聱牙，則瞭解難。詞品不易輾轉，則措詞句度難！外語之接觸不僅一國，則取擇難！同音字多，土音方異，則標音難！凡此諸難事，解之殆無術也。主張借用語者，寧不爲保重學術計乎？對於通俗，則磔格不能入；徒足神秘其名詞而閣束之。稍進者，據吾國所定學校之學科，宜已通解一二之外語，即無需此不肖之贅疣。更進則悉外語之源流，當益鄙以羊易牛之無謂矣。形象粗笨，如德語；對外新名詞亦勉取義譯；且不復借材於希臘、拉丁之舊語。十二三世紀以來，伊之鄧堆，英之倉沙，德之加堆等，無不以脱棄外語，釐正國語爲急者。蓋國家主義教育之趨勢也。彈琵琶，學鮮卑語者，方洋洋盈耳！挽之猶恐不及，奈何推而助之耶！

理之曲直若彼。勢之順逆，計之得失若此。吾於是決以義譯爲原則；並著其例如下：

（一）吾國故有其名；雖具體而微，仍以固有者爲譯名。本體自微，而著名詞之概念，亦自能由屈而伸也。例如名學原有概念，雖不及今之西洋邏輯；然其學進，其名之概念必能與之俱進；亦猶希臘邏輯之於今日也。

（二）吾國故有其名；雖概念少變，仍以故有者爲譯。概念由人，且有適應性；原義無妨其陋，形態更可不拘也。例如穀一稔爲年；月一周爲月；一夜轉爲日；今者用陽曆，概念雖少變；以之表四委三十日十二辰之時依然者，無妨沿用吾舊名。以四季爲年；（季節之義，亦原於農時）以月周爲月；對夜而稱日照時間爲日；西語亦大略相同，至今未見其不通也。以序數稱日略“日”之語詞，則猶我國以基數稱日耳；亦未嘗以“號”相稱也；無病呻吟何爲哉？

（三）吾國故有其名；雖廢棄不用，復其故有。人有崇古之感情。修廢易於造作也。例如俗名洋火，不可通也。吾國固有焠兒、火寸等稱，（《天祿識餘》載杭人削木爲小片，薄如紙，熔硫磺塗木片頂分許，名曰發燭，又曰焠兒。史載周建德六年，齊後妃貧者以發燭爲業。宋陶公穀《清異録》云：“夜有急，苦於作燈緩。有知者披杉條染硫黄，置之待用，一與火遇，得炎穗然，呼爲引光奴。今遂有貨者，易名火寸。”）曷取而用之？

（四）但故有之名，新陳代謝既成者，則用新語。言語固有生死現像。死朽語效用自不及現行語也。例如質劑非不古雅也；第今者通用票據，則譯日人所謂手形者，亦自譯作票據而已。又如古之冠，不同於今之帽。免冠，又非若今之行禮也。有譯脱帽爲免冠者，事物不稱，飾從雅言；百藥所以見譏於子玄也！

（五）吾國未嘗著其名。日本人曾假漢字以爲譯，而其義於中文可通者從之。學術，天下公器。漢字，又爲吾國固有。在義可通，儘不妨假手於人也。例如社會、淘汰等語，取材於漢籍。主觀、客觀等，與邦人所譯不謀而合。尤覘書同文者其名儘可通用也。

（六）日人譯名，雖於義未盡允洽，而改善爲難者；則但求國語之義可通者因就之。名詞固難求全。同一掛漏，不如仍舊也。例如心理學，以心之舊義爲解，誠哉其不可通！第在彼取義希臘，亦既從心概念屈伸；今義已無復舊面目矣！欲取一允當之新名不可得，則因陋就簡而已。

（七）日人譯名，誤用吾故有者，則名實混殽，誤會必多，亟宜改作。例如經濟義涵甚廣，不宜專指錢穀之會計；不若譯生計之爲愈。場合爲吴人方言，由場許轉音，其義爲處；不能泛指境遇、分際等義也。又如治外法權，就吾國語章法解之，常作代動字之治字下，綴以外字者，宜爲外國或外人之隱名。若欲以外爲狀詞，其上非常用名字者不可。（例如化外）黄遵憲譯《日本國志序》；治外法權概譯爲領事裁判權，固其所也。然則譯作超治法權或超治外法權何如？

（八）故有之名，國人誤用爲譯者，亦宜削去更定。誤用者雖必廢棄語；第文物修明之後復見用，則又殽惑矣！是宜改作者。第近似相假借者，則言語所應有；自不必因外名之異，我亦繁立名目耳！例如鎕、銻，本火齊珠也；今借銻以譯金類元素之名；汽，本水涸也；今借汽以譯蒸氣之名；則不可。第如炱煤曰煤；古樹入地所化，亦因其形似曰煤；則不妨假借；不必因外語異名而此亦異譯也。必欲區别，加限制字可已！

（九）彼方一詞而衆義，在我不相習；易於殽惑者，隨其詞之用義分别譯之。例如“梭威稜帖”（Sovereignty）一詞，英人假借之至於三義。吾譯應從其運用之方面及性質，或譯主權，或譯統治權，或譯至高權，不能拘於一也。又如財産權、物權、所有權，英人以“伯勞伯的”（property）一詞概之者，在譯者則宜分别之。此假借不同也。（不悟假借之異，宜有各執一端以相訟者矣。）又有西語簡陋而吾國特長者，亦不當從其陋；如伯、叔、舅之稱無别，從表兄弟之稱無别，斯所謂窕語也；自亦宜分别爲譯。舊邦人事發達萬端；西方恒言在吾爲窕語者，固不知凡幾也。

（十）彼方一詞。而此無相當之詞（即最初四條所舉，皆不存也）者，則併集數字以譯之。漢土學術不精，術語自必匱乏，非必後世呰窳之故也。故事事必興廢以傅會；不惟勢有所難；爲用亦必不給。況國語發展有多節之傾向；科學句度以一詞爲術語；亦寖跛不便乎！例如“愛康諾米”（Economy）譯爲理財，固偏於財政之一部；計學之計字，獨用亦病跛畸；不若生計便也。

（十一）取主名之新義（如心理等詞，改善爲難者），非萬不得已；毋取陳腐以韜晦。例如“非羅沙非”（Philosophy），日人譯爲哲學，已得梗概。章師太炎譯爲玄學，尤闡其精義。愛智二字，造者原爲偶然，還從其陋，甚無謂也。

（十二）取易曉之譯名；毋取曖昧舊名相殽亂。例如“狃脱”（Neuter）原爲不偏，譯作中或中立，可也。假罔兩之鬼名以混之，則惑矣！又如文法上諸名詞，《馬氏文通》所譯皆暢明易曉。不曰動字而曰云謂；不曰介詞而曰介糸；則誠文人所以自蓋淺陋者哉！

（十三）宜爲世道人心計，取其精義而斟酌之於國情；勿舍本齊末，小學大遺以滋弊。例如權利、義務，猶盾之表裏二面；吾國義字約略足以當之。自希臘有正義即權力之説。表面之義方含權之意，而後世定其界説，有以法益爲要素者。日人遂擷此二端，譯作權利，以之專爲法學上用語；雖不完，猶可説也。一經俗人濫用，遂爲攘權奪利武器矣！既不能禁通俗之用；何如慎其始而譯爲理權哉。義務之務字，含有作爲之義；亦非其通性也。何如譯爲義分。

（十四）一字而諸國語並存者，大抵各有其歷史事實及國情；更宜斟酌之，分別以爲譯。例如吾國舊譯同一自由也；拉丁舊名曰“立白的”（Liberty），以寬肆爲意；盎格魯薩克遜本語云“勿黎達姆”（Freedom），則以解脱爲意。蓋羅馬人遇其征服者，苛酷而褊嗇，得享較寬之市民權者，便標爲三大資格之一；與英人脱貴族大地主之束縛者不同也。此譯亦既不易改作矣，後有類此者，宜慎厥始。

（十五）既取譯義，不得用日人之假借語。（日人所謂宛字也。）既非借用，又不成義，非驢非馬。徒足以混殽國語也。例如手形、手續等等，乃日人固有語；不過假同訓之漢字，攟掇以成者；讀如國語，而實質仍日語也，徒有國語讀音之形式，而不能通國語之義；則仍非國語。讀音之形式既非，實質失其依據，則亦非復日本語。名實相殽，莫此爲甚。票據之故有語，程叙之譯語，未見其不適也；是亦不可以已乎？

（十六）既取義譯，不必復取其音。音義相同之外語，殆必不可得；則兩可者，其弊必兩失也。例如幺匿、圖騰，義既不通，音又不肖；粗通國文者，或將視爲古語；通外語者又不及聯想之爲外語；似兩是而實皆非；斯又焉取斯哉？即如幾何有義可解矣；然數學皆求幾何，於斯學未嘗有特別關聯也。彼名“幾何米突”，原義量地幾何地之義也。割截其半，將何別於地質學、地球學、地理學等之均以幾何二音爲冠者乎？音義各得其一部，不如譯爲形學多矣！

（十七）一字往往有名字動字兩用者。譯義寧偏重於名字，所以尊嚴名詞概念也。用爲動字，則或取其他動字以爲助。例如“題非尼荀”

(Definition)，日人譯爲定義；此譯爲界説。就吾國語句度言之：名字上之動詞，常爲他動；其全體亦即常爲動詞。定義有兼攝“題文”(Define)動字之功；然非整然名詞也；寧取界説，雖木强而辭正。欲用爲動詞，則不妨加作爲等字。

（十八）名詞作狀詞用者，日譯常贅的字，原于英語之“的”ty或“的夫”tive語尾；兼取音義也。國語乃之字音轉。通俗用爲名代者，羼雜不馴，似不如相機斟酌也。例如名學的、形學的，可譯爲名理、形理。國家的、社會的，可譯爲國家性、社會性。人的關係、物的關係，可譯爲屬人關係、屬物關係。道德的制裁、法律的制裁，可譯爲道德上制裁、法律上制裁，相機斟酌，不可拘也。

（十九）日語名詞，有其國語前系，或日譯而不合吾國語法者，義雖可通，不宜襲用；防殽亂也。例如相手、取締等，有相取前系而不可通者；十五條既概括之矣。即如打擊、排斥、御用、入用等，帶有前系詞，及所有持有等諸譯名義非不可通者，然不得混用。此非專闢外語也。外語而與國語似而其法度異，足以亂國語綱紀者，不得不闢也。

（二十）器械之屬，故有其名者，循而摭之；故無其名者，自我譯之。名固不能以求全；第淺陋、迷信、排外、媚外等義不可有。例如洋火，淺陋也；鐘曰自鳴，迷信也；何如循舊名曰焠兒，曰鐘乎？（歐語語源，亦大抵鐘之舊名。）餐曰番餐，排外也；曰大餐，曰大餐間，曰大衣、大帽，又由排外變而爲媚外；若爲大勢所趨，則余欲無言。不然，欲區别之，冠以西字、洋字，可也。必欲號稱新奇，如古之稱胡麻飯、貫頭衣，各與以譯名，亦無不可；烏所用其感情哉！

此以義譯爲原則者也。第事物固有此土所無而彼土專有者；則比字屬名以定其號。終不可題號者，無妨從其主稱。

（一）人名以稱號著，自以音爲重；雖有因緣，不取義譯。如摩西以水得名者，不能便取其義而名之曰水。嚴格言之：如慕容、冒頓之慕、冒，輕脣音；且宜讀古重脣以肖其原名也。（閼氏迄今猶讀胭脂者，其嚴格者也。）然讀史在知其爲人；苟但求西史普通智識，則人名亦不妨略肖國人姓名以便記憶；收聲等無妨從略。華盛頓、拿破崙等名，通俗知之。蒙古、印度史中人名，雖學子不能記憶；無他，相似者易爲習；詰詘者難爲單節語國民識也。孔、孟二名之作羅馬音也，贅有 us 拉丁語尾；西人遂一般習知之；且未嘗誤會其爲希臘、羅馬人也。以漢音切西名，勢必不肖；不肖而猶强爲之，無非便不解西文者略解西史耳！然則曰葉斯比，曰亞利斯多德，庸何傷！至謂爲解西文者說法，則純用西文，且讀作其人本國語之音；是固鄙意所期也。

（二）地名取音與人名同。可緣附者不妨緣附，如新嘉坡是也。可略者無妨從略，如桑港是也。國名洲名之習用者，不妨但取首音；如亞洲、英國，是也。音聲學應有之損益，無妨從慣習而損益之；如美利堅，（重音在母音後之第二節，其母音往往不成聲）如俄羅斯，（欲明辨首音之重音，或至别添一音；此所謂不同化也）是也。其所異於人名者，則可譯無妨譯義；如喜望峰、地中海、黑海、紅海等是已。第渺茫之義，及國家之名一成不可譯。如或謂吾國支那之名本於繒兒；然不能稱支那曰繒兒。尼達蘭義爲窪地；不能稱尼達蘭曰窪地。日本之名雖自我起，既成則不能更曰扶桑。

（三）官號各國異制，多難比擬；不如借用其名以覈其實；如單于、汗且渠、當户、百里璽天德，皆其例也。然法制日趨大同；官職相似者日多。既相似，故不妨通用此號。而非漢官所有，特爲作名；如左右賢王，僮僕都尉；古亦有其例也。

（四）鳥獸草木之名，此土所有者，自宜循《爾雅》、《本草》諸書摭其舊名；此土所無，而有義可譯者，仍不妨取義；如知更鳥、勿忘草等，是也。無義可譯，則沿用拉丁舊名；然亦宜如葡萄、苜蓿，取一二音以爲之；俾同化於國語也。

（五）金石化學之名亦然。金、銀、鹽、礬故有者不必論。有義者，則如酒精、蘋果酸等取義譯。無義者，則依拉丁首一二音作新名；然音不可强用他義之舊名；（例如銻本有火齊珠之義，不可以爲原素名）義不可漫擷不確定一端之義；（例如輕氣在當時以其爲原素中之最輕，今則義變而名窾矣）斟酌盡善，則專家之務也。

（六）理學上之名最難迻譯。向有其名，如赤道、黄道者仍舊貫。確有其義，如温帶、寒帶者從義譯。專名無關於實義者，不妨因故有之陋，如星以五行名，電以陰陽名，無損於其實也。似專名而義含於其名者則宜慎重；稱“愛耐而幾”（Energy）曰儲能，稱“伊太”（Ether）曰清氣，漫加狀詞，殆未有不誤謬者。“愛耐而幾”，固有儲有行。“伊太”在理想中，無從狀其清濁也。愛耐而幾，或可譯作勢乎？伊太，則伊太而已矣。

（七）機械之屬，有義可譯者。如上第二十條所云。無可譯者，則倣後三四條作新名；璧柳珂珴，古原有其例也。“亞更”（Organ），不能譯原義曰機。“批阿娜”（Piano），不能譯原義曰清平。而曰風琴、洋琴，則殽矣！無已！其亦借音作名，如古之琵琶乎？

（八）玄學上多義之名不可譯；如《内典》言般若，猶此言智慧；而智慧不足以盡之。亞利斯多德言“奴斯”（Nous），猶此言理；而理不足以盡之。名之用於他者，猶無妨其不盡。玄學則以名詞爲體，以多義爲用者，不可以不盡也。

（九）宗教上神秘之名不可譯；如“曼那”（Manus），譯爲甘露；則史蹟譌殽。涅盤，譯爲烏有；則索然無味。佛義爲知者，不能號爲知者。基督義爲灌頂，不能稱其灌頂王也。

（十）史乘上一民族一時特有之名不可譯；如法律史上，羅馬人之自由權、市民權、氏族權，稱曰“三加普”（Tria Caputa）；不能譯加普曰資格。政治史上，希臘人放逐其國人之裁判法曰“亞斯托剌西斯姆”（Ostracism），不能譯其義曰國民總投票等；是也。

美詩人普來烏德氏嘗語其友曰：“觀君數用法蘭西語。果使精練英語，無論何種感想，自有語言可表；安用借法語爲也！”德文豪加堆且曰：“表示感想，惟國語爲最適切。”誠哉！好用外語者，蓋未嘗熟達國語也。自史籀之古書凡九千名；非苟爲之也。有其文者必有其諺言，秦篆殺之；《凡將》諸篇繼作；及鄦氏時亦九千名。衍乎鄦氏者，自《玉篇》以逮《集韻》，不損三萬字；非苟爲之。有其文者必有其諺言：刻玉曰琢。刻竹以爲書曰篆。黑馬之黑，與黑絲之黑，名實眩也；則別以驪、緇。青石之青，青筍之青，名實眩也；則別以蒼、筤、琅、玕。白鳥之白，白雪之白，白玉之白，名實眩也；則別以皠、皚、皦。怨偶，匹也；合偶，匹也；其匹同，其匹之情異；則別以逑、仇。馬之重遲，物之重厚，其重同，其重之情異；則別以篤、竺。此猶物名也，更以動靜名言之：直言曰經。一曲一直曰迂，自圓心以出輻綫，稍前益大曰叜，兩綫平行略傾，漸遠而合成交角曰昆。車小缺復合曰輟。釜氣上蒸曰融。南北極半歲見日，半歲不見日曰暨。東西半球兩足相抵曰僢。簡而別，昭而切。則孳乳之用，具衆理而應萬事。古者術語固無虞其匱乏也。後世俗偷文敝，使術名爲廢語；於是睹外貨，則目眩神摇！習西學，則心儀頂禮！耳食而甘，覺無詞以易；乞借不足，甚且有倡用萬國新語者。習於外而忘其本，滔滔者蓋非一日矣！歐語殊貫，侵入猶少。日人之所矯揉者，則奪亂陵雜，不知其所底止也；吾雖於義譯五六條下，著日人譯語，不妨從同；然集一政黨，亦必曰國民，曰進步，曰政友，曰大同俱樂部；亦何呰媮至於斯極乎！國語，國民性情節族所見也。漢土人心故涣散，削於外族者再，所賴以維持者厥惟國語。使外語蔓滋，陵亂不修，則性情節族淪夷，種族自尊之念亦將消殺焉。此吾所爲涓涓而悲也。綜上所著三十條，更爲之申言曰："故有其名者，舉而措之；荀子所謂散名之在萬物者，從諸夏之成俗曲期也。故無其名者，駢集數字以成之；（國語《釋故》、《釋言》而外，復有《釋訓》，非聯綿兩字，即以雙聲疊韻成語；此異於單舉。又若事物名號合用數言，放勳重華，古聖之建名，阿衡祈父，官僚之定名，是皆兩義並爲一稱，猶西語合希臘、拉丁兩言爲一名也。今通俗用言雖不過二千，其不至甚憂匱乏者，猶賴此轉移。蓋亦吾國語之後天發達也。音少義多，單舉易殽，明體達用，莫便於此。）荀子所謂彖而成文，名之麗也，無緣相擬，然後仿五不翻之例，假外語之一二音作之；荀子所謂有循於舊名，有作於新名也。"

本斯三端，著爲三十例；冀於斯道稍有所貢獻；當否不敢知也。至於切要之舉，竊以爲宜由各科專家集爲學會，討論抉擇，折衷之於國語國文之士；復由政府審定而頒行之。（例如日本，法政家之名從國法，學術之名從學會；國家主要用品如軍艦、飛艇等名，則由政府布告以完定之。）名正則言順，庶幾百官以治，萬民以察乎？

三十九、容挺公[①] 致《甲寅》記者論《譯名》

記者足下：頃讀貴誌《譯名》一首，《邏輯》二首；音譯之説，敬聞命矣。如“依康老蜜”，如“邏輯”，如“薩威稜帖”，如“札斯惕斯”等，學名術語，兼示其例。又聞《庸言報》載有胡君以魯論《譯名》一首，於夙昔尊論，有所指彈。愚未讀《庸言》，弗詳胡説。竊思足下於迻譯究心甚深，持説甚堅。愚於此本極疏陋，直覺所見未能苟同；懷疑填臆，請得陳

① 容伯挺（1886—1922），字寶韶，筆名廷光、挺公、伯廷，廣東新會荷塘大宅巷人。自幼受家庭熏陶，學業優異。成年後官費留學日本，其間加入同盟會，參加革命活動。民國元年（1912 年），他回到廣東從事黨務活動。1915 年，袁世凱謀復帝制，容伯挺受聘出任《中華新報》主筆，極力攻擊袁的倒行逆施。他“人直、口直、筆直”，被稱爲“敢言敢寫的記者”。護國軍在肇慶成立軍務院，容伯挺任軍務院秘書廳秘書，襄贊軍務。1916 年 6 月，袁世凱死後，軍務院撤銷，容被選爲廣東省參議會議員，先後擔任廣東省長公署公報所所長、省財政廳參議、印刷局局長，仍兼任《中華新報》社長和主筆。1922 年，陳炯明在粵有謀叛跡象，容伯挺著文抨擊，遭暗殺。——校訂者

之："邏輯"及"依康老蜜"二語，倘指科學，用作學名，則愚頗以音譯爲不適。蓋科學之職志，無千古不易之範圍；故其領域之張，咸伴時代之文明而進。即同一時代，學者之解釋區劃，言人人殊。無論何一科學，初未嘗有一定之職。故一學成科之始，學者爲之授名；後其學遞衍遞變，名則循而不易。是故"邏輯"與"依康老蜜"，在歐文原義，業不能盡涵今日斯學之所容，而今剌取其音，用之以名斯學，指爲最切；物曲影直，恐無此理。謂義譯有漏義，而音譯已不能無漏；初無彼此，其漏也等。謂義譯須作界，而音譯更不能不作界。同是作界，二者所費之力，姑不計其多寡，然就讀者用者主客兩觀之：覺爲學術説明時，往往諸學名列舉對稱以示諸學之轇轕；或以明所述事物之屬性；又或行文之便，用爲副詞；苟音譯義譯雜用，長名短名錯出，不妙之處，淺而易明。若就讀者一方言之，覺羌無意趣之學①語，自非專門學者無由通其義；直覺既不望文生義；聯想亦難觀念類化。凡俗念佛呪，誦萬遍，了無禪悟；將毋類是。今世科學，不能與佛典等觀；固欲舉科學概念，化爲盡人常識者也。且果如斯説，將見現有百科學名，幾無一完卵；勢非一一盡取而音譯之不可。愚觀日人辭書，除人名、地名、物名；其精神科學名辭，鮮有音譯者。即地名、物名，有時亦以義譯出之。愚不同尊説，並無特見；不過體諸經驗，比長度短，謂終未可以彼易此。又如"薩威稜帖"及"札斯惕斯"二語，雖或義爲多涵，頗難適譯。例以佛典多涵不譯，似從音爲便。愚謂我邦文學，雖木强難化；不若歐文之柔而易流。然精神的文明，爲我邦之古産；凡外域精神科學之名辭，若以邦文迻譯，縱不皆脗合，亦非絶無相近者；其完全合致者，則直取之；不實不盡者，則渾融含蓄以出之。如此以譯名視原名，縱不能應有者儘有，或亦得其最大部分之最大涵義。抑方今之急，非取西學移植國中之爲尚；曾食而化之，吐而出之之尚！西學入國，爲日已長；即今尚在幼稚之域！我國學者於移植之功，固不能無怍！然第一味移植，遂謂克盡能事，亦未見其可。尊論謂釐名與義而二之。名爲吾所固有者不論。吾無之，則逕取歐文之音而譯之。名爲一事。義又爲一事。義者爲名作界也。名者爲物立符也。作界之事，誠有可争。作符之事，則一物甲之而可，乙

① "學"爲"譯"之誤字。

之亦可，不必争也。惟以作界者作符，則人將以争界者争符，而争不可止等語。昔張横渠作《箴愚》、《訂頑》；程子見之，謂恐啟争端。爲改題《東銘》、《西銘》；皆命名息争之説也。又有若貴誌以《甲寅》爲號，容别有寄託；然息争一端，必爲作用之一；此即愚渾融含蓄之説也。夫一事一象，有涵義甚富者；乃今欲隱括於一語之中；即智力絶特之士，孰不感其難能。即在愚最大部分之最大涵義之説；甲以此爲大；乙或以彼爲更大；争端仍不可免。然學問之事，必不能無所争；而亦無取乎息争。非第不許息争，爲消極之作用；將有以啟争求積極之成功。則有争寧足憂，無争又寧足喜。苟學者各竭其心思，新名競起；將由進化公理，司其取舍權衡。其最適者，將於天擇人擇，不知不識之間，巋然獨存。精確之名既定，則學術自伴之而進。即如足下手定之名，自出世之日始，固已捲入於天演中。將來之適不適，存不存，人固無能爲；今亦不能測。惟一番競争，一番淘汰，所謂最大部分之最大涵義，或可於殘存者遇之。此時以其所得，以視譯音得失何如，終有可見。然即在音譯，已不能免與義譯派之争。是固欲無争，反以來争。且兩派之争，絶無折衷餘地；所謂争不可止，斯誠争不可止。愚又聞“邏輯”與“依康老蜜”二學，日儒傳習之初，異譯殊名，紛紛並起；更時既久，卒定於一；舉世宗之。然而涵義之争，今亦不已，而亦終無窮期！尊論急以作界者作符，則人將以争界者争符，而争不可止者，觀此，見争符者之終有止境，與乎争界者不必並其符而亦相争；似與尊論作一反比。邇來日本學界喜以假名調歐字；彼邦學者已多非之。然此乃一時之流行品，非所論於譯例也。説者又慮義譯多方，期統一於政府。惟政府之力，亦不能過重視之。蓋惟人名地名暨乎中小學教科書所採用之名辭，政府始能致力；稍進恐非所及。然即就可及者爲之，仍須在學者自由譯述之後，政府從而取捨，頒諸全國以收統一之用。若謂聚少數之學者，開一二會議，舉學術用語一一規定而强制施行之；亦未見其可也！愚自忘譾陋，自擬譯例：凡歐文具體名辭，其指物爲吾有者，則直移其名名之；可毋俟論。其爲中土所無者；則從音。無其物而有其屬者，則音譯而附屬名。至若抽象名辭，則以義爲主。遇有勢難兼收並蓄，則求所謂最大部分之最大涵義。若都不可得，苟原名爲義多方，在此爲甲義則甲之；在彼爲乙義則乙之。仍恐不周，則附原字或音譯以備考。非萬不獲已，必不願音譯。此例簡易淺白，與佛典五不翻之例未合，與尊論亦有不同；誠願拜聞高論，匡我不足。前足下於論《譯名》時，曾許異日更當詳述。僕不自量，雅欲獻其膚見，作大論之引端。倘蒙不鄙，願假明教；不宣。

四十、章行嚴　答容挺公論《譯名》

來書所論各節，委曲周至；一讀傾心，非精於譯例者不能道其隻字；甚盛！甚盛！惟足下所言，有稍稍誤會鄙意者；有終爲鄙意不欲苟同者。推賢者不恥下問之心，廣孔氏各言爾志之義，請得爲足下瀆陳之：愚之主張音譯，特謂比較而善之方；非以爲絕宜無對之制。且施行此法，亦視其詞是否相許，尤非任遇何名，輒强爲之。足下以愚言“譯事以取音爲最切”，致來“物曲影直”之譏。又以愚説所之，“百科學名，都爲羗無意趣之譯語”。實則愚自執筆論此，未嘗爲此絕對之言也。夫以音定名之利，非音能概括涵義之謂；乃其名不濫，學者便於作界之謂。如譯 Logic 爲邏輯，非謂雅里士多德①、倍根②、黑格爾、穆勒諸賢以及將來無窮之斯學巨子所有定義，悉於此二字收之；乃謂以斯字名斯學。諸所有定義，乃不至蹈夫迷惑牴牾之弊也。果爾，則足下謂“科學……領域之張，咸伴時代之文明而進；即同一時代，學者之解釋區畫，言人人殊”；適足以張義譯之病，而

① 今譯爲亞里斯多德。
② 今譯爲培根。

轉證音譯之便也。足下亟稱日人，謂其“辭書鮮從音譯”；且“邏輯一名，彼邦傳習之初，殊名紛起，卒定於一，舉國宗之”。則愚知其所譯邏輯之名，乃論理學也。論理學 Science of Reasoning 云者，斯學稚時之定義；其淺狹不適用，初學猶能辨之。今既奉爲定名，於斯別求新義；是新義者，非與論理一義，渺不相涉；即相涉而僅占其小部；總而言之：作界之先，當先爲一界曰：“論理學者，非論理學也。”名界牴觸，至於如此。寧非濫訂名義者之惡作劇？是果何如直取西名之能永保尊嚴者乎？足下謂：“義譯須作界。音譯更不能不作界。”此就界而論，尊説誠是。若祇言譯事，定音與義胡擇？則義譯固然；音譯乃不爾也。義譯之第一障害，即在定名之事，混於作界；先取一界説以爲之名；繼得新界，前界在法當棄；而以爲名之故，不得不隸新界於棄界之下。若取音譯，則定名時與界義無關涉；界義萬千，隨時吐納，絶無束縛馳驟之病。利害相校，取捨宜不言可知。循是而談，苟音譯之説，學者採之。一名既立，無論學之領域，擴充至於何地；皆可永守勿更。其在義譯，則難望此。邏輯初至吾國，譯曰“辨學”。繼從東籍，改稱“論理”；侯官嚴氏陋之，復立“名學”。自不肖觀之：辨義第一。名義次之。論理最爲劣譯。東學之徒，首稱論理；名辨俱無取焉。内地人士，似右嚴譯；次稱東名。吾邦初傳之號，反若無睹。今吾學子，似俱審邏輯爲一學科矣；其名胡取，尚無定論。然則足下所謂“一學成科之始，學者爲之授名；後其學遞衍遞變，名則循而不易”。以譯事論：音譯誠將有然，義譯似未易語是。足下取證日人，謂“一名既定，學者相率用之，不更交相指摘”；以破愚“爭符不止”之説。不知是乃彼邦學者習爲苟安以唱宗風；首當矯正，而乃甘蹈其覆也耶！且彼之爲此，亦以其名沿用既久，勢已難於爬梳；故出於遷就一途。則吾人乍立新名，允當借鏡於茲；勿將苟簡褊狹之思，以重將來難返之勢。足下乃謂爲可法，愚竊爲智者不取也。足下以天演公例，施之譯林；然當知適者生存；適者未必即爲良者。且據晚近學者所收例證，擇種所留，其爲不良之尤者，往往有之。以故爲真正進化計，《天演論》已當改造。以論問學，義尤顯然。今言邏輯：請以辨、名、論理三名，拋之吾國學界，聽其推移演進；以大勢觀之，得收最後勝利，或爲論理，如日人之今運然。是則足下所信“一番競争，一番淘汰，所謂最大部分之最大涵義，或可於殘存者遇之”。愚則以爲最小部分之最小涵義，亦或可於殘存者遇之也。蓋百事可以任之自然。惟學問之事，端賴先覺；非服食玩好，人有同嗜者可比！此乃提倡之道，不得等之强制之科。足下達者，當不以爲妄。至音譯有弊，誠如足下所云。愚雖右之，未敢忽視。故愚用斯法，亦擇其可用者用之；非不問何症，惟恃一方也。足下所擬譯例，就義譯一方，用意極爲周到；愚請謹誌，相與同遵。惟足下遇義譯十分困難時，因憶及鄙説，不無幾微可論之價，則亦書林之幸也！妄陳乞教。

四十一、梁任公　中學以上作文教學法

一

本講義爲中學以上國文教師講授及學生自習之用；意在研究文章構造之原則，俾學者有規矩準繩之可循。講義開始之前，應自行劃定所講之範圍及體例如下：

第一，作文第一步工夫，本應注意文法。但此事應該別有專書教授，而且在高等小學期間内該已大略授過。所以本講義把這部分姑且剔開；專從全篇結構上講。

第二，本講義所用教材，專限於文言文；其語體文一概從略。並非對於語體文有什麽不滿，衹因爲：

一、本講義預備中學以上教學用。假定學生在小學期間對於語體文已有相當之素養；到中學以上無專門教授語體文之必要。

二、文言文行用已二千多年；許多精深的思想和優美的文學作品，皆用他來發表。所以學生應該學習他，最少也要能讀他，能解他，而學習的期間，以中學爲最宜。

三、文言和語體，我認爲是一貫的。因爲文法所差有限得很。而會作文言的人，當然會作語體。或者可以説文言用功愈深，語體成就愈好。所以中學以上，在文言下些工夫，於語體文也極有益。

四、語體尚在發達幼稚時代，可以充學校教材的作品不很多。文言因爲用得久了，名作林立；要舉模範，俯拾即是。所以教授較爲方便。

因爲以上四種原故，所以我主張中學以上國文科以文言爲主。但這是專從講授一面説。至於學生自作，當然不妨語文並用。或專作語體，亦無不可。因爲會作文與否，和文學作得好歹，所重不在體裁而在内容。這些道理，下文再説。

第三，文章可大别爲三種：一記載之文；二辯論之文；三情感之文。而一篇之中，雖然有時或兼兩種，或兼三種；但總有所偏重；我們勉强如此分類，當無大差。作文教學法，本來三種，都應教，都應學。但第三種情感之文，美術性含得格外多，算是專門文學家所當有事。而中學學生以會作應用之文爲最要。這一種不必人人皆學。而且本講義亦爲時間所限，所以僅講前兩種爲止。至於第三種的研究法，我上半年在清華學校，曾有一篇頗長的講義；名曰《中國韻文裏頭所表現的情感》。諸君若對於這方面有興味，不妨拿來參考參考。

第四，本講義從教授方面講居多。但學生很可以用來自習，或者得益更多，亦未可知。

第五，所引模範文，因没有彙輯成書；故僅以最通行者爲限，而且所引勢難舉全文。望諸君覓原本比對參考纔好。

二

今論記載文作法：凡叙述客觀的事實者爲記載文。而其種類可大别爲四：

一、記物體之内容或狀態。如替一部書作提要，替一幅圖畫作記，説明一種制度的實質，説明一件東西的特性之類。

二、記地方之形勢或風景。記形勢的如方志之類，記風景的如遊記之類。

三、記個人言論行事及性格。簡單的如列傳之類，詳細的如行狀、年譜之類。而其中復可分爲一人專傳，多人合傳。

四、記事件之原委因果。小之記一人一家所發生的事件，大之記關於全國家全人類的事件。短之記以一日或幾點鐘爲起訖的事件，長之記數千年繼續關係不斷的事件。

右四類中，第一類最爲易記。因爲範圍是有限制的，觀察力容易集中；性質是固定的，讓我們慢慢地翻來覆去觀察，不會變樣子。第二類也還易記。因爲性質雖然不免變化，比較的還屬固定；空間的範圍雖然複雜，可以由我們畫出界限部分來。第三類的記載便較難。頭一件因爲人類生活，總須有相當的時間經過，才能表明；而時間最是變動不居的。第二件因爲要想明白一個人的真相，不能光看他外表的行事，還要看他內在的精神；不能專從大處看，有時還要從小處看；所以作一篇好傳記，實不容易。至於第四類的記載便更難了。要知道一件事的原委因果，總要把時間關係、空間關係①觀察清楚；把人的要素、物的要素分析明白。種種極複雜狀態，都拼攏在一處；非大大的費一番組織工夫，不能記述得恰好。然無論做何類記載文，有兩個原則總要嚴守的：

第一，要客觀的忠實。記載文既以敘述客觀的事實爲目的，若所記的虛僞或謌舛或闕漏，便是與目的相反。所以對於材料之蒐集要求其備，鑑別要求其真，觀察要求其普遍而精密。而尤要者，萬不可用主觀的情感，夾雜其中；將客觀事實，任意加減輕重。要而言之：凡作一篇記載之文，便要預備到後來作可靠的史料。一面對於事實負嚴正責任；一面對於讀者負嚴正責任。而學生初學作文時，給他這種觀念，不惟把“文德”的基礎立得鞏固；即以文體論，也免了許多枝葉葛藤。

第二，敘述要有系統。客觀的事實，總是散漫的，斷續的；若一條一條的分開臚列——像孔子所作《春秋》一般，只能謂之記載，不能謂之文。既要作文，總須設法把散漫的排列起來，把斷續的連貫起來。未動筆以前，先要觀察事實和事實的關係，究竟有多少主要脈絡；把全篇組織，先立出個系統；然後一切材料，能由我自由駕馭。而教學生作文，從此入手，不

① “空間關係”四字據張品興主編《梁啓超全集》補入。

惟文章容易成就；而且可以養成他部分的組織能力。

三

以上泛論記載文的綱領已完，以下便舉實例分論各種作法：

記載文有把客觀事實全部記載者。例如韓昌黎《畫記》（《古文辭類纂》卷五十一）記的是一幅田獵人物畫手卷。用四百多個字，把畫中人馬及其他動物雜器物五百多件全部叙入；能令我們讀起來，髣髴如見原畫。我常推他是《昌黎集》中第一傑作。他這篇傑作，實很費一番組織工夫，才能構成。他先把全畫人物分爲四大部，一人，二馬，三其他動物，四雜器物。第一第二部用列舉的記叙法。第三第四部用概括的記叙法。他把這個組織系統先行立定，再行駕馭畫中的材料。寫人的狀態應最詳；他便用精密的列舉，先寫大人，後寫婦人小孩；大人之中，先寫騎馬的，次寫別種動作的；騎馬之中，又種種分類；別種動作中，又種種分類；叙明作某種狀態者若干人，某種狀態者又若干人。而總結之以："凡人之事三十有二，爲人大小百二十有三，而莫有同者焉。"次叙馬，亦列舉其狀態，而不舉每種狀態所占之馬數；總結處，却與叙人同一筆法；説道："凡馬之事二十有七，馬大小八十有三，而莫有同者焉。"次叙其他動物，則但云："牛大小十一頭，橐駝三頭，……"但舉其數，不復狀其狀態。次叙雜器物，則分兵器、服用器、游戲器三類；統記其總數"二百五十有一具"；更不分記其器有若干具了。而其餘山水樹林等情形，文中一字不見；但我們從他寫人馬狀態裏頭，大約可以推度得出來。這篇文，用那麼短篇幅，寫那麼瑣屑複雜的狀態；能令人對於客觀的原樣，一目了然；而且在文章上很發生美感。問他何以能如此呢？主要工夫，全在有系統的分類觀察。把主從輕重先弄明白；再將主要部分一層一層的詳密分類；自然能以簡御繁。我們想練習觀察事物的方法，這便是一個模範。

這種叙述法，施諸一幅呆板的畫，或尚適用。因爲畫中人物雖然複雜，畢竟同屬畫出來的東西；想把全部叙下，還有辦法。若所叙的對象，含有各種不同性質；你想要全部一絲不漏都叙下，結果一定鬧到主從不分明；把應叙倒反落掉，令讀者如墮五里霧中了。所以叙事文通例，總是限於部分的記述。紙面的記述，雖僅限於一部分；而能把全部的影子攝進來，便算佳文。

部分記述之主要方法有四：

一、側重法。

二、類概法。

三、鳥瞰法。

四、移進法。

側重法專注意題中某一點或某幾點，其餘或帶叙，或竟不叙。最顯著的例，如陳群等之《魏律序略》，（《晉書・刑法志》引）目的專在記魏律與秦漢律篇章之異同。而起首便説道："舊律所難知者，由於六篇，篇少故也。篇少，則文荒；文荒，則事寡；事寡，則罪[1]漏。是以後人少增，更與本體相離。今制新律，宜都總事類，多其篇條。"這幾句，把改律的動機和宗旨，都簡單明瞭提出。以下便將舊律某篇某篇如何不合論理，如何不便事實；據何種理由增加某篇，挪動某條。至末後總結一筆："凡所定增十三篇，故就五篇，合十八篇。於正律九篇爲增，於旁章科令爲省矣！"全文不過七百字，然而叙述得非常得要領。我們試把他仔細研究一遍，便可以製成一個極明瞭的"漢魏律篇章對照表"。他對於許多法律上重要問題，都没有提及；所記專集中於這一點。正惟集中於這一點，所以對於這部分，確能充分説明；遂成爲天地間有用且不朽之文。

凡遇着一個廓大的題目；應該叙述的有許多部分；最好專擇一部分爲自己興味所注者以之爲主；其餘四方八面的觀察都拱衛着他；自然會把這部分的真相看得透，説得出。别的部分，只好讓别人去研究説明。這種方法，雖然可以説是文家取巧，其實也是做學問切實受用的一種塗徑。

側重法，只要能把所重的説得透切，本來無論側重那一點皆可。但能彀把題目最重的地方看清楚，然後用全力側重他，自然更好。我剛纔説過："部分的叙述，須能把全部影子攝進來。"想以部分攝全部，非從最重要處落脈不可。比方攻擊要塞，側重法是專打一個礮臺；所打的若是主力礮臺，自然比打普通礮臺效力更大了。例如有一個題目在此：《記德國新憲法》。不會用側重法的人，想要把全憲法各部分平均叙述；一定鬧到寫了幾萬字，

① "罪"爲"罣"之訛字。

還是茫然無頭緒。會用側重法的人，便認定某幾點重要，其餘都不管。但是同一樣的側重法，側重得握要不握要①，文章價值自分高下。例如側重新憲法和舊憲法比較，看帝制與共和異同何在，原不失爲一種好方法；但關於共和之建設，各國大略相同；就令從這方面詳細解剖，仍不足以說明德憲特色。我有位朋友張君勱做過這一篇文，專把德憲中關於"生産機關社會有"的條文，和關於"生計會議"的組織及權限，詳細說明；其餘多半從略，這便是極有價值的一篇文字。因爲這兩點，是從來別國憲法所未有；德國新憲能在今後立法界有絕大價值，就靠這兩點。

凡一件事實，總容得許多觀察點；所以一個題目，容得有許多篇好文章。教授學生時，最好是擇些方面多的題目；先令學生想想這題目可以有幾個觀察點；等他們答完之後，教師把幾個正當觀察點逐一指出，然後令各生自認定一個觀察點做去；既認定時，便切戒旁騖以免思路混雜；凡所有資料，皆憑這觀察點爲去取。經過這樣的訓練，學生自然會把側重法應用得很好了。

但前文講的觀察點之比較選擇，萬不要忘却。倘若所選之點，太不關痛癢；總不能成爲正當的好文章。例如《史記・管晏列傳》叙個人關涉瑣事居大半。太史公自己聲明所側重的觀察點，說道："至其書世多有之，是以不論，論其軼事。"他既有了這幾句話，我們自然不能責他不合章法。但替兩位政治家作傳，用這種走偏鋒的觀察法，無論如何，我總說是不該。

四

類概或類從法者，所記述的對象，不能有所偏重；然而又不能徧舉。於是把他分類；每類挈出要領，把所有資料，隨類分隸，這種模範作品最可學的，是《史記・西南夷傳》：

> "西南夷君長以什數，夜郎最大。其西，靡莫之屬以什數，滇最大。自滇以北君長以什數，邛都最大。此皆魋結耕田有邑聚。
>
> 其外，西自同師以東，北至楪榆，名爲嶲、昆明；皆編髮，隨畜遷徙，毋常處，毋君長。地方可數千里。

---

① "不握要"三字據張品興主編《梁啓超全集》補入。

自筰以東北君長以什數，徙筰都最大。自嶲以東北君長以什數，冉駹最大。其俗或土著，或移徙。在蜀之西。自冉駹以東北君長以什數，白馬最大。皆氐類也。此皆巴蜀西南外蠻夷也。”

這篇傳敘的川邊、川南、雲南、貴州一帶氐、羌、苗、蠻諸種族情形異常複雜，雖在今日，尚且很難理清頭緒。太史公却能用極簡淨的筆法，把形勢寫得瞭若指掌。他把他們分爲三大部，用土著、遊牧及頭髮的裝束等等做識别。每一大部中復分爲若干小部；每小部舉出一個或兩個部落爲代表。代表者之特殊地位固然見出，其他散部落亦並不罣漏。到下文雖然專記幾個代表國——如滇、夜郎等——的事情，然已顯出這些事情，是西南夷全體的關係。這是詳略繁簡的最好標準。

凡記載條理紛繁之事物，欲令眉目清楚，最好用這方法。用這方法最要注意的工夫是分類。分類所必要的原則有三：第一要包括，第二要對等，第三要正確。包括是要所分類能包含該事物之全部。對等是要所分類性質相等。正確是要所分類有互排性，不相混合。例如説：“中國有漢、滿、蒙、回、藏五族。”這個分類，便不包括；因爲把蠻子、玀玀等族漏掉了。例如把日、月及金、木、水、火、土五星名爲七曜，便是不對等；因爲日、月和五行星不同性質。例如把中國書分爲經、史、子、集四部，便是不正確。因爲有許多書可以入這部，也可以入那部；或者入這部不對，入那部也不對。分類本來是一件極難的事。以嚴格論，每種事物，非專門家不能爲適當的分類。但要學生思想縝密，非教他們多做這層工夫不可。學做記事文，尤以爲緊要塗徑。好在學生學别種功課時，已經隨時得有分類的智識。教授作文時，一面把他們已學過的功課當題目，叫他們就所聽受者加詳加密分類；一面别出新題目，叫他們自己找標準去分類。如此則作文科與别科互相聯絡，學生無形間可以兩面受益。

把分類分清之後，要看文章的體裁篇幅何如。若是一篇長文乃至著一部書，應該逐類都詳細説明，那便循着步驟説去就是了。倘若限於篇幅要剪裁；那麽學《史記·西南夷列傳》，先將眉目提清，再把各類的重要部分重筆特寫以概其餘。這是作文求簡絜的最好法門。

試再舉兩個分類的例：各史《儒林傳》自《晉書》以下都不分類了；我們讀起來，便覺得流派不明。《史記》、《漢書》、《後漢書》所叙各儒者，都不以年代爲次；但以各人所專經爲分類。《後漢書》更分得清晰；每部經分今文家、古文家；兩家中又分派；每派各舉出幾個代表人物；讀過去，自然把一代經術源流派别都了然。所以《晉書》以下的《儒林傳》，可以説是無組織的；前三史是有組織的；《後漢書》是組織得最精密巧妙的。

又如魏默深著的《元史》，體例和舊史很有不同。他立的傳很少；應立傳的都把他分類；他只用開國功臣、平金功臣、平蜀功臣、平宋功臣、某朝相臣、某朝文臣、治歷治水諸臣……等等名目，做列傳標題，把人都納在裏頭；於是凡關於這一類人所做的事，都歸攏在一處。每篇之首，把事的大綱，提絜清楚；用幾個重要人物做代表，其餘二三等人附帶叙入；事蹟既免罣漏，又免重複，又主從分明；比較各史，確應認爲有進步的組織。這段是講的著書體例，教學生作文或説不到此。但以文章構造的理法論；構造幾十卷書，和構造幾百字的短文，不外一理。總要令學生知道怎樣才算有組織，怎樣才算組織得好。做有組織的文字，下筆前甚難，下筆後便容易；做無組織的文恰恰相反。同是一種材料，組織得好，費話少而能令讀者了解，且有興味。組織得不好，便恰恰相反。想學記載文的組織文嗎？分類便是最重要的一步工夫了。

五

鳥瞰法和前兩法不同：前兩法都要精密的觀察。鳥瞰法只要大略觀察。像一隻鳥飛在空中，拿斜眼一瞥下面的人民城郭；像在騰高二千尺的飛機上頭，用照相鏡照取山川形勢。這種觀察法，在學問上很是必要。前人有兩句詩説得好：“不識廬山真面目，只緣身在此山中。”若僅有部分的精密的觀察，結果會鬧成顯微鏡的生活；鏡圈裏的情形，雖然看得無微不至；圈子外却是茫然。如此則部分與部分間的相互關係看不出來，甚至連部分的位置，也是模糊；決不能算是看出該事物的真相。鳥瞰法雖然是只得着一個朦朧的影子，但這影子却是全個的。

這個方法，凡做一部書的提要，或做一個人的略傳，一件事的略記，都要用他。而且在一篇長文中，總須有地方用他。

鳥瞰法的最好模範，莫如《史記・貨殖列傳》：從“漢興海内爲一”起，到“燕代田畜而事蠶”止，這幾大段講的是當時經濟社會狀況。物的方面，把各地主要都市所在，與及物產的區畫，交通的脈絡；人的方面，把各地歷史的關係，人民性質遺傳上好處壞處，習慣怎樣養成，職業怎樣分佈；都說到了。他全篇大略分爲六部：一、關中（陝西）。當時帝都；把隴（甘肅）、蜀（四川）附入。二、三河（河南）。把種、代、趙、中山（山西及直隸之一部）附入；又附論鄭、衛（河南）。三、燕（直隸）。把遼東附入。四、齊、魯（山東）。五、梁、宋（山東河南間）。六、三楚。西楚指江淮上遊一帶（湖北及河南、四川之各一部），東楚指江淮下遊一帶（江蘇、安徽附浙江），南楚指東南大部分（安徽、江西、湖南、廣東、廣西）。他分類不見得十分正確，所論亦互有詳略，加以太史公一派固有的文體，很有些繚糾；像不易理出頭緒。但他能把各地的特點說出，各地相互間的關係處處聯絡，確是極有價值的一篇大文。

鳥瞰法的文做得好不好，全看他能不能提挈起全部的概要。試舉兩篇同題目的爲例：漢朝的高誘做了一篇《吕氏春秋序》，（現在冠於原書篇首。）清朝的汪中也同樣有一篇。（《述學·補遺》）高誘的鈔《史記·吕不韋列傳》，占了四分之三，都是説吕氏的故事。其實吕氏並非學者；這書又是他的門客所編，與本人無甚關係。況且這些話，《史記》都說過；何必再說呢？末段纔說到這書的內容，說："此書所尚，以道德爲標的，以無爲爲綱紀，以忠義爲品式，以公方爲檢格。……"全是空話。而且四句之中，便有重複。我們讀了，絕不能對於這部書，得何等印象。汪中的便不是這樣。他說他某篇某篇採自儒家言，某篇某篇採自道家言，某篇某篇採自法家、墨家、兵家、農家言；末後總結說："是書之成，不出於一人之手，故不名一家之學，而爲後世《修文御覽》、《華林編略》（類書）之所託始；《藝文志》列之雜家，良有以也。"我們讀了這篇序，就令看不見原書；然而全書的規模性質，都可以理會了。

六

移進法和前三項不同：前三項都是立在一個定點上從事觀察；或立在旁邊，或立在高頭，或精密的觀察局部，或粗略的觀察全體。要之作者揀擇一個定點站住；自然邀同讀者也站定這一點，把我觀察所得傳達給他。移進法恰與相反：作者不站定一點，循着自己所要觀察的路綫，挪動自己去就他；自然也邀同讀者跟着自己走，沿路去觀察。這種作法，《漢書·西域傳》便是一個好例。

《西域傳序》先叙述西域交通的兩條路；説道："自玉門、陽關出西域有兩道：從鄯善傍南山北波河（顏注云：波河，循河也）西行至莎車，爲南道。南道西踰葱嶺，則出大月氏、安息。自車師前王庭隨北山波河西行至疏勒，爲北道。北道西踰葱嶺，則出大宛、康居、奄蔡。"因爲這些地方初通中國，一般人不知其所在，不能像什麼關中、河内、燕、薊、齊、魯，提起名來，大家都會想像他在某地點；所以這篇傳换一種記載法，先把兩條大路點清眉目；後入本傳正文，就跟着路綫叙去。路綫是從南道往，從北道歸。頭一段説："出陽關自近者始，曰婼羌。……西北至鄯善乃當道云。"自此便順着南道叙鄯善、且末。……經過葱嶺中的西夜、子合；度嶺叙罽賓、安息、大月氏；算是南道的最遠點。跟着趨北，叙北道最遠點的康居、大宛。……回頭入葱嶺，叙捐毒、莎車、疏勒。……順着北道東歸，最後到車師前後王庭而止。其不當兩大路之衝者，則隨其所附近之路綫插叙。每叙一國，都記明去長安若干千里。他這種組織法，和本書的《地理志》迥别；好象帶着我們沿着這兩條路綫往返旅行一遍，能彀令我們容易明白，且有興味。

和這個一樣的作法，如柳子厚的遊記，内中《始得西山宴游記》、《鈷鉧潭記》、《鈷鉧潭西小邱記》至《小邱西小石潭記》、《袁家渴記》、《石渠記》、《石澗記》、《小石城山記》……等一連十多篇，其字句之研鍊，筆法之雋拔，人人共賞，不必我再下批評。最妙是把他逐日發見的名勝，挨次分篇叙述；令我們讀起來，好象跟他去遊覽，和他得同等的快樂；這就是移進法的好處。

移進法自然用在地理方面的記載最相宜，因爲觀察點跟着地段挪移是最便的。但跟着時間挪移也可以。就歷史的記載而論；紀傳體是站在一個定點上觀察的；編年體就是跟着時間挪移的。所以《左傳》、《通鑑》裏頭許多好文章，極能引人入勝。還有許多好小説，令讀者不能中斷，非追下去看完不可；都因爲用移進法用得入妙。

所寫對象，本來有空間時間的層次。作文時一步一步移進去，自是這一類作法的正格。亦有本身原無層次，作者自己創造出層次來移進。汪容甫有篇名作《廣陵對》，便是絶好模範。汪是揚州人，這篇《廣陵對》，是説揚州在歷史上的關係；替自己鄉土大吹特吹，用近人通用的命題也可以標爲"歷史的揚州"。揚州史蹟本來甚多；若平鋪直叙説去，不惟無味，亦且一定錯亂罣漏。他把所有史蹟，先行分類；最初所況[①]一類，是没有什麽成功；然而關係很重大的。從楚漢之交的召平説起。次以漢末三國的臧洪，東晉祖約、蘇峻搆難時的郗鑒，桓元僭逆時的劉毅，蕭梁侯景作亂時的祖皓、來嶷，唐武后革命時的徐敬業，宋篡周時的李重進，宋亡時抗拒蒙古的李庭芝，明亡時抵抗滿洲的史可法，恁麽多件事，並爲一類；都是忠憤愛國的一流。總束一句道："歷十有八姓，二千餘年，而亡城降子，不出於其間。"引起讀者的眼光，看揚州成了忠義之鄉了。然而這些什有九都是失敗的史蹟；而且主其事者，多半不是揚州人。於是他進一步叙本土人成功者爲一類；内中又分兩小類；先從守境之功説起，叙三國時陳登的匡琦之戰説起，兩宋時韓世忠的大儀之戰，宋、元之交趙葵的新塘之戰。繼叙進取建設之功，則晉拒苻秦時謝玄的淝水之戰，隋平陳時賀若弼的白水岡之戰，五代朱温割據時楊行密的清口之戰，令我們讀起來，便覺得揚州地方，真是舉足可以爲輕重於天下！揚州人之武勇，真個如荼如火。末後一段叙揚州人在揚州以外所做的事，歷舉十幾位，各種人物都有；又把我們眼光引到别方面去，覺得揚州真是人才淵藪了。這篇文章字字句句都沈鍊，筆筆都跳盪，固然是他特别令人可愛的原因；然而最主要者，實在他的章法。本來只有許多平面的材料；他會把他分類，造出層次；從這個觀察點移到那個觀察點，每移一度，令人增加一重趣味；這可以説是故意造出來的移進法。我們懂得這種法門，無論遇着什麽題目，都可以應用了。

七

以上四法：第一第二類記載文——即記物件之内容或狀態，記地方之形勢或風景——最爲適用。因爲這兩類所記載，都屬事物的静態，專用"物理的或數理的觀察法"便够。至於第三第四兩類——即記人記事——最要緊的是能寫出他的動態；非兼用"化學的觀察法"不可。以下當别論這兩類

① 况，《飲冰室專集》作"叙"。

文的作法。

凡記述一個人，最要緊的是寫出這個人與別人不同之處。人類性格什有八九是共通的；尤其是同一時代同一社會之人人，相類似之點尤多；好象用同我①的模子鑄出來的一般。雖然，人類之所以異於他物者，因爲人類性格只有相類似，不會相雷同。所以一個模子可以鑄幾千萬絶對同樣式的錢，一個馬群可以養出千百個絶對同性質的馬；一個社會中想找兩個絶對同樣的人，斷斷找不出。相類似是人類的群性，不雷同是人類的個性。個性惟人類才有，别的物都不能有。凡記人的文字，唯一職務在描寫出那人的個性。

近世寫實派大家莫伯桑初學作文時，他先生教他同時觀察十個車夫的動作，作十篇文章，把他們寫出；每篇限一百字。這是從最難求出個性處，刻意去求；這種個性發見得出，别的自然容易了。莫伯桑經過這一番訓練之後，文思大進！後來常常舉以教人。《水滸傳》寫一百零八個强盜，要想寫得個個面目不同；雖然不算十分成功，但總有十來個各各表出他的個性。這部書所以成不朽之作就在此。懂得這種道理，對於傳記文作法，便有入手處了。

小説體的文，寫個人特性，全憑作者想像力如何；傳記體的文，寫個人特性，全憑作者觀察力如何。有了相當的想像力、觀察力，怎樣才能把所想像所觀察盡量的恰肖的傳出；全憑作者技術如何。技術千變萬化，雖然没有什麼原則可指，但古今中外傳記名手，大率有一種最通用的技術，是凡足以表現傳中人個性的言論行事，無論大小，總要淋漓盡致，委曲詳盡的極力描寫；令那人人格躍然於紙上。寧可把别方面大事拋棄，而在這種關鍵中，絶不愛惜筆墨。這種作法，在歐洲則布魯特奇之《英雄傳》，在中國則司馬遷之《史記》，最能深入其中三昧。今試將《史記》雜舉幾篇爲例：

一、《廉頗藺相如傳》記藺相如完璧歸趙及澠池之會兩事。從始至末，一言一動，都記得不漏，這是詳記大事之法。因爲這兩件大事，最足表現相如的個性；所以專用重筆寫他，其餘小事都不叙。廉頗的大事，三回伐

① 我，《飲冰室專集》作“式”。

齊，兩回伐魏，一回伐燕，傳中前後只用三四十個字便算寫過；絶不寫他如何作戰，如何戰勝；因爲這些戰術戰功，是良將所通有，不足以特表廉頗的人格。倒是廉頗怎樣的妒忌藺相如；經相如退讓之後，怎樣的肉袒謝罪；失勢得勢時候，怎麽的對付賓客；晚年亡命在外，思念故國，怎麽的“一飯斗米肉十斤，被甲上馬，示尚可用”；這些小事，寫得十分詳細。讀起便可以知道廉頗爲人短處在褊狹，長處在重意氣，識大體。

二、《酈食其列傳》記食其想見漢高祖，找同里騎士做引綫，教他幾句話，説道：“臣里中有酈生，年六十餘，長八尺，人皆謂之狂生；生自謂我非狂生。”記他自己這幾句話，便把一位胸有經緯，倜儻不群的老名士，活畫出來。又寫他初見高祖時，高祖怎樣的“倨牀使兩女洗足”，酈生怎樣的“長揖不拜”；高祖怎樣駡，酈生怎樣的和他對駡，説道：“足下欲誅無道秦，不宜倨見長者。”到後來酈生説齊歸漢，齊人上了當責備他，他説：“而公不爲若更言。”（老子不和你説費話。）便攝衣就烹。這些話本來都是小節，太史公却處處注意，務將他話的原樣和説話的神氣都傳出，便能把這老名士的人格活現。

三、《信陵君列傳》説他怎樣的待侯嬴，怎樣的待朱亥，怎樣的待博徒毛公、賣漿薛公，這幾件事，説得委曲詳盡，幾占全篇之半；而且把他的事業都穿插在這幾個人身上；便活畫出極有奇氣的一位貴公子，而且把當時社會背景都刻畫出來。

八

記事文——前述第四類所謂記一事之原委因果者，在各種記載文中最爲難做。因爲凡事情總不會孤立。孤立的事情，便無記載之價值。凡一篇記事文，總是把許多人許多時候的動作聚攏一處來記。嚴格的説，並非記一物事，乃是記一組事，並非把各件各件叙述得詳明正確便算了。一定要把許多性質不同的事，前後八面相照應，釐然成爲一組；所以甚難。

難固然是難，但也有個很容易的方法。什麽方法呢？“整理空間時間的關係”。因爲凡同一時間所發生的事實，必異其空間；同一空間所發生的事實，必異其時間。作者但能把這兩種關係觀察清楚，叙述得有法度；自然會把滿盤散沙的事件，弄成一組了。

記事文最難的，莫如記戰爭。學會記戰爭，别的文自迎刃而解。因爲戰争非一人所爲，其成敗因果，非一人一時一地之事。倘使有一部分敘述得罣漏或錯誤，便把全篇弄成不可解。所以教授記事文作法，最好將下文所列《左傳》、《通鑑》中之戰記，令學生先行細讀，再由教師綜合比較，向學生説明記載原則。

《左傳》

秦晉韓原之戰

晉楚城濮之戰

晉齊鞌之戰

晉楚邲之戰

晉楚鄢陵之戰

吴楚柏舉之戰

《資治通鑑》

秦漢之交鉅鹿之戰

王莽時昆陽之戰

三國時赤壁之戰

東晉時淝水之戰

此外，好的還不少，爲參考用，自然愈多愈妙。頭一步講習，就恁麼多篇，也够引例説明之用了。

一回大戰争所包含的事實如此其複雜；若要一一記載無遺，實爲事勢上所絶對不可能。善作戰記的人，專以敘述勝敗因果爲主要目的。於是定出一個原則：凡有關於勝敗者，雖小必録；無關於勝敗者，雖大必棄。守定這個原則，對於材料去取，便有把握。

材料搜齊選定之後，怎樣排列呢？就要從時間空間兩方面分别整理。就時間論，每回戰争總可分爲三大段：

一、戰前　所應敘述者爲戰争動機，兩造準備，兩造心理狀態，兩造行動及其位置等等。

二、戰時　兩造接觸之實況。

三、戰後　戰事之收束，及因戰争發生之直接影響，間接影響。

戰紀通例，大率敘戰前者居十之七八，敘戰時及戰後者不過居其二三。

因爲勝敗原因，多半在開火以前便已決定。且每回戰事，也是事前醞釀甚久；一到開火，事勢便急轉直下。事實上時間分配，戰前和戰時差不多也是八與二之比例。所以注重戰前是普遍原則。像《通鑑》昆陽之戰，叙戰時幾占三分之一，實屬一種例外。《左傳》每篇叙戰時實況的文句多極簡；最奇怪的如邲之戰全文六千多字，内中確爲叙戰時實况者，只有“車馳卒奔，乘晉師”七個字。而且連這七個字，也屬空話；然而兩方勝敗原因，已能令讀者了然。其餘各篇寫戰時的語句都極少，諸君試回去細細校閱，自能見出。戰後收束，如鞌之戰，韓之戰，邲之戰，都叙得較詳，幾占全文六分之一或五分之一。因爲戰後所發生的影響，能令從前局面生大變動，而且爲後來新事實的原因；所以比較的要詳叙。

聚集大多數人，在一大空間内行動，非先明瞭各部分所占的位置不可；所以記載時要整理空間。戰紀通例，大率叙戰①事實時，先把地理上形勢隨時逗點，令讀者對於這方面知識得有準備；叙到臨戰時，纔把當時形勢明顯指出。因爲兩造地位屢屢轉移，所以到臨時點叙最好。但也不一定。有時亦在一篇之首先叙清楚。倘若位置始終無大變化，便可以如此辦法。

整理空間，莫如用圖。没有圖的文章，能令讀者可以據文置②圖便是佳文。例如《通鑑》鉅鹿之戰：

> “章邯已破項梁，以爲楚地兵不足憂，乃渡河北擊趙，大破之，引兵至邯鄲。張耳與趙王歇走入鉅鹿城，王離圍之。陳餘北收常山兵，得數萬人，軍鉅鹿北。章邯軍鉅鹿南棘原。趙數請救於楚。……楚王召宋義……置以爲上將軍……項羽爲次將軍③……以救趙……齊將田都助楚救趙。宋義行至安陽，留四十六日不進。……章邯築甬道屬河餉王離，王離兵食多，急攻鉅鹿。鉅鹿城中食盡，兵少。……陳餘使五千人先當秦軍，至皆没。當是時，齊師、燕師皆來救趙，張敖亦北收代兵，得萬餘人來，皆壁餘旁，未敢先擊。項羽已殺卿子冠軍（宋義），乃渡河救鉅鹿。……絶章邯甬

① “戰”後脱“前”字。
② “置”當作“製”。
③ “軍”字今據文意補。

道。王離軍乏食。……項羽乃悉引兵渡河，……圍王離；與秦軍遇，九戰，大破之。章邯引兵却。……”

我們根據這段記事，便可以製圖如下。

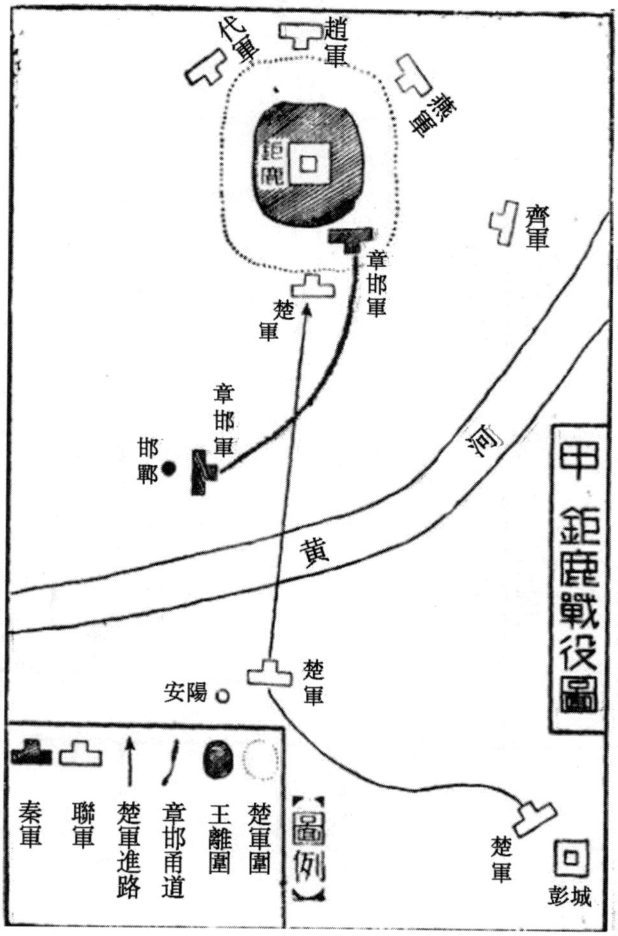

《左傳》城濮之役，詳略兩軍將帥及戰時行動如下：

“晉原軫將中軍，郤溱佐之。狐毛將上軍，狐偃佐之。欒枝將下軍，胥臣佐之。……晉師陳於莘北。胥臣以下軍之佐當陳、蔡。（楚）子玉以若敖之六卒將中軍，子西將左，子上將右。胥臣蒙馬以虎皮，先犯陳、蔡。陳、蔡奔；楚右師潰。狐毛設二旆而退之；欒枝使輿曳柴而僞遁；楚師馳之。原軫、郤溱以中軍公族横擊之；狐毛、狐偃以上軍夾攻子西。楚右師潰。楚師敗績。子玉收其卒而止，故不敗。"

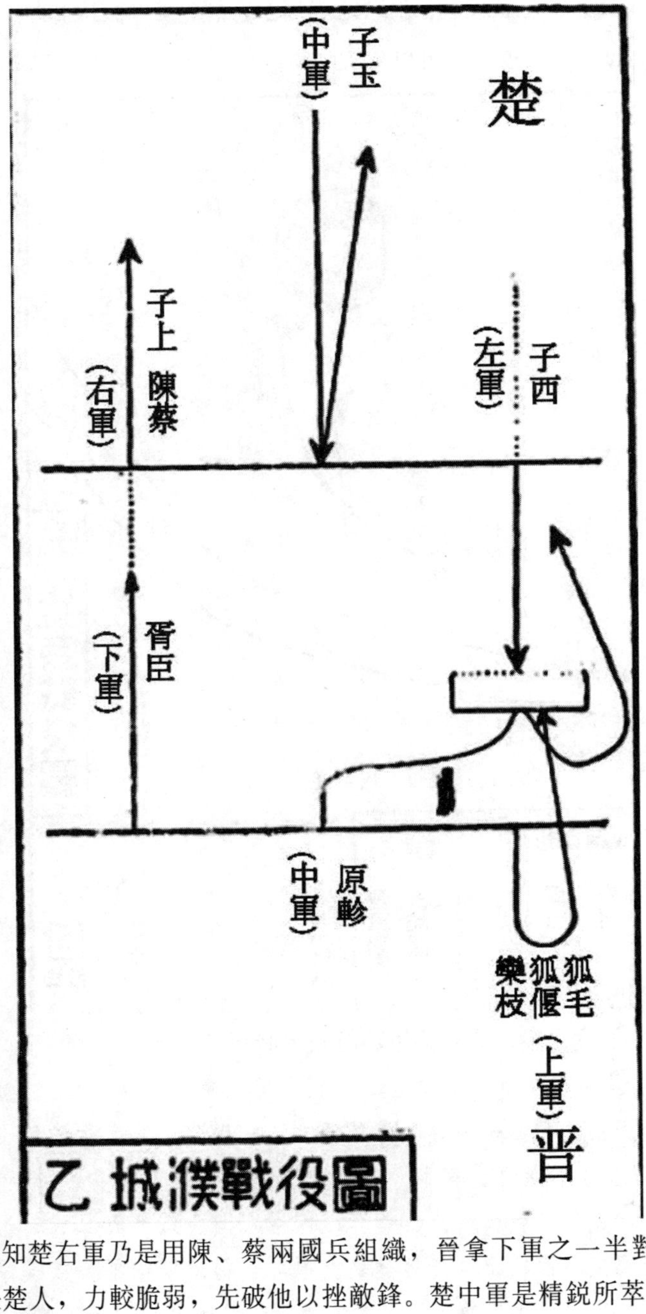

乙 城濮戰役圖

觀此知楚右軍乃是用陳、蔡兩國兵組織，晉拿下軍之一半對付他，因爲他不是楚人，力較脆弱，先破他以挫敵鋒。楚中軍是精鋭所萃，不動他。

第二步便以全力對付楚左軍。本來楚左軍正面之敵，是晉上軍，至是晉三軍協力專向他；下軍僞遁，中軍横擊，上軍夾攻。到楚兩翼全潰，中軍無戰鬥勇氣，戰事便算了結。據此可以製圖如上。

四十二、胡適之　文學改良芻議

今之談文學改良者衆矣，記者末學不文，何足以言此。然年來頗於此事，再四研思，輔以友朋辯論，其結果所得，頗不無討論之價值。因綜括所懷見解，列爲八事，分別言之，以與當世之留意文學改良者一研究之。

吾以爲今日而言文學改良，須從八事入手。八事者何?

一曰，須言之有物。

二曰，不摹仿古人。

三曰，須講求文法。

四曰，不作無病之呻吟。

五曰，務去爛調套語。

六曰，不用典。

七曰，不講對仗。

八曰，不避俗字俗語。

一曰須言之有物　吾國近世文學之大病，在於言之無物。今人徒知“言之無文，行之不遠”；而不知言之無物，又何用文爲乎？吾所謂“物”，非古人所謂“文以載道”之説也。吾所謂“物”，約有二事：

（一）情感　《詩序》曰：“情動于中而形諸言。言之不足，故嗟歎之。嗟歎之不足，故詠歌之。詠歌之不足，不知手之舞之，足之蹈之也。”此吾所謂情感也。情感者，文學之靈魂。文學而無情感，如人之無魂，木偶而已！行尸走肉而已！（今人所謂“美感”者亦情感之一也。）

（二）思想　吾所謂“思想”，蓋兼見地、識力、理想，三者而言之。思想不必皆賴文學而傳，而文學以有思想而益貴；思想亦以有文學的價值而益貴也。此莊周之文，淵明、老杜之詩，稼軒之詞，施耐庵之小説，所以夐絶千古也。思想之在文學，猶腦筋之在人身，人不能思想，則雖面目姣好，雖能笑啼感覺，亦何足取哉！文學亦猶是耳。

文學無此二物，便如無靈魂無腦筋之美人；雖有穠麗富厚之外觀，抑亦末矣！近世文人沾沾於聲調字句之間，既無高遠之思想，又無真摯之情感。文學之衰微，此其大因矣。此文勝之害，所謂言之無物者是也。欲救此弊，宜以質救之。質者何？情與思二者而已。

二曰不摹仿古人　文學者，隨時代而變遷者也。一時代有一時代之文學；周秦有周秦之文學，漢魏有漢魏之文學，唐、宋、元、明有唐、宋、元、明之文學。此非吾一人之私言，乃文明進化之公理也。即以文論：有《尚書》之文，有先秦諸子之文，有司馬遷、班固之文，有韓、柳、歐、蘇之文，有語録之文，有施耐庵、曹雪芹之文；此文之進化也。試更以韻文言之：《擊壤之歌》，《五子之歌》，一時期也。《三百篇》之詩，一時期也。屈原、荀卿之騷賦，又一時期也。蘇、李以下，至於魏晉，又一時期也。江左之詩，流爲排比，至唐而律詩大成，此又一時期也。老杜、香山之“寫實”體諸詩，（如杜之《石壕吏》、《羌村》，白之《新樂府》）又一時期也。詩至唐而極盛；自此以後，詞曲代興。唐、五代及宋初之小令，此詞之一時代也。蘇、柳（永）、辛、姜之詞，又一時代也。至於元之雜劇傳奇，則又一時代矣。凡此諸時代，各因時勢風會而變，各有其特長。吾輩以歷史進化之眼光觀之，決不可謂古人之文學皆勝於今人也。左氏、史公之文奇矣，然施耐庵之《水滸傳》，視《左傳》、《史記》，何多讓焉！《三都》、《兩京》之賦富矣，然以視唐詩、宋詞，則糟粕耳。此可見文學因時進化，不能自止。唐人不當作商周之詩，宋人不當作相如、子雲之賦，——即令作之，亦必不工。逆天背時，違進化之跡，故不能工也。

既明文學進化之理，然後可言吾所謂“不摹仿古人”之說。今日之中國，當造今日之文學，不必摹仿唐宋，亦不必摹仿周秦也。前見國會開幕詞，有云：“於鑠國會，遵晦時休。”此在今日而欲爲三代以上之文之一證也。更觀今之“文學大家”，文則下規姚、曾，上師韓、歐；更上則取法秦漢、魏晉，以爲六朝以下無文學可言；此皆百步與五十步之別而已！而皆爲文學下乘。即令神似古人，亦不過爲博物院中添幾許“逼真贋鼎”而已。文學云乎哉！昨見陳伯嚴先生一詩云：

> 濤園鈔杜句，半歲禿千毫。所得都成淚，相過問奏刀。萬靈噤不下，此老仰彌高。胸腹回滋味，徐看薄命騷。

此大足代表今日“第一流詩人”摹仿古人之心理也。其病根所在，在於以“半歲禿千毫”之工夫作古人的鈔胥奴婢；故有“此老仰彌高”之歎。若能洒脱此種奴性，不作古人的詩，而惟作我自己的詩，則決不致如此失敗矣。

吾每謂今日之文學，其足與世界“第一流”文學比較而無愧色者，獨有白話小説（我佛山人、南亭亭長、洪都百煉生三人而已）一項。此無他故，以此種小説皆不事摹仿古人，（三人皆得力于《儒林外史》、《水滸》、《石頭記》，然非摹仿之作也）而惟實寫今日社會之情狀，故能成真正文學。其他學這個，學那個之詩古文家，皆無文學之價值也。今之有志文學者，宜知所從事矣。

三曰須講文法　今之作文作詩者，每不講求文法之結構。其例至繁，不便舉之，尤以作駢文律詩者爲尤甚。夫不講文法，是謂“不通”。此理至明，無待詳論。

四曰不作無病之呻吟　此殊未易言也。今之少年往往作悲觀，其取別號則曰“寒灰”、“無生”、“死灰”。其作爲詩文，則對落日而思暮年，對秋風而思零落，春來則惟恐其速去，花發又惟懼其早謝。此亡國之哀音也！老年人爲之猶不可，況少年乎？其流弊所至，遂養成一種暮氣，不思奮發有爲，服勞報國；但知發牢騷之音，感喟之文；作者將以促其壽年！讀者將亦短其志氣！此吾所謂無病之呻吟也。國之多患，吾豈不知之？然病國危時，豈痛哭流涕所能收效乎？吾惟願今之文學家作費舒特①（Fichte），作

---

① 今譯爲費希特。

瑪志尼①（Mazzini），而不願其爲賈生、王粲、屈原、謝皋羽也。其不能爲賈生、王粲、屈原、謝皋羽，而徒爲婦人醇酒喪氣失意之詩文者，尤卑卑不足道矣！

五曰務去爛調套語　今之學者，胸中記得幾個文學的套語，便稱詩人。其所爲詩文處處是陳言爛調；“蹉跎”、“身世”、“寥落”、“飄零”、“蟲沙”、“寒窗”、“斜陽”、“芳草”、“春閨”、“愁魂”、“歸夢”、“鵑啼”、“孤影”、“雁字”、“玉樓”、“錦字”、“殘更”……之類，纍纍不絶，最可憎厭。其流弊所至，遂令國中生出許多似是而非，貌似而實非之詩文。今試舉吾友胡先驌先生一詞以證之：

熒熒夜燈如豆，映幢幢孤影，淩亂無據。翡翠衾寒，鴛鴦瓦冷，禁得秋宵幾度？么絃漫語，早丁字簾前，繁霜飛舞。裊裊餘音，片時猶繞柱。

此詞驟觀之，覺字字句句皆詞也，其實僅一大堆陳套語耳。“翡翠衾”、“鴛鴦瓦”，用之白香山《長恨歌》則可，以其所言乃帝王之衾之瓦也。“丁字簾”、“么絃”，皆套語也。此詞在美國所作；其夜燈决不“熒熒如豆”，其居室尤無“柱”可繞也。至於“繁霜飛舞”，則更不成話矣。誰曾見“繁霜”之“飛舞”耶？

吾所謂務去爛調套語者，别無他法；惟在人人以其耳目所親見親聞、所親身閲歷之事物，一一自己鑄詞以形容描寫之；但求其不失真，但求能達其狀物寫意之目的，即是工夫。其用爛調套語者，皆懶惰不肯自己鑄詞狀物者也。

六曰不用典　吾所主張八事之中，惟此一條最受朋友攻擊，蓋以此條最易誤會也。吾友江亢虎君來書曰：

所謂典者，亦有廣狹二義。餖飣獺祭，古人早懸爲厲禁；若並成語故事而屏之，則非惟文字之品格全失，即文字之作用亦亡。……文字最妙之意味，在用字簡而涵意多。此斷非用典不爲功。不用典，不特不可作詩，並不可寫信，且不可演説。來函滿紙“舊雨”、“虛懷”、“治頭治脚”、“舍本逐末”、“洪水猛禽”、“發聾振

① 今譯爲馬志尼。

聵”、“負弩先驅”、“心悦誠服”、“詞壇”、“退避三舍”、“滔天”、“利器”、“鐵證”，……皆典也。試盡抉而去之，代以俚語俚字，將成何説話？其用字之繁簡，猶其細焉。恐一易他詞，雖加倍蓰，而涵義仍終不能如是恰到好處，奈何？……

此論甚中肯要。今依江君之言，分典爲廣狹二義，分論之如下：

（一）廣義之典，非吾所謂典也。廣義之典約有五種：

（甲）古人所設譬喻　其取譬之事物，含有普通意義，不以時代而失其效用者，今人亦可用之。如古人言：“以子之矛，攻子之盾。”今人雖不讀書者，亦知用“自相矛盾”之喻，然不可謂爲用典也。上文所舉例中之“治頭治脚”、“洪水猛禽”、“發聾振聵”，……皆此類也。蓋設譬取喻，貴能切當；若能切當，固無古今之别也。若“負弩先驅”、“退避三舍”之類，在今日已非通行之事物，在文人相與之間，或可用之，然終以不用爲上。如言“退避”，千里亦可，百里亦可，不必定用“三舍”之典也。

（乙）成語　成語者，合字成辭，别爲意義。其習見之句，通行已久，不妨用之。然今日若能另鑄“成語”，亦無不可也。“利器”、“虚懷”、“舍本逐末”，……皆屬此類。此非“典”也，乃日用之字耳。

（丙）引史事　引史事與今所論議之事相比較，不可謂爲用典也。如老杜詩云：“未聞殷周衰，中自誅褒妲”，此非用典也。近人詩云：“所以曹孟德，猶以漢相終。”此亦非用典也。

（丁）引古人作比　此亦非用典也。杜詩云：“清新庾開府，俊逸鮑參軍。”此乃以古人比今人，非用典也。又云：“伯仲之間見伊吕，指揮若定失蕭曹。”此亦非用典也。

（戊）引古人之語　此亦非用典也。吾嘗有句云：“我聞古人言：‘艱難惟一死。’”又云：“‘嘗試成功自古無’，放翁此語未必是。”此乃引語，非用典也。

以上五種爲廣義之典，其實非吾所謂典也。若此者可用可不用。

（二）狹義之典，吾所主張不用者也。吾所謂“用典”者，謂文人詞客不能自己鑄詞造句以寫眼前之景，胸中之意，故借用或不全切，或全不切之故事陳言以代之，以圖含混過去，是謂“用典”。上所述廣義之典，除戊條外，皆爲取譬比方之辭。但以彼喻此，而非以彼代此也。狹義之用典，則全爲以典代言，自己不能直言之，故用典以言之耳。此吾所謂用典與非用典之别也。狹義之典亦有工拙之别；其工者偶一用之，未爲不可；其拙者則當痛絶之。

（子）用典之工者　此江君所謂用字簡而涵義多者也。客中無書，不能多舉其例；但雜舉一二，以實吾言：

（1）東坡所藏“仇池石”，王晉卿以詩借觀，意在於奪。東坡不敢不借，先以詩寄之，有句云：“欲留嗟趙弱，甯許負秦曲。傳觀愼勿許，間道歸應速。”此用藺相如返璧之典，何其工切也！

（2）東坡又有“章質夫送酒六壺，書至而酒不達。”詩云：“豈意青州六從事，化爲烏有一先生。”此雖工，已近於纖巧矣！

（3）吾十年前嘗有《讀十字軍英雄記》一詩云：“豈有酖人羊叔子，焉知微服趙主父？十字軍真兒戲耳。獨此兩人可千古。”以兩典包盡全書，當時頗沾沾自喜，其實此種詩，儘可不作也。

（4）江亢虎代華僑誄陳英士文有“未懸太白，先壞長城。世無鉏麑，乃戕趙卿”四句，余極喜之。所用趙宣子一典，甚工切也。

（5）王國維詠史詩：“虎狼在堂室，徙戎復何補？神州遂陸沈，百年委榛莽。寄語桓元子，莫罪王夷甫。”此亦可謂使事之工者矣。

上述諸例，皆以典代言，其妙處，終在不失設譬比方之原意；惟爲文體所限，故譬喻變而爲稱代耳。用典之弊，在于使人失其所欲譬喻之原意。若反客爲主，使讀者迷于使事用典之繁，而轉忘其所爲設譬之事物，則爲拙矣！古人雖作百韻長詩，其所用典不出一二事而已（《北征》與白香山《悟真寺詩》皆不用一典），今人作長律，則非典不能下筆矣。吾嘗見一詩八十四韻，而用典至百餘事，宜其不能工也。

（丑）用典之拙者　用典之拙者，大抵皆懶惰之人，不知造詞，故以此爲躲懶藏拙之計。惟其不能造詞，故亦不能用典也。總計拙典亦有數類：

（1）比例泛而不切，可作幾種解釋，無確定之根據。今取王漁洋《秋柳》一章證之：

> 娟娟涼露欲爲霜，萬縷千條拂玉塘。浦裏青荷中婦鏡，江干黄竹女兒箱。空憐板渚隋堤水，不見琅琊大道王。若過洛陽風景地，含情重問永豐坊。

此詩中所用諸典無不可作幾樣説法者。

(2) 僻典使人不解　夫文學，所以達意抒情也。若必求人人能讀五車之書，然後能通其文，則此種文可不作矣。

(3) 刻削古典成語，不合文法。“指兄弟以孔懷，稱在位以曾是”（章太炎語），是其例也。今人言“爲人作嫁”亦不通。

(4) 用典而失其原意。如某君寫山高與天接之狀，而曰“西接杞天傾”是也。

(5) 古事之實有所指，不可移用者，今往往亂用作普通事實。如古人灞橋折柳，以送行者，本是一種特别土風。陽關、渭城亦皆實有所指。今之懶人不能狀别離之情，於是雖身在滇越，亦言灞橋；雖不解陽關、渭城爲何物，亦皆言“陽關三疊”、“渭城離歌”。又如張翰因秋風起而思故鄉之蓴羹鱸膾。今則雖非吴人，不知蓴鱸爲何味者，亦皆自稱有“蓴鱸之思”。此則不僅懶不可救，直是自欺欺人耳！

凡此種種，皆文人之下下工夫，一受其毒，便不可救。此吾所以有“不用典”之説也。

七曰不講對仗　排偶乃人類言語之一種特性，故雖古代文字，如老子、孔子之文，亦間有駢句。如：“道可道，非常道；名可名，非常名。無名天地之始，有名萬物之母。故常無，欲以觀其妙；常有，欲以觀其徼。”此三排句也。“食無求飽，居無求安。”“貧而無諂，富而無驕。”“爾愛其羊，我愛其禮。”此皆排句也。然此皆近於語言之自然，而無牽强刻削之迹；尤未有定其字之多寡，聲之平仄，詞之虚實者也。至於後世文學末流，言之無物，乃以文勝；文勝之極，而駢文律詩興焉，而長律興焉。夫駢文律詩之中，非無佳作，然佳作終鮮。所以然者何？豈不以其束縛人之自由過甚之故耶？（長律之中，上下古今，無一首佳作可言也。）今日而言文學改良，當“先立乎其大者”，不當枉廢有用之精力於微細纖巧之末；此吾所以有廢駢廢律之説也。即不能廢此兩者，亦但當視爲文學末技而已；非講求之急務也。

今人猶有鄙夷白話小説爲文學小道者，不知施耐庵、曹雪芹、吴趼人，皆文學正宗，而駢文律詩乃真小道耳。吾知必有聞此言而却走者矣。

八曰不避俗語俗字　吾惟以施耐庵、曹雪芹、吴趼人，爲文學正宗，故有“不避俗字俗語”之論也（參觀上文第二條下）。蓋吾國言文之背馳久矣！自印度佛書輸入，譯者以文言不足以達意，故以淺近之文譯之，其體已近白話。其後佛氏講義語録尤多用白話爲之者，是爲語録體之原始。及宋人講學以白話爲語録，此體遂成講學正體。明人因之。當是時，白話已久入韻文，觀唐宋人白話之詩詞可見也。及至元時，中國北部已在異族之下，三百餘年矣（遼、金、元）。此三百年中，中國乃發生一種通俗行遠之文學。文則有《水滸》、《西遊》、《三國》……之類，戲曲則尤不可勝計。（關漢卿諸人，人各著劇數十種之多。吾國文人著作之富，未有過於此時者也。）以今世眼光觀之，則中國文學當以元代爲最盛。可傳世不朽之作，當以元代爲最多。此可無疑也。當是時，中國之文學最近言文合一，白話幾成文學的語言矣。使此趨勢不受阻遏，則中國幾有一"活文學出現"，而但丁、路得之偉業（歐洲中古時，各國皆有俚語，而以拉丁文爲文言，凡著作書籍皆用之，如吾國之以文言著書也。其後義大利有但丁（Dante）諸文豪，始以其國俚語著作。諸國踵興，國語亦代起。路得（Luther）創新教始以德文譯《舊約》、《新約》，遂開德文學之先。英法諸國亦復如是。今世通用之英文《新舊約》，乃一六一一年譯本，距今才三百年耳。故今日歐洲諸國之文學，在當日皆爲俚語。迨諸文豪興，始以"活文學"代拉丁之死文學。有活文學而後有言文合一之國語也），幾發生於神州。不意此趨勢驟爲明代所阻，政府既以八股取士，而當時文人如何、李七子之徒，又争以復古爲高，於是此千年難遇言文合一之機會，遂中道夭折矣。然以今世歷史進化的眼光觀之，則白話文學之爲中國文學之正宗，又爲將來文學必用之利器；可斷言也（此"斷言"乃自作者言之，贊成此説者今日未必甚多也）。以此之故，吾主張今日作文作詩，宜採用俗字俗語。與其用三千年前之死字（如"於鑠國會，遵晦時休"之類），不如用二十世紀之活字；與其作不能行遠不能普及之秦漢六朝文字，不如作家喻户曉之《水滸》、《西遊》文字也。

上述八事，乃吾年來研思此一大問題之結果。遠在異國，既無讀書之暇晷，又不得就國中先生長者質疑問難，其所主張容有矯枉過正之處。然此八事皆文學上根本問題，一一有研究之價值。故草成此論，以爲海内外留心此問題者作一草案。謂之芻議，猶云未定草也。伏惟國人同志有以匡糾是正之。

四十三、胡適之　談新詩

一

（略）

二

我常説文學革命的運動，不論古今中外，大概都是從“文的形式”一方面下手，大概都是先要求語言、文字、文體等方面的大解放。歐洲三百年前，各國國語的文學起來代替拉丁文學時，是語言文字的大解放。十八、十九世紀法國囂俄①、英國華次活②（Wordsworth）等人所提倡的文學改革，是詩的語言文字的解放。近幾十年來，西洋詩界的革命，是語言、文字和文體的解放。這一次中國文學的革命運動，也是先要求語言、文字和文體的解放。新文學的語言是白話的，新文學的文體是自由的，是不拘格

① 今譯爲雨果。

② 今譯爲華茲華斯。

律的。初看起來，這都是“文的形式”一方面的問題，算不得重要。却不知道形式和内容有密切的關係。形式上的束縛，使精神上不能自由發展，使良好的内容不能充分的表現。若想有一種新内容和新精神，不能不先打破那些束縛精神的枷鎖鐐銬。因此中國近年的新詩運動，可算得是一種“詩體的大解放”。因爲有了這一層詩體的大解放，所以豐富的材料，精密的觀察，高深的理想，複雜的感情，方才能跑到詩裏去。五七言八句的律詩，决不能容豐富的材料。二十八字的絶句，决不能寫精密的觀察。長短一定的七言五言，决不能委婉達出高深的理想與複雜的感情。

最明顯的例，就是周作人君的《小河》長詩。這首詩是新詩中的第一首的傑作。但是那樣細密的觀察，那樣曲折的理想，决不是那舊式的詩體詞調所能達得出的。周君的詩太長了，不便引證。我且舉我自己的一首詩作例：

應該

他也許愛我，——也許還愛我；——
但他總勸我莫再愛他。
他常常怪我；
這一天他眼淚汪汪的望着我，
説道：“你如何還想着我？
想着我，你又如何能對他？
你要是當真愛我，
你應該把愛我的心愛他，
你應該把待我的情待他。”
……
他的話句句都不錯，——
上帝幫我！
我“應該”這樣做！

這首詩的意思神情，都是舊體詩所達不出的。别的不消説，單説“他也許愛我，——也許還愛我”這十個字的幾層意思，可是舊體詩能表得出的嗎？再舉康白情君的《窗外》：

窗外的閒月，
緊戀着窗内蜜也似的相思。

相思都惱了，
他還涎着臉兒在牆上相窺。
回頭月也惱了，
一抽身兒就没了。
月倒没了，
相思倒覺着舍不得了。

這個意思，若用舊詩體，一定不能説得如此細膩。

就是寫景的詩，也須有解放了的詩體，方才可以有寫實的描畫。例如杜甫詩："江天漠漠鳥飛去"，何嘗不好？但他爲律詩所限，必須對上一句："風雨時時龍一吟"，就壞了！簡單的風景，如"高臺芳樹，飛燕蹴紅英，舞困榆錢自落"之類，還可用舊詩體描寫。稍微複雜細密一點，舊詩就不够用了。如傅斯年君的《深秋永定門晚景》中的一段：

……那樹邊，地邊，天邊，
如雲，如水，如烟，
望不斷，——一綫。
忽地裏撲喇喇一響，
一個野鴨飛去水塘，
彷佛像大車音浪，漫漫的工——東——噹。
又有一種説不出的聲息，若續若不響。

這一段的第六行，若不用有標點符號的新體，决做不到這種完全寫實的地步。又如俞平伯君的《春水船》中的一段：

……對面來了個縴人，
拉着個單桅的船徐徐移去。
雙艣掛在船唇，
皺面開紋，
活活水流不住。
船頭曬着破網。
漁人坐在板上，
把刀劈竹拍拍的響。
船口立個小孩，又憨又蠢，

不知爲什麼？

笑迷迷癡看那黄波浪。……

這種樸素真實的寫景，乃是詩體解放後最足使人樂觀的一種現象。

以上舉的幾個例，都可以表示詩體解放後詩的内容之進步。我們若用歷史進化的眼光來看中國詩的變遷，便可看出自《三百篇》到現在，詩的進化没有一回不是跟着詩體的進化來的。《三百篇》中雖然也有幾篇組織很好的詩，如“氓之蚩蚩”、“七月流火”之類。又有幾篇很妙的長短句，如“坎坎伐檀兮”、“園有桃”之類。但是《三百篇》究竟還不曾完全脱去“風謡體”（Ballad）的簡單組織。直到南方的騷賦文學發生，方才有偉大的長篇韻文。這是一次解放。但是騷賦體用兮些等字煞尾，停頓太多又太長，太不自然了。故漢以後的五七言古詩删除没有意思的煞尾字，變成貫串篇章，便更自然了。若不經過這一變，決不能産生《焦仲卿妻》、《木蘭辭》一類的詩。這是二次解放。五七言成爲正宗詩體以後，最大的解放，莫如從詩變爲詞。五七言詩是不合語言之自然的，因爲我們説話，決不能句句是五字或七字。詩變爲詞，只是從整齊句法變爲比較自然的參差句法。唐、五代的小詞，雖然格調很嚴格，已比五七言詩自然的多了。如李後主的“剪不斷，理還亂，是離愁。别是一般滋味在心頭”。這已不是詩體所能做得到的了。試看晁補之的《驀山溪》：

……愁來不醉，不醉奈愁何？

汝南周，東陽沈，

勸我如何醉？

這種曲折的神氣，決不是五七言詩能寫得出的。又如辛稼軒的《水龍吟》：

……落日樓頭，斷鴻聲裏，江南遊子，

把吴鈎看了，闌干拍遍；

無人會，登臨意。

這種語氣，也決不是五七言的詩體能做得出的。這是三次解放。宋以後，詞變爲曲，曲又經過幾多變化，根本上看來，只是逐漸删除詞體裏所剩下的許多束縛自由的限制。又加上詞體所缺少的一些東西，如襯字套數之類。但是詞曲無論如何解放，終究有一個根本的大拘束。詞曲的發生，是和音樂合併的。後來雖有可歌的詞，不必歌的曲；但是始終不能脱離“調子”

而獨立，始終不能完全打破詞調曲譜的限制。直到近來新詩發生，不但打破五言七言的詩體，並且推翻詞調曲譜的種種束縛；不拘格律，不拘平仄，不拘長短；有什麼題目，做什麼詩；詩該怎樣做，就怎樣做。這是第四次的詩體大解放。這種解放，初看去似乎很激烈；其實只是《三百篇》以來的自然趨勢。自然趨勢逐漸實現，不用有意的鼓吹去促進他；那便是自然進化，自然趨勢。有時被人類的習慣性守舊性所阻礙，到了該實現的時候，均不實現；必須用有意的鼓吹去促進他的實現；那便是革命了。一切文物制度的變化，都是如此的。

三

上文我説新體詩是中國詩自然趨勢所必至的，不過加上了一種有意的鼓吹，使他於短時間內猝然實現；故表面上有詩界革命的神氣。這種議論很可以從現有的新體詩裏尋出許多證據。我所知道的“新詩人”，除了會稽周氏弟兄之外，大都是從舊式詩、詞、曲裏脱胎出來的。沈尹默君初作的新詩，是從古樂府化出來的。例如他的《人力車夫》：

日光淡淡，白雲悠悠，

風吹薄冰，河水不流。

出門去雇人力車。街上行人，往來很多；車馬紛紛，不知幹些什麼？

人力車上人，個個穿棉衣，個個袖手坐，還覺風吹來，身上冷不過。車夫單衣已破，他却汗珠兒顆顆往下墮。

稍讀古詩的人都能看出這首詩是得力於“孤兒行”一類的古樂府的。我自己的新詩，詞調很多，這是不用諱飾的。例如前年做的《鴿子》：

雲淡天高，好一片晚秋天氣！

有一群鴿子，在空中遊戲。

看他們三三兩兩，

迴環來往，

夷猶如意；

忽地裏翻身映日，白羽襯青天，鮮明無比。

就是今年做詩，也還有帶着詞調的。例如《送任叔永回四川》的第二段：

你還記得，我們暫別又相逢，正是赫貞春好。
記得江樓同遠眺，雲影渡江來，驚起江頭鷗鳥。
記得江邊石上，同坐看潮回，浪聲遮斷人笑。
記得那回同訪友，日暗風横，林裏陪他聽松嘯。

懂得詞的人一定可以看出這四長句用的是四種詞調裏的句法。這首詩的第三段便不同了：

這回久别再相逢，便又送你歸去，未免太匆匆。
多虧得天意多留你兩日，使我做得詩成相送。
萬一這首詩趕得上遠行人，
多替我説聲："老任珍重！珍重！"

這一段便是純粹新體詩。此外新潮社的幾個新詩人，——傅斯年、俞平伯、康白情——也都是從詞曲裏變化出來的；故他們初做的新詩，都帶着詞或曲的意味音節。此外各報所載的新詩也很多帶着詞調的。例太多了，我不能遍舉，且引最近一期的《少年中國》（第四期）裏周無君的《過印度洋》：

圓天蓋着大海，黑水托着孤舟。
也看不見山，那天邊只有雲頭。
也看不見樹，那水上只有海鷗。
那裏是非洲？那裏是歐洲？
我美麗親愛的故鄉却在腦後！
怕回頭，怕回頭，
一陣大風，雪浪上船頭，
颼颼，吹散一天雲霧一天愁。

這首詩很可表示這一半詞一半曲的過渡時代了。

四

我現在且談新體詩的音節：

現在攻擊新詩的人，多説新詩没有音節。不幸有一些做新詩的人，也以爲新詩可以不注意音節。這都是錯的。攻擊新詩的人，他們自己不懂得"音節"是什麽，以爲句脚有韻，句裏有"平平仄仄"、"仄仄平平"的調子，就是有音節了。中國字的收聲，不是韻母（所謂陰聲），便是鼻音（所謂陽聲)；除了廣州入聲之外，從没有用他種聲母收聲的；因此中國的韻最寬。句尾用韻，真是極容易的事。所以古人有“押韻便是”的挖苦話。押韻乃是音節上最不重要的一件事。至於句中的平仄，也不重要。古詩：“相去日已遠，衣帶日已緩。浮雲蔽白日，遊子不顧返。”音節何等響亮！但是用平仄寫出來，便不能讀了。

平仄仄仄仄，平仄仄仄仄。

平平仄仄仄，平仄仄仄仄。

又如陸放翁：“我生不逢柏梁建章之宫殿，安得峨冠侍游宴?”頭上十一個字是“仄平仄平仄平仄平平平仄”，讀起來何以覺得音節很好呢？這是因爲一來這一句的自然語氣是一氣貫注下來的。二來呢，因爲這十一個字裏面，逢宫疊韻，梁章疊韻，不柏雙聲，建宫雙聲，故更覺得音節和諧了。

詩的音節，全靠兩個重要分子：一是語氣的自然節奏。二是每句内部所用字的自然和諧。至句末的韻脚，句中的平仄，都是不重要的事。語氣自然，用字和諧，就是句脚無韻也不要緊的。例如上文引晁補之的詞：“愁來不醉，不醉奈愁何？汝南周，東陽沈，勸我如何醉?”這二十個字語氣又曲折，又貫串，故雖隔五個“小頓”方才用韻，讀的人毫不覺得。

新體詩也有用舊體詩詞的音節方法來做的。最有功效的，如沈尹默君的《三弦》：

> 中午時候，火一樣的太陽，没法去遮闌，讓他直曬長街上。静悄悄少人行路；祇有悠悠風來，吹動路旁楊樹。
>
> 誰家破大門裏，半院子緑茸茸細草，都浮着閃閃的金光。旁邊有一段低低的土牆，擋住了個彈三絃的人，却不能隔斷那三絃鼓盪的聲浪。
>
> 門外坐着一個穿破衣裳的老年人，雙手抱着頭，他不聲不響。

這首詩從見解意境上和音節上看來，都可算是新詩中一首最完全的詩。看他第二段“旁邊”以下一長句中，旁邊是雙聲，有一是雙聲，段、低、低、的、土、擋、彈、的、斷、盪、的十一個都是雙聲。這十一個都是“端透定”（D，T）的字，模寫三絃的聲響；又把“擋”、“彈”、“斷”、“盪”四個陽聲的字，和七個陰聲的雙聲字（段、低、低、的、土、的、的）參錯夾用，更顯出三絃的抑揚頓挫。蘇東坡把韓退之《聽琴詩》改爲送彈琵琶的詞，開端是“呢呢兒女語，燈火夜微明，恩冤爾汝來去，彈指淚和聲”。他頭上連用五個極短促的陰聲字，接着用一個陽聲的“燈”字，下面“恩冤爾汝”之後，又用一個陽聲的“彈”字，也是用同樣的方法。

吾自己也常用雙聲疊韻的法子來幫助音節的和諧。例如《一顆星兒》一首：

我愛你這個頂大的星兒，
可惜我叫不出你的名字。
平日黄昏時候，
霞光遮盡了滿天星，
今天風雨後，悶沉沉的天氣，
我望遍天邊，尋不見一點半點光明。
回轉頭來，
只有你在那楊柳高頭依舊亮晶晶地。

這首詩“氣”字一韻以後，隔開三十三個字方才有韻，讀的時候全靠“遍、天、邊、見、點、半、點”一組疊韻字，（遍、邊、半、明，又是雙聲字）和“有、柳、頭、舊”一組疊韻字夾在中間。故不覺得“氣”、“地”兩韻隔開那麼遠。

這種音節方法，是舊詩音節的精采（參看清代周春的《杜詩雙聲疊韻譜》），能够容納在新詩裏，固然也是好事。但是這是新舊過渡時代的一種有趣味的研究，並不是新詩音節的全部。新詩大多數的趨勢，依我們看來是朝着一個公共方向走的。那個方向便是“自然的音節”。

自然的音節是不容易解説明白的。我且分兩層説：

第一，先説“節”——就是詩句裏面的頓挫段落。舊體的五七言詩是兩個字爲一“節”的。隨便舉例如下：

紅綻——雨肥——梅。（兩節半）
江間——波浪——兼天——湧。（三節半）
王郎——酒酣——拔劍——斫地——歌——莫哀。（五節半）
我生——不逢——柏梁——建章——之——宫殿。（五節半）
又——不得——身在——滎陽——京索——間。（四節外兩個破節）

終——不似——一朵——釵頭——顫裊——向人——欹側。

（六節半）

新詩句子的長短是無定的；就是句裏的節奏，也是依着意義的自然區分與文法的自然區分來分析的。白話裏的多音字比文言多得多；並且不止兩個字的聯合，故往往有三個字爲一節，或四五個字爲一節的。例如：

萬一——這首詩——趕得上——遠行人。

門外——坐着——一個——穿破衣裳的——老年人。

雙手——抱着頭——他——不聲——不響。

旁邊——有一段——低低的——土牆——擋住了個——彈三絃的人。

這一天——他——眼淚汪汪的——望着我——説道——你如何——還想着我？想着我——你又如何——能對他？

第二，再説“音”——就是詩的聲調。新詩的聲調有兩個要件：一平仄要自然，二用韻要自然。白話裏的平仄，與詩韻的平仄有許多大不相同的地方。同一個字，單獨用來是仄聲；若同别的字連用，成爲别的字的一部分，就成了很輕的平聲了。例如“的”字“了”字都是仄聲。在“掃雪的人”和“掃淨了東邊”裏便不成仄聲了。我們簡直可以説：“白話詩裏，只有輕重高下，没有嚴格的平仄。”例如周作人君的《兩個掃雪的人》的兩行：

祝福你掃雪的人！

我從清早起在雪地裏行走，不得不謝謝你。

“祝福你掃雪的人”上六個字都是仄聲；但是讀起來自然有個輕重高下。“不得不謝謝你”六個字，又都是仄聲；但是讀起來也有個輕重高下。又如同一首詩裏有“一面儘掃，一面儘下”八個字都是仄聲，但讀起來不但不拗口，並且有一種自然的音調。白話詩的聲調，不在平仄的調劑得宜，全靠這種自然的輕重高下。

至於用韻一層，新詩有三種自由：第一，用現代的韻，不拘古韻，更不拘平仄韻。第二，平仄可以互相押韻，這是詞曲通用的例，不單是新詩如此。第三，有韻固然好，没有韻也不妨。新詩的聲調既在骨子裏，——在自然的輕重高下，在語氣的自然區分，——故有無韻脚，都不成問題。例如周作人君的《小河》雖然無韻；但是讀起來自然有很好的聲調，不覺得是一首無韻詩。我且舉一段如下：

……小河的水是我的好朋友，
他曾經穩穩的流過我面前，
我對他點頭，他對我微笑，
我願他能够放出了石堰，
仍然穩穩的流着，
向我們微笑……

又如周君的《兩個掃雪的人》中一段：

……一面儘掃，一面儘下；
掃淨了東邊，又下滿了西邊；
掃開了高地，又填平了窪地。

這是用內部詞句的組織來說明音節，故讀時不覺得是無韻詩。

內部的組織，——層次、條理、排比、章法、句法，——乃是音節的最重要方法。我的朋友任叔永說："自然二字，也要點研究。"研究並不是叫我們去講究那些"蜂腰"、"鶴膝"、"合掌"等等玩意兒。乃是要我們研究內部的詞句應該如何組織安排，方才可以發生和諧的自然音節。我且舉康白情君的《送客黃浦》一章作例：

送客黃浦，
我們都攀着纜，——風吹着我們的衣服，——
站在没遮闌的船樓邊上。
看看涼月麗空，
才顯出淡妝的世界。
我想世界上只有光，
只有花，
只有愛！
我們都談着，——
談到日本二十年的戲劇，
也談到"日本的光，的花，的愛"的須磨子。
我們都相互的看着。

只是壽昌有所思。
他不看着我，
他不看着别的那一個，
這中間充滿了别意，
但我們只是初次相見。

五

我這篇隨便的詩談，做得太長了。我且略談“新詩的方法”，作一個總結的收場。

有許多人曾問我做新詩的方法。我説做新詩的方法，根本上就是做一切詩的方法。新詩除了“新體的解放”一項之外，别無他種特别的做法。

這話説得太籠統了；聽的人自然又問那麽做一切詩的方法，究竟是怎樣呢？

我説詩須要用具體的做法，不可用抽象的説法。凡是好詩，都是具體的。越偏向具體的，越有詩意詩味。凡是好詩，都能使我們腦子裏發生一種——或許多種——明顯逼人的影像。這便是詩的具體性。

李義山詩：“歷覽前賢國與家，成由勤儉敗由奢。”這不成詩。爲什麽呢？因爲他用的是幾個抽象的名詞，不能引起什麽明瞭濃麗的影像。

“緑垂風折笋，紅綻雨肥梅。”是詩。“芹泥垂燕嘴，蕊粉上蜂鬚。”是詩。“四更山吐月，殘夜水明樓。”是詩。爲什麽呢？因爲他們都能引起鮮明撲人的影像。

“五月榴花照眼明。”是何等具體的寫法！

“雞聲茅店月，人迹板橋霜。”是何等具體的寫法！

“枯藤老樹昏鴉，小橋流水人家，古道西風瘦馬，夕陽西下，——斷腸人在天涯！”這首小曲裏有十個影像，連成一串，並作一片蕭瑟的空氣；這是何等具體的寫法！

以上舉的例，都是眼睛裏起的影像。還有引起聽官裏的明瞭感覺的。例如上文引的：“呢呢兒女語，燈火夜微明，恩冤爾汝來去，彈指淚和聲。”是何等具體的寫法！

還有能引起讀者渾身的感覺的。例如姜白石詞："暝入西山，漸喚我一葉夷猶乘興。"這裏面"一葉夷猶"四個合口的雙聲字，讀的時候使我們覺得身在小舟裏，在鏡平的湖水上盪來盪去。這是何等具體的寫法！

再進一步說：凡是抽象的材料，格外應該用具體的寫法。看《詩經》的《伐檀》：

坎坎伐檀兮，置之河之干兮，
河水清且漣漪，——
不稼不穡，胡取禾三百廛兮，
不狩不獵，胡瞻爾庭有懸貆兮。

社會不平等，是一個抽象的題目；你看他却用如此具體的寫法。

又如杜甫的《石壕吏》寫一天晚上，一個遠行客人在一個人家寄宿，偷聽得一個出差的公人同一個老太婆的談話。寥寥一百二十個字，把那個時代的徵兵制度、戰禍、民生痛苦，種種抽象的材料，都一齊描寫出來了。這是何等具體的寫法！

再看白樂天的《新樂府》那幾篇好的——如《折臂翁》、《賣炭翁》、《上陽宫人》——都是具體的寫法。那幾篇抽象的議論，——如《七德舞》、《司天臺》、《采詩官》——便不成詩了。

舊詩如此，新詩也如此。現在報上登的許多新體詩，很多不滿人意的。我仔細研究起來，那些不滿人意的詩，犯的都是一個大毛病——抽象的題目，用抽象的寫法。

那些我不認得的詩人做的詩，我不便亂批評。我且舉一個朋友的詩做例。傅斯年君在《新潮》四號裏，做了一篇散文叫做《一段瘋話》，結尾兩行說道：

我們最當敬重的是瘋子，最當親愛的是孩子。瘋子是我們的老師，孩子是我們的朋友。

我們帶着孩子，跟着瘋子走，走向光明去。

有一個人在北京《晨報》裏投稿，説傅君最後的十六個字是詩不是文。後來《新潮》五號裏傅君有一首《前倨後恭》的詩，——一首很長的詩。我看着説這是文，不是詩。

何以前面文是詩，後面的詩反是文呢？因爲那前面十六個字是具體的寫法，後面的長詩是抽象的題目，用抽象的寫法。我且鈔那詩中的一段，就可明白了：

倨也不由他，恭也不由他。
你還赧他。
向你倨，你也不削一塊肉；向你恭，你也不長一塊肉。
況且終竟他要向你變的，理他呢？

這種抽象的議論，是不會成爲好詩的。

再舉一個例。《新青年》六卷四號裏面沈尹默君的兩首詩。一首是《赤裸裸》：

人到世間來，本來是赤裸裸。
本來没汚濁，却被衣服重重的裹著，這是爲什麼？
難道清白的身，不好見人麼？
那汚濁的裹着衣服，就算免了恥辱麼？

他本想用具體的譬喻來攻擊那些作僞的禮教，不料結果還是一篇抽象的議論，故不成爲好詩。還有一首《生機》：

刮了兩日風，又下了幾陣雪。
山桃雖是開着，却凍壞了夾竹桃的葉。
地上的嫩紅芽，更殭了發不出。
人人説天氣這般冷，草木的生機，恐怕都被摧折。
誰知道那路旁的細柳條，
他們暗地裏却一齊换了顔色。

這種樂觀，是一個很抽象的題目；他却用最具體的寫法，故好！

我們徽州俗話説自己稱贊自己的是“戲臺裏喝采”。我這篇談新詩裏常引我自己的詩做例，也不知犯了多少次“戲臺裏喝采”的毛病，現在且再犯一次，舉我的《老鴉》做一個“抽象的題目用具體的寫法”的例罷：

我大清早起，
站在人家屋角上啞啞的啼。
人家討厭我，
説我不吉利。
我不能呢呢喃喃討人家的歡喜。

四十四、胡適之　論短篇小説

一、什麼叫做“短篇小説”?

中國今日的文人，大概不懂“短篇小説”是什麼東西?現在的報紙雜誌裏面，凡是筆記雜纂不成長篇的小説，都可叫做“短篇小説”。所以現在那些“某生，某處人，幼負異才，……一日，遊某園，遇一女郎，睨之，天人也，……”一派的爛調小説，居然都稱爲“短篇小説”!其實這是大錯的。西方的“短篇小説”(英文叫做 Short story)，在文學上有一定的範圍，有特別的性質，不是單靠篇幅不長，便可稱爲“短篇小説”的。

我如今且下一個“短篇小説”的界説:“短篇小説是用最經濟的文學手段，描寫事實中最精采的一段，或一方面，而能使人充分滿意的文章。”

這條界説中，有兩個條件最宜特別注意。今且把這兩個條件分説如下:

(一)事實中最精采的一段或一方面　譬如把大樹的樹身鋸斷;懂植物學的人，看了樹身的“横截面”，數了樹的“年輪”，便可知道這樹的年紀。一人的生活，一國的歷史，一個社會的變遷，都有一個“縱剖面”和無數“横截面”。從縱面看去，須從頭到尾，才可看見全部。而横面截開一段，若截在要緊的所在，便可把這個“横截面”代表這一人，或這一國，或這一個社會。這種可以代表全部的部分，便是我所謂“最精采”的部分。也譬如西洋照相術未發明之前，有一種“側面剪影”（silhouette）用紙剪下人的側面，便可知道是某人。這種可以代表全形的一面，便是我所謂“最精采”的方面。若不是“最精采”的所在，決不能用一段代表全體，決不能用一面代表全形。

（二）最經濟的文學手段　形容“經濟”兩個字，最好是借用宋玉的話：“增之一分則太長，減之一分則太短；着粉則太白，施朱則太赤。”須要不可增減，不可塗飾，處處恰到好處；方可當“經濟”二字。因此凡可拉長演作章回小說的短篇，不是真正“短篇小說”。凡叙事不能暢盡，寫情不能飽滿的小說，也不是真正“短篇小說”。

能合我所下的界說的，便是理想上完全的“短篇小說”。世間所稱“短篇小說”，雖未能處處都與這界說相合；但是那些可傳世不朽的“短篇小說”，決沒有不具上文所說兩個條件的。如今且舉幾個例：西歷一八七〇年，法蘭西和普魯士開戰；後來法國大敗，巴黎被攻破，出了極大的賠款，還割了兩省地纔能講和。這一次戰爭，在歷史上，就叫做普法之戰；是一件極大的事。若是歷史家記載這事，必定要上溯兩國開釁的原因，中記戰爭的詳情，下尋戰與和的影響，這樣記法，可滿幾十本大册子。這種大事，到了“短篇小說家”的手裏，便用最經濟的手腕，去寫這件大事的最精采的一段或一面。我且不舉别人，單舉 Daudet 和 Maupassant 兩個人爲例。Daudet 所做普法之戰的小說有許多種。我曾譯出一種叫做《最後一課》（*La derniere classe*），全篇用法國割給普國兩省中一省的一個小學生的口氣，寫割地之後，普國政府下令不許再教法文法語。所寫的乃是一個小學教師教法文的“最後一課”。一切割地的慘狀，都從這個小學生眼中看出，口中寫出，還有一種叫做《柏林之圍》（*Le siege de Berlin*），寫的是法皇拿破崙第三出兵攻普魯士時，有一個曾在拿破崙第一麾下的老兵官，以爲這一次法兵一定要大勝了！所以特地搬到巴黎，住在凱旋門邊，準備着看法兵“凱旋”的大典。後來這老兵官病了。他的女兒天天假造法兵得勝的新聞去哄他。那時普國的兵已打破巴黎。普兵進城之日，他老人家聽見軍樂聲，還以爲是法兵破了柏林奏凱班師呢！這是借一個法國極强時代的老兵，來反照當日法國大敗的大耻，兩兩相形，真可動人！

Mauqassant 所做普法之戰的小説也有多種；我曾譯他的《二漁夫》(*Deux amis*)，寫巴黎被圍的情形，却都從兩個酒鬼身上着想。還有許多篇，如“Mlle. Fifi”之類，或寫一個妓女被普國兵士擄去的情形；或寫法國内地村鄉里面的光棍，乘着國亂，設立軍政分府，作威作福的怪狀；……都可使人因此推想那時法國兵敗以後的種種狀態。這都是我所説的“用最經濟的手段，描寫事實中最精采的片段；而能使人充分滿意”的短篇小説。

二、中國短篇小説略史

短篇小説的定義，既已明了。如今且略述中國短篇小説的小史。

中國最早的短篇小説，自然要數先秦諸子的寓言了。《莊子》、《列子》、《韓非子》、《吕覽》諸書所載的寓言，往往有用心結構，可當短篇小説之稱的。今舉二例：第一例見於《列子・湯問篇》：

> 太形、王屋二山，方七百里，高萬仞，本在冀州之南，河陽之北。
>
> 北山愚公者，年且九十，面山而居，懲山之塞出入之迂也；聚室而謀曰：“吾與汝畢力平險，指通豫南，達於漢陰，可乎？”雜然相許。其妻獻疑曰：“以君之力，曾不能損魁父之丘；如太形、王屋何？且焉置土石？”雜曰：“投諸渤海之尾，隱土之北。”
>
> 遂率子孫荷擔者三夫，叩石墾壤，箕畚運於渤海之尾。鄰人京城氏之孀妻，有遺男，始齔，跳往助之。寒暑易節，始一返焉。
>
> 河曲智叟笑而止之曰：“甚矣，汝之不慧！以殘年餘力，曾不能毁山之一毛。其如土石何？”
>
> 北山愚公長息曰：“汝心之固，固不可徹；曾不若孀妻弱子！雖我之死，有子存焉。子又生孫，孫又生子，子又有子，子又有孫。子子孫孫，無窮匱也，而山不加增；何若而不平？”河曲智叟亡以應。
>
> 操蛇之神聞之，懼其不已也，告之於帝。帝感其誠，命夸娥氏二子負二山，一厝朔東，一厝雍南。自此冀之南，漢之陰，無隴斷焉。

這篇大有小説風味。第一，因爲他要説至誠可動天地，却平空假造一段太形、王屋兩山的歷史。第二，這段歷史之中，處處用人名地名，用直接會話，寫細事小物；即寫天神，也用“操蛇之神”、“夸娥氏二子”等私名，所以看來好像真有此事。這兩層，都是小説家的家數。現在的人，一開口便是某生某甲，真是不曾懂得做小説的ABC。

第二例見於《莊子·徐無鬼篇》：

莊子送葬，過惠子之墓，顧謂從者曰：“郢人堊漫其鼻端，若蠅翼；使匠石斲之。匠石運斤成風，聽而斲之，盡堊而鼻不傷。郢人立不失容。”

宋元君聞之，召匠石曰：“嘗試爲寡人爲之。”

匠石曰：“臣則嘗能斲之。雖然，臣之質死久矣!”

自夫子（謂惠子）之死也，吾無以爲質矣！吾無與言之矣！

這一篇寫“知己之感”，從古至今，無人能及。看他寫“堊漫其鼻端，若蠅翼”；寫“匠石運斤成風”；都好像真有此事，所以有文學的價值。看他寥寥七十個字，寫盡無限感慨，是何等“經濟的”手腕！

自漢到唐這幾百年中，出了許多雜記體的書，却都不配稱做“短篇小説”。最下流的，如《神仙傳》和《搜神記》之類，不用説了。最高的如《世説新語》，其中所記，有許多很有短篇小説的意味；却没有短篇小説的體裁。如下舉的例：

(1) 桓公北征，經金城，見前爲瑯琊時種柳，皆已十圍，慨然曰：“木猶如此，人何以堪!”攀枝執條，泫然流淚。

(2) 王子猷居山陰，夜大雪，眠覺開室，命酌酒，四望皎然。因起彷徨，詠左思《招隱詩》，忽憶戴安道。時戴在剡。即便夜乘小船就之。經宿方至，造門不前而返。人問其故？王曰：“吾本乘興而來，興盡而返，何必見戴!”

此等記載，都是揀取人生極精采的一小段，用來代表那人的性情品格，所以我説《世説》很有短篇小説的意味。只是《世説》所記都是事實，或是傳聞的事實；雖有剪裁，却無結構；故不能稱做“短篇小説”。

比較説來，這個時代的散文、短篇小説，還該數到陶潛的《桃花源記》。這篇文字，命意也好，布局也好，可以算得一篇用心結構的“短篇小説”。此外便須到韻文中去找短篇小説了。韻文中《孔雀東南飛》一篇，是很好的短篇小説；記事言情，面面都到。但比較起來，還不如《木蘭辭》更爲經濟。

《木蘭辭》記木蘭的戰功，只用“將軍百戰死，壯士十年歸”十個字；記木蘭歸家的那一天，却用了一百多字。十個字記十年的事，不爲少。一百多字記一天的事，不爲多。這便是文學的“經濟”。但是比較起來，《木蘭辭》還不如古詩《上山採蘼蕪》更爲神妙。那詩道：

> 上山採蘼蕪，下山逢故夫。長跪問故夫：“新人復何如?”“新人雖言好，未若故人姝。顔色類相似，手爪不相如。新人從門入，故人從閤去。新人工織縑，故人工織素。織縑日一匹，織素五丈餘。將縑來比素，新人不如故。”

這首詩有許多妙處。第一，他用八十個字，寫出那家夫婦三口的情形，使人可憐被逐的“故人”，又使人痛恨那没有心肝、想靠着老婆發財的“故夫”。第二，他寫那人棄妻娶妻的事，却不用從頭説起；不用説“某某，某處人，娶妻某氏，甚賢，已而别有所愛，遂棄前妻而娶新歡。……”他只從這三個人的歷史中挑出那日從山上採野菜回來遇着故夫的幾分鐘，是何等“經濟”的手腕！是何等“精采的片斷”！第三，他只用“上山採蘼蕪，下山逢故夫”十個字，便可寫出這婦人是一個棄婦；被棄之後，非常貧苦，只得挑野菜度日。這是何等神妙手段！懂得這首詩的好處，方才可談短篇小説的好處。

到了唐朝，韻文散文中都有很妙的短篇小説。像韻文中，杜甫的《石壕吏》是絶妙的例。那詩道：

> 暮投石壕村，有吏夜捉人，老翁踰牆走，老婦出門看。吏呼一何怒！婦啼一何苦！聽婦前致詞：“三男鄴城戍。一男附書至，二男新戰死。生者且偷生，死者長已矣！室中更無人，惟有乳下孫。有孫母未去，出入無完裙。老嫗力雖衰，請從吏夜歸，急應河陽役，猶得備晨炊。”夜久語聲絶，如聞泣幽咽。天明登前途，獨與老翁别！

這首詩寫天寶之亂，只寫一個過路投宿的客人，夜裏偷聽得的事，不插一句議論，能使人覺得那時代徵兵之制的大害，百姓的痛苦，丁壯死亡的多，差役捉人的横行；一一都在眼前。捉人捉到生了孫兒的祖老太太，別的更可想而知了。

白居易的《新樂府》五十首中，儘有很好的短篇小説。最妙的是《新豐折臂翁》一首。看他寫："是時翁年二十四，兵部牒中有名字，夜深不敢使人知，偷將大石搥折臂。"使人不得不發生"苛政猛於虎"的思想。白居易的《琵琶行》，也可算得一篇很好的短篇小説。白居易的短處，只因爲他有點迂腐氣，所以處處要把做詩的"本意"來做結尾；即如《新豐折臂翁》篇末加上"君不見開元宰相宋開府"一段，便没有趣味了。又如《長恨歌》一篇，本用道士見楊貴妃帶來信物一件事作主體。白居易雖做了這詩，心中却不信道士見楊妃的神話，所以他不但説楊妃所在的仙山"在虛無縹緲中"。還要先説楊妃死時："金鈿委地無人收，翠翹金雀玉搔頭。"竟直説後來天上帶來的"鈿合金釵"，是馬嵬坡拾起的了！自己先不信，所以説來便不能叫人深信。人説趙子昂畫馬，先要伏地作種種馬相。做小説的人，也要如此，也要用全副精神替書中人物設身處地，體貼入微。做短篇小説的人，格外應該如此。爲什麽呢？因爲短篇小説要把所挑出的"最精采的一段"作主體，纔可有全神貫注的妙處。若帶點迂氣，處處把本意點破；便是把書中事實作一種假設的附屬品，便没有趣味了。

唐朝的散文、短篇小説很多，好的却實在不多。我看來看去，只有張説的《虬髯客傳》可算得上品的"短篇小説"。《虬髯客傳》的本旨，只是要説："真人之興，非英雄所冀。"他却平空造出虬髯客一段故事，插入李靖、紅拂一段情史；寫到正熱鬧處，忽然"太原公子裼裘而來"，遂使那位野心豪傑絶心於事國，另去海外開闢新國。這種立意布局，都是小説家的上等工夫。這是第一層長處。這篇是"歷史小説"。凡做"歷史小説"，不可全用歷史上的事實，却又不可違背歷史上的事實。全用歷史的事實，便成了演義體；如《三國演義》和《東周列國志》，没有真正小説的價值。若違背①了歷史的事實，如《説岳傳》使岳飛的兒子掛帥印，打平金國，雖可使一班愚人快意，却又不成歷史的小説了。最好是能於歷史事實之外，造成一些似歷史的事實，寫到結果却又不違背歷史的事實。如法國大仲馬的

① "背"字據文意補。

《俠隱記》寫英國暴君查爾第一世爲克林威爾所囚時；有幾個俠士出了死力，百計想把他救出來，每次都到將成功時，忽又失敗；寫來極熱鬧動人，令人急煞；却終不能救免查爾第一世斷頭之刑，故不違背歷史的事實。又如《水滸傳》所記宋江等三十六人，是正史所有的事實。《水滸傳》所寫宋江在潯陽江上吟反詩，寫武松打虎殺嫂，寫魯智深大鬧和尚寺……等事，處處鬧熱煞，却終不違歷史的事實。而《虬髯客傳》的長處，正在他寫了許多動人的人物事實，把歷史的人物和非歷史的人物穿插夾混，叫人看了，竟像那時真有這些人物事實。但寫到後來虬髯客飄然去了，依舊是唐太宗得了天下。一毫不違背歷史的事實。這是“歷史小説”的方法，便是《虬髯客傳》的第二層長處。此外還有一層好處。唐以前的小説，無論散文韻文，都只能叙事，不能用全副氣力描寫人物；《虬髯客傳》寫虬髯客極有神氣，自不用説了。就是寫紅拂、李靖等配角，也都有自性的神情風度。這種寫生手段，便是這篇的第三層長處。有這三層長處，所以我敢斷定這篇《虬髯客傳》，是唐代第一篇短篇小説。宋朝是章回小説發生的時代，如《宣和遺事》和《五代史平話》等書，都是後世章回小説的始祖。《宣和遺事》中記楊志賣刀殺人，晁蓋等八人路劫生辰綱，宋江殺閻婆惜諸段，便是施耐庵《水滸傳》的稿本。從《宣和遺事》變成《水滸傳》，是中國文學史上一大進步。但宋朝是“雜記小説”極盛的時代，故《宣和遺事》等書，總脱不了雜記體的性質，都是上段不按下段，没有結構布局的。宋朝的“雜記小説”頗多好的，但都是不配稱做短篇小説。短篇小説是有結構局勢的；是用全副精神氣力貫注到一段最精采的事實上的。“雜記小説”是東記一段，西記一段，如一盤散沙，如一篇零用帳，全無局勢結構的。這個區别，不可忘記。

明、清兩朝的短篇小説，可分白話與文言兩種：白話的短篇小説可用《今古奇觀》作代表。《今古奇觀》是明末的書，大概不全是一人的手筆。書中共有四十篇小説，大要可分兩派：一是演述舊作的。一是自己創作的。如《吴保安棄家贖友》一篇，全是演唐人的《吴保安傳》，不過添了一些瑣屑節目罷了。但是這些加添的瑣屑節目，便是文學的進步。《水滸》所以比《史記》更好，只在多了許多瑣屑細節。《水滸》所以比《宣和遺事》更好，也只在多了許多瑣屑細節。從唐人的吴保安變成《今古奇觀》的吴保安；

從唐人的李汧公變成《今古奇觀》的李汧公；從漢人的伯牙、子期變成《今古奇觀》的伯牙、子期；——這都是文學由略而詳，由粗枝大葉而瑣屑細節的進步。此外那些明人自己創造的小説，如《賣油郎》，如《洞庭紅》，如《喬太守》，如《念親恩孝女藏兒》，都可稱很好的短篇小説。依我看來，《今古奇觀》的四十篇之中，布局以《喬太守》爲最工。寫生以《賣油郎》爲最工。《喬太守》一篇，用一個李都管做全篇的綫索，是有意安排的結構。《賣油郎》一篇，寫秦重、花魁娘子、九媽、四媽各到好處。《今古奇觀》中雖有很平常的小説，比起唐人的散文小説，已大有進步了。唐人的小説，最好的莫如《虬髯客傳》。但《虬髯客傳》寫的是英雄豪傑，容易見長。《今古奇觀》中大多數的小説寫的都是些瑣細的人情世故，不容易寫得好。唐人的小説，大都屬於理想主義。《今古奇觀》中如《賣油郎》、《徐老僕》、《喬太守》、《孝女藏兒》便近於寫實主義了。至於由文言的唐人小説變成白話的《今古奇觀》，寫物寫情，都更能曲折詳盡。那更是一大進步了。

只可惜白話的短篇小説，發達不久，便中止了。中止的原因，約有兩層：第一，因爲白話的章回小説發達了，做小説的人，往往把許多短篇略加組織，合成長篇。如《儒林外史》和《品花寶鑒》名爲長篇的章回小説，其實都是許多短篇湊攏來的。這種雜湊的長篇小説的結果，反阻礙了白話短篇小説的發達了。第二，是因爲明末清初的文人，很做了一些中上的文言短篇小説。如《虞初新志》、《虞初續志》、《聊齋志異》等書裏面，很有幾篇可讀的小説。比較起來，還該把《聊齋志異》來代表這兩朝的文言小説。《聊齋》裏面如《續黃粱》、《胡四相公》、《青梅》、《促織》、《細柳》……諸篇，都可稱爲短篇小説。《聊齋》的小説，平心而論，實在高出唐人的小説。蒲松齡雖喜説鬼狐；但他寫鬼狐，却都是人情世故；於理想主義之中，却帶幾分寫實的性質。這實在是他的長處。只可惜文言不是能寫人情世故的利器。到了後來，那些學《聊齋》的小説，更不值得提起了。

三、結論

最近世界文學的趨勢，都是由長趨短，由繁多趨簡要。——“簡”與“略”不同，故這句話與上文説“由略而詳”的進步，並無衝突。——詩的一方面，所重的在於“寫情短詩”（Lyrical Poetry，或譯抒情詩），像Homer，Milton，Dante那些幾十萬字的長篇，幾乎没有人做了。就有人做（十九世紀尚多此種），也很少人讀了。戲劇一方面，莎士比亞的戲，有時竟長到五齣二十幕（此所指乃Hamlet也），後來變到五齣五幕，又漸漸變成三齣三幕，如今最注重的是“獨幕劇”了。小説一方面，自十九世紀中段以來，最通行的是短篇小説。而長篇小説如Tolstoy的《戰争與和平》，竟是絶無而僅有的了。所以我們檢直可以説“寫情短詩”、“獨幕劇”、“短篇小説”三項，代表世界文學最近的趨勢。這種趨向的原因，不止一種。（一）世界的生活競争，一天忙似一天；時間越寶貴了，文學也不能不講究“經濟”。若不“經濟”，只配給那些吃了飯没事做的老爺太太們看；不配給那些在社會上做事的人看了。（二）文學自身的進步，與文學的經濟有密切關係。斯賓塞説：“論文章的方法，千言萬語，只是‘經濟’一件事。”文學越進步，自然越講求“經濟”的方法。有此兩種原因，所以世界的文學，都趨向這三種“最經濟的”體裁。今日中國的文學，最不講“經濟”。那些古文家和那“聊齋濫調”的小説家，只會記“某時到某地，遇某人，作某事”的死賬；毫不懂狀物寫情是全靠瑣屑節目的。那些長篇小説家，又只會做那無窮無極《九尾龜》一類的小説；連體裁布局都不知道，不要説文學的經濟了。若要救這兩種大錯，不可不提倡那最經濟的體裁，——不可不提倡真正的短篇小説。

四十五、胡適之 國語文法概論

第一篇 國語與國語文法

什麼是國語？我們現在研究國語文法，應該先問什麼是國語？什麼是國語文法？“國語”這兩個字很容易誤解。嚴格説來，現在所謂“國語”，還只是一種儘先補用的候補國語；並不是現任的國語。這句話的意思是説：這一種方言，已有了做中國國語的資格；但此時還不曾完全成爲正式的國語。

一切方言，都是候補的國語；但先須先有兩種資格，方才能够變成正式的國語：

第一，這一種方言，在各種方言之中，通行最廣。

第二，這一種方言，在各種方言之中，産生的文學最多。

我們試看歐洲現在的許多國語，那一種不是先有了這兩項資格的？當四百年前，歐洲各國的學者都用拉丁文著書通信；和中國人用古文著書通信一樣。那時各國都有許多方言，還没有國語。最初成立的是義大利的國語。義大利的國語，起先也只是突斯堪尼①（Tuscany）的方言；因爲通行最廣，又有了但丁（Dante）、鮑卡曲②（Boccacio）等人用這種方言做文學；故這種方言由候補的變成正式的國語。英國的國語，當初也只是一種“中部方言”；後來漸漸通行，又有了喬叟（Chaucer）與衛克立夫③（Wycliff）等人的文學，故也由候補的變成正式的國語。此外法國、德國及其他各國的國語，都是先有這兩種資格，後來才變成國語的。

我們現在提倡的國語，也具有這兩種資格：第一，這種語言，是中國通行最廣的一種方言。——從東三省到西南三省（四川、雲南、貴州），從長城到長江，那一大片疆域内，雖有大同小異的區別；但大致都可算是這種方言通行的區域。東南一角，雖有許多種方言，但没有一種通行這樣遠的。第二，這種從東三省到西南三省，從長城到長江的普通話，在這一千年之中，產生了許多有價值的文學的著作。自從唐以來，没有一代没有白話的著作，禪門的語録和宋明的哲學語録自不消説了。唐詩裹已有許多白話詩；到了晚唐，白話詩更多了。寒山和拾得的詩，幾乎全是白話詩。五代的詞裹，也有許多白話詞。李後主的好詞，多是白話的。宋詩中更多白話。邵雍與張九成雖全用白話，但做的不好；陸放翁與楊誠齋的白話詩，便有文學的價值了。宋詞變爲元曲，白話的部分更多。宋代的白話小説，如《宣和遺事》之類，還在幼稚時代。自元到明，白話的小説，方才完全成立。《水滸傳》、《西遊記》、《三國志》，代表白話小説的“成人時期”。自此以後，白話文學遂成了中國一種絶大的勢力。這種文學有兩層大功用：（一）使口語成爲寫定的文字；不然，白話絶没有代替古文的可能。（二）這種白話文學書通行東南各省，凡口語的白話及不到的地方，文學的白話都可侵入，所以這種方言的領土遂更擴大了。

這兩種資格，缺了一種都不行。没有文學的方言，無論通行如何遠，決不能代替已有文學的古文；這是不用説的了。但是若單有一點文學，不能行到遠地，那也是不行的。例如廣東話也有絶妙的“粤謳”，蘇州話也有“蘇白”的小説；但這兩種方言通行的區域太小，故必不能成爲國語。

---

① 今譯爲托斯卡納。

② 今譯爲薄伽丘。

③ 今譯爲威克利夫。

我們現在提倡的國語，是一種通行最廣最遠，又曾有一千年的文學的方言。因爲他有這兩種資格，故大家久已公認他作中國國語的唯一候選人；故全國人此時都公認他爲中國國語，推行出去，使他成爲中國學校教科書的用語；使他成爲中國報紙雜誌的用語；使他成爲現代和將來的文學用語。這是建立國語的唯一的方法。

什麽是國語文法？凡是一種語言，總有他的文法。天下没有一種没有文法的語言，不過内容的組織彼此有大同小異的區别罷了。但是有文法和有文法學不同。一種語言儘管有文法，却未必一定有文法學。世界文法學發達最早的，要算梵文和歐洲的古今語言。中國的文法學發生最遲。古書如公羊、穀梁兩家的《春秋傳》，頗有一點論文法的話。但究竟没有文法學出世。清朝王引之的《經傳釋詞》，用歸納的方法，來研究古書中“詞”的用法，可稱得一部文法書。但王氏究竟缺乏文法學的術語和條理，故《經傳釋詞》只是文法學未成立以前的一種文法參考書，還不曾到文法學的地位。直到馬建忠的《文通》出世（光緒二十四年，西曆一八九八年），方才有中國文法學。馬氏自己説：“上稽經史，旁及諸子百家，下至志書小説，凡措字遣詞，苟可以述吾心中之意以示今而傳後者，博引相參，要皆有一成不變之例。”（《文通・前序》）又説：“斯書也，因西文已有之規矩，於經籍中求其所同所不同者，曲證繁引，以確知華文義例之所在。”（《後序》）到這個時代，術語也完備了，條理也有了，方法也更精密了，故馬建忠能建立中國文法學。

中國文法學何以發生的這樣遲呢？我想有三個重要的原因：第一，中國文法本來很容易，故人不覺得文法學的必要。聰明的人自能“神而明之”。笨拙的人，也只消用“書讀千遍，其義自見”的笨法，也不想有文法學的捷徑。第二，中國的教育，本限於很少數的人，故無人注意大多數人的不便利，故没有研究文法學的需要。第三，中國語言文字孤立幾千年，不曾有和他種高等語言文字相比較的機會。只有梵文與中文接觸最早，但梵文文法太難，與中文文法相去太遠，故不成爲比較的材料。其餘與中文接觸的語言，没有一種不受中國人的輕視的；故不能發生比較的研究的效果。没有比較，故中國人從來不曾發生文法學的觀念。

這三個原因之中，第三原因更爲重要：歐洲自古至今，兩千多年之中，隨時總有幾種平等的語言文字互相比較，文法的條例，因有比較，遂更容易明白。我們的語言文字，向來没有比較參證的材料；故雖有王念孫、王引之父子那樣高深的學問，那樣精密的方法，終不能創造文法學。到了馬建忠，便不同了。馬建忠得力之處，全在他懂得西洋的古今文字，用西洋的文法作比較參考的材料。他研究“旁行諸國語言之源流，若希臘，若拉丁之文詞，而屬比之；見其字別種而句司字，所以聲其心而形其意者，皆有一定不易之律；而因以律夫吾經籍子史諸書，其大綱蓋無不同。於是因所同以同夫所不同者。”（《後序》）看這一段，更可見比較參考的重要了。

但如馬建忠的文法，只是中國古文的文法。他舉的例，到韓愈爲止。韓愈到現在，又隔開一千多年了。《馬氏文通》是一千年前的古文文法，不是現在的國語的文法。馬建忠的大缺點，在於缺乏歷史進化的觀念。他把文法的條例，錯認作“一成之律，歷千古而無或少①變”。（《前序》）其實從《論語》到韓愈，中國文法已經過很多的變遷了；從《論語》到現在，中國文法也不知經過了多少的大改革。那不曾大變的只有那用記誦模仿的方法勉强保存的古文文法。至於民間的語言，久已自由變化，自由改革，自由修正；到了現在，中國的文法——國語的文法與各地方言的文法——久已不是馬建忠的“歷千古而無或少變”的文法了。

國語是古文慢慢的演化出來的，國語的文法，是古文的文法慢慢的改革修正出來的。中國的古文文法雖不很難，但他的裏面還有許多很難説明的條例。我且舉幾個很淺的例罷：

（例一）知我者其天乎？（《論語》）

（例二）莫我知也夫？（《論語》）

（例三）有聞之，有見之，謂之有。（《墨子·非命中》）

（例四）莫之聞，莫之見，謂之亡。（同上）

這兩個“我”字都是“知”字的“止詞”；這四個“之”字都是“見”字“聞”字的“止詞”。但（例二）與（例四）的“我”字與“之”字，都必須翻到動詞②的前面。爲什麼呢？因爲古文有一條通則：

---

① “少”原作“稍”，今據《馬氏文通》改正。

② “詞”原作“字”，今改正。

凡否定句裏做止詞的代名詞，必須在動詞的前面。

這條通則很不容易懂，更不容易記憶，因爲這通則規定三個條件：（一）否定句。故（例一）與（例三）不適用他。（二）止詞。祇有外動詞可有止詞，故別種動詞不適用他。（三）代名詞。故“不知命”、“不知人”、“莫知我艱”等句，雖合上二個條件，而不合第三條件，故仍不適用他。當從前没有文法學的時候，這種煩難的文法，實在很少人懂得。就是那些號稱古文大家的，也説不出一個“所以然”來；不過因爲古書上是“莫我知”，古文家也學作説“莫我知”；古書上是“不汝貸”，古文家也學作説“不汝貸”；古書上是“莫之聞，莫之見”，古文家也決不敢改作“莫聞之，莫見之”。他們過慣了鸚鵡的生活，覺得不學鸚鵡，反不成生活了！馬建忠説的那“一成之律，歷千古而無或少變”，正是指那些鸚鵡文人這樣保存下來的古文文法。但是一般尋常百姓，却是不怕得罪古人的。他們覺得“莫我知”、“不汝貸”、“莫之聞，莫之見”一類的文法，實在很煩難，很不方便；所以他們不知不覺的遂改作“没人知道我”、“不饒你”、“没人聽過他，也没人見過他”。——這樣一改，那種很不容易懂又不容易記的文法，都變成很好講，又很好記的文法了。

這樣修正改革的結果，便成了我們現在的國語的文法。國語的文法，不是我們造得出來的，他是幾千年演化的結果，他是中國“民族的常識”的表現與結晶。“結晶”一個名詞，最有意味。譬如雪花的結晶，或松花蛋（即皮蛋）白上的松花結晶，你説他是有意做成的麼？他確是自然變成的，確是没有意識作用的。你説他完全無意識麼？他確又有規則秩序，絶不是亂七八糟的。雪花的結晶，絶不會移作松花的結晶。國語的演化全是這幾千年“尋常百姓”自然改變的功勞，文人與文法學者全不曾過問。我們這般老祖宗，並不曾有意的改造文法；只有文法不知不覺的改變了。但改變的地方，仔細研究起來，却又是很有理的，的確比那無數古文大家的理性還高明的多。因此我們對於這種玄妙的變化，不能不脱帽致敬，不能不叫他一聲“民族的常識的結晶”。

至於國語的演化是進步呢？還是退化呢？——這個問題太大了，太有趣味了，決不是可以這樣簡單説明的。故下章專討論這個問題。

第二篇　國語的進化

一

現在國語的運動，總算傳播得很快很遠了。但是全國的人，對於國語的價值，還不曾有明瞭正確的見解。最錯誤的見解，就是誤認白話爲古文的退化。這種見解，是最危險的阻力。爲什麼呢？因爲我們既認某種制度文物爲退化，決沒有還肯採用那種制度文物的道理。如果白話真是古文的退化，我們就該仍舊用古文，不該用這退化的白話。所以這個問題——“白話是古文的進化呢？還是古文的退化呢？”——是國語運動的生死關頭。這個問題不能解決，國語文與國語文學的價值，便不能確定。這是我所以要做這篇文章的理由。

我且先引那些誤認白話爲文言的退化的人的議論。近來有一班留學生出了一種週刊，第一期便登出某君的一篇《評新舊文學之争》。這篇文章的根本主張，我不願意討論；因爲這兩年的雜誌報紙上，早已有許多人討論過了。我只引他論白話退化的一段：

“以吾國現今之文言與白話較，其優美之度，相差甚遠！常謂吾國文字至今日雖未甚進化，亦未大退化。若白話則反是。蓋數千年來，國内聰明才智之士，雖未嘗致力於他途；對於文字却尚孳孳研究，未嘗或輟。至於白話，則語言一科不講者久！其鄉曲愚夫，閭巷婦稚，讕言俚語，粗鄙不堪入耳者無論矣！即在士夫，其執筆爲文，亦尚雅潔可觀；而聽其出言，則鄙俗可噱！不識者幾不辨其爲斯文中人。……以是入文，不惟將文學價值掃地以盡，且將爲各國所非笑。”

這一段説文言“雖未甚進化，亦未大退化”；白話却大退化了。我再引孫中山先生的《孫文學説》第一卷第三章的一段：

“中國文言殊非一致。文字之源本出於言語，而言語每隨時代以變遷；至於爲文，雖亦有古今之殊，要不能隨言語而俱化。……始所歧者甚僅，而分道各馳，久且相距愈遠。顧言語有變遷而無進化；而文字則雖仍古昔，其使用之技術實日見精研。所以中國言語爲世界中之粗劣者，往往文字可達之意，言語不得而傳。是則中國人非不善爲文，而拙於用語者也。亦惟文字可傳久遠，故古人所作，模仿匪難，至於言語，非無傑出之士妙於修辭，而流風餘韻，無所寄託，隨時代而俱湮，故學者無所繼承。然則文字有進化，而言語轉見退步者非無故矣。抑歐洲文字基於音韻，音韻即表言語；言語有變，文字即可隨之。中華制字以象形會意爲主，所以言語雖殊，而文字不能與之俱變。要之此不過爲言語之不進步；而中國人民非有所闕於文字；歷代能文之士其所創作突過外人，則公論所歸也。蓋中國文字成爲一種美術，能文者直美術專門名家，既有天才，複以其終身之精力赴之，其造詣自不易及。”

孫先生直說：“文字有進化，而語言轉見退步。”他的理由，大致也與某君相同。某君説文言因爲有許多文人專心研究，故不曾退步；白話因爲没有學者研究，故退步了。孫先生也説文言所以進步，全靠文學專家的終身研究他。又説中國文字是象①形會意的，没有字母的説明，故可以傳授古人的文章；但不能紀載那隨時代變遷的言語；語言但有變遷，没有進化。文字雖没有變遷，但用法更“精研”了。

我對於孫先生的《孫文學説》曾有很歡迎的介紹；（《每週評論》第三十一號）但是我對於這一段議論，不能不下一點批評。因爲孫先生説的話，未免太籠統了；不像是細心研究的結果。即如他説：“言語有變遷而無進化。”試問他可曾研究言語的“變遷”是朝什麼方向變的？這種“變遷”何以不能説是“進化”？試問我們該用什麼標準來定那一種“變遷”爲“進化的”，那一種“變遷”爲“無進化的”？若不曾細心研究古文變爲白話的歷史，若不知道古文和白話不同之點究竟在什麼地方，若不先定一個“進化”、“退化”的標準，請問我們如何可説白話有變遷而無進化呢？如何可説“文字有進化而語言轉見退步”呢？

某君用的標準是“優美”和“鄙俗”。文言是“優美”的，故不曾退化。白話是“鄙俗可噱”的，故退化了。但我請問我們又拿什麼標準來分别“優美”與“鄙俗”呢？某君説：“即在士夫，其執筆爲文亦尚雅潔可觀；而聽其出言，則鄙俗可噱！不識者幾不辨其爲斯文中人。”請問“斯文

① “象”原作“像”，今改正。

中人”的話又應該是怎樣說法？難道我們都該把我字改作予字，他字改作其字，滿口“雅潔可觀”的之乎者也，方才可算作“優美”嗎？“夢爲遠别啼難喚，書被催成墨未濃。”固可算是美。“衣裳已施行看盡，針綫猶存未忍開。”又何嘗不美？“别時言語在心頭，那一句依他到底？”完全是白話，又何嘗不美？《晉書》説王衍少時，山濤稱讚他道：“何物老嫗，生寧馨兒？”後來不通的文人把“寧馨”當作一個古典用，以爲很“雅”很“美”；其實“寧馨”即是現在蘇州、上海人的“那哼”；但是這般不通的文人一定說“那哼”，就“鄙俗可噱”了！《王衍傳》又説王衍的妻郭氏把錢圍繞牀下，衍早晨起來見錢，對婢女説：“舉阿堵物去。”後來的不通的文人又把“阿堵物”用作一古典，以爲很“雅”很“美”；其實“阿堵”即是蘇州人説的“阿篤”，官話説的“那個”、“那些”。但是這班不通文人一定説“阿篤”、“那個”、“那些”都是“鄙俗可噱”了！

所以我説“優美”還須要一個標準，“鄙俗”也須要一個標準。某君自己做的文言未必盡“優美”，我們做的白話，未必盡“鄙俗可噱”。拿那沒有標準的“優美”、“鄙俗”來定白話的進化退化，便是籠統，便是糊塗。

某君和孫先生都説古文因爲有許多文人終身研究，故不曾退化。反過來説白話因爲文人都不注意，全靠那些“鄉曲愚夫，閭巷婦稚”自由改變，所以漸漸退步，變成“粗鄙不堪入耳”的俗話了。這種見解是根本錯誤的。稍稍研究言語學的人，都該知道文學家的文學，只可定一時的標準，決不能定百世的標準。若推崇一個時代的文學太過了，奉爲永久的標準；那就一定要阻礙文字的進化。進化的生機，被一個時代的標準阻礙住了；那種文字就漸漸乾枯，變成死文字或半死的文字。文字枯死了，幸虧那些“鄉曲愚夫，閭巷婦稚”的白話，還不曾死，仍舊隨時變遷；變遷便是活的表示；不變遷便是死的表示。稍稍研究言語學的人，都該知道一種文字枯死，或麻木之後；一綫生機，全在那些“鄉曲愚夫，閭巷婦稚”的白話。白話的變遷，因爲不受那些“斯文中人”的干涉，故非常自由。但是自由之中，却有個條理次序可尋。表面上很像沒有道理，其實仔細研究起來，都是有理由的變遷；都是改良，都是進化。

簡單一句話，一個時代的大文學家，至多只能把那個時代的現成語言，結晶成文學的著作；他們只能把那個時代的語言的進步，作一個小小的結束；他們是語言進步的產兒，並不是語言進步的原動力；有時他們的勢力，還能阻礙文字的自由發達。至於民間日用的白話，正因爲文人學者不去干涉，故反能自由變遷，自由進化。

二

本篇的宗旨，只是要證明上節末段所説的話，要證明白話的變化，並非退步，乃是進化。

立論之前，我們應該定一個標準，怎樣變遷才算是進化？怎麼變遷才算是退步？

這個問題太大，我們不能詳細討論，現在只能簡單説個大概。

一切器物制度，都是應用的。因爲有某種需要，故發明某種器物，故創造某種制度。應用的能力增加，便是進步；應用的能力減少，便是退步。例如車船兩物，都是應付人類交通運輸的需要的。路狹的地方有單輪的小車，路闊的地方有雙輪的騾車；内河有小船，江海有大船。後來陸地交通有了人力車、馬車、火車、汽車、電車；水路交通有了汽船。人類的交通運輸更方便了，更穩當了，更快捷了。我們説小車、騾車變爲汽車、火車、電車是大進步；帆船、划船變爲汽船也是大進步；都只是因爲應用的能力增加了。一切器物制度，都是如此。

語言文字也是應用的。語言文字的用處極多。簡單説來：（一）是表情達意；（二）是紀載人類生活的過去經驗；（三）是教育的工具；（四）是人類共同生活的唯一媒介物。我們研究語言文字的退化進化，應該根據這幾種用處，定一個標準："表情達意的能力增加嗎？紀載人類經驗更正確明白嗎？還可以作教育的利器嗎？還可以作共同生活的媒介物嗎？"這幾種用處增加了，便是進步；減少了，便是退化。

現在先泛論中國文言的退化：

（1）文言達意表情的功用久已減少至很低的程度了。禪門的語録，宋明理學家的語録，宋元以來的小説，——這種白話文學的發生，便是文言久已不能達意表情的鐵證。

（2）至於記載過去的經驗，文言更不够用。文言的史書傳記，只能記一點極簡略極不完備的大概。爲什麼只能記一點大概呢？因爲文言的自身本太簡單了，太不完備了，決不能有詳細寫實的紀載。只好借“古文義法”做一個護短的託詞。我們若要知道某個時代的社會生活的詳細記載，只好向《紅樓夢》和《儒林外史》一類的書裏去找尋了。

（3）至於教育一層，這二十年的教育經驗，更可以證明文言的絶對不够用了。二十年前，教育是極少數人的特殊權利，故文言的缺點還不大覺得。二十年來，教育變成了人人的權利，變成了人人的義務，故文言的不够用，漸漸成爲全國教育界公認的常識。今年全國教育會的國語教科書的議案，便是這種公認的表示。

（4）至於作社會共同生活的媒介物，文言更不中用了。從前官府的告示，“聖諭廣訓”一類的訓諭，爲什麼要用白話呢？不是因爲文言不能使人人懂得嗎？現在的闊官僚到會場演説，摸出一篇文言的演説辭，哼了一遍，一個人都聽不懂；明天登在報上，多數人看了還是不懂！再看我們的社會生活，——在學校聽講，教授演説，命令僕役，叫車子，打電話，談天，辯駁——那一件是用文言的？我們還是“斯文中人”，尚且不能用文言作共同生活的媒介；何況大多數的平民呢？

以上説語言文字的四種用處，文言竟没有一方面不是退化的。上文所説，同時又都可證明白話在這四方面没有一方面的應用能力不是比文言更大得多。

總括一句話，文言的種種應用能力，久已減少到很低的程度，故是退化的。白話的種種應用能力，不但不曾減少，反增加發達了，故是進化的。

現在反對白話的人，到了不得已的時候，只好承認白話的用處，於是分出“應用文”與“美文”兩種，以爲“應用文”可用白話，但是“美文”還應該用文言。這種區别，含有兩層意義：第一，他承認白話的應用能力，但不承認白話可以作“美文”。白話不能作“美文”，是我們不能承認的。但是這個問題和本文無關，姑且不談。第二，他承認文言没有應用的能力，只可以拿來做無用的美文。即此一端，便是古文報喪的訃聞！便是古文死刑判決書的主文！

天下的器物制度，決没有無用的進化，也決没有用處更大的退化！

三

上節説文言的退化和白話的進化，都是泛論的。現在我要説明白話的應用能力是怎樣增加的，——就是要説明白話怎樣進化。上文我曾説："白話的變遷，因爲不受文人的干涉，故非常自由；但是自由之中，却有個條理次序可尋；表面上很像没有道理，其實仔細研究起來，都是有理由的變遷；都是改良，都是進化。"本節所説，只是要證明這一段話。

從古代的文言，變爲近代的白話，這一大段歷史有兩個大方向可以看得出：（一）該變繁的都漸漸變繁了。（二）該變簡的都變簡了。

（一）該變繁的都變繁了　變繁的例很多，我只能舉出幾條重要的趨向：

第一，單音字變爲複音字。中國文中，同音的字太多了，故容易混亂。古代字的尾音除了韻母之外，還有 p，k，t，m，n，n，ng，h 等，故區别還不很難。後來只剩得韻母和 n，ng，h 幾種尾音，便容易彼此互混了。後來"聲母"到處增加起來，如輕脣重脣的分開，如舌頭舌上的分開等，也只是不知不覺的要補救這種容易混亂的缺點。最重要的補救方法，還是把單音字變爲複音字。例如師、獅、詩、屍、司、私、思、絲八個字，有些地方的人，讀成一個音，没有分别。有些地方的人，分作"尸"（師、獅、詩、尸）"厶"（私、思、司、絲）兩個音，也還没有大分别。但説話時，這幾個字都變成了複音字：師傅、獅子、死尸、尸首、偏私、私通、職司、思想、蠶絲，故不覺得困難。所以我們可以説單音字變成複音字，爲中國語言的一大進化。這種變化的趨勢起得很早，《左傳》的議論文有許多複音字，如："散離我兄弟，撓亂我同盟，傾覆我國家……傾覆我社稷，帥我蝨賊以来蕩摇我邊疆。"漢代的文章用複音字更多。可見這種趨勢在古文本身已有了起點，不過還不十分自由發達。白話因爲有會話的需要，故複音字也最多。複音字的造成約有幾種方法：

（1）同義的字拼成一字。例如規矩、法律、刑罰、名字、心思、頭腦、師傅……

（2）本字後加"子"、"兒"等語尾。例如兒子、妻子、女子、椅子、桌子、盆兒、瓶兒……這種語尾，如英文之-Let，德文之-Chen，-Lein，最初都有變小和變親熱的意味。

（3）類名上加區别字。例如石匠、木匠，工人、軍人，會館、旅館，學堂、浴堂……

(4) 重字。例如太太、奶奶、慢慢、快快……

(5) 其他方法，不能遍舉。

這種變遷有極大的重要。現在的白話所以能應付我們會話講演的需要，所以能做共同生活的媒介物，全靠單音字減少，複音字加多。現在注音字母所以能有用，也只是因爲這個緣故。將來中國語言所以能有採用字母的希望，也只是因爲這個緣故。

第二，字數增加。許多反對白話的人，都說白話的字不够用。這話是大錯的。其實白話的字數，比文言多的多。我們試拿《紅樓夢》用的字，和一部《正續古文辭類纂》用的字相比較，便可知道文言裏的字，實在不够用。我們做大學教授的人，在飯館開一個菜單，都開不完全，却還要説白話字少！這豈不是大笑話嗎！白話裏已寫定的字也就不少了；還有無數没有寫定的字，將來都可用注音字母寫出來。此外文言裏的字，除了一些完全死了的字之外，都可儘量收入。複音的文言字，如法律，國民，方法，科學，教育……等字，自不消説了。有許多單音字，如詩，飯，米，茶，水，火……等字，都是文言白話共同可用的。將來做字典的人，把白話小説裏用的字，和各種商業工藝通用的專門術語，搜集起來；再加上文言裏可以收用的字，和新學術的術語；一定比文言常用的字，要多好幾十倍。(文言裏有許多字久已完全無用了。一部《説文》裏可删的字也不知多少。)

以上舉了兩條由簡變繁的例。變繁的例很多，如動詞的變化，如形容詞和狀詞的增加，……我們不能一一列舉了。章太炎先生説：

> "有農牧之言，有士大夫之言。……而世欲更文籍以從鄙語，冀人人可以理解，則文化易流；斯則左矣！今言'道'、'義'，其旨固殊也。農牧之言'道'，則曰'道理'；其言'義'，亦曰'道理'。今言'仁人'、'善人'，其旨亦有辨也。農牧之言'仁人'，則曰'好人'；其言'善人'，亦曰'好人'。更文籍而從之，當何以爲别矣。夫里閭恒言，大體不具；以是教授，是使真意訛殽，安得理解也?"(《章氏叢書·檢論五》)

這話也不是細心研究的結果。文言裏有許多字的意思最含混，最紛歧。章先生所舉的"道"、"義"等字，便是最普通的例。試問文言中的"道"字有多少種意義？白話用"道"字的許多意義，每個各有分别：例如"道路”、“道理”、“法子”等等。“義”字也是如此。白話用“義氣”、“意義”、“意思”等詞來分別“義”字的許多意義。白話用“道理”來代替“義”字時，必有“義不容辭”一類的句子，因爲“義”字這樣用法，與“理”字本無分別，故白話也不加分別了。即此一端，可見白話對於文言應該分別的地方，都細細分別；對於文言不必分別的地方，便不分別了。白話用“好人”代“仁人”、“善人”，也只是因爲平常人説“仁人君子”，本來和“善人”没有分别。至於儒書裏説的“仁人”，本不是平常人所常見的（如“惟仁人放流之”等例）；如何能怪俗話裏没有這個分別呢？總之文言有含混的地方，應該細細分別的，白話都細細分別出來，比文言細密得多。章先生所舉的幾個例，不但不能證明白話的“大體不具”，反可以證明白話的變繁變簡都是有理由的進化。

（二）該變簡的都變簡了　上文説白話更繁密，更豐富，都是很顯而易見的變遷。如複音字的便利，如字數的加多，都是不能否認的事實。現在我要説文言裏有許多應該變簡的地方，白話裏都變簡了。這種變遷，平常人都不大留意，故不覺得這都是進化的變遷。我且舉幾條最容易明白的例。

第一，文言裏一切無用的區別都廢除了。文言裏有許多極没有道理的區別。如《説文》豕部説，豕生三月叫做“豯”，一歲叫做“豵”，二歲叫做“豝”，三歲叫做“豣”；又牝豕叫做“豝”，牡豕叫做“豭”。馬部説，馬二歲叫做“駒”，三歲叫做“駣”，八歲叫做“馴”；又馬高六尺爲“驕”，七尺爲“騋”，八尺爲“龍”；牡馬爲“騭”，牝馬爲“騇”。羊部説，牝羊爲“牂”，牡羊爲“羝”；又夏羊牝曰“羭”，夏羊牡曰“羖”。牛部説，二歲牛爲“㸬”，三歲牛爲“犙”，四歲牛爲“牭”。這些區別，都是没有用處的區別。當太古畜牧的時代，人同家畜很接近，故有這些繁瑣的區別。後來的人離開畜牧生活日遠了，誰還能記得這些麻煩的區別？故後來這些字都死去了；只剩得一個“駒”字代一切小馬，一個“羔”字代一切小羊，一個“犢”字代一切小牛。這還是不容易記的區別，所以白話裏又把“駒”、“犢”等字廢去，直用一個“類名加區別字”的普通公式；如“小馬”、“小牛”、“公豬”、“母豬”、“公牛”、“母牛”之類；那就更容易記了。三歲的牛直叫做“三歲的牛”，六尺的馬直叫做“六尺的馬”，也是變爲“類名加區別字”的公式。從前要記無數煩難的特別名詞，現在只須記得這一個公式，就够用了。這不是一大進化嗎？（這一類的例極多，不能遍舉了。）

第二，繁雜不整齊的文法變化多變爲簡易畫一的變化了。我們可舉代名詞的變化爲例。古代的代名詞很有一些麻煩的變化。例如：

（1）吾我之别。“如有復我者，則吾必在汶上矣。”又：“如有用我者，吾其爲東周乎？”又：“今者吾喪我。”可見吾字常用在主格，我字常用在目的格。（目的格一名受格，《文通》作賓次。）

（2）爾汝之别。“喪爾子，喪爾明；爾罪三也，而曰汝無罪歟！”可見名詞之前的形容代詞（領格，白話的“你的”）應該用“爾”。

（3）彼之其之别。上文的兩種區别，後來都是漸漸的失掉了。只有第三身的代名詞，在文言裹至今還不曾改變。“之”字必須用在目的格，決不可用在主格。“其”字必須用在領格。

這些區别，在文言裹不但没有廢除乾淨，並且添上了余，予，儂，卿，伊，渠等字，更麻煩了。但是白話把這些無謂的區别，都廢除了，變成一副很整齊的代名詞：

第一身：我，我們，我的，我們的。

第二身：你，你們，你的，你們的。

第三身：他，他們，他的，他們的。

看這表，便可知白話的代名詞，把古代剩下的主格和目的格的區别一齊删去了；領格雖然分出來，但是加上“的”字語尾，把“形容詞”的性質更表示出來，並且三身有同樣的變化，這確是白話的一大進化。

這樣的例，舉不勝舉。古文“承接代詞”有“者”、“所”兩字：一個是主格，一個是目的格。現在都變成一個“的”字了。

（1）古文。（主格）爲此詩者，其知道乎？

（目的格）播州非人所居。

（2）白話。（主格）做這詩的是誰？

（目的格）這裹不是人住的。

又如古文的“詢問代詞”有誰，孰，何，奚，曷，胡，惡，焉，安等字。這幾個字的用法很複雜，（看《馬氏文通》二之五）很不整齊。白話的“詢問代詞”只有一個“誰”問人，一個“什麼”問物；無論主格、目的格、領格都可通用。這也是一條同類的例。

我舉這幾條例，來證明文言裏許多繁複不整齊的文法變化，在白話裏都變簡易畫一了。

第三，許多不必有的句法變格，都變成容易的正格了。中國句法的正格是：

(1) 雞鳴。狗吠。

(格) 主詞——動詞。

(2) 子見南子。

(格) 主詞——外動詞——止詞。

但是文言中有許多句子是用變格的。我且舉幾個重要的例：

(1) 否定句的止詞（目的格）若是代名詞，當放在動詞之前。

(例) 莫我知也夫！不作“莫知我”。

吾不之知。不作“不知之”。

吾不汝貸。不作“不貸汝”。

(格) 主詞——否定詞——止詞——外動詞。

白話覺得這種句法是很不方便的，並且沒有理由，沒有存在的必要。因此白話遇到這樣的句子，都改作正格。

(例) 沒有人知道我。

我不認識他。

我不赦你。

(2) 詢問代詞用作止詞時（目的格），都放在動詞之前。

(例) 吾誰欺？客何好？客何能？

問臧奚事？

(格) 主詞——止詞——外動詞。

這也是變格。白話也不承認這種變格有存在的必要，故也把他改過來，變成正格。

(例) 我欺誰？你愛什麼？你能做什麼？

(格) 主詞——外動詞——止詞。

這樣一變，就更容易記得了。

(3) 承接代詞“所”字是一個止詞（目的格），常放在動詞之前。

（例）己所不欲，勿施於人。

天所立大單于。

（格）主詞——止詞——動詞。

白話覺得這種倒裝句法也没有保存的必要，所以也把他倒過來，變成正格。

（例）你自己不要的，也不要給人。

天立的大單于。

（格）主詞——動詞——止詞。

這樣一變更方便了。

以上舉出的三種變格的句法，在實用上自然很不方便，不容易懂得，又不容易記得。但是因爲古文相傳下來是這樣倒裝的，故那些“聰明才智”的文學專門名家，都只能依樣畫葫蘆；雖然莫名其妙，也只好依着古文大家的“義法”做去！這些“文學專門名家”因爲全靠機械的熟讀，不懂得文法的道理，故往往鬧出大笑話來。但是他們決没有改革的膽子，也没有改革的能力，所以中國文字在他們手裏實在没有什麼進步。中國語言的逐漸改良，逐漸進步，——如上文舉出的許多例，——都是靠那些無量數的“鄉曲愚夫，閭巷婦稚”的功勞！

最可怪的，那些没有學問的“鄉曲愚夫，閭巷婦稚”雖然不知不覺的做這種大膽的改革事業；却並不是糊裏糊塗的一味貪圖方便，不顧文法上的需要。最可怪的，就是他們對於什麼地方應該改變，什麼地方不應該改變，都極有斟酌，極有分寸。就拿倒裝句法來説：有一種變格的句法，他們絲毫不曾改變。

（例）殺人者。知命者。

（格）動詞——止詞——主詞。

這種句法，把主詞放在最末，表示“者”是一個承接代詞。白話也是這樣倒裝的。

（例）殺人的。算命的。打虎的。

這種句法，白話也曾想改變過來，變成正格：

（例）誰殺人，誰該死。誰不來，誰不是好漢。誰愛聽，儘管來聽。

但是這種變法，總不如舊式倒裝法的方便；況且有許多地方仍舊是變不過來。

（例）“殺人的是我!”這句若變爲“誰殺人，是我”；上半便成疑問句了。

（又）“打虎的武松是他的叔叔。”這句決不能變爲“誰打虎？武松是他的叔叔。”

因此白話雖然覺得這種變格很不方便；但是他又知道變爲正格更多不便，倒不如不變了罷。

以上所説，都只是要證明白話的變遷，無論是變繁密了，或是變簡易了，都是很有理由的變遷。該變繁的，都變繁了；該變簡的，都變簡了。就是那些該變而不曾變的，也都有一個不能改變的理由。改變的動機，是實用上的困難。改變的目的，是要補救這種實用上的困難。改變的結果，是應用能力的加多。這是中國國語的進化小史。

這一段國語進化小史的大教訓：莫要看輕了那些無量數的“鄉曲愚夫，閭巷婦稚”。他們能做那些文學專門名家所不能做又不敢做的革新事業!

第三篇　文法的研究法

我覺得現在國語文法學最應該注重的，是研究文法的方法。爲什麼我們應該這樣注意方法呢？第一，因爲現在雖有一點古文的文法學，但國語的文法學還在草創的時期。我想若想預備做國語文法學的研究，應該先從方法下手。建立國語文法學，不是一件容易做的事。方法不精密，決不能有成效。第二，一種科學的精神全在他的方法。方法是活的，是普遍的。我們學一種科學，若單學得一些書本裏的知識，不能拿到怎樣求得這些知識的方法，是没有用的，是死的。若懂得方法，就把這些書本裏的知識都忘記了，也還不要緊；我們不但求得出這些知識來，我們還可以創造發明，添上許多新知識。文法學也是如此。不要説我們此時不能做一部很好的國語文法書；就是有了一部很好的文法書，若大家不講究文法學的方法，這書終究是死的；國語文法學終究没有進步的希望。古人説：“鴛鴦繡取從君看，不把金針度與人。”這是很可鄙的態度。我們提倡學術的人，應該先把“金針”送給大家，然後讓他們看我們繡的鴛鴦，然後教他們大家來繡一些更好更巧妙的鴛鴦。

研究文法的方法，依我看來，有三種必不可少的方法：

（一）歸納的研究法。

（二）比較的研究法。

（三）歷史的研究法。

這三種之中，歸納法是根本法，其餘兩種是輔助歸納法的。

一、歸納的研究法

平常論理學書裏説歸納法是“從個體的事實裏求出普遍的法則來”的方法。但是這句話是很含糊的，並且是很有弊病的。因爲没有下手的方法，故是含糊的。因爲容易使人誤解歸納的性質，故有弊病。宋朝的哲學家講“格物”，要人“即物而窮其理”。初看去，這也是“從個體的事實裏求出普遍的法則”的歸納法了。後來王陽明用這法子去格庭前的竹子，格了七天，格不出什麼道理來，自己反病倒了。這件事很可使我們覺悟；單去觀察個體事物，不靠别的幫助，便想從個體事物裏抽出一條通則來，是很不容易做到的事，——也許竟是不可能的事。從前中國人用的“書讀千遍，其義自見”的笨法，便是這一類的笨歸納。

現在市上出版的論理學書講歸納法最好的，還要算嚴又陵先生的《名學淺説》。這部書是嚴先生演述耶芳斯（Jevons）的《名學要旨》做成的。耶芳斯的書，雖然出版的很早；但他講歸納法，實在比彌爾（J. S. Mill 穆勒約翰）一系的名學家講的好。耶芳斯的大意是説歸納法，其實只是演繹法的一種用法。分開來説，歸納法有幾步的工夫：

第一步，觀察一些同類的“例”。

第二步，提出一個假設的“通則”，來説明這些“例”。

第三步，再觀察一些新例，看他們是否和假設的通則相符合。若無例外，這通則便可成立；若有例外，須研究此項例外，是否有可以解釋的理由；若不能解釋，這通則便不能成立。一個假設不能成立，便須另尋新假設，仍從第二步做起。

這種講法的要點，在於第二步提出假設的通則。而第三步即用這個假設做一個大前提，再用演繹的方法來證明或否證這個假設的大前提。

這種講法太抽象了，不容易懂得。我且舉一條例來説明他：白話裏常用的“了”字，平常用來表示過去的動詞，如“昨天他來了兩次，今天早晨他又來了一次”，這是容易懂得的。但是“了”字又用在動詞的現在式，如：

大哥請回，兄弟走了。

又用在動詞的將來式，如：

你明天八點鐘若不到此地，我就不等你了。

你再等半點鐘，他就出來了。

這種“了”字自然不是表示過去時間的。他表示什麼呢？這種用法究竟錯不錯呢？

我們可試用歸納法的第一步，先觀察一些“例”：

（例一）他若見我這般説，不睬我時，此事便休了。

（例二）他若説：“我替你做。”這便有一分光了。

（例三）他若不肯過來，此事便休了。

（例四）他若説：“我來做。”這光便有二分了。

（例五）第二日他若依前肯過我家做時，這光便有三分了。

我看了《水滸傳》裏這幾條例，心裏早已提出一個假設：“這種‘了’字，是用來表示虚擬的口氣（Subjunctive Mood）的。”上文引的五個例，都是虚擬（假定）的因果句子；前半截的虚擬的“因”，都有“若”字表出，故動詞可不必變化；後半截虚擬的“果”，都用過去式的動詞表出，如“便休了”，“便有了”，都是虚擬的口氣。因爲是虚擬的，故用過去式的動詞，表示未來的動作。

這個假設是第二步。有了這個假設的通則，我再做第三步，另舉一些例：

（例六）我們若去求他，這就不是品行了。——（《儒林外史》）

（例七）若還是這樣傻，便不給你娶了。——（《石頭記》）

這兩例都與上五例相符合。我再舉例：

（例八）你這中書早晚是要革的了。——（《儒林外史》）

（例九）我輕身更好逃竄了。——（《儒林外史》）

這都是虚擬的將來，故用“了”字。我再舉例：

（例十）只怕你吃不得了。——（《水滸》）

（例十一）可憐我那裏趕得上，只怕不能够了。——（《石頭記》）

（例十二）押司來到這裏，終不成不進去了。——（《水滸》）

這都是疑惑不定的口氣，故都用虛擬式。我再舉例：

（例十三）好漢息怒。且饒恕了，小人自有話說。——（《水滸》）

（例十四）不要忘了許我的十兩銀子。——（《水滸》）

（例十五）你可別多嘴了。——（《石頭記》）

這些本是命令的口氣，因爲命令式太重了，太硬了，故改用虛擬的口氣，便覺得婉轉柔和了。試看下文的比較，便懂得這個虛擬式的重要：

（命令的口氣）

放手！

不要忘記！

別多嘴！

（虛擬的口氣）

放了手罷。

不要忘了。

你可別多嘴了。

我舉這些例來證明第二步提出的假設："這種'了'字是用來表示虛擬的口氣的。"這個假設若是真的，那麼這一類的"了"字，應該都可用這個假設去解釋。第三步舉的例果然没有例外，故這條通則可以成立。

這種研究法，叫做歸納的研究法。我在上文説過，歸納法是根本法。凡不懂得歸納法的，決不能研究文法。故我要再舉一類的例，把這個方法的用法説的格外明白些。

馬建忠作《文通》用的方法很精密，我們看他自己説他研究文法的方法：

古經籍歷數千年傳誦至今，其字句渾然，初無成法之可指。乃同一字也，同一句也，有一書迭見者，有他書互見者。是宜博引旁證，互相比擬，因其當然以進求其所同所異之所以然，而後著爲典則，義類昭然。

他又說：

愚故罔揣固陋，取《四書》、《三傳》、《史》、《漢》、韓文……兼及諸子、《語》(《國語》)、《策》(《國策》) 爲之字櫛句比，繁稱博引，比例而同之，觸類而長之。窮古今之簡篇，字裏行間，渙然冰釋，皆有以得其會通。

這兩段說歸納的研究法都很明白。我們可引《文通》裏的一條通則來做例：

(例一) 寡人好貨。寡人好色。寡人好勇。

(例二) 客何好？客何事？客何能？

例一的三句，都是先"主詞"，次"表詞"，次"止詞"。(主詞《文通》作起詞，而表詞《文通》作語詞。) 例二的三句，都是先"主詞"，次"止詞"，"表詞"最後。何以"寡人好貨"的"貨"字，不可移作"寡人貨好"？何以"客何好"不可改作"客好何"？

我們用歸納法的第一步，看了這例二的三個例，再舉幾個同類的例：

(例三) 吾何修而可以比於先王觀也？——(《孟子》)

(例四) 生揣我何念？——(《史記》)

看了這些例，我們心裏起一個假設：

(假設一)"凡'何'字用作止詞，都該在動詞之前。"

這是第二步。我們再舉例：

(例五) 夫何憂何懼？——(《論語》)

(例六) 客何爲也？——(《史記》)

這些例都可以證明這個假設可以成爲通則。我們且叫他做"通則一"。這是第三步。

這個"何"字的問題，是暫時說明了。但我們還要進一步，問："何以'何'字用作止詞便須在動詞之前呢？"我們要解答這問題，先要看看那些與"何"字同類的字，是否與"何"字有同樣的用法？先看"誰"字：

(例七) 寡人有子，未知其誰立焉？——(《左傳》)

(例八) 朕非屬趙君，當誰任哉？——(《文選》)

(例九) 吾誰欺？欺天乎？——(《論語》)

從這些例上可得一個通則：

（通則二）“凡‘誰’字用作止詞，也都在動詞之前。”

次舉“孰”字的例：

（例十）後之人，其欲聞仁義道德之説，孰從而聽之？——（《韓文》）

次舉“奚”字：

（例十一）問臧奚事，則挾策讀書；問穀奚事，則博塞以遊。——（《莊子》）

（例十二）子將奚先？——（《論語》）

次舉“胡”、“曷”等字：

（例十三）胡禁不止？——（《漢書》）

（例十四）曷令不行？——（《漢書》）

我們有這些例，可得許多小通則；可知何、誰、孰、奚、曷、胡等字，用作止詞時，都在動詞之前。但這些字都是“詢問代名詞”，故我們又可得一個大通則：

“凡詢問代詞用作止詞時，都該在動詞之前。”

這條通則，我們可再舉例來試證；若没有例外，便可成立了。

得了這條通則，我們就可以知道“客何好”的“何”字，所以必須放在“好”字之前，是因爲“何”字，是一個詢問代詞用作止詞。這就是《文通》的《例言》説的：“博引旁證，互相比擬，因其當然以進求其所同所異之所以然。”我們若把上文説的手續，合爲一表，便更明白了。

客何好？客何能？	
吾何修？	
夫何憂何懼？	（通則一）凡何字作止詞，應在動詞前。
未知誰立？	
當誰任哉？	
吾誰欺？	（通則二）凡誰字作止詞，應在動詞前。
孰從而聽之？	（通則三）孰字同。
問臧奚事？	
問穀奚事？	（通則四）奚字同。
胡禁不止？	（通則五）胡字同。

曷令不行？　　　（通則六）曷字同。

（總通則）凡詢問代詞用作止詞時，都在動詞之前。

這就是《文通自序》説的："比例而同之，觸類而長之，……皆有以得其會通。"這就是歸納的研究法。

二、比較的研究法

比較的研究法，可分作兩步講：

第一步，積聚些比較參考的材料，越多越好。在國語文法學上，這種材料，大都是各種"參考文法"，約可分作四類：

（1）中國古文文法。——至少要研究一部《馬氏文通》。

（2）中國各地方言的文法。——如中國東南各省的各種方言的文法。

（3）西洋古今語言的文法。——英文法，德文法，法文法，希臘、拉丁文法等。

（4）東方古今語言的文法。——如滿、蒙文法，梵文法，日本文法等。

第二步，遇着困難的文法問題時，我們可尋思别種語言裏有没有同類或大同小異的文法。若有這種類似的例，我們便可拿他們的通則來幫助解釋我們不能解决的例句。

（1）若各例彼此完全相同，我們便可完全採用那些通則。

（2）若各例略有不同，我們也可用那些通則來參考，比較出所以同和所以不同的地方，再自己定出通則來。

我且舉上篇用的虚擬口氣"了"字作例。我們怎樣得到那個假設呢？原來那是從比較參考得來的。我看了《水滸傳》裏的一些例，便想起古文裏的"矣"字，似乎也有這種用法，也有用在現在和未來的時間的。例如：

諾，吾將仕矣。——（《論語》）

原將降矣。——（《左傳》）

如有復我者，則吾必在汶上矣。——（《論語》）

如有不嗜殺人者，則天下之民，皆引領而望之矣。——（《孟子》）

我於是翻開《馬氏文通》，要看他如何講法。《文通》説：

矣字者，所以决事理已然之口氣也。已然之口氣，俗間所謂

"了"字也。凡"矣"字之助句讀也，皆可以"了"字解之。

《文通》也用"了"字來比較"矣"字，我心裏更想看他如何解釋。他說：

> 言效之句，率以"矣"字助之。(《孟子》：如有不嗜殺人者，則天下之民皆引領而望之矣。)……"矣"字者，決已然之口氣也；而"效"則惟驗諸將來。"矣"字助之者，蓋"效"之發現有待於後，而"效"之感應已露於先矣。(言效之句，即我說的虛擬的效果句子。)

這一段話的末句說的很錯誤，但他指出"言效之句，率以'矣'字助之"一條通則，確能給我一個"暗示"。我再看他講"吾將仕矣"一類的文法：

> "吾將仕矣"者，猶云吾之出仕於將來，已可必於今日也。其事雖屬將來，而其理勢已可決其如是而無他變矣。

他引的例有"今日必無晉矣"、"孺子可教矣"、"三年無改於父之道，可謂孝矣"等句。他說這些"矣"字，"要不外了字之口氣"。他說：

> "了"者，盡而無餘之辭。而其爲口氣也，有已了之了，則"矣"字之助靜字(即形容詞)而爲絶句也，與助句讀之往事也。有必了之了，則"矣"字之助言效之句也。此外諸句之助"矣"字而不爲前例所概者，亦即此已了必了之口氣也。是則"矣"字所助之句，無不可以"了"字解之矣。

我看了這一段，自然有點失望。因爲我想參考"矣"字的文法，來說明"了"字的文法。不料馬氏却祇用了"了"字的文法，來講解"矣"字的文法。況且他只說"已了必了之口氣"，說的很含糊不明白。如孔子對陽貨說"吾將仕矣"，決沒有"必了"的口氣；決不是如馬氏說的"吾之出仕於將來，已可必於今日"的意思。又如他說："言效之句"所以用"矣"字，是因爲"效之發見有待於將來，而效之感應已露於先矣"這種說法，實無道理。什麼叫做"效之感應"？

但我因《文通》說的"言效之句"，遂得着一點"暗示"。我因此想起這種句子在英文裏往往用過去式的動詞來表示虛擬的口氣。別國文字裏，也往往有這種辦法。我因此得一個假設："我舉出的那些'了'字的例，也許都是虛擬的口氣罷？"

我得着這個"假設"以後的試證工夫，上章已說過了。我要請讀者注意的是：這個假設是從比較參考得來的。白話裏虛擬口氣"了"字，和古文裏的"矣"字，並不完全相同；（如"請你放了我罷"一類的句子，是古文裏没有的。）和别國文字裏的虛擬口氣，也不完全相同。（如英文之虛擬口氣，並不單靠過去式的動詞來表示。别國文字也如此。）但不同之中，有相同的一點，就是虛擬的口氣有區别的必要。馬氏忽略了這個道理，以爲一切"矣"字，都可用"已了"、"必了"兩種"了"字來解説，所以他説不明白。我們須要知道：那些明明是未了的動作，何以須用那表示已了的"矣"字或"了"字？我們須要知道古文裏"已矣乎"、"行矣夫子"、"休矣先生"一類的句子，和白話裏"算了罷"、"請你放了我罷"、"不要忘了那十兩銀子"——決不能用"已了"、"必了"四個字來解説；只有"虛擬的口氣"一個通則，可以包括在内。

這一類的例，是要説明比較參考的重要的。若没有比較參考的材料，若處處全靠我們從事實裏"擠"出一些通則來，那就真不容易了。我再舉一類的例來説明没有參考材料的困難：六百多年前，元朝有個趙悳著了一部《四書箋義》中有一段説：

> 吾我二字，學者多以爲一義。殊不知就己而言則曰吾，因人而言則曰我。"吾有知乎哉?"就己而言也。"有鄙夫問於我"，因人之問而言也。

清朝楊復吉的《夢蘭瑣筆》引了這段話，又加按語道：

> 按此條分别甚明。"二三子以我爲隱乎?"我，對二三子而言。"吾無隱乎爾。"吾，就己而言也。"我善養吾浩然之氣。"我，對公孫丑而言；吾，就己而言也。

後來俞樾把這一段鈔在《茶香室叢鈔》（卷一）裏，又加上一段按語道：

> 以是推之："予惟往來朕攸濟。"予即我也，朕即吾也。"越予冲人，不卬自恤。"予即我也，卬即吾也。其語似複而實非複。

我們看這三個人論"吾我"二字的話，便可想見没有參考文法的苦處了。第一，趙悳能分出一個"就己而言"的吾，和"因人而言"的我，總可算是讀書細心的了。但這個區别，實在不够用。試看《莊子》"今者吾喪我"一句，又怎樣分别"就己"、"因人"呢？若有"主詞"、"止詞"等等文法術語，便没有這種困難了。第二，楊復吉加按語説"此條分别甚明"；不料他自己舉出的四個例，便有兩種是大錯的！“我善養吾浩然之氣”，這個“我”字與上文的幾個“我”字，完全不同；這個“吾”字和上文的幾個“吾”字，又完全不同！倘使當時有了“主格”、“受格”、“領格”等等術語，等等通則，可作參考比較的材料，這種笑話也可以没有了。第三，俞樾解釋“予”、“朕”、“卬”三個字，恰都和趙悳的通則相反！這種錯誤，也是因爲没有文法①學的知識作參考；故雖有俞樾那樣的大學者，也弄得不清楚這個小小的區别。到了我們的時代，通西文的人多了，這種區别便毫不成困難問題了。我們現在説：

“吾”、“我”二字，在古代文字中有三種文法上的區别：

（甲）主格用“吾”爲常。

（例）吾有知乎哉？

吾其爲東周乎？

吾喪我。

（乙）領格用“吾”。

（例）吾日三省吾身。

猶吾大夫崔子也。

吾道一以貫之。

（丙）受格（止詞司詞）用“我”。

（例一）夫召我者而豈徒哉？如有用我者，吾其爲東周乎？

如有復我者，則吾必在汶上矣。

以上爲外動詞的“止詞”。

（例二）有鄙夫問於我。

孟孫問孝於我。

善爲我辭焉。

以上爲“介詞”後的“司詞”。

這些區别，現在中學堂的學生都懂得了，都不會纏不清楚了。

故有了參考比較的文法資料，一個中學堂的學生，可以勝過許多舊日的大學問家；反過來説，若没有參考比較的文法資料，一個俞樾，反不如

---

① “法”字今據文意補。

今日一個中學生。

現在我們研究中國文法，自然不能不靠這些“參考文法”的幫助。我們也知道，天下没有兩種文法是完全相同的；我們也知道，中國的言語自然總有一些與别種言語不相同的特點。但我們决不可以因此遂看輕比較研究的重要。若因爲中國言語文字有特點，就菲薄比較的研究，那就成了“因爲怕跌倒，就不敢出門”的笨伯了！近來有人説研究中國文法，須是“獨立而非模仿的”。他説：

何謂獨立而非模仿的？中國文字與世界各國之文字。（除日本文頗有與中國文相近者外。）有絶異者數點：其一，主形；其二，單節音，而且各字上有平、上、去、入之分；其三，無語尾等諸變化；其四，字詞（《説文》：“詞意内言外也。”）文位確定。是故如標語（即《馬氏文通》論句讀編卷系七①所舉之一部分。）如足句之事，如説明語之不限於動字，如動字中“意動”、“致動”（如“飲馬長城窟”之飲謂之致動，“彼白而我白之”之第二白字謂之意動。）等之作成法，如詞與語助字之用；皆國文所特有者也。如象字比較級之變化，如名詞中固有名字普通名字等分類，如主語之絶對不可缺，皆西文所特有，於國文則非甚必要。今使不研究國文所特有，而第取西文所特有者，一一模仿之，則削趾適履，扞格難通，一也；比喻不切，求易轉難，二也；爲無用之分析，徒勞記憶，三也；有許多無可説明者，勢必任諸學者之自由解釋，系統既異，歸納無從，四也；其勉强適合之部分，用法雖亦可通，而歧義亦所不免，五也；舉國中有裨實用之變化而犧牲之，致國文不能盡其用，六也。

是故如主張廢滅國文則已；若不主張廢滅者，必以治國文之道治國文；决不能專以治西文之道治國文也。（《學藝雜誌》第二卷第三號陳承澤《國文法草創》頁五至六）

陳先生這段話是對那“模仿”的文法説的。但他所指的“模仿”的文法既包括《馬氏文通》在内；（原文頁六至八注六）況且世間决無“一一模仿”

① 原注：適按此似有誤，疑當作“卷十，彖一，系七”。

的笨文法；故我覺得陳先生實在是因爲他自己並不曾懂得比較研究的價值，又誤把“比較”與“模仿”看作一事；故發這種很近於守舊的議論。他説的“必以治國文之道治國文”一句話，和我所主張的比較的研究法，顯然處於反對的地位。試問什麼叫做“以治國文之道治國文”？從前那種“書讀千遍，其義自見”的笨法，真可算是幾千年來我們公認的“治國文之道”！又何必談什麼“國文法”呢？到了談什麼“動字”、“象字”、“主語”、“説明語”等等文法學的術語，我們早已是“以治西文之道治國文”了；——難道這就是“廢滅國文”嗎？況且，若不從比較的研究下手，若單用“治國文之道治國文”，我們又如何能知道什麼爲“國文所特有”，什麼爲“西文所特有”呢？陳先生形容那“模仿”文法的流弊，説：“其勉强適合之部分，用法雖亦可通，而歧義亦所不免。”我請問難道我們因爲有“歧義”，遂連那“適合的部分”，和“可通的用法”都不該用嗎？何不大膽采用那“適合”的通則，再加上“歧義”的規定呢？陳先生又説：“有許多無可説明者，勢必任諸學者之自由解釋，系統既具，歸納無從。”這句話更奇怪了！“學者自由解釋”，便不是“模仿”了；豈不是陳先生所主張的“獨立的”文法研究嗎？何以這又是一弊呢？

中國語言文字的研究，這幾千年來，真可以算“獨立”了。幾千年“獨立”的困難與流弊，還不够使我們覺悟嗎？我老實規勸那些高談“獨立”文法的人：中國文法學今日的第一須要取消“獨立”。但“獨立”的反面，不是“模仿”，是“比較與參考”。比較研究法的大綱，讓我重説一遍：

遇着困難的文法問題時，我們可尋思别種語言裏，有没有同類或大同小異的文法。

若有這種類似的例，我們便可拿他們的通則來幫助解釋我們不能解決的例句。

若各例彼此完全相同，我們便可完全採用那些通則。

若各例略有不同（陳先生説的“歧義”），我們也可用那些通則來做參考，比較出所以同和所以不同的地方，再自己定出新的通則來。

三、歷史研究法

比較的研究法，是補助歸納法的；歷史的研究法，也是補助歸納法的。

我且先舉一個例，來説明歸納法不用歷史法的危險。我的朋友劉復先生著的一部《中國文法通論》也有一長段講“文法的研究法”。他説：

研究文法，要用歸納法，不能用演繹法。

什麼叫做“用歸納法而不用演繹法”呢？譬如人稱代詞（即《文通》的“指名代字”）的第一身（即《文通》的“發語者”）在口語中只有一個“我”字，在文言中却有“我”、“吾”、“余”、“予”四個字，假使我們要證明這四個字的用法完全相同。我們先應該知道，代名詞用在文中，共有主格、領格、受格三種地位（即《文通》的主次、偏次、賓次）。而領格之中，又有附加“之”字與不附加“之”字兩種。受格之中，又有位置在語詞（Verb）之後和位置在介詞之後兩種。於是我們搜羅了實例來證明他：

A. 主格。

1. 我非生而知之者。——（《論語》）

2. 吾日三省吾身。——（同上）

3. 余雖爲之執鞭。——（《史記》）

4. 予將有遠行。——（《孟子》）

B. 一，領格，不加“之”字的。

1. 可以濯我纓。——（《孟子》）

2. 非吾徒也。——（《論語》）

3. 既無武守，而又欲易余罪。——（《左傳》）

4. 是予所欲也。——（《孟子》）

B. 二，領格，附加“之”字的。

1. 我之懷矣，自貽伊戚。——（《左傳》）

2. 吾之病也。——（韓愈《原毁》）

3. 是余之罪也夫。——（《史記》）

4. 如助予之歎息。——（歐陽修《秋聲賦》）.

C. 一，受格，在語詞後的。

1. 明以教我。——（《孟子》）

2. 嫂嘗撫汝指吾而言曰。——（韓愈《祭十二郎文》）

3. 女爲惠公來求殺余。——（《左傳》）

4. 爾何曾比予於管仲。——（《孟子》）

C. 二，受格，在介詞後的。

1. 爲我作君臣相悦之樂。——（《孟子》）

2. 爲吾謝蘇君。——（《史記·張儀列傳》）

3. 與余通書。——（《史記》）

4. 天生德於予。——（《論語》）

到這一步，我們纔可以得一個總結，説我、吾、余、予四個字用法完全一樣。這一種方法，就叫作歸納法。（《中國文法通論》頁一七）

這一大段，初看起來很像是很嚴密的方法；細細分析起來，就露出毛病來了。第一個毛病是這一段用的方法，實在是演繹法，不是歸納法；是歸納法的第三步（看本書第二篇），不是歸納法的全部。劉先生已打定主意"要證明這四個字的用法完全相同"；故他只要尋些實例來證實這個大前提；他既不問"例外"的多少，也不想説明"例外"的原因，也不問舉的例，是應該認爲"例外"呢，還是應該認爲"例"。如C一（2）"嫂嘗撫汝指吾而言曰"一句，這"吾"字自是很少見的，只可算是那不懂文法的韓退之誤用的"例外"，不能用作"例"。此外如A（1）在《論語》裏確是"例外"。B一（1）與B二（1）都是詩歌，也都是"例外"。若但舉與大前提相符合的來作"例"，不比較"例"與"例外"的多少，又不去解釋何以有"例外"，——這便是證明一種"成見"，不是試證一種"假設"了；所以我説他是演繹法，不是歸納法。

第二個毛病更大了。劉先生舉的例，上起《論語》，下至韓愈、歐陽修，共占一千五百年的時間。他不問時代的區别，只求合於通則的"例"，這是絶大的錯誤。這一千五百年中間，中國文法也不知經過了多少大變遷。即如從孔子到孟子的二百年中間，文法的變遷已就很明顯了。孔子稱他的弟子爲"爾"、"汝"；孟子便稱"子"了。孔子時代用"斯"，孟子時代便不用了。陽貨稱孔子用"爾"；子夏、曾子相稱，亦用"爾"、"汝"；孟子要人"充無受爾汝之實"，可見那時"爾汝"已變成輕賤的稱呼了。即如"吾我"二字，在《論語》、《檀弓》時代，區别的很嚴。"吾"字用在主格，又用在領格，但決不用在受格。"我"字專用在受格，但有時要特别着重

“吾”字，便用“我”字代主格的“吾”字；如：“爾愛其羊，我愛其禮。”如：“我非生而知之者。”“我則異於是。”都是可以解釋的“例外”。到了秦、漢以後，疆域擴大了，語言的分子更複雜了，寫定了的文言，便不能跟着那隨時轉變的白話變化。白話漸漸把指名代詞的“位次”（Case）的區別除去了；但文字裏仍舊有“吾我”、“爾汝”等字。後人生在没有這種區別的時代，故不會用這種字。故把這些字隨便亂用。故我們不可説：

> 吾我兩字用法完全相同。

我們只可説：

> 吾我兩字，在《論語》、《檀弓》時代的用法是很有區别的；後來這種區别在語言裏漸漸消滅，故在文字裏也往往隨便亂用，就没有區别了。

如此方才可以懂得這兩個字在文法上的真位置。余予二字，也應該如此研究。我們若不懂得這四個字的歷史上的區别，便不能明白這四個字所以存在的緣故。古人不全是笨漢，何以第一身的指名代詞，用得着四個“用法完全相同”的字呢？

這種研究法，叫做“歷史的研究法”。

爲什麽要用歷史的研究法呢？我且説一件故事：清朝康熙皇帝游江南時，有一天，他改了裝，獨自出門遊玩。他走到一條巷口，看見一個小孩子眼望着牆上寫的“此路不通”四個字。皇帝問他道：“你認得這幾個字麽？”那孩子答道：“第二個是‘子路’的‘路’字；第三個是‘不亦説乎’的‘不’字；第四個是‘天下之通喪’的‘通’字；只有頭一個字我不曾讀過。”皇帝心裏奇怪，便問他讀過什麽書？他説讀過《論語》。皇帝心裏更奇怪了，難道一部《論語》裏，没有一個“此”字嗎？他回到行宫，翻開《論語》細看，果然没有一個“此”字。皇帝便把隨駕的一班翰林叫來，問他們《論語》裏共有幾個“此”字？他們有的説七八十個，有的説三四十個，有的説二三十個，皇帝大笑。這個故事很有意思。顧亭林《日知録》説：

> 《論語》之言“斯”者七十，而不言“此”。《檀弓》之言“斯”者五十有二，而言“此”者一而已。《大學》成於曾氏之門人，而一卷之中言“此”者十九。語言輕重之間，世代之别，從可知矣。

其實何止這個“此”字？語言文字是時時變易的，時時演化的。當語言和文字不曾分離時，這種變遷演化的痕跡都記載在文字裏；如《論語》、《檀弓》與《孟子》的區別，便是一例。後來語言和文字分開，語言仍舊繼續不斷的變化，但文字都漸漸固定了。故雖然有許多“陳跡”的文法與名詞保存在文字裏；但這種保存，完全是不自然的保存，是“莫名其妙”的保存。古人有而後人没有的文法區别，雖然勉强保存，究竟不能持久，不久就有人亂用了。我們研究文法，不但要懂得那亂用時代的文法，還應該懂得不亂用時代的文法。有時候我們又可以看得相反的現象；有時古代没有分别的，後來倒有分别。這種現象也是應該研究的。故我們若不懂得古代“吾我”有分别，便不懂得後來這兩個字何以並用。若不懂得後來“吾我”無分别，便不懂得白話單用一個“我”字的好處。但是若不懂得古代主格與領格同用“吾”字，便不懂得後來白話分出“我”與“我的”的有理。

因爲我們要研究文法變遷演化的歷史，故須用歷史的方法來糾正歸納的方法。

歷史的研究法，可分作兩層説：

第一步，舉例時，當注意每個例發生的時代；每個時代的例排在一處，不可把《論語》的例和歐陽修的例排在一處。

第二步，先求每一個時代的通則，然後把各時代的通則互相比較。

(A) 若各時代的通則是相同的，我們便可合爲一個普徧的通則。

(B) 若各時代的通則彼此不同，我們便應該進一步，研究各時代變遷的歷史，尋出沿革的痕跡，和所以沿所以革的原因。

我們可舉白話文學裏一個重要的例：前年某省編了一部國語教科書，送到教育部請審查。教育部審查的結果，指出書裏“這花紅的可愛”、“鳥飛的很高”一類的句子，説“的”字都應該改作“得”字。這部書駁回去之後，有人對部裏的人説：“這一類的句子裏，《水滸傳》皆作‘得’，《儒林外史》皆作‘的’；你們駁錯了。”後來陳頌平先生把這事告訴我。我的好奇心引我去比較《水滸傳》、《石頭記》、《儒林外史》三部書的例，不料我竟因此尋出一條很重要的通則。

先看《水滸傳》的例：（都在第一回及楔子）

(1) 最是踢得好脚氣毬。

(2) 高俅只得來淮西臨淮州。

(3) 這高俅我家如何安得着他?

(4) 小的胡亂踢得幾脚。

(5) 你既害病，如何來得?

(6) 俺如何與他争得?

(7) 免不得飢餐渴飲。

(8) 母親説他不得。

(9) 此殿開不得。

(10) 太公到來，喝那後生“不得無禮”。

(11) 極是做得好細巧玲瓏。

(12) 母親説得是。

(13) 史進十八般武藝，一一學得精熟，多得王進盡心指教，點撥得件件都有奥妙。

(14) 方才驚諕得苦。

(15) 驚得下官魂魄都没了。

(16) 驚得洪太尉目瞪口呆。(此句亞東本作“的”；後見光緒丁亥同文本，果作“得”。可見舉例時不可不注意版本。我作《爾汝篇》論領格當用“爾”。今本《虞書》有“天之歷數在汝躬”一句，然《論語》引此句正作“爾躬”，可見《尚書》經過漢人之手，已不可靠了。)

次舉《石頭記》的例:(都在卷二十二至卷二十五)

(17) 薛大妹妹今年十五歲，雖不是整生日，也算得將笄之年。

(18) 别人拿他取笑，都使得。

(19) 賈環只得依他。……寶玉只得坐了。

(20) 你但凡立得起來，到你大房裏，……也弄個事兒管管。

(21) 告訴不得你。

(22) 等那件事成了，可也加倍還得起他。

(23) 嬸娘身上生得單弱，事情又多，虧嬸娘好大精神，竟料理的周周全全。要是差一點兒的，早累的不知怎樣了。

(24) 只見一個十五六歲的丫頭，生的倒也十分精細干淨。(比較上文 (23)“生得單弱”一條及下 (25) 條)

(25) 只見這人生的長容臉面，長挑身材。

(26) 舅舅説的有理。(比較上文 (12) 條)

(27) 説的林黛玉撲嗤的一聲笑了。

(28) 嚇的這個調兒還只管胡説。

(29) 樹上桃花吹下一大斗來，落得滿身滿書滿地都是花片。

(30) 弄得你黑眉烏嘴的。

(31) 林黛玉只當十分盪得利害。

(32) 但問他疼得怎樣。

再舉《儒林外史》的例：(都在楔子一回)

(33) 世人一見功名，便捨着性命去求他；自古及今，那一個是看得破的。

(34) 只靠着我替人家做些針黹生活尋來的錢，如何供得你讀書?

(35) 不然老爺如何得知你會畫花?

(36) 有什麼做不得?

(37) 彼此呼叫，還聽得見。

(38) 我眼見得不濟事了。

(39) 都不得有甚好收場。

(40) 鬧的王冕不得安穩。

(41) 這個法却定的不好。

(42) 一陣怪風刮的樹木都颼颼的響。

(43) 王冕同秦老嚇的將衣袖蒙了臉。

(44) 娘説的是。

(45) 這也説得有理。(比較 (44) 條)

(46) 照耀得滿湖通紅。

(47) 尤其緑得可愛。

(48) 鄉間人見畫得好，也有拏錢來買的。

以上從每部書裏舉出十六個例，共四十八個例。《水滸傳》最早。(依我的考證，是明朝中葉的著作。）比《儒林外史》與《石頭記》至少要早二百多年。《水滸傳》的十六個例一概用“得”字。《石頭記》與《儒林外史》雜用“得”、“的”兩字。這種排列法，是第一步下手工夫。

第二步，求出每一個時代的例的通則來做比較。我們細看《水滸傳》的十六個例，可以看出兩種絕不相同的文法作用：

（甲）自（1）至（10）的“得”字都含有可能的意思。“踢得幾脚”即是“能踢幾脚”。“如何安得”，“如何來得”，“如何争得”，即是“如何能安”，“如何能來”，“如何争得”。“免不得”，即是“不能免”。“説他不得”即是“不能説他”。以上是表能够的意思。“開不得”即是“不可開”。“不得無禮”即是“不可無禮”。以上是表可以的意思。

（乙）自（11）至（16）的“得”字，是一種介詞，用來引出一種狀詞或狀詞的分句的。這種狀詞或狀詞的分句，都是形容前面動詞或形容詞的狀態和程度的。這個“得”字的意義和“到”字相仿，（得與到同聲，一音之轉。）大概是“到”字脱胎出來的。“説得是”即是“説到是處”。“驚誠得苦”即是“驚誠到苦處”。“學得精熟”即是“學到精熟的地步”。“驚得洪太尉目瞪口呆”即是“驚到洪太尉目瞪口呆的地步”。這都是表示狀態與程度的。（凡介詞之後都該有“司詞”，但“得”字之後名詞可以省去，故很像無“司詞”。其實是有的，看“到”字諸例便知。）

於是我們從《水滸》的例裏求出兩條通則：

（通則一）“得”字是一種表示可能性的助動詞。他的下面或加止詞，或加足詞，或不加什麼。

（通則二）“得”字又可用作一種介詞用在動詞或形容詞之後，引起一種表示狀態或程度的狀詞或狀語。

其次我們看《石頭記》的十六個例，可分出三組來：

（第一組）（17）至（22）六條的“得”字，都是表示可能性的助動詞。如“也算得”等於“也可算”。“只得依他”等於“只能依他”。這一組没有一條“例外”。

（第二組）（23）至（28）六條，五次用“的”，一次用“得”，都是表示狀態或程度的狀語之前的“介詞”。(23) 條最可注意：

生得單弱，

料理的周周全全。

累的不知怎樣了。

“生得”的“得”字明是誤用的“例外”。下文 (24) (25) 兩條都用“生的”，更可證 (23) 條的“得”字是“例外”。

(第三組) (29) 至 (32) 四條，都是與第二組完全相同的文法，但都用“得”不用“的”，——是第二組的“例外”。

再看《儒林外史》的十六個例，也可分作三組：

(第一組) (33) 至 (39) 七條的“得”字都表示可能的助動詞，與《石頭記》的第一組例完全相同，也沒有一個“例外”。

(第二組) (40) 至 (44) 五條，用的“的”字，都是狀語之前的介詞，與《石頭記》的第二組例也完全相同。

(第三組) (45) 至 (48) 四條，又是“例外”了。這些句子與第二組的句子文法上完全相同；如“説的是”與“説得有理”可有什麼文法上的區別？

我們拿這兩部時代相近的書，和那稍古的《水滸傳》比較，得了兩條通則：

(通則三)《水滸傳》裏表示可能的助動詞“得”字，在《石頭記》和《儒林外史》裏仍舊用“得”字。(參看“通則一”。)

(通則四)《水滸傳》裏用來引起狀語的介詞“得”字 (通則一)，在《石頭記》和《儒林外史》裏多數改用“的”字，但有時仍舊用“得”字。

綜合起來，我們還可得一條更大的通則：

(通則五)《水滸傳》的時代，用一個“得”字表示兩種不同的文法，本來很不方便。但那兩種“得”字聲音上微有輕重的不同。那表示可能的“得”字，讀起來比那介詞的“得”字要重一點，故後那輕讀的“得”字，就漸漸的變成“的”字。但這個聲音上的區別，是很微細的，當時又沒有文法學者指出這個區別的所以然；故做書的人，一面分出一個“的”字，一面終不能把那歷史傳下來的“得”字完全丟去；故同一個意義，同一種文法，同一段話裏往往亂用“的”、“得”兩字。但第一種“得”表示可能的助動詞，很少例外。

如此，我們方才算得是真正懂得這兩個字變遷沿革的歷史。這種研究法叫做歷史的研究法，這種研究的用處很大。即如我們舉的“得”字與“的”字的例，我們可以因此得一條大教訓，又可以因此得一條文法上的新規定。

什麼教訓呢？凡語言文字的變遷，都有一個不得不變的理由。我們初見白話書裏“得”、“的”兩字亂用，鬧不清楚。——差不多有現在“的”、“底”兩字胡鬧的樣子！——我們一定覺得很糊塗，很没有道理。但我們若用“比例而同之，觸類而長之”的方法，居然也可以尋出一個不得不變的道理來。這又是我在第一篇裏說的“民族常識結晶”的一個證據了。

什麼是文法上的新規定呢？凡語言文字的自然變化是無意的，是没有意識作用的，是“莫名其妙”的；故往往不能貫澈他的自然趨勢，不能完全打破習慣的舊勢力，不能完全建設他的新法式。即如“得”字的一種用法，自然分出來，變成“的”字。但終不能完全丢棄那歷史上遺傳下來的“得”字。現在我們研究了這兩個字的變遷沿革和他們所以變遷沿革的原因，知道了“的”、“得”兩字所以亂用，完全是一種歷史的“陳跡”，我們便可以依着這個自然趨勢，規定將來的區别：

(1) 凡“得”字用作表示可能的助動詞，一律用“得”字。

(2) 凡動詞或形容詞之後的“得”字，用來引起一種狀詞或狀語的，一律用“的”字。

有了這幾條新規定以後，這兩個字便可以不致胡亂混用了。（現在“的”、“底”兩字所以鬧不清楚，只是因爲大家都不曾細心研究這個問題所以發生的原因。）

以上我説研究文法的三種方法完了。歸納法是基本方法。比較法是幫助歸納法，是供給我們假設的材料的。而歷史法，是糾正歸納法的，是用時代的變遷一面來限制歸納法，一面又推廣歸納法的效用，使他組成歷史的系統。

四十六、胡步曾　中國文學改良論

自陳獨秀、胡適之創中國文學革命之説；而盲從者風靡一時。在陳、胡所言，固不無精到可采之處，然過於偏激，遂不免因噎廢食之譏！而盲從者方爲彼等外國畢業及哲學博士等頭銜所震，遂以爲所言者在在合理；而視中國文學果皆陳腐卑下不足取；而不惜盡情推翻之。殊不知彼等立言，大有所蔽也。彼故作堆砌艱澀之文者，固以艱深文其淺陋；而此等文學革命家，則以淺陋文其淺陋；均一失也。而前者尚有先哲之規模，非後者毫無文學之價值者，所可比焉。某不佞，亦曾留學外國，寢饋於英國文學，略知文學源流，素懷改良文學之志；且與胡適之君之意見，多所符合；獨不敢爲鹵莽滅裂之舉，而以白話推倒文言耳！今試平心靜氣以論文學之改良。讀者或不以其頭腦爲陳腐，而不足以語此乎？

文學自文學；文字自文字。文字僅取其達意；文學則必於達意之外，有結構，有照應，有點綴；而字句之間有修飾，有鍛鍊。凡曾習修辭學作文學者咸能言之；非謂信筆所之，信口所説，便足稱文學也。故文學與文字迥然有別。今之言文學革命者，徒知趨於便易；乃昧於此理矣！

或謂歐西各國言文合一，故學文字甚易，而教育發達。我國文言分離，故學問之道苦，而教育亦受其障礙而不能普及。實則近年來文學之日衰，教育之日敝，皆司教育之職者之過；而非文學有以致之也。且言文合一，謬説也。歐西言文，何嘗合一？其他無論矣。即以戲曲論。夫戲曲本取於通俗也，何莎士比亞之戲曲，所用之字至萬餘？豈英人日用口語，須用如此之多之字乎？小説亦本以白話爲本者也。今試讀 Charlotte Bronte 之著作，則見其所用典雅之字極夥。其他若 Dr. Johnson 之喜用奇字者，更無論矣。且歷史家如 Macaulay，Preseott，Green 等；科學家如達爾文、赫胥黎、斯賓塞爾等；莫不用極雅馴極生動之筆，以紀載一代之歷史，或叙述辯論其學理；而令百世之下，猶以其文爲規範；此又何如耶？夫口語之所用之字句多寫實。文學所用之字句多抽象。執一英國農夫，詢以 perception，conception，consciousness，freedom of will，refection，stimulation，trance，meditation，suggestion 等名詞；彼固無從而知之；即敷陳其義，亦不易領會也。且用白話以叙説高深之理想，最難剴切簡明，今試用白話以譯 Bergson 之創製天演論，必致不能達意而後已。若欲參入抽象之名詞，典雅之字句，則又不爲純粹之白話矣！又何必不用簡易之文言，而必以駁雜不純之口語代之乎？

且古人之爲文，固不務求艱深也。故孔子曰："辭達而已矣。"今試以《左傳》、《禮記》、《國語》、《國策》、《論》、《孟》、《史》、《漢》觀之，除少數艱澀之句外，莫不言從字順；非若《書》之《盤庚》、《大誥》，《詩》之《雅》、《頌》可比也。至韓、歐以還之作者，尤以奇僻爲戒；且有因此而流入枯槁之病者矣。此等文學苟施以相當之教育；猶謂十四五齡之中學生，不能領解其義；吾不之信也。進而觀近人之著如梁任公之《義大利建國三傑傳》、《噶蘇士傳》，何等簡明顯豁！而亦不失文學之精神。下至金聖歎之批《水滸》，動輒洋洋萬言，莫不痛快淋漓，纖悉必達；讀之者幾於心目十行而下，寧有艱澀之感！又何必白話之始能達意，始能明瞭乎？凡此皆中學學生能讀能作之文體，非《乾鑿度》、《穆天子傳》之比也。若以此爲猶難，猶欲以白話代之，則無寧剗除文字，純用語言之爲愈耳！

更進而論美術之韻文：韻文者，以有聲韻之辭句，傅以清逸雋秀之詞藻，以感人美術道德宗教之感想者也；故其功用不專在達意；而必有文采焉；而必能表情焉，寫景焉；再上則以能造境爲歸宿。彌爾敦、但丁之獨絶一世者，豈不以其魄力之偉大，非常人所能摹擬耶？我國陶、謝、李、杜過人者，豈不以心境冲淡，奇氣恣橫，筆力雄沈，非後人所能望其肩背耶？不務於此，而以爲白話作詩，始能寫實，能述意。初不知白話之適用與否爲一事；詩之爲詩與否又一事也。且詩家必不能盡用白話，徵諸中外皆然。彼震於外國畢業而用白話爲詩者，曷亦觀英人之詩乎？Wordsworth，Browning，Byron，Tennyson，此英人近代最著名之詩家也。如 Wordsworth 之《重至汀潭寺》*Tentern Abbey* 詩，理想極高潔而冲和；豈近日白話詩家所能作者？即其所用之字，如 Seclusion，Sportive，Vagsant，Tranqurl，Trivial，Aspect，Sublime，Serene，Corporeal，Perplexity，Recompense，Grating，Interfused，Behold，Ecstasy 等，豈白話中常見之字乎？其他若 Byron 之 *The Prisoner of Chillon*，Tennyson 之 *Enone*，Longfellow 之 *Evangeline* 皆雅詞正音也。至 Browning 之 *Rabbr Ben Ezra*，則尤爲理想高超之作，非素習文學者不能窮其精蘊；豈元、白之詩，嫛嫗皆解之比耶？其真以白話爲詩者，如 Robert Burnes 之歌謡，《新青年》所載 Lady A. Lindsay 之 *Auld Robin Gray* 等詩是；然亦詩中之一體耳。更觀中國之詩，如杜工部之《兵車行》、《贈衛八處士》、《哀江頭》、《哀王孫》、《石壕吏》、《垂老别》、《無家别》、《夢李白》諸古體及律詩中之《月夜》、《月夜憶舍弟》、《閣夜》、《秋興》、《諸將》諸詩皆情文兼至之作。其他唐宋名家指不勝屈，豈皆不能言情達意，而必俟今日之白話詩乎？如劉半農之《相隔一層紙》一詩，何如杜工部之“朱門酒肉臭，路有凍死骨”十字之寫得盡致？至如沈尹默之《月夜詩》：“霜風呼呼的吹着；月光明明的照着；我和一株頂高的樹並排立着；却没有靠着。”與其《鴿子》、《宰羊》諸詩，直毫無詩意，存於其間，真可覆瓿矣。試觀阮大鋮之《村夜》：“坐聽柴扉響，村童夜没還。爲言溪上月，已照門前山。暮氣千峰領，清宵獨樹間。徘徊空影下，襟露已斑斑。”其造境之高，豈可方物？即小詩如：“小娃撑小艇，偷採白蓮回；不解藏蹤跡，浮萍一道開。”亦較沈氏之《月夜》有情致也。不此之辨，徒以白話爲貴；又何必作詩乎？

不特詩尚典雅，即詞曲亦莫不然。故柳屯田之“願嬭嬭蘭心蕙性”之句，終爲白圭之玷；比之周清真之“如今向漁村水驛，夜如歲，焚香獨自語”，同一言情，而有仙凡之別。然周之“許多煩惱，衹爲當時一晌留情”之句；猶爲通人所詬病焉！至如曲則《牡丹亭·原來姹紫嫣紅開遍》一折，亦必用姹紫嫣紅，斷井頹垣，良辰美景，賞心樂事，雨絲風片，煙波畫船，錦屏人，韶光諸雅詞以點綴之；不聞其非俗語而避之也。且無論何人，必不能以俗語填詞而勝於湯玉茗此折之絶唱，則可斷言之矣。

以上所陳，爲白話不能全代文言之證。即或能代之；然古語有云：“利不十，不變法。”即如今日之世界語，雖極便利；然欲以之完全替代各國語言文字，則必不可能之事也。且語言若與文字合而爲一，則語言變而文字亦隨之而變。故英之 Chaucer 去今不過五百餘年，Spencer 去今不過四百餘年，以英國文字爲諧聲文字之故，二氏之詩，已如我國商、周之文之難讀。而我國則周、秦之書，尚不如是；豈不以文字不變，始克臻此乎？向使以白話爲文，隨時變遷；宋、元之文，已不可讀；況秦、漢、魏、晉乎？此正中國言文分離之優點，乃論者以之爲劣，豈不謬哉！且《盤庚》、《大誥》之所以難於《堯典》、《舜典》者，即以前者爲殷人之白話，而後者乃史官文言之記述也。故宋、元語録，與元人戲曲，其爲白話大異於今，多不可解。然宋、元人之文章，則與今日無別。論者不思其便利，而欲故增其困難乎？抑宋、元以上之學，已可完全拋棄而不足惜，則文學已無流傳於後世之價值；而古代之書籍，可完全焚毁矣！斯又何解於西人之保存彼國之古籍耶？且 Chaucer，Spencer 即近至莎士比亞、彌爾敦之詩文，已有異於今日之英文。而喬、斯二氏之文，已非别求訓詁，即不能讀；何英、美中學尚以諸氏之詩文教其學子，而不限於專門學者始研究之乎？蓋人之異於物者，以其有思想之歷史；而前人之著作，即後人之遺産也。若盡棄遺産以圖赤手創業，不亦難乎？某亦非不知文學須有創造之能力，而非陳陳相因。即盡其能事者，然亦非既能創造，則昔人之所創造便可唾棄之也。故瓦特創造汽機，後人必就瓦特所創造者而改良之，始能成今日優美之成績；而今日之汽機，無一非脱胎於瓦特汽機者。故創造與脱胎相因而成者。吾人所斥爲模仿而非脱胎。陳陳相因，是謂模仿。去陳出新，是謂脱胎。故《史》、《漢》，創造而非模仿者也；然必脱胎於周、秦之文。儷文，創造而非模仿者也；亦必脱胎於周、秦之文。韓、柳創造而革儷文之弊者也；亦必脱胎於周、秦之文。他若五言七言古詩、五律、七律、樂府、歌謡、詞曲，何者非創造，亦何者非脱胎者乎？故欲創造新文學，必浸淫於古籍，盡得其精華而遺其糟粕；乃能應時勢之所趨，而創造一時之新文學。如斯始可望其成功；故俄國之文學，其始脱胎於英、法，而今遠駕其上；即善用其遺産而能發揚張大之耳！否則盲行於具茨之野；即令或達，已費無限之氣力矣！故居今日而言創造新文學，必以古文學爲根基而發揚光大之；則前途當無可限量。否則徒自苦耳！

四十七、陸步青　修辭學與語體文

一、修辭學的定義

修辭學的定義，有新舊兩派：

(1) 舊派修辭學是一種學術 (Art)；叫我們用一種工具（聲音或符號），發表我們的思想。

(2) 新派修辭學是一種學術；叫我們怎樣用一種工具，發表我們的思想；而生出一類需要的感應 (Required Response)。

新派的定義，説修辭學的目的一方面；比舊派的定義，較爲圓滿一點。怎麽能够生出需要的感應來呢？這是修詞的道理。現在舉個例來證明一下：如我們要想開窗，對僕從説“開窗”，他便把窗打開了。這就是需要的感應。若對朋友必要説“請開窗”，對不相識的人必要説“費你的心開開窗”，他纔來開窗。我們需要的感應，纔能生出。否則你説：“喂，開窗!”這種口氣，有那個來應命呢？

有許多人以爲修辭學，是一種僅僅修飾詞章用的東西，這是誤解。其實無論説話、作文，有效力的都合修辭學的宗旨。修辭學在説話尚不十分要緊，在作文則要緊非常。因爲説出來的話，没得需要的感應，或者還可以改過調頭重新再説。發表出來的文章，没得需要的感應；則無改良之餘地了。

二、語體文的目的

語體文（白話文）的一種目的至少要推廣新文化、新思潮，使感應快，效率大。其實文言文亦可以推廣新文化、新思潮；不過懂的人少；感應效率，遠不及語體文罷了。

譬如五一紀念日，要做一篇文章來勸導勞工；用文言文，則感應慢而效率小；若用語體文，則感應快而效率大；可以斷言的。

由此以觀，語體文的目的和修辭學的目的，需要的感應都是一樣的，没什麼分别了。所以今天把修辭學與語體文連攏來講。

三、語體文的文體

文體（Style）不分文言白話；能够得到感應，發生效力，就是好的；否則不好。不過比較起來，白話文對於得到感應，發生效力；要容易得多。

要發生效力，得到感應，有兩個原素（Elements）：（一）表達（Expression），（二）感觸（Impression）。前者表達自己的意思。後者感觸旁人的情感。語體文對於這兩個原素，較易達到。文言文則較難。譬如講一種笑話，一定是語體文占優勝的。語體文的文體，究竟應該怎麼樣呢？現在分做四項説：

（一）正確（Correctness）　説話作文，能够使人明白；因爲内中含着共同了解心（普遍心），如我們指一張桌子，説："這是桌子。"大家都能知道，即是大家都有桌子的了解心。所以要使説話作文的效率增加，必要推廣公衆了解心。推廣的法子有三個：

（A）去土語　文言文没有土語，故懂文理者一看了然。語體文則夾雜許多土語。就我看見的來説，如"很好"，有人説"不推班"；"那裏"，有人説"那塊"；"不很長"，有人説"欠長"。此外還有"出風頭"等等，都是一個兩個地方的土語，究竟能否通行全國，是個疑問。所以要推廣公衆了解心，先要把土語去掉。

(B) 一定的文法　現在的語體文，各做各樣。上海有幾種出版物，是從《紅樓夢》裏變出來的；有許多語句，都不合現在的用。如“的”、“底”、“地”、“方才”、“那嗎”等等字，都是亂七八糟用的，没有一定的法子；這怎麼能使人明白呢？所以要推廣公衆了解心，必要有一定的文法。

(C) 點句　大概語體文的點法，多半採用西洋文的符號。但未曾學過西洋文者，或學得不十分清楚者，往往都會弄錯。如“我不曉得怎麼樣好!”這個句子，我看見有人背後加了個疑問號，這何嘗是疑問呢？所以要推廣公衆了解心，對於點句也要留心。

(二) 明白 (Clearness)

(A) 系統 (Unity)　作文並不是堆文砌字；要整理自己的思想。譬如我今天演説，我預先必定要做一番整理的手續。舊式文章，對於整理的手續很缺乏，所以往往有重複的毛病。

再有一層：作一篇文，總要只有一個意思，才有力量。如江蘇省議會的漾電，頭一段説學潮，中段説司法問題，末段又説省議會本身的問題；人家看了以後，不曉得何重何輕？何去何從？又如報紙上的廣告，説《新體國語教科書》怎樣怎樣的好！後頭又説本書局還有什麼什麼書，都很不對。這樣複雜的意思，既説此，又説彼，實在淆人聽聞。一個人對於一件事的感應容易。對於多少事的感應難，就不免有顧此失彼之慮了。

(B) 組織 (Coherence)　作文有組織，則上下文貫串；否則有兩種毛病：(一) 晦澀。(二) 含糊。犯這兩種毛病最利害的，就是 (甲) 賓主顛倒。我看見一個句子：“新思潮鼓吹的時候，歐戰還未發生。”細察上下文應該説：“歐戰未發生的時候，新思潮已在那裏鼓吹了。”這是不留心賓主的錯誤。(乙) 代名詞太多。例如一個句子：“張先生告訴我：‘他已經見過李先生。他允許他即刻對王先生講；叫他把前天他留在他那裏的書，即刻送還他。’”這樣多的“他”字，究竟代的那個呢？殊屬欠明瞭。現在把“他”除掉幾個，加上幾個名詞來代。變爲：

“張先生告訴我：‘他已經見過李先生。李允許他即刻對王先生講；叫王把前天李留在他那裏的書即刻送還張。’”

像這樣名詞雖重複幾遍，却清楚了。

現在“她”字争得不了，實在男女性不明白，是不十分要緊的。何以呢？因爲像上面的例，即使没有男女性的分别，濫用代名詞，也不明瞭的。況且知道分别男女性用法的人很少；不能公衆了解。有種外國文的慣格，像法文中冠詞的分性，西洋文中的複數等等；我們做中國文，盡可以不必引進來。

（三）語勢（Force）

（A）簡括（Brevity）　簡括的文章，最有勢力，最能感觸人。長篇大論的文章，囉囉唆唆；人看見他一覽無餘，毫無想像的餘地，往往生厭棄心。報紙上所載的文章，人家多半看短評小論；投稿的文章，短的比長的格外歡迎，都是這個緣故。然短文亦不容易做，人説：“五分鐘的演講最難，却是最有效率。”這句話很有道理。

現在舉幾個例證明簡括的文章的力量，如該撒克服西里亞時，其報告書只有三字“Veni，Vidi，Vici”，譯成英文“I came，I saw，I conquered”；人家看見，很可以想像他戰勝迅速的情景。又如一個笑話：一個寡婦想再醮，不好怎樣開口。有個訟師代他寫出八個字：

“夫死無嗣，翁鰥叔壯。”

你看這八個字，吐出他要改嫁的意思，何等的有力量！所以凡屬做文章，句子要短，節段要短，篇幅要短，絶不可累累拖拖。現在做語體文的，最犯這個毛病，無謂的接續詞（Conjunction），觸目皆是。例如昨天南京學生聯合會，開游藝大會的傳單，内中説：

“諸位……游藝大會是什麼東西？……説是没有看過。那我們老實告訴：請你趕快來看我們爲籌款開的游藝大會。因爲其中的内容，大有可觀。技能的表演，固不容説，就是各種游戲，都可以使你看得滿足愉快。所以這種盛會，雖不見得是絶後，的確可説是空前……”

你看“因爲”、“所以”這兩個接續詞，有什麼意味！把他除掉，實在還要堅强呢！

（B）注重（Emphasis）　做文章能够在一首一尾着重，易使閲者節省腦力，而且易得真意。平常演説者不曉這個道理，一登臺便説：“今天没有預備……要請大家原諒。”或説：“鄙人得與諸君同聚一堂，非常愉快……”作文者也往往用這種話起頭。究其實，毫無意義。如果説得好，做得好，自然不消作無謂之客氣（Hackneyed Expression）；否則即作客氣，有那個能原諒你呢？這都是耗費閱者聽者的時間罷了。所以做文章，應該把前提在前，結束在後，以着重全篇的主意。

（四）流利（Ease）

（A）句法（Structure）　句法不要過於摹仿外國文的構造。因外國文的構造，與中國文不同。若純用外國文的構造來作中國文，研究過外國文者或能了解，未研究過外國文者讀了艱澀異常，易生不快之感。試問我國研究過外國文的人多呢？還是未研究過外國文的人多呢？當然是未研究過的多。所以想把文章的效力增加，需要的感應增大，就把句法照中國式的構造表演出來。例如：

"他有比從前更多的穀餘剩了。"

這是有點像外國文的構造；唸起來殊屬不順口。且意思亦不十分明瞭，若改變一下：

"他餘剩的穀，比從前更多了。"

這樣一來，何等流利，何等顯明。

英國人摹仿拉丁文者，人家叫他做Johnsonism。蓋譏諷他過於矯揉造作，摹仿外國文的構造。我很希望我國作語體文的，千萬不要流於Johnsonism。

（B）音調（Euphony）　語體文對於音調，最不講究；這是大錯！因爲音調與記憶有關。譬如詰屈聱牙的人名，很難記憶，童謠俗諺，入耳不忘，在在都可以證明。所以我主張語體文要注意一點音調。新體詩最好押韻，否則亦要自然流利。

（C）留心别字　文章可以代表作者的人格。别字也會損害作者的人格。譬如寫信給人，寫得不好，别字滿紙，則人家必定要起輕侮之心；因而效力減小，感應没有。我看見許多白話文，常有誤"夠"作"够"，誤"偏"作"徧"，誤"蹩脚"作"别脚"……這都是不留心别字的緣故。

（D）修飾（Finish）　我們作文總有錯誤的地方；既有錯誤，便要去修飾纔是。與其給别人指摘，何如自己更正呢？戈爾斯密①（Goldsmith）的文字非常流利，即是從"修飾"得來。他不但作的時候小心修飾，即出版到

① 今譯爲哥爾斯密。

二次三次，他還要修正的。這是很可以效法的。

四、總結

以上所講的，是（一）修辭學的定義；（二）語體文的目的；（三）語體文的文體。現在總結一下做語體文應該注意兩件事：

（一）要合對面人的心理　無論説話作文，無論對於那一個，合乎心理，則效力大，感應速；否則效力小，感應遲。這是一定的道理。威爾遜總統與勞動界的演説，和在國會裏的演説，意思差不多，工具則大不相同，即是爲此。莎士比亞的文章何以足傳千古呢？因他對於各種人的心理，都能深曉；而且寫得淋漓盡致。又如古來之哲學家孔子、孟子、盧騷等，他們的話，無非合乎當時所處的環境。即杜威的演講也是如此，所以我們作文，必定要適合現代的心理，才不至於虚費筆墨。

（二）精鍊（Refinement）　做文章必要用一番精鍊工夫。刀鋸越磨越利；思想也越磨越利。現在語體文不加磨琢，往往失之太長。好像中國出產之糖鹽裏面，有許多東西，可以拿掉。若能磨琢，則詞華雖少，然却精湛可嘉。譬如外國舶來之糖鹽，即質料少些，而甜度鹹度則較中國遠甚！

精鍊由經驗而來。多多練習，便可得到。如瓦匠砌磚，用刀一敲，不大不小，恰得其當；皆因其經驗豐富，而且能夠控制的緣故。

做語體文應該注意的兩件事，既如上述。現在還有兩種最普通的“誤會”，應該闢除：

（一）以爲關於科學的職業的文章，不要修辭學。修辭學，原來不專限文學一部分。凡用一種工具，要得感應與效力者，都在範圍以内。普通以爲工業、商業、農業……這些職業的文章，不要修詞學，這是大錯！因爲構造都是一樣，不過專門名詞不同罷了。其他科學的文章，也是離不了修辭學的。所以這種誤會，應該闢除。

（二）以爲語體文不必應用修飾學。有一部分人以爲工具（語體文）一换，結果便好，這是誤會得很！何以呢？譬如中國式的房屋不好；改造洋式的房子，不用圖樣，能行麼？修飾學不是什麼，就是做文的圖樣。無論文言、語體，都要應用。所以語體之不必應用修辭學的誤會，也應該闢除。

四十八、胡寄塵　新派詩説

緒　論

吾作此文，吾須略言吾之大意。新派二字，是對於舊派而言。即不滿意於普通所謂“舊體詩”，故別創新派也。然則何以不名“新體”？蓋吾於普通所謂“新體詩”，亦有不滿意之處；故名新派以示與新體有分別耳。總之新派詩，即合新舊二體之長而去其短也。何謂合二體之長而去其短？此言甚長，試於下文分章論之：

第一章　詩在文學上之位置

今欲論詩，當先知詩在文學上，居於若何之位置，然後知詩之爲可貴與否？竊謂詩在文學上有五種特質如下：

（一）詩爲最古之文學。吾人普通之見解，則謂先有語言，後有文字，既有文字，則整齊而有韻者謂之詩；不整齊而無韻者謂之文。然愚竊謂在未有文字之前，當先有一種整齊而有韻之語言，或爲四字，或爲五字，以便記憶。是即古謡諺之濫觴也。此言雖無確證，然揆之於理，當不大謬。即今所傳者，如："日出而作，日入而息。"亦在唐堯時已有之，詩字首見於《虞書》；曰："詩言志，歌永言。"蔡注："心之所之謂之志。心有所之，必形於言，故曰'詩言志'。既形於言，又必有長短之節，故曰'歌永言'。"是詩與歌實一物也。歌之見於《尚書》者，有："股肱喜哉！元首起哉！百工熙哉！"有："皇祖有訓，民可近，不可下。民爲邦本，本固邦寧。"皆以歌爲名者也。由此觀之，在唐虞時，詩已盛行矣。

（二）詩爲最簡之文字。研究文學者，有言世界文字以漢文爲最簡。愚竊謂漢文之中，以詩爲最簡。嘗取英文寫景之語，譯爲漢文，字數可省去其半。又將其文譯爲詩，則又省去數字。今試列舉如下：

英文　It was a fine summer day, and the country looked beautiful. The oats were still green, but yellow ears of wheat bend their heads to and fro as they felt the gentle breeze.

漢文　夏日郊原，天氣清朗；燕麥猶青；而麰穗低頭，當風摇曳。

漢詩　夏初燕麥依然緑，麰穗低頭摇晚風。

字面雖未盡譯出，然精神全在是矣。漢詩以十四字包括一切，其簡便爲何如哉！

（三）詩爲最整齊之文字。古詩每章字句雖不規定；然較之散文，整齊多矣！

（四）詩爲有音節之文字。此盡人所知，無俟再言者也。

按惟其能簡潔整齊，有音節；故自然呈美觀。

（五）詩爲最能感人之文字。惟其美也，故能感人。惟其感人之深，故其效用爲極大。舜命夔典樂以養性情，育人才，事神祇，和上下。大禹曰："勸之以九歌。"孔子曰："興於詩，成於樂。"可見其功用之大。太康逸豫滅德。五子進諫，乃獨作歌。豈非以歌之感人，獨深於尋常言語耶？後人讀書，亦多喜讀韻文，不喜讀散文，即此意也。

由以上諸點觀之，則詩在文學上，居於若何之位置。可以知矣。

第二章　舊體詩之長

舊體詩之長處，既如第一章所言，茲不復贅。惟後世漸漸失其真意，流弊滋多；如下章所述，是也。

第三章　舊體詩之流弊

舊體詩自漢魏而後，體制大備，而真意亦日失。六朝靡靡，無足論矣。有唐一代，號稱最盛；然能真知詩之爲用者，白太傅一人耳！白太傅之新樂府，以老嫗能解之筆墨，寫當時社會之形狀，是即今日新體詩之特長也。此外郊寒島瘦、温李浮薄，固然去詩之真意日遠；即太白仙才，少陵史才，以今日眼光視之，實猶是特別階級之文學也。兩宋而還，復有枯寂一派，幾乎生氣已盡。朱明七子貌似古而神離。前清作者亦大抵不能出其範圍；而末流所趨，愈趨愈下；此新體詩之所以乘隙而起也。茲更條舉舊體詩之流弊如下：

（一）以典麗爲工者。　滄海月明珠有淚，藍田日暖玉生烟。

（二）以鍊字爲工者。　山吞殘日暮，水挾斷雲流。

（三）以鍊句爲工者。　香稻啄殘鸚鵡粒，碧梧棲老鳳凰枝。

（四）以巧對爲工者。　拳石畫臨黄子久，膽瓶花插紫丁香。

（五）以巧意爲工者。　風吹古木晴天雨，月照平沙夏夜霜。

（六）以格調别致爲工者。　白菡萏香初過雨，紅蜻蜓弱不禁風。

（七）以險怪爲工者。　代燈山鬼火，煮茗毒龍涎。

（八）以生硬爲工者。　花淫得罪隕，鶯辯知時逃。

（九）以乖僻爲工者。　芍藥花開菩薩面，棕櫚葉散夜叉頭。

（十）以香豔爲工者。　遥夜定嫌香蔽膝，悶心應弄玉搔頭。

以上種種，均所謂“在面子上做工夫”，是也。此外講魄力，講神韻，講骨格，雖比講面子較勝。但仍不免爲特别階級之文學，去詩之真意仍遠也。

第四章　新體詩之長

新體詩繼舊體詩而起，自必有其特長之處，然後能鬨動一時。論其長處，略有四説如下：

（一）新體詩爲白話的，能徧及於各種社會；非若舊體詩爲特別階級之文學也。如下面所舉：

鴿　子

胡　適

雲淡天高，好一片晚秋天氣！
有一群鴿子，在空中遊戲。
看他三三兩兩，迴環來往，夷猶如意！
忽地裏翻身映日，白羽襯青天，鮮明無比！

（二）新體詩是社會實在的寫真；非若舊體詩之爲一人的空想也。如下面所舉：

人力車夫

胡　適

"車子！車子！"
車來如飛，
客看車夫，忽然中心酸悲。
客問車夫："你今年幾歲？拉車拉了多少時？"
車夫答客："今年十六歲，拉過三年車了。你老別多疑。"
客告車夫："你年紀太小，我不坐你車；我坐你車，我心慘悽。"
車夫告客："我半日没生意；我又寒又飢①。你老的好心腸，飽不了我的餓肚皮。我年紀小拉車，警察還不管。你老又是誰？"
客人點首上車説："拉到内務部西。"

（三）新體詩爲現在的文字；非若舊體詩爲死人的文字也。如下

① "飢"原作"肌"，今改正。

面所舉：

背槍的人

仲 密

早起出門，走過西珠市。
行人稀少，店鋪多還關閉。
只有一個背槍的人，站在大馬路裏。
我不願人賣劍買犢，賣刀買牛，怕見惡狠狠的兵器。
但他長站在守望面前，指點道路，維持秩序。
只做大家公共的事，
那背槍的人，也是我們的朋友，我們的兄弟。

（四）新體詩是神聖的事業；非若舊體詩爲玩好品也。如下面所舉：

想

玄 廬

（一）

平時我想你，七日一來復。
昨日我想你，一日一來復。
今朝我想你，一時一來復。
今夜我想你，一刻一來復。

（二）

予的自由，不如取的自由。
取的①自由，才是奪不去的自由。
奪了去放在那裏?
依舊朝朝莫莫在你心頭，在我心頭。

第五章　新體詩之短

新體詩既有上述各種長處，宜乎其能代舊體詩而行矣。但其精神上，雖有上述之長而形式上實有種種短處。詩既稱爲審美的文學，天然以精神

① “的”原作“得”，今改正。

形式兩方面皆美爲目的，不然却不成其爲詩矣。今新體詩之短處，可略舉如下：

（一）繁冗。吾於第一章，既言詩爲最簡之文字。則詩之所以能美者，簡字實爲原質之一。今新體詩既繁冗，是即與此原則相反，則其不能美也明矣。

（二）參差不齊。整齊爲中國文字所獨有。詩爲文字中之尤整齊者也。新體詩之格式，來自歐美；故多參差不齊。殊不知歐洲文字不能整齊，中國文字能整齊，正是彼此優劣之分。今奈何自棄吾長而學其短耶？然在歐文不能整齊之中，偶有整齊之式；彼亦驚爲天造地設之妙文，吾人讀之，亦最便於上口。如 There is a will there is away. 是其例也。殊不知此等結構，在中國文字中，數見不鮮。今人去吾所長而不用，不知何故？

（三）無音節。詩之所以能感人者，全在乎音節。帝舜命夔之言，道之詳矣。“詩言志，歌永言。聲依韻，律和聲。八音克諧，無相奪倫，神人以和。”古人之詩，節奏之長短，音韻之高下，必求合乎五聲六律。雅頌而後，惟有樂府。中晚唐以來，此傳久失。一變而爲平仄聲。然聲調鏗鏘，便於口而悦於耳。若新體詩，則不講音節，讀之不能上口，聽之不能入耳。何能感人！

或曰：“爲以上種種所束縛，則新體詩之真精神，何由發揮？仍然舊體詩乎！”此説余甚不承認。讀者試讀畢下文，自能知之。且余之所謂新派詩者，即欲以舊格式運新精神也。

第六章　中國詩與歐美詩之比較

新體詩之格式，既從歐美輸入。故吾論中國詩與歐美詩之比較，亦與本題有密切之關係。欲比較彼此特殊之點，可録中英文互譯詩四首於左，以見一斑。

李白《獨坐敬亭山》

衆鳥高飛盡，孤雲獨去閒。相看兩不厭，只有敬亭山。

The birds have all flown to their roost in tree. The last cloud has just floated lazily by. But we never tire of each other. Not we，as we sit there together-Mountains and I.

雪蘭《冬日詩》(*A Song*)

A widew bird sat mourning for her love, upon a wintry bough; The brozen wind crept on above. The freezing stream below there was no leaf upon the forest bare, no flower upon the ground. And little motion in the air. Except the millwheels sound.

J. B. Shelley.

前詩中文譯本

孤鳥棲寒枝，悲鳴爲其曹。池水初結冰，冷風何蕭蕭！荒林無宿葉，瘠土無卉苗。萬籟俱寥寂，惟聞喧桔皋！

細觀以上四詩，就文字結構而論，則中國詩實比歐洲詩爲佳；即簡潔與整齊是也。此係各國文字根本上不同之故。如歐文 of，in，on，upon，to 等字，須用處太多；往往一句之中，必須有此等字加上，方能結構成句。若中文則此等贅字甚少；其在詩中更絶無而僅有。今新體詩多用“的”字“了”字，“我們”、“他們”等字，以致不能簡，不能整；是即傳染歐洲詩之病也。

第七章　新體詩與舊體白話詩之比較

純用白話，取能普及一般社會；此新體詩之特長也。然舊體詩中，亦正不少白話詩。今試略舉數首如下以資比較：

李白《夜坐》

牀前明月光，疑是地上霜；舉頭望明月，低頭思故鄉。

孟浩然《尋菊花潭主人不遇》

行至菊花潭，村西日已斜；主人登高去，雞犬空在家。

袁凱《京師得家書》

江水三千里，家書十五行，行行無别語，只道早還鄉。

貢性之《湧金門見柳》

湧金門外柳垂金，三日不來緑成陰；折取一枝入城去，教人知道已早春。

唐寅《一世歌》

人生七十古來少！前除幼年後除老；中間光景不多時，又有炎霜與煩惱。花前月下得高歌，急須滿把金樽倒。世上錢多賺又盡，朝裏官多做不了。官大錢多心轉憂，落得自家頭白早！春夏秋冬撚指間，鐘送黄昏雞報曉。請君細數眼前人，一年一度埋芳草。草裏高低多少墳，一年一半無人掃。

舊體白話詩，亦幾乎人人能解。然其結構之整齊，聲調之悠揚，比新體詩爲優矣！

第八章　新體詩與舊體寫實詩之比較

新體詩貴乎寫社會實在的情形，亦爲其特長；然舊體詩亦有之。兹録數首如下：

白居易《賣炭翁》

賣炭翁！伐薪賣炭南山中，滿面塵灰烟火色，兩鬢蒼蒼十指黑。賣炭得錢何所營？身上衣裳口中食。可憐身上衣正單，心憂炭賤願天寒。夜來城上一尺雪，曉駕炭車碾冰轍；牛困人飢日已高，市南門外泥中歇。翩翩兩騎來是誰？黄衣使者白衫兒，手把文書口稱敕，迴車叱牛牽向北。一車炭重千餘觔，官使驅將惜不得。半匹紅紗一丈綾，繫向牛頭充炭值！

戴清《倉草謡》

縣倉官買米，野田民食草。民命豈足惜，官位自當保。六城保單來，今年豆麥好。

又《賣兒歎》

棄兒非不仁，盎中久無粟；賣之與富翁，尚得飽爾腹。爺娘攜錢歸，一文一寸肉。

以上不過略舉數首以見一斑。如白居易之《秦中吟》、《新樂府》；可謂全體如此。所叙之事，皆實實在在，對於貧民，尤能代訴所苦；今日新體詩家，無以過此也。

第九章　新體詩與歌謠之比較

中國文字天然簡淨明潔；故雖閭卷[①]歌謠，亦自成節奏，可詠可歌。茲録吾鄉山歌兩首如下。此歌命意本無足取，但觀其音節格調，視新體詩爲何如耳？

其一

的的姑娘快活多，走出門來便唱歌！手挾金弓銀彈子，百花園裏打鶯哥！

其二

做天難做四月天，蠶要溫和麥要寒。種菜哥哥要天雨，採桑娘子要晴乾。

其三

荷花開在我身邊，蓮子如珠粒粒圓；採過荷花採蓮子，搖來搖去一枝船。

第十章　新派詩之出現

新舊體詩互有長短，既如以上各章所述。舊體詩中，雖亦有兼備新體之長者。然在舊體中究屬少數。今所提倡之新派詩，即以此等詩爲標準，用以描寫今日社會情形及發揮最新思潮。略舉其條例如下：

一命名。以舊體詩之格調，運新體詩之精神，命名新派詩，以別於新體。

二宗旨。以明白簡潔之文字，寫光明磊落之襟懷，喚起優美高尚之感情，養成溫和敦厚之風教。

三宗派。以不假雕飾，天然優美，樂而不淫，哀而不傷爲標準；袪除舊體“特別階級文學”、“死文學”、“空泛文學”、“玩好品”各弊，並袪除新體“繁冗”、“不整齊”、“無音節”各弊。

---

① “卷”應爲“巷”。

四體例。以五言七言爲正體；多作古詩絶詩，少作律詩。

五音韻。初學不可不知平仄；學成而後可以不拘。用韻暫以通行本詩韻爲準，其韻目注明古相通者通用之。

六詞采。不用僻典，不用生字。

七戒律。必有真性情，好事實，然後以詩發揮之，描寫之；不作浮泛空疏之詩；不作應酬干禄之詩；不作限字和韻等詩。

附：新派詩録

説新派詩既畢，更録鄙人近作於其後，即本諸新派詩條例而爲者也。當世明達，幸有以教我。若云爲新派詩之標準，則吾豈敢！

長江黄河

長江長，黄河黄！滔滔汩汩，浩浩蕩蕩！來自崑崙山，流入太平洋；灌溉十餘省，物産何豐穰！沈浸四千載，文化吐光芒。長江長，黄河黄！我祖國，我故鄉！

採茶詞（四首）

朝也採山茶，暮也採山茶；出門曉露濕，歸來夕陽斜。出門約女伴，上山採茶去；山後又山前，迷却來時路。昨日新芽短，今日新芽長。不惜十指勞，只怕不滿筐。自從穀雨前，採到清明後，茶苦與茶甜，何人去消受？

飼蠶詩（四首）

日出採桑去，日暮採桑歸；漸見桑葉老，不覺蠶兒肥！今日蠶一眠，明日蠶二眠；蠶眠人不眠，辛苦有誰憐！春蠶口中絲，阿儂身上衣；要我衣上好，莫使蠶兒飢！蠶老變爲蛹，蛹老變爲蛾；飼蠶復飼蠶，一春便已過！

自由鐘（八年四月作，記某國人之獨立也）

豎起獨立旗，撞動自由鐘，美哉好國民，不愧生亞東！心如明月白，血灑桃花紅，區區三韓地，莫道無英雄！悠悠千載前，本是箕子封。人民美而秀，土地膏而豐。那肯讓異族，長作主人翁！一聲春雷動，徧地起蟄蟲。祖國人人愛，公理天下同。我願和平會，慎勿裝耳聾！

老樹

庭前有老樹，春來抽條新；枯榮有變化，同此本與根。人生亦如此，嬗遞秋與春，死我而有子，子死而有孫，根本苟不斲，血脈常是親！老幼體屢變，生死理未真。眼前兒童輩，都是千歲人！

明月

明月無老少，萬古常如茲！皎皎當中天，夜夜揚清輝；忽被大地妬，纔盈便使虧！雖曰有圓時，長圓不可期！借問此缺痕，茫茫何時彌！

送春詩

當日喜春來，今日送春去！來也從何方？去也向何處？問春春不言，留春春不住！芳草遠連天，便是春歸路。

流水

門前水，直通江，我心隨水去，迢迢到他方。他方有故人，道路遠且長！不能長相見，但願毋相忘！

落花

落花飛，飛滿天！花開有人愛，花落無人憐！花開又花落，一年復一年。此是第幾番？問花花無言。

四十九、蔡觀明　詩之研究

今天所講的題目很泛，若要切實發揮，決非一二次會期所能了事；所以只要在廣濶的範圍裏，畫出狹小的部分來講講。現在所畫的範圍，就是在新詩與舊詩的異同上研究。

要講新舊詩的異同，先要明白詩究竟是什麽東西？其性質如何？內容如何？效用如何？把這幾層明白，就可以曉得無論是新詩舊詩，必須要什麽樣子，才可算是詩；否則就不是詩。那新舊的問題，是無關於算詩不算詩的問題的。就同人的男女老少雖有分别，却無關於是人不是人的問題一般，所以先講怎樣才是詩。

詩是文中之一體。從廣義説：凡有韻的皆是詩。古時的騷賦，近古詞曲彈詞，現在的戲曲小調，皆是詩。這是就形式方面説，然而已經非常重要。因爲無韻的文字，歌唱起來，決没有押韻的好聽；所以萬不得已的時候，就用語尾音押韻。即如勞動的人出力擡東西的時候所叫喊的口號，雖是隨口亂説，但是尾音總是同的；所以詩的押韻，是第一個要素。所以要押韻，就是因爲音節好聽。所以要音節好聽，就是因爲要歌唱。《書經》上説：“詩言志，歌永言。聲依永，律和聲。”就是説明詩要用韻的好證據。

《詩經》上《周頌》雖亦有幾篇無韻的詩；但是《周頌》實有缺誤。《商頌》、《魯頌》皆是一篇數章，《周頌》則每篇一章，於此可見其有缺誤。故不能說古時是有無韻詩。

至於詩的目的，是要表現情緒；所以內容無論是主觀的思想，客觀的事物，總含着表情緒的作用。西洋人分詩爲紀事、抒情兩種。西洋是否有純粹的紀事詩没有，我不敢斷言。因爲我於西洋文學研究得少。但就我所曉得的一部分，則凡是敘事詩，總有寄託，或是以事實爲一種象徵，或是在敘事的當中自然流露出作者的意見來，也與我們中國的一樣。所以我敢斷言說：縱有純粹的紀事詩，用寫實方法做的紀事詩，也是很少的一種例外，也決不是好詩。做詩的人，敘一件事，必定對於這件事有一種動機，或有一種態度，所以《詩經・小雅・賓之初筵》，是敘飲宴的禮；《小序》說是衛武公刺時之大作。《大雅・皇矣》，是敘文王伐密阮諸國的事；《小序》說是美周。可見客觀裏面，有主觀存在。詩的功用本來與音樂相近，是要感動他人的情緒；但是作者不能把情緒充滿在作品裏，怎樣能够引動讀者的同情。所以西洋人論詩也以情緒爲主。《詩序》說："在心爲志，發言爲詩。情動於中而形於言；言之不足，故嗟歎之；嗟歎之不足，故永歌之。"可見做詩歌的動機，全在人心的情緒。所以情緒也是詩的一種要素。

此外還有一種要素，就是描寫的藝術了。敘事教人如同身歷其境，抒情教人有深切的同情，方是好詩。宋朝梅聖俞說："做詩的法子，是寫難狀之景，如在目前；傳不盡之意，在於言外。"這兩句話，是說盡詩的能事了。再賅括起來，描寫的法子，有兩個字，就是求真。然而求真就不容易。西洋人對於文藝，主張寫實，主張發揮個性，主張創造，無非也是求真，可見得中西藝術的根本，都是相同的了。但是求真，指描寫實事而言。詩裏面往往有想像的意境，或是傳説的神話。這種描寫，只要寫到如在目前，近於實有其事，就是好藝術了。

以上三種具備的，就是詩。否則不能算詩。不過是直言，是散文罷了。然而現在主張新詩的人，首先打破第一個條件，不肯押韻；這是冒詩的牌子做散文；雖説其中也有表現的情緒，描寫的藝術，但這兩項，是詩以外的文章所同有的要素。就同人類如若去了靈性，身上再長上點毛，與猿猴便無大分別了！一定指猿猴算人，誰也不能承認，那麼指散文算詩，豈不也是事同一律麽？但是主張新詩的人，也有比舊時進步的，就是在後二項上頗有功績，而在描寫上求真，尤比一部分舊時模擬古文，堆砌詞藻的，反得詩意，不過不能指定這是新詩的特點。我國古詩人，善於表現情緒的固多；而描寫的真實，也決非現在一般新詩家所及。不過六朝的時候以及元、明以後，模擬的風氣大盛；所以多數詩家不免輕意重詞，描寫失真。倘若新詩家在這一點上，補救向來的流弊，自然是很好的；無如他們未曾做出好詩，先做出一種不能算詩的詩；藝術上並不能突過古人，也並不能學到歐美名家，專在破壞聲韻格律上用力，真可笑得很！

我是承認詩是要革新的。革新的方法：第一是思想上的革新。采取最新的思想，最新的學説，表現在詩裏面。不要學古人只在六經、諸子中尋取糟粕來裝頭蓋面。第二是風格上的創造。凡能成爲名家的詩文，總有特别風格。然而古來詩派，已是很多；要别出心裁，自成一家，很不容易！幸而現在歐美文學輸入，我們正好融會起來，成一種新風格，新詩派。好比字體到清朝已很難變；鄭板橋用隸意作楷書，用畫蘭竹意作行草，便成一派，這才算善變。取歐美文學的風格來參和，要如鄭板橋寫字，自然可以成爲名家了！現在西洋文學與我國不同之處，就在精密周詳上。這就是他們的科學思想，比我們容易進步的原因。我們觀察事物，若能用科學方法來分析他，叙述起來，必定有一種新風格的。第三是體裁的解放。不要認定五言、七言、古風、律、絶是詩，要采取歐美的體裁而參合中國有韻文的舊體，擴張詩之境界。尤其要注意於流行的曲調，求其作詩與音樂相附麗，作成一種可歌的詩，因而灌輸新思想於全國。這三項的改革，是我以爲講究新詩的人，應該注意的。但是我雖有志於此，却至今未曾着手；就是因爲事關重大，不是輕易可做的。現在的新詩家主張的理論，往往不錯；然而成績不好，未必不是看得太容易，没有充分預備的弊病呢？我所要説的話如此，恐怕傳出去，新舊兩派總不肯引爲同志。但這是我純粹用冷静的腦筋，研究所得結果，决没有絲毫感情作用的。那麽，聽我這一番話的人，也要用冷静的腦筋研究一下，才可以發見真正的判斷。我很希望有這一種人。

尚有幾句要説的話：就是做詩在今日，並不是件好事。今日的國家，我們應做的事很多，應研究的學問也很多，何必虚擲光陰，在這白首難窮的專門之業上用功！我國人最懶惰：惰於辦事，就逃入於空虛的學問中；惰於學問，就逃入於浮麗的文詞中；實在不是好現象。若是别無路走，走入這一條路，就當在此處尋一個安身立命的去處。以上所説，皆是我所找出的安身立命的地方。誰能在此安定了身？立定了命？這全在各人的天才、學問、工力上分别了。

五十、愈之　文學批評其意義及方法

（一）什麼是文學批評？“文學批評”這一個名辭，在西洋已經有過數千年的歷史了；可是在我們中國還是第一次説及。中國人本來缺少批評的精神；所以那種批評文學，在我國竟完全没有了。我國文學思想很少進步，多半許是這個緣故。近年新文學運動一日盛似一日，文藝創作也一日多似一日；但同時要是没有批評文學來做嚮導，那便像船没有了舵，恐怕進行很困難罷！所以我想現在研究新文學的人，對於文學批評，似乎應該有相當的注意。文學批評在西洋，差不多成爲一門獨立的科學。要把他的意義、歷史、派别詳細研究，自然不是幾千個字所能盡的。現在暫且參考莫爾頓的《文學的近代研究》(*Moultion's the modern study of literature*)，黑德生①的《文學研究指導言》(*Hudson's an introduction to the study of literature*)，韓德②的《文學的原則和問題》(*Hunt's literature its principles and problems*)

---

① 今譯爲哈德森。

② 今譯爲漢特。

和別幾部書做了這篇，權作在我國介紹文學批評的引子罷。那麼什麼叫做文學批評呢？先説“批評”一字。最先創立批評的人，是希臘大哲亞里士多德。據德賴頓（Dryden）説批評的意義，就亞里士多德所指，乃是“公允地判斷之標準”（A standard of judging well）。蓋萊①和施各德②（Gayley and Scott）合著的《文學批評的方法和材料》（*Methods and materials of literary criticism*）裹，把“批評”這字向來所用的意義分爲五類：便指（1）指摘（Fault-finding）的意義。（2）讚揚（to praise）的意義。（3）判斷（to judge）的意義。（4）比較（to compare）及分類（toclassify）的意義。（5）評賞（to appreciate）的意義。批評家對於這五種意義，有的以爲只應該包含一種或數種；有的主張都包含在“批評”範圍之內。又近代大批評家阿諾爾③（Mathew Arnold）説“批評”便是：“把世間所知所思最好的東西，去學習或傳布的一種無偏私的企圖。”（A disinterested endeavor to learn and propagate the best that is known and thought in the world）這一個界説，要算最精密確切了！批評的企圖，在於學習和傳布；可見批評家的任務，在於積極——讚揚或評賞——方面；不在消極——指摘或批評——方面。近代的批評，這種傾向，尤其顯著。我們一説到批評，每以爲批評便是批駁，便是攻擊；這是一種誤解！批評和批駁不同。批駁，是對於虛僞的思想智識而發的。批評的對象恰巧相反，乃是最高尚最良好的，不是虛僞的東西。我們一説到批評，又以爲批評便是糾正。批評家居於較高的地位，和先生糾正學生的課作一般，這也是一種誤解！批評家不必一定居於較高的地位。批評的目的，是學習和傳布，却不是糾正。批評家乃是賢弟子，決不是嚴師。我們一説到批評，又以爲批評的態度，便是懷疑的態度。這也是一種誤解。懷疑派是否定一切的，批評家不過對於所批評的東西，加以分析或綜合，對於他的本身價值，却始終是肯定的。至於文學批評（Siterary criticism），是批評的一種。籠統的説一句：凡一切對於文學著作或文學作家的批評，都可以稱作文學批評。其實是不然。“文學的”批評（Literary criticism）和“文學”的批評（Criticism of literature）不同。對於文學著作或

① 今譯爲蓋雷。

② 今譯爲斯考特。

③ 今譯爲馬修·安諾德。下同。

文學作家的批評，也許是哲學的，也許是科學的，也許是神學的，也許是政治的。這些都不好算作文學批評。因爲文學批評，乃指討論文學趣味或藝術性質的批評而言。譬如柏拉圖的《理想國》，是文學著作；但提昆綏（De quincey）的《理想國》批評，却不是文學批評。因爲裏面所討論的，全屬政治的性質，所以只可算作政治的批評。托爾斯泰是個文學作家；但是毛德（Maude）的《托爾斯泰傳》，却不全是文學批評；因爲這書討論文學的地方很少，所以只不過是宗教的批評，哲理的批評。反之，愛狄生（Addison）的《悲劇與喜劇》（*Tragedy and Comedy*）和托爾斯泰的《莎士比亞論》，却完全是文學批評，因爲這兩部書都是就文學的見地，來批評文學著作或文學作家的。錢玄同的《〈儒林外史〉新序》，一部分可以算得文學批評。但是蔡元培的《〈石頭記〉索隱》，却只是歷史的批評，不是文學的批評。又可見中國古來訓詁之學，也只是字句的批評（Verbal criticism），不好算文學批評。又像現代西洋批評界最流行的審美批評（Esthetic criticism），有一部分批評家，也不承認爲文學批評；因爲這種批評方法，完全是以藝術爲本位的；但是像這一類的限制，未免過於嚴格了罷！閒話少說。現在引用亨德（Hunt）所定文學批評，乃是"用以考驗文學著作的性質和形式的學術"（Science and art which has to do with the examination of the quality and form of literary authorship，Literature Its principles and problems，P. 127）。此處"學術"二字，是指科學及藝術。文學批評的目的，在於採集及建立批評的法則，所以可算一種科學。又要用了這種法則，把批評文學的自身，當作文學著作的標本，所以又可算是一種藝術。

（二）文學批評與批評文學。但是文學上所謂"批評"，其實也是文學的一種。文學和批評的分别，只不過文學是批評人生的，批評乃是批評文學的。所以一個是直接的批評人生，一個是間接的批評人生。批評家把作品中的作者個性表現出來，也和文學創作家把小説或戲劇中人物的個性表現出來一般。一本有價值的文學著作，和一件有價值的人生事業，都可以當作文學的題材。藝術的過程，也和人生的活動一般，是繁複而且多方面的；所以真的文學批評，在一方面亦是一種文學創作。譬如像阿諾爾的《批評論文》（*Essays in Criticism*），在一方面，目的是在批評華治華斯（Wordsworth）、擺倫（Byron）等人的著作的；我們讀了阿諾爾的論文，對於華治華斯他們的作品，可以得到許多了解。但在一方面，不管他批評什麽，這幾篇論文的本身却一樣具有文學的價值；因爲這幾篇論文裏，有批評家自己的個性，自己的思想，自己的方法，自己的目的包含在内。就算我們對於阿諾爾的批評不能滿意，或者他的批評於我們没什麽用處，他的論文，還是很有價值的。阿諾爾是這樣，别的批評家也是這樣。因此可知文學批評，起先雖當作一種研究文學的工具，但後來他的任務，却不只限於做工具，竟變了文學的一種形式了！近代西洋出版事業發展，文學作品極其衆多，所以批評文學也極其豐富。而且批評文學，比純粹創作的文學尤其發達！文學雜誌和日刊、週刊的文學欄裏面，批評的作品，往往占到十之八九。一種文學著作，有許多的批評，而批評又有批評的批評；又有批評的批評的批評。譬如錫婁①（Sherer）批評彌爾頓的《失樂園》（*Paradise Lost*），阿諾爾又批評錫婁的批評。這樣的鬧去，大家反把彌爾頓的原著忘却了。這種批評文學發達的情形，確是近代文學上一種奇異的現象。

（三）因襲的批評與近代的批評。現在該講到文學批評的方法了。要知道批評方法的不同，須先把文學批評的歷史略略研究一下：英國莫爾頓把西洋的批評學説分爲二個時期：從希臘亞里士多德到文藝復興之後，這是因襲的批評（Traditional criticism）。到了最近代，便是近代的批評（Modern criticism）。

什麽叫因襲的批評呢？便是拿亞里士多德的批評法式來做標準的那種批評。亞里士多德是文學批評的始祖。他做的那部《詩學》（*Poetics*）是文學批評最先的著作，所以後來許多因襲的批評家，都拿這一部書當作文學批評的標準。亞里士多德的《詩學》目的，在於建立文學的法式。但因爲他是希臘人，古代希臘是文化的中心，希臘人只知有希臘，旁的東西都看作“野蠻”（Barbarian），所以亞里士多德的批評法式，也只以希臘文學爲根據。《詩學》裏所定的文學規律，都是從希臘的悲劇（Tragedy）和叙事詩（Epic）裏歸納而成的。譬如像他所定的戲劇上的三一律——時間一致、地方一致、所作一致的規律，——後世批評家當作不可移易的法則。其實這

① 今譯爲雪拉。

種規律，是從古代希臘戲劇家歐力批提斯[1]（Euripides）、沙福克爾斯[2]（Saphocles）的戲曲裏抽象出來的；當作批評古代希臘文學的法式，自然是很適當。但是後來因襲的批評家，守住這種法式，批評中古和近代的文學，那就未免刻舟求劍了！譬如像義大利文藝復興時代，擬古派批評家仍舊拿了古代希臘的形式批評，來批評那時的文學。那時創作方面個性解放，情緒發展，要想拿了死板的批評規律，束縛豐富活動的創作，你道做得到麼？到了近代，浪漫文學勃興之後，不但文學上的體裁格調，比從前繁複得多，便是思想也有世界共通的傾向，和希臘文學比起來，真有天壤之别。你道還是亞里士多德定下來的形式批評所能概括的嗎！

但是這種因襲的批評法，在十七八世紀却很流行。那時歐洲古學復興，西洋人一切都推重希臘，所以文學上也拿希臘悲劇和叙事詩裏的法則來做標準。那種批評，最著名的便是英國愛狄生（Addison 十七世紀人）對於莫爾頓的《失樂園》（*Paradise Lost*）的批評，和法國福禄特爾對於莎士比亞的批評。愛迭生拿因襲批評法上的根本要素，研究彌爾頓的著名著作，所以很多不滿意的地方。福禄特爾對於莎士比亞也竭力攻擊，説他的文學是“野蠻的醉漢的想像之果”，因爲莎士比亞的戲曲，雖然很富於情緒，但是從形式批評上看來，却没一篇不違背三一律的。

這種形式的批評法，據莫爾頓説，有三個缺點：（1）忘却文學的統一。（2）忘却文學的自然進化。（3）迷信一派的批評原理，變成偏見，便排斥文學的歸納觀察。因爲這樣，因襲的批評法，到了近代，已不能稱職。近代西洋的文學批評，逐漸退步。批評，本來是居於創作之先的，是指導創作的。近代的因襲批評法，因爲不能和創作適應，反落在創作後面，失却原來的地位了！

近代的批評，和這種因襲的批評，面目便大不相同了！因襲的批評法是單拿希臘文學做標準的。但是近代的批評法，却是拿世界文學來做標準了。换句話説：因襲的批評，是以希臘文學爲分野綫，所以一切的批評規律，都是從希臘的悲劇和叙事詩中歸納出來的。近代的批評，以世界文學

---

① 今譯爲歐里庇得斯。

② 今譯爲索福克勒斯。

爲分野綫，所以注重文學的統一和進化。這種近代的批評，在一方面想從世界文學中尋出最普遍的文學原理；在一方面却想用主觀的方法，把各種作品的特點分析出來。因襲的批評，是客觀的。近代的批評，是主觀的。因襲的批評，是形式的。近代的批評，是個位的。總而言之：近代的批評，是適應於近代文學的。現代文學中，批評所以還能够占着重要的位置，就因爲這一番革新的緣故！

近代的批評所佔範圍很廣，所以又可分爲四種方式（Types）：——據莫爾頓的分類——便是（1）歸納的批評；（2）推理的批評；（3）判斷的批評；（4）自由或主觀的批評。把各種特殊的文學，加以説明和分類，這便是歸納的批評（inductive criticism）。這種批評法，是一切批評法式的基礎。用了這種歸納出來的結論，建立文學的原則和文學的哲學（Philosophy of literature），這便是推理的批評（Speculative criticism）。用了這種假定的文學原則，估量文學的價值，判斷文學的優劣，這便是判斷的批評（Judical criticism）；這種批評，便是管領創作的批評。除這三種以外，還有一種法式，把批評的著作當作獨立的文學，把批評家認爲作家，這種批評法式，就叫自由或主觀的批評（Free or Subjective criticism）。

近代的批評方法，種類很多；而且也没有一定的分類法。除上面所講的四種方式之外，還有什麽科學的批評（Scientific criticism）、倫理的批評（Moral criticism）、鑑賞的批評（Appreciative criticism）、審美的批評（Aesthetic criticism）、印象的批評（Impressive criticism）。法國的泰奴[①]（Taine）是科學批評的創始者；法朗西（A. France）是印象批評的泰斗；英國的阿諾特[②]和露斯金[③]（Ruskin）是著名鑑賞批評家；但是這些批評方法，現在説不了許多。以下只把近代批評的方法當中最重要的兩個法式——歸納的批評法和判斷的批評法——介紹一下，而且裏面所引用的，多半是從黑德生所著的《文學研究導言》裏採下來的，這也應該聲明。

（四）歸納的批評法。文學批評的功用，從大體講來，可分爲二種：把文學作品的内容分析或比較一下，使讀者明白作品的真相，這便是“説明”

① 今譯爲丹納。

② 今譯爲安諾德。

③ 今譯爲魯斯金。

(to interpret)；用了一種標準，評定文學作品的價值，他的優點和弱點，這便是“判斷”(to judge)。判斷的批評，目的在於判斷作品的價值；歸納的批評，目的在於説明作品的内容。近代的批評當中，説明比判斷更重要得多；因爲在判斷以前，須把作品的内容，充分了解纔好！所以説明總在判斷之先的。而且近代批評家多相信，只要把文學作品的内容詳細説明，價值自然顯而易見，無待於評判。所以評判家的職務，只在説明，不在判斷。照此看來，可見歸納批評法是很重要了。

但是説明文學作品的内容，絶不是簡單的事情；歸納評判家的職務，却是很大而很難的。歸納評判的目的：第一要貫徹著作的中心；第二要辨出著作的中力（Power）和美（Beauty）的質素；第三要分別著作當中所包含的東西，那一種是暫時的，那一種是永久的；第四要把著作中的意義分析出來，列成方式；第五要説明著作家有意識或無意識地受着指導和支配的那種藝術的和道德的原則。凡是含蓄（impliation）在作品之内的，批評家應該把他顯示（explicit）出來。作品中一部分和他部分相互的關係，或各部分和全體的關係，批評家都應該細細表白出來。作品中散在各處的質點，埋在各節的綫索，批評家都應該探尋鈎引出來。把一種著作解説(Explain)、展開（Unfold)、照明（Illuminate）了之後，纔能够把他的内容，他的精神，他的藝術，赤裸裸的放在讀者眼前。這便是歸納批評的目的，歸納批評的任務。

歸納批評所用的方法，全是科學的方法。莫爾頓説得好：“歸納的批評，是在歸納科學的範圍内。”所以這種批評，簡直不是文學，已成了一種科學了。歸納的批評，完全採用科學的研究態度；準確和公正無私，是科學的要素，也就是歸納批評的態度。莫爾頓拿舊式的判斷批評和新式的歸納批評兩兩對照，分别出三個重要的異點：第一，判斷批評所討論的，大半是作品價值的高下問題，這是出於科學範圍以外的。他説：“一個地質學家，決不會讚揚一塊紅砂石，説他是模範的巖石；也不會做了文字去嘲罵冰世紀。”歸納的批評家，也和科學家一般，只問種類的異同，不問程度的高下。譬如對於莎士比亞和班瓊生[①]（Ben Jonson）的戲劇，只把他們的藝

① 今譯爲本·瓊生。

術方法，細細分別，和植物學家分別喬木灌木一般；假如説他們兩人誰高誰低，便出歸納批評的範圍了。雖然有時也把一個作家和別個作家，一種作品和別種作品互相比較，但這不是比較高下，不過想借此顯出作家或作品的特點罷了。第二判斷的批評家，對於文學的法則，看作和道德的戒律，國家的法律一般，以爲是從外面來束縛藝術家的；道德的戒律，國家的法律，都是從外面造成，把人限制在這裏面。歸納的批評家却以爲文學上不該有這種法律。文學法則也和自然法則一般，是從自然現象中歸納出來的。譬如説莎士比亞的戲曲法則，這種法則決不是先已有人編定了，來限制莎士比亞的，不過是從他的戲曲中歸納出來罷了。我們説星球遵守着重力法則，意義並不是説星球有遵守重力法則的義務。星球自身，是不會知道什麼法則的。我們説莎士比亞遵守着他的戲曲法則，意義也是這樣。所以批評家的職務，並不是去考查莎士比亞到底是遵守着法則不是？不過是想從莎士比亞戲曲中，發見他的法則罷了。第三判斷的批評有個固定的標準，用了這標準來審判作品的價值。這種標準因人而異，因時而異，差不多没有兩個批評家所定的標準是相同的。而且這些標準，都不過是假定的。歸納的批評家，却不承認這種標準，而且委實不信這種固定的標準是可能的。他相信文學和自然現象一般，乃是進化的産物。文學的歷史，是不絶進化的，所以用了一種假定的標準，去束縛不絶進化的文學，是萬萬做不到的。

這樣看來：文學批評，完全是一種研究態度，不應該涉及作品價值的問題，不應該涉及我們個人的感覺。泰奴曾説，文學批評家，乃是個植物學家，不過一個拿文學做主題，一個是拿植物做主題罷了。知道了這個，便明白歸納批評的大意了。

歸納的批評法，仔細分別起來，依着歸納方法的不同，又可以分作二派。第一派的代表，要算是莫爾頓，——上文已經介紹過好幾次。他的批評法主張把作品公平研究，不判定作品的價值。但是他的研究範圍，只以作品的本身爲限，只把作品的順序整理一下，作品的内容記述出來，就算完事。他最有名的批評著作《戲曲家的莎士比亞》(*Shakespeare as a Dramatic Artist*) 便是這樣的。第二派的歸納法，比莫爾頓更進一步，不單是研究作品的本身，更研究作者的時代和環境。這一派的代表批評家，要算法國的聖皮偉[①](Sainte Beuve）和泰奴。泰奴説："人種，環境，時代是構成藝術的三要素。"所以他研究一種作品，很注重作者的人物，環境，時代，明白了這三件事情，對於作品的内容，纔能充分了解。他的批評著作很多，最有名的是一部《英國文學史》（*Histoire de la litérature Anglaise*），他的批評方法，採用純粹的科學歸納法，所以又稱爲"科學的批評"（Scientific criticism）。

還有一件事該説説：現在有人把"criticism"這個字譯作"批評主義"；更説新文學應該注重自由的創作精神，所以不可把西洋的批評主義，認爲天經地義，這話我不敢十分贊同。因爲"criticism"這字，照亞里士多德原定的意義，自然也可以説是指"批評的標準"，"批評的原則"，但是近代的"criticism"却不一定是有固定的"標準"或"主義"的。近代文學中最流行的，已不是那有固定"主義"的因襲批評，乃是没有"主義"的歸納批評，這是應該注意的呵。

（五）判斷的批評法。但是歸納的批評法，雖然占着重要的地位，也不過批評法式的一種，單用了這一種法式，究竟不能使我們心滿意足。此外判斷的方法，還是省不了的。文學究竟和自然科學不同。文學涉及個性和情緒等問題，在自然科學中却没有這些。研究植物學或地質學的人，他的職務，只在於説明那東西到底是什麽，怎麽會變到這樣，餘外的事情，便一概不管了。文學却不然，除掉説明"什麽"和"怎麽"之外，更要研究藝術的和思想的價值。所以近代的批評家，雖然也有許多主張絶對的廢去判斷的方法，但是大多數的意見，却仍舊承認判斷批評的重要。譬如像莫爾頓批評莎士比亞的戲曲，所用的雖然全是歸納的方法，但是他所以要把莎士比亞的藝術詳細説明，仍舊是因爲莎士比亞具有偉大的藝術價值；所以至少在出發時候，他無論如何，是要用着判斷方法的。

在文學上判斷，乃是一種普遍的傾向。小學生對於教科書裏的文字，也曉得評論好歹；小孩們口裏所講的故事，那一椿有趣？那一節没趣？他們自己也都有定評。我們遇見朋友手裏拿着一部新書，總得問一聲："這部書好不好？"所以判斷的批評，乃是我們研究文學時發生的一種自然的要求。到了近

① 今譯爲聖佩韋。

代，作品的價值問題，更加困難複雜了。從前認爲天經地義的文學法則，現在應該重新批判，重新評價了。因此判斷的方法，更有重要的價值。判斷果然難得成功，而且批評家要尋出一致的判斷標準，是辦不到的。但我們却不能因爲這樣，便因噎廢食。歸納的方法，雖然很好；判斷的方法，可是仍舊不能廢除的。在判斷的批評中，批評家是儼然一個裁判官。他宣告藝術上那個優，那個劣，那個好，那個不好，那個錯誤，那個不錯誤。他把各種藝術的價值相互比較，所以又稱爲價值的批評（Criticism of Values）。英國的判斷批評家麥考賚①（Lord Macaulay），把自己比爲無冠的帝王；把他的著作室比爲帝王的寶座；他手定的文學原則，便是法律；古今文學作家，便都是臣屬，照品級排列着，受他的判斷。但是這種判斷方法，到了最近代，已不大流行。近代的批評家，已不是帝王；不能拿自己的命令，當作法律了。近代的判斷批評，受兩個條件的限制，要是超過了這限制，便不免於錯誤。那兩個條件是：（1）除非經過了歸納的批評，不能便下判斷。這個道理，明白得很。因爲作品的内容，未曾完全説明；單拿固定的標準，來下判斷，是免不了錯誤的。舊式因襲批評的最大缺點，也在乎此。所以批評文學作品，應該拿歸納方法，當作第一步；拿判斷方法當作第二步。（2）判斷批評，最重的是批評家的個性。判斷批評中所表現的，不是文學作品，倒是批評家自己的思想，自己的情感。譬如批評莎士比亞和彌爾頓的著作的，有福禄特爾、約翰孫②（Johnson）、波魄③（Pope）、愛狄生這幾個人。福禄特爾所下的判斷，和約翰孫不同；約翰孫所下的判斷，和波魄不同；波魄所下的判斷，又和愛迭生不同。但是莎士比亞總是一個莎士比亞，莫爾頓也不會有兩個彌爾頓，所不同的，不過是他們四個人的思想藝術罷了，所以他們四個人的批評當中所表現的，與其説是莎士比亞、莫爾頓的思想藝術，不如説是他們四個人的思想藝術。所以文學的判斷，是因人而異的。我們想拿了一個人的判斷，概括一切的判斷，無論如何，總是不可能的！

---

① 今譯爲麥考萊。

② 今譯爲詹森。

③ 今譯爲波普。

五十一、西諦　整理中國文學的提議

中國素以文教之邦著稱，中國文學發達的歷史，也至少在三千年以上，歷代帝王且時時下崇“文”之詔令，以中國人之如此重視文學，以中國文學所歷年代之如此長久，宜其能蓬蓬勃勃，産生無量數之傑作了！然而除詩歌與論文雜著之外，其餘戲劇、小説、批評文學之類，並不發達；這是什麽原故呢？原來中國人所崇的“文”，並不是“文學”的“文”，乃是所謂“六經之道”，爲帝王保守地位的“文”。其他真正文學，則提倡者決無其人。詩歌最容易發洩人的真情，故最發達。至小説之類，則所謂文人者，且鄙夷之而不屑爲。《四庫總目提要》且以：“詞曲二體，在文章技藝之間，厥品頗卑；作者勿貴。……王圻《續文獻通考》以《西厢記》、《琵琶記》盡人經籍類中，全失論撰之體裁；不可訓也。”至於近代，因西洋小説介紹進來的原故，大家才稍稍承認小説在文藝上的地位；但是一般人還不十分明瞭文學究竟是什麽？也不大知道中國文學真價的所在；有人以學校中的“功課表”算爲文學；也有人把宋元理學、漢人章句，也叙人文學史之中；又有人以陶潛來同俄國的托爾斯泰來相比。中國文學真還在朦朧陰影之中，没有露出新明的陽光呢！

所以我們要明白中國文學的真價。要把中國人的傳説的舊文學觀改正過，非大大的先下一番整理的工夫，把金玉從沙石中分析出來不可。

前次，文學研究會在上海開會時，我曾提出一個問題，請大家研究，就是“整理中國文學的範圍與方法”。當時大家曾討論了一回，因爲這個問題的複雜與重大，時間又是太短，所以没有議出什麽結果來。

現在我先把自己的意見，簡簡單單的寫出來，請研究中國文學的諸位先生給我些教正。

一、整理的範圍　文學的範圍極不易確定。如果我們説：“《詩經》是文學，《西遊記》是文學。”或是：“《日知録》不是文學，《朱子語録》不是文學。”那是誰也不會反對的。如果一進到文學與非文學的邊界，那末便不易十分確定了。譬如問：“王充《論衡》是不是文學？”“《北夢瑣言》、《世説新語》算不算文學？”或是：“《陸宣公奏議》、《賈子新書》是不是文學？”便不易立刻回答了。至少也要把文學的性質懂得清楚，並且把這種書的價值與影響研究得詳詳細細，才能够無疑的回答説：“這是文學。”或“這不是文學。”

欲確定中國文學的範圍，尤爲不易。中國的書目，極爲紛亂。有人以爲集部都是文學書。其實不然。《離騷草木疏》也附在集部。所謂“詩話”之類，尤爲蕪雜。即在“别集”及“總集”中，如果嚴格講起來，所謂“奏疏”，所謂“論説”之類，够得上稱爲文學的，實在也很少。還有《二程（程顥、程頤）集》中多講性理之文；及盧文弨、段玉裁、桂馥、錢大昕諸人文集中多言漢學考證之文；這種文字，也是很難叫他做文學的。最奇怪的是子部中的小説家。真正的小説，如《水滸》、《西遊記》等倒没有列進去；他裏邊所列的，却反是那些惟中國特有的“叢談”、“雜記”、“雜識”之類的筆記。我們要把中國文學的範圍確定一下，真有些不容易。

現在憑我個人的臆斷，姑且把他分爲九類如下：

（一）詩歌　這裏詩歌一字，所包括的頗廣。自四言的詩，五言、六言、七言的詩，以至樂府、詞、長歌、賦等等都包含在内。詞是從詩變化出來的。中國舊的分類雖與詩分開，其實性質是一樣；只不過音調不同而已。賦自《離騷》以後，作者繼出；而《離騷》實爲後世詩人之祖；故賦也不能與詩分開。還有民間歌謡也須附在這一類中。

（二）雜劇傳奇　元人雜劇及湯若望[①]、李漁、蔣士銓諸人之作，都包括在内。董解元的《西厢記》，體例與王實甫不同；他這本書是預備給一個人唱演的，不是預備給許多人扮演的；後世彈詞與他極爲相近，亦可附在此類。

（三）長篇小説　中國長篇小説極少。自宋元以後，始有作者；而所謂文人學士，對於這種書並不重視；所以除了《水滸》、《西遊記》、《三國志》、《紅樓夢》、《鏡花緣》、《儒林外史》，以及其他歷史小説如《開闢演義》、《東周列國志》、《秦漢演義》之類百餘種以外，長篇小説幾於絶無僅有！

（四）短篇小説　唐人的短篇小説，如《虬髯客傳》、《馬燕傳》、《柳毅傳》、《長恨歌傳》、《霍小玉傳》等，都是價值極高的。自唐以後，作者絶少。蒲留仙之《聊齋》與流行民間之《今古奇觀》，可以附在此類。

（五）筆記小説　此爲中國所特有者。《四庫總目》所列子部小説家，幾皆爲此類；而往往一書中，有許多篇是雜記掌故的，有許多篇是記奇聞的，還有許多是雜記經籍考證及音義的，不能把他們完全當爲小説。

（六）史書傳記　長篇傳記，中國極少。至於史書，則《左傳》、《史記》、兩《漢書》、《三國志》之類，都是有很高的文學價值的，他們的影響極大，後世言文者多稱左、馬。在文學史上，他們與《詩經》、《離騷》是有同等的重要的。

（七）論文　論文在中國文學中，占有很重要的地位。周秦諸子及賈誼、揚雄、王充、仲長統、韓愈、蘇軾、黄宗羲諸人所作的《論衡》、《昌言》、《明夷待訪録》之類，一面與思想界極有關係，一面在文學上也各有相當的地位。

（八）文學批評　中國的文學批評，極不發達。劉彦和的《文心雕龍》，算是一部最大的著作。章學誠之《文史通義》亦多新意。其餘如《詩品》、詩話、詞話，及《唐詩記事》之類，大半都是不大合於文學批評的原則的。

（九）雜著　如書啟、奏議、詔令、贊、銘、碑文、祭文、遊記之類，

---

① 湯若望，應爲湯若士。

皆歸於這一類。

以上九類，略可以把中國文學包括完盡。惟文學與非文學之間，界限極嚴而隱；有許多奏議、書啟，是文學；有許多奏議、書啟，便不能算是文學；所以要定中國文學的範圍，非靠研究者有極精確的文學不可。

二、整理的方法　我們研究一種學問，不能受制於他人所預定的研究方法之下；所以同樣的，我們也決不敢替别人定什麼整理的或研究的方法。但是至少限度研究的趨向，我想總要稍稍規定一下。因爲這種研究的趨向，正如走路一樣，無論走到那裏去，都是非經過這一個地方不可的。譬如在培根以前，研究學問都只信仰相傳的成説，並不自己考察，在達爾文以前，講生物原理的人，也都只相信上帝造物之説，並不去研究生物進化之原理。到了培根、達爾文以後，則研究學問的自然而然的都趨向於歸納的研究與進化論一方面了。又如十八世紀以前，西歐的批評文學家，都以希臘的傳統的學説，爲惟一的批評的方針。莎士比亞的戲劇，因爲不遵守亞里士多德定下的“三一律”，便被當時的人攻擊得很利害。到十八世紀以後，文學的研究者便没有人信仰這“三一律”，而另有他們自己的新趨向了。如果在現在的時候，而還有人拿“上帝創造説”來批評“進化論”，或拿“三一律”來做現在的戲劇的準繩，則這人就是個“非愚則妄”的人了！所以我們站在現代而去整理中國文學便非有：

（一）打破一切傳襲的文學觀念的勇氣。

與（二）近代的文學研究的精神不可了。

現在先就第一項略説一下：中國文學所以不能充分發達，便是吃了傳襲的文學觀念的虧。大部分的人，都中了儒學的毒，以“文”爲載道之具；薄詞賦之類爲“雕蟲小技”而不爲。其他一部分的人，則自甘於做豔詞美句，以文學爲一種憂時散悶、閒時消遣的東西。一直到了現在，這兩種觀念還未完全消滅。便是古代許多很好的純文學，也被儒家解釋得死板板的，無一毫生氣。《詩經》裏很好的一首抒情詩：

關關雎鳩，在河之洲。
窈窕淑女，君子好逑。
參差荇菜，左右流之。
窈窕淑女，寤寐求之！

求之不得，寤寐思服。
悠哉悠哉！輾轉反側。

被漢儒解釋，便變成“後妃之德也，風之始也，所以風天下而正夫婦也”了。雖然，朱熹能够打破這種解釋，而仍把他加上儒家的桎梏，説什麽此人此德，世不常有；求之不得，則無以配君子而“成其内治之美”。最可笑的是：

喓喓草蟲，趯趯飛[①]螽；未見君子，憂心忡忡！亦既見止，亦既覯止，我心則降！

陟彼南山，言采其蕨；未見君子，憂心惙惙！亦既見止，亦既覯止，我心則説！

陟彼南山，言采其薇；未見君子，我心傷悲！亦既見止，亦既覯止，我心則夷！

一首詩明明是“諸侯大夫行役在外；其妻獨居，感時物之變而思其君子如此”（朱熹的話）之意。漢儒却把他當做“大夫妻能以禮自防”之意；當做叙述婦人適人，未見其夫與既見其夫的心境變化之文；這真是大錯特錯了。第一段“未見君子”解做“在途時”，還勉强可通。至第二段、第三段，則出嫁之女，要跑到南山去采蕨采薇做什麽？下邊緊接着“未見君子”——“在途時”——則更説不通了！出嫁之女，走到途中，忽然跑到南山去采蕨，采薇，到底是怎樣一回事呢？還有奇怪的！詩中“未見君子，我心傷悲”，明明是言未見其夫，故而悲痛；漢儒却解做“嫁女之家，不息火三日；思相離也”。如果要是説女思相離的話，那未見夫前與見夫後總是一樣的相思；爲什麽見了夫後，便“我心則夷”呢？這種曲解强釋，完全是中了儒家的“禮教”之毒之故；所以不許有懷春之士，不許有思夫之婦；而非把他們拿來裝飾儒家“禮教”的門面不可。其實孔子選詩的本意，豈是每首都含有宣傳他的主義的意義在内麽？

《離騷》與其後的各種小説，也同樣的受了這種曲解的灾禍。自《史記》有“屈平疾王聽之不聰也，讒諂之蔽明也，邪曲之害公也，方正之不容也，故憂愁幽思而作《離騷》”之言；於是後之注“騷”者，幾無一語不

---

① “飛”當作“阜”。

解爲怨誹，無一語不解爲思君。自朱熹作《通鑑綱目》，貶曹魏，以三國正統予劉而不予曹；於是後之評《三國演義》者，幾無一處不以作者爲貶曹操，爲是寫曹操的奸惡的；無論曹操的一舉一動，都以爲是奸謀，是惡行。評《紅樓夢》者，竟有逐回斥責賈母爲禍首的。評《西遊記》者，則有以此書爲言醫藥之書，逐回都是談論醫理的。如此附會之處，幾於無書無之！中國人的儒教的文學觀因此養成，根柢深固，莫能拔除。爲儒者所不道的稗官小説，開卷亦必説了許多大道理。無論書中内容如何，而其著書之旨，則必爲“勸忠勸孝”；甚至著淫書者，開頭亦必説他著此書，是爲“勸善懲淫”。這種文學觀，是我們所必要打破的。還有一種無謂的文學正統的争論，如言古文者鄙駢體爲不足道，言駢體者亦斥古文爲淡薄，言宋詩者遂唾棄别時代的一切作品以爲不足學之類。我們都應一概打破。

文學貴獨創。前人之所以嘉惠後人者，惟無形中的風格的影響，與潛在心底的思想的同情而已。摹襲之作，絶無佳構。而中國文學則以倣古爲高，學古爲則。屈子有《離騷》；揚雄則作《反騷》。枚乘作《七發》；而《七啟》之屬，遂相繼而産生。言詩者不言此詩家之性質何在；獨哏哏然舉某詩似杜子美，某詩似黄山谷；一若學古人而似，即爲詩人之最大成功者。言散文者亦然。作者評者莫不以摹學《左》、《孟》、《史記》、昌黎爲榮！這種奴性，真非從根本上推倒不可。

總之，我們研究中國文學，非赤手空拳，從平地上做起不可。以前的一切評論，一切文學上的舊觀念，都應一律打破。無論研究一種作品，或是研究一時代的文學，都應另打基礎。就是有許多很好的議論，我們對他極表同情的，也是要費一番洗刷的工夫，把他從沙石堆中取出，而加之以新的證明，新的基礎。

説到這裹，必定有人要問我“舊的既然要打破，那末新的呢？新的文學的觀念是怎樣的呢？”

在這個地方，我且乘便把第二項“近代的文學研究的精神”説一説：

我們的新的文學研究的基礎，便是建築在這“近世精神”上面的。

這近代的文學研究的精神是怎樣的呢？B. G. Noulion 在他的《文學的近代研究》（*Modern study of literature*）一書裹，説得很詳細，他以爲近代的精神，便是（一）文學統一的觀察。（二）歸納的研究。（三）文學進化的觀念。

所謂文學的統一觀，便是承認文學是一個統一體，與一切科學哲學是一樣的；不能分國單獨研究，或分時代單獨研究。因爲古代的文學，與近代的文學是有密切的關係的。這一國的文學，與那一國的文學也是有密切的關係的。我們研究文學，應該以“文學”爲單位，不應當以“國”或以“時代”爲單位。我們中國的文學研究者，則不惟没有世界的觀念；便連一國或一時代的統一研究，也還不曾着意。他們惟知道片段的研究一個或幾個作家，用這種文學的統一觀來代替他們片斷的個人研究，實是很有必要的。

但是説來可憐！中國人便連這片斷的個人研究，也不曾研究得好呢？他們所謂研究便是做“年譜”與“注釋”，能够對於一個作家的性格與作品，有一種明瞭的切實的批評的，實在是萬不得一！

“歸納的觀察”，是研究一切學問的初步，無論我們做個人的研究工夫也好，做一部分或全部分的中國文學的研究工夫也好，我們必須應用這“歸納的觀察法”，把作品與作家仔仔細細研究個公同的原則與特質出來。

所謂“進化的觀念”，便是把“進化論”應用到文學上來。許多人反對講“文學進化”，以爲文學是感情的結晶。人類的感情，自太古至現代，並没有什麽進化；所以荷馬的史詩，我們還是同樣的贊賞。如言進化，則荷馬之詩，必將與希臘的幼稚的科學知識同歸消滅了！其實這是不然的。“進化”二字，並不是作“後者必勝於前”的解釋；不過説明某事物一時期，一時期的有機的演進或蜕變而已。所以説英國文學的進化，由莎士比亞，而史格的而丁尼生；並不是説丁尼生、莎士比亞一定好。這種觀念是極重要的。中國人都以爲文學是不會變動的。凡是古的都是好的，古人必可以作爲後起之人的模範，所謂“學杜”、“學韓”都是受這種思想的支配，如果有了進化的觀念，文學上便不會再有這種固定的偶像出現。後起的文學，也决不會再受古代的傳襲的文學觀的支配了。

這種研究的趨向，是整理中國文學的人，大家都要同走的大路，萬不可不求其一致。至於各人要做什麽工作，則儘可以憑各人興趣與志向做去，不必别人代爲預先計劃。不過據我的意見：中國文學的整理，現在剛在開始之時，立刻便要做全部文學的整理工夫，似乎野心太大了些！最好是先有局部的研究，然後再進爲全體的研究，才能精密詳確。局部的研究：可分爲（一）一部作品的研究。（二）一個作家的研究。（三）一個時代的研究。（四）一個派別的研究。（五）一種體裁的研究。但這種局部研究，有時也要關涉全體的，如從事一個作家的研究，對於作家在文學史上的地位與影響，是必須研究的。他的性質，他的作品風格，他的人生觀，都是要細細的觀察的。從事一個作品研究也是如此。除了研究他的風格與所包含的思想外，至少還須知道他的作品的歷史與性格，及這作品在文學史上的地位與影響。因爲時間關係，這篇短文便如此的匆匆結束了。還有許多話，只好待以後再說。

五十二、錢基博　我之中國文學的觀察

一　導言

諸君以博粗治文字，屬演講中國文學，又重以敝校校長陳先生之命，博不敢以固辭，試述“我之中國文學的觀察”。

“我之中國文學的觀察”云者，與我之中國文學的意見不同。蓋意見者，主觀之批評；而觀察之所據者，則客觀之事實也。意見當自作主張；而觀察必依於事實。則有不容師心自可者；不可不察也！

“我之中國文學的觀察”云者，又與我之中國文學的研究不同。憶民國八年敝校開暑期講習會，博嘗講“國文研究法”。論中國文學，宜以何道治之而可。諸君當日必有在座者，而博今之所欲言者，則在中國文學宜根據何種事實觀察，而能得其真際。蓋“國文研究法”之所研究者，在吾人文學創作能力之修養；而今與諸君言者，則在搜集古今之文學作品，由各個的觀察，而為整個的説明也。向之所重者，自我能力之修養；而今之所重者，他人作品之觀察。此又不可不辨也。

自北大胡適之先生倡“文學革命”以來，亦既數年於茲。有言俄羅斯文學者，有言愛爾蘭文學者，有言英、德、法、美各國文學者，博竊以爲此可以言外國文學之介紹；而非所論于中國文學革命之大業也。苟欲竟中國文學革命之大業，不可不先于中國固有之文學，下一番精密觀察功夫；猶之“教育改進社”之企圖中國教育改進，不可不先以“實際教育調查社”之組織也。博魯不能治外國文學；顧狂瞽之見，竊以爲橘逾淮尚爲枳，遷地不盡爲良；何況文學爲一國國性之表現，而可舍己芸人，取非其有耶？此我之中國文學的觀察，所爲不同于人云亦云者也！幸有以教之。

二　文學之定義

欲觀察中國文學，不可不先知“何謂文學”？文學之定義亦不一：

（甲）狹義的文學　專指美的文學而言。所謂美的文學者，論内容則情感豐富，而不必合義理；論形式則音韻鏗鏘，而或出以整比；可以被絃誦，可以欣賞；梁昭明太子序《文選》：“譬諸陶匏爲入耳之娱，黼黻爲悦目之玩者也！若夫姬公之籍，孔父之書，……老莊之作，管孟之流，蓋以立意爲宗，不以能文爲本；今之所撰，又以略諸。若賢人美辭，忠臣之抗直，謀夫之話，辨士之端，冰釋泉涌，金相玉振，所謂坐狙丘，議稷下，仲連之却秦軍，食其之下齊國，留侯之發八難，曲逆之吐六奇，蓋乃事美一時，語流千載；概見墳籍，旁出子史，若斯之流，又亦繁博，雖傳之簡牘，而事異篇章。今之所集，亦所不取。至于記事之史，繫年之書，所以褒貶是非，紀别異同；方之篇翰，亦已不同。若夫讚論之綜緝辭采，序述之錯比文華，事出于沈思，義歸于翰采；故與夫篇什雜而集之……名曰《文選》云耳。”所謂“篇什”者，（《詩》雅、頌十篇爲一什，後世因稱“詩卷”曰“篇什”）由蕭序上文觀之：則賦耳，詩耳，騷耳，頌贊耳，箴銘耳，哀誄耳，皆韻文也，然則經非文學也；（姬公之籍，孔父之書）子非文學也；（老莊之作，管孟之流）史非文學也；惟讚論之綜緝辭采，序述之錯比文華，事出沈思，義歸翰采；與夫詩、賦、騷、頌之成篇什者，方得與于斯文之選耳。六朝人嘗言：“有韻者謂之文，無韻者謂之筆。”持此以衡，雖唐宋韓、柳、歐、蘇、曾、王八家之文，亦不得以厠于文學之林；以事雖出于沈思，而義不歸乎翰采；蓋以立意爲宗，不以能文爲本者也。

文學限于韻文，此義蓋有由來。然吾人倘必持狹義以繩文學，則所謂文學者，殆韻文家之專利品耳！倘求文學之平民化，則不得不舍狹義而取廣義。

（乙）廣義的文學二字，始見《論語》：子曰："博學於文。""文"，指詩書六藝而言；不限于韻文也。孔門四科，文學子游、子夏；不聞游、夏能韻文也。班固撰《漢書·藝文志》凡六略；六藝百三家，諸子百八十九家，詩賦百六家，兵書五十三家，數術百九十家，方技三十六家，皆入焉。倘以狹義的文學繩之，六略之中堪入藝文者，惟詩賦百六家耳。其六藝百三家，則蕭序所謂"姬公之籍，孔父之書"也。諸子、兵書、方技、術數之屬，則蕭序所謂"老莊之作，管孟之流，蓋以立意爲宗，不以能文爲本"者也。然則文學者，述作之總稱；用以會通衆心，互納群想，而表諸文章，兼發知情；知以治教，情以彰感；譬如舟焉，知如其柁，情爲帆棹；知標理悟，情通和樂；得乎人心之同然矣！

三　中國文學之起源

詩歌者，一切文學最初之方式也。無論何國，皇古第一部流傳之文學作品，必爲詩歌集。證諸周作人《歐洲文學史》、鄭振鐸《俄國的詩歌》（見《民鐸》雜誌第三卷第二號）、瞿世英《希臘文學研究》（見《改造》第四卷第五號）而可知也。今年《東方雜誌》第十九卷第十號載有《荷馬史詩伊麗雅底研究》一文，所謂荷馬史詩者，希臘第一部流傳之文學作品，殆即西洋第一部流傳之文學作品焉。

《詩經》爲中國古代之詩歌集，固也。然詩三百篇，惟《商頌》五篇，爲商人之遺詩耳，餘皆周人作也。若商以前，曰虞，曰夏，不傳詩歌而有政書，即《書》之《虞書》、《夏書》也。是我國皇古第一部流傳之文學作品，非詩歌而政書也。然則"詩歌一切文學最初之方式"一語，殆于中國文學有例外耶？曰：是不然。虞、夏有書無詩，非無詩也；詩佚不傳耳。然遺文墜簡，有可考見者：堯之世有《康衢歌》（《列子》：堯微服游于康衢，聞童兒謠曰，立我蒸民，莫匪爾極，不識不知，順帝之則。堯喜問曰，誰使爾爲此？童兒曰，我聞之大夫。問大夫，大夫曰，古詩也），《擊壤歌》（皇甫謐《高士傳》：帝堯之世，天下太和，百姓無事，壤父年八十餘而擊壤于道中……曰，日出而作，日入而息，鑿井而飲，耕田而食，帝何德于我哉！)，舜之世有《明良喜起歌》(《尚書·稷益》：帝庸作歌……曰，股肱喜哉！元首起哉！百工熙哉！皋陶拜手稽首……乃賡續載歌曰，元首明哉！股肱良哉！庶事康哉！又歌曰，元首叢脞哉！股肱惰哉！萬事墮哉！)，《卿雲歌》(《尚書大傳》：帝乃倡之曰，卿雲爛兮，糺縵縵兮，日月光華，旦復旦兮)，《南風歌》(《尸子》：帝舜彈五弦之琴，以歌南風，其詩曰，南風之薰兮，可以解吾民之愠兮，南風之時兮，可以阜吾民之財兮)，皆唐虞之遺詩也。是則我國皇古流傳之第一部文學作品，雖非詩歌；而詩歌爲一切文學之最初方式，則固中國文學之所不能異也。蓋人稟七情以生，應物斯感，感物吟志，情動于中而形于聲。聲成文謂之音。譬諸林籟結響，泉石激韻，夫豈外鑠，蓋自然耳！朱襄來陰之樂，包犧罔罟之章，葛天之八闕，媧皇之充樂，其聲詩之鼻祖也。惟生民之初，文字未著；徒有謳歌吟詠；縱令土鼓葦籥，必無文字雅頌之聲；如此則時雖有樂，容或無詩，譬之則苗猺之秧歌耳。是以搢紳士夫，莫得而載其辭焉，厥爲有音無辭之世。是後鳥迹代繩，文字初炳，作始于犧皇之八卦，大備于黄帝之六書；而年世渺邈，聲采靡追。唐虞文章，則焕乎始盛；始有依聲按譜，誦其言，詠其聲，播之篇什而爲詩，如所傳《康衢》、《擊壤》諸歌者。（班固曰，誦其言謂之詩，詠其聲謂之歌）特未及孔子編而放失者多耳！雖然，古詩放失之多，豈徒唐虞之古也哉！史稱紂無道，爲武王所滅；封其庶兄微子啟于宋，修其禮樂以奉商後。其後政衰，商之禮樂日以放失，七世至戴公時，大夫正考甫得《商頌》十二篇於周太師，歸以祀其先王。至孔子編詩而又亡其七篇，是則《商頌》七篇所存焉者廑耳！雖然，《樂記》曰："商者五帝之遺聲也。"(《白虎通》，黄帝、顓頊、帝嚳、帝堯、帝舜五帝也。)是五帝之詩亡，而五帝之聲未亡。《記》曰："商人尚聲；天威大聲，《商頌》也。"即以《商頌》五篇爲五帝之詩歌也可。惟詩歌爲一切文學最初之方式，此狹義的文學所謂必限于韻文也。

夷考初民詩歌之動機有二：一讚美，二戀愛。

（甲）讚美詩　由讚美自然之美好，進而讚美人物之偉大；又進而讚美偉大人格化之天帝。舜之《卿雲》、《南風》諸歌；即詩之讚美自然者也。詩之《雅》、《頌》，則讚美人物之偉大及偉大人格化之天帝者多焉。

（乙）戀愛詩　詩《周南》、《召南》開卷之第一篇《關關雎鳩》，即男女戀愛之詩也。其餘如《桃夭》、《漢廣》、《草蟲》、《標有梅》、《靜女》、《桑中》、《碩人》、《女曰雞鳴》、《有女同車》、《狡童》、《褰裳》、《野有蔓草》、《溱洧》之屬，更難僕數。

四　中國文學之沿革

中國文學之沿革，此興彼仆，如水波之相續，循環起伏。就内容論，雖質點不同；後波之水，非復前波，而就外形論，則逝者如斯，後波之起，還仍前波。此日本人著支那文學史者所不知也。日本人著支那文學史，不過羅舉作品，説明來歷，可謂之書目提要；而不能謂之文學史也。史之大用，在能詳考前因後果之沿革；説明此興彼仆之波動。試陳其略：

中國文學之沿革，就内容論；則浪漫文學與現實文學迭興仆。就外形論，則白話文學與文言文學迭興仆，而就文言論文言，則又散文與駢文迭興仆。此其大略也：

（甲）浪漫文學與現實文學　現實文學者，現實描寫之文學也。浪漫文學者，超現實描寫之文學也。浪漫文學，富感興，騖玄想，而現實文學，則主理知，記實在。浪漫文學，辭繁不殺；而現實文學，則語約而意盡。《論語》現實文學也；而《孟子》則富有浪漫之色彩矣！《春秋》現實文學也；而《左氏傳》，則饒有浪漫之興味矣！《老子》雖主玄識，而文則謹約，猶不脱現實風度也。《莊子》洸洋自恣以適己；《天下篇》所謂謬悠之説，荒唐之言，無端崖之辭，則浪漫文學矣！此可以悟浪漫文學與現實文學之不同。

春秋以前之文學，現實文學也。其代表作品：《尚書》記言；《周禮》、《儀禮》，記政制；《春秋》記事；其爲現實文學，無疑也。或曰："《易》爲中國古代之玄學，豈亦現實文學乎?"曰："《易》之爲玄學，人所知也。《易》之爲社會玄學，或人之所不知也。社會玄學與玄學異：老子，玄學也。《易》，社會玄學也。玄學主玄識；而社會玄學，則不能離現實之社會而言玄識。玄學托想微妙，出乎天天，而社會玄學出乎天天，又須入乎人人。此社會玄學與玄學之不同也。《易》之爲書，不過觀天地之法象，説明人事之推遷；一卦以表一事，如《需》表飲食，《蒙》表教育，《訟》表辯訟，《師》表師衆等類。出乎天天之玄，即寓諸人事社會之内。故曰：“《易》，現實文學也。”或又曰：“《詩》可以興，可以觀，可以群，可以怨；豈非春秋以前之浪漫文學乎?”曰：“是，又不然。《詩》者，先王以是經夫婦，成孝敬，厚人倫，美教化，移風俗，故《詩》有三體焉：一曰風，二曰雅，三曰頌。風者，治道之遺化。雅，以爲後世法。頌者，美盛德之形容，以其成功告於神明者也。則是詩者，寓感興于現實；未嘗超現實也。”

戰國之盛也，而超現實之浪漫文學興焉。史之《戰國策》，子之莊、列，集之《楚詞》，其代表作品也。莊、列之寓言也，則觸蠻可以立國，蕉鹿可以聽訟。《離騷》之抒憤也，則帝閽可以上九天，鬼情可以察九地。他如縱横馳説之士，飛箝捭闔之流，徙蛇引虎之譽謀，桃梗土偶之問答，愈出愈奇，不可思議。非復春秋以前現實文學之作品矣！

漢之興也，有鄒楊、枚乘、莊忌之徒，文學之士極盛一時。而司馬相如、司馬遷先後輝映，標然特出，爲後世駢散大宗。司馬相如者，蜀人，好讀書，擊劍；作《子虛賦》，武帝讀而善之；因楊得意言，上令尚書給筆札，爲《遊獵賦》。相如以子虛，虛言也，爲楚稱；烏有先生者，烏有此事也，爲齊難；無是公者，無是人也，明天子之義；故空藉此三人爲詞，以推天子諸侯之苑囿；其卒意歸之于節儉；因以風諫，奏之。天子大悦。其《哀二世賦》、《大人賦》、《長門賦》、《難蜀父老》、《封禪文》數篇，皆傳于世。太史公以爲《大人賦》飄飄有凌雲之氣，似遊天地之間。意相如之文，雖本于騷而加靡麗；然有雄博之意，非後人摹擬所能及也！而當時淮南王安，亦好書，招致食客方術之士數千人，作爲《内書》二十一篇；《外書》甚衆；又有《中篇》八卷，言神仙黄白之術，亦二十餘萬言。武帝方好藝文，以安屬爲諸父，辨博善爲文辭，甚首重之。今所傳《淮南子》僅存二十一篇，蓋《内篇》也。其書雖摭集各家之説，而文特綿密。當時文學若鄒楊、枚乘、主父偃、嚴安、終軍、枚皋、東方朔之屬，皆應對有方，篇章不匱；遺風餘采，莫與比盛！而司馬遷承其先人之職，發憤著書，網羅天下放失舊聞，考之行事，稽其成敗興壞之理，凡百三十篇。博嘗評以八字曰：“其文則史，其情則騷。”自序其書曰：“意有所鬱結，……故述往事，思來者。”凡天地之間，萬物之變，可驚可愕，可以娱心，使人憂使人悲者，子長盡取而爲文章；是以變化出没，磊落而多感慨！雄而肆！婉而多風！可謂極浪漫文學之能事也！降而至于魏晉之際，而中原士大夫，罔不騖玄談，喜莊老，浪漫文學之意味也！擅藻采，富感興，浪漫文學之色彩也！厥爲浪漫文學極盛之時期焉！

唐之韓愈氏出，宋蘇軾撰《韓文公廟碑》，以爲"文起八代之衰"。其實，亦不過歸真返樸，一變浪漫文學之作風，而返之現實而已！自是而後，宋之歐（歐陽修）蘇（蘇洵、蘇軾、蘇轍）曾（曾鞏）王（王安石），元之虞（虞集）揭（揭傒斯）黄（黄溍）柳（柳貫），明之宋（宋濂）李（李東陽）歸（歸有光）唐（唐順之），以迄清初之侯（侯方域）魏（魏禧）汪（汪琬）三家，中葉之桐城三家（方苞、劉大櫆、姚鼐），一脈相承，皆以韓愈爲依歸。然而文章漸習爲窠臼；但具形貌而無其實，千篇一律，萬首雷同，而學者或厭棄之矣！於是仁和龔自珍起！自珍性跌宕，不檢細行，喜爲要眇之思；其文辭俶詭連犿，雜揉莊佛，有魏晉以前浪漫之作風；當時之人勿善也！雖然，晚清文學思想之解放，自珍實與有力焉！新會梁任公言："光緒間，所謂新學家者，大率人人皆經過崇拜龔氏之一時期。"迄於今日而浪漫文學之作風，方興未艾也！章太炎善談經，一時有大師之目；而文章則右八代而輕唐宋，嘗稱康有爲文時有善言，而稍譎奇自恣。而梁任公之文，則汪洋恣肆以適己；以新知附益舊學，日益宏肆矣！雖其文之奥顯華質不一，而譎奇自恣之爲浪漫文學則如出一轍焉。

（乙）白話文學與文言文學　白話、文言之争議，不過最近四五年間事耳。然我國之有白話文，由來已舊。蔡孑民先生在北女高師演説"國文之將來"，有一語爲人傳誦者，即"文言是用古人的話，來傳達今人的意思"一語，是也。然而古人之語果即今之所謂文言乎？此語羌無故實，似失之武斷也。胡適之先生著《文學改良芻議》，便只説："吾國言文之背馳久矣。"此語便有分曉。蓋吾國言文背馳，不是自古如此。若論自古只有白話文，而無文言文，古人自有古人之話，古人自有古人用話，作一種通俗之白話文書，即《尚書》、《詩經》，是也。夷考《尚書》之《堯典》、《皋陶謨》、《高宗肜日》、《西伯戡黎》、《微子》、《洪範》、《康誥》、《無逸》、《君奭》、《立政》、《顧命》、《文侯之命》諸篇，當日對話之文也。《甘誓》、《湯誓》、《盤庚》、《牧誓》、《多士》、《費誓》、《秦誓》諸篇，當衆演説之辭也。《大誥》、《多方》《吕刑》諸篇，當日告示之文也。太史陳詩，以觀民風；

而十五國風則採自民間歌謡。斯二者，在當日義取通俗，文不雅馴。格之訓至也，來也；殷之訓中間之中也；采之訓事也；肆之言於是也；劉之言殺也；誕與純之言大也；台與卬之言我也；莫莫之言茂密也；揖揖之言會聚也；薨薨之言群飛也；惄之言饑也；旁旁之言馳驅也；邁之言去也，行也；盬之言終了也；伾伾之言有力也……古人當日用語，隨在可以考見。然則《尚書》者，古人之白話文也。《詩經》者，古人之白話詩也。惟語不能無隨時變遷，後人讀而不易曉，遂覺爲"詰屈聱牙"焉！《爾雅》一書，有《釋詁》、《釋言》、《釋訓》三篇；是即以中古以來通用之文言，而注釋詩書之古語也。蔡先生云："司馬遷《史記》……記唐虞的事，把欽字都改作敬字，克字都改作能字，……記古人的事，還要改用今字。"若自不佞觀之：司馬遷以敬改欽，以能改克，乃是依中古以來通用之文言，改訂唐虞時代之古語，而非如蔡先生所云"記古人的事，改用今字"也。此爲中國最古之白話文。此外十三經之中，如《周禮》、《春秋》、《左氏傳》、《孝經》、《論語》、《孟子》、《禮記》之類；皆文言而非白話，與《尚書》、《詩經》不同。所以字句之間，後人讀之易曉；便不似《尚書》、《詩經》之聱牙澀舌；此可以見今之所謂文言，是從古到今通用；而不似古人的話之受時間的制限。《書·盤庚》"乃話民之弗率"。東坡書傳曰："民之弗率，……以話言曉之。"是《盤庚》之爲古人的話，明也；而《盤庚》之詰屈聱牙特甚！孔子作《易》乾、坤兩卦文言，明明題曰"文言"，而不稱做話；然而句法字法；與今之所謂文言無異，更可見古人的話，自另有一種；而非即今之所謂文言也。考文言創於老子；而孔子問禮老子，遂以老子《道德》五千言之文體，贊《易》乾、坤兩卦，正其名曰文言，（文言多用韻偶，多用虚字，皆仿自老子，爲前此所未有）以爲三千弟子之模式文。于是孔門著書，皆用文言。左丘明受經仲尼，著《春秋傳》，文言也！有子，曾子之門人，記夫子語，成《論語》一書，亦文言也！曾子問孝于仲尼，而與門人弟子之言，門弟子類記而成《孝經》，亦文言也！《檀弓》、《禮運》，皆子游之門人所記，亦文言也！可見仲尼之徒，著書立説，無不用夫子之文言者。故曰："夫子之文章，可得而聞也。"雖然，夫子之文章，不曰誦而曰聞者，蓋古用簡策，文字之傳寫不便；往往口耳相授。阮元曰："古人以簡策傳事者少，以口舌傳事者多；以目治事者少，以口耳傳事者多；故同爲一言，轉相告語，必有衍誤；是必寡其詞，協其音以文其言；使人易於記誦，無能增改；且無方言俗語雜于其間，始能達意，始能行遠；此孔子於《易》所以著《文言》之篇。”然則文言非古人之話，明也。孔子作而文言興，白話廢矣！蓋春秋百二十國；孔子三千弟子，七十二賢，所占國籍不少；當日國語既未統一；如使人人各操國語著書，則魯人著書，齊人讀之不解；齊人著書，魯人讀之不解。觀于《公羊》、《穀梁》已多齊語魯語之分，更何論南蠻鴂舌，如所稱吴楚諸國！孔子曰：“辭達而已。”“達”，即《論語》“己欲達而達人”之“達”。達之云者，時不限古今，地不限南北，盡人能通解之謂也。如之何而能盡人通解也？自孔子言之：只有用文言之一法。孔子曰：“書同文。”又曰：“言之無文，行之不遠。”此“遠”字指空間言，非指時間言，是“縱横九萬里”廣遠之遠。而非“上下五千年”久遠之遠，推孔子之意，若曰：“當今天下，各國國語雖不同，然書還是同文。倘使吾人言之無文，只可限于方隅之流傳，而傳之遠處，則不行矣！”所謂言之有文者，即阮元所謂“寡其辭，協其音……無方言俗語雜于其間”之言。嗣是而後，名、法、墨、道之子，馬、班、范、陳之史，建安七子之集，皆文言矣！

六朝時，印度佛典輸入，譯者以文言不足以達意，故以淺近之文譯之，其體已近白話。其後佛氏講義語録，尤多用白話爲之者。是爲語録體之始。及宋儒講學，以白話爲語録，此體遂成講學文字正體。宋元以後，小説之演義體興，仿于宋之《宣和遺事》；而《水滸》、《西遊》、《三國》之屬，盛揚其焰，純以白話爲之，家弦户誦，亦説部正體。宋詩如邵雍《擊壤集》，不避俗語俗字，遂别成一派。至明代陳獻章、莊泉等以講學家自名者，大抵宗之。講學家詩之爲《擊壤集》，猶講學家文之爲語録也。元劇之白話亦不一。蓋宋朝而後，中國之白話文學與文言文學中分天下！然文之韓、柳、歐、蘇，詩之李、杜、蘇、黄，文學正統，必仍以文言爲歸。至晚近胡適之倡文學革命之論，而白話體，寖欲篡文言之統而代之矣！然佛典譯而語録興！歐書譯而白話盛！是白話文之中興，必在外國文學翻譯時代。意者，孔子所創之文言文學，與外國輸入之思想，有不相體合者耶！

（丙）散文與駢文　孔子作《易·文言傳》，其體駢散互用，華質相宜；

郁郁乎文哉！戰國已降，駢體與散文歧途；漸趨詞勝而詞賦昌。馴至于南北朝，儷體獨盛。此一時期也。然物窮則變，《唐書·韓愈傳》載："愈常以爲魏晉以還，爲文者多相偶對；而經誥之旨，不復振起；故所爲文，抒意立言，自成一家，後學之士，取爲師法。"于是儷體衰而散文又日以益熾！語詳拙著《中國文學史概論》。茲不多贅。

五　中國文學之分類

侯官嚴幾道先生嘗言："西國動植諸學，大半功夫存于别類；類别而公例自見。此治有機品諸學之秘訣也。"博謂中國之文學的觀察，亦不可不注意分類，以分類不講，即不能即異見同，籀爲公例也。

考梁昭明太子《文選》分賦、詩、騷、七、詔、册、令、教、策、文、表、上書、啟、彈事、箋、奏、記、書、移、檄、難、對問、設論、辭、序、頌、贊、符命、史論、史述、贊論、連珠、箴、銘、誄、哀文、碑文、墓誌、行狀、吊文、祭文各體。蘇東坡譏其編次無法。蓋文有名異而實同者，祇當括而歸之一類中。如騷、七、難、對問、設論、辭之類，皆詞賦也。表、上書、彈事，皆奏議也。箋、啟、奏、記、書，皆書牘也。詔、册、令、教、檄、移，皆詔令也。序及諸史論贊，皆序跋也。頌、贊、符命，同出褒揚。誄、哀、祭、吊，並歸傷悼。此等昭明皆一一分之，徒亂耳目。至清姚鼐輯《古文辭類纂》，定爲論辨、序跋、奏議、書説、贈序、詔令、傳狀、碑誌、雜記、箴銘、頌贊、辭賦、哀祭十三類；而詩歌擯不列入，似未爲備。曾文正《經史百家雜鈔》，約爲三門：曰著作；曰告語；曰記載。則簡而當矣！此皆以文學之體裁分也。雖然，文學之分類，一以體裁爲主，似不免太落跡象，拘於形式而忽於内容，必以内容之分類輔之而加以觀察；則文之表裏精粗無不到，全體大用無不明矣！

若論文學之内容，可分三類，一曰説理；二曰記事；三曰表情。論辨、序跋，説理之類也。傳狀、碑誌、雜記，記事之類也。書説、贈序、箴銘、頌贊、詩①賦、詩歌、哀祭，表情之類也。説理欲其顯，不欲其奥；記事欲其實，不欲其夸；抒情欲其真，不欲其飾。列表如下：

① "詩"應爲"詞"。

中國文學分類第一表											
（一）說理		（二）記事			（三）表情						
論辨	序跋	傳狀	碑誌	雜記	書説	贈序	箴銘	頌贊	詞賦	詩歌	哀祭

人知詩之有賦、比、興，而不知一切文學可以賦、比、興分類也。詩賦勿論，試以散文爲例：

（甲）賦者直陳其事　例如荀子《性惡》篇、韓非《説難》、賈誼《過秦論》、韓愈《師説》、柳宗元《封建論》，説理文之出於賦者也。太史公《報任少卿書》、諸葛亮《出師表》、李密《陳情表》、韓愈《送董邵南序》、柳宗元《與許京兆孟容書》，《與蕭韓林俛書》，表情文之出於賦者也。其餘傳狀碑誌之屬，記事之文出於賦者尤夥焉！

（乙）比者以彼喻此　例如莊子《馬蹄》、《胠篋》、《山木》諸篇，韓愈《獲麟解》、《守戒》、《雜説》，説理文之出於比者也。韓愈《毛穎傳》，柳宗元《種樹郭橐駝傳》、《梓人傳》，記事文之出於比者也。韓愈《應科目時與人書》、《爲人求薦書》、《復上宰相書》、《送楊少尹序》、《送温處士赴河陽軍序》，表情文之出於比者也。

（丙）興者托物興辭　例如莊子《逍遥游》、歐陽修《集古録序》，説理文之出於興者也。太史公《伯夷列傳》、《屈賈列傳》、《李廣列傳》、《遊俠列傳》，柳宗元山水諸記，記事文之出於興者也。楊惲《報孫會宗書》、韓愈《送孟東野序》，表情文之出於興者也。

此中國文學内容之分類之又一種也。若細論之則一體文學自有一體文學之賦、比、興。玆更列文學分類第二表如下：

中國文學分類第二表（甲）				
（一）説理		（二）記事		
論辨	序跋	傳狀	碑誌	雜記
賦比興	賦比興	賦比興	賦比興	賦比興

中國文學分類第二表（乙）						
（三）表情						
書説	贈序	箴銘	頌贊	詞賦	詩歌	哀祭
賦比興	賦比興	賦比興	賦比興	賦比興	賦比興	賦比興

李仲蒙曰："叙物以言情謂之賦，情盡物也。索物以托情謂之比，情附物也。觸物以起情謂之興，物動情也。賦直而興微，比顯而興隱。比之與興，雖同是托外物；但比意雖切而却淺，興意似闊而味長。"其大較然也。若論吾人行文，體各有宜：則論辨、序跋、書説、傳狀、碑誌、雜記宜賦；書説、箴銘、詞賦宜比；頌贊、贈序、遊記、詞賦、詩歌、哀祭宜興；所謂一體文字自有一體文字之賦比興者，特就古人成文爲之分類焉爾。

六　有價值之文學作品

博以爲有價值之文學作品，不可不以下列條件爲標準：（甲）就作意論（一）獨創；（二）共喻。（乙）就修辭論（一）簡；（二）盡。

（甲）獨創與共喻　"闢去常解"、"獨抒己見"之謂"獨創"。如"白香山詩，老嫗都解"之謂"共喻"。自常人論之：二者似相違反。蓋意之獨創者，必是常人所不喻；而衆所共喻者，必落尋常窠臼而非創解。然博所謂"獨創"者，非故爲高論，謬戾於人情；如蘇東坡所云"喜爲異説而不讓，敢爲高論而不顧"也。昔人論文，有兩語最好！曰："人人筆下所無，人人意中所有。""人人筆下所無"，斯爲獨創。"人人意中所有"，斯能"共喻"。所謂文學家者，無他謬巧，不過窺人心未發之隱而以文章發之耳！惟其爲人心之未發之隱，初雖百思不得，若無人能道片語隻字者；及文學家采而發之，則又似人人所欲言，讀之涣然怡然，不啻口出！此無他；以其得人心之同然也，以其得人心之同然，故能"共喻"。以其爲人心未發之隱，非文學家不發，故爲"獨創"。蓋意不獨創，無以見作者之智。文匪共喻，無以見作者之仁。仁者人也。孔子曰："人之爲道而遠人，不可以爲道。"然則人之爲文而遠人，獨可以爲文乎！"夫仁者……己欲達而達人。"此文之所以貴"共喻"也！吾觀當代作者，非意不獨創之患，而文不共喻之患！如章太炎之文奥古，康南海之文譎奇，雖意多創，而文欠共喻，若夫以共喻之文，抒獨得之見者，其惟梁任公乎！

或曰："此自論文言耳！若曰以白話出之，則焉有不共喻者。"雖然，言不可以若是其幾也！夫白話之所以勝文言者，原取其"共喻"；而今之所謂白話文，未見"共喻"。南京陸殿揚教授論"修辭與語體文"，嘗言："説話作文，能夠使人明白，因爲内中含著公共瞭解心。……現在的語體文各做各樣。……'的'、'底'、'地'、'方才'、'那嗎'等字，都是亂七八糟用。……有兩種毛病：一晦澀，二含糊，犯這兩種毛病最利害的：（甲）賓主顛倒。我曾看見一個句子：'新思潮鼓吹的時候，歐戰還未發生。'細察上下文，應該説：'歐戰未發生的時候，新思潮已在那裏鼓吹了！'這是不留心賓主的錯。（乙）代名詞太多。例如一個句子：'張先生告訴我：他已經見過李先生；他允許他，即刻對王先生講，叫他把前天留在那裏的書，即刻送還他。'這樣多的他字，究竟代的那個？殊欠明瞭！……句法不要過於摹仿外國文。……例如：'他有比從前更多的穀餘剩了！'這是有點像外國文構造，念起來殊屬不順口；且意思亦不十分明瞭。"然而今之作白話文者，最喜摹仿外國文；賓主次之顛倒不倫，代名詞之多，最不注意考究。名曰："言文一致。"然而不成其爲文，亦且不成爲言。以稱爲"文"，必有組織。以稱曰"言"，必能共喻。夫白話之所以勝文言者，以其"共喻"也。昔人評文言文之善者必曰"明白如話"；而今之不善爲白話文者，乃拗戾不順口，過於文言。使白話而不能"共喻"，拗於文言；則亦奚以白話文爲哉！此博之所爲嘵嘵也！

（乙）簡與盡　若論修辭之妙，全在簡而能盡。然辭之簡者，往往不能盡意；而能盡意者，又苦辭繁不殺。（《孟子》即能盡而不能簡。蘇老泉以爲《孟子》之文語約而意盡。此言未當。"語約意盡"四字，可以評《論語》而不可以評《孟子》。）自古以來，修辭之簡而能盡者，其惟《論語》之議論，《檀弓》之記事乎！試舉數例：

例一：《論語》："子曰：巧言令色，鮮矣仁！"

通章不過七字，而有描寫，有論斷。"巧言令色"四字，活畫出一個"口説公道話"、"滿面和氣"的人，是描寫！而夫子却直斷以"鮮矣仁"三字，可謂老幹無枝。

例二：《論語》："子曰：以約失之者鮮矣！"

同一"鮮矣"，此"鮮矣"含蓄。而上"鮮矣仁"之"鮮矣"下得斬截；剛健婀娜，各極其妙。

例三：《檀弓》："孔子哭子路於中庭，有人吊者而夫子拜之，既哭，進使者而問故。使者曰醢之矣！遂命覆醢。"

一哭一吊一進使問，凡敘三事而陡起陡落，語無枝葉，可謂老到之至。

例四：《檀弓》："孔子少孤，不知其墓；殯於五父之衢，人之見之者，皆以爲葬也；其慎也！蓋殯也。問於聊曼父之母，然後得合葬於防。"

此章多省文，言少孤，則不必言於父墓，亦不必言殯母。言殯於衢，則包問在内。合葬得於聊母一問，便包問多少人未得合葬在内。只言問，不著問答語，却包問答語在内。

如此之類，殆難悉數：何以千頭萬緒之事理，兩書只三言兩語，即能了當？何以不必詳説而意無不盡？能於此參透，則可悟文章之貴以簡馭繁。書曰："辭尚體要"，此之謂也。

古詩之極短者：如《述異記》載吴王夫差時童謡曰："梧桐秋！吴王愁！"不過六字，而情文兼至，吟味無窮，此又詩之簡而能盡者也。

白話文往往能盡意而不能簡，然自知言者觀之，白話文尤宜力求簡要。南高陸殿揚教授論"修辭學與語體文"，又嘗言："簡括的文章最有勢力，最能感觸人。長篇大論的文章，羅羅唆唆；人看見他，一覽無餘，毫無想像的餘地，往往生厭棄心。報紙上所載的文章，人家多半看短評小論；投稿的文章，短的比長的格外歡迎，都是這個緣故。然短文亦不容易做。人説五分鐘的演講最難，却是最有效率，這句話很有道理。……所以凡屬文章，句子要短，節段要短，篇幅要短，絶不可累累拖拖。現在做語體文的最犯這個毛病，無謂接續辭，觸目皆是。……做文章必要用一番精練功夫，刀鋸愈磨愈利，思想也愈磨愈利。現在語體文不加磨琢，往往失之太長；好像中國出産之糖鹽，裏面有許多東西，可以拿掉；若愈磨琢，則詞華雖少，然却精湛；譬如外國糖鹽，品質雖少；而甜度鹹度，則較中國遠甚。"其論白話文之必宜簡，可謂"一鞭一條痕；一摑一掌血"矣！

七　尾語

凡右所陳，我之中國文學的觀察，似有不同於時賢者，大雅宏達，有以正之。

國故概論 GUOGUGAILU

一、夏曾佑　孔子學說

第一節　孔子以前之宗教

春秋至要之事，乃孔子生於此代也。孔子一身，直爲中國政教之原。中國之歷史，即孔子一人之歷史而已；故談歷史者不可不知孔子。然欲考孔子之道術，必先明孔子道術之淵源。孔子者，老子之弟子也。孔子之道，雖與老子殊異；然源流則出於老；故欲知孔子者，不可不知老子。然老子生於春秋之季，欲知老子，又必知老子以前天下之學術若何。老子以前之學術明，而後老子之作用乃可識。老子之宗旨見，而後孔子之教育亦可推。至孔子教育之指要既有所窺，則自秦以來，直至目前，此二千餘年之政治盛衰，人材升降，文章學問，千枝萬條，皆可燭照而數計矣。此春秋前半期學派之所以爲要也。中國自古以來，有鬼神五行之說；而用各種巫史卜祝之法以推測之；此爲其學問宗教之根本；而國家政治則悉寄於禮樂文物之間；明堂、清廟、瞽宗、辟雝，是也。此等社會沿自炎黃，至周公而備，至老子而破。中間事蹟有可言焉。

有神，人面白毛，虎爪執鉞，是爲蓐收；天之刑神也。（《周語》）有神，鳥身，素服三絶；面正方，曰："予爲勾芒。"（《墨子·明鬼》）（此界神與非神之間。《禮記·祭法》注，謂之人神。）至其名位，則昊天上帝最貴，化而爲青帝靈威仰，赤帝赤熛怒，白帝白招拒，黑帝汁光紀，黃帝含樞紐，爲王者之所自出；而佐以日月星辰，司中，司命，風師，雨師；則天神備矣。（《周禮·春官》疏）

右天神

《山海經》（十三篇以前，真禹書，十四篇以後，漢人所作。）所列鬼神殆將數百，其狀如鳥身，龍首等，（《南山經》）其名如泰逢、熏池、武羅等，（《中山經》）其禮如白狗、糈稌等。（《南山經》）而《楚詞》所引湘君、湘夫人、河伯、雒嬪；亦數十見，皆地示也。惟《左傳》、《國語》無明文耳。

右地示

齊侯田于貝邱，（齊邑名，今青州府博興縣東北十五里。）見大豕。從者曰："公子彭生也。"（《左》莊八年）狐突適下國，（晉邑名，今山西聞喜縣東。）遇太子。太子曰："帝（上帝也）許我罰有罪（謂惠公）矣！"（《左》僖十一年）大事（禘也）于大廟。夏父弗忌曰："吾見新鬼大，故鬼小。"（《左》文二年）魏顆見老人結草以亢杜回；杜回躓而顛；故獲之；夜夢之曰："余，而所嫁。婦人之父也。"（《左》宣十六年）鄭人相驚以伯有；曰："伯有至矣！"則皆走。子産曰："鬼有所歸，乃不爲厲。"（《左》昭七年）（本文下云："用物精多則魂魄强。伯有三世爲卿，而執其政柄，其用物宏矣，其取精多矣。强死爲鬼，不亦宜乎？"案此即庶人無鬼之理也。又《墨子·明鬼》：周宣王殺杜伯而不辜，三年，杜伯乘素車白馬，朱衣冠，執朱弓矢，射之，殪之車中。燕簡公殺莊子儀而不辜，三年，莊子儀荷朱杖而擊燕簡公，殪之車上。祏觀辜從事于厲，祭不以法，袾子舉楫而槀之殪之壇上。墨子雖在老子後，而所引皆古事。杜伯事亦見《國語》。）

右人鬼

方相氏掌儺以敺方良。（即魍魎）庭氏射妖鳥。（《周禮》）涸澤之精曰慶忌，若人，長四寸，衣黃衣，冠黃冠，戴黃蓋，乘小馬，好疾馳，可使千里外一日返報。涸川之精曰蝺，一頭而兩身，其形若蛇，長八尺，呼其名可取魚鱉。（《管子·水地篇》，又《莊子·達生篇》引此，而物怪更多。）此皆物魃也。

右物魃

以上所言，乃舉古人言神示鬼魃之分見者。其合見之處，則莫如《周禮》之《春官》。《大宗伯》曰："掌建邦之天神人鬼地示之禮。（中略。）凡祀大神，享大鬼，祭大示，詔相王之大禮。"《司服》曰："王之吉服：祀昊天上帝，則服大裘而冕。祀五帝亦如之。享先王，則衮冕，享先公，饗射，則鷩冕。祀四望山川，則毳冕。祭社稷五祀，則希冕。祭群小祀，則玄冕。"《大司樂》曰："樂一變而致羽物及川澤之示；再變而致蠃物及山林之示；三變而致鱗物及丘陵之示；四變而致毛物及墳衍之示；五變而致介物及土示；六變而致象物及天神。"（鄭注：此大蜡之禮。）大祝曰："辨六號：一曰神號，二曰鬼號，三曰示號。"（後略。）而終篇則曰："凡以神仕者，掌三辰之法，以猶（鄭注：圖也。）鬼神示之居，辨其名物；以冬至日致天神人鬼；以夏至日致地示物魃。"古人之分天神、人鬼、地示、物魃，其明晝若此。然亦有不甚分明者，如社稷、五祀，皆地示也。（《春官》鄭注）而社即后土，是爲勾龍；共工氏之子。稷爲柱；烈山氏之子。木正勾芒，是爲重。金正蓐收，是爲該。水正玄冥，是爲熙及修。此三官，皆少皞氏之子。火正祝融，是爲黎；顓頊之子。土正即勾龍，是以一體而兼神鬼示矣。此名之至糅雜者。（《左傳》昭二十九年）

鬼神位矣，世間之事，無一不若有鬼神主宰乎其間；於是立術數之法以探鬼神之意，以察禍福之機。術數者，一天文，二曆譜，三五行，四蓍龜，五雜占，六形法。（《漢書·藝文志》）今即由此六術以證古人之事，往往相合。惟《漢志》所列之書，今不傳者十之九；故其爲術，今人無能通者。今之術數，雖源於古之術數，而不盡爲古之術數也。（詳見後）術既無師，則觀古人之已事，不能知其用何家之學説；然大略亦可分矣。大約可分四類：其天文、曆譜、五行三家之説，不甚可分；今列之爲一類。其蓍龜、雜占、形法三家尚分明，如其家分之爲三。

楚滅陳，晉侯問於史趙曰："陳其遂亡乎？"對曰："未也。歲在鶉火，是以卒滅；今在析木之津，猶將復出。"（《左》昭八年）春正月，有星出于婺女。鄭裨竈曰："七月戊子，晉君將死。"（《左》昭十年）春，將禘於武公。梓慎望氛曰："吾見赤黑之祲，非祭祥也；喪氛也！其在蒞事乎！"（《左》昭十五年）冬，有星孛於大辰，西及漢。申須曰：“諸侯其有大災乎？”梓慎曰：“其宋、衛、陳、鄭乎！其丙子若壬午作乎？”裨竈曰：“若我用瓘斝玉瓚，鄭必不火。”（《左》昭十七年）春二月乙卯，周毛得殺毛伯過而代之。萇弘曰：“毛得必亡！是昆吾（夏伯也。）稔之日也。”（《左》昭十八年）春二月己丑，日南至。梓慎望氛曰：“今茲宋有亂，國幾亡，三年而後。弭蔡有大喪。”（《左》昭二十年）天王將鑄無射。泠州鳩曰：“王其將以心疾死乎！”（《左》昭二十一年）夏五月乙未朔，日有食之。梓慎曰：“將水。”昭子曰：“旱也。”（《左》昭二十四年）夏，吴伐越。史墨曰：“不及四十年，越其有吴乎！越得歲而吴伐之，必受其凶矣！”（《左》昭三十二年）

右天文　曆譜　五行

初，懿氏卜妻敬仲。其妻占之曰：“吉！是謂‘鳳凰于飛，和鳴鏘鏘’。”有嬀之後，將育于姜；五世其昌，並爲正卿；八世之後，莫之與京。周史有以《周易》見陳侯者。陳侯使筮之，遇觀䷓之否䷋；曰：“是謂‘觀國之光，利用賓于王’。”（《左》莊二十二年）初，畢萬筮仕於晉，遇屯䷂之比䷇。辛廖占之曰：“吉！（中略。）公侯之卦也。公侯之子孫，必復其始。”（《左》閔元年）成季之將生也，桓公使卜楚邱之父卜之。曰：“男也！其名曰友；間於兩社，爲公室輔。季氏亡，則魯不昌！”又筮之，遇大有䷍之乾䷀；曰：“同復於父，敬如君所。”（《左》閔二年，又昭三十二年）秦伯伐晉。卜徒父筮之；曰：“吉！”涉河，侯車敗，詰之。對曰：“乃大吉也！三敗，必獲晉君！其卦遇蠱䷑；曰：‘千，乘三去；三去之餘，獲其雄狐。’”初，晉獻公筮嫁伯姬於秦，遇歸妹䷵之睽䷥。史蘇占之曰：“不吉！其繇曰：‘士刲羊，亦無衁也！女承筐，亦無貺也！西鄰責言，不可償也。’歸妹之睽，猶無相也！爲雷爲火，爲嬴敗姬。車脱其輹，火焚其旗，不利行師；敗於宗邱。歸妹睽孤，寇張之弧，姪其從姑。六年其逋，逃歸其國而棄其家！明年，其死於高梁之墟！”（《左》僖十五年）

惠公之在梁也，梁伯妻之。梁嬴孕，過期。卜招父與其子卜之。其子曰：“將生一男一女。”招曰：“然！男爲人臣，女爲人妾。”（《左》僖十七年）晉將伐楚；公筮之。史曰：“吉！其卦遇復䷗；曰：‘南國蹙射其元，王中厥目。’”（《左》成十六年）穆姜薨於東宫。始往而筮之，遇艮之八䷳。史曰：“是謂艮之隨䷐。隨其出也；君必速出！”姜曰：“亡！（中略。）必死於是！勿得出矣！”（《左》襄九年）鄭皇耳帥師侵衛。孫文子卜追之；獻兆於定姜。姜氏問繇？曰：“兆如山陵。有夫出征而喪其雄。”（《左》襄十年）崔武子將娶棠姜；筮之，遇困䷮之大過䷛。陳文子曰：“妻不可娶也！其繇曰：‘困於石，據於蒺藜，入於其宮，不見其妻；凶！’”（《左》襄二十五年）初，穆子之生也，莊叔以《周易》筮之，遇明夷䷣之謙䷎。卜楚邱曰：“是將行（出奔也。）而歸爲子祀。（奉祭祀也。）以讒人入，其名曰牛；卒以餒死！”（《左》昭五年）

衛襄公夫人姜氏無子。孔成子夢康叔謂己：“立元！余使羈之孫圉與史苟相之。”史朝亦夢康叔謂己：“余將命而子苟與孔烝鉏（成子名。）之曾孫圉相元。”史朝見成子，告之夢。夢協。晉韓宣子爲政聘於諸侯之歲。婤姶生子，命之曰元。孔成子以《周易》筮之，遇屯䷂之比䷇。史朝曰：“元亨！又何疑焉！”（《左》昭七年）南蒯之將叛也，枚筮之，（不指其事，泛卜吉凶。）遇坤䷁之比䷇。子服惠伯曰：“忠信之事則可；不然必敗！”（《左》昭十二年）晉趙鞅卜救鄭，遇水適火；占諸史趙、史墨、史龜。史龜曰：“是謂沈陽，可以興兵。利以伐姜，不利子商。”史墨曰：“（前略。）水勝火，伐姜則可。”史趙曰：“（前略。）救鄭則不吉！不知其他。”陽虎以《周易》筮之，遇泰䷊之需䷄；曰：“宋方吉，不可與也。”（《左》哀九年）（案卜筮分爲二術，卜者，龜也。《周禮》太卜掌三兆之法，一曰玉兆，二曰瓦兆，三曰原兆，其經兆之體，皆百有二十，其繇皆千有二百。蓋以火灼龜，觀其璺罅，各從其形似占之，所謂使某卜之。其繇曰云云，皆卜也。筮者，蓍也。《周禮》筮人掌三易：一曰連山，二曰歸藏，三曰《周易》。其經卦皆八，其別皆六十有四，蓋用蓍草四十九枚，揲之成卦，以觀吉凶。所謂使某筮之，遇某卦之某卦云云，皆筮也。其不言《周易》者皆連山、歸藏。）

右蓍龜

初晉穆公之夫人以條（晉邑名，今山西安邑縣北。）之役生太子，命之曰仇。其弟以千畝（晉邑名，今山西介休縣南。）之戰生，命之曰成師。師服曰：“異哉！君之名子也！（中略。）始兆亂矣！兄其替乎！”（《左》桓二年）初，内蛇與外蛇鬬於鄭南門中，内蛇死。六年，而厲公入。申繻曰：“人之所忌，其氣燄以取之，妖由人興也。人無釁焉，妖不自作！人棄常則妖興；故有妖。”（《左》莊十五年）八月甲午晉侯圍上陽，（虢地名，今河南陜州東南。）問於卜偃曰："吾其濟乎？"對曰："克之。"公曰："何時？"對曰："童謡云：'丙之晨，龍尾伏辰，均服振振，取虢之旂。鶉之奔奔。天策焞焞。火中成軍，虢公其奔。'其九月十月之交乎？丙子旦，日在尾，月在策；鶉火中，必是時也。"（《左》僖五年）秋八月辛卯，沙鹿（山名，今直隸元城縣境。）崩。晉卜偃曰："期年將有大咎；幾亡國！"（《左》僖十四年）晉侯夢與楚子搏。楚子伏己而盬其腦。子犯曰："吉！吾得天！楚伏其罪，吾且柔之矣！"（《左》僖二十八年）楚子玉自爲瓊弁玉纓，未之服也；先戰，夢河神謂己曰："畀余。余賜汝孟諸（澤名，今河南歸德府治東。）之麋。"弗致也。大心與子西使榮黄諫；弗聽；出告二子曰："非神敗令尹！令尹實自敗也！"（《左》僖二十八年）趙嬰夢天使謂己祭余。余必福汝。（中略。）士貞伯曰："神福善而禍淫；淫而無罰，福也；祭其得亡乎！"祭之明日而亡。（《左》成六年）晉侯夢大厲，被髪及地，搏膺而踊曰："殺余孫不義。余得請於帝矣！"壞大門及寢門而入。公懼，入于室。又壞户。公覺，召桑田巫。巫言如夢。公曰："何如？"曰："不食新矣。"公疾病，求醫於秦。秦伯使醫緩爲之。未至。公夢疾爲二豎子；曰："彼，良醫也；懼傷我。焉逃之？"其一曰："居肓之上，膏之下；若我何？"醫至；曰："疾不可爲也！在肓之上，膏之下；攻之，不可；達之，不及；藥不至焉，不可爲也。"（中略。）六月丙午，晉侯欲麥。甸人獻麥。饋人爲之召桑田巫，示而殺之。將食，張如廁，陷而卒。小臣有晨夢負公登天；及日中，負晉侯出諸廁；遂以爲殉。（《左》成十一年）初，聲伯夢涉洹；（水名，今河南安陽縣北。）或與己瓊瑰；食之；泣而爲瓊瑰，盈其懷。從而歌之曰："濟洹之水，贈我以瓊瑰；歸乎歸乎！瓊瑰盈吾懷乎！"懼不敢占也。三年，占之，暮而卒。（《左》成十七年）中行獻子將伐齊，夢與厲公（厲公，獻子所弒者。）訟；弗勝。公以戈擊之，首隊；以前跪而戴之，奉之以走；見梗陽之巫皐。他日，見諸道，與之言同。巫曰："今茲，主必死。"（《左》襄十八年）有鸜鵒來巢。師己曰："異哉！吾聞文武之世，童謡有之曰：'鸜之鵒之！公出辱之！鸜鵒之羽，公在外野，往饋之馬。鸜鵒跦跦，公在乾侯，徵褰與襦。鸜鵒之巢，遠哉遥遥！稠父喪勞，宋父以驕！鸜鵒鸜鵒，往歌來哭！'童謡有是。今鸜鵒來巢，其將及乎。"（《左》昭二十五年）十二月辛亥朔，日有食之。是夜也，趙簡子夢童子羸而轉以歌；占諸史墨，曰："吾夢如是。今而日食，何也？"對曰："六年。及是月也，吴其入郢（楚都，今湖北江陵縣）乎？終亦弗克。”（《左》昭三十一年）曹人或夢衆君子立于社宮而謀亡曹。曹叔振鐸曰：“請待公孫彊爲政。”許之。旦而求之曹，無之，戒其子曰：“我死；爾聞公孫彊爲政，必去之。”（《左》哀七年）衛侯夢于北宮，見人登昆吾之觀，被髮北面而譟曰：“登此昆吾之虚，緜緜生之瓜。余爲渾良夫，叫天無辜！”衛侯貞卜。其繇曰：“如魚竀尾，衡流而方羊裔焉。大國滅之，將亡！”闔門塞竇乃自後踰。（《左》哀十七年）

右雜占

王使内史叔服來會葬。公孫敖聞其能相人也；見其二子焉。叔服曰：“穀也食子。難也收子。穀也豐下，必有後於魯國。”（《左》文元年）（案《左》文元年子上曰：“是蠭目而豺聲，忍人也。”周語中叔孫僑如方上而鋭下，宜其觸冒人，並以相定人之善惡，其以相定人之禍福始此。又《荀子・非相篇》，古有姑布子卿，今之世，梁有唐舉，相人之形狀顔色，而知其吉凶妖祥，知此術盛於戰國也。）

右形法

以上所言鬼神術數之事，今人不能不笑古人之愚。然非愚也。蓋初民之意，觀乎人類，無不各具知覺；然而人之初生，本無知覺者也；其知覺不知從何而來？人之始死，本有知覺者也；其知覺又不知從何而去？於是疑肉體之外，别有一靈體存焉。其生也，靈體與肉體相合而知覺顯。其死也，靈體與肉體相分而知覺隱。有隱現而已；無存亡也。於是有人鬼之説。既而仰觀於天，日月升沈，寒暑迭代；非無知覺者所能爲也。於是有天神之説。俯觀乎地，出雲雨，長草木；亦非無知覺者所能爲也。於是有地示之説，人鬼、天神、地示均以生人之理推之而已。其他庶物之變所不常見者，則謂之物魅。亦以生人之理推之而已。此等思想，太古已然。逮至算術既明，創爲律曆；天文諸事，漸可測量，推之一二事而合，遂謂推至千萬事而無不合，乃創立法術以測未來之事，而術數家興。此社會自古至今未嘗或變，非但中國尚居此社會中，即外國亦未離此社會也。所異者，春秋以前，鬼神術數之外無他學。春秋以後，鬼神術數之外，尚有他種學説耳。

第二節　新説之漸

鬼神術數之學，傳自炎黄；至春秋而大備。然春秋之時，人事進化，駸駸有一日千里之勢。鬼神術數之學，遂不足以牢籠一切。春秋之末，明哲之士漸多，不信鬼神術數者：《左傳》所引，如史嚚曰："國將興，聽於民。國將亡，聽於神。"（莊公三十二年）子産曰："天道遠，人道邇。非所及也，何以知之?"（昭八十八年）仲幾曰："薛徵於人。宋徵於鬼。宋罪大矣!"（定公元年）自此以來，障蔽漸開。至老子，遂一洗古人之面目。九流百家，無不源於老子。老子楚人，（史稱老子姓李名耳，恐此爲後人所竄入也。）周守藏室之史也。周制，學術、藝文、朝章、國故，凡寄於言語文字之物，無不掌之於史。故世人之諮異聞，質疑事者，莫不於史。史之學識，於通國爲獨高；亦猶之埃及、印度之祭司也。老子以猶龍之資，讀藏室之富，而丁蜕化之時，迺著書上下篇，言道德之意五千餘言而去，莫知所終。（後世言老子者甚多，然皆出於神仙家。）

第三節　老子之道

老子之書，於今具在。討其義藴，大約以反復申明鬼神術數之誤爲宗旨。"萬物芸芸，各歸其根；歸根則靜，是爲復命。"是知鬼神之情狀，不可以人理推；而一切禱祀之説破矣！"有物渾成，先天地生。"則知天地山川五行百物之非原質，不足以明天人之故；而占驗之説廢矣！"禍兮福所倚，福兮禍所伏!"則知禍福純乎人事，非能有前定之者；而天命之説破矣！鬼神五行前定既破，而後知"天地不仁，以萬物爲芻狗；聖人不仁，以百姓爲芻狗。"閟宫、清廟、明堂、辟廱之制，衣裳、鐘鼓、揖讓、升降之文之更不足言也。雖然，老子爲九流之初祖，其生最先。凡學説與政論之變也，其先出之書，所以矯前代之失者，往往矯枉過正。老子之書，有破壞而無建立，可以備一家之哲學，而不可以爲千古之國教。此其所以有待於孔子歟!

第四節　孔子世系及形貌

孔子，生魯，昌平鄉，陬人；（今山東曲阜縣。）其先宋人也。宋襄公生弗父何。何生宋父周。周生世子勝。勝生正考父。正考父生孔父嘉；五世親盡，别爲公族，姓孔氏。孔父生木金父。木金父生睪夷。睪夷生防叔，畏華氏之逼而奔魯；爲魯人。防叔生伯夏。伯夏生叔梁紇。叔梁紇娶魯之施氏，生九女；其妾生孟皮；孟皮病足；乃求婚於顔氏。顔氏有三女。小女名徵在，嫁叔梁紇。時叔梁紇年六十四矣。孔子母徵在游於大澤之陂，夢黑帝使請己；己往，夢交；語曰："汝乳必於空桑之中。"覺則若感；生丘於空桑之中，故曰元聖。（案此文學者毋以爲怪，因古人謂受天命之神聖人，必爲上帝之所生。孔子雖不有天下，然實受天命比於文王，故亦以王者之瑞歸之。雖其事之信否，不煩言而喻，然古義實如此，改之則《六經》之説不可通矣。凡解經者必兼緯，非緯則無以明經，此漢學所以勝於宋學也。）孔子生於魯襄公二十二年；（《公羊傳》：孔子以襄公二十一年十一月庚子生，即周靈王二十一年。）生而首上圩頂，如屋宇之反，中低而四旁高。身長九尺六寸，人皆謂之長人。古稱孔子儀表者非一：如孔子反宇，是謂尼丘。孔子之胸，有文曰："制作定，世符運。"孔子長十尺，大九圍，坐如蹲龍，立如牽羊，就之如昴，望之如斗。孔子海口，言若含澤。仲尼斗脣，舌理七重，吐教陳機受度。仲尼虎掌，是謂威射；胸應矩，是謂儀古；龜脊，輔喉，駢齒，面如蒙倛；其顙似堯；其項似皋陶；其肩類子産；自要以下，不及禹三寸。

第五節　孔子之事蹟

孔子爲兒嬉戲，常陳俎豆，設禮容。孔子母死，乃殯五父之衢。（在山東曲阜縣西南二里。）陬人。（今山東曲阜縣，與鄒縣相接處。）輓父之母，誨孔子父墓，然後合葬於防。（今山東費縣東北六十里。）孔子少貧賤。及長，嘗爲季氏史，料量平；嘗爲司職吏，而畜蕃息。南宫適言於魯君；請與孔子適周。魯君與之一乘車，兩馬，一豎子俱適周，問禮蓋見老子云。孔子自周反於魯。弟子益進。孔子年三十五，魯三家共攻昭公。昭公出居乾侯。（今直隸成安縣東南。）其後頃之魯亂。孔子適齊，爲高氏家臣；在齊聞《韶》。齊景公問政於孔子；爲晏嬰所沮，不果用。孔子遂行，反乎魯。孔子年四十二；魯昭公卒于乾侯；定公立。是時陽虎爲政，自大夫以下皆僭，離於正道；故孔子不仕；退而修《詩》、《書》、《禮》、《樂》。弟子彌衆；至自遠方，莫不受業焉。定公八年，陽虎欲廢三桓，不克，奔於齊。孔子年五十。公山不狃畔季氏；使人召孔子。孔子卒不行。定公十年，會諸侯於夾谷。孔子攝相事。

定公十四年，將墮三都。叔孫氏先墮郈。（叔孫氏邑名，今山東平度州東南十里。）季孫氏墮費。（季孫氏邑名，今山東魚臺縣東南。）孟孫氏不肯墮成。（孟孫氏邑名，今山東甯陽縣東北九十里。）公圍成，未克。定公十五年，孔子五十六，由大司寇攝行相事。魯國大治。齊人懼，遺魯君女樂以沮孔子。季桓子與魯君爲周道遊；往觀終日。三日不聽政；又不致膰俎於大夫。孔子遂行。孔子適衛。或譖孔子於靈公。孔子去衛，將適陳，過匡。（衛地名，今直隸長垣縣境。）陽虎嘗暴於匡。孔子貌類陽虎。匡人拘孔子。孔子使從者通於甯武子，然後得去；反乎衛，見夫人南子。靈公與夫人同車；宦者雍渠驂乘之；使孔子爲次乘，招摇市過之。孔子醜之！去衛，適曹，復去曹，適宋；與弟子習禮大樹下。宋司馬桓魋欲殺孔子，拔其樹。孔子去，適鄭，遂至陳。居陳三年，過蒲。（衛地名，今直隸長垣縣治。）蒲人止孔子。弟子公良孺與疾鬭。蒲人懼，盟而出之；遂復適衛；靈公不能用。將西見趙簡子，臨河不濟而返乎衛。靈公問陳。孔子行，復如陳。明年，自陳遷於蔡，三歲，楚使人聘孔子。孔子將往。陳蔡人圍之於野；不得行；使子貢至楚。楚興師迎孔子，然後得免。楚昭王將用孔子。子西沮之。於是孔子自楚反乎衛，年六十三矣！魯哀公六年也。居衛久之，季康子以幣迎孔子。孔子反魯。孔子去魯凡十四年。而反乎魯；然魯卒不能用孔子。孔子亦不求仕，乃述《詩》、《書》、《禮》、《樂》、《易象》、《春秋》之文。孔子病。子貢請見。孔子方負杖逍遥於門，曰："賜。汝來何其晚也！"孔子因歎，歌曰："太山壞乎！梁木摧乎！哲人萎乎！"因以涕下；謂子貢曰："天下無道久矣！莫能宗予！夏人殯於東階。周人於西階。殷人兩柱間。昨暮予夢坐奠兩柱之間。予殆殷人也。"後七日卒；年七十三；時魯哀公十六年四月己丑也。

第六節　孔子之異聞

孔子生平至大之事，爲製定《六經》。此事爲古今所聚訟，至于近年，争之彌甚。此中國宗教中一大關鍵也。今略述之：漢人言："得麟之後，天降血書魯端門内，曰：'趨作法！孔聖没！周姬亡！彗東出，秦政起。胡破術！書記散！孔不絶！'子夏明日往視之。血書飛爲赤烏，化爲白書，署曰'演孔圖'。中有作法製圖之狀。孔子仰推天命，俯察時變，却觀未來，豫解無窮，知漢當繼大亂之後，故作撥亂之法以授之。”“孔子作《春秋》，制《孝經》；既成，使七十二弟子向北辰磬折而立；使曾子抱《河洛》事。北向。孔子齋戒，簪縹筆，衣絳單衣，向北辰而拜，告備于天曰：‘《孝經》四卷，《春秋》、《河洛》凡八十一卷，謹已備。’天乃洪鬱起白霧摩地；赤虹自上下化爲黄玉，長三尺，上有刻文。孔子跪受而讀之；曰‘寶文出，劉季握。卯金刀，在軫北。字禾字，天下服！’”漢儒之説，大率類此；此舉其兩條耳。大抵上古天子之事有三：一曰感生。二曰受命。三曰封禪。感生者，如華胥履跡之類，受命者，如龍馬負圖之類。前已與諸生言及矣。惟封禪一事，前節未言。案封泰山禪梁甫之説，至漢而多。六藝之文，未詳其事；故後人有疑其不經者。然求之《六經》，其證尚多；不過未用封禪二字耳。其實則封禪也。《詩・周頌・時邁序》云：“巡守祭告柴望也。”《書・帝典》：“歲二月東巡守，至於岱宗，柴望秩於山川，遍於群神。”《禮記・禮器》：“因名山升中於天，而鳳皇降，龜龍假。”三者皆言封禪。故《時邁》鄭箋云：“巡守告祭者，天子巡行邦國，至於方岳之下而封禪也。”《正義》引《白虎通》曰：“王者易姓而起，必升封太山何？告之也。始受天命之時，改制應天，天下太平；功成封禪以告太平。所以必于太山何？歲物交代之處也。”據此證之知封禪爲上古之典禮，非不經之事。《史記・封禪書》引管仲言“古者封太山，禪梁甫者七十二家，盍足怪乎！”（聚土曰封，除地曰禪，變禪言禪者，神之也。）蓋感生者，明天子實天之所生。受天命者，天立之爲百神之主，使改制以應天。封禪者，天子受天明命，致太平以告成於天。三事一貫，而其事惟王者能有之，明矣；故上自庖犧，凡一姓興起，無不備此三端。而孔子布衣非王者，然自漢儒言之，則恒以天子待之。徵在游於大澤，夢感黑龍。感生也。天下血書于魯端門，化爲赤鳥；即文王赤鳥銜書之例；受命也。絳衣縹筆，告備於天；天降赤虹白霧；封禪也。三者皆天子之事。更曲爲之説曰：帝出乎震，故包犧以木德王。木生火，故神農以火德王。火生土，故黄帝以土德王。土生金，故少昊以金德王。金生水，故顓頊以水德王。水生木，故帝嚳以木德王。木生火，故帝堯以火德王。火生土，故帝舜以土德王。土生金，故禹以金爲王。金生水，故湯以水爲王。水生木，故文王以木爲王。木當生火，而邱爲制法主；黑緑不代蒼黄，（言孔子黑龍之精，不代合周家木德之蒼也。）此所以既比之以文王，又號之以素王歟？而赤帝子之名，則歸之漢高帝矣。此等孔子繼周而王，爲漢制法之説極盛於前漢。至後漢，漸有不信其説者。然至鄭康成爲群經作注，仍用此説。自此至唐作注疏，無甚大異。洎乎宋儒乃毅然廢之；似於聖門有摧陷廓清之功！然以解群經之制度名物，微言大義，無一能合。然則宋學所持，其具之勝劣，姑不必言；而其非孔子之道，則斷然也。元、明二代，不越乎宋學之範圍。清朝諸儒，稍病宋學之空疏；而又畏漢學之詭誕；於是專從訓詁名物求之，所發明者頗多；而人之身心，渺不相涉；其仍非宗教之真可知也。今平心論之，各爲一時社會所限耳。蓋自上古至春秋，原爲鬼神術數之世代，乃合蚩尤之鬼道與黄帝之陰陽以成之；皆初民所不得不然。（三苗信鬼，乃最初之思想。黄帝明曆律，乃有術數，則稍進矣。其後乃合二派而用之。）至老子驟更之，必爲天下所不許，書成身隱，其避禍之意耶！孔子雖學於老子；而知教理太高，必與民智不相適而廢；於是去其太甚，留其次者；故去鬼神而留術數。《論語》言："未知生，焉知死！"又言："不知命，無以爲君子。"即其例也。然孔子所言雖如此，而社會多數之習，終不能改。至漢儒乃以鬼神術數之理解經；此以上諸説之由來也。

第七節　孔子之《六經》

中國之聖經，謂之《六經》：一曰《詩》，二曰《書》，三曰《禮》，四曰《樂》，五曰《易象》，六曰《春秋》。其本原皆出於古之聖王。而孔子删定之；筆削去取，皆有深義。自古至今，繹之而不盡；經學家聚訟焉。今略述其概如左：

一《易》。（《六經》之次第有二：《七略》以前，首《詩》，次《書》，次《禮》，次《樂》，次《易》，次《春秋》，此法周秦諸子悉遵之。《七略》以後，首《易》，次《書》，次《詩》，次《禮》，次《樂》，次《春秋》，此法用之至今。此爲經學中一大問題，本編本從周之義，以《易》爲首。）包犧始畫八卦，因而重之，爲六十四卦。文王作卦辭。周公作爻辭。孔子作彖辭、象辭、文言、繫辭、説卦、序卦、雜卦，是爲十翼；以授魯商瞿子木。凡《易》十二篇。

二《書》。《書》本王之號令，右史所記。孔子删訂，斷自唐虞。下訖秦穆，典謨訓誥誓命之文，凡百篇，而爲之序。及秦禁學。孔子之孫惠壁藏之，凡《書》二十九篇。

三《詩》。《詩》者，所以言志；吟詠性情以諷其上者也。古有采詩之官。王者巡守，則陳詩以觀民風，知得失，自考正也。動天地，感鬼神，厚人倫，美教化，莫近乎詩。是以孔子最先删録；既取《周詩》，上兼《商頌》以授子夏。凡三百一十一篇。

四《禮》。帝王質文，世有損益，至於周公，代時轉浮。周公居攝，曲爲之制；故曰："經禮三百，威儀三千。"及周之衰，諸侯始僭，將踰法度；惡其害己，皆滅去其籍；自孔子時而不具矣！孔子反魯，乃始删定。值戰國交争，秦氏坑焚，故惟《禮經》崩壞爲甚。今所存者，惟《儀禮》至爲可信。《周禮》、《禮記》皆漢人所掇拾耳！凡《禮經》十七篇。

五《樂》。自黄帝下至三代，樂各有名。孔子曰："安上治民，莫善於禮。移風易俗，莫善於樂。"二者相與並行。周衰，俱壞，孔子自衛反魯，然後樂正。然樂尤微眇；以音律爲節，又爲鄭、衛所亂，故無遺法。

六《春秋》。古之王者，必有史官；君舉必書，所以慎言行，昭法式也。諸侯亦有國史。《春秋》即魯之史記也。孔子應聘，不遇；自衛而歸；西狩獲麟，傷其虚應；乃因魯舊史而作《春秋》，上述周公遺制，下明將來之法，勒成十二公之經以授子夏。凡《春秋》十二篇。

右爲六經，皆孔子所手定也。此外猶有二經，與《六經》並重，皆門人記録孔子言行之所作也。

一《論語》。《論語》者，孔子應答弟子時人，及弟子相與言而相聞於夫子之語也。當時弟子各有所記。夫子既卒，門人相與輯而論纂，故謂之《論語》。凡二十篇。

一《孝經》。《孝經》者，孔子爲曾子陳孝道也。凡一篇。

右二經，六經之總匯。至宋儒乃取《論語》二十篇及《禮記》中之《大學》一篇《中庸》一篇而益以《孟子》七篇，謂之"四書"。於今仍之不改，非孔子之舊矣。

第八節　墨子之道

墨子，名翟，宋人；孔子之弟子也；或史角之弟子也。其學與老子、孔子同出於周之史官；而其説與孔子相反。惟修身、親士，爲宗教所不可無，不能不與孔子同。其他則孔子親親；墨子尚賢。孔子差等；墨子兼愛。孔子繁禮；墨子節用。孔子重喪；墨子節葬。孔子統天；（《春秋》稱以元統天文，言稱先天，而天不違，蓋孔子不尚鬼神，故有此説。）墨子天志。孔子遠鬼；（《論語》“未知生，焉知死”，“敬鬼神而遠之”。）墨子明鬼。孔子正樂；墨子非樂。孔子知命；（《論語》：“道之將行也與，命也，道之將廢也與，命也。”“不知命，無以爲君子也。”）墨子非命。孔子尊仁；墨子貴義。殆無一不與孔子相反；然求其所以然之故，亦非墨子故爲與孔相戾。特其中有一端不同；而諸端遂不能不盡異。宗教之理，如算式然；一數改，則各數盡改。墨子學於孔子，以爲其禮煩擾而不悦，厚葬糜財而貧民，服傷生而害事。喪禮者，墨子與孔子不同之大原也。儒家喪禮之繁重，爲各宗教所無。然儒家則有精理存焉。儒家以君父爲至尊無上之人；以人死爲一往不返之事；（無鬼神，則身死，而神亦死矣。）以至尊無上之人，當一往不返之事；而孝又爲政教全體之主綱。喪禮烏得而不重！墨子既欲節葬，必先明鬼；（有鬼神，則身死猶有其不死者存，故喪可從殺。天下有鬼神之教，如佛教、耶教、回教，其喪禮無不簡略者。）既設鬼神，則宗教爲之大異。有鬼神，則生死輕而遊俠犯難之風起；異乎儒者之尊生。有鬼神，則生之時暫，不生之時長；肉體不足計，五倫非所重，而平等兼愛之義伸；異乎儒者之明倫。其他種種異義，皆由此起。而孔、墨遂成相反之教焉。墨子曾仕宋爲大夫；其生卒年月無可考。《墨子·非攻篇》：“墨子與公輸般相辨。”是與公輸般同時。《檀弓》載季康子之母死。公輸般請以機封。康子卒在哀公二十七年；則哀公時墨子年已長；宜其逮事孔子也。墨子後，其教分爲三支；（見《韓非子·顯學篇》。）至西漢間而微。《墨子》書十五篇，今存。

第九節　三家總論

老、孔、墨三大宗教，皆起于春秋之季；可謂奇矣！抑亦世運之有以促之也。其後孔子之道，成爲國教。道家之真不傳。（今之道家皆神仙家。）墨家遂亡。興亡之故，固非常智所能窺；然亦有可淺測之者。老子於鬼神術數，一切不取者也；其宗旨過高，非神州多數之人所解；故其教不能大。孔子留術數而去鬼神，較老子爲近人矣！然仍與下流社會不合；故其教只行於上等人，而下等人不及焉。墨子留鬼神而去術數，似較孔子更近；然有天志而無天堂之福；有明鬼而無地獄之罪；是人之從墨子者苦身焦思而無報。違墨子者放辟邪侈而無罰也。故上下之人均不樂之，而其教遂亡。至佛教西來，兼老、墨之長而去其短，遂大行於中國；至今西人皆以中國爲佛教國也。

二、梁任公　治國學的兩條大路

諸君！我對於貴會，本來預定講演的題目，是“古書之真僞及其年代”，中間因爲有病，不能履行原約。現在我快要離開南京了。那個題目，不是一回可以講完，而且範圍亦太窄。現在改講本題，或者較爲提綱絜領，較於諸君有益罷。

我以爲研究國學有兩條應走的大路：

一、文獻的學問，應該用客觀的科學方法去研究。

二、德性的學問，應該用内省的和躬行的方法去研究。

第一條路，便是近人所講的“整理國故”這部分事業。這部分事業最浩博，最繁難，又且最有趣的，便是歷史。我們是有五千年文化的民族；我們一家裏弟兄姊妹們，便占了全人類四分之一；我們的祖宗世世代代在“宇宙進化綫”上頭不斷的做他們的工作；我們替全人類積下一大份遺産，從五千年前的老祖宗手裏一直傳到今日，沒有失掉。我們許多文化産品，都用我們極優美的文字記録下來。雖然記録的方法不很整齊，雖然所記録的隨時散走了不少；但即以現存的正史、别史、雜史、編年、紀事本末、法典、政書、方志、譜牒，以及各種筆記、金石刻文等類而論，十層大樓的圖書館也容不下。拿歷史家眼光看來，一字一句，都藏有極可寶貴的史料。又不獨史部書而已，一切古書，有許多人見爲無用者，拿他當歷史讀，都立刻變成有用。章實齋説："六經皆史"，這句話我原不敢贊成。但從歷史家立脚點看，説"六經皆史料"，那便通了。既如此説，則何衹六經皆史也，可以説諸子皆史，詩文集皆史，小説皆史，因爲裏頭一字一句，都藏有極可貴的史料，和史部書同一價值。我們家裏頭這些史料，真算得世界第一個豐富的鑛穴，從前僅用土法開採，採不出什麼來，現在我們懂得西法了，從外國運來許多開鑛機器了。這種機器是什麼？是科學的方法。我們衹要把這種方法運用得精密巧妙而且耐煩，自然會將這學術界無盡藏的富源開發出來，不獨對得起先人，而且可以替世界人類恢復許多公共産業。

這種方法之應用，我在我去年所著的《歷史研究法》，和前兩個月在本校所講的《歷史統計學》裏頭，已經説過大概。雖然還有許多不盡之處，但我敢説這條路是不錯的。諸君倘肯循着路深究下去，自然也會發出許多支路，不必我細説了。但我們要知道：這個鑛太大了，非分段開採，不能成功。非一直開到深處，不能得着寶貝。我們一個人一生的精力，能彀徹底開通三幾處鑛苗，便算了不得的大事業。因此我們感覺着有發起一個"合作運動"之必要。合起一群人，在一個共同目的共同計畫之下，各人從其性之所好，以及平時的學問根柢，各人分擔三兩門，做窄而深的研究，拼着一二十年的工夫下去，這個鑛或者開得有點眉目了。

此外和史學範圍相出入，或者性質相類似的文獻學，還有許多。都是要用科學方法研究去。例如：

（一）文字學。我們的單音文字，每一個都含有許多學問意味在裏頭；若能用新眼光去研究，做成一部《新説文解字》，可以當作一部民族思想變遷史或社會心理進化史讀。

（二）社會狀態學。我國幅員廣漠，種族龐雜，數千年前之初民的社會組織，與現代號稱最進步的組織同時並存。試到各省區的窮鄉僻壤，更進一步到苗子番子居住的地方，再拿《二十四史》裏頭蠻夷傳所記的風俗來參證，我們可以看見現代社會學者許多想像的事項，或者證實，或者要加修正。總而言之：幾千年間一部豎的進化史，在一塊横的地平上，可以同時看出；除了我們中國以外，恐怕没有第二個國了。我們若從這方面精密研究，真是最有趣味的事。

（三）古典考釋學。我們因爲文化太古，書籍太多，所以真僞雜陳，很費別擇；或者文義艱深，難以索解。我們治國學的人，爲節省後人精力，而且令學問容易普及起見，應該負一種責任，將所有重要古典，都重新審定一番，解釋一番。這種工作，前清一代的學者，已經做得不少。我們一面憑藉他們的基礎，容易進行。一面我們因外國學問的觸發，可以有許多補他們所不及。所以從這方面研究，又是極有趣味的事。

（四）藝術鑒評學。我們有極優美的文學美術作品，我們應該認識他的價值；而且將賞鑒的方法，傳授給多數人，令國民成爲“美化”。這種工作，又要另外一幫人去做。我們裹頭有性情近於這一路的，便應該以此自任。

以上幾件都是舉其最重要者。其實文獻學所包含的範圍還有許多。就是以上所講的幾件，剖下去，每件都有無數的細目。我們做這類文獻學問，要懸三個標準以求到達。

第一求真。凡研究一種客觀的事實，須要先知道“他的確如此”，纔能判斷“他爲什麼如此”。文獻部分的學問，多屬過去的陳跡；以譌傳譌，失其真相者甚多。我們總要用很謹嚴的態度，仔細別擇，把許多譌書和譌事都剔去；把前人的誤解修正；纔可以看出真面目來。這種工作，前清乾嘉諸老，也曾努力過一番。有名的清學正統派之考證學便是。但依我看來，還早得很哩。他們的工作，算是經學方面做得最多；史學方面，便差得遠！佛學方面，却完全没有動手哩。況且我們現在做這種工作，眼光又和先輩不同；所憑藉的資料，也比先輩們爲多；我們應該開出一派“新考證學”。這片大殖民地，很夠我們受用咧！

第二求博。我們要明白一件事物的真相，不能靠單文孤證，便下武斷；所以要將同類或有關係的事情，網羅起來；貫串比較，愈多愈妙；比方做生物學的人，採集各種標本，愈多愈妙。我們可以用統計的精神，作大量觀察。我們可以先立出若干種“假定”，然後不斷的搜羅資料，來測驗這假定是否正確。若能善用這些法門，真如韓昌黎説的：“牛溲馬勃，敗鼓之皮，兼收並蓄，待用無遺。”許多前人認爲無用的資料，我們都可以把他廢物利用了。

但求博也有兩個條件：荀子説：“好一則博。”又説：“以淺持博。”我們要做博的工夫，只能擇一兩條①件專門之業，爲自己性情最近者做去；從極狹的範圍内生出極博來。否則便連一件也博不成，這便是好一則博的道理。又滿屋散錢，穿不起來，雖多也是無用。資料越發豐富，則駕馭資料越發繁難；總須先求得個“一以貫之”的綫索，纔不至“博而寡要”。這便是“以淺持博”的道理。

第三求通。“好一”固然是求學的主要法門，但容易發生一種毛病。這毛病我替他起個名，叫做“顯微鏡生活”；鏡裹頭的事物，看得纖悉周備；鏡以外，却完全不見；這樣子做學問，也常常會判斷錯誤。所以我們雖然專門一種學問，却切不要忘却别門學問和這種學問的關係；在本門中，也常要注意各方面相互之關係。這些關係，有許多在表面上看不出來的；我們要用鋭利眼光，去求得他。能常常注意關係，纔可以成通學。

以上關於文獻學，算是講完。兩條路已言其一，此外則爲德性學。此學應用内省及躬行的方法來研究，與文獻學之應用以客觀的科學方法研究者絶不同。這可説是國學裹最重要的一部分，人人應當領會的。必走通了這一條路，乃能走上那一條路。

近來國人對於知識方面，很是注意。整理國故的名詞，我們也聽得純熟。誠然整理國故，我們是認爲急務；不過若是謂除整理國故外遂别無學問；那却不然。我們的祖宗，遺予我們的文獻寶藏，誠然足以傲世界各國而無愧色。但是我們最特出之點仍不在此。其學爲何？即人生哲學是。

歐洲哲學上的波瀾，就哲學史家的眼光看來，不過是主智主義與反主智主義兩派之互相起伏。主智者主智。反主智者即主情主意。本來人生方面，也只有智、情、意三者。不過歐人對主智特别注重；而於主情主意，亦未能十分貼近人生。蓋歐人講學，始終未以人生爲出發點。至於中國古哲就不然。無論何時代何宗派之著述，夙皆歸納於人生這一途。而於西方哲人精神萃集處之宇宙原理、物質公例等等，倒都不視爲首要。故《荀子・儒效篇》曰：“道，仁之隆也；……非天之道，非地之道；人之所以道也。”儒家既純以人生爲出發點；所以以“人之所以爲道”爲第一位；而於天之道等等悉以置諸第二位。而歐西則自希臘以來，即研究他們所謂的形上學。一天到晚，只在

① “條”爲衍文。

那裏高談宇宙原理，憑空冥索；終少歸宿到人生這一點。蘇格拉底號稱西方的孔子，很想從人生這一方面做工夫；但所得也十分幼稚。他的弟子柏拉圖更不曉得循着這條路去發揮；至全棄其師傳，而復研究其所謂天之道。亞里斯多德出，於是又反趨於科學。後人有謂道源於亞里斯多德的話；其實他也不過僅於科學方面，有所創發。離人生畢竟還遠得很！迨後斯端一派，大概可與中國的墨子相當；對於儒家，仍是望塵莫及。一到中世紀，歐洲全部，統成了宗教化。殘酷的羅馬與日爾曼人，悉受了宗教的感化，而漸進於迷信。宗教方面，本來主情意的居多；但是純以客觀的上帝，來解決人生，終竟離題尚遠。後來再一個大反動，便是"文藝復興"；遂一變主情主意之宗教，而代以理智。近代康德之講範疇，範圍更過於嚴謹，好像我們的臨"九宫格"一般。所以他們這些，都可説是没有找到人生的大道上去。直至詹姆士、柏格森、倭鏗等出，才感覺到非改走别的路不可；很努力的從體驗人生上做去，也算是把從前機械的唯物的人生觀，撥開幾重雲霧。但是真果拿來與我們儒家相比，我可以説仍然幼稚。

總而言之：西方人講他的形上學，我們承認有他獨到之處。换一方面，講客觀的科學，也非我們所能及。不過最奇怪的，是他們講人生，也用這種方法；結果真弄到個莫明其妙。譬如用形上學的方法講人，絶不想到是從人生的本體來自證；却高談玄妙，把冥冥莫測的上帝來對喻。再如用科學的方法講，尤爲妙極。試問人生是什麽？是否可以某部當幾何之一角，三角之一邊？是否可以用化學的公式，來化分化合？或是用幾種原質來造成？再如達爾文之用生物進化説來講人生，證考詳博，科學亦莫能摇動，總算是壁壘堅固。但是果真要問他個"人之所以異於禽獸者安在？"人既自猿進化而來，爲什麽人自人而猿終爲猿？恐怕他也不能給我們以很有理由的解答。總之西人所用的幾種方法，僅能夠用之以研究人生以外的各種問題；人决不是這樣機械易與的；歐洲人却始終未澈悟到這一點。衹盲目的往前做，結果造成了今日的煩悶彷徨，莫知所措。蓋中世紀時，人心還能依賴着宗教過活；及乎今日，科學昌明，賴以醉麻人生的宗教，完全失去了根據；人類本從下等動物蜕化而來，那裏有什麽上帝創造；宇宙一切現象，不過是物質和他的運動，還有什麽靈魂；來世的天堂，既了不可憑；眼前的利害復日相肉迫；懷疑失望，都由之而起。真正是他們所謂的世紀末了。

以上我等看西洋人何等可憐！肉搏於這種機械唯物的枯燥生活當中，真可說始終未聞大道！我們不應當導他們於我們祖宗這一條路上去嗎？以下便略講我們祖宗的精神所在，我們可以看看是否可以終身受用不盡，並可以救他們西洋人物質生活之疲敝。

我們先儒始終看得知行是一貫的；從無看到是分離的。後人多謂知行合一之説，爲王陽明所首倡。其實陽明也不過是就孔子已有的發揮。孔子一生爲人，處處是知行一貫；從他的言論上，也可以看得出來。他説"學而不厭"，又説"爲而不厭"；可知"學"即是"爲"，"爲"即是"學"。蓋以知識之廣大，在人努力的自爲；從不像西人之從知識方法而求知識。所以王陽明曰："知而不行，是謂不知。"所以説這類學問，必須自證，必須躬行。這却是西人始終未看得的一點。

又儒家看得宇宙、人生是不可分的。宇宙絶不是另外一件東西，乃是人生的活動。故宇宙的進化，全基於人類的創造。所以《易經》曰："天行健，君子自强不息。"又看得宇宙永無圓滿之時；故易卦六十四，始"乾"而以"未濟"終。蓋宇宙"既濟"，則乾坤已息，還復有何人類？吾人在此未圓滿的宇宙中，只有努力的向前創造。這一點，柏格森所見的，也很與儒家相近。他説宇宙一切現象，乃是意識流轉所構成，方生已滅，方滅已生，生滅相向，侵成進化。這些生滅，都是人類自由意識發動的結果；所以人類日日創造，日日進化。這意識流轉，就唤作精神生活，是要從内省直觀得出來的。我們既知道變化流轉，就是宇宙真相；又知道變化流轉之權，操之在我；所以孔子曰："人能弘道，非道弘人。"儒家既看清了以上各點，所以他的人生觀十分美渥，生趣盎然。人生在此不盡的宇宙當中，不過是蜉蝣朝露一般，向前做得一點是一點。既不望其成功，苦樂遂不繫於目的物，完全在我；真所謂"無入而不自得"！有了這種精神生活，再來研究任何學問，還有什麽不成？那末或有人説宇宙是没有圓滿時期，我們何不静止不作，好嗎？其實不然。人既爲動物，便有動作的本能；穿衣吃飯，也是要動的。既是人生非動不可，我們就何妨就我們所喜歡做的，所認爲當做的做下去。我們最後的光明，固然遠在幾千萬年幾萬萬年之後；但是我們的責任，不是叫一蹴而幾，達到目的地；是叫我們的目的地日近一日。我們的祖宗，堯、舜、禹、湯、孔、孟……在他們的進行中，長的或跑①了一尺，短的亦跑過數寸，積累而成，才有今日。我們現在無論是一寸半分，只要往前湊，才是。爲現在及將來的人類受用，這都是不可逃的責任。孔子曰："士不可以不弘毅，任重而道遠！仁以爲己任，不亦重乎？死而後已，不亦遠乎？"所以我們雖然曉得道遠之不可致，還是要努力到"死而後已"。故孔子是知其不可而爲之者。正爲其知其不可而爲，所以生活上纔滿含着春意。若是不然；先計較他可爲不可爲，那末情志便繫於外物，憂樂便關乎得失；或竟因爲計較利害的原故，使許多應做的事反而不做。這樣還那裏領略到生活的樂趣哩！

再其次，儒家是不承認人是單獨可以存在的；故"仁"的社會，爲儒家理想的大同社會。"仁"字從二人。鄭玄曰："仁，相人偶也。"(《禮記》注）非人與人相偶，則"人"的概念不能成立；故孤行執異，絶非儒家所許。蓋人格專靠各個自己，是不能完成。假如世界没有別人，我的人格從何表現？譬如全社會都是罪惡，我的人格受了傳染和壓迫，如何能健全？由此可知人格是共同的，不是孤另的。想自己的人格向上，唯一的方法，是要社會的人格向上。然而社會的人格，本是各個自己化合而成；想社會的人格向上，唯一的方法，又是要自己的人格向上。明白這個意力和環境提攜，便成進化的道理。所以孔子教人："己欲立而立人，己欲達而達人。"所謂立人達人，非立達別人之謂，乃立達人類之謂。彼我合組成人類，故立達彼，即是立達人類。立達人類，即是立達自己。更用"取譬"的方法，來體驗這個達字，才算是"仁之方"。其他《論語》一書，講仁字的屢見不一見。儒家何爲把仁字看得這麽重要哩？即上面所講的儒家學問，專以研究"人之所以爲道"爲本；明乎仁，"人之所以爲道"自見，孟子曰："仁也者，人也，合而言之道也。"蓋仁之概念，與人之概念相亟②。人者通彼我而始得名。彼我通，乃得謂之仁。知乎人與人通，所以我的好惡，即是人的好惡。我的精神中，同時也含有人的精神。不徒是現世的人爲然。即如孔孟遠在二千年前，他的精神，亦浸潤在國民腦中不少。可見彼我相通，

① "跑"原作"抱"，據張品興主編《梁啟超全集》改正。下同。

② "亟"爲"函"之訛字。

雖歷百世不梗①！儒家從這一方面看得至深且切，而又能躬行實踐，無終食之間違仁。這種精神，影響於國民性者至大；即此一分家業，我可以説真是世界唯一無二的至寶！這絶不是用科學的方法可研究得來的。要全用内省的工夫，實行體驗；體驗而後，再爲躬行實踐。養成了這副②美妙的仁的人生觀，生趣盎然的向前進；無論研究什麼學問，管許是興致勃勃。孔子曰："仁者不憂"，就是這個道理。不幸漢以後，這種精神，便無人繼續的弘發；人生觀也漸趨於機械。八股制興，孔子真面目日失。後人日稱"尋孔顔樂處"，究竟孔顔樂處在那裏？還是莫名其妙。我們既然誦法孔子，應該好好保有這份③家私——美妙的人生觀——才不愧是聖人之徒啊！

此外我們國學的第二源泉，就是佛教。佛本傳於印度，但是盛於中國。現在大乘各派，五印全絶。正法一派，全在中國。歐洲人研究佛學的日多，梵文所有的經典，差不多都翻出來；但向梵文裏求大乘，能得多少？我們自創的宗派，更不必論了。像我們的禪宗，真可算得應用的佛教，世間的佛教；的確是印度以外才能發生，的確是表現中國人的特質，叫出世法與入世法並行不悖。他所講的宇宙精微，的確還在儒家之上。説宇宙流動不居，永無圓滿可説，是與儒家相同。曰"一衆生不成佛，我誓不成佛"；即孔子達人立人之意。蓋宇宙最後目的，乃是求得一大人格實現之圓滿相，絶非求得少數個人超拔的意思。儒佛所略不同的，就是一偏於現世的居多。一偏於出世的多。至於他的共同目的，都是願世人精神方面完全自由。現在自由二字，誤解者不知多少。其實人類外界的束縛，他方的壓迫力，終有方法解除；最怕的是"心爲形役"！自己做自己的奴隸。儒佛都用許多話來教人，想叫把精神方面的自縛解放淨盡，頂天立地成一個真正自由的人。這點，佛家弘發得更爲深透；真可以説佛教是全世界文化最高産品。這話東西人士都不能否認；此後全世界受用於此的甚多。我們先人既辛苦的爲我們創下這份家業；我們自當好好的承受；因爲這是人生唯一安生立命之具！有了這種安生立命之具，再來就性之所近的，去研究一種學問。那末纔算盡了人生的責任。

---

① 梗，《飲冰室文集》作"變"。

② "副"原作"逼"，今據文意改正。

③ "份"原作"分"，今據張品興主編《梁啟超全集》改正。下同。

諸君聽了我這一夜的演講，自然明白我們中國文化，比世界各國並無遜色。那一般沉醉西風，説中國一無所有的人，自屬淺薄可笑。《論語》曰："人雖欲自絶，其何傷於日月乎？多見其不知量也！"這邊的諸同學，從不對於國學輕下批評；這是很好的現象。自然我也聞聽有許多人諷刺南京學生守舊；但是只要舊的是好，守舊又何足詬病？所以我很願此次的講演，更能夠多多增進諸君以研究國學的興味！

三、章太炎　中國文學的根源和近代學問的發達[①]

六百年前，宋朝有個文天祥説的："一部《十七史》，從何處説起？"《十七史》尚且無從説起，何況中國全部的學問，比《十七史》更廣！但教育的事，和博覽不同；更没有到講學的地位。只是看人的淺深，見機説法，也就罷了。現在把中國開化的根苗，和近代學問發達的事蹟，對幾位朋友講講，就可以曉得施教的方法，也使那邊父兄子弟，曉得受教的門徑。

中國第一個開化的人，不是五千年前的老伏羲麽？第一個造文字的人，不是四千年前的老蒼頡麽？第一個宣布歷史的人，不是二千四百年前的孔子麽？第一個發明哲理的人，不是二千四百年前的老子麽？伏羲的事，並不能實在明白；現存的只有八卦，也難得去理會他。其餘三位開了一個法門，倒使後來不能改變；並不是中國人頑固，其實也没有改變的法子。

蒼頡造字，當初只有"指事"、"象形"兩件條例。什麽叫做指事？就

① 本文收入《章太炎的白話文》（上海泰東圖書局 1921 年 6 月初版）時，標題作《中國文化的根源和近代學術的發達》。

像上下兩個字，古篆只作⊥丅，不過是指個方向。其餘數目字，像一、二、三、四、五、六、七、八、九、十都也叫做指事；和號碼也差不多。什麼叫做象形？就像古篆日字作⊙，月字作☽，水字作巛，火字作𤆄，是像他的形勢，所以叫做象形。

當初蒼頡造字的時候，只有這兩種例，字都是獨體的。蒼頡以後，就漸漸把兩個字和合起來，變了合體的字，所以又有“形聲”、“會意”兩件條例。什麼叫做形聲？一旁是字的形，一旁是字的聲，所以叫做形聲。譬如水有各項，不能統統都叫做水；自然別有一句話。要寫這個字出來，若照着象形的例，仍還是個巛字；不能分別。所以在水傍又加一個聲音去指定他。譬如江字水旁加工，河字水旁加個可，水就是形，工和可就是聲。什麼叫做會意？把兩個字的意和合起來成一個意；這就叫會意。譬如人旁加個言字，就是信字；見得不信就不算人的話，只是狗吠雞鳴一樣。止上加個戈字，就是𢧢字；（案楷書寫成武。）見得別人舉動干戈，我能去止住他，就是𢧢。這個“指事”、“象形”、“形聲”、“會意”四件條例；造字的法子略備了。

但是中國有一千六百萬方里的地面，（中國的本部，從黄帝到現在，有四千年没有什麼大加減。）同是一句話，各處的聲氣自然不能一樣；所以後來又添出“轉注”一件條例來。什麼叫做轉注？這一瓶水展轉注向那一瓶去；水是一樣，瓶是二個。把這個意思①來比喻，話是一樣，聲音是兩種；所以叫做轉注。譬如有個老字②，換了一塊地方，聲音有點兒不同；又再造考字。有了這一件條例，字就多了。但是人的思想萬變不窮，説話也萬變不窮，却往往就這個意思移做別個意思。所以一個字往往包容得三四個意思；又添出“假借”一件條例來。譬如令字本來是號令；後來發號令的人，也就叫做令；不必別造一個令字。長字本來是長短的長；後來看年長的人，比小孩兒身體長些，也就叫做長。有了這一件條例，字就省造許多。這個“指事”、“象形”、“形聲”、“會意”、“轉注”、“假借”六條例併起來，叫做“六書”。二千九百年前，周公做《周禮》的時候，就有“六書”的名目。

① “意思”原作“思意”，今據文意改正。

② “字”原作“人”，今據文意改正。

不過蒼頡造字以後，誰人把獨體的字，合做合體的字？這個却没有明據。蒼頡造的字，叫做“古文”；後來合體的字，也叫做“古文”。到二千七百年前，周朝有個史籀，又把古文整理一番，改了許多新形，叫做“籀文”，也叫“大篆”。到二千一百年前，秦朝有個李斯，又把大篆減省些，叫做“小篆”。那“古文”、“大篆”、“小篆”三項，雖有不同，衹是略略改變。秦朝又把小篆減省，叫做“隸書”；現在通行的“楷書”，也還就是隸書。漢朝又把隸書減省，叫做“草書”，現在也是通行。當初用“隸書”、“草書”的人，不過爲寫字煩難，想個方便法門。不曉得通行以後，寫字就快，識字就難了。識字爲什麽難呢？隸書形體方整，象形字都不像了。況且處處省筆，連這個字是那兩個字合起來的，都看不出；一點一畫，覺得没有什麽意思。小孩識字的時候，不得不用强記，所以識字就難。有説：“中國字何不改成拼音？”我説這個是全不合情理的話。歐洲各國本來地方不大；蒙古、滿洲，地方雖大，人數極少，合起來，不過中國十六七縣的人口；一國的説話，聲氣自然一樣；所以可用拼音。那個印度就不然。地方和中國本部差不多大，説話分做七十餘種，却還要用拼音字；這一處的話寫成了字，到那一處就不懂了。照這個看來，地方小的，可以用拼音。地方大的，斷然不能用拼音字。中國不用拼音字，所以北到遼東，南到廣東，聲氣雖然各樣；寫一張字，就彼此都懂得。若换了拼音字，莫説遼東人不懂廣東字，廣東人不懂遼東字；出了一省，恐怕也就不能通行得去；豈不是令中國分爲幾十國麽？況且古今聲氣，略有改變。聲氣换了，字不换，還可以懂得古人的文理；聲氣换了，連字也换，就不能懂得古人的文理。且看英國人讀他本國三百年前的文章，就説是古文難得瞭解。中國就不然。若看文章，八百年前宋朝歐陽修、王安石的文章仍是和現在一樣；懂得現在的文章，也就懂得宋朝的文章。若看白話，四百年前明朝人做的《水滸傳》，現在也都懂得；就是八百年前，宋朝人的《語録》，也没有什麽難解。若用了拼音字，連《水滸傳》也看不成；何況别的文章！所以爲久遠計，拼音字也是不可用的。有説：“拼音字寫起來容易，合體字寫起來難。”這個也不然。中國的單音語，一字衹有一音；就多也不過二三十筆。外國的複音語，幾個音拼成一音，幾個音連成一字，筆劃也很不少。中國人若是兼學草書，寫起來只有比拼音字快，没有慢的。有説：“拼音字容易識，合體字難識。”這個也不然。拼音字只容易識他的音，並不容易識他的義。合體字是難識他的音，却是看見魚旁的字，不是魚的名，就是魚是事，看見鳥旁的字，不是鳥的名，就是鳥的事；識義倒反容易一點。兩邊的長短相較，也是一樣。原來六書的條例，最是精密；斷不是和埃及人只有幾個象形字一樣。若説小孩識字煩難，也有一個方便法門。叫他易識。第一要把《説文》五百四十個部首，使他識得，就曉得造字的例，不是隨意湊成的。領會得一點，就不用專靠强記。第二要懂得反切的道理。反切也是和拼音相近，但拼音只把這個音當這個字。反切却是把音注在字旁，叫他容易唤出音來，並不是就把這個音去代那個字；所以反切與拼音用法不同。但前人做反切，隨便把字取來使用。那個能反切的字，尚且讀不準音；何況所反切的字，怎麽讀得準音呢？現前只照三十六字母，改换三十六個筆劃最少的字；又照《廣韻》二百六韻約做二十二韻；（就是别國人唤叫母音的。）兩字一拼，成了反切；注在本字旁邊。大凡小孩子們識了五十八個字，就個個字都反切得出來了。但聲音要照《廣韻》讀；果然不可用土音，也不可用北京音。土音固是各處不同，北京音也不算正音，都用不着。我以前曾將五十八個字寫出，將來就可以用得哩。第三要兼學草書，爲臨時快寫的方便。但不可專用草書，不寫正字。草書不過是補助的東西罷了。至於當教習的朋友，總要備《段注説文》一部，《廣韻》一部，《四聲切用①表》一部，《書譜》一部，非但要臨時查檢，平日也要用心看看。最小的書，像《文字蒙求》，（山東人王筠做的，只有薄薄一本。）也好給學生講講。就曉得文字的妙處了，以上是論教文字的法子。

再説歷史：爲什麽説孔子宣布歷史呢？以前中國的歷史，只有《尚書》，叙事不大周詳，年代也不明白。又還只是貴族政體的時代，民間只識得字，通得文理，並没有歷史讀。歷史只是給貴族讀的。孔子以前三百年的時候，纔得有《春秋》出來，用編年的體例，叙事都也周詳；却還只許貴族讀的。孔子以前一百多年，山東有一個齊國，宰相叫做管仲，頗要民間看看歷史，也只爲替他政府辦事，没有别的好心腸。但那個時候，民間看見《春秋》的，是少得很。管仲想個法子，凡有讀得《春秋》的，給他

① “用”當作“韻”。

值二十兩黄金的衣服，五方里的田，看他的賞這樣重，就曉得讀《春秋》的少了。孔子也是由百姓起家，很不願意貴族政體；所以去尋着一個史官，叫做老子，拜了他做先生；老子就把史書都給他看。又去尋着一個史官，叫做左丘明；兩個人把《春秋》修改完全，宣布出來，傳給弟子。從此民間就曉得歷史了。以前民間没有歷史，歷史都藏在政府所管的圖書館。政府倒了，歷史也就失去。自從孔子宣布到民間來，政府雖倒，歷史都不會亡失；所以今日還曉得二三千年以前的事；這都是孔子的賜了。孔子以後三百多年，漢朝有一個史官，叫做司馬遷，又做成一部《史記》；又過了一百多年，又有一個史官，叫做班固，又做成一部《漢書》；那個體裁是紀傳體，雖和《春秋》不同；但總是看個榜樣，摹擬幾分；所以《史記》、《漢書》的事，仍復可以編排年月。後來人又照着《史記》、《漢書》的體做去，一代有一代的史，到如今有二十四史。假如没有孔子，後來就有司馬遷、班固，也不能作史。没有司馬遷、班固的史，也就没有後來二十二部史。那麼中國真是昏天黑地了。二十四史現在稱爲正史。此外編年的史，一千六百年前，漢朝有個荀悦，做一部《漢紀》。一千四百年前，晉朝有一個袁宏，做一部《後漢記》。九百年前，宋朝有一個司馬光做一部《資治通鑑》；就是從《春秋》以後，到宋朝以前爲止；歷代的事都有了。一百年前有一個邵晉涵替畢沅做一部《宋元通鑑》。這種都是編年的書，比看正史，略爲簡便。但是典章文物，不如正史詳明，此外還有紀事本末體，是七百年前，宋朝袁樞開頭，摹仿《尚書》。近來有七種紀事本末，比看編年體更簡便；衹是要緊的事，並不在事體大小。紀事本末衹有大事，没有小事，就差了。至於典章制度的書，是仿《周禮》、《儀禮》、《禮記》做的。一千一百年前，唐朝有個杜佑，做了一部《通典》，算第一美備。後來還有《通志》、《通考》，比《通典》萬萬不如；合起叫做“三通”。還有“續三通”並清朝的“三通”，合起叫做“九通”。這四種書，都是最大的歷史。論開頭的，只是孔子一人；所以孔子是史學的宗師；並不是什麼教主。史學講人話；教主講鬼語；鬼話是要人愚；人話是要人智；心思是迥然不同的。中國人留心歷史的多，後來却落個守舊的名目。不曉得歷史的用處；不專在乎辦事；衹是看了歷史，就發出許多愛國心來，是最大的用處。至於辦事，原是看形勢變遷，想個補救的法子；歷史不過做個參考，原不是照着他做。却是中國歷史上的美事，現在人都不經意；不過看了些奇功偉業，以爲辦事可以頃刻而成；這真是顛倒的見了。還有人說：“中國的歷史，祇是家譜一樣，没有精采。”又說：“只載了許多戰争的事，道理很不彀。”這種話真是可笑極了！中國並没有鬼話的宗教，歷史自然依帝王朝代排次，不用教主生年排次；就是看成家譜，總要勝那個鬼譜。以前最好的歷史，像《春秋》、《史記》、《漢書》；學術文章、風俗政治，都可考見；又豈是家譜呢？後來歷史漸漸差了，但所載總不止戰争一項；畢竟說政治的得失，論人物的高下，占了大半；講戰争的能有多少呢？可笑那班無識的人，引了一個英國斯賓塞的亂話，說歷史載的，都是已過的事；譬如鄰家生了一隻小貓，問他做什麼？不曉自己本國的歷史，就是自己家裏，並不是鄰家；鄰家就是外國，外國史也略要看看；何況本國史呢！過去的事，看來像没有什麼關痛癢；但是現在的情形，都是從過去漸漸變來。凡事看了現在的果，必定要求過去的因；怎麼可以置之不論呢？至於别國人講的社會學，雖則也見得幾分因果；祇是他這個理，總合不上中國的事；又豈可任他瞞過麼？又有人說：“中國的歷史，不合科學。”這種話更是好笑！也不曉得他們所說的科學是怎麼樣？若是開卷說幾句歷史的系統，歷史的性質，歷史的範圍，就叫做科學；那種油腔滑調，彷佛是填册一樣，又誰人不會說呢？歷史本來是繁雜的，不容易整理；況且體裁又多，自然難得分析。别國的歷史，祇有紀事本末一體。中國却有紀傳、編年、紀事本末、典章制度四大體。此外小小的體更有無數；科條本來繁複，所以難得清理。但是一千二百年前，唐朝劉知幾做的《史通》，科判各史，極其精密；斷非那幾句油腔滑調去填的可比。要問誰算科學？誰不算科學呢？至於學堂教科所用，祇要簡約；但不能說教科適宜的就是科學；這個也容易了解。說科學的歷史，只在簡約；那麼合了科學，倒不得不“削趾適屨”，却不如不合科學的好。試看别國没有編年的史，能彀把希臘以來，一年一年的事排比得清楚麼？没有紀傳的史，能彀把不關政治的人，詳載在史中麼？至於别國的哲學史，就像中國學案一樣；别國的文學史，就像中國文士傳一樣；那又别是一種，不能說有了這種書，正史上就可不載。這樣看來，中國史的發達，原是世界第一；豈是他國所能及的。但是一千年來的正史，却有過於繁碎的病。所以人說看《宋史》、《元史》，不如看《宋元通鑑》；也有一理。現在爲教育起見，原是要編一種簡約的書。這個本來不是歷史，祇是歷史教科書。所以説教育的事，不能比講學的事；教育的書，不能比著作的書。歷史教科書果然没有好的，初學的也將就可用。凡是當教習的朋友，總要自己的知識，十倍於教科書；纔可以補書上的不及。大概《通鑑輯覽》必是看過。最吃緊的是“四史”，必是要看；此外《日知録》也是有用。有這種知識，就可以講歷史。將來的結果，到學生能看這幾部書，就很好了。以上是論教歷史的法子。

至於哲理那就深了一層。但書没有歷史的繁，這倒是簡易一點。中國頭一個高①明哲理的，算是老子。老子的學問，《漢書·藝文志》説道：“出於史官。”原來老子在周朝，本是做徵藏史；所以人事變遷，看得分明。老子這一派，叫做道家。三千五百年前，商朝的伊尹；二千九百年前，周朝的太公；二千五百年前，周朝的管仲；本來都是道家。伊尹、太公的書，現在没了。管仲還有部《管子》留到如今，但管仲兼雜陰陽一派，有許多鬼話。老子出來，就大翻了；並不相信天帝鬼神和占驗的話。孔子也受了老子的學説，所以不相信鬼；只不敢打掃乾淨。老子就打掃乾淨。老子以後，有二百年，莊子出來，就越發駿逸不群了。以前論理論事，都不大質驗；老子是史官出身，所以專講質驗。以前看古來的帝王，都是聖人；老子看得穿他有私心。以前有萬物都有個系統；及到莊子《齊物論》出來，真是件件看成平等，照這個法子做去，就世界萬物各得自在，不曉怎麼昏愚的道士，反用老子做把柄；老子的書現在再也不能附會上去。還有人説老子好講權術，也是錯了。以前伊尹、太公、管仲都有權術，老子看破他們的權術，所以把那些用權術的道理，一概揭穿，使後人不受他的欺罔。老子明明説的：“正言若反。”後來人却不懂老子用意，若人人都解得老子的意，又把現在的人情參看參看，憑你蓋世的英雄，都不能牢籠得人；惟有平凡人倒可以成就一點事業；這就是世界公理大明的時候了。解老子的，第一是韓非子（在老子後有三百年光景。）《解老》、《喻老》兩篇，説得最好。後來還算王弼；（在一千五百年前三國魏朝。）河上公的注，原是假託，傅奕的注，（在一千二百年前唐朝時候。）更不必説。老子傳到孔子，稱爲

① “高”應爲“發”。

儒家，大意也差不多。不過拘守繩墨，眼孔比老子要小得多。孔子以後一百多年有孟子，孟子以後五六十年有荀子，孟子放任一點兒，學問上確少經驗。荀子比孟子嚴整得多，學問上又多經驗，説話又多條理。荀子的見解，和莊子純然相反，但是《正名》、《解蔽》兩篇，是荀子學問最深的所在。後來人也都不解老子不看重豪傑，只要“以正治國”。正是什麼？就是法律。這一點，荀子却相近些。後來變出一種法家，像韓非子，本來是荀子的門徒，又是深於老子的，可惜一味嚴厲，所以《史記》上說：“老子深遠”，見得韓非也不及了。儒家從孔子以後，又流出一派名家，有個公孫龍，原是孔子的弟子。就是名家的開宗。此外墨子稱爲墨家，在孔子後幾十年。意思全與儒家反對。《經上》、《經下》兩篇，也是名家的說。名家就是現在的論理學家。不過墨子、荀子講得最好，公孫龍就有幾分詭辯。墨子的書，除去《經上》、《經下》，其餘所説，兼愛的道理，也是不錯。只是尊天敬鬼，走入宗教一路，就不足論了。還有農家主張並耕，也是從老子來的。小説家主張不鬬，和道家、儒家、墨家都有關係。這七家都是有理的。居間調和的就是雜家。此外有縱横家，專是外交的口辯；陰陽家，就是鬼話連天；文章都好，哲理是一點不相干的。這十家古來通稱九流。大概没有老子，書不能傳到民間；民間没有書，怎麼得成九流？所以開創學術，又是老子的首功。九流行了不過二百年，就被秦始皇把他的書燒了。（秦始皇在二千一百年前。）到了漢朝，九流都没有人；儒家只會講幾句腐話；道家只會講幾句不管事的話；農家只會講幾句墾田的話；（還算農家實在些。）小説家只會講幾句傳聞的話；名家，法家，墨家都絶了。雜家雖永遠不壞，却没有别人的説話可以採取，倒是陰陽家最盛行，所以漢朝四百年，凡事都帶一點兒宗教的意味。到三國以後，漸漸復原，當時佛法也進中國來。佛法原是講哲理的，本來不崇拜鬼神，不是宗教，但是天宫地獄的話，帶些雜貨在裏面，也是印度原有這些話，所以佛法也不把他打破。若在中國，就不説了。所以深解佛學的人，只是求他的哲理，不講什麼天宫地獄。論到哲理，自然高出老莊。却是治世的方法，倒要老莊補他的空兒。後來到宋朝時候，湖南出了一個人叫做周茂叔，名是周敦頤，要想把佛學、儒學調和，有一個鶴林寺的和尚，叫做壽涯，對他説：“你只要改頭换面！”周茂叔果然照他的話做去，可惜還參些道士的話，傳到弟子河南程明道，名是程頤，他兄弟程伊川，名是程顥①，（周、程都是八百年前的人。）就把道士話打掃淨了。開了一種理學的宗派。裏面也取佛法。那時候陜西還有個張横渠，名是張載，説話幾分和二程不同，帶幾分墨子兼愛的意思。程伊川的學派，傳到幾代以後，福建有個朱晦庵，名是朱熹。（朱熹在七百年前。）周、程、張、朱幾個人，後來將他住址出名喚做濂、洛、關、閩。朱晦庵同時，還有個江西陸子靜，名是陸九淵，和晦庵不對。陸子靜只是粗豪，也取幾分佛法。到明朝有個浙江王陽明，名是王守仁，傳陸子靜的派，世人都把程、朱、陸、王，當做反對的話，其實陸、王，反對朱晦庵，也反對程伊川，到底不能反對程明道。陸、王比伊川、晦庵雖是各有所長，若比明道，是遠比不上。要把理學去比佛學，哲理是遠不如，却是治世勝些。若比九流，哲理也不能比得老莊，論理學也不能比得墨子、荀子，祇没有墨子許多尊天敬鬼的話。至於治世，就不能並論了。大概中國幾家講哲理的，意見雖各有不同，總是和宗教相遠。就有幾家近宗教的，後來也必定把宗教話打洗淨了，總不出老子劃定的圈子。這個原是要使民智，不是要使民愚；但最要緊的是名家。没有名家，一切哲理都難得發揮盡致。現在和子弟講，原不能説到深處，只是大概説説。幾位當教習的朋友，要先把莊子《天下篇》、荀子《非十二子篇》、淮南子《要略訓》、《史記》（《老莊申韓列傳》、《孟子荀卿列傳》、《太史公自序》）、《漢書・藝文志》、《近思録》、《明儒學案》，講一段目録提要的話與學生，再就本書略講些。没有本書，《東塾讀書記》也可以取材。這件事本是專門的學問，不能彀人人領會。不過學案要明白得一點，以上是教哲理的法子。這三件事，我本來也有些著作，將來或者送給幾位朋友看看，不過今日講的白話教育，還説不到這步田地。

① “顥”原作“灝”，今改正。

四、章太炎　教育的根本要從自國自心發出來

本國没有學説，自己没有心得；那種國，那種人，教育的方法，只得跟別人走。本國一向有學説，自己本來有心得；教育的路綫，自然不同。幾位朋友，你看中國是屬於那一項？中國現在的學者，又屬於那一項呢？有人説："中國本來没有學説。"那種話，已經駁過。還有説："中國本來有學説；只恨現在的學者没有心得。"這句話雖然不合事實，我倒願學者用爲藥石之言！中國學説，歷代也有盛衰；大勢還是向前進步，不過有一點兒偏勝。只看周朝的時候，禮、樂、射、御、書、數喚作六藝。懂得六藝的多；却是歷史、政事，民間能夠理會的很少；哲理是更不消説得。後來老子、孔子出來；歷史、政事、哲學三件，民間漸漸知道了。六藝倒荒疏。漢朝以後，懂六藝的人雖不少，總不如懂歷史、政事的多。漢朝人的懂六藝，比六國人要精許多，哲理又全然不講。魏、晉、宋、齊、梁、陳這幾代講哲理的，儘比得上六國；六藝裏邊的事，禮、樂、數，是一日明白一日；書只有形體不正一點；聲音訓詁，仍舊没有失去。歷史、政事，自然是容易知道的，總算没有什麼偏勝。隋唐時候，佛教的哲理，比前代要精

審，却不過幾個和尚；尋常士大夫家，儒、道、名、法的哲理，就没有。數學、禮、樂，唐初都也不壞。從中唐以後就衰了！懂得歷史、政事，算是唐人擅埸。宋朝人分做幾派：一派是瑣碎考據的人，像沈括、陸佃、吴曾、陸游、洪適、洪邁都是。王應麟算略略完全些，也不能見得大體。在六藝裏面，不能成就得那一種。一派是好講經世的人，像蘇軾、王安石、陳亮、陳傅良、葉適、馬端臨都是。陳、馬還算着實；其餘不過長許多浮夸的習氣，在歷史既没有真見，在當時也没有實用。一派是專求心性的人，就是理學家了。比那兩家總算成就。除了邵雍的鬼話，其餘比魏、晉、宋、齊、梁、陳的學者，也將就攀得上。歷史只有司馬光、范祖禹兩家。司馬光也還懂得書學。此外像賈昌朝、丁度、毛居正幾個人，也是一路。像宋祁、劉攽、劉奉世、曾鞏又是長於校勘，原是有津逮後學的功；但自己到底不能成就小學家。宋元之間，幾位算學先生出來，到算是獨開蹊徑。大概宋朝人還算没有偏勝，只爲不懂得禮，所以大體比不上魏晉幾朝。中國有一件奇怪事！老子明説："禮者，忠信之薄"，却是最精於禮；孔子事事都要請教他。魏晉人最佩服老子幾個放蕩的人，並且説："禮豈是爲我輩設"，却是行一件事，都要考求典禮。晉朝末年，禮論有八百卷，到劉宋朝，何承天删併成三百卷；梁朝徐勉集五禮，共一千一百七十六卷；可見那時候的禮，發達到十分。現在《通典》裏頭有十卷的禮，大半是從那邊採取來，都是精審不磨；可惜比照原書，存二十分之一了！那時候人，非但在學問一邊講禮，在行事一邊也都守禮。且看宋文帝已做帝王，在三年服裏頭生太子，還瞞着人不敢説；像後代的帝王，那裏避這種嫌疑？可見當時守禮的多，帝王也不敢公然踰越。更有怪的！遠公原是一個老和尚，本來游方以外，又精於喪服。弟子雷次宋也是一面清談，一面説禮。這不是奇怪得很麼！宋朝的理學先生，都説服膺儒術，規行矩步，到得説禮不是糊塗，就是謬妄；也從不見有守禮的事。衹有一個楊簡（通稱楊慈湖）在温州做官，遇着欽差到温州來，去和他行禮，主人升自阼階，賓升自西階，一件一件，都照着做，就算奇特非常；到底不會變通，也不算什麼高！照這樣看來，理學先生，遠不如清談先生。明朝時候，一切學問，都昏天黑地。理學只襲宋儒的唾餘；王守仁出來，略略改變些兒；不過是溝中没有蛟龍，鯢鰌來做雄長！連宋朝人的瑣碎考據，字學校勘，都没有了！典章制度，也不會考古，歷史也是推開一捲，中間有幾位高的：音韻算陳第，文字訓詁算黄生，律吕算朱載堉，攻僞古文尚書算梅鷟，算學也有一個徐光啟，但從別處譯來，並不由自己思索出來，所以不數。到明末顧炎武就漸漸成個氣候。近二百年來，勉强唤做清朝，書學、數學、禮學昏黑了長久，忽然大放光明。歷史學也比得上宋朝。像錢大昕、梁玉繩、邵晉涵、洪亮吉都着實可以名家。講政事的頗少，就有也不成大體。或者因爲生非其時，不犯着講政事給他人用。或者看穿講政事的，總不過是浮夸大話，所以不願去講。至於哲理，宋明的理學，已經擱起一邊了；却想不出一種道理去代他。中間只有戴震做幾卷《孟子字義疏證》，自己以爲比宋儒高；其實戴家的話，只好用在政事一邊；别的道理，也並没得看見。宋儒在《孟子》裏頭，翻來翻去；戴家也在《孟子》裏頭翻來翻去。宋儒還采得幾句六朝話。（大概皇侃《論語疏》裏頭的話，宋儒采他的意頗多。）戴家只會墨守《孟子》。孟子一家的話，戴家所發明的，原比宋儒切實；不過哲理不能專據孟子。（阮元的《性命古訓》，更不必評論了。）到底清朝的學説，也算十分發達了。只爲没有講得哲理，所以還算一方偏勝。若論進步，現在的書學、數學比前代都進步。禮學雖比不上六朝，比唐、宋、明都進步。歷史學裏頭，鉤深致遠，參伍比校，也比前代進步。經學還是歷史學的一種，近代也比前代進步。本國的學説，近來既然進步，就和一向没有學説的國，截然不同了。但問進步到這樣就止麽？也還不止。六書固然明了；轉注、假借的真義，語言的緣起，文字的孳乳法，仍舊模糊，没有尋出綫索；可不要向前去探索麽？禮固然明了；在求是一邊，這項禮爲什麽緣故起來？在致用一邊，這項禮近來應該怎樣增損？可不要向前去考究麽？歷史固然明了；中國人的種類從那一處發生？歷代的器具是怎麽樣改變？各處的文化是那一方盛？那一方衰？盛衰又爲什麽緣故？本國的政事和别國比較，劣的在那一塊？優的在那一塊？又爲什麽有這樣政事？都没有十分明白；可不要向前去追尋麽？算學本是參酌中外，依乎那邊盛了；這邊只要譯他就彀。但從前有徐光啟采那邊的，就有梅文鼎由本國尋出頭路來。有江永采那邊的，就有錢大昕、焦循由本國尋出頭路來。直到羅士琳、徐有壬、李善蘭都有自己的精思妙語，不專去依傍他人；後來人可不要自勉麽？近來推陳出新的學者，也儘有幾個。若説現在的學者没有心得，無論不能概全國的人；只兄弟自己看自己，心得的也很多；到底中國不是古來没有學問，也不是近來的學者没有心得，不過用偏心去看，就看不出來。怎麽叫做偏心？只佩服别國的學説；對着本國學説，不論精粗美惡，一概不采，這是第一種偏心。在本國的學説裏頭，治了一項；其餘各項都以爲無足重輕，並且還要詆毁；就像講漢學的人看見魏晉人講的玄理，就説是空言，或説是異學；講政事的人，看見專門求是，不求致用的學説，就説是廢物，或説是假古玩；彷佛前人説的一個人做弓，一個人做箭，做弓的説祇要有我的弓就好射，不必用箭；做箭的説只要有我的箭就好射，不必用弓；這是第二種偏心。（這句話並不是替許多學者做調人，一項學術裏頭這個説的是，那個説的非，自然要辯論駁正，不可模棱了事就算數。至於兩項學術，就不該互相非薄。）這兩項偏心去了，自然有頭緒尋出來。但聽了别國人説，本國的學説壞，依着他説壞，固然是錯。就聽了别國人説本國的學説好，依着他説好，仍舊是錯！爲什麽緣故呢？别國人到底不明白我國的學問；就有幾分涉獵，都是皮毛；憑他説好説壞，都不能當做定論。現在的教育界第一種錯漸漸打消幾分，第二種錯又是接踵而來。比如日本人説陽明學派是最高的學派；中國人聽了也就去講陽明學。且不論陽明是優是劣。但日本人于陽明學並没有什麽發明；不過偶然應用，立了幾分功業，就説陽明學好。原來用學説去立功業，本來有應有不應，不是板定的。就像莊子説："能不龜手一也；或以侯，或不免於洴澼絖。"（不龜手，説手遇了冷不裂。洴澼絖，就是打緜。）本來只是湊機會兒，又應該把中國的歷史翻一翻。明末東南的人，大半是講陽明學派。如果陽明學一定可以立得功業，明朝就應該不亡！又看陽明未生以前，書生立功的也很不少。遠的且不必説；像北朝①种師道是横渠的弟子；用种師道計，北宋可以不亡。南宋趙蔡是晦庵的再傳弟子；宋末保全淮蜀，都虧趙蔡的力。明朝劉基，（就是人人稱劉伯温。）的是參取永嘉金華學派的，明太祖用劉基的策，就打破陳友諒。難道看了横渠、晦庵和永嘉金華學派的書，就可以立得功業麽？原來運用之妙；存乎其人。莊子説得好！"豕零桔梗，是時爲帝。"（豕零就是藥品中的豬苓，意思説賤藥也有大用。）如果着實説去：學説是學説。功

---

① "北朝"應爲"北宋"。

業是功業。不能爲立了功業，就説這種學説好。也不能爲不能立功業，就説這種學説壞。學説和致用的方術不同。致用的方術，有效就是好。無效就是不好。學説則不然；理論和事實合才算好；理論和事實不合就不好；不必問他有用没用。現在看了日本人偶然的事，就説陽明學好，真是道聽塗説了。又像一班人先聽見宋儒謗佛，最後又聽見基督教人也謗佛，就説佛學不好；近來聽見日本人信佛，又聽見歐洲人也頗有許多信佛，就説佛學好；也不論佛學是好是壞。但基督教人，本來有門户之見，並説不出自己學理論來。漢學人也並不看佛書，這種話本可以擱起一邊。宋儒是看過佛書了；固然有許多人謗佛；也有許多人直用佛書的話，没有諱飾。本來宋儒的學説，是從禪宗脱化；幾個直認不諱的，就是老實説直話；又有幾個，裹面用了佛説，外面排斥佛説，不過是裝潢門面；難道有識的人就被他瞞過麽？日本人的佛學，原是從中國傳去；有幾種書，中國已經没有了；日本倒還有原版，固是可寶。但日本人自己的佛學，並不能比中國人深。那種華嚴教、天台教的話，不過把中國人舊疏敷衍成篇。他所特倡的日蓮宗、真宗，全是宗教的見解，並没有關係學説的話。儘他説的好，也不足貴。歐洲人研究梵文，考據佛傳，固然是好；但所見的佛書，只是小乘經論；大乘並没有幾種。有意講佛學的人，照着他的法子，考求言語歷史，原是不錯。（本來中國玄奘、義淨這班人，原是注意在此，但宋朝以後就絶了。）若説歐洲人是文明人，他既學佛，我也依他學佛；那就是下劣的見解了。胡亂跟人，非但無益，並且有害。這是什麽緣故？意中先看他是個靶子，一定連他的壞處，也取來了。日本出家人皆有妻，是明明不持戒律。既信日本，就與佛學的本旨相反。歐洲人多説大乘經論，不是釋迦牟尼説的。（印度本來有這句話。）在看不定的人，就説小乘好，大乘不好。那就棄菁華，就糟粕了！佛經本來和周公、孔子的經典不同。周、孔的經典是歷史，不是談理的；所以真經典就是，僞經典就不是。佛經是談理的，不是歷史；只要問理的高下，何必問經是誰人所説？佛經又和基督教的經典不同。基督教純是宗教；理的是非，並不以自己思量爲準，只以上帝耶穌所説的爲準。佛經不過夾雜幾分宗教；理的是非，要以自己思量爲準，不必以釋迦牟尼所説爲準。以前的人學佛，原是心裹悦服，並不爲愛重印度國推愛到佛經；現在人如果要講佛學，也只該憑自己的心學去，又何必借重日本、歐洲呢？又像一班無聊新黨，本來看自國的人，是野蠻人；看自國的學問，是野蠻的學問；近來聽見德國人頗愛講支那學，還說中國人民，最自由的人民，中國政事，最好的政事。回頭一想：文明人也看得起我們野蠻人，文明人也看得起我們野蠻學問，大概我們不是野蠻人，中國的學問不是野蠻學問了。在學校裏邊，恐怕該添課國學漢文？有這一種轉念，原說他好，並不說他不好。但是受教的人，本來胸中象一塊白絹；惟有聽受施教的話。施教的人，却該自己有幾分注意，不該聽别人的話。何不想一想：本國的學問，本國人自然該學；就像自己家裏的習慣，自己應該曉得；何必聽他人的毀譽？别國有幾個教士穴官，粗粗淺淺的人，到中國來，要知道這一點兒中國學問；向下不過去問幾個學究；向上不過去問幾個斗方名士。本來那邊學問很淺，對外人説的又格外淺，外人看中國自然没有學問。古人説的：“以管窺天，以蠡測海。”（蠡本來應寫蠃，俗寫作螺，意思説用蠃殼去舀海水，不能曉得海的深淺。）一任他看成野蠻何妨？近來外人也漸漸明白了。德國人又專愛考究東方學問，也把經典史書略略翻去；但是翻書的人，能把訓詁文義，真正明白麼？那個口述的中國人，又能夠把訓詁文義真正明白麼？你看日本人讀中國書，約略已有一千多年，究竟訓詁文義，不能明白！他們所稱爲大儒，這邊看他的話，還是許多可笑！像山井鼎物觀校勘經典，却也可取。因爲只案字比校，並不多發議論；其餘著作，不過看看當個玩具，並没有可采處。近來許多目録家，看得日本有幾部舊書，就看重日本的漢學家，是大錯了。皇侃《論語疏》、《玉燭寶典》、《群書治要》幾部古書，不過借日本做個書簏子！這個也難怪他們。因爲古書的訓詁文義，從中唐到明代，一代糊糢一代；到近來才得真正明白。以前中國人尚不明白，怎麼好責備他國人！後來日本人也看近代學者的書，但是成見深了，又是發音極不正當；不曉得中國聲音，怎麼曉得中國的訓詁？既然不是從師講授，仍舊不能冰釋理解。所以日本人看段注《説文》、王氏《經傳釋詞》和《康熙字典》差不多。幾個老博士，翻騰幾句文章學説，不是支離，就是汗漫。日本人治中國學問這樣長久，成效不過如此！何況歐洲人，只費短淺的光陰，怎麼樣能夠瞭解？有説“日本人歡喜附會。德國人倒不然，總該比日本人精審一點。”這句話也有幾分合理。日本人對着歐洲的學説，還不敢任意武斷；對着中國的學説，只是亂説亂造；或者徐福東來，帶了許多燕、齊怪迂之士；這個遺傳性，至今還在。歐洲人自然没有這種荒謬，到底時候太淺，又是没有師授，總是不解。既是不解，他就説中國學問比天還要高，中國人也不必引以爲榮。古人説："一經品題，聲價十倍。"原是看品題人是什麽？若是没有品題的資格，一個門外漢對着我極口稱讚，又增什麽聲價呢？聽了門外漢的品題，當作自己的名譽，行到教育的一邊，也有許多毛病。往往這邊學究的陋話，斗方名士的謬語，傳到那邊；那邊附會了幾句，又傳到這邊，這邊就看作無價至寶；也有這邊高深的話傳到那邊，那邊不能了解，任意胡猜，猜成了又傳到這邊；這邊又看作無價至寶；就把向來精正確實的話，改做一種淺陋荒唐的話。這個結果，使學問一天墮落一天。幾位朋友要問這種憑據，兄弟可以隨意舉幾件來：（一）日本人讀漢字，分爲漢音、吴音、唐音各種；却是發音不準。並不是中國的漢音、唐音、吴音本來如此；不過日本人口舌崛强，學成這一種奇怪的音。現在日本人説他所讀的，倒是中國古來的正音。中國人也頗信這句話。我就對那個人説："中國的古音，也分二十幾韻；那裏像日本發音這樣簡單？古音或者没有憑據；日本人所説的古音，大概就是隋唐時候的音。你看《廣韻》現在；從《廣韻》追到唐朝的《唐韻》、隋朝的《切韻》並没有什麽變動。照《廣韻》的音切切出音來，可像日本人讀漢字的聲音麽？"那個人説："怎麽知道《廣韻》的聲音不和日本聲音一樣？"我説一項是聲紐，（就是通稱字母的。）兩項是四聲，從隋唐到現在，並没有什麽大改。日本可有四聲麽？可有四十類細目麽？至於分韻，元明以來的聲音，比《廣韻》減少，却比日本還多。日本讀漢字可能像《廣韻》分二百六韻麽？你看從江蘇沿海到廣東，小販做工的人，都會胡亂説幾句英語；從來聲音没有讀準。假如幾百年後，英國人説我們英國的舊音失去了，倒是中國沿海的人，發得出英國舊音；你想這句話好笑不好笑！（二）日本人常説："日本讀中國的古文就懂得；讀中國現行的文，就不懂得；原來中國的文氣變了。日本人作的漢文，倒還是中國的古文。"這句話也頗有人相信。我説日本的文章，用助詞非常之多；因爲他説話裏頭助詞多，所以文章助詞也多。中國文章最愛多用助詞的，就是宋、元、明三朝；所以日本人拿去强擬；真正隋唐以前的文章，用助詞並不多；日本人可能懂得麽？至於古人辭氣，和近來不很相同。就中國人粗稱能文的，還不能盡解；更何論日本人！自從王氏做《經傳釋詞》，近來馬建忠分爲八品，做了一部《文通》，原是用文法比儗，却並没有牽强；大體雖不全備，中國的分起來，總有十幾品，頗還與古人辭氣相合。在中國文法書裏邊，也算錚錚佼佼了！可笑有個日本人兒島獻吉又做一部《漢文典》，援引古書也没有《文通》的完備；又拏日本詰詘聱牙的排列法，去硬派中國文法。倒有許多人説兒島的書比馬氏好得多。因爲馬氏不録宋文，兒島兼録宋文；不曉中國的文法，在唐朝早已完備了。宋文本來没有特别的句調，録了有什麽用？宋文也還可讀，照着兒島的排列法，語勢蹇澀，反而變成文理不通；比馬氏的書，真是有霄壤之隔！近來中國反有人譯他的書。唉！真是迷了！日本幾個老漢學家做來的文字，總有幾句不通，何況這位兒島學士！現在不用拏兩部書比較，只要請兒島做一篇一千字長的文章，看他語氣順不順，句調拗不拗？再請兒島點一篇漢書，看他點得斷，點不斷，就可以試驗得出來了！（三）有一個英國人説："中國的言語，有許多從外邊來；就像西瓜、蘆菔、安石榴、蒲桃（俗寫作葡萄。）是希臘語；師子是波斯語；從那邊傳入中國。"這句話近來信的雖不多，將來恐怕又要風行。要曉這種話也有幾分近理。却是一是一非，要自己檢點過。中國本來用單音語；鳥獸草木的名，却有許多是複音語。但凡有兩字成一個名的，如果兩字可以分解得開，各自有義，必不是從外國來。如果兩字不能分解，或者是從外國來，蒲桃本不是中國土産，原是從西域取來，枝葉既不是蒲，果實也不像桃，唤做蒲桃，不合中國語的名義，自然是希臘語了。師子、安石榴也是一樣。像西瓜就不然，瓜是蓏的通名；西瓜説是在西方的最好；兩個都有義，或者由中國傳到希臘去，必不由希臘傳到中國來。蘆菔也是中國土産，《説文》已經列在小篆；兩個字雖然不能分解，鳥獸草木的名。本來複音語很多；也像從中國傳入希臘，不像從希臘傳入中國。至於彼此談話，偶然一樣；像父母的名，全地球没有大異，中國稱兄做昆，轉音爲哥；鮮卑也稱兄爲阿干。中國人自稱爲我，拉丁人也自稱爲愛伽。中國吴語稱我輩曰阿旁；（《洛陽伽藍記》自稱阿儂，語則阿旁。）梵語也稱吾輩曰阿旁。中國稱彼爲他，梵語也稱彼爲多他。中國嘆詞有嗚呼；梵語也是阿蒿。這種原是最簡的話，隨口而出，天籟相符。或者古來本是同種，後來分散，也未可知？必定説甲國的話，從乙國來；乙國的話，從甲國去；就是全無憑據的話了。(像日本許多名詞，大半從中國去。蒙古黄台吉就是從中國的皇太子變來，滿洲的福晋，就是從中國的夫人變來；這種都可以決定。因爲這幾國都近中國；中國文化先開，那邊没有名詞，不得不用中國的話；所以可下斷語。若兩國隔絶得很遠的，或者相去雖近，文字差不多同時開的，就不能下這種斷語。)有人説："中國象形文字，從埃及傳來。"也有説："中國的干支二十二字，就是希臘二十二個字母。"這種話全然不對。象形字就是畫畫，任憑怎麽樣草昧初開的人，兩個人同對着一種物件，畫出來總是一樣。何必我傳你，你傳我？干支二十二字，甲、己、庚、癸是同紐；辛、戌是同紐；戌、卯、未古音也是同紐；譬如支干就是字母，應該各字各紐；現在既有許多同紐的音，怎麽可以當得字母？這種話應該推開。(四)法國人有句話説："中國人種原，是從巴比倫來。"又説："中國地方，本來都是苗人；後來被漢人驅逐了。"以前我也頗信這句話。近來細細考證，曉得實在不然：封禪七十二君，或者不純是中國地方的土著人。巴比倫人或者也有幾個。因爲《穆天子傳》裏面談的，頗有幾分相近，但説中國人個個是從巴比倫來，到底不然。只看神農，姜姓。姜就是羌，到周朝還有姜戎。晋朝青海有個酋長名叫姜聰；看來姜是羌人的姓，神農大概是青海人。黄帝或者稍遠一點；所以《山海經》説在身毒，(身毒就是印度。)又往大夏去采竹。大夏就是唐代的睹貨邏國，也在印度西北；或者黄帝即印度人。到底中國人種的來源，遠不過印度、新疆，近不過西藏、青海，未必到巴比倫地方。至於現在的苗人，並不是古來的三苗；現在的黎人，並不是古來的黎。三苗九黎，也不是一類的。三苗在南，所以説左洞庭，右彭蠡。九黎在北，所以《尚書》、《詩經》都還説有個黎侯；黎侯就在山西。蚩尤是九黎的君；(漢朝馬融説的。)所以黄帝從西邊來，蚩尤從東邊走，趕到涿鹿，就是現在直隸宣化府地界，才決一大戰。如果九黎三苗就是現在的黎人、苗人，應該在南方決戰，爲什麽到北方極邊去？難道苗子與韃子雜處？三苗是縉雲氏的子孫，(漢朝鄭康成説的。)也與苗子全不相干，近來的苗人黎人，漢朝稱爲西南夷。苗字本來寫髳字，黎字本來寫俚字，所以從漢朝到唐初，只有髳俚的名，從無苗黎的名。後來人强去附會《尚書》就成苗黎。别國人本來不曉得中國的歷史。聽中國人隨便講講，就當認真。中國人自己講錯了，由别國去一翻，倒反信爲確據。你説不要笑死了麽!

（五）法國又有個人説："《易經》的卦名，就是字書；每爻所説的話，看都是由卦名的字，分出多少字來。"這句話頗像一百年前焦循所講的話。有幾個朋友也信他。我説他舉出來的字，許多小篆裏頭没有；豈可説文王作《周易》的時候，已經有這幾個字？況且所舉的字音，也並不甚合。在别國想到這條路上，也算巧思。但是在中國人只好把這種話做個談柄，豈可當他實在？如果説他説的巧合，所以可信。我説明朝人也有一句話，比法國人更巧。他説："《四書》本來是一部書。《論語》後邊説'不知命'，接下《中庸》開口就説：'天命之謂性。'《中庸》後邊説：'予懷明德'，接下《大學》開就説：'在明明德。'《大學》後邊説：'不以利爲義，以義爲利也'，接下《孟子》開口就説：'王何必曰利，亦曰仁義而已矣。'"這到是天然湊合，一點没有牽强。但是信得這句話麽？明末人説了，就説他好笑；法國人説了，就説他有理；不是自相矛盾的麽？上面所舉，不過幾項；其餘也舉不盡；可見别國人的支那學，我們不能取來做準。就使是中國人不大深知中國的事，拏别國的事蹟來比附，創一種新奇的説，也不能取來做準。强去取來做準，就在事實上生出多少支離，學理上生出多少謬妄，並且揑造事蹟，（揑造事蹟，中國向來没有的，因爲歷史昌明，不容他隨意亂説，只有日本人最愛變亂歷史，並且拿小説的假話當做實事。比如日本小説裏頭説源義經到蒙古去，近來人竟説源義經化做成吉思汗，公然形之筆墨了。中國下等人相信《三國志演義》裏頭許多怪怪奇奇的事，當做真正實在，略讀書的人不過付之一笑。日本竟把小説的鬼話，踵事增華，當做真正事實，好笑極了。因爲日本史學本來不昌，就是他國正史，也大半從小説傳聞的話翻來，所以前人假造一種小説，後來人竟當做真歷史，這種笑柄，千萬不要風行到中國才好。）舞弄條例，都可以隨意行去，用這個做學説，自己變成一種庸妄子！用這個施教育，使後生個個變成庸妄子！就使没有這種弊端，聽外國人説一句支那學好，施教育的跟着他的話施，受教育的跟着他的話受，也是不該！上邊已經説了，門外漢極力贊揚，並没有增什麽聲價！況且别國有這種風尚的時候，説支那學好；風尚退了，也可以説支那學不好；難道中國的教育家，也跟着他旅進旅退麽？現在北京開經科大學，許歐洲人來遊學，使中國的學説，外國也知道一點兒，固然是好。但因此就覺得增許多聲價，却是錯了見解了。大凡講學問，施教育的，不可像賣古玩一樣，一時許多客人來看，就貴到非常的貴；一時沒有客人來看，就賤到半文不值。自國的人，該講自國的學問，施自國的教育；像水火柴米一個樣兒，貴也是要用，賤也就要用，只問要用，不問外人貴賤的品評，後來水越治越清，火越治越明，柴越治越燥，米越治越熟，這樣就是教育的成效了。至於別國所有，中國所無的學説，在教育一邊，本來應該取來補助，斷不可學格致古微的口吻，説別國的好學説，中國古來多現成有的。要知道凡事不可棄己所長，也不可攘人之善。棄己所長，攘人之善，都是島國人的陋見！我們泱泱大國，不該學他們小家模樣！

五、胡適之　清代學者的治學方法

一

研究歐洲學術史的人，知道科學方法，不是專講方法論的哲學家所發明的，是實驗室裏的科學家所發明的；不是亞里士多德（Aristotle）、倍根①（Bacon）、彌兒（Mill）一般人提倡出來的，是格利賴②（Galileo）、牛敦③（Newton）、勃里斯來④（Priestley）一般人實地試行出來的。即如世人所推爲歸納論理的始祖的倍根，他不過曾提倡知識的實用和事實的重要；故略帶着科學的精神。其實他所主張的方法，實行起來，全不能適用；決不能當“科學方法”的尊號。後來科學大發達，科學的方法已經成了一切實驗

---

① 今譯爲培根。

② 今譯爲伽利略。

③ 今譯爲牛頓。

④ 今譯爲普里斯特利。

室的公用品；故彌兒能把那時科學家所用的方法，編理出來，稱爲歸納法的五種細則。但是彌兒的區分，依科學家的眼光看來，仍舊不是科學用來發明真理解釋自然的方法的全部。彌兒和倍根都把演繹法看得太輕了；以爲只有歸納法是科學方法。近來的科學家和哲學家漸漸的懂得假設和證驗，都是科學方法所不可少的主要分子；漸漸的明白科學方法不單是歸納法，是演繹和歸納互相爲用的；忽而歸納，忽而演繹，忽而又歸納，時而由個體事物到全稱的通則，時而由全稱的假設到個體的事實，都是不可少的。我們試看古今來多少科學的大發明，便可明白這個道理。更淺一點，我們走進化學實驗室裏去做完一小盒材料的定性分析，也就可以明白科學的方法，不單是歸納一項了。

歐洲科學發達了二三百年，直到於今，方才有比較的圓滿的科學方法論。這都是因爲高淡方法的哲學家和發明方法的科學家向來不很接近，所以高談方法的人，至多不能得到一點科學的精神和科學的趨勢；所以創造科學方法，和實用科學方法的人，也只顧他自己研究試驗的應用，不能用哲學綜合的眼光，把科學方法的各方面詳細表示出來，使人了解。哲學家没有科學的經驗，决不能講圓滿的科學方法論。科學家没有哲學的興趣，也决不能講圓滿的科學方法論。

不但歐洲學術史可以證明我這兩句話。中國的學術史，也可以引來作證。

二

當印度系的哲學盛行之後，中國系的哲學復興之初，第一個重要問題，就是方法論，就是一種邏輯。那個時候，程子到朱子的時候，禪宗盛行；一個“禪”字，幾乎可以代表佛學。佛學中最講究邏輯的幾個宗派，如三論宗和法相宗都很不容易研究；經不起少許政府的摧殘，就很衰微了。只有那“明心見性，不立文字”的禪宗，仍舊風行一世。但是禪宗的方法，完全是主觀的頓悟，决不是多數人“自悟悟他[①]”的方法。宋儒最初有幾個人，曾採用道士派關起門來虛造宇宙論的方法，如周濂溪、邵康節一班人。但是他們只造出幾種道士氣的宇宙觀，並不曾留下什麼方法論。直到後來

① “他”字據文意補。

宋儒把《禮記》裏面一篇一千七百五十個字的《大學》提出來，方才算是尋得了中國近世哲學的方法論。自此以後，直到明代和清代，這篇一千七百五十個字的小書，仍舊是各家哲學争論的焦點。程朱、陸王之争，不用説了。直到二十多年前，康有爲的《長興學記》裏，還争論“格物”兩個字究竟怎樣解説呢！

《大學》的方法論，最重要的是“致知在格物”五個字。程子、朱子一派的解説是：

> 所謂“致知在格物”者，言欲致吾之知，在即物而窮其理也。蓋人心之靈，莫不有知；而天下之物，莫不有理。惟於理有未窮，故其知有未盡也。是以《大學》始教，必使學者即凡天下之物，莫不因其已知之理而益窮之，以求至乎其極。至於用力之久，而一旦豁然貫通焉，則衆物之表裏精粗無不到，而吾心之全體大用無不明矣。（朱子補《大學》第五章）

這一種“格物”説，便是程、朱一派的方法論。這裏面有幾點很可注意：（1）他們把“格”字作“至”字解。朱子用的“即”字，也是“到”的意思。“即物而窮其理”，是自己去到事物上，尋出物的道理來，這便是歸納的精神。（2）“即凡天下之物，莫不因其已知之理而益窮之，以求至乎其極。”這是很偉大的希望！科學的目的，也不過如此。小程子也説：“語其大，至天地之高厚；語其小，至一物之所以然；學者皆當理會。”倘宋代的學者，真能抱着這個目的做去；也許做出一些科學的成績。

但是這種方法何以没有科學的成績呢？這也有種種原因：（1）科學的工具器械不夠用。（2）没有科學應用的需要。科學雖不專爲實用，但實用是科學發展的一個絶大原因。小程子臨死時説：“道著用，便不是。”像這種絶對非功用説，如何能使科學有發達的動機？（3）他們既不講實用，又不能有純粹的愛真理的態度。他們口説“致知”；但他們所希望的，並不是這個物的理和那個物的理，乃是一種最後的絶對真理。小程子説：“今日格一件，明日格一件，積習既多，然後脱然有貫通處。”又説：“自一身之中至萬物之理，但理會得多，自然豁然有覺悟處。”朱子上文説的“至於用力之久，而一旦豁然貫通焉，則衆物之表裏精粗無不到，而吾心之全體大用無不明矣。”這都可證宋儒雖然説：“今日格一事，明日格一事。”但他們的目的，並不在今日明日格的這一事；他們所希望的，是那“一旦豁然貫通”的絶對的智慧。這是科學的反面。而科學所求的知識，正是這物那物的道理；並不妄想那最後的無上智慧。丟了具體的物理，去求那“一旦豁然貫通”的大徹大悟，決没有科學。

再論這方法本身，也有一個大缺點。科學方法的兩個重要部分：一是假設，一是實驗。没有假設，便用不着實驗。宋儒講格物，全不注重假設。如小程子説：“致知在格物，物來則知起。物各付物，不役其知，則意誠不動。”天下那有“不役其知”的格物？這是受了《樂記》和《淮南子》所説：“人生而静，天之性也；感於物而動，性之欲也。”那種知識論的毒！“不役其知”的格物，是完全被動的觀察；没有假設的解釋，也不用實驗的證明。這種格物，如何能有科學的發明？

但是我們平心而論：宋儒的格物説，究竟可算得是含有一點歸納的精神。“即凡天下之物，莫不因其已知之理而益窮之。”這一句話裏，的確含有科學的基礎。朱子一生有時頗能做一點實地的觀察。我且舉《朱子語録》裏的兩個例：

(1) 今登高山而望，群山皆爲波浪之狀；便是水泛如此。只不知因什麼事凝了。

(2) 嘗見高山有螺蚌殼，或生石中。此石即舊日之土，螺蚌即水中之物。下者却變而爲高，柔者却變而爲剛。此事思之至深，有可驗者。

這兩條都可見朱子頗能實行格物。他這種觀察，斷案雖不正確，已很可使人佩服。西洋的地質學者觀察同類的現狀，加上膽大的假設，作爲有系統的研究，便成了歷史的地質學。

三

起初小程子把“格物”的物字，解作：“語其大，至天地之高厚；語其小，至一物之所以然。”又解作：“自一身之中，至萬物之理。”像這個“物”的範圍，簡[①]直是科學的範圍。但是當科學器械不完備的時候，這樣

① “簡”原作“檢”，今改正。下同。

的科學野心，不但做不到，簡直是妄想。所以小程子自己先把“物”的範圍縮小了。他說：“窮理亦多端；或讀書講明義理。或論古今人物，別其是非。或應接事物，處其當然。皆窮理也。”這是把“物”字縮到“窮經、應事、尚論古人”三項。後來朱子便依着小程子所定的範圍。朱子是一個讀書極博的人。他的一生精力，大半都用在“讀書窮理”、“讀書求義”上。他曾費了大工夫，把《四子書》、《四經》（《易》、《詩》、《書》、《春秋》）自漢至唐的注疏細細整理一番，刪去那些太繁的和那些太講不通的；又加上許多自己的見解，做成了幾部簡明貫串的集注。這幾部書，八百年來在中國發生了莫大的勢力。他在《大學》、《中庸》兩部書上用力更多。每一部書有《章句》。又有《或問》。《中庸》還有《輯略》。他教人看《大學》的法子：“須先讀本文，念得；次將《章句》來解本文，又將《或問》來參《章句》，須逐一令記得；反復尋究，待他浹洽，既逐段曉得，將來統看溫尋過，這方始是。”看這一條，可以想見朱子的格物方法，在經學上的應用。

他這種方法，是很繁瑣的。而在那禪學盛行的時代，這種方法，自然很受一些人的攻擊。陸子批評他道：“易簡工夫終久大，支離事業竟浮沈。”“支離事業”，就是朱子一派的“傳注”工夫。陸子自己說：“學苟知本，則《六經》皆我注脚。”又說：“《六經》注我，我注《六經》。”他所説的“本”，就是自己的心。他說：“宇宙即是吾心，吾心即是宇宙。”他又說：“萬物皆備於我；只要明理。然理不解自明，須是隆師親友。”

朱子說：“人心之靈，莫不有知；而天下之物，莫不有理。”這是說“理”在物中，不在心內；故必須去尋求研究。陸子說：“此心此理，實不容有二。”心就是理；理本在心中，故說：“理不解自明。”這種學說，和程、朱一系所說“即物而窮其理”的方法，根本上立於反對的地位。

後來明代王陽明也攻擊朱子的格物方法。王陽明說：

> 衆人只說格物要依晦翁，何曾把他的說去用。我着實曾用來。初年與錢友同論做聖賢，要格天下之物；因指亭前竹子令去格看。錢子早夜去窮格竹子的道理，竭其心思，至於三日，便致勞神成疾。我當初說他是精力不足；因自去窮格，早夜不得其理；到七日，亦以勞思致疾。遂相與歎聖賢是做不得的。無他大力量去格

物了！

王陽明這樣挖苦朱子的方法，雖然太刻薄一點，其實是很切實的批評。朱子一系的人，何嘗真做過“即凡天下之物，莫不因其已知之理而益窮之”的工夫？朱子自己說：“夫天下之物，莫不有理；而其精蘊則已具於聖賢之書；故必由是以求①之。”從“天下之物”縮小到“聖賢之書”，這一步可算跨得遠了。

王陽明自己主張的方法，大致和陸象山相同。王陽明說：“心外無物。”又說：“物者，事也。凡意之所發，必有其事。意所在之事謂之物。”又說：“如吾心發一念孝親，即孝親便是物。”他把“格”字當作“正”字解；他說：“格者，正也，正其不正以歸於正也。”他把“致知”解作“致吾心之良知”；故要人：“於其良知所知之善者，即其意之所在之物而實爲之，無有乎不盡；於其良知所知之惡者，即其意之所在之物而實去之，無有乎不盡。”這就是格物。

陸、王一派，把“物”的範圍限於吾心意念所在的事物，初看去似乎比程、朱一派的“物”的範圍縮小得多了。其實並不然。程、朱一派高談“即凡天下之物”，其實祇有“聖賢之書”是他們的“物”。而陸、王明明承認“格天下之物”是做不到的事，故把範圍收小，限定“意所在之事謂之物”。但是陸、王都主張“心外無物”的，故“意所在之事”一句話的範圍，可大到無窮；比程、朱的“聖賢之書”廣大得多了。還有一層，陸、王一派，極力提倡個人良知的自由；故陸子說：“《六經》爲我注脚。”王子說：“夫學貴得之心。求之於心而非也；雖其言之出於孔子，不敢以爲是。”像這種獨立自由的精神，便是學問革新的動機。

但是獨立的思想精神，也是不能單獨存在的。陸、王一派的學說，解放思想的束縛，是很有功的；但他們偏重主觀的見解，不重物觀的研究，所以不能得社會上一般人的信用。我們在三四百年後觀察程朱、陸王的爭論，從歷史的綫索上看起來，可得這樣一個結論：“程、朱的格物論，注重‘即物而窮其理’，是很有歸納的精神的。可惜他們存一種被動的態度，要想‘不役其知’以求那豁然貫通的最後一步。那一方面陸、王的學說，主

① “求”原作“來”，今據歐陽哲生編《胡適文集》改正。下同。

張真理即在心中；抬高個人的思想，用良知的標準，來解脱‘傳注’的束縛。照這種自動的精神，很可以補救程、朱一派的被動的格物法。而程、朱的歸納手續，經過陸、王一派的解放，是中國學術史一大轉機。解放後的思想，重新又採①取程、朱的歸納精神，重經過一番‘樸學’的訓練，於是有清代學者的科學方法出現；這又是中國學術史的一大轉機。”

四

中國舊有的學術，只有清代的“樸學”，確有“科學”的精神。而“樸學”一個名詞，包括甚廣；大要可分四部分：

（1）文字學（Philology）。包括字音的變遷，文字的假借通轉等等。

（2）訓詁學。訓詁學是用科學的方法，物觀的證據，來解釋古書文字的意義。

（3）校勘學（Textual Criticism）。校勘學是用科學的方法，來校正古書文字的錯誤。

（4）考訂學（Higher Criticism）。考訂學是考定古書的真僞，古書的著者，及一切關於著者的問題的學問。

因爲範圍很廣，故不容易尋一個總包各方面的類名。而“樸學”又稱爲“漢學”，又稱爲“鄭學”。這些名詞都不十分滿人意。比較起來，“漢學”兩個字，雖然不妥，但很可以代表那時代的歷史背景。而“漢學”是對於“宋學”而言的。因爲當時的學者不滿意於宋代以來的性理空談，故抬出漢儒來想壓倒②宋儒的招牌。因此我們暫時沿用這兩個字。

“漢學”這個名詞，很可表示這一派學者的公同趨向。這個公同趨向，就是不滿意於宋代以來的學者，用主觀的見解，來做考古學問的方法。這種消極方面的動機，起於經學上所發生的問題；後來方才漸漸的擴充，變成上文所説的四種科學。現在且先看漢學家所攻擊的幾種方法：

（1）隨意改古書的文字。

（2）不懂古音；用後世的音來讀古代的韻文；硬改古音爲“叶音”。

---

① “採”原作“探”，今改正。

② “倒”原作“到”，今改正。

(3) 增字解經。例如解“致知”爲“致良知”。

(4) 望文生義。例如《論語》：“君子恥其言而過其行。”本有錯誤；故“而”字講不通。宋儒硬解爲：“恥者，不敢盡之意；過者，欲有餘之辭。”却不知道“而”字是“之”字之誤。(皇侃本如此。)

這四項，不過是略舉幾個最大的缺點。現在且舉漢學家糾正這種主觀的方法的幾個例：唐明皇讀《尚書·洪範》：“無偏無頗，遵王之義”，覺得下文都協韻；於是下敕改“頗”爲“陂”，使與義字協韻。至顧炎武研究古音，以爲唐明皇改錯了。因爲古音“義”字本讀爲我，故與頗字協韻。他舉《易·象傳》：“鼎耳革，失其義也。覆公餗，信如何也。”又《禮記·表記》，“仁者，右也；道者，左也；仁者，人也；道者，義也。”證明義字正讀爲我。故與左字、何字、頗字協韻。

又《易·小過》上六：“弗遇過之，飛鳥離之。”朱子説當作：“弗過遇之。”至顧炎武引《易·離》九三：“日昃之離，不鼓缶而歌，則大耋之嗟。”證明“離”字古讀如羅；與過字協韻，本來不錯。

“望文生義”的例，如《老子》：“行于大道，唯施是畏。”王弼與河上公都把“施”字當作“施爲”解。王念孫證明“施”字當讀爲“迆”，作邪字解。他舉的證據甚多：(1)《孟子·離婁》：“施從良人之所之。”趙岐注：“施者，邪施而行。”丁公著音迆。(2)《淮南·齊俗訓》：“去非者，非批邪施也。”高誘注：“施，微曲也。”(3)《淮南·要略》：“接徑直施。”高注：“施，邪也。”以上三證，證明施與迆通，《説文》説：“迆，衺行也。”(4)《史記·賈生傳》：“庚子日施兮”，《漢書》寫作：“日斜兮。”(5) 韓非子的《解老篇》解《老子》這一章，也説：“所謂大道也者，端道也。所謂貌施也者，邪道也。”以上兩證，證明施字作邪字解。照這種考證法，還不令人心服嗎?

這幾條隨便舉出的例，可以表示漢學家的方法。他們的方法的根本觀念，可以分開來説：

(1) 研究古書，並不是不許人有獨立的見解；但是每立一種新見解，必須有物觀的證據。

(2) 漢學家的“證據”，完全是“例證”。例證就是舉例爲證。看上文所舉的三件事，便可明白“例證”的意思了。

（3）舉例作證，是歸納的方法。倘舉的例不多，便是類推（Analogy）的證法。舉的例多了，便是正當的歸納法（Induction）了。而類推與歸納，不過是程度的區別。其實他們的性質是根本相同的。

（4）漢學家的歸納手續，不是完全被動的，是很能用“假設”的。這是他們和朱子大不相同之處。他們所以能舉例作證，正因爲他們觀察了一些個體的例之後，腦中先已有了一種假設的通則；然後用這通則所包涵的例，來證同類的例。他們實際上是用個體的例，來證個體的例；精神上實在是把這些個體的例所代表的通則演繹出來。故他們的方法是歸納和演繹同時並用的科學方法。如上文所舉的第一件事，顧炎武研究了許多例，得了“凡義字古音皆讀爲我”的通則。這是歸納。後來他遇着“無偏無頗，遵王之義”一個例，就用這個通則解釋他；説這個義字，古音讀爲我，故能與頗字協韻。這是通則的應用，是演繹法。既是一條通則，應該總括一切“義”字，故必須舉出這條“義讀爲我”的例來，證明這條“假設”的確是一條通則。印度因明學的三支，有了“喻[①]體”（大前提），還要加上一個“喻依”（例），就是這個道理。

五

我現在且舉幾個最精密的長例，來表示漢學家的科學方法。清代漢學的成績，要算文字學的音韻一部分爲最大。故我先舉錢大昕考定古今音變遷的一條例。錢氏於古音學有兩大發明：一是“古無輕脣音”；一是“古無舌頭舌上之分”。前一條，我已引在我的《中國哲學史大綱》裏了。現在且舉他的“古無舌頭舌上之分”一條。舌上的音，如北方人讀“知”、“徹[②]”、“澄”三組的字，都是舌上音，舌頭音爲“端”、“透”、“定”三組的字。（西文的 P，T 兩母的字。）錢氏發明現讀舌上音的字，古音都讀舌頭的音。他舉的例如下：

（1）《説文》“沖，讀若動”。《書》“惟予沖人”，《釋文》：“直忠切。”古讀直如特。沖子，猶童子也。字母家不識古音，讀沖爲蟲；不知古讀蟲

① “喻”原作“諭”，今改正。下同。
② “徹”原作“澈”，今改正。

亦如同也。《詩》：“蘊隆蟲蟲”，《釋文》：“直忠反。”徐：“徒冬反。”《爾雅》作爞爞，郭：“都冬反”，《韓詩》作烔，音徒冬反。是蟲與同音不異。

（2）古音中如得。《三倉》云：“中，得也。”《史記·封禪書》：“康后與王不相中。”《周勃傳》：“子勝之尚公主，不相中。”小司馬皆訓爲得。

（3）古音陟如得。《周禮》：“太卜掌三夢之法。……三曰咸陟。”注：“陟之言得也，讀如王德翟人之德。”

（4）古音趙如掮。《詩》：“其鎛斯趙”，《釋文》：“徒了反。”《周禮·考工記》注引此作：“其鎛斯掮”，大了反。《荀子》楊倞注：“趙，讀爲掉。”

（5）古音直如特。《詩》：“實惟我特”，《釋文》：“《韓詩》作直，云：相當值也。”《檀弓》：“行并植於晉國”，注：“植或爲特。”《王制》：“天子犆礿”，《釋文》：“犆，音特。”

（6）古音竹如篤。《詩》：“綠竹猗猗”，《釋文》：“《韓詩》作薄，音徒沃反。”與篤音相近，皆舌音也。篤、竹並從竹得聲。《論語》：“君子篤於親”，《汗簡》云：“古文作竺。”《書》：“篤不忘”，《釋文》：“本又作竺。”《釋詁》：“竺，厚也。”《釋文》：“本又作篤。”《漢書·西域傳》云：“無雷國比與捐毒接”，師古曰：“捐毒，即身毒，天毒也。”《張騫傳》：“吾賈人轉市之身毒國”，鄧展曰：“毒，音督。”李奇曰：“一名天竺。”《後漢書·杜篤傳》：“摧天督”，注：“即天竺國。”然則竺、篤、毒、督四字同音。

（7）古讀豬如都。《禮·檀弓》“洿其宮而豬焉”，注：“豬，都也；南方謂都爲豬。”《書》：“大野既豬”，《史記》作既都。“滎波既豬”，《周禮注》引作：“滎播既都。”

（8）古讀追如堆。《郊》：“特牲毋追”，《釋文》：“多雷反。”枚乘《七發》“踰岸出追”，李善注：“追，古堆字。”

（9）古讀倬如菿。《詩》：“倬彼甫田”，《韓詩》作菿。

（10）古讀棖如棠。孔子弟子申棖，《史記》作申棠，……因棖有棠音。可悟古讀“長”，丁丈切，與黨音相似。正是音和，非類隔。

（11）古讀池如沱。《詩》：“滮池北流”，《説文》引作：“滮沱。”《周禮》職方氏：“并州其川虖池”，《禮記》：“晉人將有事於河，必先有事於惡池”，即滮沱之異文。

（12）古讀廛如壇。《周禮》廛人注：“故書廛爲壇。”杜子春讀壇爲廛。

“載師以廛里任國中之地”，注：“故書廛或爲壇，司農讀爲廛。”

(13) 古讀秩如豑。《書》“平秩東作”，《説文》引作豑，從豊，弟聲。……凡從失之字，如跌、迭、瓞、蛈、詄皆讀舌音，則秩亦有迭音，可信也。

(14) 姪娣本雙聲字。《公羊·釋文》：“姪，大結反。娣，大計反。”此古音也。《廣韻》，姪有“徒結”、“直一”兩切。

(15) 古讀陳如田。《説文》：“田，陳也。”陳完奔齊，以國爲氏。而《史記》謂之田氏。是古田陳同聲。

錢氏所舉的例，不止這十五個，我不能全鈔了。看他每舉一例，必先證明那個例，然後從那些證明了的例上，求出那“古無舌頭舌上之分”的大通則。這裏面有幾層的歸納和幾層的演繹。他從《詩·釋文》、《檀弓·注》、《王制·釋文》各例上尋出“古讀直如特”的一條通則，便是一層歸納。他用同樣的方法，去尋出“古讀竹如篤”、“古讀豬如都”等等通則；便是十幾次的歸納。然後把這許多通則貫串綜合起來，求出“古讀舌上音皆爲舌頭音”的大通則；便是一層大歸納。而經過這層大歸納之後，有了這個大通則；再看這個通則，有没有例外。如字書讀沖爲蟲，他便可應用這條大通則，説蟲字古時也讀如“同”。這是演繹。他怕演繹的證法，還不能使人心服；故又去尋個體的例，如蟲字的“直忠”和“都冬”兩切，證明蟲字古讀如同。這又是歸納了。

這是漢學家研究音韻學的方法。三百年來的音韻學，所以能成一種有系統有價值的科學；正因爲那些研究音韻的人，自顧炎武直到章太炎都能用這種科學的方法，都能有這種科學的精神。

六

我再舉一個訓詁學的例。清代講訓詁的方法，到王念孫、王引之父子兩人，方才完備。二王以後，俞樾、孫詒讓一班人都跳不出他們兩人的範圍。王氏父子所著的《經傳釋詞》，可算得清代訓詁學家所著的最有統系的書；故我舉的例也是從這部書裏來的。古人注書，最講不通的，就是古書裏所用的“虚字”。“虚字”在文法上作用很大，古人没有文法學上的名詞，一切統稱“虚字”（語詞、語助詞等等），已經是很大的缺點了。不料有一些學者，竟把這些“虚字”當作“實字”用；如“言”字在《詩經》裹常作“而”字或“乃”字解，都是虚字；被毛公、鄭玄等解作代名詞的“我”字，便更講不通了。王氏的《經傳釋詞》全用歸納的方法，舉出無數的例，分類排比起來，看出相同的性質；然後下一個斷案，定他們的文法作用。我要舉的例，是用在句中或句首的“焉”字。

“焉”字用在句尾，是很平常的用法。例如：“殆有甚焉”、“必有事焉”，都作“於此”解；那是很容易的。但是“焉”字又常常用在一句的中間，或一句的起首；他的功用等於“於是”，“乃”、“則”一類的狀詞，大概是表時間的關係；有時還帶着一點因果的關係。王氏舉的例如下：

(1)《禮記·月令》：“命舟牧覆舟，五覆五反，乃告舟備具於天子；天子焉（於是）始乘舟。”

(2)《晉語》：“盡逐群公子，乃立奚齊，焉（於是）始爲令於國。”

(3)《墨子·魯問》：“公輸子自魯南遊，焉（於是）始爲舟戰之器。”

(4)《山海經·大荒西經》：“夏后開焉（於是）始得歌九招。”

(5)《祭法》：“壇墠有禱，焉（則）祭之；無禱乃止。”

(6)《三年問》：“故先王焉（乃）爲之立中制節。”

(7) 又：“焉使倍之，故再期也。”

(8)《大戴禮·王言篇》：“七教，修焉（乃）可以守。三至行，焉（乃）可以征。”

(9)《曾子·制言篇》：“有知，焉（乃）謂之友；無知，焉謂之主。”

(10)《齊語》：“鄉有良人，焉（乃）以爲軍令。”

(11)《吴語》：“吾道路悠遠，必無有二命，焉（乃）可以濟事。”

(12)《老子》：“信不足，焉（於是）有不信。”

(13)《管子·幼官篇》：“勝無非義者，焉（乃）可以爲大勝。”

(14) 又《揆度篇》：“民財足，則君賦斂焉（乃）不窮。”

(15)《墨子·親士篇》：“焉（乃）可以長生保國。”

(16) 又《兼愛》：“必知亂之所自起，焉（乃）能治之。”

(17) 又《非攻》：“湯焉（乃）敢奉率其衆以鄉有夏之境。”

(18)《莊子·則陽篇》：“君爲政，焉（乃）勿鹵莽；治民，焉（乃）勿滅裂。”

(19)《荀子·議兵篇》:“若赴水火，入焉(則)焦没耳!”

(20) 又:“凡人之動也，爲賞慶爲之;則見害傷焉(乃)止矣。”

(21)《離騷》:“馳椒邱，且焉(於是)止息。”

(22)《九章》:“焉(於是)洋洋而爲客”，“焉(於是)舒情而抽信兮。”

(23)《九辯》:“國有驥而不知乘兮，焉(乃)皇皇而更索。”

(24)《招魂》:“巫陽焉(乃)下招曰。”

(25)《遠遊》:“焉(乃)逝以徘徊。”

(26) 僖十五年《左傳》:“晉於是乎作爰田。晉於是乎作州兵。”《晉語》作:“焉作轅田，焉作州兵。”則是“焉”與“於是”同義。

(27)《荀子·禮論篇》:“三者偏亡，焉無安人。”而《史記·禮書》用此文。焉作則。《老子》:“故貴以身爲天下，則可寄天下。”又在《淮南·道應訓》引此，則作焉;則是“焉”與“則”同義。

照這種方法，先搜集許多同類的例，比較參看，尋出一個大通則來，完全是歸納的方法。但是以我自己的經驗看起來，這種方法實行的時候，決不能等到把這些同類的例都收集齊了，然後下一個大斷案。而當我們尋得幾條少數同類的例時，我們心裹已起了一種假設的通則。有了這個假設的通則，若再遇着同類的例，便把已有的假設去解釋他們，看他能否把所有同類的例，都解釋的滿意。這就是演繹的方法了。演繹的結果，若能充分滿意;那個假設的通則，便成了一條已證實的定理。照這樣的辦法，由幾個(有時只須一兩個)同類的例，引起一個假設;再求一些同類的例，去證明那個假設，是否真能成立;這是科學家常用的方法。假設的用處，就是能使歸納法實用時，格外經濟，格外省力。凡是科學上能有所發明的人，一定是富於假設的能力的人。宋儒的格物方法所以没有效果，都因爲宋儒既想格物，又想“不役其知”。不役其知，就是不用假設;完全用一種被動的態度。那樣的用法，決不能有科學的發明。因爲不能提出假設的人，嚴格説來，竟可説是不能使用歸納方法。爲什麼呢?因爲歸納的方法，並不是教人觀察“凡天下之物”;並不是教人觀察亂七八糟的個體事物。歸納法的真義，在於教人“舉例”;在於使人於亂七八糟的事物裹面尋出一些“類似的事物”。當他“舉例”時，心裹必已有了一種假設。如錢大昕舉沖、中、陟、直、趙、竺……等字時，他先已有了一種“類”的觀念，先有了一種假設。不然，他爲什麼不舉别的整千整萬的字呢？又如王氏講“焉”字的例，他若先没有一點假設，爲什麼單排出這些句中和句首的“焉”字呢？漢學家的長處，就在他們有假設通則的能力。因爲有假設的能力，又能處處求證據來證實假設的是非，所以漢學家的訓詁學，有科學的價值。道光年間有個方東樹，做了一部《漢學商兑》，極力攻擊漢學家；但他對於高郵王氏的《經義述聞》，也不能不佩服，不能不説：“實足令鄭、朱俛首，自漢、唐以來，未有其比！”可見漢學家的方法精密；就是宋學的死黨，也不能不心服了。

七

我在上文已舉了音韻學和訓詁學的例；我現在再舉清代校勘學作例。古書被後人鈔寫刻印，很難免去錯鈔錯刻的弊病。譬如我做了一篇一百字的文章，寫好之後，我自己校看一遍，没有錯字。這個原稿，可叫做“甲”。我的書記重鈔一篇，送登《北京大學月刊》；因爲“甲”是用草字寫的，鈔本誤認了一個字，遂錯鈔了一個字。這篇“乙”稿，拿去排印，商務印書館的排工又排錯了一字；這個印本可叫做“丙”。這三個本子的“可靠性”，有如下的比例：

“甲”本 100；“乙”本 99；“丙”本 97.02。

這一個本子，只經過三手，已比原本減少 0.0298 的可靠性了。何況古代的著作，經過了一兩千年的傳鈔翻印，那能保得住没有錯誤呢！校勘學的發生，只是要救正這種“日讀誤書”的危險。但是這種校勘的工夫，初看似乎很容易；其實真不容易。譬如上文説的“丙”本，只得尋着我的“甲”本，細細校對一遍，就可校正了。但是這種容易的校勘，是不常有的。有些古書，並没有原本可用來校對；所有的古本，無論怎樣古，終究是鈔本。而有時一部書，只有一個傳本，並無第二本。校書的人，既不可隨意亂改古書；又不可穿鑿附會，勉强解説。（説詳本篇第四節①。）自不能

① “節”原作“篇”，今改正。

不用精密的方法，正確的證據，方才能使人心服。清代的校勘學，所以能使人心服，正爲他用的是科學的方法。

校勘學的方法，可分兩層説。第一是根據。第二是評判。根據是校勘時用來作比較參考的底本。根據大約有五種：(1) 根據最古的舊本子。例如阮元的《論語注疏校勘記》，引據的本子，是《漢石經殘字》、《唐石經》、《宋石經》、皇侃《義疏》、《高麗本》(據陳鱣《論語古訓》引的)、《十行本》(宋刻的元、明修補的)、《閩本》(明嘉靖時刻)、《非監本》(明萬曆時刻)、《毛本》(明崇禎時刻) 共計九種古本。(2) 根據古書裏引用本書的文句。例如《群書治要》、《太平御覽》等書，引了許多古書，可以用作參考。又如阮元校勘《論語》“君子恥其言而過其行”一句，先説：“《皇本》、《高麗本》而作之；行下有也。”這是前一種的根據。阮元又説：“按《潛夫論·交際篇》，孔子疾夫言之過其行者，亦作之字。”這是第二種的根據。又如《荀子·天論》“内外無别，男女淫亂，則父子相疑，上下乖離”，這四項是平等的，不當夾一個“則”字。《韓詩外傳》有這一段，没有“則”字。《群書治要》引的也没有“則”字。故王念孫根據這兩書説“則字是衍文”。(3) 根據本書通行的體例。最明顯的例，是《墨子·小取篇》：“辟也者，舉也物而以明之也。”第二個“也”字，初看似乎無意思，故畢沅校《墨子》，便删了這個字。王念孫後來發見“《墨子》書通以也爲他”一條通例，故説這個“也”字也是“他”字；“舉他物以明此物謂之譬”；這就明白了。他的兒子王引之又用這條通例來校《小取篇》：“無也故焉”的“也”字，也是“他”字；又“無故也焉”一句，也應改正爲“無也故焉”，那“也”字也是“他”字。後來我校《小取篇》“是猶謂也者同也，吾豈謂也者異也”兩句；也用這條通例來把第一和第三個“也”字，都讀作“他”字。(4) 根據古注和古校本。古校本最重要的，莫如陸德明的《經典釋文》。古注自漢以來多極了，不能遍舉。我且舉兩個應用的例：《易·繫辭傳》“擬之而後言，議之而後動”；議字實在講不通。《釋文》曰：“陸姚、桓元、荀柔之作儀。”而“儀”字作效法解，與“擬”字並列，便講得通了。《繫辭》又有：“幾者動之微，吉之先見者也。”我不懂得此處何故單説“吉”，不説“吉凶”？後來我讀孔穎達《正義》説：“諸本或有凶字者，其定本則無也。”方才知道唐初的人，還見過有“凶”字的本子；可據此校改。後來我讀《漢書・楚元王傳》："穆生曰：《易》稱知幾其神乎！幾者，動之微，吉凶之先見者也。"此又可證我的前說。（5）根據古韻。我引王念孫《讀書雜誌》一段作例：

《淮南子・原道訓》："是故無所私而無所公，靡濫振蕩，與天地鴻洞；無所左而無所右，蟠委錯紾，與萬物始終。"按始終，當作終始。（上文云："水流而不止，與萬物終始。"）公洞爲韻。右始爲韻。（右古讀若"以"，説見《唐韻正》。）若作始終，則失其韻矣。

又《俶真訓》："若夫真人則動溶於至虚而游於滅亡之野，騎蜚廉而從敦圄，馳於外方，（外方據道藏本；各本作方外。）休乎宇内，燭十日而使風雨，臣雷[①]公，役考父，妾宓妃，妻織女。"按"宇内"當爲"内宇"。（内宇猶宇内也，大林中謂之中林，谷中謂[②]之中谷矣。）内宇與外方相對爲文。宇與野，圄，雨，父，女，爲韻。（野古讀若"墅"，説見《唐韻正》。）若作"宇内"，則失其韻矣。

《説林篇》："無鄉之社，易爲黍肉；無國之稷，易爲求福。"案"黍肉"當作"肉黍"。後人以肉與福韻相協，故改爲"黍肉"。不知福字古讀若偪；不與肉爲韻也。社黍爲韻，（社古讀若墅。《説文》："社從示，土聲。"《甘誓》："不用命戮於社"，與祖爲韻。《郊特牲》"而君親誓社"，與賦，旅，伍爲韻。《左傳》閔二年，成季將生卜辭"間於兩社"，與輔爲韻。《管子・揆度篇》"殺其身以釁其社"，與鼓，父爲韻。）稷福，爲韻。若作黍肉，則失其韻矣。

以上五項，是校勘學的根據。但是這幾種根據，都有容易致誤的危險：先説古本。我們所有的"古本"，已不知是經過了多少次口授手寫的鈔本了；其中難保没有錯誤。近人最崇拜宋版的書，其實宋版也有好壞，未必都可用作根據。次説古書轉引本書的文句，也有兩大危險：第一引書的人，

① "雷"原作"電"，今據《淮南子》改正。
② "謂"原作"請"，今改正。

未必字字依照原文，往往隨意增減字句。第二初引或不誤，後來傳鈔翻印，難免没有錯誤。次説本書的通例，也許著書的人偶然變例。次説古注與古校本。古校本往往有許多種不同的，究竟應該從那一個校本。古注本也有被後人妄改了的。例如《老子》二十三章："信不足焉，有不信焉。"這句本當作："信不足，焉有不信。"（看上文第六節）故王弼注云："忠信不足於下，焉有不信也。"（此據《永樂大典》本）但今本王注改作"忠信不足於下焉，有不信焉"；這便不成話了。最後説古韻的根據，有時也容易致誤。我且引一條最可注意的例：

《易經·剥象傳》："君子得輿，民所載也。小人剥廬，終不可用也。"又《豐象傳》："豐其沛，不可大事也。折其右肱，終不可用也。"這兩條的韻，很不容易説明。顧炎武作《易音》，竟不懂"用"何以能與"載"、"事"爲韻？楊賓實説：兩"用"字皆"害"字之誤。盧文弨贊成此説；説："害在十四泰，載在十九代，事在七志，古韻皆得相通。古害字作害，故易與'用'字相混。"這一説從表面看去，似乎很圓滿了。後來王念孫駁他道："凡《易》言君子小人者，其事皆相反。君子得輿，小人剥廬，亦取相反之義。……非謂小人不能害君子也。右肱爲人之所用；右肱折，則終不可用；……折肱，則害及肱矣；何言終不可害乎？今案'用'讀爲'以'。《蒼頡篇》：'用，以也。'用與以聲近而義同；故用可讀爲以。猶'集'與'就'聲近而義同，故集可讀爲就；'戎'與'汝'聲近而義同，故戎可讀爲汝也。……《剥象傳》以災、尤、載，用爲韻；《豐象傳》以災、志、事，用爲韻；……於古音並屬'之'部。……若'害'字則從丰聲；丰讀若介，於古音屬'祭'部。……（在諸經中與害爲韻者）凡發、撥、大、達、敗、哲、逝、外、未、説、邁、衛、烈、目、揭、竭、世、艾、歲等字，皆屬'祭'部。遍考群經、《楚辭》，未有與'之'部之災、尤、載、志、事等字同用者。至於《老》、《莊》諸子，無不皆然。是害與災、尤、載、志、事五字，一屬'祭'部，一屬'之'部，兩部絶不相通。"（《經義述聞》卷二）

因爲這些根據，都容易弄錯；故校勘學不能全靠根據。校勘學的工夫，在於“評判”。校勘兩字，都是法律的名詞，都含有審判的意思。英文“TextualCriticism”譯言“本子的評判”。我們顧名思義，可知校勘學决不單靠本子或他種的根據；可知校勘重在細心的判斷。上文王念孫校一個“用”字，便是評判的工夫。段玉裁有《與諸同志書論校書之難》一篇，説這個道理最明白：

校書之難，非照本改字，不譌不漏之難也。定其是非之難。是非有二：曰底本之是非，曰立説之是非。必先定其底本之是非，而後可斷其立説之是非。二者不分，轇轕如治絲而棼，如算之淆亂其法實而瞀亂乃至不可理。何謂底本？著書者之稿本，是也。何謂立説？著書者所言之義理，是也。《周禮・輪人》：“望而視其輪，欲其幎爾而下迆也。”自《唐石經》以下各本，皆作“下迆”。唐賈氏作“不迆”。故《疏》曰：“不迆者，謂輻上至轂，兩兩相當，正直不旁迆；故曰不迆也。”文理甚明。今各本疏文皆作“下迆”，（下迆者，謂輻上至轂，兩兩相當，正直不旁迆，故曰下迤也。）其語絶無文理，則非賈文之底本矣。此由宋人以《疏》合經《注》者，改《疏》之“不”字，合經之“下”字。所仍之經，非賈氏之經本也。然則經本有二：“下”者是歟？“不”者是歟？曰：“下者是也。”“望而視其輪”，謂視其已成輪之牙。輪圜甚，牙皆向下迆邪；非謂輻與轂正直兩兩相當也。經下文：“縣之以視其輻之直”，自謂輻。“規之以視其圜”，自謂圜輪之圜在牙。上文“轂、輻、牙爲三材”。此言輪，輻、轂、輪即牙也。然則《唐石經》及各本經作“下”，是；賈氏本作“不”，非也。而義理之是非得矣。倘有淺人校《疏》文“下迆”之誤，改爲“不迆”；因以疏文之“不迆”，而改經文之“下迆”，則賈疏之底本得矣；而於義理乃大乖也。（段氏共引五例，今略。）故校經之法，必以賈還賈，以孔還孔，以陸還陸，以杜還杜，以鄭還鄭，各得其底本，而後判其義理之是非；而後經之底本可定，而後經之義理可以徐定。不先正《注》、《疏》、《釋文》之底本，則多誣古人。不斷其立説之是非，則多誤今人。……（《經韻樓集》）

我們看了這種校勘學方法論，不能不佩服清代漢學家的科學精神。在淺學的人，只覺得漢學家斤斤的争辯一字兩字的校勘，以爲“支離破碎”，毫無趣味。其實漢學家的工夫，無論如何瑣碎，却有一點不瑣碎的元素，就是那一點科學的精神。

凡成一種科學的學問，必有一個系統，决不是一些零碎堆砌的知識。音韻學自從顧炎武、江永、戴震、錢大昕、段玉裁、王念孫直到章炳麟、黄侃研究古音的分部，聲音的通轉，不但分析更細密了，並且系統條理也更清楚明白了。訓詁學用文字假借、聲類通轉、文法條例三項作中心，也自成系統。惟校勘學的頭緒紛繁，很不易尋出一些通則來。但清代的校勘學，却真有條理系統，故成一種科學。我們看王念孫《讀〈淮南子〉雜誌》的《後序》，説他訂正《淮南子》共九百餘條，推求“致誤之由”，可得六十四條通則。這一篇一萬二千字的空前長序，（《讀書雜誌》九之二十二）真可算是校勘學的科學方法論。又如俞樾的《古書疑義舉例》的五、六、七三卷，也提出許多校勘學的通則；也可算是校勘學的方法論。

八

我想上文舉的例，很可以使讀者懂得清代學者的治學方法了。他們用的方法，總括起來，只是兩點：（1）大膽的假設。（2）小心的求證。假設不大膽，不能有新發明。證據不充足，不能使人信仰。上文舉的許多例，大概多偏重求證一方面。我現在且引清學的宗師戴震論《尚書·堯典》“光被四表”的光字的歷史作爲最後的一條例；作爲我這一篇方法論的總結束。

考《堯典》：“光被四表，格於上下。”蔡沈解“光”爲“顯”，這是最普通的解法。但是孔安國《傳》説：“光，充也。”光字作顯解，何等近情近理。爲什麽古人偏要解作“充”字呢？豈不是舍近而求遠嗎？但是戴震説：

> 《孔傳》：“光，充也。”陸德明《釋文》無音切。孔沖遠《正義》曰：“光，充；釋言文。”據郭本《爾雅》：“桄，熲，充也。”注曰：“皆充盛也。”《釋文》曰：“桄，孫作光，古黄反。”用是言之：光之爲充，《爾雅》具其義。……雖《孔傳》出魏、晉間人手；以僕觀此字，據依《爾雅》，又密合古人屬詞之法，非魏、晉間人所能；必襲取師師相傳舊解，見其奇古有據，遂不敢易爾。後

人不用《爾雅》及古注；殆笑《爾雅》迂遠，古注膠滯，如光之訓充，茲類實繁。余獨以謂病在後人不能遍觀盡識，輕疑前古，不知而作也。

戴震是不信僞《孔傳》的人，但他却要爲“光，充也”一句很不近情理的話作辯護士。我們且看他的説法：

《爾雅》桄字，六經不見。《説文》：“桄，充也。”孫愐《唐韻》：“古曠反。”《樂記》“鐘聲鏗，鏗以立號，號以立横，横以立武”；鄭康成注曰：“横，充也；謂氣作充滿也。”《釋文》曰：“横，古曠反。”《孔子閒居篇》：“夫民之父母乎，必達於禮樂之原。以至五致而行三無，以横於天下。”鄭注曰：“横，充也。”疏家不知其義出《爾雅》。

《堯典》古本必有作“横被四表”者。横被，廣被也。正如《記》所云：“横於天下”，“横於四海”。横四表。格上下對舉，……横轉寫爲桄，脱誤爲光，追原古初，當讀“古曠反”。庶合充霩廣遠之義。

這真是大膽的假設。他見郭本《爾雅》的桄字在孫本作光，又見《説文》有“桄，充也”的話，又見《唐韻》讀桄爲古曠反。而《禮記》的横字既訓爲充，又讀古曠反。——他看了這些事實，忽然看出他們的關係來，遂大膽下一個假設，説《堯典》的光字就是桄字，也就是横字。但是《尚書》的各本，明明都作“光”字。戴震於是更大膽的提出一個很近於武斷的假設，説“《堯典》古本必有作横被四表者”。這話是乾隆乙亥（一七五五）年《與王内翰鳳喈書》裏説的。過了兩年（一七五七），錢大昕和姚鼐各替他尋着一個證據：

（證一）《後漢書·馮異傳》：“有横被四表，昭假上下。”

（證二）班固《西都賦》有“横被六合”。

過了七年多（一七六二），戴震的族弟受堂又替他尋着兩個證據：

（證三）《漢書·王莽傳》：“昔唐堯横被四表。”

（證四）王褒《聖主得賢臣頌》：“化溢四表，横被無窮。”

過了許多年，他的弟子洪榜又尋得一證：

（證五）《淮南·原道訓》：“横四維而含陰陽。”高誘注：“横，讀桄車之桄。”是漢人横桄通用，甚明。

他的弟子段玉裁又尋得一證：

（證六）李善注《魏都賦》引《東京賦》“惠風横被”。今本《東京賦》作“惠風廣被”，後人妄改也。

這一個字的考據的故事，很可以表示清代學者的學問的真精神；假使這個光字的古本作横已無法證實了，難道戴震就不敢不下那個假設了嗎？我可以斷定他仍是要提出這個假設的。如果一個假設是站在很充分的理由上面的，即使没有旁證，也不失爲一個很好的假設。但他終究只有一個假設，不能成爲真理。後來有了充分的旁證，這個假設便陞上去變成一個真理了。

戴震自己論這個字的考據道：

> 述古之難，如此類者，遽數之不能終其物。六書廢棄，經學荒謬，二千年以至今，……僕情僻識狹，以謂信古而愚，愈於不知而作。但宜推求，勿爲株守。例以光之一字，疑古者在茲，信古者亦在茲。

“但宜推求，勿爲株守”八個字，是清學的真精神。

六、胡適之　研究國故的方法

研究國故，在現時確有這種需要。但是一般青年對於中國本來的文化和學術，都缺乏研究的興趣；講到研究國故的人，真是很少；這也原不怪得他們，實有以下二種原因：（一）古今比較起來，舊有的東西，就很易現出破綻。在中國科學一方面，當然是不足道的；就是道德和宗教，也都覺淺薄得很！這樣當然不能引起青年們底研究興趣了。（二）中國底國故書籍，實在太沒有系統了。歷史書一本有系統的也找不到。哲學也是如此。就是文學一方面：《詩經》總算是世界文學上的寶貝；但假使我們去研究《詩經》，竟沒有一本書能供給我們做研究的資料的。原來中國底書籍，都是爲學者而設，非爲普通人一般人底研究而做的，所以青年們要研究，也就無從研究起。我很望諸君對於國故有些研究的興趣，來下一番真實的工夫，使他成爲有系統的。對於國故，亟應起來整理，方能使人有研究的興趣，並能使有研究興趣的人容易去研究。

“國故”底名詞，比“國粹”好得多。自從章太炎著了一本《國故論衡》之後，這“國故”的名詞，於是成立。如果講是“國粹”；就有人講是“國渣”！“國故”（National past）這個名詞是中立的。我們要明現社會底情況，就得去研究國故。古人講："知道過去，才能知道現在。"國故專講國家過去的文化；要研究他，就不得不注意以下四種方法：

（一）歷史的觀念。現在一般青年，所以對於國故，沒有研究興趣的緣故；就是沒有歷史的觀念。我們看舊書，可當他做歷史看。清乾隆時有個叫章學誠的，著了一本《文史通義》；上邊說："《六經》，皆史也。"我現在進一步言之："一切舊書——古書——都是史也。"本了歷史的觀念，就不其然而然的生出興趣了。如道家煉丹修命，確是很荒謬的，不值識者一笑！但本了歷史的觀念，看看他究竟荒謬到了什麼田地？亦是很有趣的。把舊書當作歷史看，知他好到什麼地步？或是壞到什麼地步？這是研究國故方法底起點：是"開宗明義"第一章。

（二）疑古的態度。疑古的態度，簡要言之：就是"寧可疑而錯，不可信而錯"十個字。譬如《書經》有《今文尚書》和《古文尚書》之別。有人說："《古文尚書》是假的。《今文尚書》有一部分是真的；餘外一部分，到了清時，才有人把他證明是假的。"但是現在學校裏邊，並沒把假的删去，仍舊讀他全書；這是我們應該懷疑的。至於《詩經》本有三千篇，被孔子删剩十分之一，只得了三百篇。《關雎》這一首詩，孔子把他列在第一首。這首詩是很好的；內容是一很好的女子，有一男子要伊做妻子；但這事不易辦到；於是男子"寤寐求之"，連睡在牀上，都要想伊；更要"悠哉悠哉，輾轉反側"呢！這能表現一種很好的愛情，是一首愛情的相思詩。後人誤會，生了許多誤解；竟牽到旁的問題上去。所以疑古的態度，有二方面好講：（一）疑古書底真僞。（二）疑真書被那山東老學究弄僞的地方。我們疑古底目的，是在得其"真"。就是疑錯了，亦沒有什麼要緊。我們知道那一個科學家，是沒有錯誤的。假使信而錯，那就上當不淺了。自己固然一味迷信，情願做古人底奴隸；但是還要引旁人亦入於迷途呢！我們一方面研究；一方面就要懷疑。庶能不上老當呢！

如中國底歷史從盤古氏一直相傳下來，年代都是有"表"的；"像煞有介事"，看來很是可信。但是我們要懷疑這怎樣來的呢？根據什麼呢？我們總要"打破沙鍋問到底"，究其來源怎樣？要知道這年月的計算，有的自從假書來的。大部分還是宋朝一個算命先生，用算盤打出來的呢？這那能信呢？我們是不得不去打破他的。

在東周以前的歷史，是没有一字可以信的。以後呢，大部分也是不可靠的。如《禹貢》這一章書，一般學者都承認是可靠的。據我用歷史的眼光看來，可是不可靠的。我敢斷定他是僞的。在夏禹時，中國難道竟有這般大的土地麼？四部書裏邊的經、史、子三種，大多是不可靠的。我們總要有疑古的態度，才好！

（三）系統的研究。古時的書籍，没有一部書是“著”的。中國底書籍雖多；但有系統的著作，竟找不到十部。我們研究無論什麼書籍，都宜要尋出他底脈絡，研究他的系統。所以我們無論研究什麼東西，就須從歷史方面着手。要研究文學和哲學，就得先研究文學史和哲學史。政治亦然。研究社會制度，亦宜先研究其制度沿革史，尋出因果的關係，前後的關鍵，要從没有系統的文學、哲學、政治等等裏邊，去尋出系統來。

有人説：“中國幾千年來没有進步！”這話荒謬得很。是妨害我們研究的興趣。更有一個外國人著了一部世界史，説：“中國自從唐代以後，就没有進步了。”這也不對。我們定要去打破這種思想的。總之我們是要從從前没有系統的文學、哲學、政治裏邊；以客觀的態度，去尋出系統來的。

（四）整理。整理國故，能使後人研究起來，不感受痛苦。整理國故的目的，就是要使從前少數人懂得的，現在變爲人人能解的。整理的條件，可分形式内容二方面講：

（一）形式方面。加上標點和符號，替他分開段落來。

（二）内容方面。加上新的注解，折中舊有的注解。

並且加上新的序跋和考正，還要講書的歷史的價值。

我們研究國故，非但爲學識起見，並爲諸君起見，更爲諸君底兄弟姊妹起見。國故底研究，於教育上實有很大的需要。我們雖不能做創造者；我們亦當做運輸人。這是我們底責任。這種人是不可少的。

七、劉叔雅[①] 怎樣叫做中西學術之溝通

從前我們中國人，看見西洋人駕了輪船，開起大礮打來；我們共鼓、貨狄刳木爲的舟，倕作的弓，浮游作的矢，是萬萬敵他不過！又看見銅壺不如鐘錶，火柴勝似鑽燧；於是不能不承認西洋人有“術”。然而這“術”字裏面，還含得有“邪術”、“魔術”的意味。後來漸漸曉得輪船、鐘錶的機括，也不過是銅鐵打造；彈藥、火柴的原料，也不過是硫黄、硝磷等製成；就不能不承認西洋人有“藝術”，不能不承認他的“藝術”比我們高强

---

① 劉文典（1889—1958），原名文驄，字叔雅，安徽合肥人。1906 年進入蕪湖安徽公學學習，深受陳獨秀、劉師培的影響，從而走上了民主革命的道路。1916 年，他由日本回國，任教北京大學，精研諸子學。1927 年任安徽大學法學院院長兼預科主任，行校長之職。1929 年以後，先後任清華大學、西南聯合大學、雲南大學等高校文史教授。1958 年 7 月 15 日病逝于昆明。劉文典學識淵博，融貫中西，尤擅長校勘學、版本目録學，一生治學領域極廣。著作有《淮南鴻烈集解》、《莊子補正》、《説苑斠補》、《三餘札記》、《進化論講話》、《進化與人生》等。——校訂者

了！但是却還不曉得西洋人也有“學”，更不曉得他們的“學”比我們的精深！

後來漸漸也有人曉得輪船、火礮、鐘錶，火柴，都不是一個巧工能憑空創出來的；都是數學、物理、化學的產物；於是也就漸漸有人肯去研究那“聲光化電之學”；雖是爲了種種原因，没有人真能深造；却也略略嘗着了近世自然科學的滋味。這時候的人士，都以爲西洋人的學，只有“聲光化電之學”；至於那“修齊治平之道”、“身心性命之學”，究非西洋人所能有的。若是有人向他們說：“西洋人除了這些自然科學，還有那極精深的文化科學。”恐怕未必有人肯信哩！所以“中國爲體，西洋爲用”這句話在幾十年前，差不多是個不可動摇的原則。當時的所謂“學士大夫”，一面要讀那些什麽《洋務彙編》、《西學大全》之類；一面還要讀《十三經注疏》、《性理大全》；用後者去做“體”，用前者去做“用”；若是二者都能熟讀，就是一位體用兼全的鴻儒了！近二十年來，一般人也漸漸曉得有哲學，有法學，有政治學，有倫理學，甚至於也有考據，也有詞章，此外還有那新生的進步很快，功用極大的社會學；並且也曉得我們中國古時已有的那些學問，在今日這樣時勢，要專靠他去“修齊治平”，有些靠不住了！所以也很有一班人去研究西洋的文化科學；也很有人能研究到精深的地步；思想界也受了極大的影響，引起了極大的變化。社會上，政治上，也竟然有些變動了。要論自來文明的傳播；精神的方面，本比物質的方面遲緩些，難些。現在文化科學既已輸送進來；消化營養，雖然都還是未知之數；總算在張開口吃了。這本是很可樂觀的現象！

然而近來却有一個現象。就是常有人要做那“中西學術溝通”的工夫，開動口，提起筆，總是説西洋學問什麽原理原則，是中國古時已經有的；那位聖賢，那位學者早經說過的；西洋的那一科學學問，中國古時已經很發達的；西洋學者的那一句話，就是中國古書上的那一句話；説到歸結，總是中國的古的好，西洋的新的没有希罕。要説這種溝通之心理的起源，實在是對於本國固有的舊學，迷信過深；想利用自己淺嘗來的西洋科學上的一些知識，來反證中國學問的精微奇妙。由這强烈過度的感情，就生出那“對於中學價值之誤算”。這還是那很有誠意的溝通！至於那無誠意的溝通，老實説一句：就是有心要羅列許多書名、人名、學名來自炫其“學貫中西”罷了！那無誠意的，且不去說他。就是這種有誠意的溝通，其結果於治中學的，治西學的都有惡影響；於他本身的學業，不消說也有不利了！

我在上一段，輕輕的說了一句“對於中學價值之誤算”；語意恐怕不大明瞭。這句是本篇的主旨，不能不說得詳細些。說明白了，自然也就推出個結論了。

世界上的“文明系”，細說起來爲數不少；然而主要的却衹有三國：就是歐洲的希臘系，亞洲的中國系、印度系。希臘是西洋的源泉。西洋人的思想，大都是以希臘思想爲基礎的。從一面看來，現代哲學上許多大問題，都是希臘人提出的；並且當日研究過一番，下過解決的。現代又重新加以現代式的研究，下個現代式的解決罷了。然而從另一方面看來：希臘的學術，却自是希臘的學術；近代的學術，却自是近代的學術；各有獨立的精神，特殊的色彩。印度民族還住在中央亞細亞的時候，已經頗有文化了。後來漸漸南下，一支到了波斯，一支到了印度。波斯這一支的文明，直接與了基督教許多影響；間接使歐洲中古和近世初期的文化，生了許多的變化。印度這一支，因爲地土的關係，文化思想發達的極高極快，成了婆羅門教和佛教；使中國、日本的思想文化起了重大的變更。中國系的文明，中國人大致曉得，無待我細說的了。不過有幾句話，我却要鄭重聲明；就是中國這民族，縱然是如何優秀；究竟也是一般的人類；其文明的發達，也要和其他民族循同一的程式，守同一的法則，備同樣的條件。換言之：就是也要循序漸進；也有盤旋曲折；也要文化到了某點，社會狀態到了某樣，纔得有某種學說發生。譬如幾個學生，内中這一個，無論他是怎樣的“天縱之聖”；他的學問，也要循序漸進。縱是比別人進步得快些，也決不能未學算術，就能懂微分積分；未學過無機化學，就能曉得生物化學、天體化學；這是個普遍的定理。中國的古人，也不得而獨外的。綜觀各系文明的發達，時間上雖難免有些參差，那路徑却都是一致的。地理上、政治上、經濟上、社會上的條件齊備了；那自從原人時代積累來的文化，必然要大起發酵作用，發起一種光輝燦爛的文明。那希臘的文明，印度的古文明，中國晚周的文明，就是在這種條件法則之下，産生出來的。後來不久因爲民族精神上的惰性，加之條件的欠缺，就一定要衰歇了；久後新得了有利的條件，民族精神復原；就一定又要重興，比從先更有光彩。要是没有再備具條件的機會，也就會一蹶不振；像那埃及、巴比倫，就是證例。

要以公平的眼光，觀察這三大文明系；可以發見這三系古代文明，有許多處是一致的。這是什麼緣故呢？因爲太古的民族，都是很新鮮，很活潑的；其頭腦裏前人的傳説印得不多；縱然有些，也没有多大的威權；思想很能自由，而生活狀態相差得又不遠；所以各民族之看自然，看人生，眼光都大略相同。縱然因爲地理上的關係，某民族對於某種現象特别注意，下特殊的解釋；然而這也只是程度上的差異，並非根本上的不同。所以兩個古文明，有些一致的地方，這也是件當然的事，毫無什麼奇怪。别人家同我一致，我同别人家一致，也並没有什麼可誇耀的地方！我的朋友胡適之著了一部《中國哲學史大綱》，這部書我尤喜歡的，就是他這番的第一篇裏幾句話。他道："我所用的比較參證的材料，便是西洋的哲學，但是我雖用西洋哲學作參考資料，並不以爲中國古代也有某學説，便可以自誇自喜！做歷史的人，千萬不可存一毫主觀的成見；須知東西的學術思想的互相證印，互相發明，至多不過可以見得人類的官能心理大概相同；故遇着大同小異的境地時勢，便會産出大同小異的思想學派。東家所有，西家所無，衹因爲時勢境地不同；西家未必不如東家，東家也不配誇炫於西家；何況東西所同有；誰也不配誇張自豪！"這是何等的胸襟！何等的識見！我看他有這樣的學問見識，就勸他再用幾年的心力，做一部需要最切的，西洋學者都還想不到做不出的比較哲學史；把世界各系的古文明，做個大大的比較研究。我以爲除了這種比較研究之外，再没有什麼中西學術的溝通了。

把中國固有思想學派，和其他的文明系做一個比較；説一句公平的話：縱不敢自誇是比人高些；却也不能説一定就比人低些。歷史上的價值，是很重的；然而其價值却也衹限於歷史上的。因爲中國的思想學派，自從嵌入鐵鑄的模子以來，雖然不能説是絶無變遷，絶未進化；畢竟未曾有過根本的改革，産生過新文明來。中國近代的學派思想，和古代的學派思想，雖然不一樣；然而畢竟是經過幾番變遷的舊思想、舊學術；決不能算"脱過胎，换過骨"的新思想、新學術。我固然不敢妄自菲薄，説他毫無價值；却也不敢過分恭維，説他在歷史上的價值以外，還有和近世學術同等的價值。

現在那許多"溝通家"，要是把中國古代的思想學術，衹和西洋古代的思想學術溝通，研求當中的一致點，互相發明參證。這本是一件極好的事；我們那敢反對！祇有歡迎。無奈他們大多數都是誤算了中國學術的真價值；始終把中國古代的學術思想，看得和西洋近代的學術思想，是個對峙的，匹敵的；硬要把兩個不相干的東西，一起拉攏；既忘却本國學術的價值，把别國學術的價值又没有看清楚；所以費了老大的氣力，其結果還是一場毫無意義的徒勞；或竟是許多令人發笑的戲劇。須曉得西洋近代的學術，不但和中國古代的學術不同；就和西洋古代的學術也不是一樣。要細論西洋近代科學的方法性質價值，就成了“科學之哲學”一個專科，非專門名家著一部大書，説不清楚的。單是粗粗的説來：先要把所經驗的物件，各從其類，聚在一個“類概念”之下；這第一步的工夫，就叫做分類。再把各類所有的特徵，分析開來，作以其類概念爲主部命題的賓部説出來；這第二步的工夫，就叫做記述；做到第二步工夫，纔算略具科學的雛形。這種記述的科學的價值還没多大；要再進一步求得其中的原理：能加合理的説明；纔算得真正説明的科學。還更要能“利用厚生”，其價值纔算高貴。不論自然科學、精神科學都是如此的。近世“學”這個名詞的定義，雖然是各家各派，都有不同；然而至少總要是“有統系有組織的智識”；纔能當得起的。從這種嚴密的意味説來；中國學術，在今日科學界；位置和價值，也就可以略略見得了。

中國古來許多學者，那種敏鋭的思路，透澈的觀察力，綿密的組織力，本來不在西洋學者之下。近世科學上的許多大問題，真難爲他早經見到，早經提出。然而見到提出，不就算能研究，能解決。零零碎碎的知識，比不得有統系組織的學問。例如希臘的辨者才濃[①]説：“極小的距離，都是無限的；那終點是達不到的。那絶塵超影的（Achilles）和一個烏龜，無論距離怎樣近，Achilles都追不上他；因爲要追上他，先要走過這距離的一半，再要走一半之一半，以至無窮，還是追不上。”中國的辨者惠施説：“一尺之捶，日取其半，萬世不竭。”司馬彪解得最當；説：“若其可析，則常有兩。若其不可析，其一常存。”這一中一西的兩位大辨者的話，都是一個理！然而惠施的話，永遠顛撲不破。才濃却犯了一個大錯；不該把Achilles

① 今譯爲芝諾。

純一不可分的運動，當做個可以分割的直綫；被柏格森駁倒了！照這樣看來：惠施似乎比才濃高明些！其實也不然。惠施說："鏃矢之疾，而有不行不止之時。"和才濃犯的是一個毛病！無論那國的辨者論師，都是羅輯或是因明的先驅；都有相當的功績，相當的價值，要是以爲中國出了辨者，就是莫大的光榮，硬說他比別國的辨者高些，甚至於說他比亞里斯多德，比陳那，比密爾多還高些。那就是大錯了！近世羅輯說到最高處，有認識論的羅輯。中國古代墨子的《經下》已經講到了"物之所以然，與所以知之，與所以使人知之……"的話。荀子的《正名》篇，提到了"緣天官"的話頭。這自然是墨子、荀子高處。然而却不能說西洋羅輯、印度因明，都是拾我們先秦諸子的唾餘。或是說荀子、墨子的學問，和西洋近世學者的學問，有同等的價值。這便大謬不然了！因爲他們二位不過是提及這句話，見到這一層；並未能有精密的研究，下正確的解決。

又例如《莊子》一書，說生物進化的地方，頗有幾處。《寓言篇》道："萬物皆種也；以不同情形相禪，始卒若環，莫得其倫；是謂天均。"（這"種"字據我看來，恐怕不是種類的種，好像是種子的種。《至樂篇》說："種有幾。"可見不是說種類。天均好像是現在生物學上所謂"自然界之均平"。）《至樂篇》說得更詳細些。說："種有幾：得水則爲㡭。得水土之際，則爲鼃蠙之衣。生於陵屯，則爲陵舄，陵舄得鬱棲。則爲烏足。烏足之根爲蠐螬，其葉爲胡蝶；胡蝶，胥也；化而爲蟲，生於竈下，其狀若脱，其名爲鴝掇。鴝掇千日爲鳥，其名爲乾餘骨。乾餘骨之沫爲斯彌。斯彌爲食醯。頤輅生乎食醯。黃軦生乎九猷。瞀芮生乎腐蠸。羊奚比乎不筍子。久竹生青寧。青寧生程。程生馬。馬生人。人又反入於機。萬物皆出於機，皆入於機。"這一段明明說最高等生物中的人類，是從下等的原生物進化出來的。㡭和鼃蠙之衣、陵舄，究竟是什麼？我們現在實在指不出他的學名來。但就文意推測，可以說是"原生植物"中的原藻原菌。烏足既有根，當然是"後生植物"了。由烏足進化成蟲，成鳥；更進化成"哺乳類"的馬，"狹鼻門"的人。莊子當日要不是經了許多細心的觀察，絶說不出這一段話來。我們當然要承認莊子是曾經見到了生物進化的現象。二千多年前的人，就能見到這一層，說出這番話，本也是難能可貴的。但是現在"溝通派"的學者，看見莊子這些話，就同拾着了寶貝一般；要把他抬來和西洋達爾文、赫凱爾對壘。這就未免有些差了！在莊子的二三百年之前，希臘的哲學家亞拿克西曼德爾[①]也就説“自化”；説“無動而不變”；説“無時而不移”；説“第一個生物是生在水裏”；説“人是由魚類進化出來的”。其詳細的學説，我雖不通希臘文，没有能讀他的著作，曉得不清楚；單就希臘哲學史上看來，有些處似乎比莊子上説得還更微妙些！西洋二千多年前，就有了這樣的大學者，豈不光彩麽！何以不但希臘人，未聞把他抬出來，和英國達爾文、德國赫凱爾對抗。别國的學者對於希臘哲學，很下工夫研究，極其看得重；也没有人説亞氏就算進化論的發明家呢！因爲要説進化論，不僅是見到生物進化的現象就能了事；一定要推求出原理來，建立成系統來；提得出證實的證據；下得了不移的結論；纔能算的。近世的進化論者，都是仗着理化科學的助手，（像那物理學産物顯微鏡，化學産物染色法等類。）應用最新的研究法，（像比較研究法之類。）根據解剖學、組織學、形態學、生理學、心理學、地質學、古生物學等確切不移的自然科學；從最下等的摩内拉，到最高等的人類；從身體以至精神；從個體發生以至系統發生；尋出來一個一貫的系統，然後纔敢倡進化論。他這進化論，也才有價值。若是僅僅看得出生物進化的現象，在古時固很可貴；在今日算得什麽呢！所以我們只能把莊子在哲學史上的地位看得和亞拿克西曼德爾一般高；因他們兩位的話，曉得生物進化這個現象，是自古就有人注目的罷了！要是想把莊子的話來和近世進化論溝通；這豈不是一場喜劇麽！

僅僅説一句話，縱然説得十分對勁；也衹能説這句話不錯，不能説有學術上的價值。我去年夏天遊京西的香山，在路旁一株樹下歇涼；聽見兩個驢夫在談輪迴；説：“什麽樣的人死後就投胎做驢。”傍邊有個賣甜瓜的人，説道：“那有這些話，世間萬物都是自然而生。”我笑向同遊的朋友説道：“好一位生物哲學家！不料我在這裏遇見一位主張‘自然發生説’(Autogonoy Hypothesis) 的！”我這句話，不過是一時的戲言。賣甜瓜人所説的“自然”，也未必就是 Autogonoy 的意義。他這一句話，如何能合赫凱爾的學説比！不料“溝通家”却正色莊語的道這種的戲言！衹要看見中國古書上有人説過科學上那個現象，提出過科學上那個問題，就想把這部古

① 今譯爲阿拉克西曼德。

書來和近世的那科學問溝通。全不曉得看見現象，提出問題，是一件事；解決問題，建立系統，又是一件事。現象，是聰明人都看得見的；問題，是有點思想的人就能提出的；所難的就是下正確的解決，組織成系統。近世科學，也是經了極長的發達階級，受了别科學問的補助，纔得成立的。中國古人生在這發達階級之前，又没有别科學問的助力；如何能得近世科學所得的結果呢！他的話，更如何能和近世科學溝通呢！至於"社會的科學"，更是要等社會組織，到了某點，纔會發生某種學説。例如中古的經濟組織之下，亞丹斯密的學説不會發生。機器還未通行，怎能會有馬克斯的學説呢！然而今日的"溝通家"，却會把封建時代，經濟組織之下發生的孔氏學説，和現在這樣時世的經濟學溝通；説他的學説，很適於二十世紀的經濟組織。

此外還有那當然相合的。例如《管子·水地篇》説："集於草木，根得其度，華得其數，實得其量。鳥獸得之，形體肥大，羽毛豐茂，文理明著。萬物莫不盡其幾，反其常者，水之内度適也。……故曰：'水者何也？萬物之本源也。諸生之宗室也。'"希臘的塔里斯①所説的和他大致不差。這是由於上古的思想家，都覺得萬彙紛紜的世界，總有個共通的本原；看那"集於天地而藏於萬物"的水，是一切生物所少不了的；當然都先把水看做"萬物之本原，諸生之宗室"了！又例如中國古人講五行，西洋古人也講四行。這是因爲思想家把這統一的宇宙，要分析爲幾種相異的構成原質，當然就都會想到那些形質最特異的土、水、火、風、木、金等類了。這種的相合處，衹能互相參證，無所用其溝通的。至於那偶然的巧合，像《莊子·養生主篇》有庖丁解牛的話，卜拉圖②的 *Phaedrus* 上也有這樣的話，那就更算不了什麽！絶没有希罕處，不過是一樣的比喻罷了。

要是中國古人有一兩條説頭，經了西洋近世科學的確實證明，果然是很可喜的；然而其價值也畢竟有限度的，也不該就自誇自豪；甚至於把他來電光放大！像墨子的經裏説："圜一中同長也。"這是説圜心衹有一個；圜周上無論那一點，和圜心的距離都是相等的。墨子這一條，和近世幾何

① 今譯爲泰勒斯。
② 今譯爲柏拉圖。

學無絲毫差異。又説："辨或謂之牛，謂之非牛，是争彼也；是不俱當。不俱當，必或不當。"這明明是近世邏輯裏五大根本原理裏的"拒中原理"。（或譯不容間位原理，或譯排中律。）其他光學邏輯，幾何學的定理，很是不少的。我們讀了，只能據以推定當時科學的程度已經很高；對他表相當的崇敬。要是因此就説中國古代的科學，高過西洋的今日；這就和那些妄人看見有書上説："墨子造過飛鳶"，説他會造飛艇飛機；都是一般的説夢話！

照這樣説：中西的學術，就絶對的不可溝通嗎？這也不然。要有那好學深思之士，具有綜觀世界各系文明的眼光，去了好虛體面的客氣；曉得了近世科學的方法性質價值，明白了學術之歷史的發達路徑，把中西學術作個比較的研究，求兩系文明的化合，這到是學界一種絶大的勝業。要照這樣的溝通，中國的玄學、心理學、政治哲學、人生哲學可以和西洋學術溝通的處所很多哩！

八、陳嘉庵　東方文化與吾人之大任

余撰此論，於未入本題之前，有須先鄭重申明者二事：一曰余所謂之東方文化（注一）一語，其内涵之意義，決非僅如所謂國故（注二）之陳腐乾枯。精密言之，實含有中國民族之精神，或中國民族再生之新生命之義蘊。故凡茲所揭“振興東方文化”云云者，非可僅與“整理國故”等比量齊觀也。一曰余所謂“吾人之大任”一語，乃對吾民族而言，非對一二先哲而言；抑非僅對吾民族而言，實對世界人類而言。以故吾人今日所以振興東方文化之道，不在存古，乃在存中國，抑且進而存人類所以立於天壤之真面目，亦尚非保存國粹之説所得而自閾者也。此二義既明而後可以畢余説。

自辛亥革命以來，晳種學説，如怒潮瀉入。所謂“東方文化”一名者，國人已厭聞之久矣；近頃此習乃益益加甚，姑舉一二；如見於《新潮》毛君子水之《國故與科學精神》，（注三）《新青年》李君大釗之《由經濟上解釋中國近代思想變動的原因》，（《新青年》七卷二號）《太平洋》陳君承澤之《我國人生哲學之謬誤》，（《太平洋》二卷五號）最近《國民》常君乃悳之《東方文明與西文文明》（《國民》二卷三號）各論文，對於東方文明，力加抨擊。或謂吾國固有之文明，乃謬誤之文明。或謂雖屬文明，已爲過去。或謂東方文明，決不足與西方文明立於對等之地位。甚且如常君所說，東方文明四字，直有不能成立者。以國人而自毀其本族之文化若是！此雖受外來學說之影響；而亦對於己族文化之真正價值，初無深邃之研究與明確之觀念使然！余今兹之所論述，毋亦有所謂不得已者在乎！

夫位於東方之國家與民族，亦甚夥矣；然舉其特有之文化，則惟中國與印度。日本國勢近雖勃興；而明治維新以前之文化，受自我國；維新以後之文化，取自歐西；尚無特立文化之可言。其他如朝鮮、安南與中央亞細亞之不足齒數者，更無待論。此外如鄰於西亞諸古國，雖有所謂巴比倫文明等，西人亦謂之爲古代之東方文明者；然此諸國，以地勢論；在世界則可謂爲東方，而在吾亞洲，則仍處於西極；以史系論；則西洋學者凡撰世界史或西洋史，無不首叙此數國之文化，而歸入西洋史系；是所謂巴比倫文明等，與其謂屬東方文化之範圍；無寧謂爲西方文化之遠祖。故今日之舉東方文化，而即以中國文化、印度文化爲其代表者，此實學者所公認，而非吾等有何種族之偏見存也。惟本篇意在針對國人毀棄吾國固有文化之弊，且爲篇幅所限，故所論專以中國文化爲主。若夫兼論印度文化，則惟有俟諸異日耳。

注一：文化 Culture 一語，紬義本難，吾國近日講學之士，有舉其與文明 Civilization 一語區别者：如張東蓀君則謂前者多指精神現象。後者多指物質現象。（見《時事新報》“學燈”欄，忘其月日。）姜琦君則謂文化意義，大於文明。文化爲文明現象之發動力。文明爲文化作用之目的物。（見《解放與改造》二卷五號附録）余按此兩語在歐人著書通用者甚多；晚近始加以區别。鮑爾文（J. Baldwin）即主其説者。今就鮑氏《哲學辭典》中所列文化一語之定義，舉其意義較完者，摘録原文一條如左：

Culture refers to the comprehensive changes individual and social life, due to the continued and systematic influences of mental improvement and refinement.

試按此條所下之定義，即可知與姜君等所詁之範圍意義大致相符。是文化一語，原義實指一民族精神方面之發展爲多。余本論所標之東方文化，即指吾民族此等精神現象而言；決非謂將古代所有之典章制度等，悉以移置於今日；如洪憲時代復古論者之愚謬。此則首宜辨認者也。

注二、三：國故一名始見於章太炎之《國故論衡》；近來北京大學張煊諸君取以標名其雜誌；而《新潮》之傅斯年、毛子水諸君，又取而較論；於是始有國故學一名詞，出現於吾學術界。今按毛君之論國故，謂即中國古代學術思想與中國民族過去之歷史；其所釋範圍甚寬，幾與余本文所標之中國民族精神之結晶一義相等。然考之毛君之論斷，則謂此所謂古代學術思想之一部，爲已死之陳物；（此層毛君之意最堅，文中再三申明。）而所謂過去歷史之一部，則又只能看爲歷史的材料，不能看爲歷史；如此一來，極龐大之國故，遂變爲一極劣小之國故。（毛君最後並所指之古代學術思想一部，亦括之於過去歷史的材料一部之內。因曰我們簡直可以用中國過去歷史的材料一語，代替國故這個名詞。）於是“國故萬萬無與歐化對等的道理”。與“研究國故，比研究科學不過九牛一毛”等等之結論遂生矣！其實余以爲國故一名，實欠精當。國而曰故，必其國已成僵石。國之文化而曰故，亦必其文化全不留於今日。此二者，皆非我曾有之事實。毛君之蔽誤，在重視國故一“故”字，致混視歷史事蹟與歷史精神爲一而一概抹煞。不知以言歷史事蹟。誠有一部已爲過去而不適於今日者。然此過去而不適者，乃其民族所遺留之制度；而非其民族所持續之精神也。若言其精神，則日日在生長發育之中，焉有如毛君所言爲已死之理！譬如個人，其身體之機能，固時有攝取與排泄之固體物；然此渾然一體之人格（精神），則固歷一生而常新；雖時或有新舊思想之衝突；而經一度之衝突，即遂生一度之統整，決不能割裂爲前後兩人格也。個人如感有割裂人格之痛，不流於自殺，即走於狂易。民族亦然！如演有割裂其全體精神之變劇，則不亡國，即自萎耳！故必欲標舉國故之名，只可用之於制度典章等有固性的體制之上；而決不可以名民族精神。如必强劃民族精神爲若干部分，若者爲國故，若者爲國新，（亦毛君所命名。）實覺其有未安。余故不欲取國故之名以代表東方文化也。（毛君此文，張煊君已有駁論，見《國故》三號。乃所駁全爲枝葉，於此等緊要論點，未道着一字，此毋怪毛君之振振有詞也。）

余上文已言之，所謂東方文化者，無異指吾民族精神所表現之結晶。是東方文化所涵之内容，極爲豐富而深厚；從而其研究，亦非極深研幾不可；有殆非僅以收拾叢殘，飣餖箋注爲事之國故學所能勝任愉快者！至愚極陋如余，何敢言此！惟就平昔一得之愚，信其可稱爲東方文化之優點者，特舉其綱要如左：並願與海内宏哲共商榷焉。

第一，東方文化（此專就中國言。）爲獨立的創造的；西方文化爲傳承的，因襲的；二者之起源，有根本不同之點；實足對峙爲世界文化之二元也。人類學家、歷史學家、考古學家，咸謂世界文化發源地有五：一印度，二埃及，三美索不達米亞，四中國，五中亞美利加（墨西哥與秘魯）。除中美文化一系，不久中絶；與世界文化無甚影響，無取論列外。餘如埃及文化，美索不達米亞文化，實爲産生希臘文化之源泉；（注四）而今日歐洲各國之文化，又實混合希臘文化與希伯來（猶太）文化而鑄成者。然試一索埃及、美索不達米亞等文化，則學者有謂多得自中央亞細亞及印度者。（注五）是西方文化最初來源之來源，即襲取他人互相效仿；無一能有特創之獨立文化者。今即退讓一步，謂古代傳記不盡可信。希臘等文化，皆爲其所自創。（注六）然須知希臘文化結晶之哲學，尚非發生於本部，乃發生於其殖民地；則以當日與東方諸古國通商交往，慕其文明而始發生者。此杜威博士之言也。（注七）試又再讓一步，謂今日歐洲各國文化，皆自十七八世紀以來，各本其特殊之國民性以創生各别之文化者。如精神科學，（哲學、法學等。）則有大陸派與英美派之分；而物質科學，則各國之發明家尤不相讓。凡此決非復希臘文化之色彩所能包括。此則誠然矣。然亦須知歐洲文化何以有今日？則食文藝復興之賜，久爲學者所公認。而所謂文藝復興時代，則以鑽研希臘古典得名。且此研求希臘古學之途徑，又實自撒拉遜人（亞剌伯[1]人）開之灌之；故謂今日歐人之文化，已超過希臘則可。（按西人自十九世紀中葉，一切學術思想，始力圖擺脱希臘、羅馬之範圍，

① 今譯爲阿拉伯。

猶之日本至最近始以不受漢學影響自誇，此亦言西方文化史者所宜知也。）謂其非出自希臘，數典忘祖則大不可。又豈惟希臘文化；即希伯來宗教倫理，亦實爲構成西方文化之柱石。雖今之社會學家亦承認之。（注八）故余嘗謂歐洲文化實一種混合之文化，求其真足爲彼族自有之文化者，僅羅馬人之法律思想、權利觀念與其後入寇羅馬北方各靈族（即建設今日歐洲各國之原始種族。）之好戰勇氣所遺留而成今日之歐族精神，兩者已耳。使無希臘哲學導其源，後起之科學飾其表，則所謂西方文化者，其内容亦可想矣！今試反觀東方文化之中國則何如？吾國文化，創自吾族；古史所載，歷歷可徵；決未有一種載籍，明記係得自外來何族者，有之則自歐西學者始，考歐人論吾文化發生，因溯及吾民族起源一問題，有謂來自西亞之巴比倫者，如法人奧帕爾氏 Oppert 與拉克伯里 Lacouperie 等之説是。（注九）有謂來自印度支那半島者，如衛格爾博士 Dr. Weiger 之説是。（注十）有謂來自中央亞細亞者，如鮑爾博士 Dr. Ball 與彭伯來 Pumpelly 等之説是。（注十一）有謂來自亞美利加之大陸或美洲北部者，如赫胥黎以來之學者是。（注十二）有謂起自於闐者，如德人利希陀芬① Richihofen 之説是。（注十三）有謂即發生於中國本部者，如特孟亞等之説是。（注十四）甚有謂源於埃及或印度者，如托凱内與岱烏士等之説是。（注十五）即在日本學者中，亦有此同樣之異説。（注十六）而吾國人之編歷史地理教科書籍者，則幾無不奉西來説爲根據。（注十七）往者蔣觀雲氏發憤著《中國人種考》一書，多至十五萬餘言，考證甚爲賅博；而其結論乃亦在欲證明拉克伯里之説；顧以證據不充，仍懸而未斷。其後輿地學會諸君撰《中國民族考》及《中國民族溯源論》，登諸雜誌，至數年之久，亦仍多襲取西來之説。（注十八）餘如章太炎、劉申叔，則主拉克伯里之説者。（注十九）黄節、吴貫因則主源於中央亞細亞之説者。（注二十）惟田北湖獨排衆議，並駁德人利希陀芬之説，謂吾族與文明，皆自本部發生，而非起於塞外。（注二十一）衆説紛錯，備極五光十色之觀。而究之吾族如確係西來，則果屬中亞細亞或西亞細亞之何地何族？其所隨以俱來之文明，究係若何種類？抑如確非西來，則本部之種族與文明，究爲如何之發生與演進？則迄無人能爲極嶄明之判

---

① 今譯爲李希霍芬。下同。

斷者。故最近錢秣陵氏編《中國人文地理》，至不取種名而取地名，以中原系、高地系、高原系三者而名吾國之各族；（注二十二）殆即爲避除此等困難之點計乎？要之在今日考古學、地質學、人種學不發達之中國，而欲考定吾民族之起源，本爲至難之事！余於他日擬別著專書；非茲所能詳論。茲所欲論者：即一國之文化，是否僅以其種性之優劣爲其總因。法人柯比羅[①] Gobineau 著《人種哲學》(*Russen Philosophie*)，謂人種之文明，悉關於其血統。血統之優者，始能發生文明。劣者則否。近世學者至譏之爲人種貴族主義。蓋一國文化之發生，除種性外；凡土地、氣候、經濟等，無不有其關係。西波克拉特氏曾論亞洲人種較歐洲人種之温良而愛和平者，實以所處地帶之氣候均衡一致之故。（注二十三）審是，則吾民族西來之説，縱他日因考古學進步，發掘地層所得古代遺物日多，確得證明爲由巴比倫等地方遷入者；然於吾民族文化實爲自創之説，仍不足以動其毫髮。何則？吾族之宅居黄河流域時代絶早。試一翻羅泌《路史》、馬驌《繹史》等所輯古籍，即知尚在伏羲、神農以前，如所謂《九頭十紀》者，（注二十四）皆吾族最先入據華夏之遠祖。其時且不可以年歲紀。特綿延至於黄帝始累進於文物聿興之世耳。若如西人之説，謂黄帝爲即率吾族入主中國之始祖；徵之史籍，未免太覺無稽。乃蔣觀雲謂以黄帝一百十一歲之短期日月，決不能發明如許制度文物，必由遷徙而來，因祖國之所有，以栽植之於中國。亦猶今日歐人之至中國而布設其電綫鐵道也云云。斯真鑿空億揣之詞，足爲蔣氏全書之累者矣！故余嘗綜吾史乘，以爲吾族奠居中土，所自創之上古文化，實可劃分爲四大期：第一期爲黄帝大興製作之世。第二期爲堯舜躬開禪讓與禹平治水土之世。（注二十五）第三期爲湯武開演革命之世。至是始薈萃於成周。有周代之典章文物，春秋之政治學術與秦之統一以構成上古結局。第四期文化醇成之世。試觀黄帝之得名。《白虎通義·號篇》曰："黄帝始作制得其中和，故稱黄帝。"又《謚法篇》所稱亦同。可知此必吾族所以名黄帝之古誼，實較五德帝運之説爲優。其後王船山先生作《黄書》，猶審其義。乃近人多以黄帝爲吾族自稱其始祖之徽幟，以附和於西來之説，失之遠矣！（注二十六）綜上所論，可見吾族建國華夏，實爲絶

① 今譯爲戈比諾。

早。縱令西來，亦在有史以前；而有史以後之文化，則固自伏羲、神農、黄帝以來列祖列宗所披荆斬棘，積銖累寸而手創；決非受任何外族之影響而始生者。則實一不可誣之事實也。（注二十七）然此等文化，何以能於吾國發生特早者？則不外余上文所舉於種性、地理、氣候等等皆有關係之故。種性之説，吾人誠不欲誇大，自尊爲神明胄裔；（其實吾民族亦自有其偉大精神，特非此等自大之偏見，其詳具見下節。）且亦不欲如西人譽我之過甚，謂吾族不惟能自創文化，而尤能影響及於巴比倫諸古國之文化者然！（注二十八）而要之吾族於地理、氣候，得天獨厚；享有此創造文明有力之工具，則亦不可誣。（注二十九）近世地理學家多謂世界文明古國如埃及、巴比倫乃至中國等文化，咸發生最早者，皆由地處温帶，國多平原，河流土壤膏腴，民生沃厚使然。（注三十）討論至此，吾人可得一結論，即與其謂吾中國民族之文化爲由巴比倫或埃及等所輸入，毋寧謂爲彼此因地理氣候之相等，而遂發生類似之文明。蓋余前舉歐人主張吾國文明起自本部之一派中，即有以吾族之文明與中美之墨西哥等文明相衡較，謂墨西哥等國因地理氣候之適宜，用能自産文明。中國亦同其例云云。（注三十一）如此立説，實較公允。然由此益可證吾國文化實爲獨立的、創造的文化；而與歐西文化，其起源爲傳承的、因襲的者，實大有別。乃常乃悳君痛駁東西文明二元之説，説東方文明，決無足與西方文明對等並稱之理。不知即此一端，已足成爲對峙之二元而有餘。此東方文化之優點一也。

注四、五：欲知希臘、埃及文化與古代東方諸國文化之關係，可參考下列各書：

（1）L. R. Farnell：*Greece and Babylon*.

（2）Gulick：*The life of Ancinet Greek*.

（3）J. L. Myres：*The Dawn of History*.

（4）F. Lenormont：*Cha！dean Magic*.

（5）G. M. N. Darvisi：*The Asiatic Dionysos*.

注六：晚近歐洲學者中亦有不主張希臘與義大利文化發源於東方亞細亞者，如法人菲葉① Fouillee 氏即其一人。（參看日本文明協

① 今譯爲傅耶。

會所譯菲氏之《歐洲各國民心理》一書第一編第一章第一節。）然菲氏亦不能不承認希臘歷史第一期最古之文明，仍受腓尼基之影響。而腓尼基之文明，則固感受東亞諸古國文明之影響甚多。即菲氏亦自認者也。（同書上册二六、二七頁。）

注七：見杜威《哲學史講演》，其原講有“希臘哲學不發生於本部，而發生於四圍的殖民地。……因（本部人士。）到殖民地以後，和東方文明相接觸；如埃及、巴比倫等處科學發達，爲希臘所不及，因見兩種文明不同，就發生一種新現象。……”等語。（茲據南高講演本第三頁。）可知希臘文化淵源，實有所自，決非能自產生者，即杜威亦承認之也。

注八：可參看 C. A. Ellwood 所著 *Social Problems* 第二章。

注九：法人拉克伯里（Lacouperie）著有《中國太古文明西元論》，（*Western origin of the Early Chinese Civilization* 一八八〇年出版）論中國民族由巴比倫遷入，引證甚多。蔣觀雲著《中國人種考》，以之爲藍本。吾國人奉吾族西來説者，大都以此説爲根據。今考先於拉氏者尚有奧怕爾（Oppert）氏，亦主此説，於一八五八年已有著作出版；因無英譯本，茲不復引。

注十、十一：見《東方雜誌》第十六卷第三號所譯美國人類學協會遠東部長威廉士（Williams）論文。

注十二：見蔣氏《中國人種考》六三至六六頁，又前注所引威氏論文亦列此説。

注十三：見《庸言》第二卷第三期王桐齡《中國文化之發源地》論文所引。

注十四：見《中國人種考》一一一頁，又前引威氏論文。

注十五：見《中國人種考》一一二頁。

注十六：見《中國人種考》一一四至一三三頁，可並參考日人白鳥庫吉《支那北方民族史》，白河次郎《支那文明史》。

注十七：不惟坊間教科書爲然，即前次京師大學堂《中國史》、《中國地理講義》亦全采拉克伯里之説者。

注十八：《中國種族考》，見《地學雜誌》第二年第八期、第三年第三第四各期。《中國民族溯源論》，見《地學雜誌》第五年第十期至第六年第三期。

注十九：見章太炎《訄書》序《種姓篇》，（太炎直稱古巴比倫爲宗國，似太欠斟酌矣。）及劉光漢《思祖國篇》、《華夏篇》、《國土原始論》等文。

注二十：見黄節《黄史種族書》、《種源篇》，吴貫因《五族同化論》。（《庸言》第一卷七至九號）吴君雖未明言吾族出於中亞細亞，然就其論西藏族之所出一段而觀，有“與古代由西東漸之漢族同出一本”之語，其言外之意可知也。

注二十一：見《地學雜誌》第七年第三期田北湖《黄土之成因》一論文。

注二十二：見錢氏《本國人文地理》上卷第三章第二至第九頁。（北京大學出版）

注二十三：見日本文明協會所譯菲葉氏《歐洲各國民心性》上卷第四〇頁所引。

注二十四：九頭十紀之説，其言雖不雅馴；而皆出《太平御覽》所引。故書雅記，未可盡湮。且雒書無最後之《疏仡紀》，至《禪通紀》爲止，則《禪通》即肇始黄帝，尤爲合於史實。故史遷作《五帝本紀》，即斷自黄帝爲始，誠爲有識。然則黄帝以前，吾族建國之年代，尤必甚長；不過書闕有間，不盡可考見耳。

注二十五：近人某君（不著撰人名氏）有《尚書》爲中國古代最完備之文明發達史論一文，歷舉唐虞時代文明之事蹟，甚爲詳贍。又夏曾佑著《中國歷史》，以禹之於黄帝、堯、舜，一如秦之於三代，爲古今進化一大界綫；亦有見也。

注二十六：屠君寄有《黄帝辨》一篇中有“西人以膚色别人種；彼謂我爲黄種，而我四億之人亦自認爲黄帝之子孫，然則黄帝者，果何種人之帝耶”之語，其意可知。（前京師大學堂《史學講義》）

注二十七：吾國文化爲自創之説，最近梁任公先生亦言之。任公近在高師史地學會，講演《佛教東來之史跡》，有曰：“世界文明之發源地五：埃及、小亞細亞、希臘、印度、中國，是也。埃及、小亞細亞、希臘環地中海而居；風帆往來，三國之智識，賴以交換，故三國之文明自己的，實兼有外來的。此天之所賦者獨厚也。印度僻在東陲，地理較三國爲遜；然亞力山大之兵力，侵入印度，亦得與西方文明接觸。惟我中國東南環海，遥與南洋群島及日本美洲相鄰；諸地皆後進國也；無關於我國文明之促進。而西北二面，山沙爲阻，所與鄰者又皆匈奴、東胡等野蠻民族，以言交换文明更無足論矣。惟西南一部，連接印度而又爲雪山所阻隔；是猶人之蟄居斗室；其所有文明皆自己的，而無外來的。此天之所賦中國者甚薄也。”此寥寥數十語，直將中國文明所以獨自産生之故，道其梗概；可與余説互參。足見東方文化中之吾國文明，論其起源與發育，實有較其他文明國爲尤著特色者。此則吾國文化爲獨立自創之説，固非余一人之私言也。（任公演説詞並見十一月二十三日《時事新報·學燈》。）

注二十八：最近日人西村真次著《世界文化三大潮流》一論文，（大正八年十二月《大觀雜誌》。）中引有名史學家格寧梭布之言。兹摘譯數語於此。格氏曰：“支那文化，決非可與希臘文化等同樣觀察。彼早發達於黄河溪谷之漢民族之文化，決非西來，寧謂爲由東而影響於西，以造成亞細亞與巴比倫之文化者。”此説必有可觀。乃一與拉克伯里之説極相反者。惜日人引之不完！吾人誠不必遽取其説以自誇大；然亦可反證拉氏西來之説，未必即爲定論。吾人誠宜審慎以處之也。

注二十九：康白情有《論中國之民族氣質》一文，於吾族之種性、地理、氣候之相互關係，言之甚詳；頗多可采之處。（《新潮》第一卷第二期）又去秋《留美季報》某君之《漢族再生論》，亦可參考。

注三十：參看日人牧口常山郎《人生地理學》第十章至十二章。（志賀重昂評語尤足參考。）

注三十一：參看吴稚暉所譯麥開柏氏《荒古原人史》一一九與一二五等頁。又吴氏於此書之尾，加以跋語，雖亦主吾族西來之説，而頗多創語。且亦承認吾族文明爲獨立自創者；（同書一三一至一三三頁。）與余説不謀而合，尤可貴也！

第二，東方文化（此略兼印度言。）在有調和精神生活與物質生活之優越性；而尤以精神生活爲其關鍵；最能鎔冶爲一者也。夫吾人生活一語，刻深而論，意義本至複雜。其最縈吾人意念，矛盾衝突迄無已時者；即物質上精神上雙方所感受之不能調和是；所謂人生煩悶一問題即自此生；而古今來大宗教家、大哲學家，乃至大科學家皆無非對此問題而欲求得一解決者也。試先就西方文化而考之：西方文化，實由混合而成；余前文已言之。故其一切學術政治之根據，幾無不爲希臘精神與希伯來（猶太）精神所支配；前者即偏於物的生活；後者即偏於靈的生活。（注三十二）例如歐洲中古教權極盛，史稱黑暗之時代；其時政治家、思想家咸望皈依於天國。甚至如奥古斯丁（St. Augustin）唱有名之《神國三界論》（*De Civitate Dei*），以羅馬教會爲第三界的在地神國，應有統治第二界的在地神國（即當時世界各國）之權。（注三十三）反之至啟蒙時代以後迄於十九世紀末之歐洲，自然科學日興，唯物論日盛，遂成爲過重物質文明之時代；其弊害卒以釀成此次空前之世界大戰。最近因此大戰結果，改造聲浪囂然以起；始群知變計以謀精神文明與物質文明之調和。其實歐洲文化固承自希臘，而希臘文化，則本具有此調和之精神者也；特歐人不善用之，僅取其注重物的生活一面，而遺其靈肉合一之最高理想，遂有此弊。（注三十四）然則中國文化不亦有與希臘文化相同之點乎？雖然，以余觀之：希臘文化自身之缺點尚多；故其後希伯來文化因得以乘隙代起。中國文化則有希臘文化之長而無其短。特以非本篇範圍所及，姑不深論。（後文略有一二語可互看。）茲惟論吾國文化所以能調和此物質與精神兩生活之根本思想。此則有一事首足自豪，即茲所謂精神生活者，決非如猶太、羅馬及今日歐美人士所行之宗教生活；是也。考吾民族建國最早，脱離神權時代亦爲最早。據古史所載，在循蜚紀有神皇氏執政，使神民異業。是吾國宗教與政治分離，竟遠在羲、農以前，不可不謂爲世界各國所絶無而僅見者。以是之故，繼起之聖，雖不免有神道設教之敷施，而往往即以此神之觀念，直體驗之於人事；於是神秘之宗教性，已不期而化爲抽象之哲理。（注三十五）試觀伏羲之畫八卦，禹之衍九疇，此二派者，實中國最古之哲學，（注三十六）而皆法天道以明人事。孔子繫《易》謂某事某物蓋取諸某象者，尤爲深切著明。（注三十七）淮南子至述及古代之明堂，亦由此演出；（注三十八）明堂爲古王者聽朔布政之所，此制於吾國政治史人文史上極有關係；近人多特加考論。陳焯定爲有今日議院之性質，不可不謂爲吾考古學上一新發見。（注三十九）凡此雖若僅爲古帝王一代之設施，然史官之職掌，與其後諸子百家之崛興，實皆由此出。此其故《莊子·天下篇》言之最精最詳。（注四十）是故雖以老子還淳返樸之超絕思想，而其所懷望之治世，仍在寡國小民。雖以墨子明鬼尊天之宗教觀念，然其苦行救世，所志仍在尚賢非攻；且其天之愛人薄於聖人，而利人則厚於聖人之説，以利爲愛，尤近於功利論。（注四十一）至於儒家之重實踐，農家之倡並耕，法家之尚功利，則更不待論。凡此者可一言蔽之曰：此實吾民族有善於調和物質生活與精神生活之天才，而常能舉理想世界與現實世界熔而爲一故也。胡漢民謂吾國天人合一之説，至董仲舒而始建立；哲學上之宇宙論，至揚子雲而始形成；（注四十二）蔡孑民先生謂儒教之系統，至宋時而始凝立；（注四十三）余以爲實則此等理想，在太古早已萌芽；迄於春秋列國，既已形成有體系之結構；而總其成者即爲孔子。故孔子教義，一面注重實際，決不於日常生活外逞玄想；（故小兒問日不答，子路問死不答。）而一面即就日常生活，使人體驗其豐富之内容。（故曰君子之道造端乎夫婦，及其至也察乎天地。）觀孔門四科四教之旨，即可瞭然。而尤要者，即孔子一身之示範是。觀《禮記》載“孔子燕居閒居”之語。其最足感吾人者，有曰“不必與言，以禮樂相示”而已。又曰：“無聲之樂，無體之禮。志之所至，詩亦至焉；詩之所至，禮亦至焉；禮之所至，樂亦至焉。”（此雖託言古之君子，實則孔子現身説法。）此其融精神上之美情（美的情操）於事物之軌儀之上，幾若天衣無縫，令人神往！蓋孔子一身實最能鎔鑄精神生活與物質生活而冶成一渾然的理想之人格。以今日術語表之，即最能使肉靈合一之謂者也。而此種渾一的人格之表現，與其謂爲善於調和此生活之兩面；不如謂爲能以精神生活統御物質生活之爲愈。此即中國文化勝於希臘之處。蓋希臘人理想，以肉體美嵌於精神美之上。中國人理想，則以精神美攝肉體美之魂。一以肉代靈；一以心制物；美感方面之觀念不同，（注四十四）隨而智識道德方面之觀念亦生歧異；故希臘人重理知；（注四十五）中國人重實踐。主實踐者，倫理觀念特强；於是克己自律之義起。節性之説，首見於《召誥》。此種心靈克制物慾之論，遂幾成中國民族公共之信條。雖然，吾先民之意，不過僅主以精神生活統御物質生活而已；初非吐棄物質生活而不言。故曰："富而後興教。""去兵先於去食。"此周秦諸子學説與宋儒不同之點。觀孔子繫《易》謂聖人以美利利天下，尤精粹有味者，則《易》所謂"利者義之和也"一語。自來義利之辨，界域最嚴。豈知與義和同者即爲利。以利而和於義，幾有類於今日羅素以創造的衝動改造占有的衝動之説。凡此者皆先民之精言也；而孔子實集其成。故子思作《中庸》，大闡成己成物之説。蓋成己成物者，即融合精神生活與物質生活而使之醇化爲一之謂；其義實精透絶倫！故一稍有特識之衛西琴（A. Westharp）人吾國而讀《中庸》，即驚爲得未曾有！（注四十六）可知吾先民此種深邃之理想，即世界學者亦稱之。余嘗謂孟子推孔子爲集大成，實有卓識！蓋孔子實集吾民族古代思想上之大成，而非僅集文獻上之大成而已！（注四十七）近人有謂孔子未嘗集大成者，（注四十八）非知言也！雖然，孔子固能集大成；而所恃以集之之道，則有一根本原理在。其理爲何？而所謂執兩用中之"中"是已。（注四十九）孔子以此執中之誼，衡論古之道術而得其全；故於吾人生活之内（精神的）外（物質的）兩根柢，能直抉其奥而通其紐。然下此者不能如孔子之得其中，遂日趨於偏枯！孔門龍象，孟、荀二子已不能免。孔、孟、荀同主以心制物之説，然余甯舍荀而取孟。蓋荀子主性惡；以禮義教化爲改造人性之具，其爲教也拘。（故曰猶枸木必待檃栝、烝、矯然後直。）孟子主性善；以仁義禮智爲性天所固有，其爲教也樂。（故曰反身而誠，樂莫大焉。）此則殆有近於希臘哲學之斯多亞派與伊璧鳩魯派；然須知由荀之説，則吾人物質生活與精神生活截然爲二；非克制其一（物質的），則他一生活（精神的）即不能主。由孟説則不盡然。物質生活，固爲吾人之表面的、粗成的生活；但使有精神生活之意義貫注於其間，則物質生活亦即提高而化爲精神生活。故孟子謂好貨色，亦可以王天下；又謂食色爲性情與才均可爲善。而尤爲余所平生服膺，認爲孟子學説之中堅者，即其養氣集義之説是！昔張江陵自謂嘗一日而神遊九塞；余亦敢謂從孟子之説，實亦可一日而智周萬物。蓋以孟子氣象之光昌，精神之活潑進取，其日常生活中，實無時無地不見其精神之滲入（集義）與透出（養氣）。余嘗謂若精讀孟子告公孫丑之言自“我知言，我善養吾浩然之氣”至“行有不慊於心，則餒矣”之一節，將見其雖寥寥十數語，實足以代表郁根[①]（Eucken）所倡精神生活哲學之全部學説而有餘！不惟代表，且實過之！（注五十）故余以爲國人苟用科學方法而整理孟子之學説，必能成一完備之系統，爲吾哲學上倫理學上放一絶大之光明，其功決不在陽明之下！此實非余之誇詞！試觀戴東原稍理孟子舊文，而其成就已如彼，可知也。故孟子學説，雖覺有專主精神生活之傾向；然實不悖孔子調節此兩者之誼；且雖謂孔子之説，得孟子而益密；可也。至此以往，則各走一偏。如漢儒董仲舒“正其誼，不謀其利；明其道，不計其功”之説；以及魏晉六朝時代思想之流於虚玄；宋明時代思想之趨重性理；甚至偏激如張南軒之言，謂“不惟名位貨殖而後爲利；凡意之所嚮，一涉於有爲，皆成自私自利之舉矣”等語，直否認吾人之一切動作云爲。凡此皆過偏於精神生活，而忽視外部之事功者也。然同時其反動方面，在漢則有王充、仲長統之談功利一派。在六朝則有神滅論一派。在隋則有文中子一派。在南宋則有永康、永嘉學派。在明末則有顔習齋、黄黎洲、顧亭林、王船山之經世一派。在前清中葉則有戴東原、阮雲臺等以漢學訓詁而講性理一派。茲數派者，其間又不免有矯枉過正，或偏物質生活之傾向！惟戴東原上紹孟子，所説頗有精理。吾國此兩種相反之思潮，自孟子以後，無人能復統整；浸淫至於戴氏，幾駸駸有若可諧合之觀！試讀其“理也者，情之不爽失者也”；及“欲之協於天地之德者，即理之正者”等語；而可知近人王國維力揚戴説，至謂“能使三代之説，還之三代；宋儒之説，還之宋儒。”（注五十一）誠允論也！吾國今日之大患，非在人人但知崇拜勢力，崇拜金錢；太沈錮於物質生活，而無精神生活之可恥乎！憂時之士，始群争以西洋人生哲學爲藥石，提倡所謂新生活者；而實際主義，遂爲今日論壇之中心。其實當知所謂實際主義之哲學，若論其形式，誠爲吾國前此所未有；然衡其原理，則吾先民所見實早與之契合；此亦非愚一人之私言。日本豐田臻著《實用主義之哲學》一書，已較論及此。（注五十二）然則吾民族此種標揚精神生活以提高醇化物質生活之精神，使早有人注重，時時刮磨，得以葆固應用於今日者；則其有裨社會，必較今日

---

① 今譯爲倭鏗。下同。

始行介紹之實際主義之影響爲深厚；當不待智者而知。由此可知今日欲救國人之積病，介紹新説，與昌明國學，固同爲急務；而鈎發國學霾而未現之精英，實尤爲較重且適！何則？凡一國一民族，必有其精神上之總財産。吾人所享受者，亦必於此總財産内分得，始感其親切而適宜。歐西有識之士，衡論吾國思想學術之前途，已以此言贈我矣！（注五十三）乃今之論者，輒謂東洋文明爲靜止的；西洋文明爲活動的。欲争存於今世，非毁此靜的文明而造動的文明不可。（注五十四）亦有謂吾先民不知調和物心，而缺乏藝術的人生之美感者。（注五十五）甚至有謂東方文明，並精神文明而亦不能稱爲完備者。（注五十六）皆非篤論也！至於代表印度文化之佛教哲理，其最高大鵠，尤在以精神生活而融攝物質生活，使之悉爲宇宙化與人格化；（注五十七）其意義尤爲精闢玄遠！兹以其理太深，姑留俟他日再論！此又東方文化之優點一也。

注三十二、三十四：欲知歐人重精神生活（克己主義 Bigorism）與物質生活（官能主義 Sensualism）兩種思潮之消長于西方文化之關係者，可參考下列各書：

（一）金子築水《歐洲思想大觀》

（二）《近世歐洲文化史論》（日本文明協會出版）

（三）《近代思想界之變遷》（同上）

（四）朝永三十郎《於近世我之自覺史》

（五）廚川白村《文藝思潮史》

（六）周作人《歐洲文學史》（北京大學出版）

又田漢君所作《俄國文學思潮之一瞥》一文，論此兩思想之起狀甚詳，亦可參考。（《民鐸》一卷六號）

注三十三：見工藤重義《世界宗教制度論》六三頁。

注三十五、三十七：近人夏曾佑著《中國歷史》，論中國古代苗民，則信鬼神。吾黄帝子孫，則信術數。上古宗教已分兩派。鄧實本之，著《國學原論》，大闡其説。（《國粹學報》第一年第一期）梁任公著《中國學術思想變遷之大勢》，亦謂古代學術，淵源出於史祝二職；而祝之所司。則術數實其專業云云。余按由鬼神而變爲術數，實初民思想進化之表徵。此亦不獨在吾中國爲然。試觀克孟特[①]教授（Cumont）所著《希臘羅馬之星占學與宗教》一書，至謂星占學，實關於世界奥義之神秘的啟示；始與斯多亞派之哲學混合，繼修正于柏拉圖之理想主義；乃太古之加爾底亞人之信條；與基督教始終對抗者。其後竟爲基督教所征滅云云。可知由具體的神格之崇拜，變爲抽象的靈術之推衍；實世界人類智識遞進所同經之階級。所異者，在歐族此種遞演而不能成一有體系之哲學；其後復爲有力之神道。（即基督教之一神教義。）所戰勝以迄於今。而在吾國則由術數而演成一部幽遠之《易經》哲理；由此哲理復開老、孔哲學與魏晉人之易學；而神道即永退處於無權。此真研究東西哲學起源者之一至有趣味之問題也。（吾國哲學與數理之關係，昔劉申叔著《中國哲學起源考》，已微論之，惟其文中輟可惜也。）

注三十六：章太炎《訄書·争教篇》謂吾國古代分八卦五行兩種宗教。禹之伐有扈，武王之不用箕子，皆争教也。其後蔡孑民先生著《中國倫理學史》皆主此説。（其實此説日本學者已主之。）余以爲八卦五行之理，皆古之術數；皆以抽象概念之法式而範圍其事者。其理實有相通，不必强分爲二派。玆爲行文之便，姑仍其説耳。

注三十八：《淮南子·泰族訓》曰："昔者五帝三王之莅政施教，必用參五。何謂參五？仰取象於天，俯取度於地，中取法於人；乃立明堂之制，行明堂之令。"可見吾國古代之政治，皆由此等抽象之哲學（宇宙論）所推演而來。

注三十九：明堂之制，本爲吾國古今學者聚訟之一問題。近人論此者，以余所知；則有某君之《明堂考》，（不著撰人姓名，《國故鈎沈》第一期。）與陳君焯之《議院古明堂説》兩篇，爲有價值！某君之《明堂考》，已知古明堂有二：一爲鎬京明堂，在國。一爲洛陽明堂，在郊。而陳君則直考定古代有宗祀之明堂與會議之明堂，兩者各别；一在宫中；一在國門之外，掃清舊説葛藤，尤爲有識！余嘗謂國人如欲標榜"國故學"之名，必如此等有所創見之

① 今譯爲庫蒙。

著作，而後庶不致蹈陳腐乾枯之病也！

注四十：吾國古代學術出於史官之論，自章實齋、龔定庵、汪容甫輩考定之後，近人如章太炎、劉申叔、梁任公、夏曾佑諸君皆主其說。至胡適之教授則力反之。胡君有《諸子不出於王官論》一文，（《太平洋》一卷七期）所見固不失爲創解；然須知若胡君之説而果確者，則中國古代學藝系統，將被其打斷，無復可尋。其實余以爲吾國古代學統，本極散漫沉霾，誠難尋索；然其中亦未嘗無蛛絲馬跡之可循。此則求其最有特識，最能見其源流，而言之又最晰者，要莫如莊子。試觀其《天下篇》首即敘道之全體，（即古之學術總體。）謂無乎不在，次即接述其明而在數度者，舊法世傳之史尚多有之。其在於《詩》、《書》、《禮》、《樂》者，鄒魯之士，縉紳先生多能明之。（此二語最要。）此即謂得古道術之全體，惟史官與儒家。再次即致慨於道術之分裂，因歷敘諸家，謂古之道術有在於是者，某某聞其風而悦之；並己身亦算在內。最後則謂如惠施、公孫龍一派，支離詭辯，不足與於道術，故不列爲一家。其全篇脈絡，本極明晰。乃後人不察，坐令中國數千年迄無人能爲古代學術源流考者，實至可慨之事！雖有一荀卿、司馬談，而言之不詳。劉歆則亦僅知作蓋爾之詞。直至章、龔輩始得搜集古説，稍加考定。劉申叔推闡其説，實較太炎爲詳！乃胡君於此極明顯有據之《莊子·天下篇》，始則不置一詞；（其《諸子不出王官論》即首引《天下篇》而不評一詞。）繼乃謂其非莊子所作，（《中國哲學史》二五四頁）意在先顛覆此篇，根本不認其成立，而後便於自伸其説；此則誠有非下走之愚所敢知者也！（胡君此説，即北大學生中如毛君子水亦謂其論證不完，見前引《國故與科學的精神》一文之注。又其後朱君毅在《唯是雜誌》第一期，亦有駁論；惟樹義不堅，恐未足以折胡氏也。）

注四十一：參看蔡先生《中國倫理學史》六十六頁。又記某君曾在長沙某學會講演《墨子學説》，中論墨子愛利觀念不同之點甚詳；曾載《時事新報·學燈》，惜今不能舉矣！

注四十二：見《建設》第一卷第四期胡漢民《中國哲學史之唯

物的研究》。

注四十三：見《中國倫理學史》第三編第四頁。

注四十四：參照本節後注（五十六）

注四十五：吾國人與希臘人因審美觀念不同，影響及於知識道德各方面之説；近人言之者尚少。惟蔣夢麐教授前曾略道及此。其與某公論學，有曰："言做人（道德）之道，可分中國、希臘、耶教三系。中國系之道德，基於人倫。希臘人之道德，基於智慧。耶教之道德，基於天志。人倫之道德尚禮。智慧之道德尚理。天志之道德尚志。……中國系與耶教道德均責任道德。希臘系則爲德性（智性）道德。責任道德，與美術無甚關係。德性道德，非美術不爲功；智以燭其真，美以養其情，則德性始備。（中略。）西洋人智識美術之發達，飲水思源，不得不歸功於希臘人之德性道德也。"（民國四年《留美學生季報》第一號）可與余説互參。

注四十六：見嚴又陵譯衛西琴之《中國教育議》。（《庸言》第二卷第三四兩期）

注四十七：張爾田君作《史微》。（《孔教會雜誌》第一卷一期）其《原史》一篇論"六藝"由史入經，以孔子繼道家而紹史統。其言頗典要可據。此即以孔子集文獻上之大成之説也。

注四十八：曾崧嶠有《孔子未曾集大成》一文，（《太平洋》第一卷第一期）謂吾國學術至周公、太公時有分野之觀；孔子不過分得周公學術之一半而已。其後有徐天授君駁之，謂孔子並非集百家學説之大成，乃集群聖道德之大成。（《太平洋》一卷二期）《太平洋》記者即大不謂然。嗣曾君又反駁徐君，謂孔子不善理財用兵，由於復古之理想所蔽。又孔子所講之道德，爲貴族道德，而非平民道德，故難實行云云。（《太平洋》一卷三期）余以爲吾人治學談理，首當明體用之分。（即今治科學所言之純理與應用兩面。）體則有普遍之價值。用則爲時地所區限。審此則吾人今日所挹仰於孔子者，並非望將周公制禮作樂，與太公理財用兵之事蹟，重演於今日。然則縱令孔子兼擅太公之長，試問於吾人有何裨益？曾君亦知行孔子之道，在去其剛性而保其柔性矣。（見《東方雜誌》曾君所作《我之孔道全體觀》一文。）然則復何争辨於孔子有無兼擅太公之才之謂乎？至於集大成之説，今人一聞此語，輒加駭怪；以爲一人如何能集若干人之才性之總和。不知所謂集大成者，亦猶今日哲學術語所謂統整（Integration）作用，綜合（Synthesis）作用而已。若謂此而不能，則斯賓塞爾之綜合哲學（Synthetic Philosophy），與夫哲學家、科學家之思建立哲學或科學之新系統者，皆爲僭妄多事！而斯賓塞爾謂哲學之任務。在有"完全之綜合的智識"（Completely united knowledge），亦將成爲誇誕之詞矣！

注四十九：日人廣池千九郎著《支那法制史》，極推崇吾國"中"之一德，目謂與亞里斯多德之中庸（Mean）之説相符云云。（同書第一卷六九頁）其後謝无量之《中國哲學史》與"孔子"等書皆本之。余以爲吾國"中"之一誼，自方法上論之，可視爲中國哲學上之一種特殊方法，（即執兩用中之義。）幾與黑格爾之辨證法默契。自實際上論之，則即爲調節物心生活，使之達於諧和之一妙用。故孔子稱《關雎》樂而不淫，哀而不傷，誠吾族之美德也！

注五十：郁根哲學，有實際主義重生活經驗之切實，而不流於淺薄；有布格遜重創造進化之透闢，而不走於鑿空。殆可謂兼有二派之長者。余愧未能讀郁根之原著，僅得讀日譯本數種。又畏友章君行嚴曾贈有約翰斯 A. J. Jones 所著《郁根之人生哲學》（*Eucken: a philosophy of life*）一書，余受而讀之，覺其于郁根哲學頗有鈎元提要之觀。惟余終以爲郁根所倡之精神生活，於外的奮鬥一面，誠發揮盡致，即孟子集義之説，（昔日注疏解"集義"之"集"字，謂與義相雜而生，實太無精彩，且失孟子原意矣。）而於内的修養一面，則實欠指導説明，不及孟子養氣之功遠矣。此問題頗關重要，余他日當著一郁根人生哲學與孟子人生哲學之比較論以勘發之。

注五十一：王國維君曾有《國朝漢學派戴阮二家之哲學論》一文，登於前江蘇某教育雜誌，倉猝不及檢出。

注五十二：參看日人豐田臻《實用主義之哲學》四三三至四四四頁。

注五十三：見余友錢智修君所譯英人約翰斯頓（Joneston）《中國宗教之前途》一文中所引嘉託頓希爾博士（Dr. G. Chatterton-hill）之言。（《東方雜誌》第十卷第九期）

注五十四：詳李守常君《東西文明根本之異點》一論文，惟此文余實未見。僅據梁漱冥君《東西文化及其哲學》導言中所引，得窺見一二耳。（《唯識述義》第五六兩頁）

注五十五：詳江紹原《藝術人生》論文。（《東方雜誌》第十七卷十五期）江君此文在揭一"美的生活"爲標準，用以衡論中國理學家與佛教徒之人生觀，爲不合此標準云云。不知其所攻擊吾民族之所短，乃正其所長也！

注五十六：此即常乃悳最近所發表《東方文明與西方文明》一文中之語。常君謂中國固有文明，不配稱爲完全的精神文明；因係偏於實際的、功利的、善的一方面；非真、善、美三者平均的。無論不能與近代西洋文明相比較，亦不配與希臘時代學術相比較云云。其論驟視之似頗中理。然以余觀之，就"真"一方面論，則須知中國人所求之真，決非與希臘人乃至今日歐人所求之真相同。科學之不能發生於中國，認識論之不能完成於中國，皆坐此故。中國民族此種思想之特異處，不惟與歐西民族不同，亦並與印度民族不同。若欲精論，當合中國文化、歐西文化、印度文化三大系文化比較研究，而後能得其真髓。此實關於人生根柢問題極鉅；余當勉爲專書，非今日所能討論，亦不願討論；以今日國人尚談不到此也。至於就"美"一方面論，則同志已有羅敦偉一論文，舉及藝術本有兩派：一爲藝術獨立論。一爲藝術實用論。如柏拉圖主張以善爲美，即爲實用論派等語。須知中國先民之觀念，亦正所謂以善爲美，觀孔子謂《堯典》可以觀美；又謂盡美，未盡善也等論旨，即可概見。故謂中國人審美觀念，與西洋人有不同則可；謂其直無此種美感則不可也！又況歷代均有山林隱逸之流，往往寧殺身赤族而不肯爲權勢獻其藝術作品；則亦非不知藝術獨立之可貴乎！至若關於"善"一方面，則常君已言之，茲不論。

注五十七：此問題關於佛教根本原理太鉅，詳論之，即世間與出世間之問題。今日國人亦尚談不到此。海内談佛者雖多，以余淺陋所知，似尚無有人肯深究此問題，以明顯之文字宣達其理者。(惟余友梅君光羲嘗有志於此。）余不敏，當竭畢生之力於茲。今國人如欲聞其梗概，則梁漱冥君之《究元决疑論》。(《東方》十三卷第五、六、七三期）

第三，東方文化（此亦單就中國言。）在有調節民族精神與時代精神（注五十八）之優越性。而尤以民族精神爲其根柢最能運用發展者也。夫一民族之成立，所恃者，非僅血統、語言、地理、宗教等關係使然；爲其樞紐者，端在此形成渾然一體之民族精神。羅司[①]（Rose）氏嘗詔告吾人矣。（注五十九）是則民族精神之重要，亦可概見。惟是此精神，其民族若不善於運用之，則易流爲固性的傳統思想，而不克隨時代之變易而適應其環境；則此精神或且爲一時代之障礙物，所謂“時代錯誤”（Anachronism or Ignorant of the modern times）一語，即自此而來。試觀各國革命史，何莫非由其民族之傳統思想，與其新時代思想衝突之所生！我國自前清戊戌以後，歐洲新説競入，思潮陡變；篤新之士，遂竭力攻擊吾固有之道德學説；一時碩舊，咸目爲狂潮；而卒之新思想勢力如挾萬鈞之弩；吾舊有政制與傳説，均不免如落葉之掃；於是國人咸以爲新思想戰勝。其實當知所摧掃之舊制度、舊傳説，而如是之易且速者，正以此等舊物，自身本已腐朽，早不適於時代之新要求；即無外來之新思想；亦當歸於淘汰者，而具有此淘汰作用之根本潛伏力，即余所謂吾族有此調節民族精神與時代精神之天才，是也。今請進言其理：余上文固已言之，吾國神人之分最早；他族所視爲宗教上不可方物之原理，吾族則早以抽象的概念或形式表出之，使之爲哲學化；而一部《易經》，即純演此理者。（注六十）職此之故，吾先民實認宇宙爲進化之宇宙，而民族亦即應爲進化之民族。（其詳可與下節互看。）故曰：“三王不沿樂。五帝不襲禮。”又曰：“禮雖先王未之有，可以義起。”此即夏、殷、周忠質文三者遞進之説；實吾先民所知之通誼，（注六十一）初非儒家、法家之創言。不過法家之爲治，專以應時代之要求爲急務，而不顧民族精神之素質；故其功業褊促而不永；如商鞅、李斯之相秦是。儒

---

① 今譯爲羅斯。

家則不然。最能以民族意識（National consciousness）之表現，體認其時代之精神；復即以其時代之要求，爲社會統制（Social control）之標的。此其消息皆在於《詩》。蓋古者太史采詩以觀民風，觀其時民間風尚之所在，以爲上下通達情誼之郵。故孔子曰："詩，可以興，可以觀，可以群，可以怨。"此即古之爲政者調節民族精神與時代精神之一種政治原理；而其時之學術思想，亦於此萌生。（注六十二）觀吴季札入魯觀《樂》。因各國詩詞之音節，而歷賞其民風之淳澆。蓋所謂"風也者，上以風化下，下以風諷上"；實即當時一種時代思潮（Current thought of the age）也。此其意惟孔子知之。故以《詩》教等"六藝"之教而判其國民族智識道德之文野。且欲竊取其意以應用之於當時。後之知此者則惟孟子。故曰："王者之跡熄而《詩》亡！《詩》亡然後《春秋》作。"蓋孔子作《春秋》，所以貶損當世時王者，即以其悖時代精神以爲治之故。（注六十三）故《春秋》存三統、張三世之義。在《公羊》則發王魯新周故宋之説；而在《穀梁》則爲尊周親魯故宋之詞。《公羊》家言明於世運進化之理，（注六十四）即孔子重視時代精神之遺訓。《穀梁》家言深得經義，尊親舊誼；（注六十五）又即孔子重視民族精神之表徵。觀孔子一面言從周，而又言欲用夏禮殷禮；既以周之典禮爲郁郁乎文，而又欲從先進野人之禮樂。蓋孔子之意，實在欲調劑此民族精神與時代精神而得其中。其作《春秋》口授弟子，必有此項大義微言；及門人退而異詞，遂生歧論。（抑不僅此孟子之法先王，荀子之法後王，此兩派亦由此出，皆各代表孔子教義之一面者。）邱明據本事而作傳，使《春秋》僅爲記事之書，漢儒不察，横生今古文之争，甚無謂也！（注六十六）雖然，吾先民又不僅貴調節此兩種精神而已；而實貴以民族精神爲其大本。故《大學》引《詩》曰："周雖舊邦，其命維新。"而以《康誥》之作新民，《湯盤》之日新又新爲同義。蓋吾先民之意，以爲民族之發展，固隨時代而異。然能形成一時代之精神者，仍此民族精神之潛力。故曾子曰："時也者，人與人相續而成者也。"此與法儒某謂"歷史之可貴，在累積若干時代之智識道德以傳之於國民"之謂。同一精審！（注六十七）審此則吾人如欲焕新一時代之思想與制度，仍在先淬厲其固有之民族精神。《易》稱："時之爲義大矣哉！"又曰："天行健，君子以自强不息。"誠以時時革新，時時創進，民族精神，發展至於何度；即時代精神，凝成至於何段。黑格爾之歷史哲學，即自此等理性進動之概念而生。而馬克斯之階段進化説，則又以經濟之變動爲促進新時代之總因。此唯心的歷史觀與唯物的歷史觀直成爲今日歐洲思想上制度上之兩大總流；其實殆由一重歷史精神與一重時代精神立義各歧之所致！吾國先民思想，寧謂進於黑格爾一派而無其膠執；（注六十八）兹亦不深論。要之如從吾先民之所示，則不惟負有容納新時代精神之宏量；尤負有創造新時代精神之責任；而創造一新時代精神，尤必以民族精神爲其背景！故一申之曰作新民，再申之曰舊邦新命。（注六十九）此以視今日但知趨附時代潮流，而不知淬厲固有之民族精神以迎此潮流，加以磨刮，再創一更新之文化者；與夫但知故步自封，而不敢與新時代相周旋之士；其立義之深淺爲何如？凡此者，皆吾先民之精誼也。至吾民族精神之内容，是否能有此鎔鑄新時代精神之素質與其涵量；則試觀余上節所舉之一點已足，爲吾人别啟一新生活之源泉。若再合觀下節，將益知吾民族實有能開拓未來世界之活力。此外如國内時賢亦多論列。舉其最著者，莫如梁任公。任公先生之著作，已爲海内共睹，無取贅陳。姑就其較近者言之：如曾舉吾族對内則啟發力强，對外則同化力强之二義以質國人。（注七十）近復著論謂吾族費數千年之精力以完成一統一的國民，爲吾民族歷史上唯一之大業；（注七十一）尤爲特具史眼。綜合以觀：則吾民族精神之偉大，實有未可妄自菲薄者！此又我東方文化之優點一也。

注五十八：民族精神與時代精神兩語，在德文有專字爲“Volksgeist”與“Zeitgeist”，而在英文則前者相當於“Nationality”一字；後者則英文無專名，只可譯爲“spirit of the age”.

注五十九：具見John Holland Rose所著*Nationality as Factor in Modern History*一書。

注六十：此理已散見余上兩節各注。即胡適之教授之釋《易》，亦發見此根本原理。其論《易》之基本觀念凡三：一曰極。（即變易之最簡的公式。）二曰象。三曰辭。（皆由孔子繫《易》之詞看出。可見孔子對於古代學術思想實有極深透極統整之能力。吾人於此實當處處虚心。）以《易》純爲推變之學，（《中國哲學史大綱》七八至九一頁）一掃自來講《易》者之葛藤；可謂卓具創解！惟胡君忽又以孔子釋《易》在認此推變之理爲唯物的，並謂係受老子之影響云云，一若此《易經》哲理純爲一部機械的宇宙論者；此則未免大錯而特錯！余嘗謂胡君所著《中國哲學史大綱》，其中意匠獨造，所得本多。獨惜其處處以唯物論眼光觀察判斷，甚至施及於老莊，幾令中國哲學真面目，無以自白於世界。故梁漱冥君曾謂倘然像他（胡君）所講的那個樣子，除了供現代的大哲把玩解悶以外，可有這兩大支哲學接觸影響，發生一種世界哲學（此本胡君語）的價值身分勢力麼？（《唯識述義》第七頁）又記得繆鳳林君最近於胡君所講之老莊哲學亦有質正之語。（曾見《時事新報·學燈》，忘其月日。）以極富有創解之學者，而所以攻吾哲學者，其結果乃如此！至可惜也！

注六十一：墨子謂："國家昏亂，則語之尚賢尚同。國家貧，則語之節葬。"又莊子亦有"禮義法度應時而變者也"之語；可見吾國先民，未有不應時代之要求以爲治者矣。

注六十二：胡適之教授之《中國哲學史大綱》亦以《詩經》等考見當世社會意識，認爲中國結胎時代。雖其所以觀察者，不必與余相同，而要之《詩經》實當時社會意識之結晶，則無可疑也。

注六十三：墨子《耕柱篇》曰："葉公子高問政仲尼。仲尼對曰：'善爲政者，遠者近之，而舊者新之。'"此可以見孔子之志。故《淮南子》直曰："殷變夏；周變殷；春秋變周；三代之禮不同。何古之從！"是則余謂孔子貶損當時君主，爲其悖時代精神以爲治之說。或不至駭流俗歟？

注六十四、六十五、六十六：《春秋》三傳之誼，本自各别。其間最生争議者，即公羊家言孔子改制之説。此説倡於董子，而著於何休；迄有清末葉，有所謂常州學派者，始以治公羊微言大義之説相推重。及至廖季平、康南海兩氏出，以之通於《王制》、《禮運》諸篇；於是孔子學説，分大同、小康兩派之説，幾風靡天下。廖、康均不愧爲今文家大師。惟廖氏晚年著作，乃益恣肆恢詭。其著《孔經哲學發微》一書，直類方士之言。至是今文學派，乃不得不一落千丈。攻之最力者，莫如劉申叔。劉氏之《孔子無改制論》與《漢代古文學辨誣》等篇，均精悍絶倫。其實余以爲孔子以《春秋》當新王，素王之法等說，公羊家必有所承受。不然，以董仲舒之趨附武帝，必不敢倡此等不利於君主之說。故余謂孔子改制之誼，自當不廢。特所當知者，孔子此種理想，非必如漢儒所說之迂，亦非必如今人所言之鑿。余於此別有考證，茲不細說。至於穀梁學，則自漢以來，即不甚著。近人江慎中始發憤董理，得《穀梁十指》。其全書余未得見，僅見其《春秋穀梁傳條指》一篇。（《國粹學報》第六年第六期至十一期）其論尊周，親魯，故宋各有廣狹二義；實得孔子重民族精神之恉，合而觀之，始知公、穀所言，皆孔子教義之一面；故其義亦有可互通者。是則今古文之爭，視之爲治經學之方法有別則可；因以議及孔子教義，如所謂信末師而背往古者，則不可也。

注六十七：記得係日人吉江孤雁最近於日本《改造雜誌》某論文中所引某法國學者之言。

注六十八：吾國先哲認世運之演化，純由精神界（宇宙全體）之進動而來。此則絶有類似於黑格爾哲學所立之自然世界之"羅哥斯"(Logos)（黑氏哲學體系之第一部）與精神世界之"絶對的精神"(Der Absolute Geist)（黑氏哲學體系之第三部）之學說。（黑氏哲學與吾國哲學有相通之理。楊昌濟先生遺著中已略論之，見最近《民鐸》二卷三號。）惟黑氏一面重精神之開展，而一面復謂現實者皆合理；致令德國軍國主義得以假其說爲根據，釀成此次世界空前之大戰禍。若吾國哲人則無此等膠固束溼之說。余別有詳論，不贅於此。（此注可與本節前注六十比照對看。）

注六十九：舊邦新命之誼，孟子當日即欲據之以應用救世。觀其對滕文公"子力行之，亦以新子之國"之語，即引此詩作證。可知此在當日，固不能不專對君主說法；然新國之義，亦今日所不廢者也。

注七十：記得任公此文曾登載於《庸言》，倉猝間竟遍檢不得。

注七十一：見《改造》第三卷第二期任公所著《歷史上中華國民事業之成敗及今後革進之機運》一論文。

第四，東方文化（此略兼印度言。）在有由國家主義而達世界主義之優越性，而尤以世界主義爲其歸宿。故東方文化即可爲將來之世界文化也。夫國家一物，本不過人類生命發展之一過程；（注七十二）而自來言國家之起源與本質，則各異其説。求其能通國家與社會之郵者，實莫如盧梭之國家契約説（亦稱社會契約説）中間自歷史法學與國家有機體説、國家人格説等迭興以來，盧説幾無人齒及。（注七十三）至最近德謨克拉西政治之聲浪日高，盧説始見真價。（注七十四）吾國立國數千年，政治組織極不堅强。論者咸以吾族無建國能力，無國家觀念相詬病。其實以愚所見則有不然。余嘗謂吾族之所謂國家，實與社會有不可分離之關係。（注七十五）自其組織上言之，有絶類於法人狄驥之國家事物説。（注七十六）自其意義上言之，則又與盧梭之契約説相通。（注七十七）孟子謂人有恒言曰天下國家。天下之本在國。國之本在家。家之本在身。天下國家（可連續爲一詞）（注七十八）者，即世界的國家、社會的國家之謂；而其本則在於各個人之一身。故曰“自天子以至於庶人，壹是皆以修身爲本”。而士禮直可推行於天子。孟子且嚴天爵人爵之分。綜合古義而觀：吾族之國家與政制，實一建立於人性之上，而非建立於權力之上者。雖其組織上，不免有治者與治於人者之分；而其意義上實絶符於今日之民主政治。梁任公謂中國人幾無一非無治主義之信徒。（注七十九）余亦敢言中國人實無一非久爲民主國家之一員。昔顧亭林謂“有亡國，有亡天下。亡國與亡天下奚辨？曰：‘易姓改號謂之亡國。仁義充塞而至於率獸食人，人將相食，謂之亡天下。（中略。）保國者，其君其臣，肉食者謀之。保天下者，匹夫之賤與有責焉矣。’”此其視國家不過權力階級之組織，而其所謂天下，乃人間本性表現之集團。本性而有牿亡，雖匹夫亦有拯救之責；此實置國家與天下於倫理的考察之上。故此種天下的國家，非僅政治組織，而實社會組織。可知吾民族之國家觀念，實一徹頭徹尾之人性的政治論也。職是之故，吾族決不以國家之領域自畫，而常有一世界精神，（注八十）懸於其襟懷。儒家尤代表此思想。《春秋》三世之誼，《禮運》大同之説，皆其最博深切明者；此實不得不謂爲吾民族絶偉之天才也。雖然，猶不止此。所謂世界精神一物，其内容尚有不同，運用亦各有别。羅馬人何嘗無世界精神；而其成就竟爲一武力之帝國。德意志人亦何嘗無世界精神；而其懷抱乃在欲創一日耳曼的軍國主義之文化。（注八十一）凡此者，皆實抱一征服世界之野心，而非與世界以共見。歐族之有世界精神者，乃竟若此！若返觀之吾民族則何如？儒教之大一統主義，在内其國而外諸夏；進而内諸夏而外夷狄；更進則夷狄中國内外大小遠近若一；有如今日之由國而聯邦，而世界聯盟，逐次演進，使各民族得爲自立的大聯合。其義甚明。尤有味者，則《春秋》反道親德尊禮重信之説。（注八十二）蓋所謂中國夷狄之分者，乃視信義之有無文化之優劣以爲別；初非賤視外族之名。此可知歐族之欲統一世界在武力，而吾族之欲世界大同，則在文化。故曰："天下車同軌，書同文，行同倫。"此尤吾族所具世界精神之内容與方法有足多者。故凡吾族所有之德目，如仁愛等名詞，以及四海一家，民胞物與之語，無不含有極普遍極博大之精神。質而言之，吾族之傳統道德，實世界道德、人類道德；而非僅國家道德。（注八十三）故將來之世界文化，必爲吾東方文化。此等精神所締造而成，則可斷言。故余以爲東方文化，實非僅東方國家之文化。乃一未來之世界文化也。至於印度文化，其最高潮之佛教哲理，所持純爲世界主義，尤不待多論。特惜印度民族，其人生觀過於空漠闊達，（注八十四）用是此種世界精神，不能與國家主義相調劑；遂至其歷史上竟無建立民族國家之遺跡。此則不及我民族之處。然世界而終有大同之一日者，則印度文化將來之盛運，有未可以今日之眼光限之也！此又東方文化之優點一也。

注七十二：日人田邊忠勇男著有《柯爾（G. D. H. Cole）氏之社會學説之根本思想》一文，（《中央公論》大正九年十月號）引述柯氏學説至多。柯氏即主張個性爲萬全（Universe）。自國家市町村乃至於一俱樂部，皆不過爲"共同生活"（Community）之一機能；皆各個人"個性之團結的發表"而已。（此論文某君已譯載《時事新報·學燈》，惟删節柯氏原書不少，茲不及記憶其月日。）又吉田博士於丁酉倫理講演會有《批判與國家之威力》一講演詞，依國家之倫理的考察，判斷國家爲"兼個體與全體，現實與理想，而不絶進動之自由的生命"之一種表示云云。（《大正八年十一月丁酉倫理講演集》及《新時代》等雜誌）前此視國家爲萬能，今則視爲吾人生命表現之一過程，亦可以覘今日世界思潮之趨勢矣。

注七十三、七十四、七十五：盧梭學説影響最大者，即其國成于約，約發于意之説；而其最受攻擊者亦在此。蓋其所謂"公意"

(La Volonté Génerale) 一物，本爲極茫漠而無畔岸者；以之當國家之“主權”；於是而主權一物，亦成不可捉摸之態矣！故其後談國家學者，無論爲反對派或調和派，均莫不以盧氏之説爲鄰於荒誕。(可參看《政治學報》第一期《主權論沿革》一文。) 吾國嚴幾道先生亦曾力斥之，致勞余畏友章君行嚴之辨駁。(見《甲寅》第一期章君《讀嚴幾道民約平議》一文。) 最近因民治主義彌漫世界，尊重人民公意之説勃起；於是盧梭學説。乃稍稍有人發見其真理。(可參看《建設》第一卷第一期孫譯《羅威爾博士公意與民治》一文。) 其實余以爲盧梭民約之説，若專從國家學一方面而論，則誠不免有不完之處。若就社會學一方面而論，則盧説正自有不磨之價值。日人通口秀雄著《社會學小史》，即推盧梭民約説，爲社會學上研究“社會意識”一物之遠源，謂其可爲今日心理的社會學之先導；歷叙其與社會學各派學説之關係沿革。(參看同書九四頁以下。) 可知求談國家學而能與社會學根柢相通者，要不能不推盧氏，余嘗謂歐人之視國家與社會，其界域未免太嚴；以致國家學與社會學不能溝通。社會學爲最晚出之科學，而在初創是學諸宗匠，則往往以社會學爲綜合諸科學之學；以建設理想的社會爲研究社會學之最後目的。(試觀首建斯學之孔德氏所創之人道教 Religion de l'humanité 可見。) 乃最近社會學號稱進步，其範圍轉狹。以爲研究社會學，不過在歸納事實（社會現象），籀得公例爲止。至於理想社會之如何建立，當讓之於政治學與技術家。(官吏及熱心改良社會者) 非社會學所宜過問。(參看日本遠藤博士之《近世社會學》、《社會史論》等書暨《社會及國體研究録雜誌》等，即可知其大凡。) 此固科學分類日密，所不可免之結果。然實歐人眼光，認社會自社會，政治自政治之一念有以中之，職是之故，政治與社會二者遂永永打成兩橛。在理論上，則發生孰輕孰重孰先孰後之問題。(即以政治改良社會，抑以社會左右政治之謂。) 在實際上，則一部政治史，皆此兩者權力互爲争長之歷史；易言之，即馬克斯所謂之一部階級争鬥史。故此問題雖在今日，歐人亦尚未能解決者。試一放眼觀察，如歐洲中古之教權政治，與今日之社會主義，殆皆欲對此問題而下解決。中古教會，在以神意統貫政治與社會之兩面。社會主義，則在以人道打通政治與社會爲一元。前者已屬過去之僵物。後者則今方在試驗之中。於是而民主主義乃於此時起，而作由政治渡於社會之橋梁。凡此者，皆歐人以全副精神所肉搏而始得者也。然返觀吾中國固有文化，則此政治與社會形影相依。甚至吾先民腦影中，絶不知另有所謂政治一物，足以制社會之死命之一種訓條。國人數千年已習用之，如布帛、菽粟、水火而不自知。今者吾國已建民主政治制度矣；在此制下一切政習之運用，誠爲多數國人所不解。然救之之道，但在昌明吾固有之“政治須與社會一貫”之教義；使之生於其心，發於其政，則必較日日徒以政法之書强聒國人爲尤能神其用。此誠吾民族再生之一新生命也。抑不僅此。今日世界思潮，咸有欲使政治日趨於社會化之傾嚮；則未來之世界文化，吾此種絶精之理想，必爲其中最有力之一因素，要無可疑。讀者幸勿河漢余言！須知吾國有識之士已曾衡論及此。曩者梁任公作《政治之基礎與言論家之指針》一文，(《大中華》第一卷第二期）大意即謂與其爲政府建議，不如爲國人陳情。而余友章行嚴即作《政治與社會》一文駁之；(《甲寅》第一卷第六期）意謂今日國中之現象，非借政治以改良不可。即一主先改良社會而後影響及於政治。一主先改良政治而後社會從而嚮風也。兩公所見，均有獨到。獨惜其皆僅針對當日政象立言；而於此政治與社會二者根柢之異同輕重，究屬安在？一至可討論之問題，則均未之及。邇者一年餘以來之所謂文化運動，則又欲即以社會刷新之力而影響政治者。凡此討論，所涉問題過鉅，而範圍亦過寬；以至陋劣不學如余，何足言此！惟中懷耿耿，終以爲政治與社會，一日而不能打通爲一者；即世界人類之文化一日而未臻絶頂之域。東方哲人燭照及此，故其所產生之文化，其發動點與歸宿點，皆力向此方面而行。雖長途遼遠，且其工具又極不完；圓滿達到，尚不知在於何日？而其示人類以應循之徑，則要可寶貴也。

注七十六、七十七：余以爲吾民族之國家觀念，一方近於狄驥(Loon Duguit）之“國家事物説”，一方近於盧梭之“國家契約論”。聞者又必笑余言之牽強。蓋盧氏之説，爲有立權論。而狄氏之説，乃一反對主權論也。然余則謂此並無傷。此其理已可由余上一注得之。何則？誠使打通國家與社會之界域而觀，則主權之有無，正不必過事爭論；而但求群知有“社會意識”之可貴；有“社會統制”之理法之應循；則所以範圍其群者，要未始無其道耳。此誠東方文化與西方文化界域絶殊之處也。（余夙有志著一《中國國家學》，今後當勉成此書；故茲不細論。至於狄氏之説，國人欲得漢譯書籍，可參看神州編譯社出版之《法國憲政通詮》；又《太平洋》某期譯英人某之《狄驥法學批評》一文。）

注七十八：江慎中《春秋穀梁傳條指》，有曰：“家國天下，是古人通用名詞。故孟子曰：‘天下有恒言，皆曰天下國家。……’苟知所謂家國天下者，爲以文化所及之遠近廣狹言之，則推之全經，無不六通四辟矣”云云。可知天下國家等語，古人既可通用。且孟子直謂其係當日之恒言，則其視國家爲含有世界（天下）性，其義當皎然無疑。故雖連讀“天下國家”爲一詞，在未始不可。此非必余之好爲異論也。

注七十九：見前舉任公近著《歷史上中華國民事業之成敗及今後革進之機運》一文中之語。

注八十、八十一：“世界精神”一語，德文爲“Weltgeist”，英文無專字，可譯爲“Universal Spirit”或“Welfgist”。英“Worldsoul”按此語自希臘、羅馬以來，多用之於純正哲學方面；至黑格爾組織其精神哲學（Geistesphilosophie），以歷史的所生之社會體制（如國家家屬等），皆爲客觀的精神（der Objetive Geist）所實現。因謂世界精神有應爲開展世界歷史之努力云云。（參看Harald Hoffeding所著《近世哲學史》第八編《黑格爾之哲學》一節，赫氏此書爲晚近哲學界有名大著，有英、日譯本。茲據日譯本下册二一四及三二四頁。）於是此語始應用之於歷史哲學與文明史上。而德人以歷史的世界的民族自命，則所謂開展世界歷史之事業，亦遂若爲德人之所獨擅。如是而世界精神一語，乃與德人所嘗自誇，“惟德人有宣傳其文化於世界劣等民族之責任”一義相等；

而德國之軍國主義成矣！故世界精神一名詞，本極正大；乃在德人心目中，直與帝國主義之語無異。最近陶孟和教授講演《新歷史觀》，因駁黑格爾此種歷史哲學之不當。（見《新青年》八卷一期）然此非黑格爾用語之失，乃德人所抱世界精神内容之不正當所致！莊生謂“與之仁義，乃並其仁義而竊之”；甚矣！名之不可假人有如是也！

注八十二：具見《春秋繁露·觀德》與《楚莊王》等篇。

注八十三：日人長谷川如是閑氏近著《鬥争之本能與國家之進化》一文，大意謂現在國家皆欲人勉盡國民道德，而不欲其盡人類道德。譬如殺人奪地一事，自人類方面觀之，極不道德；而自國家方面觀之，則多以此獎勵其民爲有愛國心之美德者矣。故今後國家之進化，要必以能調和此兩種道德，而使國家不至桎梏人類爲合宜云云。具見《時事新報·學燈》不及記憶其全文。姑舉其大略如此。

注八十四：印度詩人台莪爾①（Tagore）曾以文學得諾貝爾（Nobel）賞金，著聲於歐洲學術界。其論東西洋文明之不同。謂西洋文明起自希臘，其民族歷古今，皆浸潤於砦堡城市之中；其人生觀爲封執，爲有畛域，爲壁壘森嚴；故西洋文明，實城市之文明。東洋文明（單就印度言。）則産生于廣林漠野；其人生觀爲闊達，爲胸無城府；故東洋文明，可爲森林之文明。日人多摭拾其説。有《台莪爾森林哲學》等書可參考。

以上所舉四端，乃東方文化優點之犖犖最著者：此外如日本學者所論東西文明之異同，足資吾人參考者，則尤不勝僂指。（注八十五）余雖不學，然最惡與人苟同，故概不復援引其説；惟略述余平日所見者如此。夫東方文化之優點，既如是其卓著矣；則發揚而光大之者，即應大有其人。乃環顧國中，一談及東方文化，幾無不舉首蹙額，直視爲糞蛆螂蜣之不若！（注八十六）即有爲東西文明融合之論，亦多裝飾門面之談。（注八十七）其在篤舊之家，雖心知其善，而以見之不瑩，言之不能親切有味，遂亦含

① 今譯爲泰戈爾。

糊委隨；甚至忸怩囁嚅而不敢出諸口。余實恥之！余今請以最誠懇最刻骨之一語而告國人曰：吾民族之可寶貴者，乃此所以形成東方文化之精神（原理），而非其所演之事蹟。若國人必以已往之事蹟而蔽罪；則余亦可反問西方文化兩大柱石之基督教與科學，在歐洲所演之事蹟爲何若？試觀歐洲中古時代之血污，之黑暗，何一非基督教所演成？歐洲近世自工業革命以來，社會階級之流於傾軋，人類之化爲機械，最近空前之大戰之莫大犧牲，又何一非科學之結果所演成？然則吾人亦可就基督教所演之事蹟而定其爰書，就科學所生之結果而判其死罪，遂將基督教之宗教精神與科學上之科學精神一概抹煞。天下庸有如是不公允之論乎！則不佞可決其在信西方文化者，又必振振有詞也。夫談西方文化之宜知所別擇有若此，則談東方文化，亦何獨不然！然則東方文化之爲東方文化，其可貴者正自有在！初不必因噎而廢食矣！余於是請得而再告國人曰：東方文化精神之可貴，既已確定；則吾人今後所以發揚光大之者，其責任正自宏鉅。余以爲吾人有應從事者數端：第一以科學方法整理舊籍。（注八十八）將吾先民之學術思想，乃至吾國社會所以形成之原理，（注八十九）一一抉擇闡發，爲統系之説明，使人咸知東方文化之真面目，究竟安在；而後東方文化，確有可存在與其討論之範圍。第二既知東方文化真義之所在，即當擇善而從，篤信其説。（注九十）復本其原理以求實現，爲奮鬬的生涯，以建一有意義有價值的生活。（注九十一）第三吾人即本此奮鬬之精神，以文字的譯述，團體的宣傳，（注九十二）儘量灌輸東方文化之精蘊於歐美人士，以爲文化之交换。第四一面以極精鋭之別擇力，極深到之吸收力，融合西方文化之精英，（注九十三）使吾人生活上内的生命（精神），與外的生命（物質），爲平行之進步，以完成個人與社會（注九十四）最高義的生活。同時即本互助之努力（東西兩文化交换之結果）以創造一最高義的世界文化。（注九十五）四者既盡，而後吾人所以爲吾民族計爲世界人類計之大任，庶以克完！蓋吾人由物的生活到靈的生活；由國家主義到世界主義；一面發揮民族之精神；一面啟發時代之曙光；以完成個人無上之人格與世界無上之文化。此即東方文化唯一之精髓，亦即吾人今後之唯一大任也。故凡不佞所斤斤辨論，不憚瘏口嘵音者，實一效忠吾民族之良心與義務所無可避免；初非僅爲一二陳死人吐氣已也。故不佞又以爲吾輩何幸而生於中國！抑又何不幸而始生於中國！幸者，即幸天假吾人以得附此偉大民族之緣。不幸者，即此偉大民族本負有對於吾國與世界之兩重責任；吾人苟持褊狹之愛國心與愛古心，即失應爲世界盡力之責；苟徒盲從歐化主義，則又愧對先民精神遺産之豐；稍一不慎，咎俱莫逭。故在負有此兩重責任之吾人，其志在振興吾固有東方文化者，即應循上舉四事之途徑而期其實行。其或志在崇信西方文化之流，事重分功，誼宜不廢；特亦當知有應守之範圍數端：即(一）既以介紹西方文化爲己任，則應先將歐美各派（無論精神方面或物質方面）學説盡量輸入，使西方文化，成一有條貫之體系，然後便於與東方文化爲明確之比。（注九十六）（二）必用如此嚴密之方法較勘，確得東方文化之缺點，然後再對東方文化，施以總攻擊，尚不爲遲！此時暫勿以枝節之西説，爲割裂之攻擊，致令東方統系爲所紊亂。（三）抑不當僅以攻擊固有文化爲能事，即所介紹之新學説等，亦當使之融鑄消化，（注九十七）而後有真正歐化，可兼納於吾國之可言。誠如是，則將見所抉擇，所消化之西方文化之菁英，必有與東方文化之菁英相接相契者；則雖不亟亟謀兩文化之調和，而自有彼此莫逆而笑，相見一堂之一日！於是而世界文化或世界哲學之完成，庶幾可睹！以視今之互相排斥，但見新舊思潮之衝突，既未能盡力於祖國，又未克開拓世界於將來者，其得失爲何如！若夫不學如余，則敢告不敏。余實一東方文化之信徒，雖不敢以前之四事自期；而欲以文字宣傳爲吾民族有所盡力之一念，則未嘗夢寐或忘。爰擬勉著《中國政教學術探源論》與《東方文化於宇宙人生之根本價值》兩書，一洗東方文化之沉冤積垢。顧學識譾劣，重以人事卒卒，此二書者，不知成於何時。雖然，余已言之，東方文化者，即吾民族精神之結晶；其能振興與否，仍在吾民族全體之努力。吾聞之西儒有恒言曰："二十世紀之文明，已非條頓人種之文明，而爲斯拉夫人種之文明；繼其後者當爲通古斯人種（西人稱吾民族之通名）之文明。"（注九十八）抑又聞日本某學者之演説，則曰："猶太有宗教，而行之者非猶太。印度有哲學，而行之者非印度。中國有文明，而行之者未必即爲中國。"（注九十九）由前之説，則吾文化必昌於世界。由後之説，吾不自昌而人昌之，吾化雖昌，而吾族已不知存於何所！吾人試平心以察二説，能不爲之憂喜交并而思奮然興起也乎！然則余之草此論也，與其謂爲余一人有何主張；不如謂爲余對於吾民族之涕泣陳詞。

則兹篇也，雖視爲余傷心之作，可也！

注八十五：余此篇純爲獨立之觀察，初不襲取他人成説；於日人所作之東西文明比較及調和論本無取徵列。兹爲便於國人研究此問題之參考起見，姑就所知，舉其一二較有價值之説如左：

（一）建部博士之説：（見其近著《社會學》第四卷中之第三篇。）

西洋文明之所短　依學術思想不解放之結果，遂生以下四種之缺點：第一德教之過於單純。第二法治的社會之失。第三其社會至今仍不免囿于慣習。第四人心之缺乏内的修養。

東洋文明之所長　第一道心之發達。（建部氏自注謂：此“道心”一語，雖任何西洋文字不能譯出。）第二德教之發達。第三宗教之現實的調和。（按此條系兼日本佛教與中國儒教而言，則建部氏殆認儒教有宗教性質者。）

又建部氏尚有《哲學大觀》一書，中論中國文明及印度文明與西洋文明之異同，比較甚詳，可並參考。

（二）北聆教授之説：（見其最近出版之《光自東方》一書中所載《論東西文明之融合》一文。）

西洋文化，在能利用及征服自然界。東洋文化則在能與自然界融和。

西洋文化，在吸合希臘之個人主義，與希臘教靈魂不滅之説，而成一保存個人價值之哲學。東洋文化則具有孔、老之天及自然，與佛教之涅槃而成一無我之哲學。

具補足融和兩文化之能力與責任者，則在唯一之日本國民。（按我國人之聆此語，其感想當何如。）

又北聆氏尚有《東洋思想之復活與第一義生活之提倡》等文，均甚推崇東方文化者，亦可參考。

（三）野村隈畔氏之説：（見大正八年十二月《中央公論》《東西文明之根本精神與未①來之哲學》一文。）

① “未”原作“在”，今改正。

(一)儒教之根本精神在忠恕。(二)佛教之根本精神“在無我法中有真我”。(《涅槃經》迦葉品語)(三)基督教之根本精神在“天國在爾衷”。(《路加傳》第十七章語)(四)泰西哲學之根本精神在自我思想之發達。(五)日本將來之哲學即在融合此等哲理以建一自我批判之哲學。

又野村氏尚有《文化論文集》亦可參考。

此外如三宅博士所著之《政與教》一書,專言東方文化之精理。此類專書尤多。又本年秋間日本西京大學哲學文學學部復新創刊一《支那學雜誌》,爲專研各國學術思想之作品。日本學者於東方文化之研究,勤勤懇懇若此!吾國人對之,其亦有愧色否耶!

注八十六:國人之真能洞見東方文化之優點,而又不憚爲親切之説明者,以余寡陋所知,實居最少數。惟梁任公先生則嘗忠實從事於此。其最近著論,(見第四節本文所引。)余尤傾佩!惟其論文中有謂吾民族不免視社會與政治歧而爲二之語。所見與余適得其反。細閱前節之七四、七五、七六一合注自知。

注八十七:此則梁漱溟君已慨乎其言之!(見《唯識述義》前數頁所引《近人諸識之批評》。)又余所見如劉叔雅君之《怎樣叫做中西學術之溝通》一文,(《新中國》一卷六期)謂當以比較的研究,求兩系文明的化合,立論絶佳。然細按其通篇本旨,仍一鄙視東方文化之著作。惟本誌傖父君前曾有《靜的文明與動的文明》一文,論中國之靜的文明之特長,尚爲忠允覈實之論。然余以爲單從動靜方面,觀察東西文明之總體,總嫌未盡愜當。西方文化,吾不敢知。東方文化,如余之所論,則又何嘗爲靜止的也耶?

注八十八:近人治吾國學而能用科學方法,或近於得科學旨趣而條理井然者,以余寡學所知。如黄建中之《中國哲學上宇宙論》、《原知》;陳鐘凡之《老莊學説略》,朱謙之《周秦諸子學統述》,高元之《辨學古遺》,謝旡量之《老子哲學》以及張爾田之《史微》,陳啟彤之《群道解科》等,皆其成績之最著者。胡適之教授有《清代漢學家的科學方法論》一文,可見吾古人善治學者,亦未始不由此。

注八十九、九十一、九十五：此關於社會組織與生活一問題，於東方文化前途之影響，實爲至鉅。今人能洞矚及此者，以余之陋，殆僅見有梁漱溟君一人。觀其《東西文化及其哲學》導言中，言之至爲驚心怵目可知。余别有文論之；非兹所能詳已。（此可與本文第三節暨第五節之七四等一合注參看，當亦可稍得其中窔奥矣。）

注九十：昔聞友人告余，謂日本之篤信陽明學者，至鐫一陽明先生之木像，佩之於身，雖赴友家亦必先取木像置之案端，向其稽首，然後敢坐與友寒喧云云。竊謂此種儀式，雖覺過重。然吾人篤信一説，須以宗教精神（宗教精神與宗教乃二物，近人已言之。）出之，而後能期以貫徹；則固吾人所應取法者也。

注九十二：此事余别有具體辦法，兹不具述。

注九十三、九十四：余非講求西方文化之人，於西方文化全體，不敢謂有所得。姑較言之，覺西方文化之特長，實有最要者三點：（一）科學之方法與其精神。（二）物質文明。（三）社會組織力。此三者，又實以科學精神一物貫之。蓋物質文明，乃科學精神自然產生之副帶品；而社會組織力之精而且强，則亦人人頭腦富於科學精神之所致。我國先民自來於求真（智識）一方面，與西洋人絶異；（本文第二節注中已提出之。）故最缺乏此科學精神。從其正面論，則吾之此種求真方法，善於直契究極原理。（宇宙本體）從其反面論，則吾此種思想之方式，極易流於籠統顢頇。昔余亡友黄君遠生曾力攻之。（遠生有《國人之公毒》一文，即力斥國人思想籠統之病，曾載《東方》某號。惜遠生所見，僅此種思想之壞的一方面耳。）今補救之道，惟有求之於科學精神。故此實吾民族所應虚心完全採納者。至於物質文明，與社會組織，亦當爲有條件的容受。必有科學方法以瀹吾學，物質文明以厚吾生，社會組織以繕吾群，而後東方文化之原理，乃得附麗於此種方式與其體制以盡其用。所謂吸收西方文化之精英以爲文化之交換者，道在是耳。

注九十六：此則胡適之教授亦抱此理想。謂當合東西兩大支哲學而產生一世界哲學。見其所著《哲學史大綱》第五頁。

注九十七：曩者蔡孑民先生於《旅歐雜誌》著有《文明之消化》一文，有曰："人類之消化作用，不惟在物質界，亦在精神界。一人然，一民族亦然。（中略。）歐洲文明以學術爲中堅，而附屬品之不可消化者，亦隨而多歧。……向使吾儕見彼此習俗之殊異，而不能推見其共通之公理；震新舊思想之衝突，而不能預爲根本之調和；則臭味差池，即使强飲强食，其亦將出而哇之耳!"此誠今日以介紹西方思潮自任者之凖繩也。

注九十八：《民鐸》一卷六號田漢君《俄國文學思潮之一瞥》一文中亦引有此語。

注九十九：此日人演説語。憶曾見日本某雜誌，倉猝無從查檢。惟日人此種誇大心，試觀本節八六所引諸家之説，亦可知其大凡矣。

九、陳啟天[①] 中國古代名學論略

一、中國古代名學的地位

中國古代有所謂“名家”，無所謂“名學”。名學這個名詞，不過近人用以譯西洋的Logic之後，才通用於學術界。初學者流，以爲Logic是西洋的特産品：中國實絶無其學。稍進者則謂東洋也有；即如印度的“因明”，

① 陳啟天（1893—1984），字修平，别號寄園，筆名翊林、明志，湖北黄陂人。1912年考入武昌中華大學，畢業後在中學任國文教員。1921年考入南京高師，參加少年中國學會。1924年畢業後，任上海中華書局編輯，主編《中華教育界》，組織國家教育協會。1925年加入中國青年黨。1928年任四川大學教授。1929年任上海知行學院院長。抗日戰争期間，任歷届國民參政會參政員。1941年3月參加中國民主政團同盟，曾任中國民主同盟中央執行委員。1945年當選爲青年黨中央常委、中央執行委員會秘書長。1947年4月出任南京國民政府經濟部長。次年5月改任政務委員兼工商部長。1949年4月去臺灣，創辦《新中國評論》。著有《最近三十年中國教育史》、《張居正評傳》、《商鞅評傳》、《中國法家概論》、《韓非子校釋》、《近代中國教育史》、《中國政治哲學概論》、《民主憲政論》、《寄園回憶録》等。——校訂者

雖不能與西洋近代的Logic相比，至少也可以敵西洋古代的Logic。於是有些名學家，插入因明，與西洋論理學相提並論。見解比從前自高一籌了！却於此外很少論及中國名學的，未免是一個大缺陷。

今欲説明中國古代名學的重要，當先研究中國古代名學的地位如何？

一、中國古代名學在世界名學上的地位——世界名學，可照世界學術的分野，劃爲三大派：

A西洋名學——即Logic；又譯爲“邏輯”或論理學；始於Aristotle，著有*Organon*一書，多講形式論（Formal logic）爲西洋古代邏輯的經典。到Bacon，乃反對Aristotle的説法，著*Novamorganon*一書，提倡歸納法(Induction)。更經Mill的發揮光大，而西洋近代邏輯乃完全成功。他的*A System of Logic*，可算個代表的著作。到現在杜威（Dewey）極力推尊試驗(Experiment)，因有試驗論理學（Experimental Logic）的徽號。他的*How We Think*一書，就是這派代表的著作。——這是西洋名學的小史：也就是世界名學的一部。

B印度名學——印度名學，叫做因明。始于足目，號古因明；到陳那，著《正理門論》，大爲改革前説，號新因明。自此至今，在印度無大改進。——這又是世界名學小史的三分之一。

C中國名學——中國名學的變遷，可分三大時期：（a）固有名學時期——斷自秦漢以前。不但古代所謂名家有一種名學；即儒家、道家、法家也各有一種名學；尤以墨家爲較完備。關於名學的理論，多散見於諸子百家之書；如《論語》，《中庸》，《大學》，《莊子》的《齊物論》、《天下篇》,《尹文子》，《公孫龍子》，《荀子》的《正名》和《解蔽》兩篇以及《墨子》等；尤以《墨子》中的《經上》、《經下》、《經説上》、《經説下》、《大取》、《小取》六篇較詳細而有西洋科學方法的色彩。（b）印度名學輸入時期——自漢唐到明，因佛學輸入日廣；而因明也次第輸入；爲治佛學者所必知。其較有系統的著作，只有唐玄奘法師譯的《因明入正理論》；復經窺基注疏，乃更爲完備。印度名學得有光明於今日的緣故，賴此而已！（c）西洋名學輸入時期——從明末到今，明末李之藻譯《名理探》，爲西洋名學輸入中國之始。自後譯者漸多，其最著名而又可代表西洋名學精華的要算嚴復譯的《穆勒名學》和《名學淺説》二書；次爲王星拱編的《科學方法論》，和劉伯明譯的《思維術》；科學社的《科學通論》，雖爲雜集，也可窺見西洋近代論理學的一斑。至於從日文中重譯過來的，多不出《穆勒名學》和《名學淺説》二書的範圍，而且多屬形式論理，不足指數。必欲舉一二部充數；以我所見，就要算胡茂如所譯日人大西祝的《論理學》，和張子和雜輯日籍所成的《新論理學》二書而已！其他坊間關於名學的教科書，更簡陋不足道了！——這是中國名學的小史：除印度因明，在中國稍有光大，而且在一部分思想界，稍生影響外；西洋邏輯，還完全只有翻譯，無所發明！在學術思想上的實際影響也甚微弱！質而言之：尚未成中國的名學，可以在我們腦筋中發生極大的化學作用。所以論到中國名學的精華，還在古代。我們欲完成世界名學的大觀，合西洋名學、印度名學、中國名學於一爐而冶之；就要知中國古代名學的概要，和在世界名學上的地位。

二、中國古代名學在中國學術上的地位——世界名學有三大派别；而學術也因此產生三大派别：即中國學術、西洋學術、印度學術。中國名學，是中國學術的工具；有中國的名學，才產生中國的學術。西洋名學，是西洋學術的工具；有西洋的名學，才產生西洋的學術。印度名學，是印度學術的工具；有印度的名學，才產生印度的學術。中國系的學術，不發源於西洋和印度；西洋系的學術，不發源於中國和印度；印度系的學術，不發源於中國和西洋；他們的最大最要的原因，就在各系都各有一種特别的名學和方法。所以我們要研究西洋學術的精神，不可不先知西洋學術的方法；要研究西洋學術的進化，不可不先知西洋名學的進化。要研究印度學術的精神，不可不先知印度學術的方法；要研究印度學術的變遷，不可不先知印度名學的變遷。要研究中國學術的精神，何以不能如西洋學術的正確進取；印度學術的精深度大？也不可不先知中國學術的特别方法和名學的變遷了。

不但欲明世界學術的異同，須明各派的名學和特殊方法；就是欲明中國學術中的各派異同，也非明各派的名學和特殊方法不可。儒家何以不同於道家？墨家何以不同於儒家？所謂“孔老之争”、“儒墨之辯”，其最大的原因，又在何處呢？簡單説來：多由各家的方法不同，名學殊異，所以欲知中國學術的支分派别，也不可不知支分派别的方法。老子和楊子的“無名”，孔子和荀子以及法家的“正名”，墨子的“實用”，莊子的“齊論”，

(莊子的齊物論有二義：一爲齊物，二爲齊論。）皆各家名學的根本觀念。不明這種根本觀念，也就無由知他們的真正異同了。

中國學術，多發源於古代。古代學術，又以古代名學占重要的地位。一來是古代學術的一部分，二來是中國學術的根本方法；即 Bacon 所謂“諸學之學”。所以我們真欲整理國故，使古代學術復明於今日；則研究古代名學，實爲先務之急。

二、中國古代名學的派別

我國分別學派的標準：有用“家”的；如所謂道家、法家、名家。有用“人”做單位的；如孟子、荀子同家而分別叙述；老子、莊子同家而各別討論。胡適的《中國哲學史大綱》，即多用後法。我今說到中國自古代名學的派别；如用“家”做標準？則學說不免有所出入；法家的名學，多同於儒家；莊子的名學，不同於道家的老子；就是實例。如用人做單位？又不免支離，不易得中國名學的要旨；而且也太詞費。所以我今以學說的異同，做分派的標準；不襲“九流”之說；也不必人各一篇；只要學說大體相同，就合成一派研究；如不相同，雖昔人叫做一家，也必分別討論。綜其大略，約有五流如下：

一、無名學派——老子發其端，楊朱繼倡其說，以時代論，無名學說發生最先。故爲古代名學第一派。他的要旨，可分二端，略述於下：

A 無名主義——老子最先主張無名；他的理由大概有二：他說：

“名可名，非常名，無名，天地之始；有名，萬物之母。……此兩者同出而異名。同謂之玄。玄之又玄，衆妙之門。”

他既說常名無名；而有名之後，又常同出異名，自必至於失“道”；所以不如復歸“無名”之始，而可入於“衆妙之門”。這是老子開宗明義的第一義；也就是他主張無名主義的第一個理由：且有名了，最易引起人去争名好名。老子曾爲周室柱史，歷觀前代争名和好名的事實自多；又見當日周室衰微，名守俱亂；他是一個學術的大革命家，富有反抗的精神，更不得不主張無名，使世俗無所藉口，兩相争執；與孔子的正名同一用意；不過孔子是用的積極方法；老子是用的消極方法罷了！所以他說：

“名與身孰親？………甚愛必大費，多藏必厚亡……”

“大辯若訥；……聖人不行而知，不見而名。”

這是他主張無名的第二個理由：到了楊子，更説得顯明。他説：

“實無名；名無實。名者，僞而已矣！”

他以“名”爲人造的東西，與“實”不相干；所以他又説：“不矜貴，何羡名?”“安上不由於忠，而忠名滅焉；利物不由於義，而義名絶名焉。”“實者，固非名之所與也。”照這樣説來：所謂名者，已由名物的名，變爲名位的名了。他惡名位，而主張無名；與孔子欲賴正名以定分的適相反對。或者楊子即以孔子主張正名過度，而毫不顧實際；遂有此反動，與老子默合了。

B觀物法——老子雖然一面主張無名；却一面又指出觀物法。其意或者即在名可無而物不可不觀。西洋論理學原有二大派别：一爲注重正名的，即爲 Aristotle 的形式論理學。二爲注重觀物的，即爲 Bacon 的歸納的論理學。老子的名學，即偏重觀物學。他説：

“道之爲物，惟恍惟惚。恍兮惚兮，其中有象；惚兮恍兮，其中有物；窈兮冥兮，其中有精。其精甚真，其中有信。自古及今，其名不去，以閲衆甫。”

所謂“物”、“象”、“精”、“真”、“信”，即事物、現象、真理。“閲衆甫”，即觀察萬物，與西洋邏輯注重事實與觀察的有些相同。他還指出兩種觀物法，很有研究的價值。他説：

“無名，天地之始；有名，萬物之母。故常無欲，以觀其妙；常有欲，以觀其徼。”

無欲以觀物，是一種客觀法。有欲以觀物，是一種主觀法。前法要人除去個人的利害觀念，以觀察物的變化；那麽就可知物的妙；妙，就是物的真相。後法任人挾着主觀的利害觀念，觀物的結局對於人怎樣；所以不免於“徼”；“徼”，有偏蔽的意思。比如看見一老虎，我們就説他是個孽畜，這全是從老虎對於人的利害關係上着想；所以不免把老虎的真相變了！其實老虎與耕牛同生宇宙間；離開個人主觀的欲心，完全平等；無所謂孰善孰惡。不過人類容易以有欲觀物，不易以無欲觀物。所以所謂是非善惡，有許多是人的，不是物的；是主觀的，不是客觀的。老子即欲人由主觀法，到客觀法的。所以他説：

“不見可欲，使民心不亂。是以聖人之治，虛其心，實其腹；弱其志，强其骨；常使民無知無欲。”

無名主義，應用於哲學，就成老子所描寫的無名樸之道而任其自化。應用於人事，就成了楊子的逸樂主義，恐易於流於放縱，不顧社會了。晉世清談之士，多不講行檢的，就由受了無名主義的流毒。

無欲觀物法的應用，就成了老子所說：“以身觀身，以家觀家，以鄉觀鄉，以國觀國，以天下觀天下。吾何以知天下然哉！以此。”質而言之，不得以私心害事就是了。

二、正名學派——正名主義，發端於孔子；荀子更專論其說；而法家則竊取這種主義，應用於政法，爲中國兩千多年來大多數人的主要觀念。其起源大概有兩種理由：（一）對於老子無名學說的反動；（二）對於紛亂的時局，藉正名以救濟。我們考察孔子與子路爲出公輒不認其父蒯聵，而稱祖父靈公爲父的問答；就可見孔子主張“正名”的作用。他們的問答是：

“子路曰：‘衛君待子而爲政，子將奚先?’子曰：‘必也正名乎?’子路曰：‘有是哉！子之迂也。奚其正!’子曰：‘野哉！由也。君子於其所不知，蓋闕如也。名不正，則言不順；言不順，則事不成；事不成，則禮樂不興；禮樂不興，則刑罰不中；刑罰不中，則民無所措手足。故君子名之必可言也，言之必可行也，君子於其言，無所苟而已。’”

這個學派要旨，可分爲三：（a）正名主義——孔子的正名說，很爲簡單；到荀子兼取墨家之説，論列較爲明備。他見當時有惑於用名以亂實的；所以他闡明所謂有名的緣故。說：“故知者爲之分別，制名以指實，上以明貴賤，下以辨異同。如是，則志無不喻之患，事無困廢之禍。”見有惑於用實以亂名的；所以他發明何緣而有異同。說：“緣天官。凡同類同情者，其天官之意物也同。……形體色理以目異，聲音清濁調竽奇聲以耳異，甘苦鹹淡辛酸奇味以口異，香臭芬鬱腥臊洒酸奇臭以鼻異，疾養滄熱滑鈹輕重以體形異。……五官簿之而不知，心徵之而無説，則人莫不謂之不知。”這是推論論理的異同，與心理生理的關係了。見有惑於用名以亂實的；所以他發明制名的概要。他說：“同則同之，異則異之。單足以喻，則單。單不足以喻，則兼。單與兼無所相避，則共。雖共，不爲害矣！知異實者之異名也，故使異實莫不異名也，不可亂也。猶使同實者莫不同名也。”同實同名，異實異名，這本是名學中的要義。惜乎荀子未嘗説出如何同則同之？異則異之？所以終不能在實際上去應用！他還知名學上所謂“名詞”、“命題”、“推論”的分别。他説：“名也者，所以期累實也。辭也者，兼異實之名以論一意也。辯説也者，不異實名以喻動静之道也。”名，就是名詞；所以代表事物的。辭，是命題；所以集合名詞以發表意思的。辯，是推論；所以合多數命題以推出事理的。所用名詞，應名實相符，才易得真相。不然，就多陷於西洋邏輯所謂不盡物的謬誤了。（b）格物主義——孔子繫《易》曾説：“古者庖犧氏之王天下也，仰則觀象於天，俯則觀法於地，觀鳥獸之文與地之宜，近取諸身，遠取諸物；於是始畫八卦，以通神明之德，以類萬物之情。”這種用觀察以類萬物之情的方法，是中國最古的格物方法。古人爲學次第，見於《大學》的莫要於格物。《大學》上説：“古之欲明明德於天下者，先治其國。欲治其國者，先齊其家。欲齊其家者，先修其身。欲修其身者，先正其心。欲正其心者，先誠其意。欲誠其意者，先致其知。致知在格物。”接着又説：“物格而後知至，知至而後意誠，……”從此可見“格物”對於正心、誠意、致知的重要了。可惜關於致知、格物的解説，獨闕而不知其要。他書也未見詳論在實際上應如何致知？如何格物？所以雖有格物之説，而不能發生物的學問——指西洋自然科學。到朱子注釋略爲完備，却也未明言致知格物的具體方法，足以産生物的學問。朱子説：“致，推極也；知，猶識也；推極吾之知識，欲其所知無不盡也。格，至也；物，猶事也；窮至事物之理，欲其極處，無不到也。”解致知有綜合法的意思，格物有分析法的意思。至如何綜合？如何分析？則未明言。所以雖有抽象的理論，不能生實際的影響。他接着又説：“所謂致知在格物者，言欲致吾之知，在即物而窮其理也。……是以大學始教，必使學者即凡天下之物，莫不因其已知之理而益窮之。以求至乎其極。至於用力之久，而一旦豁然貫通焉，則衆物之表裏精粗無不到；而吾心之全體大用，無不明矣！此謂物格。此謂知之至也。”所謂“致吾之知，在即物而窮其理”；和“即凡天下之物，莫不因其已知之理而益窮之，以求至乎其極”；籠統説來，本與西洋歸納法的原理相契合。然如何即物窮理？又如何即凡天下之物，莫不因其已知之理，而益窮之，以求至乎其極？却未曾明示我們，如西洋論理學的觀察法、試驗法以便應用；所以竟成空話而已！或者朱子不過要補綴傳文，而有此想像罷了！在他自己也未能時常真正即物窮理，何況後人呢！（c）求誠的方法——子思發明求誠的方法約有五種；如下："博學之，審問之，慎思之，明辨之，篤行之。"這是説明我們思想的步驟應始於博學，終於篤行；與 Dewey 分思想進行的次第爲疑難、觀察、假設、演繹、證實五段有點相像的。不過子思重在修德；Dewey 重在論理而已。所以子思接着又説："能盡人之性，則能盡物之性。能盡物之性，則可以參天地之化育。"這個學派，雖有上説三種主義。然名學上最重要的格物主義，在孔子自身未嘗實際應用。而求誠的方法，又多偏修德一方面，無大影響於論理。其最有影響於思想與事實的，只有正名主義；所以把正名主義，代表這個學派。正名主義，應用於倫理，就成了"名教主義"。《春秋》就是孔子的名教的經典。孟子説："孔子作《春秋》而亂臣賊子懼。"《莊子》説："《春秋》以道名分。"就可見名教經典的内容和勢力了。這種名教主義的理想，就在使倫理與政治合一，而以名分爲其中心。所以孔子説："爲政以德。""政者，正也；子率以正，孰敢不正！""君君，臣臣，父父，子子。"法家應用正名主義於法律，就成了"刑名主義"。尹子説："名實判爲兩，合爲一。是非隨名實；賞罰隨是非。"這可見法家的彩色與孔子相同了。

三、實用學派——墨子是實用學派的鼻祖。他的主義，對於孔子的正名主義是個反動。《墨子·耕柱篇》有一段説：

"葉公子高問政於仲尼曰：'善爲政者若之何?'仲尼對曰：'善爲政者，遠者近之，而舊者新之。'子墨子聞之曰：'葉公子高未得其問也。仲尼亦未得其所以對也。葉公子高，豈不知善爲政者之遠者近之而舊者新之哉！問所以爲之，若之何也?'"

墨子又説：

"言足以遷行者常之，不足以遷行者勿常。不足以遷行而常之，是蕩口也。"

這主張近於西洋現代實驗主義 Pragmatism。以實際的功用定事物的價值，與儒家的"正其誼，不謀其利；明其道，不計其功"的學説完全不同。

墨家實用主義要旨，可分二項：（a）三表——三表是墨子立言的方法，所以又叫"三法"。墨子説："必立儀。言而毋儀，譬猶運鈞之上而言朝夕者也，是非利害之辨，不可得而明知也。故言必有三表。何謂三表？……有本之者，有原之者，有用之者。於何本之？上本之于古者聖王之事。於何原之？下原察百姓目名之實。於何用之？發以爲政刑，觀其中國家百姓人民之利。”這種考察事實的利害，以定立言行事的標準，是墨子的根本觀念；與孔子藉正名以定分的方法，相去不知多遠了！（b）辯經——《經説》上、下等六篇，向叫做《墨辯》，或《墨經》；我以爲不如叫做《辯經》，直捷了當。因爲《墨經》，是墨家所用爲辯論的經典；猶之 Aristotle 的連珠律令——即三段論法的規則，爲講形式論理學的不可不遵守。《辯經》就是墨家的一種“辯學”而已。辯經的根本原理，只在一個“類”字。根本的方法，只在“以類取，以類予”。什麼叫做“類”？《經上》説：“重體合，類。………二體不合，不類。”這是説兩個事件有相同的，就是類。不然，就不類了。《經説上》解説：“合同也；有以同，類同也。……不合也，不有同，不類也。”由這看來，所謂類與不類，就是異同的問題了。相同，就是“類”，不相同，就是“不類”。《經下》説：“止類以行，説在同。”更可證明。然則又怎樣知道什麼是同？怎樣是異呢？《經上》説：“同異，而俱於之一也；異同交得知有無。”這是説我們辯異同，而論點要同一，才知類與不類。同類與異類都知道了，方可斷定那有那無的是非。胡適的《中國哲學史大綱》點讀“同異，而俱於之一也”，爲“同，異而俱於之一也；而又自加“異”的界説，不但截斷前半句與後半句的關係，也未免太牽强了。《大取篇》又發明類與辭的關係，説：“夫辭以類行者也；立辭而不明其類，則必困矣！”

墨家立辭明類的方法有二：（a）以類取的方法——這是説我們要推論一個道理，所取的事實，必出於同類。比如説：“凡人有必死；泰山上有森林。”後者非從前者取出，相與同類，所以不能下什麼斷定，那就“困”了。如接説：“孔子是個人。”孔子是從人類取出來的，所以可將一個“孔子必死”的結論。怎樣以類取呢？《小取篇》説：“以名舉實，以辭抒意，以説出故。”什麼叫做“以名舉實”？《經説上》説：“所以謂，名也；所謂，實也。”胡適《中國哲學史大綱》解“名”爲表詞 Predicate，“實”爲主詞 Subject；完全錯了！所謂以名舉實，就是用名詞代表事實。名爲名詞，所以代表事實的；故説“所以謂”。實是事實，即是所辯别的；故説“所謂”。

《經説上》説:“名實耦,合也。”就是説名詞與事實相配;那就對了。也就是荀子要聞名而實喻的意思。《經説上》又説:“命之馬,類也;若實也者,必以是名也。命之臧,私也;是名也,止於是實也。”這是説類名,兼指一類之實;私名,則只指某事某物某人之實。果如胡適所説,將無以解此了。Aristotle的形式論理學,首辨名詞的涵義;與墨家名足以舉實,及名實合爲一有點相同。所以演繹法的次第,不可不以此爲先務。什麼叫做“以辭抒意”?辭是命題。有了舉實的名,然後可合名成辭以抒意;即離合名詞以成一意。什麼叫做“以説出故”呢?《經上》説:“説,所以明也。”有了抒意的辭,自不得不有一種説明的理由。所以説“以説出故”。“説”與印度名學的“因”,及西洋名學的大前提,是同一的作用。説所出的“故”,就是因,是通例。在演繹推理没有通例,就不能成立。故《經上》説:“故所得而後成也。”故有二種:《經説上》説:“故,小故有之不必然,無之必不然,……大故有之必無不然。”(原文祇一然字,按文意疑一不字,故補。)這是説因有主助,例有大小;推論最可靠的理由,自是主因與大例了。這種以類取的方法,很近於西洋的演繹法;不過不拘于三段的形式而已。(b)以類予的方法——《小取篇》説:“援也者,子然我奚獨不然也。推也者,以其所不取之同,於其所取者予之也。”“援”,就是類推。援例相推,以彼論此,本是常法。然其結論只是或然,不是必然;所以《小取篇》接着又説:“有所以然也同;其所以然也不必同。”所謂所以然也不必同;就是果同,因不必同。反過來説:即是因異,果不必異。這是因果律中所宜知的;不然,就易陷於謬誤了。“推”就是真正的歸納推理。“以其所不取之同,於其所取者予之也”的意思,就是以少數的事理歸到同類的多數事實。不過觀察事實的方面不同,其結論也不易正確;所以《小取篇》又接着説:“其取之也同,其所以取之也不必同。……夫物或乃是而然,或是而不然,或一害而一不害,或一是而一不是也;不可常用也。故言多方、殊類、異故,則不可偏觀也。”因物多方、殊類、異故;不但要觀察,還要觀察的範圍不可過狹;幾與西洋歸納之首重觀察相同了。

從上看來:墨家的名學,簡直可與Aristotle的*Organon*及陳那的《因明正理門論》相比擬;而同爲世界名學最古而又有條理的著作。墨子應用他的三表法,非儒、非攻、非命,主張兼愛、節用、節葬,甚至非樂,而成中國古代最有價值的一個學派。至於別墨的《辯經》，則久成絶學，不能完全句讀；只爲當時詭辯學派增一工具而已！可惜！

四、齊論學派——齊論學派，只有莊子一個人。他的主張，全爲對於楊墨、儒墨之争的反動。《駢拇篇》説："駢於辯者纍瓦、結繩、竄句，游於堅白異同之間，而敝跬譽無用之言非乎？而楊、墨是已。"《齊物論》説："道惡乎隱而有真僞？言惡乎隱而有是非？道惡乎往而不存？言惡乎存而不可？道隱於小成。言隱於榮華。故有儒、墨之是非，以是其所非，而非其所是。"這兩段話，可見莊子主張齊論的動機了。

莊子見儒、墨更相是非，更想到認識論的問題。他極端懷疑人智，以爲不但"人生也有涯而知也無涯，以有涯隨無涯，殆已！"更用吊詭之辭推及人智一無所知，也不能有所知；所以《齊物論》上説：

"齧缺問乎王倪曰：'子知物之所同是乎？'曰：'惡乎知之！''子知子之所不知耶？'曰：'惡乎知之？''然則物無知耶？'曰：'吾惡乎知之？雖然嘗試言之：庸詎知吾所謂知之非不知耶？庸詎知吾所謂不知之非知耶？……自我觀之？仁義之端，是非之塗，樊然淆亂；吾惡能知其端？'"

"彼亦一是非，此亦一是非"，以辯論正辯論，自有惡知其端的困難。而莊子不能於事實上加以辨正；只趨於反動，否認人智，所以不能使思想發生良好的影響。

莊子闡明争辯的起原約有三端：(a) 由於成心——《齊物論》説："夫隨其成心而師之，誰獨且無師乎，奚必知代而心自取者有之，愚者與有焉。未成乎心而有是非，是今日適越而昔至也！是以無有爲有！無有爲有，雖有神禹，且不能知！吾獨且奈何哉！"這攻擊師心好辯，何等痛快淋漓！(b) 由於感情——《齊物論》説："勞神明爲一而不知其同也，謂之朝三。何謂朝三？曰：狙公賦芧曰：'朝三而莫四。'衆狙皆怒。曰：'然則朝四而莫三。'衆狙皆悦。名實未虧而喜怒爲用，因是也。"這形容感情影響於論理的勢力，又何等的切當。(c) 由於偏成——《齊物論》説："辯也者有不見也。"又曰："物無非彼，物無非是。自彼則不見，自知則知之。""道隱於小成，言隱於榮華。故有儒、墨之是非，以是其所非，而非其所是。"這都説辯起於知識的淺薄，和文字的含糊。

總而言之，莊子以辯多起於心理的原因，而非事理的實際；故辯論終無已時。所以他説：

“既使我與若辯矣，若我勝，我不若勝；若果是也，我果非也耶？我勝若，若不吾勝；我果是也，而果非也耶？其或是也，其或非也耶？其俱是也，其俱非也耶？我與若不能相知也。則人固受其黮闇，吾誰使正之？使同乎若者正之；既與若同矣，惡能正之？使同乎我者正之；既同乎我矣，惡能正之？使異乎我與若者正之；既異乎我與若矣，惡能正之，使同乎我與若者正之；既同乎我與若矣，惡能正之？然則我與若俱不能相知也，而待彼也耶？”

莊子見“彼亦一是非，此亦一是非。……是，其一無窮也。非，亦一無窮也。”而以兩法止辯。(a) 兩行法——莊子説：“聖人和之以是非而休乎天鈞，是謂之兩行。”郭注：“兩行，爲任天下之是非。”是非兩行，争辯自少；而且所謂是非，多因見地不同；故説：“勞神明爲一而不知其同也。”物有多方，或從甲方去觀，或從乙方去觀，争辯即由此起。若通觀全體，則或是或非，或俱是，或俱非，據莊子的思想，只好任其兩行而已。故説：“是不是。然不然。是若果是也。則是之異乎不是也亦無辯。然若果然也，則然之異乎不然也亦無辯。”(b) 以明法——莊子説：“欲是其所非而非其所是，則莫若以明。”郭象解“以明”爲反覆相明；即是用是非兩説反覆相明，可以知所是的不必全是，所非的不必全非；而反對的論調，也有相爲訂正的價值，不必拘於一隅，好同惡異了。

以上爲莊子齊論的大旨。他應用於哲學而成齊物之説，達觀一切。應用於處世，成了“彼且爲嬰兒，亦與之爲嬰兒；彼且爲無町畦，亦與之爲無町畦；彼且爲無涯，亦與之爲無涯”；達之入於無疵的人。好的，不過是一個不譴是非的名士。不好的，就成了同流合污的鄉願了！

五、詭辯學派——詭辯學派，多用《辯經》的方法，而昌言道家的理論，自成一派，與墨家以實用爲主旨的絶不相同。其好辯又近乎縱横家。莊子《天下篇》説：

“相里勤之弟子，五侯[①]之徒，南方之墨者苦獲、已齒、鄧陵子之屬，俱誦《墨經》，而倍譎不同，相謂别墨。以堅白同異之辯相訾，以觭偶不仵

① “侯”原作“候”，今據《莊子・天下篇》改正。

之辭相應。以巨子爲聖人，皆願爲之尸，冀得爲其後世；到今不決。”

這可見詭辯學派與《墨經》的關係；不過屬於這派的，不止所謂别墨而已。上到鄧析，下到惠施、桓團、公孫龍，辯者之徒，亦均屬之。據莊子的説法，可把這派的要旨分爲二：（a）奇辭的詭辯——即以觭偶不仵之辭相應者。這種辯論，要以鄧析爲鼻祖。《吕氏春秋》説：“洧水甚大，鄭之富人有溺者，人得其死者，富人請贖之，其人求金甚多。以告鄧析。鄧析曰：‘安之，人必莫之贖矣！’得死者患之，以告鄧析。鄧析又答之曰：‘安之，此必無所更買矣！’”這即是列子所説鄧析操兩可之説，設無窮之辭的例子。詭辯家正如此耳。莊子《天下篇》説：“惠施以此爲大觀於天下而曉辯者。天下之辯者，相與樂之，……辯者以此與惠施相應。桓團、公孫龍，辯者之徒，飾人之心，易人之意，能勝人之口，不能服人之心。”這可見惠施、公孫龍等樂爲奇辭的詭辯，不過又參有哲理而已。荀子説：“今聖王没，名守慢，奇辭起，名實亂，是非之形不明；則雖守法之吏，誦數之儒亦皆亂。”即是攻擊奇辭的流弊。（b）推理的詭辯——惠施歷物之意，偏爲萬物説；和公孫龍白馬非馬等説，多含有哲理的問題；大要不外乎莊子齊物之旨，加以引申，而又益之以辯辭而已。莊子《德充符》説：“自其異者視之，肝膽、楚越也。自其同者視之，萬物皆一也。”《秋水篇》説：“以功觀之，因其所有而異之，則萬物莫不有；因其所無而無之，則萬物莫不無。知東西之相反，而不可以相無，則功分定矣。”可與惠施等的大同而與小同異，此之謂小同異；萬物畢同畢異，此之謂之大同異；以及白馬非馬等説相印證。不過這種哲理不易爲通俗所了解，所以能勝人之口而不能服人之心。莊子《天下篇》又説：“惠施……以反人爲實，而欲以勝人爲名；是以與衆不適也。”就可以見詭辯學派的流弊了。公孫龍見黜於平原君，即由他“煩文以相假，飾詞以相悖，巧譬以相移，引人聲使不得其意。”質而言之：詭辯學派只重在詭辯，不重求真理，與希臘詭辯學派相近。結果只足以亂是非而已！荀子作《正名篇》，極力攻擊，正與 Aristotle 作 *Organon* 以正希臘詭辯學派之失同意。

三、中國古代名學的批評

中國古代名學，直接爲古代學術思想的根本方法，而間接又影響於後代的一切學術思想。所以要明從古代到現代中國學術思想的變遷和結果，不可不於叙述古代名學派别之後，略加批評，使我們知道中國學術思想不振之源，究在何處？與西洋學術思想的方法根本不同的，又在何處？我們以後要改進中國學術思想，又應先從何處着手？才易收效。這都是我要略略批評，不辭淺陋的用意。當世明達，對於我的批評，更加批評，使學術思想，可以從此根本改造，那就更好！

中國古代名學可批評之點約有四：

A 重人事不重自然——無論何派名學，多重人事，不重自然。孔子揭着正名主義，不過用爲倫理的中心觀念。而老莊等絶聖棄智，更未曾多論自然。（自然即英文的 Nature，與老莊所謂任天的自然不同。）墨子雖提倡“實用”，略略近於西洋的 Pragmatism，也多應用於人事一方面。到别墨的《辯經》，雖偶涉論數理質力之説，也無何種系統可尋。所以可以武斷説一句：古代名學全應用於人事，未嘗應用於自然。而中國學問，亦自只有社會科學，而無自然科學了！西洋論理學祖 Aristotle，應用他的方法於哲學，又應用於物理學、生物學。發端既不同，結果自與中國相異。

B 重玄理不重事實——老莊的學説，偏重玄理，自不待説。惠施、公孫龍的辯論，也多屬玄理。玄理而不與事實相印證，則自易玄之又玄，莫明其妙了！即孔、墨本多實際的彩色。而一則偏重倫理，一則偏重應用，也少應用各人的方法，從事實上爲學問而研究學問。單從科學上着想，比之 Aristotle，殊有愧色。原來科學的基礎，建立於事實之上；離開事實去講玄理，自無發生的希望。

C 重辯論不重實驗——詭辯學派，以詭辯見稱於當時，注重辯論，自不待説。其餘各家明是非，别異同的惟一方法，也多在辯論。雖墨子注重實用，爲古代名學的異彩；而苦獲、已齒、鄧陵氏之屬，竟變成那“以堅白異同之辭相訾，以觭偶不仵之辭相應”的詭辯家；與墨子的根本方法完全不同了。以辯論定是非，而絶不實驗，自然是“彼亦一是非，此亦一是非”，與“是亦一無窮，非亦一無窮”，無決定。所以有孔老之辯，儒墨之辯，楊墨之辯，至今不決。莊子主張齊論息争，即由於此。不過他不能發明實驗方法，以止辯論；爲時代和歷史所限，未免可惜！西洋自 Bacon 提倡實驗，而科學乃大放光明。由此知中國無科學的根本原因了。

D重達觀不重分析——莊子以齊論法止儒墨之辯，似可奏效一時；然其達觀方法，實貽害於學術思想界不淺。科學起於分析事實；今既達觀一切，不別異同；則真正的科學，自無由產生。從好一面説，叫做達觀。從壞一面説，就成含渾籠統的思想了。科學上還有一個最重要的觀念，就是“類”。苟不明於事物的類，則學問無系統了。西洋自 Aristotle 提出類的觀念；至今各種科學，大受其賜，都有條理脈絡可尋。而中國雖墨家曾提出類的觀念，爲《辯經》的根本方法；然未實用於何種科學，故在思想界無大影響。更經莊子蔑視類的分析説：“今且有言於此，不知其與是類乎？其與是不類乎？類與不類相與爲類；則與彼無以異矣。”於是類的觀念，掃地無餘！各家著述，亦多無類的觀念，貫串其間。所以中國古代學術，外似廣博，其實雜亂不堪，毫無頭緒！這由於方法不注重分析的結果。

總之中國古代學術，多由於各家的方法產生出來。既不重自然的和分析的實驗，自無西洋近代的科學了。我們多缺乏“物的觀念”和“數的觀念”，不喜研究自然科學，也由於薰染古代名學方法太深所致！我們無論整理國故，或是輸入歐化，非先改革遺傳的古代名學方法，終恐無大望了！

附注：前引胡適《中國哲學史》中誤解墨子名實之説；近查他的《墨辯新詁》，已更正。

十、抗父[1]　最近二十年間中國舊學之進步

辛酉冬日，《東方雜誌》記者屬余書中國近日學術情形一篇，將揭諸《新年號》。此問題固余所亟欲陳述者，歲暮鮮暇，因循未果；新年無事，始得應其請，題曰："最近二十年間中國舊學之進步"——舊學者，因世俗之名以名之；實則我中國固有之學術也。今人輒謂中國無學術！或謂中國雖有學術，絶無進步！或謂中國學術雖有進步，至今日則幾衰息者；皆大謬不然之説也！中國義理之學，與書畫諸技術，及群衆普通舊學之程度，在今日誠爲衰頽。然昔人所謂考證之學，則於最近二十年中，爲從古未有之進步。特專門之事，少數個人之業，世人鮮有知之者；而閲雜誌之少壯

① 樊炳清（1877—1929），字少泉，一字抗父，又作抗甫，號志厚，浙江山陰人。清末諸生。1898年入南洋公學東文普通學校學習，與王國維交厚，並深受羅振玉的影響。先後任職於南洋公學譯書院、湖北農務學堂、蘇州兩級師範學堂、商務印書館等教育出版機構，編譯了國文、理科、農業、商業、修身、論理、心理、歷史等多種教科書及辭書、叢刊近百種。筆墨耕耘，著述宏富，可惜他一生體弱多病，不善交際，身後堪稱淒涼。——校訂者

諸君，則知之者尤鮮。然今日專門舊學之進步，實與群衆普通舊學之退步爲正比例，——此奇異之現象，殆遍於世界。不獨中國爲然。余因此機會，將介紹此進步情形於閲者諸君之前。姑就耳目所及之出版物言之；而出版之書，亦只就其最重者言之；其未發表者，則不可得而記焉。爲記述之便，分二科述之：

（甲）古器物古書籍之發見

此二十年中，古器物古書籍出世之最盛時代也。自來學術之興，無不本於古器古書之發見：有孔壁經傳之出，而後有兩漢以來古文家之學。有趙宋古器之出，而後有宋以來古文字古器物之學。惟汲塚竹簡發見後，未幾即遭永嘉之亂，於學術上乃無甚結果耳！百年以來，古物之出，倍蓰于宋時；而近二十年，尤爲古物出世之黄金時代，數其最大者：則如殷虚之甲骨文字，敦煌及西域諸城之漢晉木簡，敦煌千佛洞之六朝、唐人所書古籍，内閣大庫之宋元刊本并明以後史料。此數者之一，已足敵孔壁汲塚之所出。其餘各地所出之三代彝器，漢唐石刻及種種古器物，亦較前此二十年爲多。故此二十年中所出之古書古物，謂之絶後，則未敢言；謂之空前，則人人所首肯也！今更分别説之：（一）殷商文字，昔人惟於古彝器中見之；然其數頗少！光緒戊戌己亥間，河南安陽縣西北五里之小屯，洹水厓岸爲水所齧。土人得龜甲牛骨，上有古文字，其地數十畝，洹水三周環之；《史記·項羽本紀》所謂“洹水南，殷虚上”者也。估客攜甲骨至京師，爲福山王文敏公懿榮所得。庚子秋，文敏殉國難，其所藏悉歸丹徒劉鐵雲氏鶚，而洹水之虚，土人於農隙掘地，歲皆有得，亦歸劉氏。光宣間所出，則大半歸於上虞羅叔言氏振玉。文敏所藏凡千餘片，劉氏所藏三千餘片，羅氏所藏二三萬片，其餘散在諸家者亦當以萬計；而駐彰德之某國牧師，所藏亦且近萬片。其拓墨影印成書者：有劉氏之《鐵雲藏龜》十册，（光緒壬寅癸卯間印。）羅氏之《殷虚書契前編》八卷，（甲寅印。）《後編》二卷，（丙辰印。）《殷虚書契菁華》一卷，（甲寅印。）《鐵雲藏龜之餘》一卷。（同上。）後英人哈同氏復得劉氏所藏之一部八百片，印行《戩壽堂所藏殷虚文字》一卷。（丁卯印，大都在《鐵雲藏龜》之外。）甲骨所刻，皆殷王室所卜祭祀、征伐、行幸、田獵之事；故殷先公先王及土地之名，所見甚衆。

又其文字之數，比彝器尤多且古；故裨益於文字學者尤大！惟事類多同，故文字亦有重複。劉氏所印，未及編類，但取文字精者印之。羅氏則分别部居，去其重複；故其選印者，實所藏二三萬片中之精粹也。此殷虚文字，其始發見，雖在二十年以前，然其大半則出於前此十年中。此近時最古且最大之發見也。（二）漢晉木簡。此實英印度政府官吏匈牙利人斯坦因博士之所發掘也。博士於光緒壬寅、癸卯間，曾游我國新疆天山南路；於和闐之南，發掘古寺廢址，得唐以前遺物甚夥；復於尼雅河之下流，獲魏晉間人所書木簡，約四十枚。博士所著《于闐之故蹟》中曾揭其影本。法國沙畹教授爲之箋釋。又於丁未、戊申間，復游新疆全土及甘肅西部，於敦煌西北長城遺址，發掘兩漢人所書木簡約近千枚；復於尼雅河下流故址，得後漢人所書木簡十餘枚；于羅布淖爾東北海頭故城，得魏晉間木簡百餘枚；皆當時公牘文字，及屯戍簿籍。其後日本大谷伯爵光瑞前後所派遣之西域探險隊，僅於吐魯番側近得魏晉間木簡三四枚而已！故木簡之發見，殆可謂斯氏一人之功。斯氏戊申年所得之木簡，沙畹教授復爲之考釋，印行成書。羅君復與海寧王靜安氏國維重加考訂，於甲寅之春，印以行世；爲《流沙墜簡》三卷，《考釋》三卷，《補遺》一卷，《附録》二卷。（三）敦煌千佛洞石室所藏古寫書。石室之開，蓋在光緒己亥、庚子之際；然至光緒季年，尚未大顯。至戊申歲，斯坦因博士與法國伯希和先後至此，得六朝及隋唐人所寫卷子本書各數千卷，及古梵文、古波斯文及突厥、回鶻諸古國文字無算，始爲我國人所知。其留在石室者尚近萬卷，後取歸學部所立之京師圖書館。前後復經盜竊，散歸私家者亦數千卷。其中佛典居百之九五。其四部書爲我國宋以後所久佚者，經部則有未經天寶改字之《古文尚書孔子傳》，及陸氏《尚書釋文》、糜信《春秋穀梁傳解釋》、鄭氏《論語注》、陸法言《切韻》。史部則有孔衍《春秋後語》，唐時西州、沙州諸圖經，慧超《往五天竺國傳》。（以上並伯氏所得。）子部則有《老子化胡經》，（英法俱有之。）《摩尼教經》，（京師圖書館藏一卷，法國一卷，英國亦有殘卷，書於佛經之背。）《景教經》。（德化李氏藏《志玄安樂經》、《宣元至本經》各一卷，日本富岡氏藏《壹神論》一卷，法國國民圖書館藏《景教三威蒙度讚》一卷。）集部則有《玄謡集》、《雜曲子》及唐人通俗詩、小説各若干種。（《玄謡集》藏倫敦博物館，通俗詩及小説英法皆有之。德化李氏亦藏有二種。）而已逸四部書之不重要者，及《大藏經論》尚不在此數。皆宋元以後所未見也。己酉冬月，羅叔言氏即就伯氏所寄之影本，寫爲《敦煌石室遺書》，排印行世。越一年，復印行其影本爲《石室秘寶》十五種。又十一年癸巳，復刊行《鳴沙石室逸書》十八種。又五年戊午，刊行《鳴沙石室古籍叢殘》三十種，及《鳴沙石室佚書續編》四種。又四年辛酉，伯氏復以陸法言《切韻》三種影本寄羅君，未及精印。王靜安君先臨寫一本，石印以行世。故巴黎所藏要書，略皆印行。又京師圖書館所藏《摩尼教經》一卷，羅君亦於辛亥印入《國學叢刊》。其餘敦煌佛典及内閣大庫書，具在學部圖書館目録。近時所出金石器物，羅君復擬一一爲之結集；其書雖僅成一半；然不可謂非空前絶後之一大事業！此二十年中古書古器物之發見及其刊行之大略也。

（乙）新研究之進步

最近研究之事業，亦與古書古器之發見並行；故當承上章所言之三大發見述之：在二十年前，古器物學與古文字學，經濰縣陳簠齋氏介祺、吴縣吴愙齋氏大澂已漸具眉目。及殷虛文字出，瑞安孫仲容氏詒讓即就鐵雲《藏龜》，考其文字，成《契文舉例》二卷；（書成於光緒甲辰，越十三年丁巳，羅君得其手稿印行。）雖創獲無多，而殷虛文字之研究，實自此始。嗣是羅君之《殷商貞卜文字考》（宣統庚戌），《殷虛書契考釋》（甲寅），《殷虛書契待問編》（丙辰）；王君之《戩壽堂所藏殷虛文字考釋》（戊午）先後成書。其於殷人文字，蓋已十得五六。又羅君《考釋》一書，兼及書契中所見之人地名及制度典禮。王君復纂其業，成《殷卜辭中所見先公先王考續考》及《殷周制度論》各一卷（丁巳），就經傳之舊文與新出之史料，爲深邃綿密之研究；其於經史二學，裨益尤多。兹舉其重要者：商自成湯以前，絶無事實。《史記·殷本紀》惟據《世本》書其世次而已。王君於卜辭中發見王亥、王恒之名；復據《山海經》、《竹書紀年》、《楚辭·天問》、《吕氏春秋》中之古代傳説；於荒誕之神話中，求歷史之事實。更由甲骨斷片中發見上甲以下六代之世系，與《史記》紀表頗殊，真古今所不能夢想者也。又《書序》、《史記》均謂盤庚遷殷，即是宅亳。羅君引古本《竹書》，謂殷爲北蒙即今彰德；王君於《三代地理小説》中證成其説；遂無疑義。又王君之《殷周制度論》，從殷之祀典世系，以證嫡庶之制，始於周之初葉，由是對周之宗法喪服及封子弟尊王室之制，爲有系統之説明。其書雖寥寥二十葉，實近世經史二學上第一篇大文字。此皆殷虚文字研究之結果也。至西域漢晉木簡之研究，則審釋文字，多出羅君；而考證史事則多出王君。其所發見：如漢時西域兩道之分歧，塞上各烽燧之次第，魏晉間葱嶺以東之國數及西域長史之治所，均足補史之闕文。而敦煌所出古書之研究，則全出羅君一人之手。其新得之成績：如高昌麴氏之年號世系，沙州張氏及曹氏之事實，皆前此所未知。此敦煌古簡古書研究之結果也。至西域各處所出之古番文，伯希和君於此中發見古代窣利、睹貨邏及東波斯三種世所未知之文字。而羅君之子君楚（福萇）亦從俄人所得西夏字書《掌中珠》殘本及種種西夏遺文，發明西夏文字之構造及意義。此今日研究之進步，皆與古書古器之發見相關者也。至經史小學，在前三百年中已大進步者，王君復由新材料出發以圖解決數千年未決之問題。其最重要者：如《周書》(《洛誥》、《顧命》）之新説，鬼方、玁狁之地理，明堂廟寢之制度，與聲音文字上種種之解釋，於乾嘉以來紙上之舊學，及近時土中之新學問，確得其根本之結合與調和。——此惟於最近十年中始得見之！凡此皆與新出之古書古器相關者也。其與此無關而由固有之學派發生者：經部如瑞安孫仲容氏之《周禮正義》，(序於光緒二十五年，然印行在後。）史部如膠州柯鳳孫氏劭忞之《新元史》，其書皆浩大繁博，著手皆在數十年前，而皆出於此二十年中。孫書薈萃諸家之説，全用六朝唐人義疏體裁，采擇既博，論斷亦允。而其所自發明，轉不若其所著《籀廎述林》之富！長沙王葵園氏先謙之《漢書補注》，婁縣張聞遠氏錫恭之《喪服學》，風尚略同。惟宜都楊星吾氏守敬之《水經注疏》，要爲開創之學，其精密亦出諸家之上！柯氏《新元史》意在增訂舊史，惜未探考異致；其所以增訂之意及其所根據之書籍，晦而不明。顧皆竭一生之精力而成。前此二十年中未嘗有此大著述也！

由上所論觀之，則最近二十年中，我國舊學之進步，求之前古，蓋未有如此之亟者！而孫、柯、王、楊諸君，其書出於此二十年中，然其研究實亘於前此數十年。至近舊學之進步，則以羅、王二君爲中心。羅君以學者之身，百方搜求新出之材料，而爲近百年文化之結集；其研究之功，乃爲其保存流通之功所掩。王君以精密之分析力，與奇異之綜合力，發見舊材料與新材料間之關係，而爲中國文化第二步之貢獻；遂使群衆舊學退步之近二十年中，爲從古未有之進步。余故草此篇以諗閲者，使知言中國學術無進步者之謬，并以爲二君祝！而羅君之子君楚——即發明西夏文字之讀法者，去歲以劬學死！更不能不爲中國學術前途致惜也！

十一、江亢虎　中國文化及於西方之影響

中國本是最古的文明國；但是因爲進步遲鈍，國勢淩夷的原故；有許多西人譏我們爲半開化；似乎中國有没有文化！還是未决的問題。並我們本國人震於西方文化的發達，也存着一個謙讓未遑的思想。其實中國文化，在世界上很有價值的；并且對於西方的文化，是很有貢獻的。西方的文化，可以叫做物質文化、科學文化。你看物質上、科學上的三大發明；不都是中國人的功勞麼！所謂科學上三大發明：就是指南針、印刷、火藥三種。我在外國的時候，嘗想把這三大發明的確實起源和逐漸傳播到西方的沿革歷史，編作一本書；詳詳細細考據一番。後來因爲中國方面參考的材料，太不夠用，因而中止。現在祇就大概來説：（一）指南針。指南針製造的起源，據史書所載：最古是黄帝軒轅氏，因征蚩尤而造的指南車。但是和此事有連帶關係的，便是因爲蚩尤能作大霧；所以黄帝纔造指南針來破他。這種事情，近於神話；嚴格的講，有不能令後人十分確信的地方。但是史載周公作指南車以通越裳。那時中國文明大啟；指南針的發明和應用，確是很靠得住的了。至於傳到西方的經過：大概是由中國傳到高麗，由高麗

傳到日本，由日本傳到荷蘭，由荷蘭傳到德國。這種儀器用處，真是非常之大。我們試想假定世界上要是没有指南針；天文學當然是茫無頭緒；航海事業也斷斷不能成功；不但美洲不能發見，就是地圓的學説，也不能得一個確實憑據！回想我們古人這種大發明，真稱得起在世界文化上一種絶大絶大的貢獻！（二）印刷術。歐洲人對於印刷術的起源；最初以爲是德國發明的。因在十四世紀的時候，德國已有雕版印出來的聖經，算是西方最早的印刷品。近五十年前，他們多讀中國的古書，纔知道印刷術也是中國先發明的。我們中國印刷術的發明，究竟始於何時呢？五代時候，馮道刻九經；相傳是印刷發明之祖。便是前清末年，甘肅敦煌縣從地下刨出的古物，又有隋開皇三年印刷的佛經；還有南京某氏藏有木版的開元雜報殘片；豈不是又古於馮道刻書麼！大概印板的方法，似乎是從刻石搨紙變遷而來，由正字版一變而爲反字版；印刷便立刻便利多多了。又活字版也是我們中國發明的。《夢溪筆談》上説：宋朝人畢昇創造膠泥活字版。元朝有旌德縣知縣王某仿造木刻。還有一層最有研究價值的。現在活版印刷，有一件頂困難的事！就是字。而在元代是用一種活字盤；應用的時候，非常便利。此法現在雖已失傳；我們確是不可不研究的。至於活字的原質，大概是最初用泥；繼用木；繼用金屬。他傳播到西方的順序，和指南針是完全一樣的。（三）火藥。火藥這種東西，是製造礮彈炸藥的原料；真不愧爲殺人利器。但我們中國人發明火藥的時候，却不是爲殺人纔來製造他。因爲我們中國人殺心，比較的是很薄弱的。火藥的發明，大約是始於西漢。漢武帝好魚龍曼衍之戲。所謂魚龍曼衍之戲，即屬一種燃燒火藥的幻術。如同現在所謂放煙火花礮一類的東西；原是一種遊戲品；並没有用他製造殺人兵器的意思。至後來，傳到蒙古，纔漸漸有鳥鎗的發明。又由蒙古傳到歐洲，越研究越有進步，纔漸漸的製造出來種種殺人利器的鎗礮來。推源溯本，火藥雖是我們中國發明的；但是拿火藥製造成鎗炮來殺人，這個責任，歐洲人比較得應當多擔負一些！與我們中國古人是無甚關係的。況且火藥作用，除殺人外，開山采礦，有益的也很多。

以上所説：是中國文化傳播入西方的一種舊歷史。現在再把我前後旅居歐洲十二年，美洲八年，所耳聞目見的中國文化發展情形，擇要講講。大别可分三項：第一是宗教。第二是文學。第三是美術。（一）宗教。世界上的宗教，多爲亞洲人所發明。這是人人都知道的。現在西方物質文明，總算很發達了；他們物極而反，對於形而上的宗教，近來忽又熱心研究起來。比方東方的印度哲學，就是他們歐美人很熱心研究的。而且他們所研究的印度哲學，是很完全的；不止是佛學一種；即在非佛學的種種印度外道，也是一樣來研究討論。但是關於佛教的一切經論，差不多都經咱們中國人翻成中國文字，是很完備的。甚至印度現在已經失傳的許多經論，中國却仍舊存有頂好的譯本。於是歐人打算研究佛學，非先在中國文的佛經上多用功夫不可，這是一層。其次我們中國固有的儒教、道教的經書，都極受他們歐美人特别歡迎。就我所知道的：老子的《道德經》，各國文譯本已經在一百種以上，止就英文説，已經有二十種。他們見仁見智，雖各不同；但是譯本如此之多，便可想見其研究的親切了。此外莊、列、尹文、鶡冠各種子書；英文的譯本，都各有好幾種。不但譯書而已；並且實在有深造自得的專門學者。他們研究起中國佛學、道學來，也是一樣的分門别户；也分什麼南宗、北宗、内宗、外宗。並且有一部分學者想把《易經》和《道德經》兩部書參合着研究起來，成一種《易經道》，自詡爲得了不傳之秘。甚至還發生出種種迷信的舉動。至於孔教經書的英文譯本：第一應推 Legge 君翻譯的《四書五經》。這位先生在前清道、咸時間，在我們中國傳教多年，因而篤信孔道；所以用全副精神來譯孔教的書。當時王紫詮先生韜，本是抱有革命思想的前輩；因爲所圖不遂，不得已逃往外國；先到南洋新嘉坡，又到歐洲英法各國；正是 Legge 君翻譯經書的時候；他很幫他的忙。自從他們翻譯以後，後來關於中國的學術，一年比一年研究的人多，翻譯的本子也層出不窮。直到歐洲大戰以後，他們歐美人研究中國學術的越發的多了。比較最愛讀的，更推《詩經》和《易經》兩部。因爲《詩經》是文學的上乘。《易經》是哲學的結晶。而研究《易經》比較的更多。因爲《易經》多説哲理；研究起來很容易把自己的意思參入裏邊去；如何講，便如何有理的原故。至於最近二三年間，美國方面把王陽明《傳習録》也翻譯過去了；研究的人非常之多；於是一樣的引起朱、陸異同，陸、王授受等問題。在講堂上辯難的很激烈。（二）文學。歐美的文學，小説占重要地位。前幾年趨向寫實主義一派；最近又趨向新象徵主義一派。所謂新象徵主義，即是近於神怪一類的小説；彷佛我們中國舊小説《封神演義》一類的東西。這種小説好處，因爲可以啟發講小説的人一種理想。即如《封神演義》上所説的哪吒能踏風火輪一類的話，頗可以引起我們的造飛機、飛車的新思想，是很有異趣的。其次是詩。我們中國現在許多新文學家作起詩來，往往直接采用西文詩的格式。而在美國人却又很喜歡學作我們中國舊詩。《詩經》三百篇，早已有了許多西文譯本。漢魏古歌樂府，翻成西文的也很不少。最近他們研究復研究，漸漸的知道注重唐詩；更特别注重盛唐詩。李、杜、王、孟諸大家的名字，談不去口。他們翻譯中國詩的人，從前丁韙良君翻的就很不少。其次英國 Giles 君翻譯的也很多。最近美國有一位 Garose 君，對於中國詩詞研究的很熱心。他苦於中國文學程度太淺；打算請一位中國人幫忙；一時又找不着合式的人；因爲中國住在美國的，以工人、學生兩種人爲最多；工人大半文學程度太低；學生又因功課忙，多半不暇及此；無可奈何，只好請到一位日本人幫着他翻譯。近幾年來，很出版了幾本書。最近翻譯清代吴梅村、王漁洋、趙甌北、袁簡齋四家的詩；預約券非常發達；没有多少日子，已經印過三版了。我在美國課暇無事，打算把《唐詩三百首》完全翻成英文；現在已經翻出許多首了。有一位專門研究中國詩學的美國朋友 Bynner 君用全副精神，來幫我的忙。我們的書，現在也正賣預約券；已經賣出很不少了。更有一事很有趣的！他們美國人作起英文詩來，也很喜歡引用中國古書上的典故，什麽漢啊，唐啊，不絶口的稱道；恰恰和我們中國新文學家作詩，好用外國故事的相映成趣！（三）美術。美術第一種當然要先説圖畫。我們中國的古畫最重神似。六法講究，以氣韻生動爲上乘。而他們西洋古畫，實在是偏重形似，講究惟妙惟肖，這是已往的情形；到了現在，他們歐美人思想一變，以爲尚形似者不足取；因爲形式到登峰造極的地位，不過作成一張照像而已！不足奇異！圖畫這種美術，要從裏邊見人格；要激起人的向上的理想；不僅僅求到形似，就能算了事的。這種議論一倡，他們的趨向一變，立刻崇尚寫意圖畫。他們最新的寫意圖畫，頗和我們中國寫意派的古畫相近；粗枝大葉，近看幾幾乎不成東西！遠遠望去，却神采完足的很！這是他們圖畫的新趨勢，叫做未來主義。因爲這個緣故，他們對於中國古畫非常寶愛。美京華盛頓有一位富翁 Jreer 君酷好中國古畫；現在正建造藏中國古畫的巨室；預算落成以後，建築費也在一百萬金元以上；大約一二年後可以落成；我想他這大藏畫館開幕的時候，我們中國政府，似乎應當派員前往參與典禮的。此外雕刻和刺繡，都極力去研究。

以上所說：歐美人近年崇尚我們中國宗教、文學、美術種種情形，都是實事。細想起來，也有好笑的地方！所以然者有兩種原因：一是好尚新奇。喜新厭故，人之恒情。我們中國所謂舊學問、舊美術；在他們歐美人眼光看來，當然都是嶄嶄新的；所以凡事都要來考究，來摹仿；就是這個緣故。二是受歐洲大戰後的激動。此次歐洲大戰，歐美人精神上受的刺激最大；因刺激而生出種種新理想。對於他們自己的文化，很有懷疑的地方；於是對於與他們相反的，當然感情要濃厚到十分。逞其一種不可形容的熱狂，來吸收東方文化，幾幾乎連抉擇力都失掉了！這種現象雖説是一時的行動，但是久而久之，我們東方，我們中國的文化真精神，畢竟有澈底介紹到歐美的那一天。反一面說：我們中國現在對於輸入西方文化的情形，還不是和這種情形完全相同的麼！

我在美國一住八年，所擔任的職務，差不多的都和發展中國文化、東方文化密切關係的。總説起來共有三件：第一是在 California 州大學作漢文教習。我起初到這個學校，係代替傅蘭雅君講功課。後來傅君去職，我便開了講席。所講的中國哲學、文學；學生們都很喜歡用功研究。至今志同道合，研究中國學術有心得的學生，已經有二百多人了。第二，我近年擔任美國國立圖書館漢文部的主任。這館裏的中國古書，共有六萬多卷。我已經按四庫分類辦法，編成一個中美書目。我們的書，不但很多；並且有兩種特色：一是搜羅中國的《地理志》書，差不多已經全了！二是搜羅明清兩代有價值的農書，共有三百多部；總算是洋洋大觀！他們美國政府和學者近年着實注意中國學問。他們的農部因爲有幾種植物，科學家研究不出的性質和能力；我們中國《本草》書上所記載的，却非常詳明；試驗起來更是非常靠得住；因而對於中國《本草》和《植物名實圖考》這一類的書，特別注意；年派專員從事研究，和實行試驗種植，這也可見我們中國學術見重於美國的一斑了！第三，我在美國爲研究中國舊學起見，在四年前發起了一個學會，名曰弘道會，實行講學。所講的大約不出兩種範圍：一中國哲學，二中國故事。現在歐美同志加入學會已有三百多人，内中很有著名的學者。講學的時候，除我擔任主講以外，歐美同志也都分任講演。

其餘各處請我講演的，每星期總在兩三次以上。前途希望，總算是很好的。

以上所説又是關於我個人在美國盡力於發展中國文化的大概情形，總而言之：學術本是世界人類公有的東西。但是因爲地理上的關係，發生和發展上便天然有了東方、西方的區分。這是古代無可如何的事！現在世界大通，交通頻繁。東西文化互相輸灌，互相采取；進步之速，一日千里；將來自然能够得到一種最圓滿的結果。所以人類的大同世界，也就不甚遠了！

十二、錢基博　某社存古小學教學意見書

小學何能言存古！顧邑中某社諸君辦存古小學，以教科屬定於余。姑即余意以爲說：人類者，歷史之動物也。法之哲家孔德（Comte 一七九三——一八五七）曰："人道有二屬性：曰結合性；曰永續性；而永續性尤爲顯著。今日之人道，乃古來之人道之連續也。人道，乃有歷史者也。吾人過去時代之精神生活，實傳於現今之人道之中。人道者，固不僅今人之所構成；而積多數之古人以構成之者也。"是則古者，今之所自也。無古，安有今！有今，焉有不存古者？雖然，古者，又今之積也；無今，安所事於古？存古者，存其宜於今者也。老子曰："執古之道，以御今之有。"爰本斯旨而草爲文。

（子）初等科（八歲至十歲）

（一）文　讀書必先識字；而識字以初文爲主。

（二）理　《論語》、《孟子》。

（三）史　《世説新語》、《唐語林》、《今世説》。

（丑）高等科（十一歲至十四歲）

（一）理　《禮記》（節讀）、《春秋左氏傳》、《經餘必讀》。（老子、列子、莊子、管子、墨子、孫子、荀子，以上諸篇可讀餘删。）

（二）史　王船山《讀通鑑論》、嚴復《社會通詮》。

（三）文　黎選《古文辭類纂》（摘讀）、《馬氏文通》（講）。

讀書不貴多而貴精。曾滌生《聖哲畫像記》云："書籍之浩浩，著述者之衆，若江海然；非一人之腹所能盡飲也。要在慎擇焉而已。"擇之奈何？曰：不貴考據而貴義理；不重事實而重觀感；要使教者受教者胥知人之所以爲人；且知中國人之所以爲中國人。其教授法，可參觀安邱王筠《教童子讀書法》，（此書甚佳，自識方字起以至初學作文，皆有論列，乃存古小學教師不可不讀之書也；列入江標《靈鶼閣叢書》。）及近人武進沈有卿、通州張氏《經史國文補習科答問》（中國圖書公司印行。）暨拙著《國文研究法》。岳武穆曰："運用之妙，存乎一心。"非口説所能盡也。兹姑就鄙意略言之：

（一）讀書必先識字；而教兒童識方字，自來無善法。何者？以蒙師不識文字學者多也。須知獨體曰文，合體曰字；字者，文之所合而成也。文之不識，奚能識字？《説文解字》九千餘字；究其語根，不過五百餘文而已。夫《説文》所載獨體，皆蒼頡初文；然蒼頡作書，不僅獨體；其稍複雜者，如"二"、"三"諸文，即由"一"積畫而成；當準初文之例。合初文準初文計之，大抵五百有餘。（詳見章炳麟所著《文始》。）後世孳乳之字，在蒼頡當時，蓋即以此五百餘文當之。厥後孳乳雖多，究其語根，概不出初文以外也。鄙意教兒童識方字，當以初文爲主；而參以習見之合體字。如兒童識"日"、"月"兩文，即授以"明"；而語之曰："'日'、'月'皆光明體；合'日'、'月'兩文而爲'明'字；即光明之意也。"次又授以"木"文，而教以"日在木上爲杲"，（《詩》："杲杲出日。"）"日在木下爲杳"；（張衡賦："日杳杳而西匿。"）而"日在木中爲東"；則日出之方位也。（《禮》："大明生於東。"）次又授以"囗"（古圍字）文；而語以從"木"從"囗"，曰"束"曰"困"，但"束"則囗在木之中腰間；而遍木四周囗之，則"困"矣。又如兒童識"一"之文；而教以"一大爲天"，"一貫三爲王"，"推十合一爲士"。如此頭頭是道；觸類旁通，學者自有舉一反三之樂。蓋尋常教兒童識方字，僅令死記；每苦索然無味。若授受之次序，配當適度。而能以淺近之言，説明其形、聲、義構成之則；使兒童心知其意，斯記憶自易矣！此文字配當之次序也。至教師於教授時，尤有不可不注意者數事：（1）教授象形文字，繪與字形相近之圖，對照以明之。如山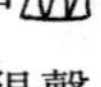、口等是也。指事文之有形可象者亦然。（2）復習時，集同從一字得聲，（如仲、衷、忠同從中得聲，證、整、政同從正得聲之類。）同從一字得形（如江、湖、河、海同從水字得形，桃、梅、杏、李同從木字得形之類。）之字，列示之；俾確知形聲之組織。（3）復習時，集同從一字之會意字；（如杲、東、杳同從日從木，困、束同從木從口，𣗥、棘同從朿之類。）使知組織的意味。（4）復習時，集數字之同從一義者示之；使知此字與彼字有可互訓之處。其聲同訓通之字，復習時尤宜彙集一處，使知聲義之相通。（5）復習時，集叚借字注釋之；先注其本義，次釋其叚借之義。如彊字：（子）弓力足者爲彊；（丑）國力盛者爲彊；（寅）凡物力足者皆稱爲彊。（6）類似字之易誤者辨明之；如偏徧、折拆、場埸等。

（二）吾人修己接物之方，《論語》一書備言之。而明心見性，所以自淑淑世者，則《孟子》言之尤精。二書者，我中國數千年之蒙塾課本也。此次歐洲大戰方殷之時，德人召里烏司氏嘗舉此事以詔其國人曰："中國三歲兒童，學中國大思想家之思想，洞徹其精神。而德人在學校中，於己國高等之文化，絶不得聞。德國之大思想家，雖有甚深微妙之論；而如群鶴之高翔於九天；地上之人，曾不得聞其羽搏之微音。"（見日本《東亞之光》雜誌。）蓋有味乎其言之也！若論文章之妙，全在簡而能盡。然文之簡者，往往不能盡意；而能盡意者，又苦辭繁不殺。（《孟子》即能盡而不能簡。）維《論語》簡而盡，千古無對也！何以千頭萬緒之事理，只《論語》三兩言即能了當？何以不必詳説，而意旡不盡？能於此留心，則可悟文章之貴以簡馭繁。《書》曰："辭尚體要。"此之謂也。然讀《論語》，觀其筆之何以斂？而讀《孟子》，則觀其筆之何以縱？蘇老泉以爲"《孟子》之文，辭約而意盡"。此言未當！"語約意盡"四字，可以評《論語》，而不可以評《孟子》也。《孟子》之妙，尤在引譬取喻。尋常瑣屑事，一經孟子眼前指點，其中皆有理趣。故不讀《孟子》，不知瓦礫糠秕之中，無非至道；不讀《孟子》，不知文章之面目，變化百出，莫可端倪也。太史公稱："鄒衍作終始、大聖之篇十餘萬言，其語宏大不經，必先驗小物，推而大之，至於無限。”博謂孟子之論王伯，亦先驗小物，推而大之。讀者能於此玩索有得焉，則思路不患不日恢拓矣！

（三）爲兒童講書，最忌囫圇，忌籠統；宜咬得清，嚼得碎；逐字逐句，分析解釋，使知其意義；然後并合全體授之，使知其全文之内容與形式之關係。

（四）兒童讀書，能背誦尚靠不住；以其隨口唱誦，往往於字形未曾體認，文義不必理會也。生字既識以後，須使之照書抄寫一遍；而後爲之講解。及其能背誦以後，尤必責使默寫無訛而後已。諺云：“口過心過，不如手過。”斯言良信。

（五）初等科書法，講不到臨帖，最好與讀法聯絡。每日課書中之生字，由教師書範字，復習音義；爲之講明結構，使之模寫；即寫即讀，自無認字不真及寫别字之弊。

（六）初等科年稚，使之作文頗難。然不可不漸使作文以養成其習慣。鄙意有二法焉：（1）筆述，《論語》爲孔子之徒①記夫子之言，即聖門之筆述也。教師日常訓話，即可使兒童仿《論語》記言之體，以簡明之文言記之。（2）講《世説新語》之故事；其是非得失，教師不必即下斷語；可使之以己意作論以覘其判斷力。

（七）謝程山先生曰：“學明理於經，習事於史。”博以爲先聖修齊治平之至理明言，盡於《禮記》一書；而古今御天下之變，莫備於《春秋左氏傳》。明其理，達其變，而人情世態之幻，可得而言也。但《禮記》四十九篇，其中不可不讀者，只《曲禮》、《檀弓》、《王制》、（三篇可節讀。）《禮運》、（全讀。）《内則》、（節讀。）《學記》、《樂記》、《孔子閒居》、《中庸》、《問喪》、《三年問》、《大學》、（七篇全讀。）《昏義》、《鄉飲酒義》、《射義》（三篇節讀。）十五篇而已。

（八）讀史之大病，在記憶事實，而不深究其所以。寧都魏禧稱：“程伊川先生每讀史到一半，便掩卷思其成敗，然後再看；有不合處，又更思之；其間有幸而成，不幸而敗者，不得徇其已然之跡與衆人之論。”王船山《讀通鑑論》，即是如此做出。

---

① “之徒”二字據文意補。

（九）王船山《讀通鑑論》，每一篇未授之先，可先使檢《通鑑本事》，各抒所見；然後授以王氏之論。看其是異是同？如異，則使之申論己見，闢去王論而劄記之。如此誦習一番，必能有所悟入也。

（十）王船山《讀通鑑論》，或可看而不讀；而嚴復《社會通詮》，則不可不熟讀。何者？以嚴氏之書，乃籀繹歷史之程式及其公例者也。或者疑此非中國古書，不適存古之用。而博則以爲存古者，決非抱殘守缺者之所能存。必也放眼八表，時衡千古，如陳同甫所云上下五千年，縱橫九萬里；而後知古之何以不可不存？古之不可不存者又何在？須知古亦有不可存者也。否則適成其高頭講章，村夫子之見而已矣！庸古之足存乎！博弱冠以前，反覆讀《資治通鑑》七遍而无所悟；至二十歲，讀《社會通詮》；然後向之二十四史不知從何説起；至是乃如珠得串，如土委地，心凝形釋而得其會通；至今思之，醰醰有餘味也！

（十一）《馬氏文通》一書，取《四書》、《三傳》兼及諸子、《語》、《策》，爲之字櫛句比，繁稱博引，比例而同之，觸類而長之；窮古今之簡編，字裏行間，涣然冰釋；皆有以得其會通；亦猶嚴氏書之於歷史也。學者於經傳章句粗明以後；讀此書以籀其大例；亦如珠之得串矣。

（十二）古者八歲入小學，而教之以灑掃、應對、進退之節，禮、樂、射、御、書、數之文。固不僅以讀書作文爲事。宋胡安定先生分經義治事、明體用之學以教諸生。鄙意存古小學，可仿此意。於諸生經經緯史之外，使之略習世務：（1）灑掃；（2）儀節；（可仿修身作法，掛圖行之。）（3）九九數口訣；（以上三項，可於初等科課餘行。）（4）算術（珠算、筆算）；（5）尺牘；（6）尋常簿記。（以上三科，可配高等科正課。）

自新文化盛唱以來，而保存國粹之呼聲，亦隨之日高，國學專修館、存古學校，一時風起雲涌。博以爲此中國教育之病理的現象也。夫古之存，必不能外於今。今有不適，即古亦奚以存爲？而歐化之輸入，亦無妨於國之有粹。嗚呼！國之有粹無粹，壹視今人之奮發自力如何？匪可藉古人以撑門面！苟今人不自振奮；而徒誦習孔子、孟子之言曰：“我保存國粹者也！”是則老子所謂：“子所言者，其人與骨皆已朽矣！”何國粹之有焉！

跋

余非某社社員也。顧余戚友，多入某社者。以余粗治古學，屬爲草定存古小學學程及教學法。然而某社之所欲存者，乃子不語“怪力亂神”之神怪；而非真如孔子之好古敏以求之。故吾說卒不能用也。姑録之以質大雅宏達。

十三、唐陸德明《經典釋文》敘録

魯商瞿子木受《易》於孔子，以授魯橋庇子庸。子庸授江東馯臂子弓。子弓授燕周醜子家。子家授東武孫虞子乘。子乘授齊田何子莊。（《高士傳》云字莊，《漢書·儒林傳》云臨淄人。）及秦燔書；《易》爲卜筮之書，獨不禁；故傳授者不絶。漢興，田何以齊田徙杜陵，號杜田生；授東武王同子中，及洛陽周王孫、梁人丁寬、（字子襄，事田何。復從周王孫受古義，作《易説》三萬言，訓故舉大誼而已。《藝文志》云：《易説》八篇，爲梁孝王將軍。）齊服生；（劉向《别録》云齊人，號服先。）皆著《易傳》。漢初言《易》者本之田生。同授淄川楊何。（字叔，一本作字叔元，太中大夫。）寬授同郡碭田王孫。王孫授施讎及孟喜、梁丘賀。由是有施、孟、梁丘之學焉。施讎（字長卿，沛人，爲博士。）傳《易》，授張禹（字子文，河内軹人，徙家蓮勺，以《論語》授成帝，官至丞相安昌侯。）及琅邪魯伯。（會稽太守。）禹授淮陽彭宣（字子佩，大司空，長平侯，作《易傳》。）及沛戴崇。（字子平，少府，作《易傳》。）伯授太山毛莫如（字少路。常山太守。）及琅邪邴丹。（字曼容。）後漢劉昆（字桓公，陳留東昏人，侍中、弘農太守、光禄勳。）受施氏《易》於沛人戴賓。其子軼。（字君文，官至中正。）孟喜（字長卿，東海蘭陵人，曲臺署長丞相掾。）父孟卿，喜爲《禮》、《春秋》。孟卿以《禮》經多，《春秋》煩雜；乃使喜從田王孫授《易》。喜爲《易章句》，授同郡白光（字少子。）及沛翟牧。（字子況。）後漢洼丹、（字子玉，南陽育陽人，世傳孟氏《易》，作《易通論》七篇，官至大鴻臚。）觟陽鴻、（字孟孫，中山人，少府。）任安（字定祖，廣漢緜竹人。）皆傳孟氏《易》。梁丘賀（字長卿，琅邪諸人。）本從大[①]中大夫京房受《易》，（房，淄川楊何弟子。）後更事田王孫；傳子臨。（黄門郎少府。）臨傳五鹿充宗（字君孟，代郡人，少府玄菟太守。）及琅邪王駿。（王吉子，御史大夫。）充宗授平陵士孫張，（字仲方，博士，揚州牧、光禄大夫、給事中，家世傳業。）及沛鄧彭祖、（字長夏，真定太守。）齊衡咸。（字長眉，王莽講學大夫。）後漢范升（代郡人，博士。）傳梁丘《易》（一本作孟氏《易》。）以授京兆楊政。（字子行，左中郎將。）又潁川張興（字君上，太子少傅。）傳梁丘《易》；弟子著録且萬人。子魴傳其業。（魴官至張掖屬國都尉。）京房（字君明，東郡頓邱人，本姓李，推律自定爲京，至魏郡太守。）受《易》梁焦延壽。（字延壽，名贛。）延壽云："嘗從孟喜問《易》。"會喜死；房以延壽《易》即孟氏學。翟牧白生不肯曰："非也!"延壽嘗曰："得我術以亡身者，京生也!"房爲《易章句》；説長於災異；以授東海段嘉（《漢書·儒林傳》作殷嘉。）及河東姚平、河南乘弘；（一本作桑弘。）皆爲郎博士。由是前漢多京氏學。後漢戴馮、（字次仲，汝南平輿人，侍中兼領虎賁中郎將。）孫期、（字仲奇，濟陰成武人，兼治《古文尚書》，不仕。）魏滿（字叔牙，南陽人，弘農太守。）並傳之。費直（字長翁，東萊人，單父令。）傳《易》，授琅邪王璜，（字平仲，又傳《古文尚書》。）爲費氏學本以古文，號古文《易》；無章句；徒以《彖》、《象》、《繫辭》、《文言》解説《上下經》。（《七録》云直《易章句》四卷殘缺。）漢成帝時劉向典校書；考《易説》；以爲諸《易》家説，皆祖田何、楊叔元、丁將軍，大義略同；唯京氏爲異。向又以中《古文易經》校施、孟、梁丘三家之《易經》，或脱去《無咎》、《悔亡》；唯費氏經與古文同。范曄《後漢書》云："京兆陳元，

---

① "大"原作"太"，今改正。

(字長孫，司空、南閣祭酒，兼傳《左氏春秋》。）扶風馬融，（字季長，茂陵人，南郡太守議郎，爲《易傳》，又注《尚書》、《毛詩》、《禮記》、《論語》。）河南鄭衆，（字仲師，大司農，兼傳《毛詩》、《周禮》、《左氏春秋》。）北海鄭玄，（字康成，高密人，師事馬融，大司農徵不至，還家，凡所注《易》、《尚書》、三《禮》、《論語》、《尚書大傳》、《五經中候》箋毛氏作《毛詩譜》、《駁許慎〈五經異議〉》、《針何休左氏膏肓》、《去公羊墨守》、《起穀梁廢疾》，休見大慚。）穎川荀爽（字慈明，官至司空，爲《易言》。）並傳費氏《易》。”沛人高向治《易》，與直同時；其《易》亦無章句，專説陰陽災異，自言出於丁將軍；傳至相。相授子康（康以明《易》爲郎。）及蘭陵毋將永；（豫章都尉。）爲高氏學。漢初立楊氏《易》博士。宣帝復立施、孟、梁丘之《易》。元帝又立京氏《易》。費、高二家不得立。民間傳之。後漢費氏興而高氏遂微。永嘉之亂，施氏、梁丘之《易》亡。孟、京、費之《易》，人無傳者。唯鄭康成、王輔嗣所注行於世。（江左中興，《易》唯置王氏博士，太常荀崧奏請置鄭《易》博士，詔許，值王敦亂，不果立。）而王氏爲世所重。

濟南伏生（名勝，故秦博士。）授書於濟南張生、千乘歐陽生。（字和伯，千乘人。）生授同郡兒寬。（御史大夫。）寬又從孔安國受業，以授歐陽生之子。（歐陽、大小夏侯《尚書》皆出於寬。）歐陽氏世傳業，至曾孫高，作《尚書章句》；爲歐陽氏學高孫地餘（字長賓，侍中、少府。）以《書》授元帝；傳至歐陽歙。（字正思，後漢大司徒。）歙以上八世，皆爲博士。濟南林尊（字長賓，爲博士，論石渠，官至少府、太子太傅。）受《尚書》於歐陽高以授平當。（字子思，下邑人，徙平陵，官至丞相，封侯；子晏亦明經至大司徒。）及陳翁生（梁人，信都太傅，家世傳業。）翁生授殷崇（琅邪人，爲博士。）及龔勝。（字君賓，楚人，右扶風。）當授朱普（字公文，九江人，爲博士。）及鮑宣。（字子都，渤海人，官至司隸。）後漢濟陰曹曾（字伯山，諫大夫。）受業於歐陽歙，傳其子祉。（河南尹。）又陳留陳弇、（字叔明，受業於丁鴻。）樂安牟長（字君高，河内太守、中散大夫。）並傳歐陽《尚書》。沛國桓榮（字春卿，太子太傅、太常、五更、關内侯。）受《尚書》於朱普。（《東觀漢紀》云：榮事九江朱文，文即普字。）以授漢明帝；遂世相傳；東京最盛。（《漢紀》云：門生爲公卿者甚衆，學者慕之，以爲法，滎子郁以書授章帝，官至侍中、太常。郁子焉復以《書》授安帝，官至太子太傅、太尉。）張生（濟南人，爲博士。）授夏侯都尉。（魯人。）都尉傳族子始昌。（始昌通五經，以《齊詩》、《尚書》教授爲昌邑太傅。）始昌傳族子勝。（字長公，後漢東平長信少府、太子太傅。）勝從始昌受《尚書》及《洪範五行傳》説災異；又事同郡簡卿；卿者，兒寬門人；又從歐陽氏問；爲學精熟，所問非一師，善説禮服；受詔撰《尚書》、《論語》説。（《藝文志》：夏侯勝《尚書章句》二十九卷。）號爲大夏侯氏學。傳齊人周堪（堪字少卿，太子少傅、光禄勳。）及魯國孔霸。（字次孺，孔子十三世孫，爲博士，以《書》授元帝，官至大中大夫、關内侯，號褒成君。）霸傳子光（字子夏，丞相博山侯，光又事牟卿。）堪授魯國牟卿（爲博士。）及長安許商。（字伯長，四至九卿，善算，著《五行論》。）商授沛唐林（字子高，王莽時爲九卿。）及平陵吴章、（字偉臣，王莽時博士。）重泉王吉、（字少音，王莽時爲九卿。）齊炔欽。（字幼卿，王莽時博士。）後漢北海牟融亦傳大夏侯《尚書》，夏侯建（字長卿，勝從父兄子，爲博士議郎、太子少傅。）師事夏侯勝及歐陽高，左右采獲；又從五經諸儒問與《尚書》相出入者，牽引以次章句；爲小夏侯氏學；傳平陵張山拊。（字長賓，爲博士論石渠，官至少府。）山拊授同縣李尋（字子長，騎都尉。）及鄭寬中、（字少君，爲博士，授成帝，官至光禄大夫，領尚書事，關内侯。）山陽張無故（字子孺，廣陵太傅。）、信都秦恭、（字延君，城陽内史，增師法至百萬言。）陳留假倉。（字子驕，以謁者論石渠，至膠東相。）寬中授東郡趙玄。（御史大夫。）無故授沛唐尊。（王莽太傅。）恭授魯馮賓。（爲博士。）後漢東海王良亦傳小夏侯《尚書》。漢宣帝本始中，河内女子得《泰誓》一篇獻之，與伏生所誦，合三十篇；漢世行之。然《泰誓》年月，不與序相應；又不與《左傳》、《國語》、《孟子》衆書所引《泰誓》同。馬、鄭、王肅諸儒皆疑之。《漢書·儒林傳》以爲百兩篇者，出東萊張霸，分析合二十九篇，以爲數十；又采《左傳》、《書序》爲作首尾，凡百二篇。篇或數簡，文意淺陋。成帝時，劉向校之，非是；後遂黜其書。《古文尚書》者，孔惠之所藏也；魯恭王壞孔子舊宅，（漢景帝程姬之子，名餘，封於魯，謚恭王。）於壁中得之；并《禮》、《論語》、《孝經》皆科斗文字。博士孔安國（字子國，魯人，孔子十二世孫，受《詩》於魯申公，官至諫議大夫、臨淮太守。）以校伏生所誦，爲隸古寫之，增多伏生二十五篇。（《藝文志》云：多十六篇。）又伏生誤合五篇，凡五十九篇，爲四十六篇①。（《藝文志》云：《尚書》古文經四十六卷五十七篇。）安國又受詔爲《古文尚書傳》；值武帝末，巫蠱事起，經籍道息；不獲奏上，藏之私家，（安國并作《古文論語》、《古文孝經傳》。《藝文志》云：安國獻《尚書傳》，遭巫蠱事，未列於學官。）以授都尉朝。司馬遷亦從安國問故。遷書多古文説。劉向以中古文校歐陽、大小夏侯三家經文，脱誤甚衆。（《藝文志》云：《酒誥》脱簡一，《召誥》脱簡二，文異者七百有餘，脱字數十。）都尉朝授膠東庸生。（名譚，亦傳《論語》。）庸生授清河胡②常。（字少子，以明《穀梁春秋》爲博士，至部刺史，又傳《左氏春秋》。）常授虢徐敖。（右扶風掾，又傳《毛詩》。）敖授琅邪王璜及平陵塗惲。（字子真。）惲授河南乘欽。（字君長，一本作桑欽。）王莽時，諸學皆立。惲璜等貴顯。范曄《後漢書》云：中興，扶風杜林傳《古文尚書》；賈逵（字景伯，扶風人，左中郎將、侍中。）爲之作訓；馬融作傳；鄭玄注解。由是《古文尚書》遂顯于世。案今馬、鄭所注，並伏生所誦；非古文也。孔子之本絶，是以馬、鄭、杜預之徒，皆謂之逸書。王肅亦注今文，而解大與古文相類。或肅私見孔傳而秘之乎？江左中興，元帝時豫章内史枚賾（字仲真，汝南人。）奏上《孔傳古文尚書》，亡《舜典》一篇，購不能得；乃取王肅注《堯典》從昚徽五典以下，分爲《舜典》篇以續之。（孔序謂伏生以《舜典》合於《堯典》，《孔傳堯典》止於"帝曰往欽哉"。而馬、鄭、王之本同爲《堯典》，故取爲《舜典》。）學徒遂盛。後范甯（字武子，順陽人，東晉豫章太守，兼注《穀梁》。）變爲今文集注。俗間或取《舜典》篇以續孔氏。齊明帝建武中，吴興姚方興采馬、王之注，造《孔傳舜典》一篇，云於大航頭買得；上之。梁武帝時爲博士；議曰："孔序稱伏生誤合五篇，皆文相承接，所以致誤。《舜典》首有'曰若稽古'。伏生雖昏耄，何容合之？"遂不行用。漢始立歐陽《尚書》。宣帝復立大小夏侯博士。平帝立《古文》。永嘉喪亂，衆家之書並滅亡；而古文《孔傳》始興，置博士。鄭氏亦置博士一人。近唯崇古

① "篇"當爲"卷"。

② "胡"原作"朝"，今改正。

文，馬、鄭、王注遂廢。今以孔氏爲正。其《舜典》一篇，仍用王肅本。

漢興，傳《詩》者有四家：魯人申公（亦謂申培公，楚王太傅，武帝以安車蒲輪徵之。時申公年八十餘，以爲大中大夫。）受《詩》於浮丘伯以《詩經》爲訓故以教，無傳；疑者則闕不傳。號曰魯詩。弟子爲博士者十餘人。郎中令王臧、（蘭陵人。）御史大夫趙綰、（代人。）臨淮太守孔安國、膠西内史周霸、城陽内史夏寬、東海太守魯賜、（碭人。）長沙内史膠生、（蘭陵人。）膠西中尉徐偃、膠東内史闕門慶忌，（鄒人。）皆申公弟子也。申公本以《詩》、《春秋》授。瑕丘江公盡能傳之，徒衆最盛。魯許生、免中徐公皆守學教授。丞相韋賢受《詩》於江公及許生，傳子玄成。（賢字長孺，玄成字少翁，父子並爲丞相，封伏陽侯，又治《禮》、《論語》。玄成兄子賞以《詩》授哀帝，大司馬、車騎將軍。）又王式（字翁思，東平新桃人，昌邑王師。）受《詩》於免中徐公及許生，以授張生長安（名長安，字幼君，山陽人，爲博士，論石渠，至淮陽中尉。）及唐長賓、（東平人，爲博士，楚王太傅。）褚少孫。（沛人，爲博士，《褚氏家傳》云：即續《史記》褚先生。）張生兄子游卿（諫大夫。）以《詩》授元帝，傳王扶。（琅邪人，泗水中尉。）扶受許晏。（陳留人，爲博士。）又薛廣德（字長卿，沛國相人，御史大夫。）受《詩》于王式，授龔舍。（字君倩，楚國人，太山太守。）齊人轅固生（漢景帝時爲博士，至清河太守。）作《詩傳》，號《齊詩》。傳夏侯始昌。始昌授后蒼。（字近君，東海郯人，通《詩》、《禮》爲博士，至少府。）蒼授翼奉（字少君，東海下邳人，爲博士，諫大夫。）及蕭望之、（字長倩，東海蘭陵人，御史大夫、前將軍，兼傳《論語》。）匡衡。（字稚圭，東海承人，丞相樂安侯子。咸亦明經，曆九卿，家世爲博士。）衡授師丹（字公仲，琅邪人，大司空。）及伏理、（字游君，高密太傅，家世傳業。）滿昌。（字君都，潁川人，詹事。）昌授張邯（九江人。）及皮容，（琅邪人。）皆至大官，徒衆尤盛。後漢陳元方亦傳齊詩。燕人韓嬰（漢文帝時爲博士，至常山太傅。）推《詩》之意作《内外傳》數萬言，號曰韓詩。淮南賁生受之。武帝時，嬰與董仲舒論於上前，仲舒不能難。（嬰又爲《易傳》，燕、趙間好《詩》，故其《易》微，惟韓氏自傳之。）其孫商爲博士。孝宣帝時，涿韓生其後也。河内趙子事燕韓生，授同郡蔡誼。（誼以《詩》授昭帝，至丞相封侯。）誼授同郡食子公（爲博士。）及琅邪王吉。（字子陽，王駿父，昌邑中尉，諫大夫。吉兼五經，能爲《鄒氏春秋》，以《詩論》教授。）子公授太山栗豐。（部刺史。）吉授淄川長孫順。（爲博士。）豐授山陽張就；順授東海髪福；並至大官。《藝文志》云：“齊、韓《詩》或取《春秋》，采雜説，咸非其本義。魯最爲近之。”《毛詩》者，出自毛公。河間獻王好之。徐整（字文操，豫章人，吴太常卿。）云：“子夏授高行子。高行子授薛倉子。薛倉子授帛妙子。帛妙子授河間人大毛公。毛公爲《詩故訓》，傳於家，以授趙人小毛公。（名萇。）小毛公爲河間獻王博士，以不在漢朝，故不列於學。”一云：“子夏傳曾申。（字子西，魯人，曾參之子。）申傳魏人李克。克傳魯人孟仲子。（鄭玄《詩譜》云：子思之弟子。）孟仲子傳根牟子。根牟子傳趙人孫卿子。孫卿子傳魯人大毛公。”《漢書·儒林傳》云：“毛公，趙人；治《詩》，爲河間獻王博士；授同國貫長卿，長卿授解延年。（爲阿武令，《詩譜》云齊人。）延年授號徐敖。敖授九江陳俠。（王莽講學大夫。）或云：‘陳俠傳謝曼卿。’”元始五年，公車徵説《詩》。後漢鄭衆、賈逵傳《毛詩》。馬融作《毛詩注》；鄭玄作《毛詩箋》；申明毛義，難三家。於是三家遂廢矣！魏太常王肅更述毛非鄭。荆州刺史王基（字伯輿，東萊人。）駁王肅，申鄭義。晉豫州刺史孫毓（字休郎，北海平昌人，長沙太守。）爲詩評，評毛、鄭、王肅三家同異；朋於王。徐州從事陳統（字元方。）難孫申鄭。宋徵士雁門周續之，（字道祖，及雷次宗俱事廬山惠遠法師。）豫章雷次宗，（字仲倫，宋通直郎，徵不起。）齊沛國劉瓛並爲《詩序義》。前漢魯、韓、齊三家詩，列於學官。平帝世，《毛詩》始立。齊詩久亡。魯詩不過江東。韓詩雖在，人無傳者。惟《毛詩鄭箋》獨立國學；今所遵用。

漢興，有魯高堂生傳《士禮》十七篇，即今之《儀禮》也。而魯徐生善爲容，孝文時，爲禮大官夫。景帝時，河間獻王好古，得古禮獻之。（鄭《六藝論》云：後得孔氏壁中河間獻王《古文禮》五十六篇，《記》百三十一篇，《周禮》六篇，共十七篇，與高堂生所傳同，而字多異。劉向《别録》云《古文記》二百四篇。《藝文志》曰：《禮古經》五十六篇，出於魯淹中。蘇林云：淹中里名。）或曰：“河間獻王開獻書之路。時有李氏上《周官》五篇；失《冬官》一篇，乃購千金，不得；取《考工記》以補之。”瑕丘蕭奮以禮至淮陽太守，授東海孟卿。（孟喜父。）卿授同郡后蒼及魯閭丘卿。其《古禮經》五十六篇，蒼傳十七篇；所餘三十九篇以付書館，名爲《逸禮》。蒼説禮數萬言，號曰《后蒼曲臺記》。（在曲臺校書，著記因以爲名。）孝宣之世，蒼爲最明。蒼授沛聞人通漢（字子方，以太子舍人論石渠至中山中尉。）及梁戴德、（字延君，號大戴，信都太傅。）戴聖、（字次君，號小戴，以博士論石渠至九江太守。）沛慶普。（字孝公，東平太傅。）由是禮有大小戴、慶氏之學。普授魯夏侯敬，又傳族子咸。（豫章太守。）大戴授琅邪徐良。（字斿卿，爲博士，州牧郡守，家世傳業。）小戴授梁人橋仁（字季卿，大鴻臚，家世傳業。）及楊榮。（字子孫，琅邪太守。）王莽時，劉歆爲國師，始建立《周官經》以爲《周禮》。河南緱氏、杜子春受業於歆。還家，以教門徒。好學之士鄭興父子（興字少贛，河南人，後漢大中大夫。子衆已見前，並作《周禮解詁》。）等，多往師之。賈景伯亦作《周禮解詁》。《禮記》者，本孔子門徒共撰所聞以爲此記。後人通儒，各有損益。故《中庸》是子思伋所作。《緇衣》是公孫尼子所制，鄭玄云："《月令》是吕不韋所撰。"盧植（字子幹，涿郡人，後漢北中郎將、九江太守。）云："《王制》是漢時博士所爲。"陳邵（字節長，下邳人，晉司空長史。）《周禮論序》云："戴德删古禮二百四十篇，爲八十五篇；謂之《大戴禮》。戴聖删《大戴禮》爲四十九篇；是爲《小戴禮》。"（漢劉向《别録》有四十九篇，其篇次與《禮記》同名爲他家書拾撰所取，不可謂之《小戴禮》。）後漢馬融、盧植考諸家同異，附戴聖篇章，去其繁重，及所叙略而行於世，即今之《禮記》是也。鄭玄亦依盧、馬之本而注意。范曄《後漢書》云：中興，鄭衆傳《周官經》。後馬融作《周官傳》，授鄭玄。玄作《周官注》。（鄭注引杜子春、鄭大夫、鄭司農之義。鄭玄《三禮目録》云：二鄭信同宗之大儒，今贊而辯之。）玄本治《小戴禮》；後以古經校之，取其義長者順者，故爲鄭氏學。玄又注小戴所傳《禮記》四十九篇，通爲"三《禮》"焉。漢初立高堂生禮博士；後又立大小戴、慶氏三家。王莽又立《周禮》。後漢"三《禮》"皆立博士。今慶氏《曲臺》久亡。大戴無傳學者。惟鄭注《周禮》、《儀禮》、《禮記》並列學官。而《喪服》一篇，又别行於世。今"三《禮》"具以鄭爲主。

《春秋》有公羊、（名高，齊人，子夏弟子，受經於子夏。）穀梁、（名赤，魯人，麋信云：與秦孝公同時。《七録》云：名淑，字元始。《風俗通》

云：子夏門人。）鄒氏、（王吉善《鄒氏春秋》。）夾氏之傳。鄒氏無師。夾氏有録無書。故不顯於世。漢興，齊人胡母生、（字子都，景帝時爲博士，年老歸教於齊。齊之言《春秋》者宗事之；公孫弘亦頗受焉。）趙人董仲舒（官至江都膠西相。）並治《公羊春秋》。蘭陵褚大、（梁相。）東平嬴公、（諫大夫。）廣川段仲温、吕步舒（步舒丞相長史。）皆仲舒弟子。嬴公守學，不失師法；授東海孟卿及魯眭弘。（字孟，符節令。）弘授嚴彭祖（字公子，東海下邳人，爲博士，至左馮翊太子太傅。）及顔安樂。（字翁孫，魯國薛人也，孟姊子也，爲魯郡太守丞。）由是《公羊》有嚴、顔之學。弘弟子百餘人；常曰："《春秋》之意，在二子矣！"彭祖授瑯邪王中，（少府，家世傳業。）中授同郡公孫文（東平太傅，徒衆甚盛。）及東門云。（荆州刺史。）安樂授淮陽泠豐（字次君，淄川太守。）及淄川任翁。（少府）豐授大司徒馬宫（字游卿，東海戚人，封扶德侯。）及琅邪左咸。（郡守九卿，徒衆甚盛。）始貢禹（字少翁，瑯琊人，御史大夫。）事嬴公而成於眭孟，以授潁川堂谿惠。惠授泰山冥都。（丞相史。）又疏廣（字仲翁，東海蘭陵人，太子太傅。）事孟卿，以授琅邪筦路。筦路及冥都又事顔安樂。路授大司農孫寶。（字子嚴，潁川鄢陵人。）瑕丘江公受《穀梁春秋》及《詩》於魯公；武帝時爲博士，（傳子至孫，皆爲博士。）使與董仲舒論。江公呐於口，而丞相公孫弘本爲《公羊學》，比輯其義。卒用董生。於是上因尊《公羊》家。詔太子受。衛太子復私問《穀梁》而善之；其後寖微。惟魯榮廣、（字王孫。）浩星公二人受焉。廣盡能傳其《詩》、《春秋》。蔡千秋、（字少君，諫大夫、郎中户將。）梁周慶、（字幼君。）丁姓（字子孫，至中山太傅。）皆從廣受。千秋又事浩星公，爲學最篤。宣帝即位，聞衛太子好《穀梁》，乃詔千秋與《公羊》家並説。上善《穀梁》説。後又選郎十人，從千秋受。會千秋病死；徵江公孫爲博士。詔劉向受《穀梁》，欲令助之。江博士復死；乃徵周慶、丁姓待詔；使卒授十人；十餘歲，皆明習。乃召《五經》名儒太子太傅蕭望之等大議殿中；平《公羊》、《穀梁》同異。（時《公羊》博士嚴彭祖、侍郎申輓、伊推、宋顯；《穀梁》議郎尹更始、待詔劉向、周慶、丁姓並論。）望之等多從《穀梁》；由是大盛。慶姓皆爲博士。姓授楚申章、昌曼君。（爲博士，至長沙太傅。）初尹更始（字翁君，汝南邵陵人，議郎諫大夫，長樂户將。）事蔡千秋，又受《左氏傳》，取其變理合者，以爲章句；傳子咸（大司農。）及翟方進、（字子威，汝南上蔡人，丞相封侯。）房鳳。（字子元，琅邪石其人，光禄大夫、五官中郎將、青州牧。）始江博士授胡常。常授梁蕭秉。（字君房。）王莽時爲講學大夫。

左丘明作傳以授曾申。申傳衛人吴起。（魏文侯相。）起傳其子期。期傳楚人鐸椒。（楚大夫。）椒傳趙人虞卿。（趙相。）卿傳同郡荀卿名況。況傳武威張蒼。（漢丞相，北平侯。）蒼傳洛陽賈誼。（長沙梁王太傅。）誼傳至其孫嘉。嘉傳趙人貫公。（《漢書》云：賈誼授貫公，爲河間獻王博士。）貫公傳其少子長卿。（蕩陰令。）長卿傳京兆尹張敞（字子高，河東平陽人，徙杜陵。）及侍御史張禹。（字長子，清河人。）禹數爲御史大夫蕭望之言《左氏》。望之善之，薦禹徵待詔。未及問，會病死。禹傳尹更始。更始傳其子咸及翟方進、胡常。常授黎陽賈護。（字季君，哀帝時，待詔爲郎。）護授蒼梧陳欽。（字子佚，以《左氏》授王莽至將軍。）《漢書·儒林傳》云："漢興，北平侯張蒼及梁太傅賈誼、京兆尹張敞、大中大夫劉公子皆修《春秋左氏傳》。"始劉歆（字子駿，向之子，王莽國師。）從尹咸及翟方進受《左氏》。（哀帝時，歆與房鳳王龔欲立《左氏》，爲師丹所奏，不果，平帝世始得立。）由是言《左氏》者本之賈護、劉歆。歆授扶風賈徽，（字元伯，後漢潁陰令，作《春秋條例》二十一卷。）徽傳子逵。逵受詔列《公羊》、《穀梁》不如《左氏》四十事奏之；名曰《左氏長義》。章帝善之。逵又作《左氏訓詁》。司空南閣祭酒陳元作《左氏同異》。大司農鄭衆作《左氏條例章句》。南郡太守馬融爲《三家同異之説》。京兆尹延篤（字叔堅，南陽人。）受《左氏》於賈逵之孫伯升，因而注之。汝南彭汪（字仲博。）記先師奇説及舊注。大中大夫許淑、（字惠卿，魏郡人。）九江太守服虔、（字子慎，河南人。）侍中孔嘉、（字山甫，扶風人。）魏司徒王朗、（字景興，肅之父。）荆州刺史王基、大司農董遇、徵士敦煌周生烈並注解《左氏傳》。梓潼李仲欽著《左氏指歸》。陳郡潁容（字子嚴，後漢公車徵不就。）作《春秋條例》。又何休（字邵公，任城人，後漢諫大夫。）作《左氏膏肓》、《公羊墨守》、《穀梁廢疾》。鄭康成《針膏肓》、《發墨守》、《起廢疾》。自是《左氏》大興。漢初立《公羊》博士。宣帝又立《穀梁》。平帝始立《左氏》。後漢建武中，以魏郡李封爲《左氏》博士。群儒蔽固者數廷争之。及封卒，因不復補。和帝元興十一年，鄭興父子奏上《左氏》，乃立於學官，仍行於世。迄今遂盛行。二傳漸微。（江左中興，立《左氏傳》、《杜氏》、《服氏》博士，太常荀崧奏請立二傳博士，詔許立《公羊》。云《穀梁》膚淺，不足立博士，王敦亂，竟不果立。）《左氏》今用《杜預注》。《公羊》用《何休注》。《穀梁》用《范寧注》。

河間人顏芝傳《孝經》。是爲今文。長孫氏、博士江翁、少府后蒼、諫大夫翼奉、安昌侯張禹傳之，各自名家，凡十八章。又有古文出於孔氏壁中，别有《閨門》一章，自餘分析十八章，總爲二十二章。孔安國作傳。劉向校書，定爲十八。後漢馬融亦作《古文孝經傳》而世不傳。世所行《鄭注》，相承以爲鄭玄。案《鄭志》及《中經薄》無。惟中朝穆帝集講《孝經》云："以鄭玄爲主。"檢《孝經注》，與康成注五經不同；未詳是非？（江左中興，《孝經》、《論語》共立鄭氏博士一人。）《古文孝經》世既不行，今隨俗用鄭注十八章本。

漢興，傳《論語》者則有三家：《魯論語》者，魯人所傳；即今所行篇次是也。常山都尉龔奮、長信少府夏侯勝、丞相韋賢及其子玄成、魯扶卿、太子少傅夏侯建、前將軍蕭望之並傳之，各自名家。《齊論語》者，齊人所傳；别有《問王》、《知道》二篇，凡二十二篇。其二十篇中，章句頗多於《魯論》。昌邑中尉王吉、少府宋畸、琅邪王卿、御史大夫貢禹、尚書令五鹿充宗、膠東庸生並傳之。惟王陽名家。《古論語》者，出自孔氏壁中，凡二十一篇。有兩《子張》；（如淳云：分《堯曰篇》後"子張問：何如可以從政"以下爲篇名，曰《從政》。）篇次不與齊、魯《論》同；（《新論》云：文異者四百餘字。）孔安國爲傳，後漢馬融亦注之。安昌侯張禹受《魯論》于夏侯建；又從庸生、王吉受《齊論》；擇善而從。號曰《張侯論》，最後而行於漢世。禹以《論》授成帝。後漢包咸、（字子長，吴人，大鴻臚。）周氏（不詳何人。）並爲章句，列于學官。鄭玄就《魯論》張包周之篇章，考之《齊》、《古》，爲之注焉。魏吏部尚書何晏集孔安國、包咸、周氏、馬融、鄭玄、陳群、（字長文，潁川人，魏司空。）王肅、周生烈（敦煌人，《七録》云：字文逢，本姓唐，魏博士、侍中。）之説，並下己意。爲《集解》，正始中，上之，盛行於世。今猶爲主。

十四、清龔定庵　六經正名

孔子之未生，天下有《六經》久矣！莊周《天運篇》曰：“孔子曰：‘某以六經奸七十君而不用。’”《記》曰：“孔子曰：‘入其國，其教可知也。’”有《易》、《書》、《詩》、《禮》、《樂》、《春秋》之教。孔子所睹《易》、《書》、《詩》，後世知之矣。若夫孔子所見《禮》，即漢世出於淹中之五十六篇。孔子所謂《春秋》，周室所藏百二十國寶書，是也。是故孔子曰：“述而不作。”司馬遷曰：“天下言六藝者，折衷於孔子。”“六經”、“六藝”之名，由來久遠，不可以臆增益。善夫漢劉向之爲《七略》也！班固仍之，造《藝文志》，序“六藝”爲九種，有經，有傳，有記，有群書。傳則附於經。記則附於經。群書頗關經則附於經。何謂傳？《書》之有大小夏侯、歐陽，傳也。《詩》之有齊、魯、韓、毛，傳也。《春秋》之有公羊、穀梁、左氏、鄒氏①、夾氏，亦傳也。何謂記？大、小戴氏所録凡百三十有一篇，是也。何謂群書？《易》之有《淮南道訓》、《古五子十八篇》，群書之關《易》者也。《書》之有《周書》七十一篇，群書之關《書》者也。

---

① “氏”字據文意補。

《春秋》之有《楚漢春秋》、《太史公書》，群書之關《春秋》者也。然則《禮》之有《周官》、《司馬法》，群書之頗關《禮經》者也。漢二百祀，自六藝而傳記，而群書，而諸子，畢出既大備；微夫劉子政氏之目録，吾其如長夜乎！何居乎後世有七經、九經、十經、十二經、十三經、十四經之喋喋也！或以傳爲經：《公羊》爲一經。《穀梁》爲一經。《左氏》爲一經。審如是，是則《韓》亦一經，《齊》亦一經，《魯》亦一經，《毛》亦一經，可乎？《歐陽》一經，兩《夏侯》各一經，可乎？《易》三家，《禮》分慶、戴，《春秋》又有鄒、夾，漢世總古今文，爲經當十有八；何止十三？如其可也？則後世名一家說經之言甚衆；經當以百數。或以記爲經：《大小戴》二記畢稱經。夫《大小戴》二記，古時篇篇單行；然則《禮經》外，當有百三十一經。或以群書爲經：《周官》晚出，劉歆始立。劉向、班固灼知其出於晚周先秦之士之掇拾舊章所爲，附之於《禮》，等之於《明堂》、《陰陽》而已。後世稱爲經，是爲述劉歆，非述孔氏。善夫！劉子政氏之序“六藝”爲九種也。有苦心焉！斟酌盡善焉！序“六藝”矣，七十子以來，尊《論語》而譚《孝經》、小學者，又經之户樞也；不敢以《論語》夷於記，夷於群書也；不以《孝經》還之記，還之群書也；又非傳。於是以三種爲經之貳；雖爲經之貳，而仍不敢悍然加以經之名。向與固可謂博學，明辨慎思之君子者哉！《詩》云：“自古在昔，先民有作。”向與固豈非則古昔，崇退讓之君子哉！後世又以《論語》、《孝經》爲經。假使《論語》、《孝經》可名經，則向早名之，且曰“序八經”，不曰“序六藝”矣！仲尼未生，先有《六經》；仲尼既生，自明不作。仲尼曷嘗率弟子，使筆其言以自制一經哉！亂聖人之例，淆聖人之名實以爲尊聖。怪哉非所聞！非所聞！然且猶爲未快意，於是乎又以子爲經。漢有傳記博士，無諸子博士。且夫子也者，其術或醇或疵，其名反高於傳記。傳記也者，弟子傳其師，記其師之言也。諸子也者，一師之自言也。傳記，猶天子畿内卿大夫也。諸子，猶公侯各君其國，各子其民，不專事天子者也。今出《孟子》於諸子，而夷之於二戴所記之間；名爲尊之，反卑之矣！子輿氏之靈，其弗享是矣！問：“子政以《論語》、《孝經》爲經之貳。《論語》、《孝經》則若是班乎？”答：“否！否！《孝經》者，曾子以後支流苗裔之書，平易汎濫，無大疵，無閎意眇恉；如置之二戴所録中，與《坊記》、《緇衣》、《孔子閒居》、《曾子》、《天圓》比，非《中庸》、《祭義》、《禮運》之倫也。本朝立博士，向與固因本朝所尊而尊之，非向、固尊之也。然則劉向、班固之序"六藝"爲九種也；北斗可移，南山可隳，此弗可動矣。"後世以傳爲經，以記爲經，以群書爲經，以子爲經，猶以爲未快意；則以經之輿臺爲經，《爾雅》是也。《爾雅》者，釋《詩》、《書》之書；所釋又《詩》、《書》之膚末；乃使之與《詩》、《書》抗，是尸祝輿臺之鬼，配食昊天上帝者也！

十五、清魏默深　兩漢經師今古文家法考序

魏源曰："余讀《後漢書·儒林傳》：衛、杜、馬、賈諸君子承劉歆之緒論，創立費、孔、毛、左古文之宗；土苴西京十四博士今文之學，謂之俗儒。廢書而喟！夫西漢經師，承七十子微言大義。《易》則施、孟、梁邱，皆能以占變知來。《書》則大小夏侯、歐陽、兒寬，皆能以《洪範》匡世主。《詩》則申公、轅固生、韓嬰、王吉、韋孟、匡衡，皆以《三百篇》當諫書。《春秋》則董仲舒、雋不疑之決獄。《禮》則魯諸生、賈誼、韓元成之議制度。而蕭望之等皆以《孝經》、《論語》保傅輔道。求之東京，未或有聞焉！其文章述作，則陸賈《新語》以《詩》、《書》説高祖。賈誼《新書》爲漢定制作。《春秋繁露》、《尚書大傳》、《韓詩外傳》、劉向《五行》、揚雄《太元》，皆以其自得之學，範陰陽，矩聖學，規皇極，斐然與三代同風。而東京亦未有聞焉！

今世言學，則必曰："東漢之學勝西漢。東漢鄭、許之學綜六經。"嗚呼！二君惟《六書》、三《禮》並視諸經爲閎深！故多用今文家法。及鄭氏旁釋《易》、《詩》、《書》、《春秋》，皆創異門户，左今右古。其後鄭學大

行，駸淫遂至《易》亡施、孟、梁邱，《書》亡夏侯、歐陽，《詩》亡齊、魯、韓，《春秋》亡鄒、夾，公羊、穀梁半亡半存，亦成絶學！讖緯盛，經術卑，儒用絀！晏、肅、預、謐、賾之徒，始得以清言名理並起持其後。東晉梅賾《僞古文書》遂乘機竄入；並馬、鄭亦歸於淪佚。西京微言大義之學，墜於東京。東京典章制度之學，絶於隋唐。兩漢故訓聲音之學，熄於魏晉。其道果孰隆替哉！且夫文質再世而必復。天道三微而成一著。今日復古之要，由詁訓聲音以進於東京典章制度，此齊一變至魯也。由典章制度以進於西漢微言大義，貫經術、政事、文章於一，此魯一變至道也。

道光商横攝提格之歲，源既叙録武進禮曹劉申甫先生遺書，略陳群經家法。茲乃推廣遍集兩漢《儒林傳》、《藝文志》之文，凡得《周易》今文家施氏學第一，梁邱學第二，孟喜氏學第三，孟氏學旁出京氏、焦氏第四，《周易》古文家費氏學第五。其流爲荀氏卦氣之學，鄭玄爻辰之學。此外又有虞翻消息卦變之學。斯爲《易》學今古文傳授大概也。《尚書》今文列於博士者，有伏生、歐陽、大小夏侯二十八篇之學。有孔安國古文四十餘篇之學。東漢初劉歆、杜林、衛宏、賈逵、馬融、鄭康成又别創古文之學；其篇次與今文同。而孔安國佚十六篇仍無師説。此皆不列於博士者。及東晉《僞古文》及《僞孔傳》出，唐代列於學校；而伏、歐之今文，馬、鄭之古文，同時並亡！予據《大傳》殘編，加以《史記》、《漢書》、諸子所徵引，共成《書古微》。斯《尚書》今古文傳授大概也。《詩》則漢初皆習齊轅固生、魯申公、韓嬰三家；惟《毛詩》别爲古文。鄭康成初年習《韓詩》，及箋《詩》改從《毛》；於是齊、魯、韓次第佚亡，今惟存毛《傳》。及宋朱子、王應麟始略采三家《詩》殘文而未得條緒。明何楷、本朝范家相、桐城徐璈次第搜輯，始獲三家《詩》十之七八；而余發揮之，成《詩古微》。此詩今古文大概也。小學以《説文》爲大宗，歷代罕究。國朝顧炎武始明音學；而段、王二氏發明《説文》、《廣雅》，惟轉注之説尚有疏舛，予特爲發明之。此小學家之大概也。《禮經》則禘祫之義，王肅與鄭元抗衡。鄭主緯書感生五帝之説。肅主人帝爲始祖所自出之帝。輸攻墨，（一本墨下有守字。）秦固失之，楚亦未得！而鄭元《周禮注》計口出泉；至宋遂啟王安石新法之禍。惟宋朱子纂《儀禮經傳通解》，分家禮、邦國禮、王朝禮、喪祭禮，合三《禮》爲一書，集三代古禮之大成；又欲采後世制度因革損益以擇其可行。國朝《讀禮通考》、《五禮通考》，實成其志。此則古今“三《禮》”之大概也。今采史志所載各家，立案於前；而後隨人疏證，略施斷制於後；俾承學之士法古今者，一披覽而群經群儒粲然如處一堂。識大識小，學無常師；以爲後之君子，亦將有樂於斯乎！

十六、清胡竹村《詁經文鈔》序

經學莫盛於漢。自文帝置《論語》、《孝經》、《孟子》、《爾雅》博士，其後增立五經博士，傳業寖廣，一經説至百萬言，大師衆至千餘人，可謂盛矣！然諸儒講論六藝之文章鮮傳焉；以無裒集之者故也。漢儒説經，各有家法，不爲嚮壁虚造之談。歷魏晉至隋唐，遵循勿失。宋時周、程、張、朱諸子講明義理；而名物制度，猶必以漢儒爲宗。逮至元明，講章時文之習勝，率多高心空腹，束書不觀；而經術日衰矣。我國家重熙累洽，列聖相承，尊經重學，頒御纂欽定之書於天下；而又廣開四庫，搜羅秘逸。兩舉鴻博，一舉經學，天下之士，靡然嚮風。二百年來，專門名家者：於《易》有半農、定宇惠氏父子。於《書》有艮庭江氏、西莊王氏。於《詩》有長發陳氏。於《春秋》有復初顧氏。於《公羊》有顨軒孔氏。於《禮》有稷若張氏、慎修江氏、易疇程氏。於《爾雅》、《説文》音韻有亭林顧氏、東原戴氏、二雲邵氏、懋堂段氏、石臞王氏。于諸經言天文則勿庵梅氏，言地理則東樵胡氏、百詩閻氏，言金石文字則竹汀錢氏。其讀書卓識，超出前人，自闢途徑，爲諸儒所未及者，約有數端：一曰“辨群經之僞”。如胡氏之《易圖明辨》，辨河圖洛書、先天後天各圖，非《易》書本有；王氏之《白田雜著》，辨《周易本義》前九圖非朱子所作；閻氏《古文尚書疏證》、惠氏《古文尚書考》，辨東晉晚出之《古文孔傳》，爲梅賾僞託；毛氏《詩傳詩說駁議》，辨子貢傳申培說，爲豐坊僞撰；是也。一曰“存古籍之真”。如《易經》二篇，《傳》十篇，本自别行；王弼作注，始分傳附經；朱子《本義》復古十二篇；而明時修《大全》用《程傳本》，以《本義》附之；後坊刻去《程傳》，專存《本義》，仍用《程傳本》；而《朱子書》亦失其舊。自御纂《周易折中》改從古本，學者始見真面目；惠氏《周易本義辨證》詳言之。又如竹君朱氏之倡刊《說文》始一終亥之本；通志堂、抱經堂之校刊《經典釋文》全書；是也。一曰“發明微學”。惠氏之《易漢學》、《周易述》；張氏之《周易虞氏義》、《虞氏消息》；王氏之《廣雅疏證》；段氏之《說文注》；黄梨洲、梅勿庵之本《周髀》言天文；邵二雲之重疏《爾雅》；焦理堂之重疏《孟子》；是也。一曰“廣求遺說”。余氏之《古經解鈎沉》；任氏之《小學鈎沉》；邵氏之《韓詩内傳考》；洪氏之輯鄭、賈、服諸家説爲《左傳詁》；臧氏之輯《儀禮》、《喪服》馬王《注》、《禮記》盧植《解詁》、《月令》蔡邕《章句》、《爾雅古注》；是也。一曰“駁正舊解”。江氏之《深衣考誤》，辨深衣非六幅交，解爲十二幅；《鄉黨圖考》辨治朝本無屋無堂。顧亭林《左傳杜解補正》、顧復初《春秋大事表》皆糾《杜注》諒闇短喪之謬。戴東原《聲韻考》以轉注爲互訓，歷指前人解釋之誤；是也。一曰“創通大義”。顧氏之《音學五書》分十部，江氏之《古韻標準》分十三部，段氏之《六書音均表》分十七部以考古音。王尚書之《經傳釋詞》，標舉一百六十字以明經傳中語詞非實義。淩教授之《禮經釋例》分《通例》、《飲食例》、《賓客例》、《射例》、《變例》、《祭例》、《器服例》、《雜例》，以言禮之節文等殺；是也。

凡此皆本朝經學之卓卓者。其他閉户研求，以其所得筆之於書，不可殫述。蓋惟上有稽古同天之聖人，而後下之服習者衆，彬彬乎超軼兩漢也！諸儒所注群經，成書具在。而其散見於文集者，或與友朋辨論經義，或剖析古今疑旨，或所注之經，句詮字釋，關涉大義者，别爲文發之。又有札記之書，所釋非一經，經不數條，顧較通釋全經者，時有創獲。裒而輯之，誠通經之軌轍已。然而諸儒著述，散在人間，爲類甚繁。非博聞多識好學深思之君子，未易攬其全，集其成也。涇邑朱蘭坡先生以許、鄭之精研，兼馬、班之麗藻，出入承明金馬著作之庭二十餘年；内府圖籍，外間所未見者，輒録副本；又性好表章遺逸，宏獎士類；四方著述未經刊布者，多求審定。先世培風閣藏書最審，而其萬卷齋所得秘本尤多；於是博采本朝説經之文，核其是非，勘其同異，分類編録，名曰《詁經文鈔》。凡《易》八卷，《書》八卷，《詩》八卷，《春秋》八卷，《周禮》十卷，《儀禮》五卷，《禮記》五卷，《三禮總義》十卷，《論語》、《孟子》附《群經義》共五卷，《爾雅》一卷，《説文》一卷，《音韻》一卷，總七十卷；《續鈔》又已積二十卷。其文多鈔自諸家集中，而解經之書，有分段箋釋，自成篇章者，亦同録入。尋其義例，宗主漢儒；惟取徵實之文，不取蹈空之論。至於一事數説，兼存並載，以資考證。蓋欲讀者因文通經，非因經存文也。然而諸家撰著之精，亦藉是萃聚，不致散逸矣。培翬曩歲在都，追陪講論，飫聞大旨；今獲睹是書之成，奉命作序，自慚膚末，無裨高深；惟敬述我朝經學之盛，與是書所以嘉惠藝林之意，揭之於篇，以諗來者。儻有好而梓之，廣其傳布，則後進獲益無窮；不朽之業，實在於斯，所深企焉。

十七、清陳恭甫《經郛》條例

《經郛》，薈萃經説，本末兼賅，源流具備；闡許、鄭之閎眇，補孔、賈之闕遺，上自周秦，下訖隋唐，網羅衆家，理大物博。漢魏以前之籍，搜采尤勤；凡涉經義，不遺一字。其大端有十：一曰“探源本”。以經解經，厥義最古；如《三傳》、《禮記》所引《易》、《書》、《詩》，《爾雅》所釋詁、言、訓，是也。二曰“鈎微言”。奥訓眇辭，注家闕略；如《説文》所解，《廣雅》所釋，是也。三曰“綜大義”。發明指歸，會通典禮，如荀子之論禮樂，董子之論《春秋》、史志，《通典》之歷議、禮議、服議，是也。四曰“存古禮”。三代遺制，周人能言；如《左氏傳》之稱《禮經》，《小戴記》之載《雜説》，是也。五曰“存漢學”。兩京家法，殊途同歸，載籍既湮，舊聞廑見；如《史記》載《尚書》多古文説；《白虎通》引《經》，多今文説；《漢書·五行志》，多《三傳》先師之説；《五經異義》，多石渠議奏之説；是也。六曰“證傳注”。古人解經，必無虚造，間出異同，皆有依據；如《毛傳》之合於《雅詁》，《鄭箋》之涉於魯、韓，是也。七曰“通互詮”。一家之説，或前後參錯而互相發明；如《鄭志》之通諸注差互，《箴膏肓》、《發墨守》、《起廢疾》之别《三傳》短長，是也。八曰“辨剿説”。晉代注家，每摭拾前人而不言所自；如《僞孔尚書傳》之本於王肅，杜預《左傳注》之本於服虔，郭璞《爾雅注》之本於樊孫，是也。九曰“正謬解”。大道多歧，習非勝是。實事求是，擇焉必精；如《易》之象數明，則輔嗣之玄宗可退；《書》之訓詁覈，則仲真之《僞傳》可排，是也。十曰“廣異文”。古籀篆隸，易時遞變。衆家授受，傳本不同；如《説文》之古文，《玉篇》之異字，《漢碑》之異體，《經典釋文》之異本，是也。統緒十端，囊括古今，誠六藝之潭奥，衆論之苑囿！今仍釐爲條例如左，覽者詳之。

一、以經注經，此爲漢學之先河。六藝指歸，具見《爾雅》。博文明事，首推《孟子》。《坊表》二記，動引《詩》、《書》。《燕聘》諸義，本詮《儀禮》。《春秋左氏傳》，説經尤夥。元亨利貞之辯，黄裳元吉之解。夏后之九功九歌，文武之九德七德。《卷耳》能官人，則《大戴記》、《逸周書》具之。《虞書》數舜功，則四凶十六相詳之。豈獨王應麟所舉《外傳》叔向、單穆公、閔馬父、左史倚相、觀射父、白公、子張諸人，其言有功聖學，在漢儒訓詁之前哉！今並輯録以資討源。（《禮記》《冠義》、《昏義》、《鄉飲酒義》、《射義》、《燕義》、《聘題》諸篇，本釋禮經，全文具在，止注每經篇義之下，不必複雜。）

一、經中援經，有不標經名，實據經義者。如《禮記·檀弓》“仲遂卒於垂”云云，即據《春秋》宣八年之文。《王制》“天子五年一巡狩”至“歸假於祖禰用特”，即據《尚書·堯典》之文。《文王世子》“庶子之正於公族者”以下，即據《周官》諸子司士、甸人諸職之文。（《燕義》篇首亦引《周官》庶子之文。）《郊特牲》“鄉人禓”云云，即據《論語》“鄉人儺”之文。“大羅氏”云云，即據《周官》羅氏之文。《郊特牲·冠義》以下，即據《儀禮·士冠禮》之文。《内則》“凡食齊視春時”以下，即據《周官》食醫、庖人之文。此類必由經傳洽孰，乃能左右逢源。《逸周書》中如《職方解》，《大戴禮記》中如《哀公問》、《曾子大孝》、《諸侯釁廟》、《朝事》、《投壺》、《本命》諸篇，有與《周官》、《小戴記》相出入者，宜皆詳録。至乃孤章斷句，文字異同，或其本傳習各殊；如《公羊》文十二年《傳》引“惟諓諓善諍言”云云。《禮記·緇衣》引《周田》“觀文王之德”；是也。或其詞檃括相就；如《左氏》隱六年、莊四年《傳》並引《商書》有“惡之易也”四字；僖十三年、三十三年，昭二十年《傳》並引《康誥》“父子兄弟，罪不相及”之語，是也。舉此見例，他經可推。

一、經中援經證事，本非釋經。然如左氏隱元年《傳》：“君子曰：‘潁考叔，純孝也！愛其母，施及莊公。《詩》曰：孝子不匱，永錫爾類。其是之謂乎！’”《大雅・既醉》鄭箋即轉引此傳爲説；則左氏最先得經意矣。此類義在探原，亦宜詳録。

一、經中引經，如《禮・坊記》引高宗云：“三年，其惟不言，言乃讙。”（《檀弓》同。）鄭注：《高宗》名篇，在《尚書》。《喪服》、《四制》引《書》曰：“高宗諒闇，三年不言。”（《論語》同。）下云：“載之書中而高之，故謂之高宗。”則此語當在高宗之訓，而非《無逸》所稱。《左氏傳》引《夏書》曰：“維彼陶唐”，至“乃滅而亡”，賈、服、孫、杜皆解爲夏桀之時。《夏書》止於《允征》，當仲康世；則此語當在百篇之外，而非《尚書》所有。此類歸之逸經，附每經後。

一、所采群經，皆取其援引他經者。至於一篇之内，前後相承；數卷之間，異同互見；義具本書，無庸贅録；如《三傳》之釋《春秋凡例》，是也。惟《禮記》爲七十子之徒，各述所聞，辭非一家，事有萬族，義類繁博，錯綜紛拏，爲之條分櫛比，則不獨會通本書；且參校古制，愈於後倉推士禮而致於天子之禮。又春秋時，周禮在魯；左氏魯人而善於禮；傳中援禮最詳，所稱“先王之制”，“先王之令”，皆是物也。是故發凡起例，咸周公之禮經，三聘五朝，乃文襄之霸制。蓋非好學深思，不能心知其意。今於此二書，特廣條緒，異乎他經；剖纖析微，實有裨於禮學。

一、《春秋三傳》事蹟，它書所載，多相出入。明薛虞畿有《春秋别典》；國朝陳厚耀有《春秋戰國異詞》，今不重采。

一、《説文解字》引經之例：有用正訓與次訓不相蒙者；如《口篇》“嘽”字，引《詩》“嘽嘽駱馬”，義爲“喘息”；與“喜也”之訓隔。《齒篇》“齻”字，引《春秋傳》“晳齻”，義爲“齒相值”；與“齧也”之訓隔，是也。有用次訓與正訓不相蒙者；如《人篇》“假”字，引《虞書》曰“假於上下”，義爲“至”；不與“上非真”之訓相屬。《土篇》“垐”字重文“堲”，引《虞書》曰“龍，朕堲讒説殄行”，義爲“疾惡”；不與上“以土增大道上”之訓相屬。是也。有字止一訓，引經爲假借者；如“䎬”訓“羽獮韋絝”；《虞書》借爲“鳥獸氄毛”。“玫”訓“人姓”，《商書》借爲“無有作玫”。“哼”訓“口氣”，《詩》借爲“大車哼哼”。“蹡”訓“行皃”，《詩》借爲“管磬蹡蹡”。是也。至若“蘼”訓“艸木相附，麗土而生”，引《易》“百穀艸木蘼於地”，與本義合。《易釋文》云：“草木麗，《說文》作蘼”；是唐以前《說文》如此。《玉篇》引《易》同《說文》，是顧野王尚見《漢易》有作“蘼”字者。“寷”訓“大屋也”，引《易》“寷其屋”，與本義合。《釋文》云：“豐其屋，《說文》作寷”；（今《釋文》寷字誤脱宀。）是唐以前《說文》如此。《廣雅》：“寷，大也。”是張揖尚見漢《易》有作“寷”字者。則不必執古文《易》之本字，不爲“蘼”爲“寷”也。“埶”訓“至也”，讀若“摯”同；一曰“《虞書》雉埶”，與鄭君《尚書注》“摯之言至”合。“炪”訓“火光”，（當依《類篇》所引，光上增不字。）引《商書》曰“予亦炪謀”，與《經》“予若觀火”義相應。“跂”訓“迮也”，引《周書》“常跂常任”；“迮”爲迫近之義，“常跂”謂近侍之官，與揚雄、胡廣侍中箴合。“詷”訓“共也”，引《周書》“在后之詷”，與馬融本《尚書》合；與《禮記》注“詷之言同”亦合。則不必執《古文尚書》之本字不爲“埶”爲“炪”爲“跂”爲“詷”也。此類循文考義，務在求是，不可苟同，亦不可立異。

一、《說文》引經，因文散舉，雖繁簡錯綜，皆可尋其條理。故有上下數文，輒隨字類繫者；如《示篇》“祡”字，引《虞書》；下文“禷”字，即釋“類於上帝”。《玉篇》“瑗”字，引《爾雅》；下文“環”字，即舉“肉好若一謂之環”。“瑁”字引《周禮》；上文“珽”、“瓛”、“瑒”字即並舉《玉人》之文。是也。有一句數字，輒隨字類繫者；如《玉篇》“玕”引《禹貢》“球琳琅玕”；上文即載“琅”字。《牛篇》“犉”引《春秋傳》“牻犉”；上文即載“牻”字。《口篇》“唸”引《詩》“民之方唸吚”；下文即載“吚”字。是也。又有不著經名，實用經語者；如《示篇》“祠”字注“仲春之月”云云，用《月令》文。“祅”字注“地反物爲祅”，用《左氏傳》文，是也。有不著經名，實係經字者；《潛研堂答問》嘗舉異文“墒”、“昏”、“虒”、“捊”、“扴”、“戠”等三百餘字，有合有違，宜別擇之。此外尚多，當更搜采。有引某説，即係經説者；如《卜篇》“貞”字，引京房説，即京《易章句》釋“貞”字之義。《鹵篇》“粟”字引徐巡説，即釋《尚書》“寬而栗”之義。《𠂤篇》“隍”字引徐巡説，即釋《秦誓》“邦之杌隉”之義。（巡受《古文尚書》。）《心篇》引博士説，即三家《尚書》説《洪範》之文。（《五經異義》可證。）《水篇》“溺”、“濕”、“汶”字，引桑欽説，即釋《禹貢》之文。（欽受《古文尚書》。）《黹篇》“黺”字引衛宏説，即宏《古文尚書訓》旨釋《皋陶謨》“黼黺”之文。《玉篇》“玭”字引宋宏説，即釋《禹貢》“玭珠”之文。（宏從孫登少傳《歐陽尚書》，見《後漢書》登傳；然則宏亦爲今文之學者歟？）《𠂑篇》“禼”字引歐陽喬説，（喬高義同，形聲近。）即《歐陽尚書章句》釋《牧誓》“如豺如離”之文。（據《史記·周本紀》引《牧誓》可證。）《木篇》“椅”字引賈侍中説，似侍中《四家詩同異》中説“椅桐梓漆”之文。《牛篇》“犧”字引賈侍中説，似《古文尚書訓》中説《微子》“犧牲牷”之文。《酉篇》“酏”字引賈侍中説，似《周官解詁》中釋酒正之文。《亞篇》引賈侍中説，似《左氏傳解詁》中釋文六年傳“爲亞卿焉”之文。《辵篇》“造”引譚長説，亦釋《禮記·王制》造士之文。其餘稱賈侍中説者或非經解，貴審别擇，庶無誤收。

一、《説文》引經，有散見於它字讀法中者，但須節録其句。如《竹篇》“莩”讀若《春秋》“魯公子彄”；《言篇》“誃”讀若《論語》“跢予之足”之類。至於“𨒅”讀若《春秋傳》曰“輔𨒅”，“辵”讀若《公羊傳》曰“辵階而走”，“竄”讀若《虞書》曰“竄三苗”之竄，“𢦏”讀若《詩》“𢦏𢦏大猶”，即用本字爲音，與全書之例不合；近儒以爲傳寫淆訛。案此或“讀若”下脱一比音之字。“之竄”二字則衍耳。傳寫者未必改注中易識之“竄”、“秩”、“竄”、“𢦏”也。又如“繻”既“需”聲，又言“讀若《易》‘繻有衣’”，則“讀若”二字爲衍也。又如引《書》“栞”讀若刊，“圛”讀若驛，而今本《尚書》即爲刊字驛字。引《春秋》“嵒”讀若聶，而今本《春秋》即爲聶字。此類或由後人改易，相沿至今。或古文今文，傳授異本。

一、《説文》引經之字，重文者，有古文、籀文、篆文或字諸體；並附載。

一、小學之書，《説文》、《廣雅》最與《爾雅》相輔，詁訓名物，敷證極博，輒依部居，逐字甄采。《玉篇》以下頗經竄亂，必擇明引經句者録之。旁至漢魏碑銘，釋藏音義，文字異同，靡不搜討。

一、漢儒傳注，有古學今學之分；必先考其家法，然後異同可辯。鄭司農先事京兆第五君，通《京氏易》、《公羊春秋》；又從東郡張恭祖受《周官》、《禮記》、《左氏春秋》、《韓詩》、《古文尚書》；（《北堂書鈔》引續《漢書》，與《後漢書》同。）又因涿郡盧植事扶風馬融。其自序云："遭黨錮之事，逃難，注《禮》。黨錮事解，注《古文尚書》、《毛詩》、《論語》。爲袁譚所逼，來至元城，乃注《周易》。"《鄭志》："炅模問《坊記》注以燕燕爲定姜之詩？答云：'爲記注時，執就盧君，先師亦然。後得《毛公傳》，而爲《詩》注，更從毛本。'"故鄭君注《禮》、《易》用京氏，《詩》用韓、魯，《公羊春秋》用顔氏。此其證也。典午以後，家法遂亡。河洛之間，尚遵古學。迄于唐初，得失參半。今自見存兩漢傳注以下，唐人義疏以前，及諸散佚古注，凡釋此經而引彼經者並采；所以博存異義，補綴闕遺。

一、群經佚注，近多編輯成書，並雅材好博，收拾闕遺。今所纂經説，系取諸諸家章句之外；凡諸佚注，不盡復録；然采獲浩博，篇牘牽連，即莫不貫串其中，闕漏亦鮮矣！①

一、《經典釋文》所載諸本異字，諸家異讀並采。

一、僞書如《家語》、《孔叢子》之類亦采者，如讞獄之當具兩造。

一、周秦諸子，未遭燔經。漢儒先師，荀卿最近。賈傅董生，絶學如綫。淮南劉向，雜家博收。《論衡》以下，條緒可尋。訖於《家訓》，辨難頗覈。它如宏景《藥録》，多通雅詁。甄鸞《算術》，專釋五經。今並肴覈百家，溯洄六學。例諸介純夏幠，廣征《尸子》之大名；槐檀柞楢，旁援鄒書之改火。

一、史部起《史記》訖《唐書》，稽討志傳，鈎提疏議。二京經業，可一字而千金。五代儒林，孰重南而輕北？至於《通典》之淹貫禮説，《水經注》之研覈地理，闡助經義，是爲閎博。

一、子注史注有涉經義者，並采以資證明。其爲訓釋本書，使文義易曉者，稍擇最要，附綴每條。

一、逸緯及唐以前逸子、逸史、傳記有涉經義者悉采。

一、六朝以前，通人纂箸。史傳而外，文集間存。苟與經術有裨，不

① 此條原書無，今據《國學文選類纂》補入。

廢采求散佚。

一、采書悉仍原文，寧詳毋略，每書必標某卷某篇以明所徵。有據善本訂誤者，附注其下。

一、卷首仿《經典釋文》之法，爲序録若干卷，以稽家法，考廢興。

一、總經編纂之例，凡鴻章鉅典，衆論如林，及閎説眇恉，綜括經解，皆提綱挈領，不宜破碎；取劉向《别録》之法，爲通論若干卷；取班固《白虎通義》、杜佑《通典》之法，爲目若干條。

一、分經編纂之例，逐條排比，離析章句，各依漢儒家法。其古學焯然可知者，循其義類，按次輯綴。有所闕疑，以類附當篇末。

一、編纂之例，每條先揭本經篇名，次録所采之書。《易》上下經題某卦。《書》、《詩》、《儀禮》、《禮記》、《爾雅》題某篇。《周禮》題某職。《春秋三傳》題某公某年。《論語》、《孝經》、《孟子》題某章。文字異者，悉標經句以便循省。其爲傳注證明者，並列傳注本文於章句下。

十八、錢基博　師範學校讀經科教授進程説明書

（甲）“讀經”二字之詁釋。　按《師範學校規程》第二十八條，規定預科及本科第一部各學科目，第四十一條規定本科第二部各學科目，皆有讀經一科，次於修身科之後。漢劉熙《釋名·釋典藝》云：“經，徑也；常典也；如徑路無所不通，可常用也。”是“經”之本訓“徑路”，而聖賢相傳之法言，與吾人以共由者，遂謂之“經”；《易》、《書》、《詩》、《禮》、《春秋》、《論語》、《孟子》，是也。《荀子·勸學》篇曰：“學惡乎始？曰：‘始於誦經。’”《廣韻》：“讀，誦也。”是“誦經”即“讀經”也。《説文》言部：“讀，籀書也。”又竹部：“籀，讀書也。”《毛詩傳》：“讀，抽也。”《方言》：“抽，讀也。”抽即籀，籀、讀二字互訓。“讀”之云者，謂籀繹推演而發揮其義。太史公《讀秦楚之際》，《讀秦紀》：諸讀字，皆謂籀繹其義以作表也。是則所謂“讀經”云者：意原不在章句記誦之末，而在籀繹大義也。朱子云：“書只貴讀；讀便是學。夫子説：‘學而不思則罔，思而不學則殆。’學便是讀；讀了又思，思了又讀。蓋書，先須熟讀，使其言皆若出於吾之口，繼以精思，使其言皆若出於我之心，然後可以有得爾。”其説

善矣！然基博則謂讀而不思，只是未讀；蓋讀者，籀書之義也，焉有不思而可以籀書之義者耶？“讀經”二字之詁釋既明，則請進而申論師範學校讀經之旨趣。

（乙）師範學校讀經之旨趣。　師範學校之讀經，其旨趣與大學文科之治經不同。蓋大學文科治經之所以，在講學；在董理國故。而師範學校之讀經，則重經世，重修養人格，觀於《師範學校規程》第九條而可知也。其曰：“講經要旨，在講明吾國古先聖哲相傳人倫道德之要；尤宜注意於家庭、社會、國家之關係；以期本經常之道，應時勢之需。”本條涵義可分三層解釋之：

(a) 講明吾國古先聖哲相傳人倫道德之要。　此一語，所以定師範學校讀經之範圍。蓋經，有《易》，有《書》，有《禮》，有《春秋》，有《四書》；而《禮》，有《周禮》，有《儀禮》，有《禮記》；《春秋》，有《左氏》，有《公羊》，有《穀梁》；昔人所謂“廿年傳經，皓首莫竟”者，固非一端可盡；而可大別之爲三類：其一言天人相與之際，所謂性與天道，宋明諸儒竭智盡能之所鑽仰者也。以近世通行語指之，可謂爲屬於哲學之範圍。其二言治國平天下之大法。非惟博論其原理而已；更推演爲無數之節文禮儀制度。以近日通行語指之，可謂爲屬於政治學、社會學之範圍。其三言各人立身處世之道，教人以所以爲人者，與所以待人者，以近世通行語指之，可謂爲屬於倫理學、道德學之範圍。其第一種，中國古代之哲學，誠有其精深博大之系統，然此當以付之專門哲學家之研究，萬不能以喻諸人人。《易經》屬之。其第二種，則所言治國平天下之道，爲百世後從政家所當遵守者殊多。至節文禮儀制度，原爲當時人説法，而不必盡適時宜。此惟當留以供考古者之講求。至其言治國平天下之理之精粹者，亦僅從政者所宜服膺，不必盡人而學。《尚書》、《周禮》、《儀禮》、《春秋》胥屬焉。故竊以爲今日讀經以蘄從事國民教育者，宜將此兩大部分畫出，暫置爲後圖；而最切於民生日用，先務之急，爲人人所宜服膺勿失者，則此所謂“古先聖哲相傳人倫道德之要”，而言“各人立身處世之道”者是已。《四書》、《禮記》之類屬焉。

(b) 尤宜注意於家庭、社會、國家之關係。　此一語，所以爲“人倫道德”下之詁釋；“尤宜”二字須着眼。蓋言人倫道德而不注意於家庭、社會、國家之關係，則"道德"爲不"人倫"；《禮記·曲禮》、《樂記》注，皆云："倫，猶類也。"人倫道德者，全人類之道德也；非衹我之道德也。粵我先民，常以爲我者，天下國家組織之分子。我，非自有之我，乃天下國家所有之我；故己不可不修。孔子曰："修己以安人。"修己者，非爲己而修；乃爲安人而修。《大學》言："修身而後家齊，家齊而後國治，國治而後天下平。欲平天下，必先治國；欲治國，必先齊家；欲齊家，必先修身。自天子以至於庶人，壹是皆以修身爲本。"《皋陶謨》曰："慎厥身，修思永。惇叙九族，庶民[①]勵翼，邇可遠，在兹。"兹，即指慎厥身修思永而言。曰慎厥身，有謹小慎微之意；曰修思永，有長圖大念之意。言慎厥身，而必申之曰修思永者；蓋戒修己者之見小欲速，局於小我也。修己者，所以安人；匪只以自修。齊家（家庭關係）、治國、平天下（社會國家關係），皆安人也。敦叙九族（家庭關係）、勵翼庶民（社會國家關係），皆安人也。安，有勝殘去殺之意。若以西方生存競争，優勝劣敗之説證之。則修己者，所以謀自存之具；而競勝於世焉耳。同一修己也，有仁暴之分焉。竊嘗爲西洋人之自我觀，大抵以我爲主，以人爲從；而二十世紀之社會主義，其反響也。至吾國古先聖哲相傳人倫道德之自我觀，則以全人類爲主，以我爲從。仁者人也，修己安人之説，厥爲吾國古先聖哲相傳人倫道德之中樞焉。

（c）以期本經常之道適應時世之需。　此爲本條之結穴語，不可不注意。所謂本經常之道，適應時世之需者；蓋蘄古經之時代化，以適於經世致用。其有不適應時世者，如孔子之削則削可也。武進劉逢禄《論語述何篇》曰："'温故而知新'之故，古也。六經，皆述古昔稱先王者也。'知新'，謂通其大義以斟酌後世之制；漢初經師是也。"何休注《公羊》，率舉漢律；鄭君注"三《禮》"，亦舉律説。此以知漢儒窮經，無不"本經常之道，應時世之需"者。老子曰："執古之道以御今之有。"此言最可體味。古者，今之積也；無今，安所事於古？執古之道，所以御今之有也；使非以御今之有，則亦奚所事於執古之道者？自新文化盛唱以來，而國粹保存之呼聲，亦相應日高。庸知有不誤認師範學校之讀經，以爲國粹之廑保持

---

① 民，《尚書》通行本作"明"。

者。其實國之粹與不粹，尚視今人之奮發自力；匪可藉古人以撑門面。苟今人不自振奮，而徒誦習孔子、孟子之言，曰：“我保存國粹也。”是則老子所謂“子所言者，其人與骨皆已朽矣!”何國粹之有焉!

師範學校讀經之旨趣既明，則可進而説明讀經科教授進程。

（丙）讀經科教授進程。　茲遵依《師範學校規程》第九條第二項之規定，就《論語》、《孟子》、《禮記》、《春秋左氏傳》四書撮要講解。惟蘇東坡謂：“讀書須數過以盡其意，每次作一意求。”即是教人分類讀之意。曾文正公云：“一種學問，即有一種分類之法。”近儒武進沈友卿先生亦曰：“讀《論》、《孟》，須分類講解，觀其異同。如‘問孝’爲一類，而答各不同；更引他處言孝者比類參觀之。知其所以異，即知其所以同。”然則經不可不分類講解；以蘄讀者每次作一意求也。

（a）預科

（一）《論語》　就全書分爲三類講解：

（1）正名篇　名學者，學人之公器，非一家之私得，不論道、儒、名、法諸家，皆必精於名學而後能立能破。《春秋繁露·深察名號篇》：“孔子曰：‘名不正，則言不順。’《春秋》辨物之理以正其名；名物如其真，不失秋毫之末。故名賈石則後其五，言退鷁則先其六。聖人之謹於正名如此。”毛奇齡《稽求篇》引《漢書·藝文志》謂：“名家者流，蓋出於禮官。古者名位不同，禮亦異數。”孔子曰：“必也正名乎?”凡辨名所在，不可苟爲鉱析。且從來有名家如鄧析、尹文子、公孫龍、毛公諸篇；俱以堅白、同異辨名義爲辭。此則名家之説之所由著也。若漢後儒者猶尚名，曰名物；曰名義；曰名象；而寖尋失真。至晉時魯勝注《墨辨》一書，深論名理；謂：“名者，所以列同異，明是非，道義之門，政化之準繩也。孔子曰：‘必也正名’云云。墨子著《辨經》以立名本；而荀卿、莊周輩皆非之。然終不能易其論也。”其序尚存《晉史》，約四五百言；極言隱顯、虛實、同異、真似之辨，毫釐纖悉，皆有分部。其論甚著。故今以“衛君待子爲政”章冠全書。而附以剖析名義諸論；凡十二目：曰通論；曰論知；曰論仁；曰論恕；曰論孝；曰論剛；曰論直；曰論明；曰論達；曰論文；曰論狂狷；曰論政。（政者，正也。）

（2）君子篇　凡孔子之論君子者胥隸焉。近儒梁任公先生曰：“讀者若稍治當代教育史，當能知英國之教育，常以養成人格爲其主要精神；而英之所以能久霸於大地，則以此故也。英人之理想的人格，常以 Gentleman 一字代表之。昔俾士麥嘗讚歎‘此字在德文中，苦不得確譯。豈惟德文？無論何國，殆斷不能得恰適切之語以譯之。’斯言誠然。然求諸吾國語，則易易耳！‘君子’一語，即其確譯。此無他故，蓋我國與英國，其古昔傳來之教育精神同，皆以養成人格爲其職志；故不期而各皆有一語以表示人格之觀念；而爲他國人所不易襲取，且不易領會。今試執一英人而叩之曰：‘何謂 Gentleman？’其人必沉吟良久而不能對。更叩之曰：‘如何斯可以謂之 Gentleman？’則必曰：‘如何温良恭儉讓。如何博愛濟衆。如何重然諾，守信義。如何動容貌，出辭氣。’乃至‘如何如何’，列舉數十剌剌不休。試觀彼字典之釋義可知也。求一簡該之釋，殆不可得。雖然，所謂 Gentleman 者，自有一種無形之模範深嵌於人人之意識中，一見即能知其是非真僞。苟其人言論行誼，一旦悖戾此模範；則立見擯於 Gentleman 之林而爲群 Gentleman 所不齒。養成人格之教育，其收效有如此者。我國亦然。突然問曰：‘何謂君子？’人人莫知所對也。更扣曰：‘如何斯可謂之君子？’則其條目可以枚舉至於無算，若不得其簡該之義。而人人意識中，固若有一種無形之模範，以示别於君子非君子。其與英人異者：英人此種意識，見之甚瞭；操之甚熟；律之甚嚴；行之甚安；推之甚溥。我國不然。此種意識本已在朦朧茫漠之中；而其力又甚單微，不足以斷制社會。故人人不必求勉爲君子；即躬行君子者，久之亦且自疑沮，或反棄其所守以求同於流俗。此則教育致力與不致力使然也。吾非謂英人所謂 Gentleman，與吾國所謂‘君子’，其模範恰同出一型。吾殊不必引彼義以自重。吾深信吾國所謂‘君子’，其模範永足爲國人所踐履；真踐履焉，則足使吾國人能自立自達以見重於天下。而孔子養人格之旨；其最終之鵠，所謂：‘使人人有士君子之行。’”而此之三十餘章所云云，即詁釋君子之所以爲君子也。吾儕試悉心紬繹體驗之，則能知孔子所欲養成之人格。“君子人”者其不可缺之條件有幾；其條件之類别，系統何若；其踐履之途徑先後次第何若；既以自勵，而更思以種種方法，牖導民衆而訓練之，以使之成教於國，此豈非社會教育之盛德大業，而吾儕從事師範教育者之所有事耶！

（3）教學篇　凡孔子之論“教”與“學”者胥隸焉。孔子之論學重自動；而教在啟發；曰："不憤，不啟；不悱，不發；舉一隅，不以三隅反，則不復也。"

（二）《孟子》　就全書分爲六類講解：

（1）原性篇　凡孟子之論性者胥隸焉。孟子道性善，世人之所知也。而孟子之所以道性善者，則或世人之所未知。其一孟子論性之方法：孟子論性之方法有二：一以故言性。孟子曰："天下之言性也，則故而已矣。"朱注："性者，人物所得以生之理也。故者，其已然之跡；若所謂'天下之故'者也。言事物之理，雖若無形而難知；然其發見之已然，則必有跡而易見。故天下之言性者，但言其故而理自明，猶所謂'善言天者，必有驗於人'也。"此孟子"以故言性"之說也。與法蘭西學者古惺（Causin 一七九二——一八六七）之論心理學同恉。古氏之言曰："哲學必自事實始。此事實，乃供給哲學者以入思辨之境涯之機會者也。心理學不過爲入形而上學之橋梁。形而上學，乃最優之科學也；科學之科學也；科學之對象爲實體，乃常不變化永久之實在也；而其研究之方法，則依觀察。無觀察之工夫，則不能有何等之科學。故可謂吾人乃觀察精神之事實而窮究其所以蘄到達絕對之原理。心理學之方法，乃充此職役者也。易言以明之：即以後天之方法，得認先天之原理者也。"此孟子"以故言性"之說也。敬兄敬鄉人，孺子入井，皆孔子之所謂"故"也。二以情證性。孟子好以"惻隱"、"羞惡"、"辭讓"、"是非"四端言性，皆情也。蓋生之謂性；而情祇是性之發。性不可見而情可見也。其二孟子性善之界說：孟子道性善，祇限於人；而物非所論。其"杞柳桮棬"一章，論人性之不同於植物。"生之謂性"一章，論人性之不同於動物。而"性猶湍水"一章，則論人性之不同於無生物。故嘗見意於"人之所以異於禽獸"一章曰："明於庶物，察於人倫。"蓋人之性善，而物之性不必皆善。人之性可率，而物之性不必可率。此孟子之所爲"明"所爲"察"也。

（2）存心篇　《易》曰："繼之者善也，存之者性也。君子閑邪存其誠。"凡孟子之言存心者胥隸焉。

（3）養氣篇　凡孟子之論養氣者胥隸焉。雖然，孟子之所謂氣者。何也？曰："情（感性）之衝動，是也。"德之哲家康德曰："世界無制限純粹之善。惟其善意志而已。何謂善意志？曰'爲理性之故而從理性之意志，是已。爲義務之故而行義務之意志，是已。’此乃不從感情之指揮而求與理性之命令一致之意志也；非可由感情欲望而決定者也。譬如人生憐憫之情而爲慈善；是既爲感情之所左右矣。不得爲道德之行爲也。必絶情祛欲，始有道德之價值。”則是感性與理性不相容也。自孟子言之，則曰：“其爲氣也，以直養而無害；則塞乎天地之間。”則是理性可以養感性也。“其爲氣也，配義與道；無是餒也。”則是感性可以配理性也。是理性與感性非不相容也。孟子謂情非不善；而康德則認情爲不善。不知道德之行爲，乃自取捨統馭種種之感情欲望而成立。孔子曰：“禮，所以治人七情；然禮必以人情爲本。”非必悉去感情欲望而道德始成立也。離感情欲望，則不能有行爲。若如康德所言，絶情祛欲，則道德之行爲亦全消滅。清儒戴震著《孟子字義疏證》一書曰：“君子之治天下也，使人人各得其情，各遂其欲而天下治。君子之自治也，情與欲使一於道義。”孟子“集義”之功，“情與欲使一於道義”而已。戴氏又與某書曰：“後儒不知情之至於纖悉無憾，是謂理。”康德之謂矣！

（4）教學篇　凡孟子之論“教”與“學”者胥隸焉。按孟子之論“教”、“學”在“自得”曰：“君子深造之以道，欲其自得之也。”“君子”，指教者説；“深造之以道”之“之”字，代名詞，指學者。謂君子深造之以道，期於學者之自得，而非儘量輸入。“造”，作造就解；讀在早切。此亦自動教育之説也。

（5）辨諸子篇　此可以證見孟子與諸子不同之所在。凡五目：曰辨墨家；曰辨農家；曰辨兵家；曰辨遊説家；曰辨治生家。

（6）政制篇　凡孟子之論政治法制者胥隸焉。按“儒家雖著爲一總名，而其中支分流別。戰國之際，疑別有一種儒家法學派。此法學又不同管、商、申、韓諸家之言。惟就儒家而論：大都但説仁義，重束修，敦倫理；而此派則特自研有治國之方法；各種政法制度，亦復具體可以立案畫策。且古今之制度，皆經考證，言之可稽。如《孟子》一書，其明舉王制所宜；孔子《論語》二十篇中，尚無此種文字。蓋孔子之實體法制説，皆分見於六經。而《論語》所記，則但言王而未言制。”近人劉少少説。

（b）本科一年級

（一）《禮記》　《禮記》四十九篇，據鄭玄《目録》，考之於劉向《別録》。其篇次本以類相從。而唐魏徵又作《類禮》二十篇；太宗美其書，詔曰：“以類相從，别有篇第；併更注解；文義粲然。”朱子惜不之見。迨元吴澄撰有《禮記纂言》三十六卷。其篇第亦以類相從。是《禮記》舊本，本多分類者。玆據經文，酌時宜，分爲六類，凡十五篇。

(1) 有言古代之家庭教育者——(子)《内則》；(丑)《曲禮》。凡桐城姚鼐所謂古《曲禮》正篇，有韻可誦之五十九句，俾童子誦者；以及《曲禮》所載事長、敬老、接賓、執贄、納女之説；皆選焉。

(2) 有言學校教育者——(子)《中庸》；(丑)《大學》；(寅)《學記》。戊戌政變以前，中國無所謂教育焉。馬端臨曰：“所謂學者，姑視爲粉飾太平之一事”耳！然而古之教者，家有塾，黨有庠，術有序，國有學，所謂學校至不一也。其教育在自動。其教育之旨趣及方法，具見於《中庸》、《大學》、《學記》三篇。

《學記》論教授法，《大學》、《中庸》論教育原理。而《學記》與《大學》、《中庸》三篇之間，有最扼要之一語爲之樞機；即《學記》所謂“教也者長善而救其失”者也。此一言所以示教育之效能。蓋以爲教育者，非真能有移風易俗之力也。所謂“長善”云者，不過善者長之以蘄止於至善焉耳。其效能絶對有限量而非無限量；不似近今吾人信教育有改造社會，化惡爲善之力；何也？以其植基於“性善”之説也。人性本善；何須改造！亦何可改造！惟性善，故自動。惟性善而不無末流之説，故自動不能廢教育。惡者，其末流之失已耳。教育者，匪創造人生本無之善；而救其末流之失已耳。故曰：“教者長善而救其失。”《中庸》之“率性”、“修道”；《大學》之“明明德”、“新民”、“止至善”；皆依據斯言以定教育之原則焉。《中庸》之開宗明義曰：“天命之謂性，率性之謂道，修道之謂教。”何謂“性”？本能是也。何謂“率性”？“發揮本能”是也。朱子注：“率性之率，不是用力字；只是順其自然之意。道，猶路也。人物各循其性之自然；則其日用事物之間，莫不各有當行之路；是則所謂道也。修，品節之也。性道雖同而氣稟或異；故不能無過不及之差。聖人因人物之所當行者而品節之以爲法於天下；則謂之教。”故曰：“教者長善而救其失。”迨善之長也；“能盡其性，則能盡人之性；能盡人之性，則能盡物之性；能盡物之性，則可以贊天地之化育。”“盡性”云者，謂本能之發展，推而致乎其極云耳。

此《大學》之“明明德”，所以必推極其效於“新民”、“止至善”也。蓋明德，即性也；以其德之於天而昭明不昧；故謂之明德。德本明也，昏於氣而蔽於物，則失之矣！學者所以明之而已；此“救”之説也。民亦同有明德；而舊染汙俗，故又當推吾之明德以新之也。性之體純粹至善，而其用見於人倫事物之間；故修己治人，皆必止於至善；然後有以盡其性。故曰：“教者長善而救其失”者也。《學記》之論教也，重在教學生學；不重在教學生。《記》曰：“今之教者，呻其佔畢，多其訊，言及於數。”教亦勤苦矣！然而“施之也悖；求之也佛；夫然故隱其學而疾其師；苦其難而不知其益也；雖終其業，其去之必遠。”徒勞而無功者，何也？則以未能濬發其活潑及創作之自動能力、研究之精神；而覺爲學之可樂，藏焉修焉，息焉遊焉，則自“安其學而親其師”矣。故曰：“君子之教喻也；道而勿牽；强而勿抑；開而勿達；道而勿牽則和；强而勿抑則易；開而勿達則思；和易以思，可謂善喻矣。”此其所以養成學者活潑及創作之自動能力、研究之精神者爲何如乎！基博嘗謂學生者，學而能自畢焉；教師者，匪教而能事畢焉。《記》曰：“記問之學，不足以爲人師。”何也？以其祇知教也。《大學》論“止於至善”，必曰“知其所止”。《中庸》之論“誠身”，必曰“明善”；曰“擇善”。誰則知之？曰：“止至善者自知之”也。誰則明之擇之？曰：“誠身者自明之，自擇之”也。何以知？何以明？何以擇？曰：博學、審問、慎思、明辨；確知其爲“善”、“至善”；然後固執而篤行焉。嗚呼！此《學記》之所以先“辨志”；而蘄至於“知類通達，强立不反”；然後“謂之大成”也。始焉善之不擇；終之不知所止。而國人今日遂不忠於所學，以講學爲投機。今日國粹，明日歐化，其實不過揣迎時好，弋獵聲譽，作一種投機事業而已；非真有所主張，有所研究云爾也。卒之隨波逐流，而思想陷於破産；轉徙流離，倀倀乎何之。孟子曰：“人有雞犬放則知求之；有放心而不知求，哀哉!”此則今日學者之大患也！嗚呼！仲尼不云乎！“人皆曰余知；擇乎中庸而不能期月守也。”然則如何而可？曰：“誠之者，擇善而固執之者也。”所謂“擇善”者，非漫然而善之也。“博學之，審問之，慎思之，明辨之，篤行之。有弗學，學之勿能，勿措也。有弗問，問之弗知，弗措也。有弗思，思之勿得，勿措也。有弗辨，辨之弗明，弗措也。有弗行，行之弗篤；弗措也。”得一善，則拳拳服膺而弗失之矣！此則硜硜之愚，以爲忠於所學，忠於其主義者當如是也！今日學之大患，一言以蔽之：曰不誠而已矣！“誠者物之終始，不誠無物。”伯爾同志，尚體斯意。

（3）有言社會教育者——（子）《鄉飲酒義》；（丑）《射義》。今之學校，厥爲教師學生之學校。而古之學校，則爲社會之學校。所謂社會之學校者，其意味有二：（一）學校，爲社會之學校；而非學校之學校。（二）學校之教育，爲社會之教育，而不限於學校。要之學校與社會融合爲一而已。試論其略：

（子）三代之隆也，學校爲社會之學校，校長即爲社會領袖之人物。五家爲鄰，五鄰爲閭；閭有塾。（二十五家同住一巷，巷首有門，門側有塾。）四閭爲族，五族爲黨；黨有庠。五黨爲州；州有序。五州爲鄉；鄉，二千五百户也。鄉之中，鄉大夫各掌其鄰爲邦教；受於司徒；（司徒猶今之教育總長。）頒於鄉吏；六禮以節民性；七教以興民德；八政以防民淫。州長，即一州之師也。黨政，即一黨之師也。下之爲閭胥，爲比長，（即鄉長。）皆鄉吏也；亦皆學校之教職也。古者農可爲士；而吏即爲師。馬端臨《文獻通考序》曰：“國學有司樂、司成，專主教士；而州閭鄉黨之學，則未聞有司職教之任者。及考《周禮・地官》：黨正，各掌其黨之政令教治；州長，各掌其州之政令教治。然後知黨正即一党之師也，州長即一州之師也。以至下之爲比長閭胥，上之爲鄉遂大夫，莫不皆然。蓋古之爲吏者，其德行道藝俱足爲人之師表。”於是學校領袖即社會之領袖；而學校教育，自不致有與社會隔膜之虞矣。

（丑）古之人，自家至於天子之國，皆有學，自幼至於長，未嘗去於學之中。春令民畢在野；閭胥平旦坐於右塾；鄰長坐於左塾；（師古注：“督促幼之知其早宴，防怠惰也。”按塾在里門之側。）畢出然後歸。夕亦如之。入者必持薪樵；輕重相分。斑白不提挈，所以優老人也。歲之蜡月（十二月），黨正，則以禮屬民而飲於序（州序）。州長，春秋以禮會民而射於州序。鄉大夫，行鄉飲酒之禮於學，以勵其德行；以觀其賢能；迨三年而以鄉射之禮五物詢衆庶：一曰和；二曰客；三曰主皮；四曰和容；五曰興舞。此謂使民興賢，出使長之；使民興能，入使治之；胥無不於學焉。諸侯之學曰泮宫；天子曰辟廱；班朝布令，享帝右祖，則以爲明堂。同律候氣，治歷考詳，則以爲靈臺。而養老必於學；大射必於學；出征、受成、（鄭康成注："定軍謀也。"）訊馘必於學；大師旅，則將士會焉；大獄訟，則吏民期焉；大祭祀，則天祖饗焉。蓋其制皆於國之勝地，築宫，環水；國有大事，則以禮屬百官群吏下民而講行之；無事則國之耆老子弟遊焉，以論鼓鐘而修孝弟。蓋學校爲社會之學校；故社會所有事，無不於學校行之。而學校教育，亦不限於詩書六藝；又有祭祀、鄉射、養老之禮；以習其恭讓；司律、治曆、論獄、出兵、授捷之法以習其從事；而其大要，則務使人人盡其性；不獨防其邪僻放肆也。其在黌舍之内，而社會之文爲制度，無不習熟聞見，究其所以，以及出而任社會之事，方物出謀發慮，則隨所施爲無不可者。何也？學校與社會溝通爲一，而其教育不徒以讀死書爲能事也。

（寅）學校爲社會之學校，社會有輔相學校之義。《王制》："司徒命鄉簡不率教者以告。耆老皆朝於庠。元旦，習射，上功。習鄉上齒，大司徒率國之俊士與執事焉。"耆老，謂其鄉之老成有德者，而俊士，則年少英俊之士；皆所謂模範人物也。蓋欲使不帥教之人，得於觀感改過以從善；《學記》所謂相觀而善摩之謂也。習射，謂行射禮；使知心平體正之德，而盡所以修身。習鄉，謂行鄉飲酒禮；使知長幼尊卑之禮，而盡所以事焉。此所以待不肖也。三年大比，興賢者（有德行）能者（有材藝）；鄉老及鄉大夫率其吏與其衆，以禮賓之；使俊士賓焉以爲榮；不肖者慕之而知奮焉。

（卯）學校爲社會之學校而學校遂爲社會教育之機關。一九一九年美國全國教育會會長潑力士登夫人以"公衆集會法"爲最重要之社會教育。先是夫人村居，深知鄉村生活，須有一種有秩序、有組織社會交際之法，國風化人之道。而長日勞動之徒，亦應有休養暢樂之法。農莊中若快樂不與勞苦同等，斷不能保傳兒女。然農家揮汗鋤雲，何得有此。夫人知其然，遂提倡一公衆集會法。其言曰："公衆集會所行之事，無論其爲音樂會、辯論會，抑他種遊戲，甚至細如蜂之鬥衙者，亦能加生機於鄉村之生活，使人民和諧之風從此發生；使公民日趨於良美，而成國家完善之公民。"（見《新教育》第四卷第二期。）基博則以爲鄉飲酒、鄉射，三代之公衆集會法也；當日最要之社會教育。而學校，則其鄉飲酒、鄉射之地也。《鄉飲之義》曰："主人拜迎賓於門之外，入三揖而後至階，三讓而後升；所以致尊讓也。盥洗揚觶，所以致絜也。拜至，拜洗，拜受，拜送，拜既；所以致敬也。尊讓絜敬也者，君子之所以相接也。君子尊讓則不争，絜敬則不慢，不慢不争，則遠於鬥辨矣！不鬥辨，則無暴亂之禍矣！斯君子所以免於人禍也！”又曰：“祭薦，祭酒，敬禮也。祭肺，嘗禮也。啐酒，成禮也。於席末言是席之正，非專爲飲食也；爲行禮也。此所以貴禮而賤財也。卒觶致實於西階上，言是席之上，非專爲飲食也；此先禮而後財之義也。先禮而後財，則民作敬讓而不争矣。”此其所以養成“人民諧和之風”者。爲何如乎！吕祖謙曰：“鄉飲酒者，鄉人以時會聚飲酒之禮也；因飲酒而射，則謂之鄉射。”《射義》曰：“射者，仁之道也；求正諸己，己正而後發；發而不中，不怒勝己者；反求知己而已矣。”孔子曰：“君子無所争，必也射乎！揖讓而升，下而飲；其争也君子！”於角射較勝之時，不失雍容揖讓之度；其争也，乃所以彰其爲君子也！故曰“可以觀德”。此其刑仁講讓，示民有常；而限制民之競争者又何如乎！豈非“所謂一種有秩序、有組織社會交際之法”；而爲“國風化人之道”者耶！夫黨正以禮屬民而飲州序，必於歲之蜡月者；此正以農家揮汗鋤雲，終歲勤動；而“休養暢樂之法”，遂不得不行於歲之蜡月農隙之時焉。夫農村爲國富之策源地；此歐美經濟學者之公言。使如潑力士登夫人所云“快樂不與勞苦同等”；俾其人憔悴鬱結，意不得發舒；而精神體力，日即於委靡；則社會將隱受其害，寧祇一鄉一邑之榮悴已耶！

要之三代之世，掌學校者，不視學校爲獨立社會以外之團體；而視學校爲社會之一部。其教授之所取資；一以實際之社會爲衡；不似今日之學校教育，與社會隔膜；而不問社會之現狀如何也。

(4) 有言社會組織者——（子）《王制》。

(5) 有言社會組織之原則者——（子）《禮運》；（丑）《樂記》。樂者爲同，禮者爲異。《中庸》曰：“忠恕，違道不遠；施諸己而不願，亦勿施於人。”“樂者爲同”之旨也。西諺有名言曰：“自由，以不侵人之自由爲界。”“禮者爲異”之旨也。“樂者爲同”，所以協人情之好惡；“禮者爲異”，所以別群己之權界。故曰：“樂至則無怨；禮至則不争；揖讓而治天下者，禮樂之謂也！”

(6) 有古代社會之風俗制度沿襲至今，其遺意猶可考見者——（子）《昏義》；（丑）《檀弓》；（寅）《問喪》；（卯）《三年問》；（辰）《祭義》。

（二）《春秋左氏傳》

（1）齊桓公召陵之師。

春秋時之國際形勢，分爲南北兩國際團體：南方國際團體以楚爲首領國；而北方則以晉爲首領國。鄭介兩大國之間；猶歐戰之際，比利時之介於德、法二國間也。當是之時，楚國時向北方爲侵掠戰爭；可比歐戰之同盟國首領德意志。而北方之首領晉國則糾合北方諸侯爲防衛戰爭；猶之歐戰中之協約首領英國。晉之先有齊，楚之衰有吴。此其大略也。

（2）宋襄公泓之戰。

（3）晉文公城濮之戰。

（4）楚莊王邲之戰。

（5）吴入州來。爲後來吴入郢張本。晉通吴以掎楚；猶英聯法以制德也，楚於是乎始衰矣。

（6）晉鄢陵之戰。

（7）宋之盟。

春秋弭兵之會，自宋之盟始。自此以前，爲晉楚武力競爭時代。而此後則爲外交競爭時期矣。春秋世運一大樞機也。

（8）虢之會。

（9）申之會。

（10）平丘之盟。

（11）召陵之會。晉於是乎失諸侯！

（12）吴入郢。楚衰而吴代興，晉楚争伯之局一變而爲晉吴争伯。

（13）夾谷之會。

（14）黄池之會。晉楚争先。

是編之主旨，在以春秋列國之會盟征伐，援古衡今，説明國際之道德，不同於個人；以唤起國民性之自覺。而時賢著述之可供參考者：（子）馬丁韙良博士之《支那古代萬國公法》，載丙午社《平時國際公法》一七——二四頁。（丑）日本《東方時論》之《舊戰國與新戰國》，譯載《東方雜誌》十五卷十號五六——六三頁。（寅）梁任公之《國際同盟與中國》，載《東方雜誌》十六卷二號一六一——一六三頁。皆引《春秋》之國際事實以衡論當世者也。吾國自嬴秦混一六王以迄於今，國民習於數千年之閉關，不復知國際爲何事；其始遇外人也，壹以夷狄待之；虚驕之心理，訑訑拒人之聲音笑貌可以怒敵而召釁者，亦既無在無之；一經敗衄，則又嗒焉若喪；卑怯之習日以長；以爲中國事事不如人；甘心居人後；自侮而人亦侮之！於是國際上之地位，遂以一落千丈强！顧衡諸春秋諸國何如者？不論晉、楚、齊、秦，泱泱大國之風；必不以疆埸勝負之一彼一此，自損其榮譽。即以小事大之蕞爾鄭，亦能壹遵當日國際之慣例，不亢不卑，保持其國際上之地位。豈有俯仰隨人，習於媚外；而可以立國者哉！嗚呼！國家之積弱，國民之志氣不振實爲之！儻非吾儕教育者之責歟。

（丁）讀經科與他科之關係

公民科　吾國古先聖哲相傳人倫道德之要。

教育科　吾國古先聖哲相傳之教學法，及學制之記載討論。

國文科　《論語》之文簡盡，而《孟子》之文則雄峭；《禮記》之文蘊藉，而《左氏》之文則恢詭。皆自古文事之至精能者。韓退之曰："沉浸醲郁，含英咀華。"其於斯文必有得矣！

歷史科　《春秋左氏傳》無論已。《禮記》之載典禮，《孟子》之論政制，皆絶好上古政治史料也。《禮記》之載冠、昏、喪、祭，《春秋》之記聘、享、賦、詩，皆絶好上古風俗史料也。

基博任本校讀經科五年於兹。國内參觀諸君，見課程表有讀經一科，往往以教學之旨趣及方法垂詢。言國粹者，則見譽曰："是存古也！是正人心，息邪説也！"言歐化者，則又曰："是守舊也！是錮蔽青年之耳目聰明也！"其實世間青年無絶對可讀之書，亦無絶對不可讀之書；要視教之讀者何如耳。孔子曰："温故而知新。"新即自故中温出。今之學者，不事温故，祇求知新；未能繼承，已思創作。祛理知而言直覺，超現實而鶩玄想，浮談無根，等於説夢；此大蔽也！至以讀經爲存古，則又拘虚之見，而未能游於方之外者。爰草此篇以就正於有道焉。

十九、清錢莘楣《十駕齋養新録》論古書音讀三則

古今音　《釋名》："古者曰車，聲如居；所以居人也。今曰車，聲近舍。"韋昭辨之云："古皆音尺奢反；從漢以來，始有居音。"二説正相反。韋氏誤也。韋特見《詩》"王姬之車"、"君子之車"，皆與華韻；而不知讀華爲呼瓜切，亦非古音也。古讀華爲敷。《詩》"有女同車"，與"華"、"琚"、"都"爲韻。"攜手同車"，與"狐"、"烏"爲韻。車之讀車，又何疑焉。宏嗣生於漢季，稍染俗學；故於古音不甚了了。

古無輕脣音　凡輕脣之音，古讀皆爲重脣。《詩》："凡民有喪，匍匐救之。"《檀弓》引《詩》作"扶服"；《家語》引作"扶伏"。又："誕實匍匐。"《釋文》本亦作"扶服"。《左傳》昭十二年："奉壺飲冰以蒲伏焉。"《釋文》本又作"匍匐"；蒲本亦作扶。昭二十一年："扶伏而擊之。"《釋文》本或作匍匐。《史記·蘇秦傳》："嫂委蛇蒲扶。"《范睢傳》："膝行蒲服。"《淮陰侯傳》："俛出袴下蒲服。"《漢書·霍光傳》："中孺扶服叩頭。"皆匍匐之異文也。

古讀扶如酺，轉爲蟠音。《漢書·天文志》："晷長爲潦，短爲旱，奢爲

扶。”鄭氏云：“扶當爲蟠。齊魯之間，聲如酺。酺扶聲近。蟠，止不行也。”《史記·五帝本紀》：“東至蟠木。”《吕氏春秋》：“東至扶木。”又云：“禹東至榑木之地。”“扶木”，謂扶桑也；《説文》作“榑桑”。古音扶如蟠，故又作“蟠木”。服又轉爲犕音。《説文》引《易》“犕牛乘馬”。“犕牛”即“服牛”也。《左傳》：“王使伯服游孫伯。”《史記·鄭世家》：“伯犕。”《後漢書·皇甫嵩傳》：“義真犕未平。”注：“犕，古服字。”服又轉爲謈音。《漢書·東方朔傳》：“舍人不勝痛，呼謈。”服虔云：“謈，暴。”鄧展云：“瓜瓝之瓝。”師古曰：“痛切而叫呼也；與《田蚡傳》‘呼服’音義皆同。”《田蚡傳》：“蚡疾，一身盡痛，若有擊者，謼服謝罪。”晉灼云：“服，音瓝。關西俗謂得杖呼及小兒啼爲呼瓝。”《廣韻》：“菢，薄報切；鳥伏卵。伏，扶富切；鳥菢子。”伏菢，互相訓；而聲亦相轉；此伏羲所以爲庖犧。伏羲氏亦稱庖犧氏。《説文》：“𩏼，迫也。讀若《易》虙羲氏。”《唐韻》：“𩏼，平秘切。”《風俗通》：“伏者，别也，變也；伏羲始别八卦以變化天下。”伏又與逼通。《考工記》：“不伏其轅，必縊其牛。”注：“故書，伏作偪。”杜子春云：“偪，當作伏。”按偪、迫、别、變，皆重脣。古音負如背，亦如倍。《史記·魯周公世家》：“南面倍依。”《漢書·徐樂傳》：“南面背依。”倍與背同；即負扆也。《書·禹貢》：“至於陪尾。”《史記》作“負尾”。《漢書》作“倍尾”。《漢書·宣帝紀》：“行幸萯陽宫。”李斐曰：“負，音倍。”《東方朔傳》：“倍陽宣曲尤幸。”師古曰：“倍陽，即萯陽也。”《釋名》：“負，背也，置項背也。”《書》：“方命圮族。”《史記》作“負命”；《正義》云：“負，音佩。”依《字通》：“負，違也。”按負命猶言背命。古讀附如部。《左傳》：“部婁無松柏。”《説文》引作“附婁”；云：“附婁，小土山也。”《詩》：“景命有僕。”《傳》：“僕，附也。”《廣雅》：“薄，附也。”苻，即蒲字。《左傳》：“取人於萑苻之澤。”《釋文》：“苻，音蒲。”《晉書》：“蒲洪孫堅，背有草付字，改姓苻。”古讀佛如弼，亦如勃。《詩》：“佛時仔肩。”《釋文》：“佛，毛符弗反，大也。”鄭音：“弼，輔也。”《學記》：“其求之也佛。”《正義》：“佛者，佛戾也。”《釋文》本又作“拂，扶弗反”。《曲禮》：“獻鳥者佛其首。”注：“佛，戾也。”《釋文》作“拂”；本又作“佛，扶弗反”。《晉書》：“赫連勃勃。”《宋書》作“佛佛”。乞伏氏亦作“乞佛”。佛亦作奔。《説文》：“奔，大也；讀若予違汝弼。”古讀文如門。

《水經注·漢水篇》:“文水,即門水也。”《書》:“岷嶓既藝。”“岷山之陽。”“岷山導江。”《史記·夏本紀》皆作“汶山”。《漢書·武帝紀》:“文山郡。”注:“應劭曰:‘文山,今蜀郡崏山。’”《禮記》:“君子貴玉而賤碈。”或作“玟”。《釋文》:“玟,武申反,又音枚。”《漢書·高帝紀》:“亡諸身帥閩中兵。”如淳曰:“閩,音緡。”應劭曰:“音文飾之文。”文閩同音,皆重脣。《史記·魯世家》:“平公子文公。”《世本》作“湣公”。湣與閔同。閔亦從文聲。古讀弗如不。《廣韻》:“不,與弗同分勿切。”《説文》:“吴謂之不律。燕謂之弗。秦謂之筆。”筆,弗聲相近也。古讀拂如弼。《孟子》:“入則無法家拂士。”《史記·夏本紀》:“女匡拂予。”古讀茀如蔽。《詩》:“翟茀以朝。”《傳》:“茀,蔽也。”《周禮注》引作“翟蔽以朝”,“簟茀魚服”。箋:“茀之言蔽也。”“簟茀朱鞹”。《傳》:“車之蔽曰茀。”《論語》:“色勃如也。”《説文》兩引:一作孛,一作艴。《廣韻》十一没部:“艴,艴然不悦;蒲没切。”此古音。又八物部:“艴,淺色;敷勿切。”此齊梁後之音。古讀繁如鞶。《左傳》成二年:“曲縣繁纓以朝。”《釋文》:“繁,步干反。”繁纓,亦作樊纓。《周禮》:“巾車,玉路,錫樊纓十有再就。”注:“樊,讀如鞶帶之鞶;謂今馬大帶也。”《釋文》:“樊,步干反。”繁又轉如婆音。《左傳》定四年:“殷民七族:繁氏、錡氏。”《釋文》:“繁,步何反。”《漢書·公卿表》:“李延壽爲御史大夫,一姓繁。”師古曰:“繁,音蒲元反。”《陳湯傳》:御史大夫繁延壽;師古曰:“繁,音蒲胡反。”《蕭望之傳》,師古音婆;《谷永傳》,師古音蒲何反;延壽一人,而小顔三易其音,要皆重脣非輕脣;則是漢人無輕脣之證也。《史記·張丞相列傳》:“丞相司直繁君。”《索隱》音繁爲婆。《文選》:“繁休伯。”吕向音步何反。《廣韻》八戈部有繁字,薄波切;姓也。則繁姓讀婆音爲正。古讀蕃如卞。《漢書·成帝紀》:引《書》“於蕃時雍”。於蕃,即於變也。《孔宙碑》又云:“於卞時雍。”卞、變、蕃皆同音。古讀藩如播。《周禮·大司樂》:“播之以八音。”注:“故書播爲藩。杜子春云:‘播,當爲播,讀后稷播百穀之播。’”《尚書大傳》:“播國率相行事。”鄭注:“播,讀藩。”古讀僨如奔。《禮·射義》:“賁軍之將。”注:“賁讀爲僨;覆敗也。”《詩·行葦》傳,引作“奔軍之將”。古讀紛如豳。《周禮·司几筵》:“設莞筵紛純。”司農云:“紛,讀爲豳。”古讀甫如圃。《詩》:“東有甫草。”《韓詩》作“圃草”;《薛君章句》:

“圃，博也；有博大茂草也。”《鄭箋》云：“甫草，甫田之草也。”鄭有圃田；《釋文》：“鄭音補。”《左傳》：“及甫田之北竟。”《釋文》：“甫，布五反；本亦作圃。”古音敷如布。《書·顧命》：“敷重篾席。”《説文》引作“布重莫席”。《詩》：“敷政優優。”《左傳》引作“布政”。《儀禮·管人》：“布幕于寢門外。”注：“今文布作敷。”敷亦讀如鋪。《詩》：“鋪敦淮濆。”《釋文》：“《韓詩》作敷。”又：“敷時繹思。”《左傳》引作鋪。《蓼蕭箋》：“外薄四海。”《釋文》云：“諸本作外敷，注芳夫反。”是亦讀如鋪也。古讀方如旁。《書》：“方鳩僝功。”《説文》兩引：一作“旁逑僝功”。一作“旁救孱功”。《史記》作“方聚布功”。《書》：“方施象刑惟明。”《新序》引作“旁施”。《立政》：“方行天下。”亦讀爲旁；與《易》“旁行而不流”義同。《傳》云：“方，四方。”非也。《書》：“方告無辜于上。”《論衡》引作旁。《士喪禮》：“牢中旁寸。”注：“今文旁爲方。”《左傳》：“衡流而方羊。”《釋文》：“方，薄郎反。”《莊子·逍遥遊篇》：“彷徨乎無爲之側。”崔譔本作“方羊”。方又讀如謗。《論語》：“子貢方人。”鄭康成本作“謗人”。《廣雅》：“方，表也。邊，方也。”《説文》：“方，併船也。”古人讀方重脣，與邊、表、併聲相近。《字林》：“穮，方遥反。襮，方沃反。邶，方代反。”吕忱，魏人；其時初行反語；即反語可得方之正音。六朝以後，轉重脣爲輕脣。後世不知有正音，乃强爲類隔之説，謬矣！古音魴如鰟。《説文》：“魴，或作鰟。《春秋》：‘晉侯使士魴來乞師。’《公羊》作‘士彭’。”是魴非輕脣也。古音逢如蓬。《詩》：“鼉鼓逢逢。”《釋文》：“逢，薄紅反。”徐仙民音豐，亦讀豐重脣也。《爾雅》：“歲在甲曰閼逢。”《淮南·天文訓》作“閼蓬”。《莊子·山木篇》：“雖羿，逢蒙不能眄睨。”即《孟子》之逢蒙也。後世聲韻之學行，妄生分别；以鼓逢逢讀重脣，入東韻；相逢字讀輕脣，入鍾韻；又别造一逄字，轉爲薄江切，訓人姓；改逢蒙、逢丑父之逢爲逄以實之。則真大謬矣！《洪氏隸釋》引“司馬相如云：‘烏獲逢蒙之巧。’王褒云：‘逢門子彎烏號。’《藝文志》亦作‘逢門’；即‘逢蒙’也。《古今人表》有逢於何數人。陽朔中，有太僕逢信。《左傳》有逢伯陵，逢丑父矣。漢有逢萌。《莊子》：‘羿逢蒙不能睥睨。’《淮南子》：‘重以逢蒙門子之巧’，皆作逢迎之逢。石刻有漢故博士《趙傳逢府君神道》、《逢童子碑》，其篆文皆從夆。《魏元丕碑》有逢牧，《孔宙碑》陰有逢祈，《逢盛碑》陰有逢信，亦不書作逄。”又謂：“漢儒尚借逢爲逄，則恐諸逄當讀爲‘鼉鼓逢逢’之逢。”洪説是也。漢魏以前，無逄字；其爲六朝人妄造無疑！《廣韻》江部又有韸字，訓鼓聲；此即鼉鼓逢逢之逢音，轉爲薄江切；俗師改從音夆，又改夆爲夅；皆所謂不知而作也！古讀封如邦。《論語》：“且在邦域之中矣。”《釋文》：“邦或作封。”“而謀動干戈於邦内”。《釋文》：“鄭本作封内。”《釋名》：“邦，封也；有功於是，故封之也。”封又讀如窆。《檀弓》：“縣棺而封。”注：“封，當爲窆下棺也；《春秋傳》作塴。”《周禮·鄉師》：“及窆，執斧以涖匠師。”鄭司農云：“窆，謂葬下棺也。《春秋傳》曰：‘日中而塴。’《禮記》所謂封者。”《太僕》：“窆亦如之。”鄭司農云：“窆，謂葬下棺也。《春秋傳》所謂‘日中而塴’，《禮記》謂之‘封’；皆葬下棺也；音相似。”窆讀如“慶封汜祭”之汜；《左傳》：“日中而塴。”《釋文》：“塴，北鄧反；下棺也。禮家作窆，彼驗反，義同。”《説文》：“堋，喪葬下土也；《禮》謂之封；《周官》謂之窆。”封，府容切；窆，方驗切；堋，方鄧切；聲皆相似，故可互轉。後儒不通古音，乃有類隔之例；不知古音本無輕脣也。古人讀封如邦。先鄭云：“窆、塴、封音相似。”是東京尚無輕脣音。古音勿如没。《爾雅》“蠠没”，即《詩》“密勿”也。《詩》：“黽勉從事。”《劉向傳》引作“密勿從事”。《禮記·祭義》：“勿勿諸其欲其饗之也。”注：“勿勿，猶勉勉。”《大戴禮·曾子立事篇》：“君子終身守此勿勿。”注：“勿勿猶勉勉。”《曲禮》：“國中以策彗卹勿。”注：“卹勿，搔摩也。”古人讀勿重脣，故與勉摩聲相轉。《顔氏家訓》云：“《戰國策》音刎爲免。”古音刎免皆重脣。六朝人轉刎爲輕脣，故以爲異。古讀副如劈。《説文》：“副，判也。”判副雙聲；引《周禮》“副辜”，籀文作疈辜。《詩》：“不坼不副。”讀孚逼反。《字林》：“副，判也；匹亦反。”古讀罰如軷。《周禮》：“大馭犯軷。”注：“故書軷作罰。杜子春云：‘罰爲軷；軷，讀爲别異之别。’古讀非如頒。《説文》：‘棐，賦事也。’讀若頒；一曰‘讀若非’。”《周禮·大宰》：“匪頒之式。”鄭司農云：“匪，分也。”匪頒雙聲。古讀匪如彼。《詩》：“彼交匪敖。”《春秋》襄廿七年傳引作“匪交匪敖”。《詩》：“彼交匪紓。”《荀子·勸學篇》：引作“匪交匪紓”。《春秋》襄八年傳引《詩》：“如匪行邁謀。”注：“匪，彼也。”《廣雅》：“匪，彼也。”匪又與邲通。《詩》：“有匪君子。”《韓詩》作邲。腓與芘同。《詩》：“小人所腓。”《鄭箋》云：

“腓當作芘。”毛於此文及“牛羊腓字之”，皆訓腓爲辟。蓋以聲相似取義。古文妃與配同。《詩》：“天立厥配。”《釋文》本亦作配。《易》：“遇其配主。”鄭本作妃。剕與臏通。《書》：“剕罰之屬五百。”《史記·周本紀》作臏。非與苞通。《曲禮》：“苞屨扱衽；”注：“苞或爲菲。”浼與浼通。《詩》：“河水浼浼。”《釋文》：“浼，每罪反；《韓詩》作浘浘。”娓即美字。《詩》：“誰侜予美。”《韓詩》作娓。《説文》：“娓，順也；讀若媚。”古音微如眉。《少牢禮》：“眉壽萬年。”注：“古文眉爲微。”《春秋》莊廿八年：“築郿。”《公羊》作微。《詩》：“勿士行枚。”傳：“枚，微也。”古讀無如模。《説文》：“霖或説規模字。”漢人規模字或作橅。《易》：“莫夜有戎。”鄭讀莫如字，云無也；無夜，非一夜。《詩》：“德音莫違。”《箋》：“莫，無也。”《廣雅》：“莫，無也。”《曲禮》：“毋不敬。”《釋文》云：“古文言毋，猶今人言莫也。”無又轉如毛。《後漢書·馮衍傳》：“飢者毛食。”注云：“按衍集，毛字作无。”《漢書·功臣侯表序》：“靡有孑遺，耗矣！”注：“孟康曰：‘耗，音毛。’師古曰：‘今俗語猶謂無爲耗。’”大昕按今江西、湖南方音，讀無如冒；即毛之去聲無轉，訓爲末。《檀弓》：“末，吾禁也。”注：“末，無也。”又轉訓爲靡。《釋言》：“靡，無也。”古讀蕪與蔓通。《釋草》：“蔓菁。”《釋文》云：“蔓，音萬；本又作蕪，音無。”古讀膴如模。《詩》：“民雖靡膴。”《箋》：“膴，法也。”《釋文》：“徐云：‘鄭音模，又音武。’《韓詩》作靡腜。”《詩》：“周原膴膴。”《文選注》引《韓詩》作“腜腜”。莫來切。模，腜聲相近。《説文》：“膴，讀若謨。”璑從無聲。《周禮·弁師》：“瑉玉三采。”注：“故書，瑉，作璑。”《説文》：“瑉，三采玉也。”璑瑉聲相近。古讀反如變。《詩》：“四矢反兮。”《韓詩》作變。《説文》：“汳水。”即汴水。古讀馥如苾。《詩》：“苾芬孝祀。”《韓詩》作“馥芬”。古讀復如愎。《釋言》：“狃，復也。”孫炎云：“狃忕前事，復爲也。”《春秋傳》：“愎諫違卜。”謂諫不從而復爲也；《説文》無愎字，蓋即狃復字；後儒改從心旁耳。今人呼鰒魚曰鮑魚，此方音之存古者。古音晚，重脣。今吴音猶然。《説文》：“晚，莫也。”《詩毛傳》：“莫，晚也。”莫，晚聲相近。古讀馮爲憑；本從冰得聲。《易》：“用馮河。”《詩》：“不敢馮河。”《論語》：“暴虎馮河。”《春秋》：“宋公馮。”皆皮冰反。吾衍謂：“《孟子》諸馮、馮婦之馮，皆皮冰反。”按《水經注》：“皇舅寺，是太師昌黎憑晉國所造。”考《魏書》："馮熙，字晉國；文明太后兄也；封昌黎王。"是魏時讀馮姓皮冰反，故或作憑也。俘與寶通。《春秋》："齊人來歸衛俘。"《公》、《穀》俘作寶。《一切經音義》引詔定古文官書，枹桴二字同體，扶鳩反。是桴與枹同音。古讀望如茫。《釋名》："望，茫也；遠望茫茫也。"《周禮·職方氏》："其澤藪曰望諸。"注："望諸，明都也。"疏："明都，即宋之孟諸。"古讀務如牟。《荀子·成相篇》："天乙湯，論舉當。身讓卞隋舉牟光。"即務光也。《左傳》："莒公子務婁。"徐音莫侯反。古讀發如撥。《詩》："鱣鮪發發。"《釋文》："補末反。"此古音也。"一之日觱發。"《説文》："作滭冹。"此雙聲，亦當爲補末切。《釋文》云："如字。"誤矣！《説文》："冹，分勿切。"

舌音類隔之説不可信　古無舌頭舌上之分；知、徹、澄三母，以今音讀之，與照穿床無别也；求之古音，則與端透定無異。《説文》："沖，讀若動。"《書》："惟予沖人。"《釋文》："直忠切。"古讀直如特。沖子，猶童子也。字母家不識古音，讀沖爲蟲。不知古讀蟲亦如同也。《詩》："蘊隆蟲蟲。"《釋文》："直忠反。"徐，徒冬反。《爾雅》作"爞爞"，郭，都冬反。《韓詩》作"烔"，音徒冬反；是蟲與同音不異。古音中如得。《周禮·師氏》："掌王中失之事。"故書中爲得。杜子春云："當爲得。記君得失，若《春秋》，是也。"《三倉》云："中，得也。"《史記·封禪書》："康后與王不相中。"《周勃傳》："勃子勝之尚公主不相中。"小司馬皆訓爲得。《吕覽》："以中帝心。"注："中猶得。"古音陟如得。《周禮·太蔔》："掌三夢之法曰咸陟。"注："陟之言得也，讀如王德翟人之德。"《詩》："陟其高山。"箋："陟，登也。"登得聲相近。古音趙如掉。《詩》："其鎛斯趙。"《釋文》："徒了反。"《周禮·考工記》注引作"其鎛斯掉。"大了反。《荀子》楊倞注："趙讀爲掉。"古音直如特。《詩》："實惟我特。"《釋文》："《韓詩》作直；云相當值也。"《孟子》："直不百步耳。"直，但也；但直聲相近。《吕覽·尚廉篇》："特王子慶忌爲之賜而不殺耳。"注："特，猶直也。"《檀弓》："行并植于晉國。"注："植或爲特。"《王制》："天子犆礿。"注："犆，猶一也。"《釋文》："犆，音特。"《玉藻》："君羔幦虎犆。"注："犆，讀如直道而行之直。"《士相見禮》："喪俟事不犆吊。"定本作特。《穀梁傳》："犆言同時。"本亦作特。古音竹如篤。《詩》："緑竹猗猗。"《釋文》："《韓詩》竹，作薵；音徒沃反。"與篤音相近，皆舌音也。篤竺並從竹得聲。《論語》："君子篤于親。"《汗簡》云："古文作竺。"《書》："曰篤不忘。"《釋文》云："本又作竺。"《釋詁》："竺，厚也。"《釋文》云："本又作篤。"按《説文》："竺，厚也。"篤厚字本當作竺；經典多用篤，以其形聲同耳。《漢書·西域傳》："無雷國北與捐毒接。"師古曰："捐毒，即身毒，天毒也。"《張騫傳》："吾賈人轉市之身毒國。"鄧展曰："毒音督。"李奇曰："一名天竺。"《後漢書·杜篤傳》："摧天督。"注："即天竺國。"然則竺、篤、毒、督四文同音。古讀禂如禱。《周禮·甸祝》："禂牲，禂馬。"杜子春云："禂，禱也。"引《詩》云："既伯既禱。"後鄭云："禂，讀如伏誅之誅；今侏大字也。"按《説文》引《詩》："既禡既禱①。"禱與禂文異義同。後鄭讀禂爲誅，是漢時誅、侏亦讀舌音。古讀豬如都。《檀弓》："洿其宫而豬焉。"注："豬，都也；南方謂都爲豬。"《書·禹貢》："大野既豬。"《史記》作"既都"。"滎波既豬。"《周禮注》作"滎播既都"。古讀追如堆。《士冠禮》"追"注："追，猶堆也。"《郊特牲》："毋追。"《釋文》："多雷反。"枚乘《七發》："踰岸出追。"李善注："追，古堆字。"《詩》："追琢其章。"傳："追，彫也。"彫追聲相近。故荀子引《詩》"彫琢其章"；《釋文》："追，對回反。"追琢又作敦琢。《詩》："敦琢其旅。"《釋文》："敦，都回反。"徐又音彫。古讀卓與的相近。《覲禮》："匹馬卓上。"注："卓，猶的也；以素的一馬爲上。"古讀倬如菿。《詩》："倬彼甫田。"《韓詩》作菿。古讀棖如棠。《論語》："或對曰：'申棖。'"《釋文》："鄭康成云：'蓋孔子弟子申續。'"《史記》云："申棠，字周。"《家語》云："申續，字周也。"王應麟云："今《史記》以棠爲黨，以續爲績，傳寫之誤也。後漢《王政碑》：'有羔羊之節，無申棠之欲。'則申棖、申棠一人耳。"大昕案《詩》："俟我於堂兮。"箋云："堂當作棖。"棖與棠、堂同音；黨亦音相近；非由轉寫之訛。《古文》賡續同聲。《家語》申續蓋讀如庚；與棠音亦不遠。今本《史記》作績，則轉寫誤也。因棖有棠音，可悟古讀長，丁丈切；與黨音相似，正是音和，非類隔。古讀池如沱。《詩》："滮池北流。"《説文》引作滮沱。《周禮·職方氏》："并州，其川虖池。"《禮記》："晉人將有事於河，必先有事於惡池。"即滹沱之異文。古讀褫如拕。《易》："終朝三褫之。"《釋文》：

① 禱，中華書局版《説文》大徐本作"禂"。

“褫，徐敕紙反；又直是反；鄭本作拕，徒可反。”《説文》：“褫，奪衣也；讀若池。”池即拕之訛；拕奪聲相近。古讀沈如潭。《史記·陳涉世家》：“夥頤，涉之爲王沈沈者。”應劭曰：“沈沈，宫室深邃之貌。沈，音長含反。”與潭同音。韓退之詩：“潭潭府中居”；即沈沈也。古讀廛如壇。《周禮·廛人注》：“故書廛爲壇。”杜子春讀壇爲廛。《載師》：“以廛里任國中之地。”注：“故書廛或爲壇。”司農讀爲廛。古讀秩如𢍰。《書》：“平秩東作。”《説文》引作𢍰，爵之次弟也；從豊，弟聲。秩又與戴通。《説文》：“戴，大也；讀若《詩》‘戴戴大猷’。”戴大聲相近。秩又與䟻通。《説文》：“䟻，走也；讀若《詩》‘威儀秩秩。’”凡從失之字，如跌、迭、瓞、蛈、詄皆讀舌音；則秩亦有迭音可信也。姪娣本雙聲字。《公羊釋文》：“姪，大結反。娣，大計反。”此古音也。《廣韻》：姪有徒結，直一兩切。今南北方音皆讀直一切，無有作徒結切者。古今音有變易。字母家乃謂舌頭舌上，交互出切；此昧其根源而强爲之詞也！古讀抽如搯。《詩》：“左旋右抽。”《釋文》云：“抽，敕由反。”《説文》作搯，他牢反。古讀陳如田。《説文》：“田，陳也。”齊陳氏後稱田氏。陸德明云：“陳完奔齊，以國爲氏；而《史記》謂之田氏。”是古田陳聲同。《吕覽·不二篇》：“陳駢貴齊。”陳駢，即田駢也。《詩》：“維禹甸之。”《釋文》：“毛，田見反；治也。鄭，繩證反，六十四井爲乘。”《周禮·小司徒》：“四邱爲甸。”注：“甸之言乘也。”《稍人》：“掌邱乘之政令。”注：“邱乘，四邱爲甸；讀與‘維禹敶之’之乘同。”《禮記·郊特牲》：“邱乘共粢盛。”注：“甸，或謂之乘。”《左傳》：“渾良夫乘衷甸兩牡。”《釋文》：“甸，時證反。”《説文》引作中佃。古者乘、甸、陳、田聲皆相近。乘之轉甸，猶陳之轉田。經典相承；陳，直覲反；乘，繩證反。後世言等韻者，以陳屬澄母，甸屬定母，乘屬床母；由於不明古音；徒據經典相承之反切而類之；而不知其本一音也。《爾雅》：“堂途謂之陳。”《詩》：“胡逝我陳。”《傳》：“堂塗也。”“中唐有甓。”《傳》：“堂塗也。”《正義》：“《爾雅》：‘廟中路謂之唐。堂塗謂之陳。’唐之與陳，廟庭之異名耳。其實一也。”古讀咮如鬬。《詩》：“不濡其咮。”《釋文》：“咮，陟救反；徐又都豆反。”《廣韻》五十候部有噣字，或作咮，都豆切；與鬬同音。古讀涿如獨。《周禮·壺涿氏》注：“故書涿爲獨。”杜子春雲：“獨讀爲濁，其源之濁，音與涿相近。書亦或爲濁。”古人多舌音；後代多變爲齒音，不獨知、徹、澄三母爲然也。如《詩》“重穋”字，《周禮》作“穜稑”；是重穜同音。陸德明云：“禾邊作重，是重穋之字。禾邊作童，是穜蓺之字。今人亂之已久。”予謂古人重童同音。《嶧山碑》動從童。《説文》董從童。《左傳》：“予髪如此種種。”徐仙民作董董。古音不獨重穋讀爲穜，即種蓺字亦讀如穜也。後代讀重爲齒音，并從重之字，亦改讀齒音；此齊梁人强爲分别耳。而元朗以爲相亂，誤矣！今人以舟、周屬照母，輈、啁屬知母，謂有齒舌之分；此不識古音者也。《考工記》：“玉楖雕矢磬。”注：“故書彫或爲舟。”是舟有雕音。《詩》：“何以舟之。”《傳》：“舟，帶也。”古讀舟如雕，故與帶聲相近。彫、雕、琱、鵰皆從周聲，調亦從周聲；是古讀周亦如雕也。《考工記》：“大車車轅摯。”注：“摯，輖也。”《釋文》：“輖音周；一音吊；或竹二反。”陸氏於輖字兼收三音。吊與雕有輕重之分而同爲舌音。周摯聲相近，故又轉爲竹二反。今分周爲照母，竹爲知母，非古音之正矣！至、致本同音；而今人强分爲二。不知古讀至亦爲陟利切；讀如疐。舌頭，非舌上也。《詩》：“神之吊矣。”“不吊昊天。”《毛傳》皆訓吊爲至，以聲相近爲義。咥、耋皆從至聲，可證。至本舌音，後人轉爲齒音耳。古讀支如鞮。《晉語》：“以鼓子苑支來。”苑支，即《左傳》之鳶鞮也。《説文》引杜林説，芰作茤。彖本舌音。椽，從彖聲。徐仙民《左傳》音：切椽爲徒緣。此古音也。而顔之推以爲不可依信；後來韻書，遂不收此音。

二十、清陳恭甫　漢讀舉例

漢儒音讀之法，凡言讀如、讀若、讀爲、讀曰、讀與某同，皆別舉一字以定其音；此常例也。亦有即本字爲音者。蓋字包數音。音包數義。字同而音異者別其音；字同而義異者別其義；故或舉經典習見之文以證之；或舉方俗易曉之語以徵之；字雖不改而音與義已判矣。此又一例也。復有字止一音一義，難爲比況之詞，但就本義爲本音者；此又一例也。前一例，人所易知。後二例見經籍古注者，詳考如下：

杜子春《周禮注》八事：《地官・稻人》："以溝蕩水。"注："蕩讀爲和蕩。"《春官・磬師》："擊編鐘。"注："讀編爲編書之編。"《箠氏》："掌共燋契。"注："燋讀爲細目燋之燋。"《大祝》："五曰振祭。"注："禮家讀振爲振旅之振。""四曰振動。"注："振讀爲振鐸之振。""七曰奇拜。"注："奇讀爲奇偶之奇。"《夏官・圉師》："射則充椹質。"注："讀爲齊人言鐵椹之椹。"《職方氏》："其浸潁湛。"注："湛讀當爲人名湛之湛。"《服不氏》："以旌居乏而待獲。"注："乏讀爲匱乏之乏。"

鄭司農《周禮注》二十六事：《地官・序官》"遺人"注："遺讀如《詩》曰：'棄予如遺'之遺。"《春官》："巾車鷖總。"注："鷖讀爲鳧鷖之鷖。"《車僕》："大射共三乏。"注："乏讀爲匱乏之乏。"《天府》："釁寶鎮。"注："釁讀爲徽。"或曰："釁鼓之釁。"《典瑞》："駔圭璋璧琮琥璜之渠眉。"注："駔讀爲駔疾之駔。"《夏官·大司馬》："師旅執提。"注："提讀如攝提之提。"《秋官·序官》"萍氏"注："萍，讀或爲'萍號起雨'之萍。"《序官》"冥氏"注："冥讀爲《冥氏春秋》之冥。"《序官》"哲蔟氏"注："蔟讀爲爵蔟之蔟；謂巢也。"《同儀》："皆旅擯。"注："旅讀爲'旅于泰山'之旅。"《掌客》："車三秅。"注："秅讀爲'秅秭麻答'之秅。"《秋官·序官》"掌訝"注："訝讀爲'跛者訝跛者'之訝。"《考工記》"函鮑"注："鮑讀爲鮑魚之鮑。"《輪人》："欲其掣爾而纖也。"注："掣讀爲'紛容掣參'之掣。"《輪人》："捎其藪。"注："藪讀爲蜂藪之藪。"《輈人》："馬不契需。"注："契讀爲'爰契我龜'之契；需讀爲畏需之需。"《輈人》："良輈環灂。"注："灂讀爲灂酒之灂。"《冶氏》："鋌十之。"注："鋌讀爲'如麥秀鋌'之鋌。"《鮑人》"之事卷而摶之，欲其無迆也。"注："卷，讀爲'可卷而懷'之卷；迆，讀爲'既建而迆'之迆。"《梓人》："爲筍虡。"注："筍讀爲竹筍之筍。""出舌尋縜寸焉。"注："縜讀爲竹中皮之縜。"《弓人》："菑栗還迆。"注："菑讀爲'不菑而畬'之菑；栗讀爲榛栗之栗。""夫筋之所由幨。"注："幨讀爲車幨之幨。"《矢人》："亦弗之能憚矣。"注："憚讀當爲'憚之以威'之憚。"

鄭康成《易注》一事：解，讀如人倦解之解。

康成《尚書注》二事：降，讀如"郕降于齊師"之降。聒，讀如聒耳之聒。

康成《毛詩箋》三事：《終風》箋："嚏讀爲'不敢嚏咳'之嚏。"《狼跋》箋："孫讀如'公孫于齊'之孫。"《伐檀》箋："飧讀如魚飧之飧。"

康成《儀禮注》四事：《覲禮》注："右讀如'周公右王'之右。卓讀如'卓王孫'之卓。"《特牲饋食禮》注："與讀如'諸侯以禮相與'之與。"《士喪禮》注："綦讀如'馬絆綦'之綦。"

康成《周禮注》二十六事：《太宰》注："利讀如'上思利民'之利。"《小司徒》注："甸讀如衷甸之甸。"《外府》注："布讀爲宣布之布。"《廛人》注："滯讀爲沈滯之滯。"《質人》注："淳讀如'淳尸盥'之淳。"《鐘師》注："鼓讀如'莊王鼓'之鼓。"《磬師》注："縵讀爲縵錦之縵。"《典同》注：“甄讀爲甄曜之甄。陂讀爲險陂之陂。鎋讀爲飛鉗鎋之鎋。”《韗師》注：“韗讀爲韗軩之韗。”《射人》注：“作讀如作止爵之作。”《弁師》注：“會讀如大會之會。”《廋人》注：“散讀如中散之散。”《挈壺氏》注：“挈讀如挈髮之挈。”《掌客》注：“見讀如卿皆見之見。”《掌交》注：“辟讀如辟忌之辟。”《秋官・序官》注：“冥氏冥方之冥。”《臬氏》注：“量讀如量人之量。”《韗人》注：“穹讀如穹蒼之穹。”《陶人》注：“庾讀如‘請益，與之庾’之庾。”《荒氏》注：“渥讀如‘鄭人渥菅’之渥。”《匠人》注：“淫讀如淫腋之淫。”《弓人》注：“簡讀如簡札之簡。測讀如測度之測。”《矢人》注：“搏讀如搏黍之搏。”

康成《禮記注》七事：《喪服小記》：“生不及祖父母諸父昆弟而父税喪。”注：“税，讀如‘無禮則税’之税。”《樂記》：“則易直子諒之心。”注：“子讀如不子之子。”《祭義》注同。《中庸》：“可以與知焉。”注：“與讀爲‘贊者皆與’之與。”“仁者人也。”注：“人，讀如相人偶之人；以人意相存問之言。”“温故而知新。”注：“温讀如燖温之温。”《深衣》：“續衽鈎邊。”注：“讀如‘鳥喙必鈎’之鈎。”《表記》：“衣服以移之。”注：“移，讀如水氾移之移。移，猶廣大也。”

高誘《吕氏春秋注》六事：卷二《當染篇》：“發茹魚去蠅，蠅愈至。”注：“茹，讀茹船漏之茹字。茹，臭也。”卷三“執輿如組”。注：“組，讀‘組織之’之組。”卷三《論人篇》：“人之竅九；一有所居，則八虚。”注：“居，讀曰居處之居。居，猶壅閉也。”卷三《月紀篇》：“與爲夐明。”注：“夐，讀如《詩》云‘籲嗟夐兮’。”卷二十六《務大篇》注：“巧讀如巧智之巧。”《任地篇》：“農夫知其田之易也。”注：“易，治也；讀如易綱之易。”

高誘《淮南注》六十五事：卷一《原道訓》：“柝八極。”注：“柝，開也；讀‘重門擊柝’之柝。”“怳兮忽兮。”注：“怳，讀‘人空頭扣怳’之怳。”“雖有鈎箴芒距。”注：“距，讀距守之距。”“用不屈兮。”注：“屈，讀‘秋雞無尾屈’之屈。”“而田者争處墝埆。”注：“墝埆讀‘人相墝椽’之墝。”“新而不朗。”注：“朗讀汝南朗陵之朗。”“一之解。”注：“解，讀解故之解。”“連嶁。”注：“讀‘嶹嶁無松柏’之嶁。”“不以慊爲悲。”注：“慊，讀‘辟向慊’之慊。”“漠睧於勢利。”注：“睧，讀‘織絹緻密睧無間孔’之晤。”卷二《俶真訓》：“蚑行噲息。”注：“噲讀‘不悦懌外之噲’。”“汪然平靜。”注：“汪，讀《傳》‘尸諸周氏之汪’同。”“代謝舛馳。”注：“舛讀舛濆之舛。”“茫茫沈沈。”注：“沈，讀‘水出沈正白’之沈。”“設於無垓坫之宇。”注：“垓坫，垠堮也。垓，讀‘人飲食太多以思下垓’。坫，讀爲‘筦氏有反坫’之坫。”“被施頗烈。”注：“被讀‘光被四表’之被。”“乃始懣觟離跂。”注：“懣讀‘簫無縫際之懣’。”“以睹其易也。”注：“易，讀河間易縣之易。”卷三《天文訓》：“本標相應。”注：“標，讀刀末之標。”“是謂朏明。”注：“朏，讀若朏諾皋之朏。”卷四《墬地訓》：“曰亢澤。”注：“亢，讀常山人謂伯爲亢之亢。”“食木者多力而奰。”注：“奰，讀‘内奰於中國’之奰；近鼻也。”“有斥山之文皮焉。”注：“斥，讀斥丘之斥。”“其人惷愚。”注：“惷，讀人謂‘惷然無知’之惷。”“樠山。”注：“樠，讀人姓樠氏之樠。”卷五《時則訓》：“穿竇窖。”注：“讀窖藏人物之窖。”“乃命大酋。”注：“酋，讀酋豪之酋。”“秫稻必齊。”注：“齊，讀齊和之齊。”卷六《覽冥訓》：“畫隨灰而月運闕。”注：“運，讀運圍之運。”“夫陽燧取火於日。”注：“夫，讀大夫之夫。”“過歸雁于碣石。”注：“過，讀責過之過。”卷七《精神訓》：“芒芠漠閔。”注：“閔，讀閔子騫之閔。”“日中有踆烏。”注：“踆，讀踆巍之踆。”“薄蝕無光。”注：“薄，讀厚薄之薄。”“而增之以任重之憂。”注：“任，讀任俠之任。”“得茠越下。”注：“越，讀‘經無重越’之越。”“仇由。”注：“仇讀仇餘之仇。”卷八《本經訓》：“其行俒而順情。”注：“俒，讀‘射俒取不覺’之俒。”“芒繁紛挐。”注：“芒，讀麥芒之芒。”“戴角出距之獸。”注：“距讀距守之距。”“盤紆刻儼。”注：“儼讀儼然之儼。”“菱杼紾抱。”注：“杼，讀言抒；紾，讀紾結之紾。”“巧爲紛挐。”注：“挐，讀‘人性紛挐不解’之挐。”“益樹蓮菱。”注：“蓮，讀‘蓮芋魚’之蓮。”“甬道相連。”注：“道，讀道布之道。”“冠無觚嬴之理。”注：“嬴讀指端嬴文之嬴。”卷九《主術訓》：“黈纊塞耳。”注：“黈，讀‘而買黈益’之黈。”卷十三《氾論訓》：“以勞天下之民。”注：“勞讀勞勑之勞。”“乾鵠知來而不知往。”注：“乾讀乾燥之幹。”卷十六《説山訓》引“輴者爲之止也。”注：“輴讀土行輴之輴。”“揲挺其土。”注：“揲，讀揲脈之揲。”“社何愛速死。”注：“江淮謂母曰社。”注：“社，讀雖家謂公爲阿社之社。”“故寒顫懼者亦顫。”注：“顫，讀天寒凍顫之顫。”卷十七

《説林訓》："非其任也。"注："任，讀甚任之任。""以王鉒者發。"注："發，讀射百發之發。""倚者易輈也。"注："輈，讀輈濟之輈。""毀舟爲杕。"注："杕，舟尾；讀《詩》'有杕'之杕。""繒爲之纂繹。"注："纂，讀曰'綾繹纂'之纂。"卷十九《修務訓》："以身解于陽盱之阿。"注："解，讀解除之解。""啳睽哆噅。"注："哆，讀大口之哆。""越人有重遲者而人謂之訬。"注："訬，讀燕人言趮；操善趍者謂之訬；同也。""攫援摽拂。"注："摽，讀刀摽之摽。""雖鳴廉修營。"注："營，讀營正急之營。"

《史記注》八事：《秦始皇本紀》："推終始五德之傳。"《集解》引鄭氏注："傳，音亭傳。"《高祖紀》："嘗告歸之田。"《索隱》引韋昭注："告，音告語之告。""高武侯鰓。"《集解》引蘇林注："鰓，音魚鰓之鰓。"《平准書》："名曰白選。"《索隱》引蘇林音選擇之選。《陳涉世家》："又閒令吴廣。"《索隱》引服虔云："閒音中閒之閒。"又《樊酈滕灌列傳》："賜上間爵。"《索隱》引如淳證"上間音中間之間"。《南越尉佗列傳》："即被佗書。"《集解》引韋昭曰："被，音光被之被。"《傅靳蒯成列傳》：《集解》引服虔曰："蒯，音菅蒯之蒯。"《萬石君傳》："減宣。"《集解》引服虔曰："減，音減損之減。"

《漢書注》五十三事：《高祖紀》："上隆准。"文穎曰："准，音準的之准。""走至戚。"鄭氏曰："音憂戚之戚。"志八注同。"高武侯鰓。"蘇林曰："鰓，音魚鰓之鰓。""燕將臧荼爲燕王。"鄭氏曰："荼，音荼毒之荼。""明其爲賊。"應劭曰："爲，音無爲之爲。"鄭氏曰："爲，音人相爲之爲。""盧綰。"蘇林曰："綰，音以繩綰結物之綰。""樅公。"注："蘇林曰：'音樅木之樅。'"《高祖紀下》："萬民與苦甚。"如淳曰："與，音相干與之與。""沛侯濞重厚。"服虔注："濞，音滂濞。""行田宅。"蘇林："行，音行酒之行。""民南方，長治之。"晉灼曰："長，音長吏之長。""亡可蹻足待也。"如淳曰："蹻，音如今行樂蹻行之蹻。""葢長陵已下。"蘇林注："下，音下書之下。""規摹宏遠矣。"鄧展曰："若畫工規模物之摹。"《文帝紀四》："常假借納用焉。"蘇林注："假，音休假。借，音以物借人之借。"《景帝紀》："五更議著合。"蘇林注："著，音著幘之著。"《武帝紀六》："怵於邪説。"如淳注："怵，音怵惕。"《昭帝紀七》："今三輔太常穀減賤。"鄭氏注："減，音減少之減。"《王子侯表》："三戛羹侯。"服虔注："戛，音戛擊之戞。"《禮樂志》："二豐草萋。"孟康注："萋，音'四月秀萋'。萋，盛貌也。"又："窅窊桂華。"蘇林注："窅，音窅胅之窅。窊，音窊下之窊。"《郊祀志五》："上推終始傳。"鄭氏注："傳，音亭傳。"《天文志》："六天棓。"蘇林注："棓，音棓打之棓。"《五行志七》："母乃有所辟。"服虔注："辟，音辟邪之辟。"《五行志七》中之上："露性風若。"服虔注："露，音人儽露。"《五行志七》下之上："大經在辟而易臣。"服虔注："辟，音刑辟之辟。"《地理志八》："平原群般。"如淳注："般，讀如面般之般。"《韓王信傳》："國被邊。"李奇注："被，音被馬之被。"《韓侯傳》："刻印刓。"蘇林注："刓，音刓角之刓。"《周勃傳》："趨爲我語。"蘇林注："趣，音趣舍。"《周亞夫傳》："吏簿責亞夫。"如淳注："簿，音主簿之簿。"又《張湯傳》蘇林注同。《任敖傳》："及以比定律令。"如淳注："比，音比次之比。或曰：'比，音比方之比。'"《賈誼傳》："則因而梃之矣。"服虔注："梃，音梃起。"《晁錯傳》："連有假五百。"服虔注："假，音假借之假。"《鄒陽傳》："封之於有畀。"服虔注："畀，音畀予之畀。"《傳二十三》："淖姬。"鄭氏注："淖，音泥淖。"《司馬相如傳》："二十七末光絶炎。"李奇注："炎，音火之光炎。"《傳二十七》："坌入曾官之嵳峨。"蘇林注："坌，音馬坌叱之坌。"《傳二十七》："下雲之油油。"蘇林注："油，音油麻之油。"《武五子傳三十三》："因長禦倚華。"鄭氏注："長，音長者。"《李廣利傳三十一》："名昧蔡。"服虔注："蔡，音楚音蔡。"《東方朔傳三十五》："是寠藪也。"蘇林注："寠，音貧寠之寠。藪，音數錢之數。"又"同胞之徒"。蘇林注："胞，音胞胎之胞也；言親兄弟。"《段會宗傳》："即留所發兵塾婁地。"服虔注："塾，音塾阬之塾。"《揚雄傳》："上天動地岌。"蘇林注："岌，音岌岌動摇之岌。"“蹶浮麋。"鄭氏注："蹶，音馬蹄蹶之蹶。"“弸環。"蘇林注："弸，音石墮井弸爾之弸。"《王莽傳》："上摽末之功。"服虔注："摽，音刀末之摽。"《叙傳七十上》："匪黨人之敢拾分。"鄭氏注："拾，音負拾之拾。"《叙傳七十》："説難既酋。"應劭注："酋，音音豪之酋；酋，惟也。"

《説文解字》十五事：《丞部》："䢅，讀若《春秋傳》'輔䢅'。辵，讀若《春秋公羊傳》曰：'辵階而丞'。"《足部》："蹢，當讀如豕白蹢之蹢。"《言部》："該，讀若中心滿該。"《穴部》："竅讀若《虞書》曰：'竅三苗'之𡨄。"《髟部》:"鬗,讀若江南謂酢母爲鬗。"《馬部》:"駇,讀若《爾雅》'小山岌,大山峘'。"《犬部》:"猲,讀若南楚相驚曰猲。"《黑部》:"黗,讀若染繒中束緅黗。"《大部》:"戴,讀若《詩》'戴戴大猷'。"《手部》:"掔,讀若'赤舄掔掔'。抌,讀若告言不正曰抌。"《女部》:"孎,讀若人不孫爲不孎。"《瓦部》:"瓬,讀瓬破之瓬。"《糸部》:"繻讀《易》'繻有衣'。"

案本字爲音;漢魏注家,此例多矣。《説文》,字書也;讀若之音,例舉它字;然亦有輒用本者;如辵、𧾩、蹢、該、𡨄、戴、駇、鬗、猲、黗、掔、抌、孎、瓬、繻等字;是也。蓋所擬之音,與其本字形、聲、義三者,皆無別異者也。漢人未有反切;凡解釋文字,徒以聲相譬況。聲不足明,則又爲内言、外言、緩氣言、急氣言、籠口言、閉口言、急舌言,作江淮間人言,以舌頭言、以舌腹言諸法。其委曲曉示之意,亦可見矣。近儒段若膺最精《説文》之學,獨於𡩌、或等讀若本字者,以爲"傳寫淆訛。《説文》注中'𡨄三苗'之𡨄,二𡨄字仍當作竄。'戴戴大猷',仍當作秩秩。它放此。"考《説文》:𪏭,讀若春麥爲𪏭之𪏭;段君云:"注兩𪏭字,皆㯉之誤;證以《廣雅》,㯉舂也。"此説信然。然㯉之形似,相亂可也。𡨄與竄,戴與秩,皆形相遠。且𡨄難而竄易,戴難而秩易,傳寫不應訛書詩之竄秩爲𡨄、戴也。況《説文》𧾩、蹢、耳、駇、猲、掔、抌、孎、繻等字讀,若與𡨄、戴一例;此又何以言之:案《糸部》:繻,讀若《易》"繻有衣"。陸氏《周易音義》引薛虞云:"古文作繻。"《説文》稱《易》孟氏,古文也;經之作繻,更無淆僞。段説于此不可施矣。《犬部》:"猲犬。"徐本作:"南楚謂相驚曰猲,讀若愬。"小徐本作:"讀若南楚相驚曰猲。"以鬗字注例之;則大徐未必是;小徐未必非也。《虞書》:"𡨄三苗"作竄者,惟枚頤本,《僞孔傳》則然。别無佐證,非真古文也。《説文》:"竄,匿也。"它字書亦無疏放之訓。《左氏傳》言"流四凶族,投之四裔"。《史記·五帝本紀》作"遷三苗于三危"。則經文不作竄可證。《孟子》引《書》作:"殺三苗。"殺者,𣀔之同聲假借字。𣀔與𡨄音正相近。《説文》:"𣀔,散之也。𡨄,塞也。"言其流散之意,謂之𣀔;言其閉塞之義。謂之𡨄;義正相合。許叔重以本音本義,即援《古文尚書》以明之。此與杜子春、先鄭、後鄭、高誘、應劭、服虔、如淳、孟康、李奇、蘇林等注書所讀,若出一轍;不必疑也。

又案《説文・品部》："喦，讀與聶同。"《春秋傳》曰："次於喦。"案今《春秋》即作聶，不作喦。《文部》："斁，讀若杜；《書》曰：'斁乃攫。'"案今《書》作杜，不作斁。《口部》："圛，讀若驛；《尚書》曰：'圛。'"案今《書》即作驛，不作圛。《邑部》："鄦，讀若許。"案今經傳國名皆作許，不作鄦。《㫃部》："㫃讀若偃。"案今經傳旗旂皆作偃，不作㫃。《夰部》："奡讀若傲。"案《尚書》："毋若丹朱傲。"傲，當作奡；即《論語》所謂"奡盪舟"也。今書作傲，不作奡；此類疑是隸變之後，博士經師改易其字。亦如《周禮》故書經杜子春、賈景伯、鄭少贛父子灼然變易者也。但杜、賈、鄭三君子發疑正讀，多存古字。而杜元凱之於《春秋》，王子雝之于《尚書》，則信今而棄古，失之遠矣！

二十一、章太炎　中國文字略説

中國開化頂早，——在四千年以前，——有一個皇帝——叫做伏羲氏。他做了八個卦，就是☰乾（天）、☷坤（地）、☵坎（水）、☲離（火）、☶艮（山）、☳震（雷）、☱兑（澤）、☴巽（風）這八個卦，（左邊注的是卦的名目，右邊注的卦的意義。）就是中國文字的起源。不過上古的時候，沒有歷史，並且事物還簡單，所以這八卦爲什麽緣故要畫這樣一個形象？却無從知道。伏羲氏死了之後，便是神農氏做皇帝。那個時候，社會漸漸開明，事物比以前要多了；那簡單的八卦，漸漸裹不夠用起來了；所以到黄帝的時候，有一個倉頡便照著萬物的形象造起字來，譬如日字作⊙，象太陽的形像；月字作，像月亮的形像；鳥字作，魚字作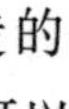，象鳥魚的形像；草字作，木字作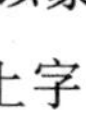，象草木的形像。這些是頂早造的字，就叫做“象形”字。但是有形可以象的，才可以造象形字；沒有形可以象的，便又想出一種法子來：譬如上字作丄，下字作丅，立字作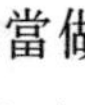；上下立這些字，都是沒有形可以象的；於是假定一畫做個標準；在一上面竪丨便是上字，在一畫下面竪丨便是下字；至於立字這一畫，又把他當做地的記號，上面寫個字，（是古文的大字；大字本來的意義就是人字。）彷佛是人立在

地上的樣子。這種叫做“指事”字，意思是説指着這事體的樣子；看了假定的形象，可以曉得這個字的意義，後來還有“會意”字，是把幾個字合成一個字；這幾個字的意義，就是這合成的一個字的意義。譬如天字從一大兩個字，就是説天是第一樣大的東西，没有第二樣東西能比他的。初字的意義，是起頭裁衣服，所以從刀衣兩個字，就是説拿把刀去裁衣服的意思。休字的意義，是説人休息，所以從人木兩個字，就是説人坐在樹木底下休息的意思。老字的意義，就是老年人，所以從人毛匕，（現在楷書寫老字，筆劃都錯。照正體應該寫做耂字。）就是説人到老了，他身上的毛，如眉毛、髫鬚、頭髮這些東西，都要從黑顔色變化做白顔色的意思。（匕字就是變化的“化”字的正體。）這象形、指事、會意三種字，都是從形像意義上頭造出來的；但是社會的事體，是一天多一天；形像意義，是有不夠用的時候；於是造出一種“形聲”字來。什麼叫做形聲字呢？就是一邊寫這字的形像，（就是意義。）一邊寫這字的聲音。譬如蘇字，本義是紫蘇；是草類的東西，所以從艸（艸字就是草木的“草”字的正體），是個形；聲音和穌字一樣，所以從穌，是個聲。喉字本義是喉嚨；在嘴裏邊，所以從口，是個形；聲音和侯字一樣，所以從侯，是個聲。響字本義是音響；所以從音，是個形；聲音和鄉字一樣，所以從鄉是個聲。餌字本義是粉做的餅；可以吃的，所以從食，是個形；聲音和耳字一樣，所以從耳，是個聲。自從這形聲字一造，一切的東西，都可以有名目了。這是因爲無論什麼事物，總有個意義，所以總可以有個字去配他做形。一切事物，都是先有聲音，才造文字，所以這字的聲音叫什麼，便可以把一個同音先造的字去配他做聲。此外還有“轉注”、“假借”兩種，合起來叫做六書。這便是中國造文字一定不可變的規則。試把古今書籍裏邊的字，一個一個看去，個個字都不能逃出這六條公例的。這六條公例，固然不是倉頡一個人造出來的；不過倉頡第一個造字，先有了象形，以後逐漸加備，到了形聲的例一設，便把本國事物的名目，逐漸造完備了。假借的例一設，便無論後來新造的東西，新發明的道理，和九州萬國的事物，中國古來所没有的，都可以用他字的意義去引申，借他字的聲音做標記，一一寫將出來。且説倉頡那時雖然造了文字；但是上古的時候，還是酋長政治，天下没有統一，兼之那個時候還没有記字的書，所以寫法却還没有一定。到了周朝初年（離現在大約有三千年光景)，教育大興；小孩子八歲就要進小學校；頭一步就是教他識字，便把六書的規則教給他；所以周朝的時候，有學問的人很多，就是人人識字的緣故。後來周宣王的時候，有一個人叫做史籀，他又造了一種字，名目叫做“大篆”，又叫“籀文”。他把他造的這一種大篆，做成一部書，名叫《史篇》。這個書，到漢世祖的時候，已經少了一半；後來漸漸裏一點一點亡完了；現在這個書早已没有了。他這書的字體，和古文有些不同。(倉頡以來到史籀以前所造的字，都叫做古文。)這書現在雖然没有，但是《説文解字》裏邊，却還收了許多。大概比了古文的字，筆劃總要來得繁多。據在下看來：大約這以前的字，各人各造，止要合著六書的規則。至於這個字寫法，却你這樣造，我那樣造，没有一定的形體；所以一國的文字，大約還不能統一。這史籀看了，覺得有些不能普及，所以把一個字有許多寫法的，聚合各種異體，寫成一個有定的形體。既然這樣做法，他這文字的偏旁配合，都要有一定的規則，不是隨便省幾筆，做幾點記認，便可以敷衍的；自然這筆劃不得不繁多了；這也是一定的道理。論起來，這史籀在中國文字上，是很有一番整齊統一的功勞的。但是後來孔子寫《六經》，左丘明寫《春秋左傳》，都仍舊用古文，不用大篆；這個緣故，或者因爲是近人所造的字，不能據了改古來的書；是這個意思，也未可知?(孔子和左丘明離史籀不過三百年光景。)史籀之後，過了四百多年光景，已經到周朝末了的時候，那時周朝的王是没有一點權力，天下大亂；諸侯中間有韓、魏、趙、燕、齊、楚、秦七國，都是很强大的，國國都想滅了别國，自己做皇帝，平日講求的，是用兵打仗，恨古來聖人所講的道理，和他自己這種强盜行徑合不上；於是便把那些書籍盭(俗寫作丟)掉了。一切制度、法律、政治都隨意改，不照古來的樣子。就是説話和文字，也是各自改變，不遵周朝頒定的用。這樣攪了一二百年，末了便是秦國出來，滅了周朝；又滅了韓、趙、魏、燕、齊、楚六國，一統天下。那時秦朝的宰相叫做李斯，他跑了出來，就統一文字，這是秦始皇二十六年的事。但是這李斯却並不能復古文大篆，不過拿秦國的文字做個標準；凡各處的文字，和秦文不同的，一概都廢掉。這種字就叫做“小篆”。(所以叫做小篆的緣故，因爲小篆的筆劃，就是拏史籀的大篆來改少一點；其實就是大篆的省寫罷了。)李斯自己便做了一部《倉頡篇》；同時還有一個趙高做了一部《爰歷篇》；胡毋敬做了一部《博學篇》；這三部，都是小篆的字書，一共三千三百個字，後世總稱叫《倉頡篇》，這書現在也没有了。但是近世有人把别的書裏邊有引《倉頡篇》的，集在一起，雖然不是完全的書，也還可以見其一班。大約小篆（就是秦文）的字，就是這一點了。李斯雖則拿小篆來統一文字，但是那時《史篇》這部書却還在，所以大篆没有廢滅。（古文却在那時亡了。）又小篆的文字，和古文、大篆，也都相通。有小篆從古文、大篆的字：譬如於字本來是古文的烏字；小篆有菸、淤字從於。其字本來是大篆的箕字；小篆有其[1]、斯等字從其。小篆既然有從古文、大篆的字，便可見小篆也不是隨意亂造，不合古法的。還有古文、大篆從小篆的字：譬如唐字古文作啺；這口昜兩個字，都是小篆。遷字古文作拪；這手西兩個字，都是小篆。餔字大篆作𧯧；這浦皿兩個字，都是小篆。觡字大篆作牫；這牛各兩個字，都是小篆。驟然一看，這小篆既是在古文、大篆以後的東西，怎麼古文、大篆反會去從他？這就更可知小篆的字，並非秦人妄造；有許多都是沿用古文、大篆的字不改。上面所列口、昜、手、西、浦、皿、牛、各這些字，既有古文、大篆去從他，自然本來是古文、大篆；小篆不過沿用不改罷了。且說李斯用小篆統一文字以後，那時秦始皇正在燒書坑儒，厲行專制的時候；官吏奏事極多，平人動不動便要坐牢殺頭；刑罰的事情，也一天多似一天；於是有一個人叫做程邈，造出一種“隸書”來；是把小篆的體，隨意增減。這條例一開，從此便把造六書的精意破壞了。因爲篆字（古文、大篆、小篆都是）造的時候，或象形，或指事，或會意，或形聲，這字寫成這樣一個形像，總是有意義，合着六書中間的一種；決不是隨隨便便亂寫幾點幾畫可以算數的。隸書便不然了！隨便拿起一個篆文來少寫幾筆，多寫幾筆，都没有什麼不可以；於是形也不象！事也不知所指！意也會不成！形聲的字，或形是聲錯！或聲是形錯！譬如⊙字本來很象太陽的形狀；隸書寫方了，變成日字，便不象了。字本來很象月亮的形狀；隸書寫長方了，變做月字，便不象了。字本來很象鳥的形狀；隸書寫方了，已不象形；又把七形變做灬，於是兩支脚的鳥，變做四隻脚了。字本象前面看牛的樣子，∪形是兩隻牛角；隸書寫牛，於是把

① “其”應爲“期”。

兩隻角做成一隻角，並且切斷的了。這是形不象的。甘字本從口含一，本來是説好吃的東西，一是指事，就是那樣好吃東西的記號。隸書變做甘，把口字變做廿字了。卒字本是一種皁隸的衣服，從衣，因爲這一種衣服上有一點記號，所以在衣字底下畫做記號；隸書變做卒，變從十字，便看不出記號了。這是事不知所指的。弔字從人挈弓，因爲上古時候，還没有棺材，人死了便埋在壙野，恐怕有鳥獸去吃他，所以人家來吊喪的，都帶了弓來相幫趕鳥獸；隸書變做弔，只有弓，不見帶弓的人了。夓字本來的解説是“中國人”，從頁（就是古文“首”字），從臼（象手），從夊（象脚）；合頭和手和脚，就是一個人的意思；隸書變做夏，有頭脚，没有手了。這是會不成意的。歙字從欠是形，從畬是聲；隸書作飲，變畬爲食，聲錯了。奔字從夭是形，從卉是聲；隸書作奔，變夭爲大，形錯了。賊字從戈是形，從則是聲；隸書作賊，變成從貝從戎，形聲都錯了。秊字從禾是形，從千是聲；隸書作年，禾千都看不見了。這是形聲不對的。照這樣看來，豈不是程邈造隸書，實在是中國文字界的大罪人麼？但是他造的意思，原是給官府衙門裏的差人皁隸用的，所以叫做隸書。我想隨便遞張呈子，寫篇口供，本來不是學問上規規矩矩的上等事情；就是這樣求其省快，胡亂寫寫，原也不妨。無如秦朝亡後，到了漢朝，地保做皇帝，屠户做將軍，不知道學問是什麼東西！竟因陋就簡，把這種差人皁隸寫的字，當做正正當當的用場；無論詔書，律令，歷史，古書都用隸書寫。篆書雖没有廢，却並不當做正經用。所以到漢中宗的時候（共和後①七百八十年光景），這些學士大夫，已經連小篆都不能識得。那時只有五個人，能夠讀秦朝的《倉頡篇》。這五個人：第一個是齊人，姓名却已無從曉得。還有四個叫做張敞、杜業、爰禮、秦近。到漢平帝的時候（共和後八百四十多年光景），叫爰禮這些人來解説古篆文字；那時有一個人叫做揚雄，就做了一部《訓纂篇》，從《倉頡篇》以來的正體字，都收在裏邊了。從《倉頡篇》到《訓纂篇》一共有七部書：（一）《倉頡篇》。（二）《爰歷篇》。（三）《博學篇》。（四）《凡將篇》（司馬相如做的）。（五）《急就篇》（史遊做的）。（六）《元尚篇》（李長做的）。（七）《訓纂篇》。其中《急就篇》和《元尚篇》所收的字，都

① “後”原誤作“前”，今改正。

是《倉頡篇》裏邊所有的字。《凡將篇》稍微多幾個，但是《訓纂篇》裏邊，必定都已收了進去；所以只要説《倉頡篇》、《訓纂篇》，那便連《凡將篇》、《急就篇》、《元尚篇》都包括在内了。(《倉頡篇》這個名目包括《爰歷篇》、《博學篇》兩種，上面已經説過了。) 揚雄之後，班固、賈魴又有著作。班固的書分十三章，没有名目。賈魴的書叫做《滂喜篇》。這上面所列的什麽篇、什麽篇，從《史篇》起到《滂喜篇》止，大都是四個字一句，或是七個字一句，和現在的《千字文》差不多。(這許多書中間，衹有《急就篇》現在還在開頭是七個字一句，底下是三個字一句，底下又是七個字一句，末了又是四個字一句。别的書裏邊有引《倉頡篇》的，都是四個字一句；有引《凡將篇》的，都是七個字一句；大概還有這幾部也是差不多。) 因爲這些書，都是給小孩子識字的時候讀的；要他容易上口，所以句子都有一定。此外還有《爾雅》、《小爾雅》(孔鮒做的)、《方言》(揚雄做的)、《釋名》(劉熙做的)、《廣雅》(張揖做的)；這些書都是專解釋古書中間文字的意義；現在要看古書，明白古來文字的意義；這五部書都是很有用的。(這五部現在都還在。) 但是這五部書只講古書文字的意義；至於這個書在六書上頭是屬於那一種？造這個字的時候，是個什麽解説？却没有講到。共和後九百四十一年（漢和帝永元十二年），有一個許慎；他據《倉頡篇》以下的小篆、《史篇》裏的大篆（那時候《史篇》雖然缺少，却還没有亡完），《壁中書》(古文在秦朝時候已經亡滅，前面已經説過了。但是孔子用古文寫的《六經》，還藏在孔子家裏；漢朝的時候，有一個魯恭王，毁掉孔子的房子，於是《六經》便發現了出來。古文又重復被人家看見了）和鐘鼎上面刻的古文，這三種東西合攏來，做成一部《説文解字》；照字的形，分做五百四十部。譬如艸類裏邊的字，字形必定從艸，便歸在艸字部裏。關乎一個人行爲的字，字形必定從人，便歸在人字部裏。關乎説話裏的字，字形必定從言，便歸在言字部裏。這艸、人、言這些字，叫做部首。部首一共五百四十個字，所以成爲五百四十部。這五百四十部的分法，精微之至。後來無論再做什麽字書，一部都不能加減他的。這是什麽緣故呢？因爲中國的文字到小篆時候，便完全無缺。現在所用的字，總逃不出《説文解字》這一部書，雖然有許多現在用的字，《説文》(就是《説文解字》，簡稱就叫《説文》) 裏邊没有；但是這個是後來人没有學問，隨意亂造的。

要知道無論文言白話書上寫的，嘴裏説的，到《説文》裏去尋，總有一正體字在裏邊。譬如這個字的“這”字，《説文》正體作“者”。怎麽的“怎”字，《説文》正體作“曾”。“腔套”兩個字，《説文》正體作“肯鞱”。“丟”字，《説文》正體作“盩”。“甩”字，《説文》正體作“奐”。這些市井俗語的字，《説文》裏邊還尋得出正體；更何況正正經經的書裏邊，間或有幾個《説文》所没有的字，豈有反尋不出正體的道理麽？《説文》裏邊收的字，既然完全無缺，不能加減；自然他分的部，也一部不能加減的了。《説文》没有出以前，雖然有文字，却没有一部可以查字的書。(《倉頡篇》、《爾雅》這些書，不分部不説本義，所以只可記記單字和書上的解説，要查他的字形和本義便没有法子想。)自從這位許先生做了這部《説文》；從此字的形體，在六書上，屬於那一類，和造這字時候最初的本義，一一都明白了。人家要查字，隨時可以按部去尋；所以論到古來在文字上有大功勞的，一共是三個人：第一個是倉頡，字是他造的。(伏羲畫八卦，那不過是個記號，所以造文字的第一個人，總要推倉頡了。)第二個是史籀，其時文字異體太多，他造了大篆出來統一；這在文化普及上是很有大功勞的。第三個就是許慎，他創這分部的例，把文字的形體和本義都弄明白；這也是有大功勞的。至於李斯這些人，便講不上什麽功勞了。程邈第一個創造隸書，破壞六書精當的規則，雖然他只叫差人皁隸胡亂用用；至於正經行用，是漢朝人没有學問，不關他的事；但是他倘然不造；漢朝又從那裏用起？所以論到罪魁禍首，這程邈在文字上，總要算他一個大罪人了！

二十二、章太炎　古音娘日二紐歸泥説

古音有舌頭泥紐；其後支别，則舌上有娘紐，半舌半齒有日紐，于古皆泥紐也。何以明之？涅從日聲。《廣雅·釋詁》："涅，泥也，涅而不緇，亦爲泥而不滓。"是日泥音同也。昵從日聲。《説文》引傳"不義不昵"。《考工記·弓人》杜子春注引傳"不義不昵"。是日昵音同也。（昵，今音尼質切；爲娘紐，字古。尼、昵皆音泥。）傳曰："姬姓，日也。異姓，月也。"二姓何緣比況日月？《説文》衵字從日，亦從内聲作衲，是古音日與内近。月字古文作外①，則古月外同字。姬姓，内也；異姓，外也；音同則以日月況之。太史公説"武安貴在日月之際"。亦以日月見外戚也。日與泥内同音，故知其在泥紐也。入之聲今在日紐。古文以入爲内。《釋名》曰："入，内也；内使還也。"是則入聲同内在泥紐也。任之聲今在日紐。《白虎通·德論》《釋名》皆云："男任也。"又曰："南之爲言任也。"《淮南·天文訓》曰："南吕，任包大也。"是古音任同男、南，本在泥紐也。然、而、如、

① 下脱"韻紐悉同"。

若、爾、耳，此六名者，今皆在日紐。然之或體有蘸，作艸難聲。《劇秦美新》："㸐①除仲尼之篇籍。"《五行志》："巢㸐墮地。"皆作難聲。明然古音如難，在泥紐也。而之聲類有耐。《易・屯》曰："宜建侯而不寧。"《淮南・原道訓》曰："行柔而剛，用弱而强。"鄭康成、高誘皆讀而爲能。是古音而同耐、能，在泥紐也。如從女聲，古音與奴、拏同。音轉如奈。《公羊》定八年傳："如丈夫何。"《解詁》曰："如，猶奈也。"又轉如能。《大雅》"柔遠能邇"，箋曰："能，猶伽也。"奈能與如皆雙聲。是如在泥紐也。若之聲類有諾。稱若，稱乃，亦雙聲相轉。是若本在泥紐也。《釋名》曰："爾，昵也。泥，邇也。"《書言》："典祀無豐於昵。"以昵爲禰。《釋獸》："長脊而泥。"以泥爲䦵。是古耳②聲字皆如泥，在泥紐也。《漢書・惠帝紀》曰："内外公孫耳孫。"師古以耳孫爲仍孫。仍，今在日紐，本從乃聲。則音如乃。是耳仍皆在泥紐也。耎、弱、儒、柔，此四名者，今皆在日紐。耎聲之稬音奴亂切。耎聲之煗音乃管切。耎聲之嫨音奴困切。是耎本在泥紐也。弱聲之搦③音奴鳥切。弱聲之搦音奴曆切。弱聲之溺，或以爲尿④音奴吊切。《管子・水地》："夫水淖溺以清。"《莊子・逍遥遊》："淖約若處子。"李頤曰："淖約，柔貌。"明古音弱與淖同，故得以淖爲弱，或爲聯語。是弱在泥紐也。儒之聲類羺、獳、䨲、䰭皆從耎變⑤；《廣韻》並音奴鈎切。此則儒本音羺，在泥紐也。《廣雅・釋詁》：柔訓爲弱。《説文》輮、鍒皆訓爲耎。柔與弱、耎，本雙聲而義相似。故柔亦在泥紐也。明此則恁爲下齎，荏染爲柔木，其音皆在泥紐，可例推也。人仁之聲今在日紐。人聲之年爲奴顛切。仁聲之佞爲乃定切。此則人仁本音年⑥佞，在泥紐也。冄之聲今在日紐。那，從冄聲，則冄、那以雙聲相轉，在泥紐也。攘之聲今在日紐。槍攘古爲槍囊。此攘本音如囊，𣪠亦如囊，在泥紐也。舉此數事，今日紐者，古音皆在泥紐。其他以條例比況，可也。今音泥、蜺爲泥紐。尼、

---

① "㸐"應作"蘸"。

② "耳"應作"爾"。

③ 搦，《國故論衡》作"嫋"。

④ 尿，《國故論衡》作"屎"。

⑤ 疑"皆從耎變"爲衍文。

⑥ 年，《國故論衡》作"如"。

昵在娘紐。仲尼，《三蒼》作“仲屔”。《夏堪碑》曰：“仲泥何侘。”足明尼聲之字，古音皆如屔、泥，有泥紐，無娘紐也。今音男女在娘紐；爾女在日紐。古音女本如帑。妻帑鳥帑，其字則一。《天文志》，顏師古說：“帑，雌也。”是則帑即女矣。爾女之音，輾轉爲乃；有泥紐，無娘紐也。狃之聲今在娘紐。公山不狃，狃亦爲擾。往來頻復爲狃；《說文》作䏔。擾䏔今在日紐。古無日紐。則狃亦泥紐也。其他亦各以條例比況，可也。問曰：“聲音者，本於水土，中乎同律，發乎脣𦧺，節族自然。今曰古無娘日，將迫之使不言耶？其故闕也?”答曰：“凡語言者所以爲別。日紐之音，進而語之則近來，退而呼之則近禪。娘紐之音，下氣呼之則近影，作氣呼之則近疑。古音高朗而徹，不相疑似。故無日娘二紐矣。”今閩廣人亦不能作日紐也。

二十三、梁任公　從發音上研究中國文字之源

假使古代有字母，則我文字結構之嬗變當如何？

人類先有語言，然後有文字。聲發於天籟，人之所不學而能者也。以某聲表某意；其所表者爲一群之人所共喻而公認，於是乎成語言。言而著諸竹帛以廣其用而永其傳；於是乎有文字。字也者，聲與言之符號而已。然符號之選擇與應用，各族不同。有施設若干音符，規定其拼合運用之法；但求符之能悉傳其音，而所含意義，與所用之符不必相麗者；如印度、歐洲諸民族所用字母，是也。亦有不施設一定之音符；同一音而表之之符（即寫法）有各種；即緣異符以表異義者；則中國文字也。此兩法者，孰爲精善？孰爲便利？其間可以比較論列者甚多，非此短篇所能殫述。惟有一事首當明辨者；流俗之論，每謂中國文字屬於衍形系統；而與印、歐衍聲之系統，劃然殊途；此實謬見也。倘文字而不衍聲，則所謂“孳乳寖多”者，末由成立；而文字之用，或幾乎息矣！象形、指事、形聲、會意、轉注、假借，是曰六書。自班孟堅、許叔重以來，皆稱爲造字之本。象形、指事、會意，衍形之屬也。形聲、轉注、假借，衍聲之屬也。《說文》萬五

百十六字；形聲之字八千四百零七；象形、指事、會意之字，合計僅一千有奇，其間兼諧聲者尚三之一，依聲假借而蜕變其本義者亦三之一，然則中國之字，雖謂什之九屬於聲系焉可也。單字且然，其積字以成詞者，更無論矣。

自來言六書者，每謂形聲爲易解，忽而不講。有清一代，古韻之學大昌；於聲音與文字之關係，漸知注重矣。然其研究集中之點，在收音而不在發音；重視疊韻而輕視雙聲；未爲至諧也。劉成國《釋名》每字皆詁以雙聲；《爾雅》（《詁》、《訓》、《言》）三篇，用雙聲爲解者亦過半；其必有所受矣。吾嘗略爲探索，謂宜從音原以求字原，輒擬爲兩公例：

（一）凡形聲之字，不惟其形有義，即其聲亦有義；質言之：則凡形聲字，什九皆兼會意也。

（二）凡轉注、假借字，其遞嬗孳乳，皆用雙聲。試舉最顯之數音以爲例：戔，小也；此以聲函義者也；絲縷之小者爲綫；竹簡之小者爲箋；木簡之小者爲牋；農器及貨幣之小者爲錢；價值之小者爲賤；竹木散材之小者爲棧；（見《説文》。）車之小者亦爲棧；（見《周禮注》。）鐘之小者亦爲棧；（見《爾雅・釋樂》。）酒器之小者爲盞，爲琖，爲醆；水之少者爲淺；水所揚之細沫爲濺；小巧之言爲諓；（見《鹽鐵論》及《越語注》。）物不堅密者爲俴；（見《管子・參患》篇。）小飲爲餞；輕踏爲踐；薄削爲剗；傷毁所餘之小部分爲殘；右爲“戔聲”之字十有七，而皆含有小意；《説文》皆以此爲純形聲之字；例如“綫”下云：“從糸，戔聲。”以吾觀之，則皆形聲兼會意也。當云：“從糸，從戔，戔亦聲。”舊説謂其形有義，其聲無義，實乃大誤。其聲所表之義，蓋較其形爲尤重也。

更旁征他音：如“氐，本也，從氏下著一；一，地也，指事。”（《説文》文。）此字即根柢之“柢”之本字，示木根之在低處者也；後起加木旁則爲柢；在人下者則爲低；在屋宇下者則爲底；石之礎爲砥；水低處爲泜；土低處爲坻；低阜爲阺；生於低地之蟲爲蚳；車後爲軝；屬國之舍爲邸；三歲之羊爲羝；地神爲祇；下視爲覗；以肢體之末梢相距爲抵；此皆形聲兼會意字，當云“從某，從氐，氐亦聲”也。

“夌，從夊，從兲；兲，高也，會意。”（《説文》文。）夌之字，從兲以表其凸出，從夊以表其尖利；於是地之墳而阜者爲陵；四隅有觚角者爲棱；

冰坼成鋭角者爲淩；果蓏之兩尖者爲菱；帛紋織現若冰淩者爲綾；（見《釋名》。）此皆形聲兼會意字，當云“從某從夌，夌亦聲”也。

假使吾國如用字母，則其字體結構當何如？試以“戔”字爲例：如凡“戔聲”之字，皆用“Ch′ien”之一符號以表之，而其偏旁則在其字之首一音母添附語尾；則前舉之十七字者當如下寫：

Ch′ien……………………戔
Ch′iens…………………… 綫
Ch′ienj…………………… 箋
Ch′ieny…………………… 琖
Ch′iens…………………… 淺
Ch′iens…………………… 濺
Ch′ienp…………………… 帴
Ch′iens…………………… 錢
Ch′ienp…………………… 賤
Ch′ienm……………………棧
Ch′iensm……………… 盞
Ch′ieny…………………… 醆
Ch′ieny…………………… 俴
Ch′iene…………………… 諓
Ch′ients……………………餞
Ch′iens…………………… 踐
Ch′iend…………………… 剗
Ch′iend…………………… 殘

此種寫法，與吾國舊文之寫法，孰爲利便？此屬别問題。要之此十七字者，同一語根，同一音符，而因以同得一極相類似之概念；則章章然也。以上三音母，吾不過偶舉憶念所及者以爲例①；若能將全部《説文》之形聲字，一一按其聲系以求其義；或能于我文字起原得一大發明，未可知也。

又不必聲之偏旁，同一寫法者爲然也；凡音同者，雖形不同而義往往

① “例”原作“利”，今據文意改正。

同。如“地”字並不從“氏”，而含“底”、“低”等義；“弟”字亦因其身材視兄低小而得名；“帝”字有上接下之義，故下視亦稱“諦視”；“滴”字，“謫”字，“摘”字；皆以表由上而下之一種動作；從可知凡用“Dee”之一音符所表示者，總含有在下之意，或含有由上而下之意；無論其寫法爲氐，爲低，爲底，……爲地，爲弟，爲帝，爲滴，……而其爲同一語原，即含有相同之意味；則歷歷可睹也。

不寧惟是：同一發音之語，其展轉引申而成之字可以無窮。《爾雅·釋天》云：“天氣下地不應曰雺，地氣發天不應曰霧，霧謂之晦。”王國維云：“雺、霧、晦，一音之轉也。晦本明母字，後世轉入曉母，與徽釁諸字同。”蓋霧音當讀如慕；（吾粵語正然。）晦音當讀如每；皆用“M”母發音，而含有模糊不明的意味；由是而晚色微茫不明者謂之暮；有物爲之障而不能透視者謂之幕；不可得見而徒寄思焉謂之慕；此一引申也。晦亦謂之冥，閉目而無見則謂之瞑；瞑久而覺全體休止者謂之眠；此又一引申也。冥亦謂之昧，眠亦謂之寐；此又一引申也。視而不明謂之蒙；雨之細而不易見者謂之濛；視官本身不明者謂之矇；矇之甚者謂之盲；此又一引申也。細而難察者謂之毛；矇亦謂之眊；年老而意識作用疲缺者謂之耄；此又一引申也。意識有所蔽而錯亂者謂之眘，亦謂之謬；不自知其眘謬而任意以行者爲之貿貿然；此又一引申也。難察而致誤者謂之迷；視官中有障刺者謂之眯；此又一引申也。晦冥亦謂之霾；深入而至視綫所不及謂之罙；全掩覆而不可見謂之埋；此又一引申也。睡眠而仿佛若有所見，其狀態恰如霧中看物者謂之夢；雖醒而作夢態者謂之瞢，謂之瞢懂，謂之瞢騰；醉態謂之酩酊；此又一引申也。細而難察者謂之微；（讀如眉，粵語猶然。）重言之謂之微茫；微之甚者謂之渺，謂之杳，重言之謂之渺茫，謂之杳冥，謂之芴漠；尤甚者謂之泯，重言之渭之泯没；謂之磨滅；此又一引申也。微亦謂之末，水之霏屑如霧者謂之沫；此又一引申也。迷之重言，謂之迷離，謂之迷糊，謂之迷茫，或謂之模糊，謂之麻糊；此又一引申也。迷而求之謂之摸，重言之謂之摸索；此又一引申也。迷亦謂之懣罔，重言之謂之惘惘；迷惘之狀態謂之悶；此又一引申也。凡微末之物，如霧、雺等，皆物之細屑也；故屑物謂之磨，謂之礳；物之成屑者謂之糜，謂之靡；小而不可見之物謂之幺麽；鬼物隱約閃爍不可確見者謂之魔；此又一引申也。草木植物，其葉碎屑者謂之蘪蕪，謂之綿馬；木本植物，其葉碎屑者謂之木髦，魚之小者謂之鱦；（俱見《爾雅》。）鳥之小者謂之綿蠻；（見《詩毛傳》。）蟲之小者謂之蝱蟁，尤小者謂之蠛蠓，其別一種謂之脈望；（望，讀盲，去聲，粵語猶然。）雨之小者謂之霢霂；其實只是一語之異寫耳；此又一引申也。草木初茁不甚可察者謂之萌；其細英謂之芒；光之細碎隱約閃爍者亦謂之芒；此又一引申也。無所知謂之冥；人之無所知者謂之民，（《禮記鄭注》：民者冥也，言冥無所知。）謂之氓；（《詩》：氓之蚩蚩。）此又一引申也。於是凡蒙昧之民族則加以此名，謂之雺，謂之蠻，謂之苗，謂之閩者；此又一引申也。既視察不明，則只能付諸疑問；故對於不能確知之人或地，則曰某人某地；疑問所用字曰無曰毋，（古讀如模，粵語猶然。）或添字以足其意曰得無、將毋；白話則轉爲麼，爲嗎；某字或轉爲什麼，爲什麼；此又一引申也。以上所舉八十三語，皆以"M"字發音者；其所含意味，可以兩原則概括之：其一，客觀方面；凡物體或物態之微細暗昧難察見者，或竟不可察見者。其二，主觀方面；生理上或心理上有觀察不明之狀態者。諸字中孰爲本義？孰爲引申義？今不能確指。要之用同一語原，即含有相同或相受之意味而已。試以字母表之，至其語根所生之變化如下：

Mao……………………雺
Moo……………………霧
Mui……………………晦
Mu……………………暮
Mu……………………幕
Mu……………………慕
Meng…………………濛
Meng…………………矇
Mang…………………盲
Mao……………………毛
Mao……………………眊
Mao……………………耄
Ming…………………冥
Ming…………………瞑

Mien……………………眠
Mei………………………昧
Mei………………………寐
Meng……………………蒙
(Mei) ………………微
(Mei)mang…………微茫
Mangmang……………茫茫
Miao……………………渺
Miao……………………杳
Miaomang……………渺茫
Miaomang……………杳瞢
Mao………………………瞀
Miu………………………謬
Moumou………………貿貿
Mi…………………………迷
Mi…………………………眯
Mai………………………霾
Mai………………………霂
Mai………………………埋
Mong……………………夢
Mong……………………瞢
Mongtong……………瞢憧
Mongt'ang……………瞢騰
Mimo……………………芴漠
Mienmiao……………緬邈
Ming……………………泯
Mingmu………………泯沒
Mi…………………………滅
Momi……………………磨滅
Mu…………………………末

Mu……………………沫
Mili……………………迷離
Mihu…………………迷糊
Mimang………………迷茫
Muhu…………………模糊
Mingting………………酩酊
Mo……………………模
Mosho………………摸索
（Mang）………………罔
（Mangmang）………惘惘
Meng…………………悶
Meng…………………懣
Mu……………………磨
Mi……………………䃺
Mi……………………糜
Mi……………………靡
Mo……………………麼
Mo……………………魔
Mi（mu）……………糜蕪
Mienma………………綿馬
Mimao………………木髦
Ming…………………鱦
Mienman……………綿蠻
Mahu…………………麻糊
Mingmang……………蠠蝱
Mimeng………………蠛蠓
Mei（mang）…………脈望
Meimu………………霢霂
Meng…………………萌
Mang…………………芒

Ming……………………民

Mang……………………氓

Mao……………………蠓

Man……………………蠻

Miao……………………苗

Ming……………………閩

Mu……………………某

（Mu）……………………無

（Mu）……………………毋

Mo……………………麼

Ma……………………嗎

不寧惟是。有一字而其義分寄於形與聲；後起孳乳之字，衍其形，兼衍其聲，而即以並衍其義者。例如“八”字。《説文》云：“八，别也；象分别相背之形。”八字發音，與别與背同，既一聽而即可察其義矣；其形亦一望而得之。於是凡從八之字，非徒衍八字形也，亦衍八字聲。《説文》“北”字下云：“北，分也；從重八。八，别也，亦聲。”（《書・堯典》）“分北三苗。”《吴志・虞翻傳》云：“北，古别字。”此明其形聲並衍，至確實矣。然於其他從八之字，則多忘却其衍聲之部分。今舉其應是正之數位如下：

（《説文》原文）

分，别也，從八，從刀。刀以分别物也。

必，分極也，從八弋。弋，亦聲。

釆，辨别也，象獸指爪分别也，讀若辨。

半，物中分也，從八，從牛。……

平，語平舒也，從虧，從八。八，分也。

（擬改正）

分，别也，從八，從刀；八亦聲。……

必，分極也，從八弋；八亦聲。

釆，辨别也，……從重八；八亦聲。

半，物中分也，從八，從牛；……八亦聲。

平，分均也，從虧，從八；……八亦聲。

欲釋此數字，當先承認錢大昕所發明“古無輕脣音”之一公例；知“分”字古讀如“奔”；“采”字即“番”之原。徐玄云：“蒲見切。”古讀如“班”；（此兩字日本讀法尚與古同。）“平”字古讀如“兵”；皆用“B”母發音，與“八”字正同。由是知凡衍“分聲”、“北聲”、“番聲”、“半聲”、“平聲”之字，一面既從“八”衍形，一面又從“八”衍聲，形聲合而其義乃益著。如北①字即古別字，衍而爲背；必字，表分別確定之意；此皆蒙“八”形“八”聲而衍其義也。其從分字衍出者，如平均分配爲頒，亦爲攽；文質相半爲份；（《論語孔注》）財分而少爲貧；（《説文》）研米使分散爲粉；（《釋名》）目黑白分爲盼；（《説文》）草初生，其香分爲芬；（《説文》）氣候不純良爲氛；鳥所化鼠爲鼢；（《説文》）分而不理爲棼，爲紛；此亦蒙“八”形“八”聲而衍其義也。其從半字衍出者，如物之解剖分析爲判；冰之溶解爲泮；田之分界爲畔；男女好合爲胖；相結偶爲伴；半體肉爲胖；（《説文》）分背爲叛；此亦蒙“八”形“八”聲而衍其義也。其從番字衍出者；如分佈種子爲播；迻譯異文爲繙；改其舊態爲翻，爲幡；發有二色爲皤；草分佈茂盛爲蕃；肉由生而熟爲燔；二水洄漩爲潘；此亦蒙“八”形“八”聲而衍其義也。其從平字衍出者，如田之分界爲坪；棋局界罫者爲枰；水藻旋分寸合者爲萍；此亦蒙“八”形“八”聲而衍其義者也。其僅蒙其聲而不蒙其形者；如北亦爲別，份亦爲彬，爲賁；頒賜之頒亦爲班；頒白之頒亦爲斑；皆或引申，或假借，而僅留其聲，略去其所從之形者也。如人相與訟爲辨；（《説文》）判其是非得失爲辨；以言相辨爲辯；文之駁雜者爲辯；（《説文》）發之交結者爲辮，蕊之分開者爲瓣，判事已了爲辦，此雖不從“八”而仍從“八”聲以遞衍成義者也。以上所舉四十四字，皆用“P”母發音者；所含義不外兩種：（一）事物之分析、分配、分散。（二）事物之變互錯雜；而其語原皆同出於一。試界之如下：

八 Pa：

必

北（Pei）別……背（Pai）

分（Peng）……頒、攽（Pan）、粉（peng）、盼（Pan）、芬（Peng）、氛

① “北”原作“非”，今改正。

(Peng)、䣙(Peng)、棼、紛(Peng)

半(Pan)……判(Pan)、泮(Pan)、畔(Pan)、牉(Pan)、伴(Pan)、胖(Pan)、叛(Pan)

番(Pan)……播(Po)、繙(Pan)、翻、幡(Pan)、皤(Po)、蕃(Pan)、潘(Pan)

平(Ping)……坪(Ping)、枰(Ping)、萍(Ping)

彬(Pin)……賁(Peng)、班(Pan)、斑(Pan)

辡(Ping)……辨(Pien)、辯(Pien)、瓣(Pien)、辮(Pien)、辦(Pan)

此外同一事物,稍變其語尾而示其種類之微異者;在《爾雅》中多見之:如《釋宫》云:“樴大者謂之栱。長者謂之閣。”《釋水》云:“川注溪曰谷,注谷曰溝,注溝曰澮。”“大波爲瀾,小波爲淪。”《釋器》云:“黄金美者謂之鏐,白金謂之鐐。”諸篇中如此者尚多。(王國維《爾雅鳥獸草木蟲魚釋例》列舉不少。)試以拼音寫之則如下:

栱(Kun)　瀾(Lan)　鏐(Liao)　谷(Ku)　溝(Kou)

閣(Ko)　淪(Lun)　鐐(Liao)　澮(Kuei)

此等變化法,絶似英文中 Man 與 Men,只變其字中之一母或兩母,以示同一事物中種類之微别也。《爾雅》(《詁》、《訓》、《言》)三篇,其所訓亦多用聲轉之字:“如初、哉、首、基、肇、祖、元、胎、俶、落、權、輿,始也。”除元、胎、落三字外,其音皆相近。如:“永、羕、引、延、融、駿,長也。”除駿字外,餘盡雙聲。他如怡、懌、悦、愉、豫之訓樂;展、諶、允、慎、亶之訓誠;粤、於、爰之訓曰;爰、粤、於、繇之訓於。貉、謐、密之訓静;永、悠、遠之訓遐;大抵皆同一發音,而語尾有若干之變化而已。

尤有極奇異之一例:《公羊傳》云:“伐者爲客,伐者爲主。”據何注所釋:“上伐者,指伐入者,短言之。下伐字,指被伐者,長言之。”其所謂短言長言者,今無從確知其音讀爲何如?試以意寫之,則:

主動位之伐字 Fat

被動位之伐字 Fart

此種變化法,與英文之 Strike Struck 等類,寧非極相肖?特因吾文字結構與彼殊科，故其變化不能以音符表現耳。

許君之釋轉注，謂：“建類一首，同意相受。”而全部《説文》未有一字明言其屬於轉注者，後人不得轉注之確解，聚訟紛紜，至今未決。以吾所臆斷：則所謂“建類一首”者，非形之類，形之首，而聲之類，聲之首也。建立一類之聲以爲發音之首一母；凡衍此一首之聲者，雖收音有變異，然皆同意而相受；是謂轉注。例如建“戔”聲爲一首，而綫、箋、錢等皆同意相受。建“八”類之聲爲一首，而分、平、北、别、辨等皆同意相受。然則凡諧聲之字，十有九兼轉注矣。其例既舉不勝舉，故許君竟闕而不舉也。

本篇所論，吾亦未敢遽自信。要之欲知中國文字源流，不可不大注意於發音，則吾敢斷言也。惜吾于古音學殊乏素養，未能博證以自張其説。世之君子，若對於此事有研究興味，則其用力方法及所産之結果當如下：

一、先研究古代音讀與今不同者（例如古無輕脣音之類），使追尋聲系，不致沿譌。

二、略仿陳澧之《聲類表》，别造一新字母以貫通古今之異讀。（注音字母恐須改正者甚多。）

三、略仿苗夔之《説文聲讀表》，以聲類韻類相從，以求其同意相受之跡。

四、制新字典，一反前此以筆劃分部之法，改爲以音分部；使後之學子得一識字之捷法。

二十四、江易園《古今音異讀表》序

宣統三年，學部謀國語統一，設國語調查會。江謙議宜分兩部，招集閎達，從事研究編輯之務：其一統一國語。其一調查方音。統一國語，則主京音，所以通今。調查方音，以古音之散見於方言也，所以通古。癖古之士，有議并爲一事者；曰：“孰若標準古音以易時習。”下走偉夫斯議。是昆山顧氏之所欲復焉而未之能也！雖然，碩學之士，以是爲聞古之譯焉，可矣！若以易今一般之社會而復之古，則其不適於時之故，下走猶能言之。古音鈍而重。今音清以利。古音簡而偏。今音繁而全。古音北之祖也。今音南之原也。漢魏以前北音之時代也，南不列於雅。東晉以來，南音之時代也，北亦稍覢焉。本朝經師及輓近時哲，于古今音多有考證。今爲分別列表，挈其要領，庶夫大夫君子，口焉而明之，一覽而知其大較：若爲今音；若爲古讀；今變今音盡爲古讀，爲便不便？自東晉以後，古者揚州之域，更迭爲帝都，其音輕揚。主盟文學之壇者，又大都南士。齊梁之際，昌言聲韻，文物郾遂，勢力日加。隋唐以還，從龍之士北征，南音北漸。歷代帝者往往移徙南方豪族，充斥京畿。由是輕揚之音，習爲普通之語。北方族氏，迭遭胡亂，又復南遷。於是古來剛勁鈍重之音，浸以潛弱。今雖山林偏僻之地，交通困絶，尚能保存文獻之遺，然已降爲土音。不復熟于當世學士大夫之口。今如江西撫州者，讀《論語》“知之爲知之”而爲“的的爲的的”，則聞者猶然陋之，疇孰知其存古矣！夫其積重而欲返之也誠難！必欲返之，則將使有重脣音，無輕脣音；有舌頭音，無舌上音及半舌半齒音；有邦滂並明音，無非敷奉微音；有端透定泥音，無知徹澄娘音；有泥音，無日音；有見音，無匣音。棄清而就鈍，舍全而抱偏，行之國中而不能便也。後生學子以是重脣鈍舌，習歐美之譯，其困難又加强！惟夫高才學者究專門之業，必于古有事焉。則是誠金科玉律哉！徒示以古之云云也。雖證帰確鑿，學者猶或瞠目結舌，莫釋於疑；則必北究燕、秦，南窮閩、粵，旁搜朝鮮、日本，標注音符，覼之一簡；知夫某與經通，某與傳合，某與箋注音疏相明。經傳聱牙，則爲奧僻；口舌慣習，則爲易知；斯業之成，古義益顯。抑懸念夫百年以往，語言統一；國習一音，而古訓方言，賴斯不墜；豈非空前之盛業，垂後之鴻篇？調查國語之大夫君子，儻有事乎？

二十五、金可莊　聲音學聽講録

丙辰夏，江師易園講學於江蘇省教育會，予往聽焉。顧後至不得坐前列，堂高人衆，潛聽爲難；加之妙諦泉湧，左右逢源；秉筆摘録，終難卒記。歸而構思，本所記憶者筆之於册，斷片鱗爪，恐終不免毫釐千里之謬！乃欲有所就正，而又苦無其機。今者江師登報徵集，並云准予裁正。是固師之熱心，抑亦莊之幸也！用贅數言以志快慰！

一、聲音之定義

《禮記》(《樂記》) 聲相應，故生變；變應方謂之音。單聲爲聲，復聲爲音。明代西儒金居閣①有言曰："……聲爲父。……韻爲母。……音爲子。"蓋必一聲一韻相合而後始成爲音，與復聲爲音之説若合符節。古今中外，理無二致也。

二、發音法

（一）發音有自覺性。　言爲心聲；發音必有所感。小兒饑則啼，得食則

① 金居閣，今譯作金尼閣。

笑。此亦自覺之表現也。

（二）發音部位。　發音機關，不外腭、脣、齒、舌四部。此即發音之部位也。

（三）聲母發音法。　發音部位，雖并牙喉爲一部，定名曰腭；然三十六字母（見溪群疑等）仍無變動。今任取一常語之字，辨别其發音部位；則聲母發音法亦可明矣。舉例如左：

腭音：脚、間、覺、哥、果、根、公、姑。（屬見[①]母。）哭、糠、懇、開。（屬溪母。）局、憨。（屬群母。）牛、呆。（屬疑母。）烘、黑、兄、火。（屬曉母。）荷、行、雄、寒。（屬匣母。）衣、翁、屋、煙、惡。（屬影母。）夜、蠅、用、藥、有。（屬喻母。）

舌音：爹、刀、斗、當。（端母）跳、偷、湯、吞。（透母）地、動、讀、弟。（定母）南、惱、能、泥。（泥母）知、中、追。（知母）寵、畜、獺。（徹母）除、傳、丈。（澄母）娘、匿。（娘母）來、冷。（來母）仍、日。（日母）

齒音：精、則、宰。（精母）請、七、采。（清母）族、裁、齊。（從母）思、仙、心。（心母）習、詳、席。（邪母）周、枕。（照母）初、出。（穿母）世、牀。（牀母）手、失。（審母）善、受。（禪母）

脣音：布、背、奔。（幫母）濆、攀、匹。（滂母）跑、婆、皮。（並母）妹、梅、媽。（明母）飛、封。（非母）費、肺。（敷母）父、飲。（奉母）無、物。（微母）

發音機關爲腭、舌、齒、脣；而其間必分爲三十六字母者，則以聲音固有剛柔輕重之不同也。分别説明如次：

（甲）腭音剛柔之區别及輕重之階梯。

- 腭音
  - 深腭
    - 吉各
    - 吃哭
    - 熱岳
  - 淺腭
    - 吸霍
    - 一郁

聲重而自内發出者，謂之深音：吉各、吃哭、熱岳，是也。聲輕而自外發出

① “見”原誤作“兒”，今改正。

者，謂之淺音：吸霍、一郁，是也。而深淺之中，復有剛柔之分：吉、吃、熱、吸、一，爲柔聲；各、哭、岳、霍、郁，其剛聲也。

（乙）舌音之剛柔及舌尖舌上之區别。

- 舌音
  - 舌尖……
    - 滴篤
    - 踢脱
    - 立落
  - 舌上……
    - 雞覺
    - 氣確
    - 藥肉

舌尖抵上腭，爲舌尖音。舌邊抵上腭，爲舌上音。至於剛柔之區别，仍如前例。（上一字爲柔，如滴踢立。下一字爲剛，如篤脱落。）

（丙）正齒粗齒及剛柔之區别。

- 齒音
  - 正齒（即柔聲）
  - 粗齒（即剛聲）
    - （上部）即足……（精母）
    - （中部）切促……（清母）
    - （下部）息束……（心母）

齒音剛柔之區别，一如前例。所不同者，正齒粗齒之分耳。

（丁）脣音輕重及剛柔之區别。

- 脣音
  - 重……
    - 筆八……（瓶彭）……（兵濱）
    - 劈拍
    - 密莫……（米媽）
  - 輕……
    - fi 腹
    - we 學……（此音量最輕似乎带扁）

甲、乙、丙、丁四項，全以俗音爲代表；無非取其易明耳。而所取之音，純屬雙聲；則上一字爲柔，下一字爲剛，更覺明顯矣。

（四）韻母發音法。　吾人慣用之韻，每有聯帶之關係，如東、通、同，是也。然則單獨一音，其聲與韻如何區别乎？概括言之：短促者謂之聲。延長者謂之韻。譬諸“東”，延長呼之則爲“翁”。譬諸“張”，延長呼之則爲“盎”。“東”與“張”爲聲母。“翁”與“盎”即韻母也。

（五）常語習練覺性。　腭音：哥（陽）、兄（四陰）、舅（一陰）、姑（五陽）、胸（四陰）、眼（三陽）、鞋（四陽）、呢（三陰）、架（一陽）、蟻（三陰）。舌音：娘（六陽）、弟（一陰）、履（三陰）、梯（二陰）、兔（二陽)、狼（三陽)、耳（七陰)、土（二陽)、蝶（一陰)。齒音：叔（三陽)、姊（一陰)、窗（二陽)、牆（二陰)、桌（一陽)、膝（二陰)、豬（一陽)。脣音：妹（三陽)、伯（一陽)、媽（三陽)、面（三陰)、豹（一陽)、蚊（四陽)、非（四陰)、貓（三陽)、房（四陽)、門（三陽)。常語雖通俗，其間却含至理。哥與兄義同而音異；一則屬陽；一則屬陰。舅與姑爲對待名詞，而亦判爲陰陽；從可知常語與聲音學有密切之關係矣。

（六）天然聲母。　小兒墮地，其聲呱呱。人有所苦，發聲長籲。此即天然之聲母也。

（七）天然韻母。

天然韻母：
- 五音…宮（翁）…商（盎）…角（脚）…徵（嘴）…羽
- 四等…合……（…開……）……齊……撮

歌訣曰："欲知宮，舌居中。欲知商，口大張。欲知角，舌後縮。欲知徵，舌抵齒。欲知羽，脣上取。"蓋宮、商、角、徵、羽者，天然之韻母也。惟短促爲聲；延長爲韻；故宮當讀作翁；商當讀作盎。此五音又恰成爲開、齊、合、撮四等，可謂巧不可階。至於四等究屬若何區别？更舉例如次：

開	齊	合	撮
挨	意	烏	于
格	雞	故	居
客	氣	苦	去
額	尼	吾	女
塔	底	都	斗

同一發音部位，同一字母，而開口呼爲挨，齊齒呼爲意，合口呼爲烏，撮口呼爲于。此之謂四等。而四等之外，復有六轉之分；即清平、濁平、清上、濁上、清去、濁去，是也。更舉例如次：

開　張長長丈帳仗

齊　真陳診準鎮陣

合　宗蟲腫重衆仲

撮　珠儲租左注祝

説明　（甲）一清、二濁、三清、四濁、五清、六濁。（緩長名清，短促名濁。）

（乙）韻書説：一、二，平聲；三、四，上聲；五、六，去聲。

（丙）凡韻書所謂入聲，其轉音皆在第六；故反切上辨其清濁，入聲與濁聲同，因古無入聲。今北方猶然。

古謂入聲者閏聲也。謂閏餘之聲。因韻書所列入聲字，其上、去、平往往有音無字，故附系於旁轉之中，如丁、訂、得，真、枕、震、則，是也。

三、反切法

反切根源于雙聲叠韻。凡二聲同母者爲雙聲。同韻者爲叠韻。“故居”、“宣洩”、“都督”、“做足”、“空哭”、“生聲”、“兵柄”，凡此皆雙聲也；其平仄可不論。“曹操”、“雞啼”、“溪西”，凡此皆叠韻也；其韻母必同。故平上去入，各歸其類，不可相混。

反切之法：上字定位，即雙聲也。下字定音，即叠韻也。譬如公字，其反切用“格翁”、“孤翁”、“該洪”、“鉤空”，均無不可。蓋格、孤、該、鈎與公字同屬見母，皆雙聲也。翁、洪、空與公字同屬東韻，皆叠韻也。惟其間以“孤翁切”爲最適當。蓋孤與公同爲合口呼之平聲，而翁又屬天然韻母，故一讀即可得公字之音。此之爲音和切。其他皆普通切耳。至於借他部之音以爲定位之用，如舌尖音之“丁”，切舌上音之“貯”，（丁吕切貯）此之謂類隔。類隔者，隔類之謂也。

四、拼音法

音和切既因字數之缺乏，不可多得。則反切固難言矣。謀補救之方，斯拼音法尚矣。拼音之法：譬如蘇幹切“三”，先將蘇幹二字拆成反切。（蘇私“烏”切，幹“古”寒切。）用劈法將烏古二字劈去；則私寒切“三”，一讀即得矣。但此法亦宜熟練。

齒音第一種四等五音六轉拼音之練習。

開口	齊齒	合口	撮口
之（曷汪）張	之（因）真	之（翁）宗	之（烏）珠
之（曷王）長	之（人）陳	之（洪）蟲	之（吴）儲
之（曷網）丈	之（隱）診	之（聳）鐘	之（武）租
之（曷盎）帳	之（引）準	之（鬨）仲	之（户）左
之（曷枉）長	之（印）鎮	之（動）重	之（故）注
之（曷尚）仗	之（任）陣	之（貢）衆	之（屋）祝

腭音第一種四等五音六轉拼音之練習。

開口	齊齒	合口
吉（汪）薑	吉（因）金	吉（翁）龒
吉（王）强	吉（人）禽	吉（洪）窮
吉（枉）講	吉（引）近	吉（聳）拱
吉（網）	吉（隱）	吉（動）
吉（盎）强	吉（印）禁	吉（貢）貢
吉（尚）	吉（任）僅	吉（閧）共

脣音第一種四等五音六轉拼音之練習。

開口	齊齒	合口	撮口
不（汪）幫	不（因）賓	不（翁）	不（烏）
不（王）傍	不（寅）頻	不（洪）蓬	不（吴）
不（枉）榜	不（引）臏	不（聳）	不（武）
不（網）	不（隱）牝	不（動）奉	不（户）
不（盎）螃	不（印）儐	不（貢）	不（故）
不（尚）傍	不（任）	不（閧）蓬	不（屋）

舌音第一種四等五音六轉拼音之練習。

開口	齊齒	合口	撮口
得（汪）當	得（因）	得（翁）東	得（烏）
得（王）唐	得（寅）	得（洪）同	得（吴）
得（枉）黨	得（引）	得（聳）董	得（武）
得（網）蕩	得（隱）	得（縱）動	得（户）
得（盎）讜	得（印）	得（貢）涷	得（故）
得（尚）宕	得（任）	得（閧）洞	得（屋）

五、南北音之不同

北無入聲，而南少開口。哥孤不分，關傀莫辨。即合口之中，亦鮮區别。此南音之所短也。齒齶混合，瀟湘轉入曉香；此即北音之所短也。其異同若此。

二十六、錢基博　吴江沈潁若先生《文字源流》後序

——文字源流之中英比較觀

吾讀吴江沈潁若先生《文字源流》一編，語繁不殺而舉例盡；因爲廣其意以詔諸生曰：仲尼誨人不倦，然舉一隅，不以三隅反；則不之復。莊生有言："井蛙不可以語於海者，拘於虚也。"夷考埃及、墨西哥之古文，而知世界文字，同出於一源。埃及國語：一曰圖解；二曰符號；三曰音聲模擬。較之吾國六書，圖解即象形；符號即指事；音聲模擬即諧聲。墨西哥古語，由圖解易爲符號，由符號易爲音聲，雖不合許君之六書次第；而揆之班氏所言六書次第，亦頗相符。故文字之形聲雖殊，而製作之大例則一。蓋既爲地球上之人類，同此五官四肢；喜怒形於色，哀樂動乎中，音之不能盡而筆諸書；文字之聲雖異，所以爲傳達言語之具者實同。特以各國所處之地位不同，洋海環之，山嶺障之，斯言文不能統一耳。雖然，中西文字之異，人之所知也。中西文字之異而有其不異者存，則人之所不甚知也。諸生旁治英文者也。試以英文爲例：

（一）文字之初，先有義有聲而後諧聲以制文字，不論中西一也。蓋氣清而上浮者謂之天；天音何自生？生自顛。氣濁而下凝者謂之地；地音何自生？生自低。推此類也，讀上字高字如張口仰望；讀下字低字如閉脣下視；讀吃字如呑咽；讀嘔字如嘔吐；蓋未造字之先，已發其音義矣。英文亦然：如High，高也，讀之張口如仰望。Lower，低也，讀之閉脣如下視。Eat 讀之亦如呑咽。又如吾國有感歎詞嗚呼、噫、嘻、唉及丁東、剥啄之類，專以諧聲爲義；而西文亦有 O，Oh，ah，ha，ahas，hurrah 及 soom（爆發聲），click（輕擊聲），crashing（折斷聲），hick（鑿聲）等字。若此類者，不勝枚舉。

（二）凡韻母悉屬喉音。而英文之韻母 Vowel 有五：曰 a，e，i，o，u，同于中國之宫、商（盎）、角（脚）、徵、羽。a 商，e 角，i 徵，o 宫，u 羽也。亦有變音，與中國同，謂之雙音 Pipletbong，如 oi 之在 boil，ai 之在 aisle，皆變徵之音也。試以 a，e，i，o，u 五韻母而征之中國韻書：如 a 在 father，音阿，正六麻，二十一馬；二十二禡音。a 在 all，其音與 au 之在 laud 同，則五歌，二十哿，二十一箇也。a 在 gnat，入聲短呼七曷，八黠。e 之在 me，音伊，正四支音；而 e 在 met，則入聲短呼九屑。i 在 knit，入聲二十錫，十四緝。o 在 not，入聲十藥，在 no，介五歌七虞之間；在 move，七虞，其音與 u 之在 rude 同；而 oo 之在 wood，其音與 u 之在 but 同，則入聲一屋矣。u 在 nut，入聲十五合，十七洽。而 i 在 high，其音與 ai 之在 aisle 同，則九佳也。oi 在 boil，十灰。ou 在 bow 及 bound，四豪。ew 在 new，其音與 u 之在 tube 同，則十一元矣。惟英語無六魚音，而法語之 u 字，乃真六魚音也。

（三）夷考英文有字根，乃有輾轉引伸之字。字根皆拉丁、希臘文也。如以 acer（拉丁字有尖利、辛辣、尖酸、苦、刻薄諸義。）爲字根，而 acrid（辛辣），acrimony（薑桂之性，嚴酷刻薄），acid（酸，醋酸）諸字由之引申而出。以 stasi（希臘字有堅持、植立不動、永久諸義。）爲字根，而 ecstasy（顛狂妄動），ahosstay（背叛道教），system（法則）諸字即由之引申而出。詳見《納氏文法》第四册第二十七章三八五——三九二頁。聲相從者義亦相從。而我國文字亦然：如以“中”爲字根；而盡中心爲“忠”，中衣爲“衷”，人次在中爲“仲”；其從“中”展轉引申之字，聲從中者義亦從中。又如以“戔”爲字根；戔，小也；於是貝之小者爲“賤”，皿之小者爲“盞”，竹簡之小者爲“箋”，凡從戔展轉引申之字，聲從“戔”者義亦從“戔”。諸如此類，不可枚舉。

（四）獨體爲文，合體爲字。文不足於用，而孳乳成字以濟其窮；此不論中西一也。侯官嚴復所謂從或字之法而言之，英字又可分爲兩大類：其一曰文 primary words。其一曰字 secondary words。文者何？原成之字，不可復析者也，如化學之原質然。字者何？孳乳寖多之字，所可更析之以爲文者也，如化學之雜質。字分二類，中西皆然。中國之文，如一人、夕、口、馬、日諸字。西國之 primary words，如 oneman，night，mouth，horse，sun 等。中國之字，如信、武、證、忠、娶、諓諸字，皆合文而成者也。西國之 secondary words，如 tedshoom midday，kingdom，beautiful，亦可更析爲 primary words 者也。

（五）英字之孳乳其法有二：一曰會合 Composition。會合者，取分立之文字而合之使成一也。如 lighthouse（燈塔），inkstand（墨水瓶）等字，謂之 Compoundwords。所會合者，自二字有時至於三字四字；如 Shend-thrift（豪奢之子）合二字者也。midship-man（海軍學生）合三字者也。out-of-the-way（非常者）合四字者也。一曰轉成 Derivation。轉成者，由一字之根，以意義之殊而變化其體成異字者也。如 love 愛字爲根；而 loving（愛、中意），lover（情人），lovely（可愛），loveable（可愛者）諸字由之而出。full（富足）字爲根；而富於信義者謂之 truthful，甚可畏者謂之 fearful，富有希望者謂之 hopefulward 者，著其物之所趨也，以此爲根；而進往曰 forward，嚮往曰 toward，北首曰 northward，西南首曰 southwestward，不便利曰 awkward。凡此之類，謂之 Derivatives。按許君六書定義，以事爲名，取譬相成，謂之形聲；比類合誼，以見指撝，謂之會意；皆有合義分立之文，而孳乳成字。如形聲之中衣爲衷，正言爲證；會意之一大爲天，用口爲周；即是西文之 compound words 也。又合兩字見意者，如會意之天從一大，古從十口；形聲之衷從衣，中聲；證從言，正聲；是也。有合三字四字見意者，如會意之祭從示，以手持肉，𦬒從四屮；形聲之整從攴，從束，從正，正亦聲；是也。此與英文之 compound words 相同。至英文之 Derivation，則亦猶轉注建類一首，同意相受之例耳。惟 Derivatives 之同意相受，大抵皆即一字爲根，而前後附益之；而轉注則以一字建一類之首，而上下左右附益之耳。蓋西文横行，中文縱行也。

（六）按中國六書，象形、指事二者，爲西國拼切之字所無；間見於記號，如天學以⊙爲日，以☽爲月；然非文字。惟會意、（賅形聲而言之，以聲亦兼意也。）轉注、假借三者，爲用與中文正同；而假借之用尤宏。如 back，背也；而 backslide，backslider 之 back，則作違背解。Way，路也；而亦訓爲方法。以肩背之背引申作違背之背，道路之道引申作道術之道；即六書之假借也。西文謂之 ambiguity，皆以一字而當數義。如 box 有二十餘詁，皆由本義引申而假借之。此類最多：如 rampant，本訓躍者，緣者，獸之立者；引申爲事勢之方興，皆謂 rampant 也。Patient，本訓受事者；引申之爲病人，爲忍耐。Valant，本訓飛者，傚者，鳥之張翼者；引申之爲流蕩，爲輕迅。fruent，本訓流者；故言辭之流利，書法之流美，皆用之。Patend，本訓開者；故事之顯無隱者，途之通者，皆謂之；而製造專利亦云 patent 者，以其得國家之明諭，故有此稱也。

（七）英文中拉丁字，往往同此一字，在此爲名詞，在彼爲動詞，其形無殊；但變其所讀之重音 accent，而實用之名詞，即轉爲動詞之虚用者；此其變流之趣，乃與吾國文字正同。蓋即中文之讀破法，如“春風扇微和”，扇讀平聲，而名詞轉成動詞。“春風風人，夏雨雨人”，風雨皆讀去；亦轉名詞爲動詞者。他若“解衣衣我，推食食我”之衣食二字；“春朝朝日，秋夕夕月”之朝夕二字；皆緣讀破法而名詞轉動。湘鄉曾國藩所謂實字虚用者也；蓋不勝枚舉焉。此于英字如下，可略舉以爲釋例者也：

Noun　名詞	Verb　動詞
a′ccent①　重音	acce′nt②　重讀之
a′ffix　接尾字	affi′x　附後
co′llect　總會	colle′ct　集會
co′ncert　和會	conce′rt　相和
co′nvert　改宗教者	conve′rt　勸化
e′xtract　精華	extra′ct　擷取

① a′ccent 當作′accent。

② acce′nt 當作 ac′cent。

in′sult 羞辱	insu′lt 淩辱
o′bject 外物	obje′ct 疏淩外辱兼惡
pro′duce 物産	produ′ce 出産
fre′quent 常有	freque′nt 時常往來
a′bsent 所亡	abse′nt 脱身
co′mpound 混合物	comp′ound 混合
pre′sent 禮物	prese′nt 奉獻
re′bel 叛徒	reb′el 作叛

雖然，accent 變而後義異者固多；而 accent 不變而異義者尤夥。此如中文："人其人，火其居"；而未聞人火二字有讀破也。《公羊傳》"入其宫無人宫焉，入其門無人門焉"；其第二宫，第二門字，亦不讀破也。此在英文，如 help（助）可爲名詞，可爲動詞。他若 water，paper，stuff，dance，book，smoke，fine 等，幾無實用之名詞不可虚用者；亦觀其句中之職爲何如耳；烏得變乎？此所以巨集文字之用也。

但以中文與西文比例爲論，有其難者；則西文常用之名，例爲一字；而中文或以數位爲一名；故其相似難見，此在學者能以意通之而已。即如英文 arise 起、awake 醒、ago 去諸字起首之 a 母，正與《書·堯典》"黎民於變"，《大學》"於止"之于字合符。而 abed 在床、ashore 於岸兩字起首之 a 母，則又與《易·繫辭傳》"其於中古乎"，《曲禮》"於外曰公，於其國曰君"之於相當。蓋我之於字乃象形，在古正讀爲鴉，與 a 音近也。中西言語當上古時，本爲合一，在此可以證見，此不過一事耳。

二十七、清龔定庵　古史鈎沈論二

龔自珍曰：周之世官，大者史。史之外，無有語言焉。史之外，無有文字焉。史之外，無人倫品目焉。史存而周存，史亡而周亡。殷紂時，其史尹摯抱籍以歸於周。周之初，始爲是官者，佚是也。周公、召公、太公既勞周室，改質家蹐于文家，置太史。史於百官，莫不有職事。三宅之義，佚貳之，謂之四聖。蓋微夫上聖叡美，其孰任治是官也。是故儒者言《六經》，經之名，周之東有之。夫六經者，周史之宗子也。《易》也者，卜筮之史也。《書》也者，記言之史也。《春秋》也者，記動之史也。《風》也者，史所采於民而編之竹帛，付之司樂者也。《雅》、《頌》也者，史所采于士大夫者也。《禮》也者，一代之律令，史職藏之故府而時以詔王者也。《小學》也者，外史達之四方，瞽史諭之賓客之所爲也。今夫宗伯雖掌禮，禮不可以口舌存；儒者得之史，非得之宗伯。樂雖司樂掌之，樂不可以口耳存；儒者得之史，非得之司樂。故曰："《六經》者，周史之大宗也。"孔子殁，七十子不見用。衰世著書之徒，蠭出泉流；漢氏校録，最爲諸子。諸子也者，周史之小宗也。故夫道家者流，言稱辛甲、老聃；墨家者流，言稱尹佚。辛甲、尹佚官皆史。聃（一本作"聃之官"）實爲柱下史。若道家，若農家，若雜家，若陰陽家，若兵，若術數，若方技，其言皆稱神農、黄帝。神農、黄帝之書，又周史所職藏，所謂三皇五帝之書者是也。老於禍福，熟於成敗，絜萬事之盈虛，窺至人之無競，名曰任照之史，宜爲道家祖。綜於天時，明於大政，考夏時之等以定民天，名曰任天之史，宜爲農家祖。左執繩墨，右執規矩，篤信謙守，以待彈射，不使王枋弛（一本作“阤”），不使諸侯驕上，名曰任約劑之史，宜爲法家祖。博觀群言，既迹其所終始，又迹其所出入，不蒙一物之譏，不受諸侯蹈骶，使王政不清，庶物奸生，名曰任名之史，宜爲名家祖。臚引群術，愛古聚道，謙讓不敢删定，整齊以待能者，名曰任文之史，宜爲雜家祖。窺于道之大原，識於吉凶之端，明王事之貴因，一呼一吸，因事納諫，比物假事，不辭矯誣之刑，史之任諱惡者，於材最爲下也，宜爲陰陽家祖。近文章，妙語言，割榮以任簡，養怒以積辨，名曰任喻之史，宜爲縱横家祖。抱大禹之訓，矯周文之偏，守而不戰，儉而不奪人，名曰任本之史，宜爲墨家祖。五廟以觀怪，地天以觀通，六合之際，無所不儲（一本“儲”下有“無所不語”四字），謂之任教之史，宜爲小説家祖。劉向云：“道家及術數家出於史”，不云“余家出於史”；此知五緯二十八宿異度，而不知其皆繫於天也；知江河異味，而不知皆麗於地也。故曰：“諸子也者，周史之支孽小宗也。”夏之亡也，孔子曰：“文獻，杞不足徵！”傷夏之史亡也。殷之亡也，孔子曰：“文獻，宋不足徵！”傷殷之史亡也。周之東也，孔子曰：“天子失官！”傷周之史亡也。滅人之國，必先去其史。隳人之枋，敗人之綱紀，必先去其史。絶人之材，湮塞人之教，必先去其史。夷人之祖宗，必先去其史。周之東，其史官大罪四、小罪四，其大功三、小功三：帝魁以前，書莫備焉。郯之君知之，楚之左史知之，周史不能存之，故傳者不雅馴，而雅馴者不傳。謂之大罪一。正考父得商之名頌十二于周，百年之間亡其七，太師亡其聲弦焉，太史又亡其簡編焉。謂之大罪二。周之雅頌，義逸而事荒，人逸而名亡；瞽所獻，燕享所歌，大氐斷章，作者之初指不在。瞀儒序詩，以斷章爲初指，以諷諫爲本義，以歌者爲作者。三者史不能宣而明，謂之大罪三。有黄帝曆，有顓頊曆，有夏曆，有商曆，有周曆，有魯曆，有列國曆，七者周天子不能同。列國赴告，各步其功，告朔怠終，乃亂而弗從。周享國久，八百餘祀，曆敝不改，是以失禮，是失官之大者。謂之大罪四。古之王者存三統，國有大疑，匪一祖是師，于夏于商，是參是謀。今《連山》、《歸藏》亡矣，三

《易》弗具。孔子卒得《坤乾》于宋，亦弗得于周。史之小罪一。列國小學不明，聲音混茫，各操其方，微孔子之雅言，古均其亡乎！史之小罪二。夫史籀作大篆，非（一本“非”下有“爲”字。）廢倉頡也。周史不肯存古文，文少而字乃多矣。象形指事，十存三四，形聲相孳，千萬並起，古今困之。孔壁既彰，蝌鬥煌煌，匪籀而倉。蓋憲章者文、武，而匪憲章宣王。史之小罪三。列國展禽、觀射父之徒，能言先王命祀；而周史儋乃附萇弘爲神怪之言，不能修明巫覡祝宗，不能共鬼神。燕昭、秦皇，淫祀漸興；儋、弘階之，妖孽是徵！史之小罪四。帝魁以降，百篇權輿。孔子削之，十倍是儲；雖頗闕不具，資糧有餘。史之大功一。孔子與左邱明乘以如周，獲百二十國之書；夫而後《春秋》作也。史之大功二。冠昏之殺，喪祭之等，大夫士之曲儀，或以爲數。夫舍數而言義，吾未之信也；故十七篇之完，亦危而完者也。史之大功三。周之時有推步之方，有占驗之學，其步疏，其占密。天官有書，先臣是傳，唐都、甘公（一本“公”作“石”）；爰及談、遷，是蹟是宣。史之小功一。史秩，下大夫；商高，大夫；官必史也。自高以來，疇人守之，九章九數幸而完。史之小功二。吾韙彼奠世繫（一本“繫”作“系”）者，能奠能守；有曆諜諜，有世本，竹帛咸舊。是故仲尼之徒，亦著《帝繫姓》。後千餘歲，江介之都，夸族之（一本“之”作“始”。）甚。史之小功三。夫功罪之際，存亡之會也，絶續之交也。天生孔子，不後周，不先周也；存亡續絶俾樞紐也。史有其官而亡其人，有其籍而亡其統；史統替夷，故孔統修也。史無孔，雖美何待！孔無史，雖聖曷庸！由斯以譚：罪大亦可揜，功大亦可蒙也。孔雖歿，七十子雖不見用，王者之迹雖息；周曆不爲不多，數不爲不躋，府藏不爲不富；沈敏辨異之士，不爲不生；緒言緒行之迹，不爲不竢。莊周隱于楚，墨翟傲于宋，孟軻端（一本“端”作“瑞”）于齊梁，公孫龍嘩于齊、趙之間，荀況廢于道路，屈原淫于波濤，可謂有人矣！然而聖智不同材，典型不同國，擇言不同師，擇行不同志，擇名不同急，擇悲不同感。天吝材，材吝志，志吝器，器吝情，情吝名，名吝祖。夫周自我史佚、辛甲、史籀、史聃、史伯而後，無聞人焉。魯自史克、史邱明而後，無聞人焉。此失其材也！七十子之徒不之周而之列國，此失其志也！不以孔子之所憑藉者憑藉，此失其器也！三尺童子，瞀儒小生，稱爲儒者流則憙，稱爲群流則愠，此失其情也！號爲治經則道尊，號爲學史則道詘，此失其名也！知孔氏之聖而不知周公、史佚之聖，此失其祖也！夢夢我思之！如有一介故老，纕臂河洛，惘周之將亡也，與典籍之將失守也，搜三十王之右史，拾不傳之名氏，補詩書之隙罅；逸于後之剔鐘彝以求之者；以越辰之法，禠不顯之年月，定歲名之所在，逸於後之布七曆以求之者；爲禮家之儒，爲小節之師，爲考訂之大宗，逸於後之彌縫同異以求之者；明象形，説指事，不比形聲，不譚孳生，推本音，明本義，逸於後之據引申（一本無“引申”二字。）假借以求之者；本《立政》，作《周官》，述《周法》，正封建之里數，逸於後之雜真僞以求之者；誦《詩》三百，篇綱於義，義綱於人，人綱於紀年，明著竹帛，逸於後之據斷章以求之者。烏乎！周道不可得而見矣！階孔子之道求周道，得其憲章文、武者何事，夢周公者何心，吾從周者何學，逸於後之（一本下有“侈道學”三字）譚性命以求之者。辭七逸而不居，負六失而不衈！自珍于大道不敢承；抑萬一（一本無“萬一”二字）幸而生其世，則願爲其人歟！願爲其人歟！

二十八、梁任公　五千年史勢鳥瞰

第一章　地理及年代

歷史者，因空際時際之關係而發生意義者也。吾嘗言之矣，曰："史蹟之爲物，必與'當時'、'此地'之兩觀念相結合，然後有評價之可言。"（《研究法》一七九）故於地理及年代託始焉。

第一節　地理

中國領土，以地勢言之，可略分爲六部：第一部，十八行省。第二部，東三省及三特別區域。第三部，新疆。第四部，外蒙古。第五部，青海及川邊。第六部，西藏。

此六部者，其文化之開發有先後，其歷史之關係有深淺；即在今日，其統治權行使之所及，亦有鬆密。大概言之：則第一部，爲中華民族（狹義的）歷古之根據地，而其西南一隅，至今猶有苗蠻族未盡同化。第二部，歷古爲東胡、北胡與我族交爭之區，今則在廣義的中華民族完全支配之下。第三部，則歷古爲西羌、北胡乃至中亞、東歐諸族錯處代興；今亦完全在我主權之下，而人種同化猶未盡。第四部，歷古爲北胡根據地；至今猶爲東北胡雜種之一族（蒙古）居之。所謂主權者，羈縻而已。然我族勢力之向北地發展者，今方興未艾。第五部，西羌及北胡居之。統治權之行使，較優於第四、第六兩部，而居民中我族勢力之微弱，亦僅與第四部相埒耳。第六部，名義上雖爲領土，事實上則居民與統治權，皆屬西羌族。其各部蜕變狀況之分析，别于第二章詳之。

地理形勢，非本書所宜喋述。今惟抽出其與史蹟關係最鉅之數特點，略爲推論，而當推論之前，有一義應先商榷者，則歷史現象受地理之影響，支配果至若何程度者。歷史爲人類心力所構成。人類惟常能運其心力以征服自然界，是以有歷史。若謂地理能支配歷史，則五百年前之美洲地形氣候，皆非有以大異於今日，而聲明人物，判若天淵，此何以稱焉？雖然，人類征服自然之力，本自有限界，且當文化愈低度時，則其力愈薄弱，故愈古代，則地理規定歷史之程度愈强，且其所規定者，不徒在物的方面，而兼及心的方面，往往因地理影響，形成民族特别性格，而此種性格，遞代遺傳，旋爲歷史上主要之原動力。近代以科學昌明之結果，其能嬗變地理而減殺其權威者雖不少，然衡以總量，究屬微末，且前此影響之鐫入民族性中者，益非可以驟變。故治史者於地理之背景，終不能蔑視也。今請列舉中國地理特點數端，而説明其與史蹟之關係：

（1）中國黄河流域，原大而饒，宜畜牧耕稼，有交通之便，於産育初民文化爲最適。故能於邃古時，即組成一獨立之文化系。

（2）該流域爲世界最大平原之一，千里平衍，無岡巒崎嶇起伏，無灣碕瓜離旋折，氣候四時寒燠俱備，然規則甚正，無急劇之變化，故能形成一種平原的文化。其人以尊中庸，愛和平爲天性。

（3）以地形平衍，且規則正，故其人覺得自然界可親可愛，而不覺其可驚可怖，故其文化絶不含神秘性，與希伯來、埃及異。居其地者，非有相當之勞作，不能生活，不容純耽悦微眇之理想，故其文化爲現世的，與印度異。

（4）天惠比較的豐厚，不必費極大的勞力以求克服天然，但能順應之，即已得安適，故科學思想發達甚緩。又以第（2）項所言，地形氣候，皆平正少變化，故乏穎異深刻的美術思想。又以愛樂天然，順應天然之故，故倫理的人生哲學最發達。

（5）此一區域中，別無第二個文化系。而本部（即第一部）地勢毗連，不可分割，故隨民族勢力之發展，文化亦愈益擴大，結成單一性的基礎。

（6）以第（2）項理由，故中庸性質特別發展。惟其好中庸，萬事不肯爲主我極端的偏執，有弘納衆流之量，故可以容受無數複雜之民族，使之迅速同化。亦惟因周遭之野蠻或未開化的民族太多，我族深感有迅令同化之必要，而中庸性格，實爲同化利器。故演化愈深，而此性格亦愈顯著。

（7）國境西界葱嶺以與中亞及歐洲之文化隔絶，南界喜馬拉耶以與印度文化隔絶，缺乏機緣以與他系文化相摩厲，相資長，故其文化爲孤立的，單調的，保守的。

（8）以下文第（10）項之理由，其文化屢受北方蠻民族之蹂躪，我族常須耗其精力以從事於抵抗及恢復，故愈益養成保守性。

（9）東南雖頻海，然其地之島民，無文化足以裨我，又以地大物博之故，凡百閉關，皆足自給，故民族從不作海外發展之想，益無以改其單調的保守的之特性。

（10）西北徼之中亞細亞、西伯利亞諸區，夙爲群蠻所産育出没。其人生苦寒土域，習於勇悍，而常覬覦内地之温沃富殖，狡焉思逞。北境既無重洋峻嶺以爲之限，而我土著之民，愛護其耕稼室廬，以平和爲職志，其勢易爲所蹂躪。故三千年來，北狄之患，幾無寧歲，其影響於文化及政治者至大。

（11）文化發源，起自黄河流域，次及長江流域，此兩流域平原毗連，殆無復天然境界，可以析劃，與歐陸形勢絶異。我民族既以此地爲樞核，則所謂“大一統”主義自然發生。故幅員雖大於歐陸，而歐陸以分立爲原則，以統一爲例外。吾土正反是。

（12）以第（10）項之理由，吾民族有集權禦侮之必要。此種必要與第（11）項之理由相結合，遂産生中樞專制的政治。而此中樞時復爲外族所劫奪，則其助長專制也益甚！

（13）因下列各理由，致地方自治不能發達。（甲）因地勢地味關係，始終以農立國。鄉村農民，惟安習於家族的統制。（乙）都市常爲政治或軍事之中心地，專制干涉力極强。（丙）如第（11）項所説，無畫疆自保之憑藉。(丁) 如第 (10) 項所説，悍蠻恣暴，地方事業，易被摧壞。

(14) 地勢既不適於諸國分立，又艱于發育自治，其勢自然趨於中樞專制，而又以幅員太廣之故，統治力不能貫徹，故内亂屢起，或爲外族所乘。此種野蠻革命，既成爲歷史上常態，故文化恒屢進而屢躓。

(15) 地勢雖不可分裂，然因山脈與河流，皆自西而東（專就第一部言），且氣有寒温、熱帶之異，故南北常不免自爲風氣。而當政象有變動時，亦恒以南北對峙爲暫局。

(16) 西南與東北兩邊際，以位置寫僻，及地形有特别構造，故雖加入我族文化系，而迄未成熟，“遠心力”常常發動，故朝鮮、安南屢次編爲郡縣，屢次自立，至今竟排出中國歷史圈外。而遼東、滇南往往蒙其影響，其不自絶於中國，乃間不容髮。

(17) 第三四五六之四部，地理上各有其特色，而形勢上各有其與中國不可離之關係，故吾族常努力吸收之以自衛，所以促其住民同化者亦多術，而此願望至今猶未能全達，則吾儕及吾子孫所當有事也。

(18) 以全勢論之，則此一片大地，最不宜於國家主義之發育，故吾族向不認國家爲人類最高團體，而常以“修身”爲出發點，以“平天下”爲究竟義，全部文化皆含此精神。故其歷史或不在過去而在將來也。

右所舉地理影響於歷史者，崖略可睹矣。然此類地理之權威，迄近代既日以鋭減。例如海運及國境上之鐵路既通，則連山大漠，不足爲對外交通之障。國内鐵路、郵電諸機關漸備，則幅員雖廣，不難於統治。周遭諸民族同化略盡，則野蠻的侵掠蹂躪，不復成問題。工商業漸發展，則重心趨於都市，而自治之可能性愈大。諸如此類，今皆以異於古所云。特前此影響之留蹟于心理者，則其蜕變，非旦夕間事也。

第二節　年代

史何自起？就廣義之史言之：可謂有人類，即有史。而據地質學家所推定，人類發生，已在五十萬或二十萬年前，即新石器時代迄今，亦已五萬年。吾儕既確知新石器時代，中國已有人，則亦可謂五萬年前，中國已有史。雖然，吾今所治，爲狹義之史，以先民活動之跡有正確記録可徵者爲限。則中國有史時代，蓋起於夏禹。若再以嚴格的年代學繩之，則完全信史起於周之共和元年，即西紀前八百四十一年。

有史以前，謂之神話時代。（其實神話時代亦有史蹟，歷史時代亦有神話，此不過舉概劃分。）神話時代，其悠遠乃數十百倍於有史時代。若著一部“人類活動通考”，則有史時代所占之篇幅，不過其最末數葉而已，神話時代狀態之研究，其大部分當以讓諸地質學家，非治史者所宜過問。史家有時或以神話時代爲副料，不過藉以推見初民心理，或因其象徵所表示而窺其生活之片影。例如因盤古剖卵而生的神話，推想吾先民最古之宇宙觀。因三皇五帝等神話，推想三才五行説之起源。因燧人、神農等名稱，推想火及耕稼之發明，影響於當時人心者若何深切。神話之輔助歷史，其程度當至是而止。

司馬遷曰：“學者多稱五帝，尚矣；而《尚書》獨載堯以來。百家言黄帝，其言不雅馴，搢紳先生難言之。”此語足表其態度之謹嚴。雖然，遷之爲書，仍託始於《五帝本紀》，未能踐其斷制也。夫豈必黄帝以前，即《尚書》所載堯舜事，吾儕亦只能以半神話視之。韓非曰：“孔墨皆言堯舜，而取舍不同；皆自謂真堯舜。堯舜不可復生，誰與定儒墨之誠乎？”由是觀之，恐《尚書》“曰若稽古”，亦半爲後人所追記，未必能悉視爲信史也。而遷乃於《尚書》所不載之黄帝、顓頊、帝嚳偏有爾許事實，爲之鋪張揚厲。降及皇甫謐、羅泌之徒，生遷後又數百年、千年，乃自詫爲知遷之所不知，舉凡遷所吐棄爲“不雅馴”之言者，而悉寶之，於是古代史益蕪穢不可治！近世治史者動輒豔稱炎黄、堯舜時代之聲明文物。此説若真，則夏、商千餘年間，不可不認爲文化之中絶或停頓，其原由何在？實無説明。而或者更摭拾前説，穿鑿考證。例如五帝三王是否同出一宗，彼此相距年代幾何……等，聚訟之言，殆將充棟。皆所謂“可憐無益費精神”。蓋考證惟當於事實範圍内行之。事實存在與否？尚成問題，則對於事實内容之討論，太早計矣。吾儕不敢謂黄帝堯舜絶無其人，但至多認爲有史以前半開化部落之一酋長，其盛德大業，不過後人理想中一幻影。《古本竹書紀年》託始夏禹，當是史官舊文，吾輩遵之，可以寡過矣。

夏以後，固已有近真之史蹟，然年代殊難確算。如俗説皆稱夏四百年，殷六百年，而《竹書》則云：“夏年多殷。”《書・吕刑》稱：“王享國百年。”舊説謂指周穆王在位之歲，《竹書》則云周武王至穆王凡百年。諸如此類，異説滋多。《竹書》雖若較可信憑，惜原本今亦久佚。故司馬遷於三代，但作世表，而不鑿考其年。(注一) 紀年則起於《十二諸侯年表》，其第一年爲西周之共和元年，下距今民國十一年，爲二千七百六十三年。此表殆極可信。蓋共和後六十六年，周幽王六年十月辛卯朔，有日食，見於《詩經》，(注二) 共和後百二十年，即魯隱公元年，《春秋》於是託始焉。故我國史，可謂有二千七百六十三年極正確之年代，繼續不斷以迄今日也。

注一：《史記·三代世表序》云："孔子因史文，次《春秋》，紀元年，正時月日，蓋其詳哉。至於序《尚書》，則略無年月；或頗有，然多闕而不録；故疑則傳疑，蓋其慎也。"此最足見良史謹嚴態度。

注二：看《研究法》一四一頁。

舊史皆以帝王紀年，蓋舍此亦實無良法，然而破碎斷續，雖强記者猶不能徧，致使史蹟之時間的尺度，恒在朦朧意識之中。不便莫甚焉！故定出一畫一的紀年標準，實爲治史者急切之要求。近年來討論此問題者，或議用孔子卒後，或議用帝堯甲寅，然皆不能言之成理。共和元年，既爲歷史上最初正確之年，則以之託始，在理論上固無可疵議。然既爲國人耳目所不習，且與世界史蹟比照，亦須多費一重換算。吾以爲史之爲物，以記述全人類活動爲職志。國别史，不過人類通史之一部分，故所用記號，總以人類最大多數已經通行者爲最便。基督紀元，在今日，殆可稱爲世界公曆，吾儕不妨逕採用之。以史之時間的公尺，無庸有彼我分别之見存矣！

歷史時代當作何分畫耶？史蹟所以記人類之賡續活動相，强分時代，乃如抽刀斷水，欲得絶對的精確標準，爲事殆不可能！近今史家率將歐史區爲古、中、近之三世，此如治天體學者，畫分若干星躔以資研究方便而已。中國欲仿斯例，頗極困難。依嚴格的理論，則秦以前爲一時代，自秦統一迄民國成立爲一時代，兩者分野極爲嚴明。然似此區分，則每時代所包含時間太長，幾與不區分相等，若欲稍得平均，則易陷削趾適履之敝！故吾以爲論次國史，或以不分時代爲適宜。必不獲已，則姑命秦以前爲遠古；自秦迄清爲近古；民國以後爲今代；而遠古、近古中復爲小區畫，庶幾不至大戾。今列表如下：

远古……	前期（約六百年）	夏禹迄周東遷	公曆前一三六四（?）迄前七七一
	後期（約五百年）	春秋、戰國	公曆前七七〇迄前二二二
近古……	初期（約四百年）	秦漢	公曆前二二一迄二一九
	中期（約七百年）	三國、兩晉、六朝、隋唐	公曆二二〇迄九〇六
	後期（约七百年）	五代、宋、元、明	公曆九〇七迄一六四三
	末期（約三百年）	清	公曆一六四四迄一九一一
今代……		民國紀元以後	公曆一九一二以後

遠古、近古、今代之區别，最爲分明。其在政治上，則遠古爲分治的，貴族的；近古爲集治的，獨裁的；今代行將爲聯治的，平民的。其在文化上，則遠古爲發育的；近古爲保守的；今代行將爲蜕新的。凡百現象，皆儼若有一鮮明之幟志以示别。更將遠、近古各期細分之，則其特色可指者如左：

1. 遠古前期　自大禹以來，“諸夏”的觀念（即中國人的觀念），已完全成立，故爲國史之始。然夏、商稱王天下，其實仍是部落分立，政治中樞勢力甚微，文化亦僕僿，不甚可考見。自周創制封建，諸夏結合密度益增，政治漸漸有重心，文化亦彧彧可觀。

2. 遠古後期　周東遷後，政治重心漸失，各地方分化發展。諸夏以外之民族，亦漸形活動。然藉封建之勢，各地皆以諸夏所建國爲中心，以吸收同化境内諸異族。而此諸夏之國，復次第合併，由數百而數十，而六七以歸於一。故此期實爲中華民族混成時代。亦因分化之故，思想言論，皆極自由，社會活態呈露，故文化極高度，且極複雜。

3. 近古初期　民族既摶捖爲一，故秦漢以後，完全成爲不可分之界。然版圖既廓，統治益艱，故因封建時代經驗蜕變之成規，創立中央君主獨裁政體。人民亦經長期戰爭之後，動極思靜，務咀嚼前期所產文化以應用之於恬適的生活，故保守性習，從此發生，文化漸入停頓時代。中間境外諸蠻族，屢圖侵入，卒距之不得逞，故此期最足爲代表吾族真面目。

4. 近古中期　兩漢之政治組織，及其末年，已發見流弊，且呈露情性，於是有三國之分裂。在前期中，境外及邊徼諸異族，本已蓄有潛勢，但被抑不得發，至是乘虛紛起，遂至有五胡及南北朝之難，歷數百年，及唐之興，乃始告一結局。此期内之政治現象，因外族雜治之結果，法律屢失效力，人民保障益危，中央之組織能力亦漸趨薄弱，故漢唐雖同稱盛世，然唐政實不逮漢遠甚！文化方面，固有者極形衰落，惟因於與印度開始交通，加入外來之新成分，在史中開一異彩。即民族方面，亦因外族侵入之結果，次第同化，使吾族内容益加擴大，其得失正參半焉。

5. 近古後期　唐代號稱統一，然中葉以後，蕃將跋扈，吾族統一能力，既日減殺，經五代及宋，人民以厭兵之故，益趨孱弱。而北徼新興之族，翻極鴟張，遼、元、金相繼蹂躪，大河以北，久逸出吾族支配之外！而蒙古入主，與前此五胡情勢懸殊，以絶對不受同化之族，而據有中國全境，吾族殆無所託命。明代雖云光復，然爲羶腥所染，政治組織，益紊其軌。文化方面，則印度學術輸入既久，完全消化，别構成中印合流之新哲學，亦因政治上活動餘地較狹，士大夫之聰明材智，專用之於學藝。故文學美術等，皆别闢新方向，然而消極頹廢的思想，實隨處表現。

6. 近古末期　前清以異族統一中國，逾二百年，在史上蓋無前例。然東胡民族，與北族殊，其被同化也甚速，久已漸失其種族的色彩。此期内之政治，雖不能謂爲美善，然就組織力言之，則除漢代外，殆無其匹！西北徼諸地，在此期内，悉隸中國版圖，歷年悍族侵暴之禍殆絶。人民頗得蘇息。明中葉以降，歐人航海覓地熱驟興，開華歐交通之端緒。逮清而轉變愈劇。於是中國人始漸知有“世界”，不能不營國際的生活。此期文化承前明空疏之反動，刻意復古，由明而宋，而六朝、唐，而兩漢，而先秦，次第逆溯，精神日趨樸實。及其晚期，則受歐學輸入之影響，馴至思想根本動摇。故此期可謂爲歷史之一大轉捩之過渡時代，遂醖釀以成今後之局。(本文未完。)

二十九、梁任公　歷史統計學

歷史統計學，是用統計學的法則，拿數目字來整理史料，推論史蹟，這個名稱是我和我的幾位朋友們杜撰的。嚴格的說：應該名爲“史學上之統計的研究法”，因貪省便，姑用今名。但我們確信他是研究歷史一種好方法；而且在中國史學界，尤爲相宜。我們正在那裏陸續試驗，成績很是不壞，所以我願意把我們所擬的方法介紹諸君，盼望多得些同志共同做去。

我們爲什麼想用這種方法研究歷史呢？我們以爲欲知歷史真相，決不能單看臺面上幾個大人物，幾樁大事件，便算完結，最要的是看出全個社會的活動變化，全個社會的活動變化，要集積起來比較一番，才能看見。往往有很小的事，平常人絕不注意的，一旦把他同類的全搜集起來，分別部類一研究，便可以發見出極新奇的現象，而且發明出極有價值的原則。比方我們看見一兩隻蝴蝶算得什麼呢？一旦到動物學者的手裏，成千成萬的蝴蝶標本，聚攏起來，綜合一番，分析一番，便成絕大學問。我們做史學的人，對於史料之搜集整理，也是如此。

統計學的作用，是要“觀其大較”。換句話說，是專要看各種事物的平均狀況，拉匀了算總帳。近來這種技術應用到各方面，種種統計表出來。

我們想研究那件事，只要拿他的專門統計表一看，真相立刻了然。所以“統計年鑑”等類之出版物，真算得絶好的現代社會史。假如古代也有這種東西傳下來，我們便根據着他，看出許多歷史上“大較”的真相。然後究其所以然之故，豈非快事！這種現成的飯，固然沒得給我們，但我們用自己的努力，也許有許多方面能彌補這種缺憾來。

用統計方法治史，也許是中國人最初發明。《史記》的“表”，是模仿那“旁行斜上”的《周譜》。《周譜》這部書，今雖失傳，想也該是西紀前三四百年人做的。後來歷代正史多有表，給我們留下種種好資料和好方法，可惜範圍還太窄了！許多我們想知道“大較”的事件，都沒有用表的形式排列出來。到清初有位顧棟高先生著成一部五十卷的《春秋大事表》，把全部《左傳》拆碎了，從各方面分析研究，很有統計學的精神。我從小讀這部書，實在愛他不過；常常想我幾時能有工夫，定要把全部《二十四史》，照他樣子，按着我自己所要研究的目的，分類做一部通表，纔算快事哩！我這個心願懷抱了二十多年，但我很慚愧到今日還沒有動手。

我想我們中國的史學家做這件事，便宜極了。因爲我們紙片上的史料，是豐富不過的。一切别史、雜史、文集、筆記之類，且不必説。就以一部《二十四史》而論，真算得文獻寶藏！就學校裏頭學歷史的學生看，固然恨他“浩如煙海”！就我們專門做史學的人看，真不能不感謝我們先輩給我們留下這大份遺産。我們只要肯在裏頭爬梳，什麽寶貝都可以發見出來。

以上把這種學問的理論大略説明了。以下要説我們着手的試驗及其成績。

我多年想做一張表，將《二十四史》裏頭的人物分類：學者、文學家、政治家、軍人、大盜，……等等，每人看他本傳第一句“某某地方人也”，因此研究某個時代多産某種人，某個地方多産某種人。我這計畫曾經好幾次和我的朋友丁文江先生談起。他很贊成。後來他説先且不必分類，只要把正史上有傳的人的籍貫列下來，再説。他自己便幹起來了，現在還沒有完全成功。只是把幾個統一的朝代——漢、唐、宋、明做成了。編出一張很有趣的“歷史之人物地理分配表”。

他那張表的體例，是將《漢書》、《後漢書》、《新唐書》、《宋史》、《明史》中有傳的人，都列出，調查他們的籍貫，分配現今各省，再拿所有列傳總數，按照各省人數，列出百分比例。例如兩漢通共六百六十五篇傳：河南人二百零九，佔百分之三十一零四三；山東人一百一十八，佔百分之十七零七五；湖南人只有兩個，佔百分之三釐；福建人只有一個，佔百分之一厘五。廣東、雲南、貴州一個也没有。全表以是爲推。我們在這表中可以看出幾個原則：

（一）帝都所在地，人物往往特多。例如後漢之河南，佔百分之三十七而强。唐之陝西，佔百分之二十一而强。北宋之河南，佔百分之二十三而强。南宋之浙江，佔百分之二十二而强，都是居全比例之第一位。但其中有兩個例外：前漢的陝西，僅佔百分之十，居第四位；不惟遠在山東、河南之下，而且還在江蘇之下。明的直隸，僅佔百分之七，居第五位。

（二）南北升降之迹甚顯著。如山東、陝西、直隸、山西，漢唐時平均比例，皆在百分之十以上，多者至二三十以上。宋明後，皆落至十分以下，平均不過五六分。内中惟河南勉强保持平度，然亦有落下的趨勢。反之如江蘇、安徽、江西、浙江，漢唐時甚微微，以次漸升，至明時皆漲百分之十以上。此種現象，恐由於宋南渡後，南方之人爲的開發，與蒙古侵入後，北方之意外的蹂躪。但人民自身猛進與退萎之精神，亦不容輕輕看過。

（三）原則上升降皆以漸，然亦有突進者，例如四川在前漢不及百分之二，後漢忽升至百分之六，其後即上下於此圈内。浙江向來不過百分二三之間，北宋忽升至百分之八，南宋又升至百分之二十二。江西向來不到百分之一，北宋忽升至百分之五以上，南宋忽升至百分之十三以上。福建情形與江西亦大略相等。我們想這種情形，系由文化之新開闢。從前這些地方，離中央文化圈很遠，一經接觸之後，再加以若干年之醖釀醇化，便産出一種新化學作用。美國近年之勃興，就是這種道理。以此推之，還有許多新地方，也該如此。這表現僅編到明朝爲止。若繼續編下去，當又有新資料可以證明這個公例：例如湖南始終没有到過百分之二，倘將清史編出來，恐怕要驟漲到百分之十以上。廣東向來差不多都是零度，倘將民國十年史編出來，恐怕也要漲百分之十以上。

（四）此外尤有一最顯著之現象，則人物分配，日趨平均。前漢山東占百分三十而弱，河南占百分之二十而弱。後漢河南占百分之三十七而强，山東占百分之十二而强。僅此兩省，占漢史人物之半數。其餘長江流域各省，没有能到百分之五的。湖南、福建、兩廣、雲貴都是零度。唐宋人各省都漸漸有人，均勻許多了。到明時越發均徧，没有一省没有人，除廣西、雲、貴三省不滿一分外，其餘各省最高的不過百分之十三四；最低的省分亦有百分之一二，十八省中之九省，皆來往於百分之三與百分之七。平均數目之間，可見我們文化普及的程度，一天比一天進步。倘若將清史續編下去，只怕各省不平等的現象，還要格外減少哩。

諸君想想：像這樣粗枝大葉的一張表，我們已經可以從這裏頭發現四個原則來，而且還能逐個求出他所以然之故，這是何等有趣的事！凡做學問，終要在客觀正確的事實上，才下判斷，這是人人共知的。史學對象的事實，你說單靠幾位大英雄的戰記，幾位大學者的著述嗎？這固然可以表現社會的特殊力，却不能表示社會的一般力。我們搜集史料，斷不能以此爲滿足。許多事實，並不必從個人有意的動作看出來，即如這張表所根據的材料，不過每篇的一句——“某處人也”，這樣乾燥無味的句子，從前讀史的人，誰又肯信這裏頭還有研究價值？殊不知拆開了一句一句，誠絲毫無意味，聚攏起來，一綜合，一分析，無限意味都發生出來了。這表所編僅限於兩漢、唐、宋、明五代，而且是不管人物如何，有一篇傳算一篇。倘若把《二十四史》全數編出，再將人物分類，恐怕繼續發明的原則，還要多哩。青年諸君啊！須知學問的殖民地豐富得很。到處可以容你做哥侖布！只看你有無志氣，有無耐性罷了。

我又請說我們别方面的試驗。我近來因爲研究佛教史，有一回發生起趣味，要調查我們先輩留學印度的事實。我費不少的勞力，考據出二百來個人，内中有姓名可考者一百零五，無姓名可考者八十二。我做了一篇文叫做《千五百年前之留學生》，曾經登在《改造雜誌》。我在那篇文章裏面，做了種種統計：

（一）年代别

西曆第三紀後半	二人
第四紀	五人
第五紀	六十一人
第六紀	十四人
第七紀	五十六人

第八紀前半　　　三十一人

（二）籍貫别（内籍貫可考者僅六十五人）

甘肅十八　河南八人　山西七人　兩廣七人　四川四人　湖北五人
直隸四人　陜西四人　山東四人　新疆四人　遼東四人　湖南三人

（三）行蹟别

1. 已到印度學成後安返中國者四十二人
2. 已到西域而曾否到印度無可考者十六人
3. 未到印度而中途折回者十四人（?）
4. 已到印度隨即折回者二人
5. 未到印度而死于道路者三十一人
6. 留學期中病死者六人
7. 學成歸國死于道路者五人
8. 歸國後第二次再留學者六人
9. 留而不歸者七人
10. 歸留生死無考者八十人（?）

（四）留學期間别（可考者）

四十年以上一人

三十年以上一人

二十年以上一人

十五年以上八人

十年以上五人

五年以上三十九人

（五）經途别（可考者但有往返異途者）

海道六十八人

西域、葱嶺路七十七人

于闐、罽賓路二人

西藏、尼波羅路七人

雲南、緬甸路二十許人

我根據這些數目字，知道事實上“如此如此”，我便逐件推尋他“爲什麽如此如此”，於是得了许多條假説，或定説。對於那位事情的真相，大概都明瞭了。我高興到了不得，好像學期試驗，得了一回最優等！諸君若要知道詳細，請把那篇文章一看。

我研究佛教史，從各方面應用這種統計法，覺得成績很不壞！我也曾從各家金石目録中，把幾千種關於佛教的石刻，如造像、經幢之類，調查出土的地方，調查所刻文字的內容，如所造像爲釋迦像，爲彌勒像，爲阿彌陀佛像，所刻經爲《心經》，爲《金剛經》，爲《陀羅尼經咒》等等。我因此對於各時代各地方信仰態度之變遷，得着一部分很明瞭的印象。我又曾將《正續高僧傳》及各家經録中凡關於佛教著述的目録，搜尋出一千來種，用他們所解釋的經論分類一看下去，便可以知道某時代某宗派興衰狀況何如。這些都是我現時正在進行的工作。我做這種麻煩的工作，很勞苦，但是我很快樂。因爲我常常在我的工作中發見意外的光明。我確信我的工作，做一分定有一分成績，做十分定有十分成績。

我想這種方法，可以應用到史學的全部分。我的腦筋歡喜亂動，一會發生一個問題，我對於我所發的問題，都有興味。只可惜我不能把每日二十四點鐘，擴充爲四十八點鐘。所以不能逐件逐件去過我的癮。現在請把思做而未能做的題目，隨便説幾個請教諸君。

（一）我們試做一篇“歷代戰亂統計表”。把戰亂所起的年月，所經過的年月，所起的地方，所波及的地方，爲何事起，起於某種性質的人，爲敵國相攻，抑人民造反；爲自相殘殺，抑對外防衛。……諸如此類，預定十幾個題目，依格填去，也不必氾濫許多書籍，只要把《正續資治通鑑》編完，我信得過可以成一張很好的表。根據這表研究他“爲什麼如此”，一定可以發明許多道理來。

（二）我們試做一篇“異族同化人物表”。先把各史有傳的人姓氏譜系來歷，稍爲蹊蹺的，一一如長孫、宇文之類，都去研究一下。考定某姓出於某族，并不是很困難的事。一面將各史傳中明記某人本屬某族，一一如金日磾本籍匈奴，王思禮本籍高麗類，一一列出。其族别則分爲匈奴、鮮卑、氐、羌、蠻韶、高麗、女真、蒙古、滿洲……等等，看某種族人數何如，某時代人數何如；某地人數何如。此表若成，則于各外族同化程度及我們現在的中華民族所含成分如何，大概可以了解。

（三）我們試做一篇“地方統治離合表”：其各地在本族主權者統治之

下不計。其北魏、元、清三代雖屬外族，而勢力統一全國或半國者亦不計。自餘各地約以現制各道爲區域。每一區域，先記其未隸中國版圖之年代；既隸之後，或本地異族據而自立，或外來異族侵據，皆記之；也不必記詳細事蹟；但記分立侵據之年代及年數。有恁麼一張表，我們各地方進化退化之蹟，自然有許多發明。

（四）我們試做一篇“歷代著述統計表”：把各史的《藝文志》，和各人的本傳，凡有著述者，將其書名部數，卷數，列出；再將書的性質分類，將著書人的年代籍貫分類，求出某時代某地方人，關於某類學問的著述有幾多部，幾多卷；只把數目字列出，便可知道某時代某種學問發達或衰落，某地方文化程度或高或低，或進化，或退化。

（五）我們試做一篇“歷代水旱統計表”：我們歷代史官，對於這類災異，極爲注意。試把各史的《本紀》和《五行志》做底本，參以各省府縣誌，以年代地方爲别，做一張表；看隔多少年發一回，何時代多，何時代少；這樣一來，上而氣候、地質的變化；下而政治的修明或頽廢。都可以推測得幾分。諸君試思天下最無用的東西，還有過於“五行志”麼？到了我們這些刁鑽古怪的史學家手裏頭，也許有廢物利用的日子哩。

像這種大大小小的統計題目，常常在我腦子裏頭轉的，不下幾十個；我也無暇細述。姑且舉這五個不倫不類的講講。諸君舉一反三，或者想出來的題目，比我還多還好哩！總之凡做學問，不外兩層工夫：第一層要知道“如此如此”。第二層要推求“爲什麼如此如此”。論智識之增殖，自然以第二層爲最可寶貴。但是若把第一層看輕了，怕有很大的危險。倘若他並不是如此，你模模糊糊認定他如此，便瞎猜他爲什麼如此；這工夫不是枉用的麼。枉用還不要緊，最糟是瞎猜的結論，自誤誤人。所以我們總要先設法知道他“的確如此如此”。知道了過後，我自己能跟着推求他“爲什麼如此”，固然最好；即不能把事實攏出來，讓别人推求也是有益的事。問設什麼法子，纔能知道“的確如此如此”呢？我簡單回答一句：“有路便鑽。”統計法，便是裏頭一條路。

我並非説這是研究史學的唯一好方法；但我敢説最少亦是好方法中之一種。因爲史家最大任務，是要研究人類社會的“共相”和“共業”。而這種“觀其大較”的工作，實爲“求共”之絶妙法門。所以我們很歡喜他；

加以我們現存的史料實在豐富，越發獎勵我們工作的興味。但是這種工作，是很麻煩很勞苦的。而且往往失敗；我自己就曾經失敗過好幾回。

我並不勸各位同學向這條路上走；但那一位對於這種工作有興味，不妨找一兩個題目一試，須知從麻煩勞苦中得一點成功，便是人生最快樂的事。或者還可以説人生目的就在此地。

三十、柳翼謀　正史之史料

今之治史學者，罔不以考證史料爲要務。蓋史料徵實，始可從事編纂。然不知史料所自來，僅憑本文以意之，亦不能明其真若僞也。此審查史料之來源，爲尤足重也。來源正確，則史料不煩考而信矣。正史者，今人咸目爲史料；故先討其源焉。其名昉於《隋書·經籍志》。《史通》叙正史兼《尚書》、《春秋》。《隋志》則以《史記》爲始。自《史記》迄《明史》并《新元史》凡二十五種，皆隸於正史。兹先考其前之史料，次及正史之來源。

（一）正史前之史料。　正史以前之史料，大半爲官書；正史亦據之。周代：地方有州史、閭史。政府有太史、小史、内史、外史、御史、女史諸職。其五官所屬之史，不下千餘人。可不謂多與！《記》曰："左史記言，右史記事。"此則專於天子者也。《春秋》即據諸書而成。孔子命弟子求百二十國寶書，其原文多佚。《莊七年經》云："星霣如雨。"《公羊傳》曰："不修《春秋》曰：'雨星不及地尺而復。'"此其遺文之僅見者。孔子曰："吾猶及史之闕文也。"故信以傳信，疑以傳疑。如夏五、郭公之類，不妄有所增損。此吾國史家之美德。今人讀古史，動輒懷疑，以爲此爲某某作僞，此爲某某增竄。囂然以求真號於衆。不知古人以信爲鵠，初未嘗造作語言以欺後世。若謂今人始善考史，昔之人皆逞臆妄作；則由未讀古書，不詳考其來歷耳。

（二）一家所撰史書之史料。　正史：有一家撰者，有衆手修者。其取材之源不一。撮其大要，不外見聞二種。衆手合修之史，僅及所見，一家之書，則可并書所聞。此二者不同之點也。《史記》、前後《漢書》、《三國志》、《宋書》、《南北史》、《五代史》均一家言。《後漢書》、《三國志》而外，皆有叙述其材料之所自。《史記》言之尤詳。蓋其所聞亦有二種：有聞之一人者。如下列數例是也：

《項羽本紀》："吾聞之周生。"（孔文祥曰：周生，漢之儒者。）

《趙世家》："吾聞馮王孫曰：'趙王遷，其母，倡也。'"

《衛將軍傳》："蘇建語余曰：'吾嘗責大將軍。'"

《樊酈滕灌列傳》[1]："余與他廣通，爲言：'高祖功臣之興時若此'云。"

《陸賈傳》："至平原君子與余善，是以得具論之。"

有聞之多人者：

《魏世家》："吾適故大梁之墟。墟中人曰：'秦之破梁，引河溝而過大梁，三月城壞。'"

《蘇秦列傳》："世言蘇秦多異。異時事有類之者，皆附之蘇秦。"

《樗里子甘茂甘羅列傳》："秦人諺曰：'力則任鄙，智則樗里。'"

《孟嘗君列傳》："……問其故？曰：'孟嘗招致天下任俠姦人入薛中，蓋六萬餘家。'"

《刺客列傳》："始公孫季功、董生與夏無且遊，具知其事。爲余道之如是。"

《淮陰侯列傳》："吾如淮陰。淮陰人爲余言。"

或指名或否。其見可區爲四：有見之書者，包羅最富。或爲前世之書：

① 《樊酈滕灌列傳》，原作《樊噲滕讙列傳》，今據《史記》改正。下同。

《太史公自序》:“天下遺聞古事,靡不畢集太史公。太史公仍父子相續纂其職。”

又:“厥協六經異傳,整齊百家雜説。”

《五帝本紀》:“然《尚書》獨載堯以來,而百家言黄帝,其文不雅馴;薦紳先生難言之。孔子所傳宰予問五帝德及帝繫姓。儒者或不傳。”

《夏本紀》:“學者多傳《夏小正》云。”

《殷本紀》:“自成湯以來采於《書》、《詩》。”

《秦始皇本紀》:“述六石刻辭。”(及賈生《過秦論》。)

《三代世表》:“余讀《諜記》,黄帝以來,皆有年數。以五帝繫《諜》、《尚書》集世紀黄帝以來迄共和爲《世表》。”

《十二諸侯年表》:“太史公讀《春秋曆譜諜》、《左氏春秋》、《鐸氏微》、《虞氏春秋》、《吕氏春秋》。”

《六國表》:“《秦紀》不載日月,因《秦紀》踵《春秋》之後。”

《秦楚之際月表》:“太史公讀秦楚之際。”

《樂書》:“太史公曰:‘余讀虞書。’”

《曆書》:“曆術甲子篇。”

《天官書》:“昔之傳天數者:高辛以前重、黎。於唐虞羲、和。有夏昆吾。殷商巫咸。周室史佚、萇弘。於宋子韋。鄭則裨竈。在齊甘公。楚唐味。趙尹皋。魏石申。”

《吴太伯世家》:“余讀《春秋》古文,乃知中國之虞與荆蠻、句吴兄弟也。”

《衛康叔世家》:“余讀《世家》言。”

《孔子世家》:“余讀孔氏書,想見其爲人!”

《伯夷列傳》:“其傳曰:‘伯夷、叔齊,孤竹君之二子也。’”(《索隱》:其傳蓋《韓詩外傳》、《吕氏春秋》也。)

《管晏列傳》:“吾讀管氏《牧民》、《山高》、《乘馬》、《輕重》、《九府》及《晏氏春秋》。詳哉其言之也!”

《司馬穰苴傳》:“余讀《司馬兵法》,閎廓深遠;雖三代征伐,未能竟其義！如其文也，亦少褒矣！世既多《司馬兵法》，以故不論。”

《孫武吴起列傳》：“世俗所稱道師旅，皆道孫子《十三篇》、吴起《兵法》；世多有，故弗論。論其行事所施設者。”

《仲尼弟子列傳》：“論言弟子籍出孔氏古文近是。”

《商君鞅列傳》：“余嘗讀商君《開塞》、《耕戰》書，與其人行事相類。”

《孟子荀卿列傳》：“余讀《孟子》書，至梁惠王問何以利吾國，自如孟子至於吁子。世多有其書，故不論其傳云。”

《平原君虞卿傳》：“虞卿非窮愁不能著書以自見於後世。”

《屈原賈生列傳》：“余讀《離騷》、《天問》、《招魂》、《哀郢》，悲其志。”

《大宛列傳》：“《禹本紀》言河出昆侖，言九州山川，《尚書》近之矣。至《禹本紀》、《山海經》所有怪物，余不敢言之也。”

《漢書·司馬遷傳》：“據左氏《國語》，采《世本》、《戰國策》，述《楚漢春秋》，接其後事迄於大漢。”

或爲當代之書：

《太史公自序》：“遷爲太史令，紬石室金匱之書。”（《索隱》：石室金匱皆國家藏書之處，不盡並世之書。）

《惠景間侯者年表》：“太史公讀《列封》。”

《建元以來王子侯者年表》：“制詔御史諸侯王，或欲推私恩分子弟邑者，令各條上。朕且監定號名。”

《三王世家》：“載霍去病疏及三王策。”

《田儋傳》：“蒯通者，善爲長短説；語戰國之權變爲八十一首。”

《陸賈傳》：“余讀陸生《新語書》十二篇，固當時之辯士。”

《儒林傳》：“余讀功令，至於廣厲學官之路，未嘗不廢書而歎也！”

或爲天下計書：

《漢書·司馬遷傳》注如淳曰：“《漢儀注》：‘太史公，武帝置，位在丞相上。天下計書，先上太史公，副上丞相，序事如古《春秋》。遷死後，宣帝以其官爲令，行太史公文書而已。'”

可知史公能羅列千百年之行事，及成《河渠》、《平准》、《貨殖》等傳者，實博覽之功。後世斷代爲史，多取材當代官書；然下至野史説部，亦未嘗不甄採也。歐陽修得五代時小説一篇，載王凝妻李氏事；雜傳以成。可以知其所采之廣已。

有見其地者：史公生龍門，耕牧河山之陽；南游江淮，上會稽，探禹穴，窺九嶷，浮於沅湘；北涉汶泗，講業齊魯之都，鄉射鄒嶧，戹困鄱薜彭城，過梁楚，復西征巴蜀以南；北抵北地；履躡周中國，往往詢故老，訪求遺聞佚事，流風餘韻，入之於編。今猶可考也。

《齊太公世家》："吾適齊，自泰山屬之琅邪；北被於海，膏壤二千里，其民闊達多匿，知其天性也。"

《魏世家》："吾適故大梁之墟。墟中人曰：……"（見前）

《孔子世家》："適魯，觀仲尼廟堂、車服、禮器。"

《伯夷列傳》："余登箕山；其上蓋有許由冢云。"

《孟嘗君傳》："吾嘗過薛。其俗閭里率多暴桀子弟，與鄒魯殊。問其故？曰：'孟嘗君招致天下任俠奸人入薛中，蓋六萬餘家。'"

《魏公子列傳》："吾過大梁之墟，求問其所謂夷門。"

《春申君傳》："吾過楚觀春申君故城宫室，盛矣哉！"

《屈原賈生列傳》："適長沙，觀屈原所自沈淵。"

《蒙恬傳》："吾適北地，自直道歸，行觀蒙恬所爲秦築長城亭障。"

《淮陰侯傳》："余如淮陰。淮陰人爲余言。"

《樊酈滕灌列傳》："吾適豐沛，問其遺老；觀故蕭曹、樊噲、滕公之冢及其素；異哉所聞！"

《龜策傳》："余至江南，觀其行事，問其長老。"

有見其人者：

《李將軍列傳》："余睹李將軍悛悛如鄙人，口不能道辭。"

《遊俠列傳》："吾見郭解狀貌不及中人，言語不足采者。"

或未見而得之圖像：

《留侯世家》："至見其圖，狀貌如婦人好女。"

故描摹曲盡其致，使後之讀者悠然想其風采，豈無故也。可不奉爲圭臬與！

有見其事者：漢建封禪，塞宣房，征西南夷，史公皆得親從事，言之尤詳盡竅實，有以也！

《封禪書》："余從巡祭天地諸神名山川，而封禪焉。入壽宫，侍祠神語，究觀方士祠官之意，於是退而論之。"

《河渠書》："余南登廬山，觀禹疏九江，遂至於會稽、太湟，上姑蘇，望五湖；東闚洛汭、大伾；迎河行淮、泗、濟、漯、洛渠；西瞻蜀之岷山及離碓；北自龍門至於朔方；曰：'甚哉！水之利害也。'余從負薪塞宣房，悲《瓠子之詩》而作《河渠書》。"

《韓長孺列傳》："余與壺遂定律曆，觀韓長儒之義，壺遂之深中隱厚。世之言梁多長者不虚哉！"

史公得之見與聞概如此。劉向、揚雄號博極群書，皆許爲實録。古人之崇尚翔實，有非後世所能夢想者已！今人固未嘗親履史公所至之地，編繙史公所讀之書，又未睹劉向、揚雄所校刊諷誦者，徒就一二遺編，毛舉細故，斥史公之不經，或他人之作僞；豈不冤哉！《班書》述取材之源，不及《遷史》之詳，觀其叙傳及他篇所録，亦可見一二：

《漢書叙傳》："况生三子：伯、斿、穉。斿博學有俊材，與劉向校秘書。每奏事，斿以選受詔進讀群書。上器其能，賜以秘書之副。時書不布。自東平思王以叔父求太史公諸子書。大將軍白不許。穉生彪。彪與從兄嗣共遊學；家有賜書，内足於財。好古之士自遠方至。父黨揚子雲以下，莫不造門。固永平中爲郎，典校秘書，專篤志于博學，以著述爲業；探纂前記，綴輯所聞，以述《漢書》。綜其行事，旁貫五經，上下洽通；窮人理，該萬方，緯六經，綴道綱，總百氏，贊篇章，函雅故，通古今，正文字，惟學林。"

《律曆志序》："羲和、劉歆等典領條奏，言之最詳；故删其僞辭，取正義著於篇。司徒掾班彪曰：'考觀諸儒之議，劉歆博而篤矣！'"

班氏閱書既博。前世器物，亦有親見之者：

《孝宣贊》："至於技巧工匠器械，自元、成閒鮮能及之！"

設未嘗即目，安能爲此言乎？皇室外戚間事，聞之尤悉。

《孝元贊》(班彪撰)："臣外祖兄弟爲元帝侍中，語臣曰：'元帝多材藝云云。'"(應劭曰：外祖金敞也。)

《成紀贊》："臣之姑充後宫爲婕妤。父子昆弟侍帷幄，數爲臣言云云。"

其放怪誕而尚翔實，猶夫史公之恉也。

《東方朔傳贊》："劉向言少時數問長老賢人通于事及朔時者，皆曰：'……朔之詼諧，逢占射覆，其事浮淺，行於衆庶。兒童牧豎，莫不炫耀。而後世好事者因取奇言怪語附著之朔。'故詳録焉。"

《西域傳叙》："自宣、元後，單于稱藩臣；西域服從；其土地山川，王侯户數，道里遠近，翔實矣！"

其後李延壽之作《南北史》，蓋承其父大師之學而益廣之也。大師嘗以宋、齊、梁、陳、周、隋南北分隔，各以其本國周悉，略於别國；且往往失實；欲改正之。兄恭仁家富書籍，乃恣意披覽宋、齊、魏、梁四代之書，頗有編輯；未竣而卒。延壽初在中書，既以家有舊本，且欲追終兄志。其齊、梁、陳五代舊事所未見，因編纂之暇抄録之。及敕修《晉書》，復得勘究宋、齊、魏未得之事。褚遂良之修《晉書》十志，延壽亦被召，因遍得披尋。凡魏、齊、周、隋、宋、齊、梁、陳正史，並手自寫；外更勘雜史，於正史所無者一千餘卷，削其煩以編入。此皆延壽所資之史料也。

歐陽修《五代史》亦時書其見聞。以上皆一家史書所取之資料也。

《新五代史·職方考》："唐之封疆遠矣！前史備載，而羈縻寄治虚名之州在其間。五代亂世，文字不完，而時有廢省。又或陷於夷狄，不可考究其詳，其可見者具之如譜。"

又《十國世家》："行密之書，稱行密爲人云云。"

又《唐明宗本紀》："余聞長老爲予言。"

又《唐臣傳》："嗚呼！官失其職久矣。予讀《梁宣底》，見敬翔、李振爲崇政院使。"

又《死節傳》："今《周世宗實録》載劉仁贍降書，蓋其副使孫羽等所爲也。考其制書，乃知仁贍非降者也。”

（三）衆手所修史書之史料。　衆手所修之史，其取材之法，徵諸官制，可以知已。一曰起居注與著作之所記。漢武帝有《禁中起居》，後漢馬皇后撰《明帝起居注》，爲起居之始。然尚屬内官。漢獻以後，變爲外官。《隋書·經籍志》載《漢獻帝起居注》五卷。蓋其所記已廣於前。以至於宋，其域益廣。迄明、清而不廢。惟時有輕重耳。掌之者立帝座之後，定時日以報；勢不敢僞。史官據以撰述，亦莫由僞也！

《文獻通考·職官考》：“凡宣徽、客省、四方館閤門、御前忠佐、引見司制置、進貢、辭謝、遊幸、宴會、賜賚、恩澤之事，五日一報。翰林麻制、德音、詔書、敕榜，該沿革制置者，門下中書省封册、告命，進奏院四方官吏風俗美惡之奏，禮賓院諸蕃職貢、宴勞、賜賚之事，並十日一報。吏部文官除拜選調沿革，兵部武臣除授、司封封建、考功謚議行狀，户部土貢旌表、州縣廢置、刑部法令沿革，禮部奏賀、祥瑞、貢舉、品式，祠部祭祀晝日、道釋條制，太常雅樂沿革，禮院禮儀制撰，司天風雲氣候，祥異證驗，宗正皇屬封建出降宗廟祭享制度，並月終而報。鹽鐵金穀增耗，度支經費出納，户部版圖升降，咸歲終而報。每季撰集以送史館。是歲令審刑院奏覆，有所論旨可垂戒者，並録送院。”

著作設自六朝，掌綴國録。又有大著作，初之任，必撰名臣傳以獻。所以見其叙述之才也；其職與起居注分。要其所記足供史料一也。

一曰時政記。唐長壽中，史官姚璹奏請撰時政記。《新唐書·藝文志》載璹《時政記》二十卷。元置時政科，一文學掾掌之，以事付史館。及一帝崩，則國史院據所付修實録。一曰實録。亦史官所記。唐玄宗一朝實録之多，至二千六百餘卷；他可想已。

一曰日曆。唐元和中，韋執誼奏史官撰録；其法，以事繫日，以日繫月，以月繫時，以時繫年，至爲精密。宋代日曆之修，必諸司關白；如詔誥政令，則三省必録；兵機邊事，樞庭必報；百官之拜罷，刑罰之與奪，台諫之論列，給舍之繳駁，經筵之論答，臣僚之轉對，侍從之直前；故事，中外之囊封匭奏，下至錢穀兵甲，獄訟造作，凡有關政體者，必隨日以録。又慮其出於吏牘，未免譌謬；或一日之差，則後難考定；一事之失，則後難增補；此歐陽子所以慮日曆或至遺失，奏請歲終監修。宰相點檢修政官日所録事；有隳官失職者罰之。其於日曆慎重如此。日曆不至遺失，則後日會要之修，取於此；他年實録之修，取於此；百年之後，紀志列傳取於此。此宋氏之史所以爲精確也。元不置日曆。天曆間，詔修經世大典。明初纂修之士，實録而外，據之以成元史者也。語在《曝書亭集·徐一夔傳》。

總之史之修於衆手者，必取材於起居注、時政記、實録、日歷數者。(外此則有官私之行狀。如柳宗元《柳公行狀》上之《尚書考功》，及《段太尉逸事狀》上之史館之類。）今欲考證史料，舍數者而外，其道莫由。京師圖書館尚存《宋太宗實録》八卷（本八十卷）；《明十一朝實録》二百三十一册。予嘗欲取《明史帝紀》比而觀之，庶有以見其去取之意及其疏密所在。前人之考史者，多只就本史研索。若趙雲崧之《二十二史箚記》，王鳴盛之《十七史商榷》，胥是法也。亦有就二史對照者；皆非探源之法。例如明國子監事，《太祖本紀》及《選舉志》如《宋史》、《金史》所載之事有詳有略，則以二書互勘言之均極略。而清《國子監志記》采《明太祖實録》，則詳於《明史》。若不旁收遠采，安能知其缺略乎？日曆實録等外，足資史家者尚衆。宋祁録韓、柳文入之《唐書》。《元史》取元典章。柯紹忞著《高麗傳》，即采於《經世大典》、《高麗記事》。若此類不可勝數。要之史書無一事無來歷，其小有出入，乃一時之疏，非故意以誤後人，不得執一以疑其百也。今不務考其本源，而憑空言出私見，冀以補其遺而正其訛，吾不知其可也。

三十一、夏曾佑　周秦之際之學派

周秦之際，至要之事，莫如諸家之學派。大約中國自古及今，至美之文章，至精之政論，至深之哲理，並在其中；百世之後，研窮終不能盡；亦猶歐洲之於希臘學派也。然諸子並興，群言淆亂，欲討其源流，尋其得失，甚不易言。自古以來，即無定論；著録百家之書，始於《漢書・藝文志》(《漢書》漢班固撰，而《藝文志》則劉向、劉歆之成説也)，後人皆遵用其説。然《藝文志》實與古人不合。案《藝文志》分古今（自上古至漢初）學術爲六大類：一曰六藝。(即儒家所傳之經。) 二曰諸子。(即周秦諸子。) 三曰詩賦。四曰兵。（中分四派：一權謀，二形勢，三陰陽，四技巧。）五曰術數。(中分六派：一天文，二曆譜，三五行，四蓍龜，五雜占，六形法。) 六曰方技。(中分四派：一醫經，二經方，三房中，四神仙。) 此六者，加以提要一類。名曰七略。而其精粹，則皆在六藝諸子二略之中。六藝前已言之。今但當言諸子。分諸子爲十家：一儒家（五十三家八百三十六篇）。二道家（三十七家九百九十三篇）。三陰陽家（二十一家三百六十九篇）。四法家（十家二百二十七篇）。五名家（七家三十六篇）。六墨家（六家八十六篇）。七縱横家（十二家百七篇）。八雜家（二十家四百三篇）。

九農家（九家百十四篇）。十小説家（十五家千三百八十篇）。其間除去小説家；儒、道、陰陽、法、名、墨、縱横、雜、農謂之九流。此周秦諸子之綱要也。向、歆父子又一一溯九流所自出；而謂其皆六藝之支流餘裔。儒家出於司徒之官。道家出於史官。陰陽家出於羲和之官。法家出於理官。名家出於禮官。墨家出於清廟之官。縱横家出於行人之官。雜家出於議官。農家出於農稷之官。小説家出於稗官。其初皆王官也。王道既微，官失其職，散在四方，流爲諸子。此説自古通儒皆宗之。（近人分諸子爲南北派：儒、墨、名、法、陰陽爲北，道、農爲南。然此説求之古書，絶無可證。且又何以處縱横家、雜家乎？其説不足從也。）然其中有一大蔽存焉！蓋六藝皆儒家所傳，授受淵源，明文具在；既爲一家之言，必不足以概九流之説；而向、歆云爾者；因向、歆之大蔽，在以經爲史。古人以六藝爲教書。故其排列之次，自淺及深；而爲《詩》、《書》、《禮》、《樂》、《易象》、《春秋》。向、歆以六藝爲史記；故其排列之次，自古乃今；而爲《易》、《書》、《詩》、《禮》、《樂》、《春秋》。此宗教之一大變也。既已視之爲史，自以爲九流之所共矣；然又何以自解於附《論語》、《孝經》於其後乎？其不通如此。分别各家之説，見於周、秦、西漢間人者，言人人殊。《莊子・天下篇》（名周，楚人，道家）所引凡六家：一墨翟（宋人，墨家之初祖）、禽滑釐（墨翟弟子）。二宋鈃（即《孟子》中之宋牼）、尹文（齊宣王時人，令尹文子書尚在）。三彭蒙（未詳）、田駢（齊人，遊稷下，著書十五篇）、慎到（又名廣，韓非稱之）。四關尹（名喜，老子弟子）、老聃（即老子）。五莊周（自表其家）。六惠施（名車，莊子之友）。《荀子・非十二子篇》所引凡六家：一它囂（疑是楚人）、魏牟（魏公子，有書四篇）。二陳仲（即《孟子》書中陳仲子或作田仲）、史鰌（衛大夫，字子魚）。三墨翟、宋鈃（見前）。四田駢、慎到（見前）。五惠施（見前）、鄧析（鄭大夫，書一卷，今存）。六子思（名伋，孔子孫，有《中庸》二篇）、孟軻（字子輿，子思弟子，有書七篇）。皆臚其學説，而不著其所自出。今案其學説：（文繁不録，在《莊子》第十卷，《荀子》第三卷中。）則莊子所言，第一爲墨家；第二亦墨家；第三道而近於法家；第四道家；第五亦道家；第六名家。荀子所言，第一道家；第二墨家之一派；第三墨家；第四道家；第五名法家；第六儒家。總之不過道、儒、墨三家（名法出於道家、儒家之間）而已。

其他周秦間書所引學者之名，其分合之間，亦粗有以類相從之例。大約亦與此相似。至司馬遷則分爲六家：一陰陽。二儒。三墨。四法。五名。六道。則於莊、荀所舉之外，增入一陰陽家。惟不舉其人，無從證其同異。觀此則可知諸子雖號十家；其真能成宗教者，老、孔、墨三家而已；而皆爲師弟子；同導源於史官；亦可見圖書之府之可貴也。然周秦之際之學術，出於周之史者，又不僅此三家。儒、道、名、法、墨固已證其同源矣。若陰陽家，老子未改教以前之舊派也。此即周史之本質。縱横出於時勢之不得不然，初無待於師説。然鬼谷子、蘇秦、張儀並周人；而《鬼谷子》書義兼道德。雜家號爲調停，實皆以道家爲主。農家傳書最少；然據許行之遺説以推之，亦近道家也。小説家即史之别體；是諸子十家之説，同出一原。其他詩賦略固不能於六藝九流之外，别有所謂文章義理。兵略别爲一事，與諸學無與。術數方技，事等陰陽；皆老子以前之舊教。此七略之大概也。其後儒、墨獨盛，皆有可爲國教之勢。周秦間人，以儒、墨對舉之文，殆數百見；而其後卒以儒爲國教；而墨教遂亡。興亡之際，雖因緣繁複；然至大之因，總不外吾民之與儒家相宜耳。然自此以還，遂成今日之局。墨蹶儒興，其涿鹿之戰後之第一大事哉。

三十二、章太炎　論諸子的大概

現在人把一切的書，分做經、史、子、集四部。這個是起於一千五百年前晉朝荀勖。以前却並不然：《漢書・藝文志》，從劉歆《七略》出來，把一切書分做六部。其中諸子、兵書、數術、方技四部，現在通通叫做子書。六部中間，子書倒占了四部，可見當時學問的發達了。當時爲什麼要分做四部呢？因爲諸子大概是講原理，其餘不過一支一節，所以要分。（但縱横家，也没有理）流傳到現在，兵書只存了《孫子》，數術只存了《山海經》，方技只有黄帝《素問》、扁鵲《難經》還在，也難免有後人改竄。惟有諸子存留的還多！到底是原理愜心，永遠不變；一支一節的過了時，就不中用，所以存滅的數不同。

諸子也叫做九流。漢朝太史公司馬談，只叙六家：就是道家、儒家、法家、名家、墨家、陰陽家。劉歆做《七略》，又添叙了四家：就是農家、縱横家、雜家、小説家。合起來是十家。因爲小説家是附録，所以叫做九流。爲什麼稱家爲流呢？古來學問都在官。民間除了六藝，就没有别的學問。到周朝衰了，在官的學問，漸漸散入民間，或者把學問傳子孫，或者聚徒講授，所以叫做家。九流就是九派的意思。流字古書上不見，家字在

《孟子》裏頭已經說："法家拂士；"《荀子》裏頭也說："小家紛說；"《莊子》裏頭也說："大方之家。"大概六國時候，喚做家，漢朝時候喚做流。

古來學問都是在官，所以《七略》說："儒家者流，出於司徒之官；道家者流，出於史官；陰陽家者流，出於羲和之官；法家者流，出於理官；名家者流，出於禮官；墨家者流，出於清廟之官；縱横家者流，出於行人之官；雜家者流，出於議官；農家者流，出於農稷之官；小説家者流，出於稗官。"固然有些想像，也有幾個有確實憑據。道家成氣候的，到底要算老子。老子本來做徵藏史，所以説道家本於史官。墨子的學派，據《吕氏春秋》説，是得史角的傳授；因爲魯國想要郊天（在南郊祭天，叫做郊天），求周朝允許他，周朝就差史角去，自然史角是管祭祀的官，所以墨家出於清廟之守。這兩項都是有真憑實據。但是《七略》裏頭，道家一個是伊尹，伊尹在商朝初年，墨家頭一個是尹佚，尹佚在周朝初年；並不是周末的人，倒不能不使人起疑問。原來伊尹、尹佚的書，並非他自己做成，只是後來人記録一點兒，所以説九流成立的時候，總在周。

九流裏頭，老子不過是一流。但是開九流著書的風氣，畢竟要算老子。況且各家雖則不同，總不能離開歷史：没有老子，歷史不能傳到民間；没有歷史的根據，到底不能成家，所以老子是頭一個學派。有人説諸子所説的故事，有許多和經典不同，怎麽説九流都有歷史的根據？這個也容易解説。經典原是正史，只爲正史説的事蹟，不很周詳，自然還有别的記録。記録固然在官，在官的書，也有流傳錯誤，況且時代隔了長久，字形訓詁，也不免有些走失，所以諸子説的故事，許多和經典不同，並不是隨意編造。

九流分做十家，儒家、道家、法家、名家都有精深的道理。墨家固然近宗教，也有他的見地。《經上》、《經下》兩篇，又是名家的開山。這五家自然可貴了。縱横家只説外交，並没什麽理解；農家只講種田；陰陽家只講神語；小説家録許多街談巷語；雜家鈔集别人的學説；看來這五家不能和前五家並列，爲什麽合在一起？因爲五家都有特别的高見，也有特别的用處，所以和前五家並列。就像農家有君臣並耕之語。小説家宋趼，有不鬬的語，有弭兵的話。都是特創的高見。雜家是看定政治一邊，不能專用一種方法，要索取各家的長，斟酌盡善，本來議官應該這樣。陰陽家别的没有好處；不過騶衍的大九州，很可以開拓心胸。後來漢武帝取三十六國，滅大宛，通印度、奄蔡（奄蔡大概是露西亞地界），只爲看了騶衍的書，才得發出這個大主意來。（《鹽鐵論》裏頭説的。）縱横家的話，本來幾分像賦，到天下一統的時候，縱横家用不着，就變做詞賦家。本來古人説，“誦詩三百，可以專對”，可見縱横家的長技，也是從詩賦來；所以屈原是賦家第一人，也就嫺於辭令。漢朝初年，鄒陽、枚乘幾個人，都是縱横家變成賦家的魁首。漢朝一代文章，大半是由縱横家變來。從子書的局面變成文集的局面，全是縱横家做個樞紐。這就是特别用處。所以十家並列，並没有什麽不稱。

現在的分部，兼有諸子、兵書、數術、方技四部。古來分，近來合，原没有什麽不可。不過做目録的，一代不如一代。且看子部裏頭，本來没有釋道。從梁朝阮孝緒做子録，添了佛録、道録兩種。後來《隋書·經籍志》，佛、道兩家，還録在經、史、子、集四部以外。以後的目録，佛、道也收入子部，却是《佛藏》、《道藏》的書，並不全采，不過偶然雜采幾種，已經不如《隋書》遠了。究竟後來的道經，和老子、莊子、道家並不混亂。像歐陽修、宋祁修《唐書》，都還明白這個道理。因爲道經本是張道陵開頭，雖則託名老子，到底和老子不相干；況且晉朝葛洪，好講煉丹，倒還痛駡老莊。老子説的：“吾所以有大患，爲吾有身；若吾無身，吾又何患？”莊子説的：“莫壽於殤子，而彭祖爲夭。”和道士求長生的意見，截然相反。怎麽能合做一家？若爲張道陵託名老子，就把道家道士看成一樣。那麽《道藏》裏頭，連《墨子》、《韓非子》也都收去，也好説古來的九流，個個都是道士麽？不曉怎麽樣，萬斯同修《明史》，把《老子》、《莊子》的注解，和道士的書録在一塊。近來的《四庫提要》也依着這種謬見，真是第一種荒唐了！又像小説家雖然卑近，但是《七略》所録，《鬻子》、《宋子》、《青史子》、《周紀》、《周考》，都在小説家。《隋書·經籍志》所録，《辯林》、《古今藝術》，——《魯史欹器圖》、《器準圖》都在小説家。大概平等的教訓，簡要的方志，常行的儀注，會萃的劄記，奇巧的工藝，都該在小説家著録。現在把這幾種除了，小説家裏面，只剩了許多閒談奇事。試想這種小説，配得上九流的資格麽？這是第二種荒唐了！古來的九流，近來雖不完全，但看隋《經籍志》，名家只有四部書，墨家只有二部書，縱横家只有兩部書，也還各自分開，並不爲書少了，就勉强湊做一堆！近來人不管合得合不得，一把叡送在雜家圈子裏。章學誠説的："驅蛇龍而放之菹。"這是第三種的荒唐了！要把子部目録，細細整理，就不是劉向父子出來，總要有王儉、阮孝緒的學問，才够得上，斷不是紀昀、陸錫熊這班人所能勝任的。

三十三、胡適之　諸子不出於王官論

今之治諸子學者，自章太炎先生以下，皆主九流出於王官之説。此説關於諸子學説之根據，不可以不辨也。此説始見《漢書・藝文志》，蓋本於劉歆《七略》。其説曰：

儒家者流，蓋出於司徒之官。……

道家者流，蓋出於史官。……

陰陽家者流，蓋出於羲和之官。……

法家者流，蓋出於理官。……

名家者流，蓋出於禮官。……

墨家者流，蓋出於清廟之守。……

縱横家者流，蓋出於行人之官。……

雜家者流，蓋出於議官。……

農家者流，蓋出於農稷之官。……

小説家者流，蓋出於稗官。……（本十家。原文有“其可觀者九家而已”之語，故但言九流。）

此所説諸家所自出，皆屬漢儒附會揣測之辭，其言全無憑據。而後之學者，乃奉爲師法，以爲九流果皆出於王官。甚矣！先入之言之足以蔽人聰明也！夫言諸家之學説，間有近於王官之所守，如陰陽家之近於占候之官，此猶可説也。即謂古者學在官府，非吏無所得師；亦猶可説也。至謂王官爲諸子所自出，甚至以墨家爲出於清廟之守，以法家爲出於理官；則不獨言之無所依據，亦大悖於學術思想興衰之迹矣！今試論此説之謬，分四端言之：

第一，劉歆以前之論周末諸子學派者，皆無此説也。

（甲）《莊子·天下篇》。

（乙）《荀子·非十二子篇》。

（丙）司馬談《論六家要指》。

（丁）《淮南子·要略》。

古之論諸子學説者，莫備於此四書。而此四書皆無出於王官之説。《淮南·要略》專論諸家學説所自出；以爲諸子之學，皆起於救世之弊，應時而興。故有殷、周之争，而太公之陰謀生；有周公之遺風，而儒者之學興；有儒學之敝，禮文之煩擾，而後墨者之教起；有齊國之地勢，桓公之霸業，而後管子之書作。有戰國之兵禍，而後縱横修短之術出。有韓國之法令"新故相反，前後相繆"，而後申子刑名之書生。有秦孝公之圖治，而後商鞅之法興焉。此所論列，雖間有考之未精；然其大旨以爲學術之興，皆本於世變之所急；其説最近理。即此一説，已足摧破九流出於王官之陋説矣。

第二，九流無出於王官之理也。《周官》司徒掌邦教，儒家以六經設教；而論者遂謂儒家爲出於司徒之官。不知儒家之六籍，多非司徒之官之所能夢見。此所施教，固非彼所謂教也，此其説已不能成立。其最謬者，莫如以墨家爲出於清廟之守。夫以"墨"名家，其爲創説，更何待言。墨者之學，儀態萬方，豈清廟小官所能産生！《七略》之言曰：

"茅屋采椽，是以貴儉。養三老五更，是以兼愛。選士大射，是以上賢。宗祀嚴父，是以右鬼。順四時而行，是以非命。以孝視天下，是以上同。"

此其所言，無一語不謬。墨家貴儉，與茅屋采椽何關？茹毛飲血，穴居野處，不更儉耶？又何不謂墨家爲出於洪荒之世乎？養三老五更，尤不足以盡兼愛。墨家兼愛，本之其所謂“天志”。其意欲兼而愛人，兼而利人；與陋儒之養老異矣。選士大射，豈屬清廟之守？其説已爲離本。至謂“宗祀嚴父，是以右鬼。以孝視天下，是以上同”，則更荒謬矣！墨家愛無差等，何得宗祀嚴父？其上同之説，謂一同天下之義；與儒家之以孝治天下，全無關係也。墨家非命之説，要在使人知禍福由於自召，豐歉有待耕耘；正攻儒家“死生有命，貴富在天”之説。若“順四時而行”，適成有命之説；更何“非命”之可言！

凡此諸端，皆足徵墨家之不出於王官。舉此一家，可例其他。如云：“縱横之術，出於行人之官。”不知行人自是行人，縱横自是縱横，一是官守，一是政術，二者豈相淵源耶？《周禮》嘗有掌皮之官矣；豈可謂今日制革之術爲出於此耶？

第三，《藝文志》所分九流，乃漢儒陋説；未得諸家派别之實也。古無九流之目，《藝文志》强爲之分别，其説多支離無據。如《晏子》豈可在儒家？《管子》豈可在道家？《管子》既在道家，《韓非》又安可屬法家？至於《伊尹》、《太公》、《孔甲》、《盤盂》種種僞書，皆一律收録。其昏謬更不待言。其最謬者，莫如論名家。古無名家之名也。凡一家之學，無不有其爲學之方術；此方術即是其邏輯也。是以老子有無名之説，孔子有正名之説，墨子有三表之法，“别墨”有《墨辯》之書（即今《墨子》書中之《經》上、下，《經説》上、下，《大取》、《小取》諸篇），子有《正名》之篇，公孫龍有名實之論，尹文子有刑名之論，莊周有《齊物》之篇。皆其“名學”也。古無有無①“名學”之家，故名家不成爲一家之言。（此説吾於所著《先秦名學史》中議論之，非數言所能盡也。）惠施、公孫龍，皆墨者也。觀《列子·仲尼篇》所稱公孫龍之説七事，《莊子·天下篇》所稱二十一事，及今所傳《公孫龍子》書中《堅白》、《通變》、《名實》諸篇，無一不嘗見於《墨經》（晉人如張湛、魯勝之徒，頗知此理。至於惠施主兼愛萬物，公孫龍主偃兵，尤易見）；皆其證也。其後學術散失，漢儒固陋，但知掇合諸家之倫理政治學説，而不明諸家爲學之方術。於是凡“苛察繳繞”（司馬談語）之言，概謂之“名家”。名家之目立，而先秦學術之方法淪亡

① “有無”二字疑係衍文。

矣！劉歆、班固承其謬説，列名家爲九流之一，而不知其非也。先秦顯學本只有儒、墨、道三家。後世所稱法家如韓非、管子（管仲本無書。今所傳《管子》，乃僞書耳）皆自屬道家。任法、任術、任勢以爲治；皆“道”也。其他如《吕覽》之類，皆雜糅不成一家之言。知漢人所立“九流”之名之無征，則其九流出于王官之説，不攻而自破矣！

第四，章太炎先生之説亦不能成立。近人説諸子出於王官者，惟太炎先生爲最詳。（其説見《諸子學略説》。此篇今不列於《章氏叢書》。）然其言亦頗破碎不完；如引《藝文志》之説而以爲“此諸子出於王官之證”。此如惠施所云“以彈説彈”（見《説苑》），不成論證也。其稱老聃爲柱下史，爲徵藏史，以爲道家固出於史官；然則孔丘嘗爲乘田矣，嘗爲委吏矣，豈可遂謂孔氏之學固出於此耶？又云：“墨家先有史佚爲成王師，其後墨翟亦受學於史角。”史佚之書，今無所考；其名但見《藝文志》。其書之在墨家，亦猶晏子之在儒家，與伊尹、太公之在道家耳。若以墨翟之學於史角，爲諸子出於王官之證；則孔子所師事者尤衆矣。況史佚、史角既非清廟之官，則《藝文志》墨家出於清廟之説，亦不能成立。又云：“其他雖無徵驗，而大抵出於王官。”然則太炎先生亦知其爲無徵驗矣。

太炎先生又曰：“古之學者，皆出王官。世卿用事之時，百姓當家則務農商畜牧，無所謂學問也。其欲學者，不得不給事官府，爲之胥徒；或乃供灑掃爲僕役焉。故《曲禮》云：‘宦學事師。’學字本或作御，所謂宦者，謂爲其宦寺也。（適按此説似未必然。鄭注云：宦，仕也。《正義》引《左傳》宣二年服虔注云：宦，學也。謂學仕官之事。其説似近是。）所謂御者，謂爲其僕御也。（適按原作學，本可通。《正義》謂學習六藝是也。即作御亦是六藝之一。古者車戰之世，射御並重。孔子亦有吾執御矣之言，未必是僕役之賤職也。）……《説文》云：‘仕，學也。’仕何以得訓爲學？所謂宦於大夫，猶今之學習行走耳。是故非仕無學，非學無仕。”（《諸子學略説》）又曰：“不仕則無所受書。”（《訂孔上》）適按此言古代書册，司於官府；故教育之權，柄於王官；非仕無所受書；非吏無所得師。此或實有其事，亦未可知。然此另是一問題。古者學在王官是一事。諸子之學是否出於王官又是一事。吾意以爲即令此説而信，亦不足證諸子出於王官。蓋古代之王官，定無學術可言。《周禮》僞書，本不足據（無論如何，《周禮》

決非周公時之制度），即以《周禮》所言“十有二教”及“鄉三物”觀之，皆不足以言學術。徒以古代爲學皆以求仕，故智能之士，或多萃於官府。此如歐洲中世，教會柄世政；才秀之士，多爲祭司神甫；而書籍亦多聚於寺院。以故其時求學者，皆以祭司爲師。故謂教會爲握歐洲中古教育之柄，可也。然豈可遂謂近世之學術皆出於教會耶？吾意我國古代或亦如此。當周室盛時，教育之權，或盡操於王官。然其所謂教，必不外乎祀典卜筮之文，禮樂射御之末，其所謂“師儒”，亦如近世“訓導”、“教授”之類耳。其視諸子之學術，正如天地之懸絶。諸子之學，不但决不能出於王官。果使能與王官並世，亦定不爲所容，而爲所焚燒坑殺耳。此如歐洲教會嘗操中古教育之權；及文藝復興之後，私家學術隆起，而教會以其不利於己，乃出其全力以抑阻之。哲人如卜魯諾[①]（Bruno）乃遭焚殺之慘。其時哲學、科學之書，多遭焚毁。笛卡兒至自毁其已著未刊之“天地論”。使教會當時竟得行其志，則歐洲今世之學術文化，尚有興起之望耶？是故教會之失敗，歐洲學術之大幸也。王官之廢絶，保氏之失守，先秦學術之大幸也。而世之學者，乃更拘守劉歆之謬説，謂諸子之學，皆出於王官；亦大昧於學術隆替之迹已！太炎先生《國故論衡》之論諸子學，其精闢遠過其《諸子學略説》矣；然終不廢九流出於王官之説。（其説又散見他書，如《孝經用夏法説》、《訂孔上》諸篇。）其言曰：“是故九流皆出王官。及其發舒，王官所不能與。官人守要，而九流究宣其義，是以滋長。”（《原學》）此亦無徵驗之言。其言“官人守要而九流究宣其義”；大足貽誤後學。夫義之未宣，便何要之能守？學術之興，由簡而繁，由易而賾。其簡其易，皆屬草創不完之際，非謂其要義已盡具於是也。吾意以爲諸子自老聃、孔丘至於韓非，皆憂世之亂而思有以拯濟之；故其學皆應時而生，與王官無涉。諸家既群起，乃交相爲影響。雖明相攻擊，而冥冥之中，已受所攻擊者之薰化，是故孔子攻“報怨以德”之言；而其言無謂之治，則老聃之影響也。墨子非儒；而其言曰：“義者正也；必從上之正下，無從下之正上。”則同於“政者正也”之説矣。又言必稱堯、舜古聖王，則亦儒家之流毒也。孟子非墨家功利之説；而其言政無一非功利之事。又非兼愛；而盛稱禹、稷之行，

① 今譯爲布魯諾。下同。

與不忍人之政；則亦莊生所謂“名實未虧而喜怒爲用”者耳。荀子非墨；而其論正名，實大受墨者之影響。諸如此類，不可悉數。其間交互影響之迹，宛然可尋；而皆與王官無涉也。故諸子之學，皆春秋、戰國之時勢世變所産生。其一家之興，無非應時而起。及時變事異，則向之應世之學，翻成無用之文。於是後起之哲人，乃張新幟而起。新者已興而舊者未踣；其是非攻難之力，往往亦能使舊者更新。儒家之有孟、荀，墨家之有“别墨”（别墨之名，始見《莊子·天下篇》），其造詣遠過孔、墨之舊矣。有時一家之言，蔽於一曲，坐使妙理晦塞；而其間接之影響，乃更成新學之新基。如莊周之言天地萬物進化之理，本爲絶世妙論；惜其“蔽於天而不知人”（荀卿之語），遂淪爲任天安命達觀之説。（此説流毒中國最深。《莊子》書中如《大宗師》諸篇，皆極有弊。）然荀卿、韓非受其進化論，而救之以人治勝天之説；遂變出世主義而爲救世主義；變乘化待盡之説而爲戡天之論；變“法先王”之儒家而爲“法後王”之儒家、法家。學術之發生興替，其道固非一端也。明於先秦諸子興廢沿革之迹，乃可以尋知諸家學説意旨所在。知其命意所指，然後可與論其得失之理也。若謂九流皆出於王官，則成周小吏之聖知，定遠過於孔丘、墨翟。此與謂素王作《春秋》爲漢朝立法者，其信古之陋，何以異耶？

三十四、柳翼謀　論近人講諸子學者之失

近日學者喜談諸子之學，家喻户習，寖成風氣；然撢揅諸子之原書，綜貫史志，洞悉其源流者，實不多覯。大抵誦説章炳麟、梁啟超、胡適諸氏之書，展轉稗販以飾口耳。諸氏之説子家學派，率好抨擊以申其説，雖所詣各有深淺，而偏宕之詞，恒謬盭於事實。後生小子，習而不察，沿訛襲謬，其害匪細！故略論之以救其失。

講求學術，必先虛心讀書，實事求是；不可挾一偏之見，舞文飾説，强古人以就我。此即諸氏所稱客觀之法也。

章炳麟《諸子學略説》："記事之書，惟有客觀之學。黨同妒真，則客觀之學，必不能就。"

胡適《中國哲學史大綱》："清初的漢學家嫌宋儒用主觀的見解，來解古代經典，有種種流弊。故漢學的方法，只是用古訓、古音、古本等等客觀的根據，來求經典的原意。"

然諸氏好稱客觀；而其論學則多偏於主觀，逞其臆見，削足適履，往往創爲莫須有之談，故入人罪。如：

章炳麟《諸子學略説》:“老子以其權術授之孔子。而徵藏故書,悉爲孔子詐取。孔子之權術,乃有過於老子者。孔學本出於老;以儒道之形式有異,不欲崇奉以爲本師;而懼老子發其覆也;於是説老子曰:‘烏鵲孺魚傅沫細要者,化有弟而兄啼。’老子膽怯,不得不曲從其請。逢蒙殺羿之事,又其素所怵惕也;胸有不平,欲一舉發。而孔氏之徒,徧佈東夏。吾言朝出,首領可以夕斷。於是西出函谷,知秦地之無儒,而孔氏之無如我何;則始著《道德經》以發其覆。藉令其書早出,則老子必不免於殺身。如少正卯在魯,與孔子並。孔子之門,三盈三虚,猶以争名致戮。而況老子之淩駕其上者乎!嗚呼!觀其師徒之際,忌刻如此。則其心術可知。其流毒之中人,亦可知已!”

胡適《諸子不出於王官論》:“周室王官視諸子之學術,如天地之懸絶。諸子之學,不但決不能出於王官;果使能與王官並世,亦定不爲所容,而必爲所焚燒坑殺耳。此如歐洲教會操中古教育之權。及文藝復興之後,私家學術隆起;而教會以其不利於己,乃出其全力以阻抑之。哲人如卜魯諾乃遭焚殺之慘。其時科學、哲學之書,多遭焚毀。笛卡兒至自毀其已著未刊之《天地論》。使教會當時得行其志,則歐洲今世之學術文化,尚有興起之望耶?是故教會之失敗,歐洲學術之大幸也!王官之廢絶,保氏之失守,先秦學術之大幸也!”

章之論孔老,則似近世武人政黨争權暗殺之風。胡之論王官,直同歐洲中世教會黑暗殘酷之狀。不知其何所據而云然?章所據之論證:一爲《莊子·天運篇》之文。其下文曰:“‘久矣夫!丘不與化爲人!不與化爲人,安能化人!’老子曰:‘可!丘得之矣!’”郭象注曰:“夫與化爲人者,任其自化者也。若繙六經以説則疏也。”而章氏出以臆解。

《諸子學論略》自注見《莊子·天運篇》。意謂已述六經學,皆出於老子。吾書成,子名將奪,無可如何也。

不知烏鵲孺魚傅沫等語,何以即有奪老子之名,且含逢蒙殺羿之事之意。莊以名其任化。章乃目爲背師。是直不知老、孔爲何等人物。故以無稽之談誣之也。一爲《論衡·講瑞篇》。夫孔子殺少正卯之事,前人疑之者多矣。

梁王繩《史記志疑》歷引明陸瑞家，清王澍、尤侗、閻若璩等之説以辨其非實事。陸氏之説尤精。其略曰："昔季康子問政，孔子曰：'爲政，焉用殺！'豈有己爲政，未滿旬日，而即誅一大夫耶？卯既爲聞人，亦非不可教誨者；何至絶其遷善之路，而使之身首異處耶？魯季氏三家，陽貨，奸雄之尤者！司寇正刑明辟，當自尤者始。尤者尚緩而不誅。誅者可疑而不緩。兩觀之思，不其有辭於孔氏哉？不告而誅，不啻專殺大夫矣！聖人爲之乎？凡此皆涉於無理，故不可信。朱元晦嘗疑此以爲不載於《論語》，不道於《孟子》；雖以左氏《内外傳》之誣且謗，而猶不言。獨荀況言之。愚謂況，忍人也！故以此爲倡。當是時，吾見三桓之弱魯矣！未聞卯之奪君也！此其刑政緩急之間，一庸吏能辨之，況吾夫子哉？"

何得以此爲孔、老相猜之證？章氏以此誣孔子；胡氏更爲之推波助瀾：

> 《中國哲學史大綱》："孔子作司寇，七日便殺了一個亂政大夫少正卯。有人問他：'爲什麼把少正卯殺了？'孔子數了他的三大罪：一其居處足以聚徒成黨。二其談説足以飾衺熒衆。三其强禦足以反是獨立。中國古代的守舊派，如孔子之流，對於這種邪説，自然也非常痛恨。所以孔子做司寇，便殺少正卯。"按胡以少正卯、鄧析並舉；而於殺鄧析之子産，獨疑其不確。(《中國哲學史大綱》：《左傳》魯定公九年，鄭駟歂殺鄧析而用其竹刑，那時子産已死了二十一年，《吕氏春秋》和《列子》都説鄧析是子産殺的，這話恐怕不確。)何以於孔子殺少正卯即認爲確；《左傳》詳載孔子會齊墮都之事，未嘗記殺少正卯之事。故《荀子》、《尹文子》稱孔子誅少正卯，與《列子》、《吕覽》之稱子産殺鄧析同一不確。詒謂鄧析尚有其人，故傳載之。少正卯則並無其人。不然，卯之徒黨既多，何以不流傳其學説？

藉令孔子有殺少正卯之事，亦不得以此推之於老子。至於焚燒坑殺，則桀、紂、白起、項羽之所爲；何以斷定古之王官，皆是桀、紂、起、羽？《王制》有"執左道以亂政者殺"之語；未嘗有執左道以亂政者焚坑之律也。歐洲教會焚殺哲人，與古王官，直是風馬牛不相及。王官行事，何以必同於教會？假使如此論史，則世有嫪毒，便可斷定古人無不奸淫。世有盜跖，亦可設想古人無非盜跖。恐雖宋儒，亦無此等主觀的見解也。

章氏好詆孔子而篤信漢儒，故論諸子源流，猶守《七略》之説。胡氏之好詆孔子，與章同；而於諸子出於王官之説，獨深非之。

胡適《諸子不出於王官論》："今之治諸子學者，自章太炎先生以下，皆主九流出於王官之説。此説關於諸子學説之根據，不可以不辨也。又近人説諸子出於王官者，惟太炎先生爲最詳；然其言亦頗破碎不完。如引《藝文志》之説，而以爲'此諸子出於王官證'。此如惠施所云'以彈説彈'，不成論證也。"

其作《哲學史大綱》，即本此主張。從春秋時代開端；而其前則略而不論。按胡氏所據以駁劉歆、班固者凡四書：

《諸子不出於王官論》："第一劉歆以前之論周末諸子學派者，皆無此説也。甲，《莊子·天下篇》。乙，《荀子·非十二子篇》。丙，司馬談《論六家要指》。丁，《淮南子·要略》。古之論諸子學説者，莫備於此四書；而此四書，皆無出於王官之説。

而其文惟引《淮南·要略》。

《諸子不出於王官論》："《淮南·要略》專論諸家學説所自出，以爲：'諸子之學，皆起於救世之弊，應時而興。故有殷周之争，而太公之陰謀生。有周公之遺風，而儒者之學興。有儒學之敝，禮文之煩擾，而後墨子之教起。有齊國之地勢，桓公之霸業，而後管子之書作。有戰國之兵禍，而後縱横修短之術出。有韓國之法令，新故相反，前後相繆，而後申子刑名之書生。有秦孝公之圖治，而後商鞅之法興焉。'此所論列，雖間有考之未精。然其大旨以爲學術之興，皆本於世變之所急。其説最近理。即此一説，已足摧破九流出於王官之陋説矣！"

不知何以不引《莊子·天下篇》？學者但取《天下篇》一讀。則胡氏之説之謬立見。

《莊子·天下篇》："不侈於後世，不靡於萬物，不暉於數度，以繩墨自矯而備世之急；古之道術有在於是者。墨翟、禽滑釐聞其風而説之。不累於俗，不飾於物，不苟於人，不忮於衆。願天下之安寧以活民命，人我之養，畢足而止，以此白心；古人道術有在於是者。宋研、尹文聞其風而説之。公而不當，易而無私，決然無主，趣物而不兩，不顧於慮，不謀於知，於物無擇，與之俱往；古之道術有在於是者。彭蒙、田駢、慎到聞其風而説之。以本爲精，以物爲粗，以有積爲不足，澹然獨與神明居；古之道術有在於是者。關尹、老聃聞其風而説之。芴漠無形，變化無常，死與生與？天地並與？神明往與？芒乎何之？忽乎何適？萬物畢羅，莫足以歸；古之道術有在於是者。莊周聞其説而説之。"

曰"古之道術有在於是者"；曰"某某聞其風而説之"；是諸子之學，各有原本；初非僅以憂世之亂，應時而生也。胡氏論哲學史料，再三稱引《莊子·天下篇》。

《中國哲學史大綱》："《莊子·天下篇》與《韓非子·顯學篇》論墨家派别，爲他書所無。有許多學派的原著已失，全靠這種副料裏面論及這種散佚的學派，借此可以考見他們的學説大旨。如《莊子·天下篇》所論宋鈃、彭蒙、田駢、慎到、惠施、公孫龍、桓團及其他辯者的學説，都是此例。"

是此書此篇之可信，非胡氏所斥諸僞書可比；何以獨忘却"古之道術有在於是者"一語。豈此篇之中，獨論墨家派别及辯者學説爲真者；而其餘皆儒家僞撰乎？然即此論墨家派别爲他書所無一語，已自承"古之道術有在是者"。而其痛詆王官時，則未計及其言之矛盾也。

胡氏論學之大病，在誣古而武斷；一心以爲儒家託古改制，舉古書一概抹殺。故於《書》則斥爲没有信史的價值。

《中國哲學史大綱》："二十八篇之真古文，依我看來，也没有信史的價值。"

於《易》則不言其來源。

《中國哲學史大綱》："但稱孔子晚年最喜《周易》；而那時的《周易》，不過是六十四條卦辭和三百八十四條爻辭。不言《周易》之來歷。"

於《禮》則專指爲儒家所作。

《中國哲學史大綱》："儒家恐怕人死了父母，便把父母忘了；所以想出種種喪葬祭祀的儀節出來。儒家的喪禮，有種種怪現狀，種種極瑣細的儀文。儒家說‘堯死時，三載如喪考妣。商高宗三年不言’和孟子所說‘三年之喪，三代共之’，都是儒家託古改制的慣技，不足憑信。”

獨信《詩經》爲信史。

《中國哲學史大綱》：“古代的書只有一部《詩經》，可算得是中國最古的史料。”

而於《詩經》之文又只取“變風”、“變雅”以形容當時之黑暗腐敗。於《風》、《雅》、《頌》所言不黑暗不腐敗者，一概不述。

《哲學史大綱》：“那時的政治除了幾國之外，大概都是很黑暗很腐敗的。”

蓋合於胡氏之理想者，言之津津；不合於其理想者，不痛詆之，則諱言之。此其著書立説之方法也。依此方法，故可斷定曰：“古無學術。古無學術，故王官無學術。王官無學術，故諸子之學，決不出於王官。”

胡氏謂：“先秦顯學本只有儒、墨、道三家。而儒家之書，十九不可信。”故據儒家之書以駁之，決不足以服胡氏之心。道、墨二家，則胡氏所心折者也。胡氏疑古，而道、墨二家則皆信古。墨子之書動輒稱引三代聖王堯、舜、禹、湯、文、武。胡氏亦許爲温故知新，彰往察來。

《哲學史大綱》：“墨子説：‘凡言凡動合於三代聖王堯、舜、禹、湯、文、武者爲之。凡言凡動合於三代暴王桀、紂、幽、厲者舍之。’這並不是復古守舊；這是温古而知新，彰往而察來。”

是古代有所謂聖王，非儒家所僞造也。先知古代有所謂聖王，然後知王官之學所從出。王官之學所從出，亦出於《天下篇》。

《天下篇》：“古之所謂道術者，果惡乎在？百官以此相齒。古之人其備乎？其明而在數度者，舊法世傳之；史尚多有之。其在於《詩》、《書》、《禮》、《樂》者，鄒魯之士，縉紳先生多能明之。《詩》以道志。《書》以道事。《禮》以道行。《樂》以道和。《易》以道陰陽。《春秋》以道名分。其數散於天下而設於中國者，百家之學，時或稱而道之。天下大亂，賢聖不明，道德不一，天下多得一察焉以自好。是爲内聖外王之道暗而不明，鬱而不發。天下之人，各爲其所欲焉以自爲方。”

曰“百官以此相齒”，曰“縉紳先生多能明之”，是古代之官，有學術之明證也。立此義爲前提，而胡氏之説，在在皆失其根據矣。

諸子之學，發源甚遠；非專出於周代之官。章氏專以周代之官釋之。

《諸子學略説》：“《周禮·太宰》言‘儒以道得民’。是儒之得稱久矣。司徒之官，專主教化；所謂‘三物化民’。三物者，六德、六行、六藝之謂。是故孔子博學多能而教人以忠恕。”

胡氏亦據《周官》以相訾謷。

《諸子不出於王官論》：“古代之王官，定無學術可言，《周禮》僞書，本不足據。即以《周禮》所言十有二教及鄉三物觀之，皆不足以言學術。若謂九流皆出於王官，則成周小吏之聖知，定遠過於孔丘、墨翟。此所謂素王作《春秋》，爲漢朝立法者，其信古之陋，何以異耶?”

按《七略》原文，正未專指周官，如羲和、理官、農稷之官之類，皆虞夏之官。但據《周禮》，尚不足以證其發源之遠。而《周官》之僞撰與否，更不足論矣。羲和治曆，故有陰陽之學。理官典刑，故有法律之學。農稷治田，故有農家之學。此皆事義之最明者。胡氏不此之思，但以墨子一家爲例，其説已偏而不全。

《諸子不出於王官論》：“墨者之學，儀態萬方；豈清廟小官所能產生? 凡此諸端，皆足徵墨家之不出於王官。舉此一家，可例其他。”

而墨家之出於王官，出於清廟之守，適有確證。

《吕氏春秋·當染篇》：“魯惠公使宰讓請郊廟之禮於天子。桓王使史角往。惠公止之，其後在於魯，墨子學焉。”

史角掌郊廟之禮，爲周代王室之官。墨子學於史角之後，故曰：“墨家者流，出於清廟之守。”而胡氏猥謂其非清廟之官，何不檢乃爾耶?

胡氏本文但引章氏之説而駁之，其文曰：太炎又云：“墨家先有史佚，爲成王師。其後墨翟亦受學於史角。”史佚之書，今無所考。其名但見《藝文志》。其書之在墨家，亦猶晏子之在儒家，與伊尹、太公之在道家耳。若以墨翟之學於史角爲諸子出於王官之證；則孔子所師事者尤衆矣；況史佚、史角既非清廟之官，則《藝文志》"墨家出於清廟"之説，亦不能成立。

［附注］史佚亦作逸，亦稱尹佚，其事亦見於《尚書·洛誥》(逸祝册作册逸誥)，見於《周書·克殷》(尹逸筴曰云云，史佚遷九鼎三巫)，見於《史記·周本紀》(尹佚筴曰云云，史佚展九鼎保玉)；其名言見於《左傳》(僖十五年，史佚有言曰云云)，見於《國語》(《周語》下昔史佚有言曰云云)；其官既掌祭祀神祇，其學亦爲世所誦述，何得謂無所考。又古代祝史之官，其職甚尊。《曲禮》曰："天子建天官，先六太，曰太宰、太宗、太史、太祝、太士、太卜。"周之史佚、史角，始以天官世守清廟，傳其家學以開墨家。而胡氏猥謂墨者之學，豈清廟小官所能産生。守清廟者何以見爲小官？即爲小官，何以不能産生碩學？豈哲學家必爲大官耶？

儒家出於司徒之官，論其遠源，實唐虞之司徒。司徒之掌教，自唐虞至周皆然；不獨周有十二教、鄉三物也。惟胡氏以《尚書》爲没有信史的價值，則契爲司徒，敷五教。及孟子所稱"教以人倫"者，胡氏必皆目爲儒家讏言，不可依據。請就墨子之書徵之。墨子之書，常稱古之三公。

《墨子·尚賢下》："湯得伊尹而舉之，立爲三公。武丁得傅説而舉之，立爲三公。"

又《尚同上》："擇天下之賢者置立之以爲三公。"

又《天志下》："諸侯不得須已而爲正；有三公正之。"

古之三公，即司徒、司馬、司空也。三公既多賢者，何能斷定其無學術。然僅曰賢良，或但就行誼立論；不足爲其人有學術之證。則更就墨子徵之。

《墨子·尚同中》："選擇天下賢良聖知辯慧之人，立以爲天子。選擇天下贊選賢良聖知辯慧之人，置以爲三公。"

曰"聖知"，曰"辯慧"，皆學術之美稱，非僅行誼之謚號也。古無哲學家之名。所謂聖知，即哲學家也。古者（墨子所謂選擇云云，皆承其上古者而言）天子三公，多有聖知辯慧之人，豈惟可以産生儒家；舉凡名法之學，無不開其先河。後世學者，各得其一官之所傳。而司徒掌教，惟儒家紹其統系。此《漢志》所以謂其道最高也。

> 《班志》：“儒家者流，蓋出於司徒之官。助人君，順陰陽，明教化者也。游文於六經之中，留意於仁義之際，祖述堯舜，憲章文武，宗師仲尼以重其言。於道最爲高。”

胡氏若謂古之司徒，定無學術；必須證明古之三公，絶無聖知辯慧之人；或證明《墨子》諸篇所言古之三公，皆儒家所羼入；不然，則古代王官之有學術，非儒家一家之言，天下之公言也。

胡氏屬文，强詞奪理；任舉一義，皆有罅漏；如駁斥儒家出於司徒，謂儒家之六籍，多非司徒之官所能夢見。不知司徒之官，何以不能夢見六籍？《詩》、《書》之類，經孔子删訂；豈孔子以前無《詩》、《書》乎？墨家時時稱舉《詩》、《書》，多有與今日所傳之《詩》、《書》相同者。如《兼愛下》引《周詩》，《明鬼上》引《甘誓》之類。

《莊子・天下篇》盛稱六藝，謂其“散於天下，設於中國百家，時或稱道”。此豈儒家私有之物耶？胡氏欲抹殺春秋以前聖知辯慧之天子三公，故以六籍歸納於儒家，以便肆意詆毁。然道、墨二家之書具在，不能惡其害己而盡去之。即令天下不讀儒家之書，亦不能使人無疑於其説也。

胡氏論學，亦知尋求因果。

> 《中國哲學史大綱》：“大凡一種學説，决不是劈空從天上掉下來的。我們如果能仔細研究，定可尋出那種學説有許多前因，許多後果。”

而其講諸子之學，則只知春秋時代之時勢，爲産生先秦諸家學派之原因；不知有其他之原因。若合《莊子・天下篇》、《淮南子・要略》、劉歆《七略》觀之，則諸子之學，出於古代聖哲者爲正因。而激發於當日之時勢者爲副因。舉副因而棄正因，豈可謂仔細研究乎？《天下篇》無論矣。即《淮南子・要略》，亦非專主救世之弊一端也。其述儒者之學，則曰：“修成康之道，述周公之訓。”其述墨子之學，則曰：“學儒者之業，受孔子之術，背周道而用夏政。”其述管子之書，則曰：“崇天子之位，廣文、武之業。”夫夏及文、武、成、康、周公，皆諸子之學之前因也。胡氏削去此等文句。但曰：“有周公之遺風，而儒者之學興。”是胡氏於《淮南子》之言，亦未仔細研究也。按胡氏之病原，實由於不肯歸美於古代帝王官吏，一若稱述其事，即等於歌功頌德的官書。

《中國哲學史大綱》："我以爲《尚書》或是儒家造出的託古改制的書。或是古代歌功頌德的官書。"

不知客觀之法，在得其真。僞者不容妄爲傅會。真者亦豈可任意削減。吾國唐虞三代自有一種昌明盛大治教並興之真象；故儒家言之，墨家言之，即好爲謬悠之説、荒唐之言之莊周，亦反復言之。若削去此等事實，則後來事實，都無來歷；而春秋、戰國時代諸子之學説，轉似劈空從天上掉下來的。且其對於前此之事跡，又須詭辭曲説，盡翻成案；不但異己者不容盡泯；即其所主張崇奉之書，亦須抑揚斡旋以就其説；是亦不可以已乎！

胡氏謂學術皆出於憂世之亂，應時而生。實陰竊孔子論《易》之説。

《易·繫辭下》："《易》之興也，其於中古乎？作《易》者其有憂患乎？《易》之興也，其當殷之末世，周之盛德耶？當文王與紂之事耶？是故其辭危。"

然竊其言而不肯明舉其言；故論史而失其先後本末之序。使胡氏從孔子之言，以《易》爲哲學史之開宗；次及周公之製作；則諸子之出於王官，自然一貫，無所用其强辯。而憂世之亂，應時而生之説，更可因此而證明。蓋中國歷年悠久，事變孔多。豈獨幽、厲以降，天下始亂！諸子起於周末，文、周生於殷季，其爲夏氏均也。論哲學而斷自春秋，豈春秋、戰國之時勢，可以産生哲學思想；而殷商末造之大亂，不能産生哲學思想乎？且由殷、周而推至唐、虞，推至伏羲、神農均無不通。世亂非一次，故憂世者非僅一時代人；而學術思想之孳乳淵源，乃益釐然可見。胡氏崇奉《淮南子·要略》者也，使其仔細研究《淮南子·要略》，則知其法正與吾言相同。

《淮南子·要略》："今《易》之乾坤，足以窮道通意也。八卦可以識吉凶，知禍福矣。然而伏羲爲之六十四變，周室增以六爻，所以原測淑清之道而攟逐萬物之祖也。（此可見《淮南》論道以《易》爲始。）文王四世累善、修德、行義以爲天下去殘除賊。而成王道。周公斷文王之業，持天下之政。（此可見《淮南》論諸子本於文王、周公。）"

惜乎其不知而妄作也！

諸子之學之發源，既當從《七略》之説；而諸子之學之失傳，亦不可以不考。今之講諸子之學者，不但不知其源；復不知其流，動以諸子之學之失傳，歸罪於董仲舒請漢武帝罷黜百家。其説蓋倡於日本人。（日本人久保天隨等著東洋歷史多言之。）

梁氏撰《新民叢報》時，拾其説而張大之。

梁啟超論《中國古代思潮儒學統一章》曰："儒學統一云者，他學銷沈之義也。董仲舒對策賢良，請'表章六藝，罷黜百家，凡非在六藝之科者絶勿進'。自茲以往，儒學之尊嚴，迥絶百流。二千年來，國教之局乃始定矣！吾中國學術思想之衰，實自儒學統一時代始！"

胡氏《哲學史》亦言之。

《中國哲學史大綱》："漢興以後，儒家當道，則漢武帝初年竟罷黜百家，獨尊孔氏。儒家這樣盛行，墨家自然没有興盛的希望了！"

夫吾人今日得見周秦諸子之書，能知春秋、戰國時代之學術思想者，繄何人之力？漢武帝之力也。

《漢書·藝文志》："漢興，改秦之政，大收篇籍，廣開獻書之路。迄孝武世，書缺簡脱，禮壞樂崩，聖上喟然而稱曰：'朕甚閔焉。'於是建藏書之策，置寫書之官。下及諸子傳説，皆充秘府。"

漢武時，諸子之書，正由銷沈而復行發見之時。何得謂儒學統一，即他學銷沈？考漢《董仲舒列傳》稱抑黜百家，立學校之官，未明言其何年？

《董仲舒列傳》："仲舒對策，推明孔氏，抑黜百家，立學校之官。"

《通鑑》載仲舒對策，在建元元年。齊召南謂當在建元五年。要之仲舒對策，在漢武帝初年，無疑也。淮南王安以元狩元年死。司馬談以元狩元年死。其時皆在仲舒請黜百家之後；而淮南述太公陰謀，儒墨管晏，縱横修短，刑名之書，商鞅之法；太史公論《六家要指》；皆講求諸子之學者也。武帝罷黜百家之後，諸子之源流轉明；是得謂之銷沈乎？司馬遷死於昭帝時。

王鳴盛《十七史商榷》："遷實卒於昭帝初。觀《景帝本紀》末云：太子即位，是爲孝武皇帝。《衛將軍驃騎傳》末段亦屢稱武帝。按其文義，皆非後人附益。間有稱武帝爲今上者；《史紀》作非一時；入昭帝時未久，即卒；不及追改也。”

其作《孟子荀卿列傳》，述戰國諸子，有孟子、騶子、淳于髠、慎到、環淵、接子、田駢、騶奭、荀卿、劇子、公孫龍、李悝、尸子、長盧、吁子等人，且云：“世多有其書。”

《孟子荀卿列傳》：“自如孟子至於吁子，世多有其書；故不論其傳云。”

諸子書，世既多有；更不得謂之銷沈矣。成帝、哀帝均重學術，向、歆父子校理秘文，於是諸子之淵源益明。

《藝文志》：“成帝時，以書頗散亡，使謁者陳農求遺書於天下。詔光禄大夫劉向校經傳、諸子、詩賦。步兵校尉任宏校兵書。太史令尹咸校數術。侍醫李柱國校方技。每一書已，向輒條其篇目，撮其指意，録而奏之。會向卒。哀帝復使向子侍中奉車都尉歆卒父業。歆於是總群書而奏其《七略》。故有《輯略》，有《六藝略》，有《諸子略》，有《詩賦略》，有《兵書略》，有《術數略》，有《方技略》。”

至東漢時，班固述之爲《藝文志》。其時所存之子書凡百八十九家四千三百二十四篇，此皆漢人講求保存之力也。若儒學統一，屏黜百家；則公孫龍、墨翟之學説，何以巍然與儒家並存乎？

梁、胡二氏學術不同，要皆抱一反對儒家之見；以爲漢崇儒術，既不容他家置喙。不知漢人講求諸子之學，初無軒輊之念；故其於諸家之短長，皆平心静氣以論之。如：

司馬談《論六家要旨》曰：“陰陽之術大祥，使人拘而多所畏。儒家博而寡要，勞而少功。墨子儉而難遵，是以其事不可徧循，名家使人儉而善失真。法家嚴而少恩。”

《班志》論九流之失，於儒家則曰：“惑者既失精微。而辟者又隨時抑揚，違離道本，苟以譁衆取寵，後進循之。是以五經乖析，儒學寖衰。”於道家則曰：“及放者爲之，則欲絶去禮學，兼棄仁義。曰：‘獨任清虚，可以爲治。’”於陰陽家則曰：“及拘者爲之，則牽於禁忌，泥於小數，舍人事而任鬼神。”於法家則曰：“及刻者爲之，則無教化，去仁義；專任刑法而欲以致治，至於殘害至親，傷恩薄厚。”於名家則曰：“及警者爲之，則苟鉤鈲析治而已。”於墨家則曰：“及蔽者爲之，見儉之利，因以非禮；借兼愛之意而不知别親疏。”於縱横家則曰：“及邪人爲之，則上詐諼而棄其信。”於雜家則曰：“及蕩者爲之，則漫羡而無所歸心。”於農家則曰：“及鄙者爲之，以爲無所事聖王，欲使君臣並耕，誖上下之序。”

是漢人初未特尊儒家，以爲至高無上，神聖不可侵犯也。梁氏徒執董仲舒“請黜百家”一語，遂以意測之，造爲專制之議論。

《中國古代思潮篇》：“秦漢之交，爲中國專制政體發達完備時代；不喜其並立，而喜其一尊。惟孔學則嚴等差，貴秩序；而措之施之者，歸結於君權；於帝王馭民，最爲適合。故霸者竊取而利用之以宰制天下。”

不知自西漢至東漢，陰陽、名、法諸家，皆與儒家並立；何嘗統於一尊？仲舒請罷黜百家；未見漢武有何明文，禁人習此諸家之學説也。至謂“儒家歸結於君權；於帝王馭民，最爲適合”；則墨家尚同一義，何以不適合於君權？且漢之好儒，獨元帝耳！宣帝論漢之家法，雜用霸道；何嘗純任儒教？

《漢書·元帝紀》：“帝柔仁好儒，嘗侍燕從容言：‘陛下持刑太深，宜用儒生。’宣帝作色曰：‘漢家自有制度，本以霸王道雜之；奈何純任德教，用周政乎？且俗儒不達時宜，好是古非今，使人眩於名實，不知所守；何足委任？’迺歎曰：‘亂我家者，太子也！’”

董仲舒請罷黜百家之後；漢之諸帝，且不任儒；乃謂秦漢之交即爲儒學統一時代；何其武斷一至於此！然今日信梁氏之説者，實繁有徒。稍涉古書之藩，即縱筆而譏儒教如胡氏者，亦中梁氏之毒者也！

諸子之學，至何時中絶，此爲治學術史者所不可不問者也。此事亦至易明。惟今日爲梁、胡諸氏之讕言所晦，故論者不訟儒家，則嗤漢武；而爲吾國學術之大憝者，反爲人所不知。講學之士，第取漢、隋二志相較，便知子學淪於何時。

《漢書》九流之書，見於《隋書·經籍志》者甚鮮。今爲約舉於左。

儒家亡二十四家，存七家。　（此指漢以前之書，餘並同。）

道家亡二十五家，存六家。　（管子入法家。）

陰陽一家不存。

法家亡四家，存三家。

名家亡五家，存二家。

墨家亡三家，存三家。

縱横一家不存。

雜家亡五家，存三家。

農家亡一家，餘並存。

其書之亡之原因，則《隋志》歷言之。

《隋書·經籍志》：“董卓之亂，獻帝西遷。圖書縑帛，軍人皆取爲帷囊。所收而西，猶七十餘載。兩京大亂，掃地皆盡。惠、懷之亂，京華蕩覆，渠閣文籍，靡有孑遺。元帝克平侯景，公私經籍歸於江陵；周師入郢，咸自焚之。”

然則諸子之學之銷沈者，董卓、李傕、郭汜、石勒、王彌、劉曜諸人之罪！與漢武帝何涉！與董仲舒何涉！舍奸惡凶頑之盜賊不問，而痛責一無權無勇之儒生，此吾國人之所以不樂爲儒，而甘於從賊也。諸書之亡，自《隋志》外，尚有張湛《列子序》可證：

張湛《列子序》：“先君與劉正輿、傅穎根，皆王氏之甥；少游外家。舅始周，始周從兄正宗、輔嗣，皆好集文籍；先并得仲宣家書，幾將萬卷。傅氏亦世爲學門。三君總角，競録奇書。及長，遭永嘉之亂，與穎根同避難南行，車重各稱力，並有所載。而寇虜彌盛，前途尚遠。張謂傅曰：‘今將不能盡全所載；且共料簡世所稀有者，各各保録，令無遺棄。’穎根於是唯齎其祖玄、父咸子集。先君所録書中有《列子》八篇。及至江南，僅有存者，《列子》唯餘《楊朱説符目録》三卷。比亂，正輿爲揚州刺史，先來過江，後在其家得四卷。尋從輔嗣女婿趙季子家得六卷，參校有無，始得全備。”

兵燹之禍，爲學術之劫。書既不存，學説自然歇絶。湛所得之《列子》，尚系亂後湊集；其不泯於兵燹，亦云幸矣！

胡氏研究墨學，嘗稱魯勝《墨辯注》。魯勝者，西晉初年之人也。

《晉書・魯勝傳》："少有才操。元康初，官建康令，稱疾去官。中書令張華遣子勸其更仕。再徵博士，舉中書郎，皆不就。其著述爲世所稱，遭亂遺失。惟注《墨辯》存。"

當西晉初，猶有講求墨學者；安知其時不更有講求他家學術之人？徒以亂離散佚，故至隋而無傳。又《漢志》墨家有《田休子》，梁時猶有其書，至隋而亡。

《隋書・經籍志》墨家注："梁有《田休子》一卷，亡。"

《隋志》墨家猶有三書。至《宋史・藝文志》僅存《墨子》一種，餘均不著録。則又唐末之亂亡之也。假令某一時代諸家之書具存；有專制之帝王與凶惡之儒生，一舉而盡焚之；則此帝王與儒生誠無所逃其罪。今其學術之微，書籍之亡，綿世歷年，確因兵亂而遞衰遞滅。而諸人束書不觀，但執己見，坐儒家以萬惡之名；不知是何心肝也！

焚書坑儒，只有秦始皇。其事見於《史記》。而劉海峰辨之，謂"六經亡於項羽、蕭何，非始皇之過"。（見《海峰文集・焚書辨》。）是中國古學之銷沈惟一之原因，只有無賴之徒，作亂縱火；餘皆無滅絶學術之事。即此一端，亦可見吾國文化勝於歐人。歐洲有焚殺哲人卜魯諾之事，中國無之也。

綜右所論，而吾國古代學術之源流乃可得言。其學之興也漸。其學之衰也亦漸。故可分爲五期：

第一期　伏羲以來，爲萌芽時代。

第二期　唐虞及三代盛時，爲官守時代。

第三期　春秋至戰國，爲私家學術盛興時代。

第四期　兩漢，爲古學流派昌明時代。

第五期　漢末至唐末，爲古學迭因兵亂銷沈時代。

時期既明；更須知吾國學術思想，本來一貫；所謂儒、墨、道、法者，皆出於王官，皆出於六藝。特持論有所偏重，非根本不能相容；不當以歐人狹隘褊嫉之胸襟，推測古代聖哲；更不當以末俗争奪權利之思想，誣衊古代聖哲。其爲文化學術之蠹賊者，實爲武夫亂賊，應確定其主名爲今人之炯戒。諸氏爲有心擁護文化，當不以予言爲河漢也。

梁、胡二氏皆痛詆劉歆。

《中國古代思潮篇》:"《藝文志》亦非能知學派之真相者也。既列儒家於九流，則不應别著《六藝略》。(詒按此正可見"六藝"純貫諸家。)既崇儒於"六藝"，何復夷其子孫以濟十家?(詒案劉歆胸中並無儒家專制統一之念。)其疵一也。縱横家毫無哲理;(詒按縱横家之書久亡，不能斷定其有無。)小説家不過文辭;(詒按小説亦亡，不能妄斷。)雜家既謂之雜矣，豈復有家法可言;(詒按《漢志》明云知國體之有此見王治之無不貫，是雜家自有其家法。)而以之與儒、道、名、法、墨者比類齊觀。不合論理。其疵二也。農家固一家也，但其位置與兵、商、醫諸家相等。農而可列於九流也，則如孫、吴之兵，計然白圭之商，扁鵲之醫，亦不可不爲一流。今有《兵家略》、《方技略》在《諸子略》之外，於義不完。(詒按此正可見吾國古代以農立國，非以兵、商、醫立國。)其疵三也。《諸子略》之陰陽家與《術數略》界限不甚分明。(詒按此可觀《孟子列傳》載鄒衍之言，則知陰陽家與術數之别。)其疵四也。故吾於班、劉之言亦所不取。"

胡適《諸子不出於王官論》:"《藝文志》所分九流，乃漢儒陋説，未得諸家派别之實。"

二氏所以知有諸家者，以歆之《七略》。因即據其分類以呰毁之。不知二氏所見九流十家之書，視歆孰多?果已盡見其所舉之書而一一衡其分際，因知歆之不當耶?抑僅就今日所存者略事涉獵，遂下此判斷耶?梁氏而分爲二派，其説之謬，殆莫之逾!

《中國古代思潮篇》:"據群籍審趨勢，自地理上民族上放眼觀察，而證以學説之性質，制一《先秦學説大事表》。先秦學派:一北派。二南派。北派正宗。孔子、孟子、荀卿及其他儒徒。南派正宗:老子、莊子、列子、楊朱及其他老徒。"

古代地勢之分南北，或以淮爲界，或以江爲界，未有同在大河之南，淮水之北，而可分爲南北者也。孔、孟、老、莊所生之地，所居之境，皆無南北之分。

《史記·老子傳》:"老子者，楚苦縣厲鄉曲仁里人也。"《索隱》："苦縣本屬陳。春秋時，楚滅陳，而苦又屬楚，故云'楚苦縣'。"按楚苦縣，即今河南鹿邑縣，在亳縣之西。

又《莊子傳》："莊子者，蒙人也，名周。周嘗爲蒙漆園吏。"《索隱》："劉向《别録》云：'宋之蒙人也。'"《正義》："《括地志》云：'漆園故城，在曹州冤句縣北十七里。'此云'莊周爲漆園吏'，即此。按其城古屬蒙縣。"按蒙縣在今河南商邱縣之東北。

苦、蒙之去曲阜鄒邑約四五百里。蒙在睢水之北，苦在沙水之北，其南去淮之道里，幾與去曲阜鄒邑相等。而距江水之遠，無論矣。梁氏既稱自地理上民族上觀察。不知曲阜鄒邑至苦縣、蒙縣之間，以何等標準畫分南北。度其屬文之時，第以爲老莊皆楚人，故誤以楚爲南方。不知《史記》'楚，苦縣'三字，是據老子之後之苦縣而言。當老子時，苦縣尚屬陳，不屬楚也。莊子《天運篇》雖有孔子南之沛之文。

《天運篇》："孔子行年五十有一，而不聞道；乃南之沛見老聃。"

然《天道篇》亦有西藏書見老聃之文。

《天道篇》："孔子西藏書於周室，往見老聃。"

不過據自魯出行所指之方而言，不足據以爲天下大勢及學派歧分之證。如以孔子南之沛，即爲孔老學派分南北之證；則孔子西之周見老聃；老聃且有西度函谷之事；何不分孔老學派爲東西耶？按孔老南北之説，亦出於日本人。日本人讀中國書素無根柢，固不足責。梁氏自居學識高於劉歆者，何得出此不經之言耶？其論南北派别有一表繁稱博舉。

《中國古代思潮篇》：

北派崇實際	南派崇虛想
北派主力行	南派主無爲
北派貴人事	南派貴出世
北派明政法	南派明哲理
北派重階級	南派重平等
北派重經驗	南派重創造
北派喜保守	南派主勉强
北派畏天	南派任天

北派言排外　　南派言無我

北派貴自强　　南派貴謙弱

要皆强爲分配，故甚其説，孔子主中庸；故論南北方之强，皆所不取；獨主中道；何得硬派孔子爲北派。至謂南派明哲理，則孔子之贊易，非以明哲理乎？有清之季，海内人物，並無南北之分。自梁氏爲此説，而近年南北人乃互分畛域；至南北對峙，迄今而其禍未熄。未始非梁氏報紙論説之影響也。

胡氏非薄漢儒而服膺清儒。

《中國哲學史大綱》："校勘之學，從古以來，多有人研究。但總不如清朝王念孫、王引之、盧文弨、孫星衍、顧廣圻、俞樾、孫詒讓諸人的完密謹嚴。"

夫清儒之有功於古籍，誠不可没。然其所見古書之多，則去向、歆遠甚。舉親見原書之向、歆所言之學説而詆毁之；轉就僅見原書之十一之人，所爲補苴掇拾，斤斤辯論於逸文隻字者而崇奉之；此猶一人身居衣肆，熟睹錦繡之衣，能評論其價值。一人第見殘破錦繡之片，縫紉補綴，而争論其位置，謂此應爲袂，彼應爲領；試思此二人之見解，孰爲可憑？清儒校勘古書，謂其愈於宋、元、明人則可；若謂爲昌明古學，則猶遜於漢儒。

《中國哲學史大綱》："綜觀清代學術變遷的大勢，可稱爲古學昌明的時代。自從有了那些漢學家考據、校勘、訓詁的工夫，那些經書子書，方纔勉强可以讀得。"

胡氏不稱漢儒昌明古學，動斥其陋；甚且謂爲昏謬。

《諸子不出於王官論》："古無九流之目。《藝文志》强爲之分别。其説多支離無據。如晏子豈可在儒家？管子豈可在道家？管子既在道家，韓非子又安可屬法家？至於伊尹、太公、孔甲、盤盂種種僞書，皆一律收録，其爲昏謬，更不待言。"（詒案此病與梁氏正同，皆是因劉歆之書方知其誤。若無劉歆，則公等從何知其謬。《漢志》於六國人所託者，皆明注之，非無别白古書真僞之識力也。）

而於王俞諸公低首下心，頌揚惟恐不至。孟子曰："不揣其本而齊其末，方寸之木，可使高於岑樓。"其斯之謂乎？

吾爲此論，非好與諸氏辯難。祇以今之學者不肯潛心讀書，而又喜聞新說；根柢本自淺薄，一聞諸氏之言，便奉爲枕中鴻寶，非儒謗古，大言不慚；則國學淪胥，實諸氏之過也。諸氏自有其所長，故亦當世之學者。第下筆不慎，習於詆訶。其書流布人間，幾使人人養成山膏之習；故不得不引繩披根以箴其失。至於所言之淺俚，故不值海内鴻博者一哂也。

三十五、江山淵　論子部之沿革興廢

子者，男子之美稱也。古者門弟子之於師，亦稱之曰子。（按《孝經釋文》、《論語皇疏》皆云古者稱師爲子。）故周秦以前儒者之撰述，未必盡出己手；往往由門弟子述其師説，綴輯而成；（按孫星衍云：凡稱子書多非自著。）是以尊其師而稱之曰子。後世即以其人之名名其書。此子部之書所由成也。子書今列四部之一，與經、史、集並稱；世呼之曰丙部。（按隋唐以後，分經、史、子、集爲甲、乙、丙、丁四部，子居第三，適爲丙位，故曰丙部，詳見下。）然子書所賅之範圍若何？究何種始可入子書？自漢魏以迄今茲，言人人殊。茲試略述子部之沿革，與學者共商討焉。目録之學，古人無之；有之，自劉歆始。歆括天下圖書，區爲《七略》：一《輯略》。二《六藝》。三《諸子》。四《詩賦》。五《兵書》。六《術數》。七《方技》。子書之特立爲一類，實始於此。班固承之。其撰《漢書・藝文志》放歆之例而爲六略；獨無《輯略》。蓋《輯略》爲歆自述輯撰之大綱，非圖書之類别也。自班固以後，各有變更。王儉則爲《七志》：一《經典》並《史記》。二《諸子》。三《文翰》。四《軍書》。五《陰陽》。六《術藝》。七《圖譜》。

雖名目略有變異，而實與歆之《七略》無殊。不過所多者《圖譜》耳。其後阮孝緒則有《七録》：一《經典》。二《紀傳》。三《子兵》。四《文集》。五《技術》。六《佛》。七《道》。則與前之分合頗異。許善心《七林》因之，無所異同；並效《七録》各爲《總叙》，冠於篇首。至荀勖始分爲四部：一甲爲六藝、小學。二乙爲諸子、兵書、術數。三丙爲史記之屬。四丁爲詩賦、圖贊、汲冢書。李充亦分爲四部；而略變勖之次序。五經爲甲，史記爲乙，諸子爲丙，詩賦爲丁。謝靈運、王亮之四部因之。任昉又加術數而爲五部。至唐之四庫，始確分經、史、子、集四類。甲部則經類十一，乙部則史類十三，丙部則子類十七，丁部集類三。以子類之包羅爲最多，所謂丙部十七者，即儒、道，並神仙、釋氏、法、名、墨、縱横、雜、農家、小説、天文、曆算、兵、五行、藝術、類書、明堂、經脈、醫術，是也。宋代又於四庫之外，增加天文、圖書；别爲六閣。元明以來，復仍唐之舊。清修四庫全書，而四部之名始定。由此可見由漢以來以迄今日，無一同者。信乎分類之難也！然分類之難，不難於經、史、集，而難於子。蓋經、史、集三類，頗有畛域，易於判别。若子類，則無畛域之可言，判别維艱。故古人或分或合，議論紛然，莫衷一是。如歆之《七略》，固之《六略》，以諸子與兵書、術數、方技，分而爲四。孝緒之《七録》，合兵於子；而技術復别爲一類。任昉五部，子之外又有術數。宋人六閣，亦别天文圖書於子之外。是子之範圍甚爲單純，而不至如後世之駁雜。自荀勖創立四部，合諸子、兵書、術數而一之。唐以後之四庫，遂以子部包羅十餘類之多；殊與古人異。然子部之範圍究若何？兵書、術數、方技、天文、圖書之屬，果可入於子部耶？抑不能名之曰子耶？是亦古今一大疑問也？大抵世之論子部者有廣狹二義；而以荀勖爲二者之樞紐。荀勖以前，皆取狹義者也。荀勖以後，皆取廣義者也。（惟宋略異。）取狹義，故分類多。取廣義，故分類少。然由前之説，則術數、方技諸類，究將奚屬？由後之説，又能否名稱其實耶？此古今學者所以聚訟紛紜也。竊謂古今圖書，皆所以達意而明理；原六通四辟，而非判若鴻溝，有一定之界限。故言其小，則同爲儒家而有孟、荀；同爲道家，而有老、莊；同爲法家，而有申、韓；（按老與莊，申與韓，俱不相同。）同爲禮學而有鄭、王；同爲性理而有朱、陸；各明一義，不可以强同。若言其大，實無往而不通。學者特立四部，而以經、史、子、集統之，原爲未當。惟學者爲以簡御繁起見，提綱挈領，舉其大以統其小，本爲不獲已之苦心；則以術數、方技諸類，附於子部之後，亦無大害。然以之與周、秦諸子相較而並觀，則淵源各别，擬非其類，而失諸子之真矣。古人著書，必持之有故，言之成理，卓然成一家言，而後可以名曰子書。唐宋以後，諸子道衰。類書繁起，鈔胥是務，剿襲相因，亦褎然列名於子部之中，子書之體不明，先民之緒遂湮！無惑乎諸子百家之學，響沈景絶於後世，而綴學汲古之士，所以怵然而懼也！古之學術：曰道。曰器。道者形而上。器者形而下。形而下者有形，形而上者無形。諸子百家之學，寄想於無朕，役志於無涯，顯之家國天下之大，隱之身心性命之微，皆純然爲無形之學；故其爲道誠爲百學之冠！下視彼紛紛者，均亡足以攀其肩！惟昔在古代，天地秘藏，鑰之未啟。至周秦之際，諸子乃逐浪犇滾，礐石漂沙，扶輿磅礴，坌然興起，開古今未有之奇觀！吾國所以獲稱爲數千年聲名文物之邦，亦賴此焉！然吾國學術之盛，莫過於周秦；而吾國學術之衰，亦自周秦始！蓋盛極難繼，理則然也。自秦政愚民，燔百家語，諸子之學，掃蕩無餘！後儒掇拾殘灰，雖復稍出；然趙綰等請罷黜於漢；（按《漢書・武帝紀》：建元元年，丞相綰奏所舉賢良或治申、商、韓非、蘇秦、張儀之言，亂國政，請皆罷，奏可。）吕公著請排斥於宋；（按《宋史・吕公著傳》：元祐元年，公著請令禁主司不得出題老莊書，舉子不得以申、韓、佛書爲學。）李廷機請嚴禁於明；（按《翰院名臣録》：李廷機入翰院爲講官時，子書盛行，廷機以異端害教，非表章《六經》，尊崇孔孟之意，乃上疏數千言，請嚴禁罷黜之。疏太長不録。）雖自漢以後，歷代間有奉詔校定及詔求子書之事，（如漢武帝元朔五年，詔諸子傳説皆充秘府，見《漢書・藝文志序》。成帝時，詔劉歆與父向領校秘書講諸子，見《劉歆傳》。後漢安帝永初中，詔劉珍校定東觀諸子等書，見《後漢書・劉珍傳》。順帝永和元年，詔伏無忌與議郎黄景校定諸子百家藝術，見《後漢書・伏湛傳》。唐玄宗開元元年，詔中書令張説舉能治《易》、《老》、《莊》者，見《新唐書・儒學康子元傳》。開元八年，馬懷素卒，後詔秘書館並號修書學士草定四部，又令毋煚、劉彦直等治子部書，見《儒學馬懷素傳》。開元二十年，置崇元學令習老、莊、列、文等書，準明經例舉送，見《舊唐書・禮儀志》。開元二十九年，詔求明《道德經》及《莊》、《列》、《文子》者，見《新唐書·玄宗本紀》及《選舉志》。天寶元年，詔以《莊》、《文》、《列》、庚桑爲《真經》；又詔崇文習《道德經》，見《舊唐書·本紀》及《禮儀志》。宋真宗景德二年，幸龍閣觀書，見《真宗實録》；三年，御崇政殿，觀秘閣新校子庫書；四年，召輔臣登太清樓觀新寫四部書；仁宗景祐三年，命張觀等編四庫書；皆見《玉海》。金世宗大定二十三年，使譯經所進所譯《老子》、《揚子》、《文中子》、《劉子》等書分頒行之，見《金史本紀》。此皆可考見者也。）或在上者有所嗜好，自行撰著，爲天下倡。（如魏武帝注《孫子》，梁武帝善《老子》，製《老子講疏》，并釋典諸經義記數百卷。簡文帝製《老莊法寶》、《連壁》諸書。元帝製《補闕子》十卷，《老子講疏》四卷。唐代推尊道家，提倡尤力。明太祖亦喜《道德經》、諸子百家之書。）然前者不過飾爲具文以壯外觀；（如漢武帝既詔求諸子，又罷黜百家。）後者又往往援諸子而入於神仙，去之益遠！（如梁武帝、簡文帝等雖喜《老》、《莊》，究不得其真義。唐代自以爲老子之後，因尊崇老子并及道家諸人，然視道家之學等於神仙，其尊老子爲皇帝，莊、列、文、庚桑諸子爲真人，尤爲可笑。）而世之學者類以爲諸子之學，皆反經術，非聖人，明鬼神，信物怪，小辯破義，小道不通，致遠恐泥，皆不足以留意。（語見《漢書·東平思王宇傳》。）自宋儒以後，叠肆爲詆斥，目爲異端邪説，束其書而不觀，於是諸子遂成絶學！大氐在昔古代，諸子之學在官。而秦漢以後，諸子之書亦在官。故秦政燔書，令天下以吏爲師。漢以馬上得天下，謾視儒生，厲行挾書之禁；厥後禁雖解除；然成帝河平五年，東平王宇來朝，上疏求諸子書；拒而不與。（見《漢書·宇傳》）南宋文帝元嘉三年，沮渠蒙遜遣使奉表請《周易》及子、集諸書，文帝並賜之，合四百七十五卷。（見《宋書·大沮渠蒙遜傳》。）此可見當時諸子之書，皆儲於官府，民間絶無可得，故藩王外國紛紛請求，蓋此亦秦政愚民之術，延數百年而不變。是以漢於藩王則拒之；宋於外國則可以與之；亦均有深意於其間。子學衰微之原因，亦端在於是。迨隋唐以降，子部之籍，漸散及於人間；然亦因是而亡佚者，又不知幾許？徵諸唐宋，可以推見！如唐初圖書分立四部，置知書官八人分掌之。凡四部庫書，兩京各一本，（見《舊唐書·經籍志後序》。）開元十九年，集賢院所儲子庫，共二萬一千五百四十八卷；至天寶三載，更造四庫書目，則子庫僅一萬六千二百八十七卷；（見

《唐會要》。）亡者殆三之一！至宋真宗景德二年，幸龍閣觀書，則子書又僅八千四百八十九卷。（見《真宗實録》。）四年，召輔臣登太清樓觀新寫四部書，子庫亦僅八千五百七十二卷，（見《玉海》。）方諸天寶，亡者又居半數！及仁宗景祐元年命張觀、李淑、宋郊等編四庫書。二年，上經史。明年，上子、集萬二千三百六十六卷；（亦見《玉海》。）其數并集庫言之，則其時子書殆又少於真宗景德四年之數。（按景德四年，集庫五千三百六十一卷，合子庫共萬三千九百三十三卷。今以景祐時較之，則子集共少一千五百餘卷。）是可見子部之書，每隨世而鋭減，銷亡於無形；或毁於火，或散於兵，或没於水，或湮霾於文人學士之擯棄；其鋭減之數，銷亡之速，偶一稽檢，輒足駭人聽聞！其諸史《經籍》、《藝文志》之所録，求諸今日，殆又十亡八九。此尤子書之大阨也！（按近儒鄭獻甫作《書不亡于秦火論》曰："隋以後一束于唐人之正義，專主一家；再棄於宋人之講義，盡廢百家；而漢魏之古書，隋唐之舊本，於是乎日湮月没而盡亡矣。"又曰："《隋·經籍志》較《漢·藝文志》所録殆少十之三，《宋·藝文志》較《隋·經籍志》所録又少十之三，而唐時《藝文類聚》、宋時《太平御覽》以及孔沖遠疏諸經、顔師古注漢史、李崇賢注《文選》所引諸書，或存或佚，今多未見，此不焚而焚者也。"其言最爲詳盡沈痛，雖非專指子書言之，而子書殆尤甚也。）清代右文，碩學輩出，於數千年殘缺之子書，爲之考訂掇輯，蔚然可觀；諸子一綫之微緒，賴茲不墜，厥功最偉！然卒业百家分合異同之故及其淵源派别之所在，姓氏名字之紛亂，則闕焉未詳！又往往以數術、方技二類與諸子相混雜。識者憾之。余不敏，治百家語有年，寢饋既久，頗有所悟；每亦有爲前人所未見及者。竊不自揆，用敢以積年所得，援近儒《禮經通論》之例，述爲茲篇，分章標論。前後仍有條貫；往往一篇之稿，經年累月而後就；雖有時言或近於奇衺，而詳徵博引，必有據依；非敢故立異説。至若篇中所述，悉依《漢志》以存子書之真，惟九流之外，若小説家者流，雖不足與諸家並；然亦爲論道之書；爲當時之所尚。兵書一類，尤純然爲子體；不過成帝時，諸臣奉詔分門校輯；以用兵之道，所關靡細，其書亦繇富，其中類别頗多，故别立一類，專人任之；迨劉、班纂述，悉仍其舊；而其實與諸子絶無所異。（按《漢志序》謂成帝詔劉向校經傳、諸子、詩賦，步兵校尉任宏校兵書，尹咸校數術，李柱國校方技，是兵書别立一類，實始於其時。蓋以任宏知兵，故命宏專任其責。及歆之《七略》，固之《藝文志》，皆仍其舊而不變。故班氏叙述諸子十家皆云出於某官，而於兵家亦云出古司馬之職，體例無異。是可知兵家亦諸子之一也。阮氏《七録》合兵於子，最爲有識。惟宜列兵於子中，不宜既曰子，又曰兵，似截然二事耳。）兹亦並述及之；博雅君子，幸有所正焉。

三十六、江山淵　論九流之名稱

九流之名，見於班氏《藝文志》；昉於劉氏《七略》；古無有也。周秦之世，官失其守；百家争鳴，而諸子之學興；然未有九流之名號。《荀子·非十二子》雖舉其名而不列其家。《莊子·天下篇》於儒教外，亦舉彭蒙、田駢、慎到、墨翟、禽滑釐、老聃、惠施、公孫龍之疇；亦不指其爲某家之學。司馬《論六家要指》始舉儒、道、名、墨、法、陰陽；然其數衹六而未有九也。劉氏撰《七略》，班氏本之，爲《漢志》，始定九流之名；後世沿而用之，垂二千餘年而不變。大抵所謂某家之學者，皆綜其學術之宗旨言之；必其宗旨純一，可以貫徹初終，成一家言者，而後舉其綱以括其目。然竊援名以核實，惟名、法、墨、農、陰陽五家爲名正而言順；(按墨爲學術之名，與名法諸字同，非墨子之姓，詳見下。)餘皆於理有未安。未知命名之意始於何時？析而爲九，創於何人？(按班、劉當必有所本。)殊大惑而不可解也。古者通天、地、人曰儒。《周官·大宰》："儒以道得民。"與師對舉。又大司徒："四曰聯師儒。"是儒爲術士之稱，(見《説文》。)有道德有道術者之通名。(見《周禮·太宰疏》及《漢書·司馬相如傳注》。)不特儒家得稱爲儒，即諸子百家，無一而非儒也。雖《儒行》見於《禮記》，君子儒見於《論語》，然孔門未嘗標儒之目，舉以自號。《墨子》雖有《非儒》之篇，然亦泛指當時之儒者言之；亦由孔子勿爲小人儒之意。乃九流之名首列儒家，一似非孔門之士，不足以獵斯號也者，何也？豈以儒有濡義，言孔子之道，可以潤身而澤民耶？則百家之學皆有之，不獨儒家。豈以儒有儒懦儒緩之義，言儒家實有此病，因以號之耶？恐非命名之初意。況《荀子》一書，言儒字甚多；如云“偷儒轉脱”。（見《修身》篇。）爲儒弱畏事之意。（見楊倞注。）荀子，儒家也；豈有舉此不美之名以自名其學哉！大抵所謂儒教者，本于《周官》“儒以道得民”一語。謂儒即以六藝教民之保氏。（見鄭注。）孔門傳“六藝”之學，故加以儒之號。然“六藝”爲上古三代之史，爲當世之所共有，非孔門所得而私。且孔門之“六藝”，實傳於道家之老子，不以名師，反名其弟子，亦未合於理也。故竊以謂儒教爲學士通稱，不能獨加于孔門之士而與八家並列。乃後世强謂儒爲孔子之道，（見《淮南子·俶真篇注》。）又謂能説一經者謂之儒生，（見《論衡·超奇篇》。）質諸孔門，何有是哉？道之爲物，大之足以彌綸天地，小之足以無間身心，精深廣大，不可方物；然亦道術之通稱，猶《孟子》所云若大路然；諸子百家，莫不苞涵大道者也；乃獨舉道家之名以目老莊之徒，則諸子百家皆非道耶？若云道者，指玄妙之道言。然道家所言，雖迹涉虚無不可端倪；而實皆檃括治平天下之旨。觀《漢志》道家首列伊尹、太公，而下及于管子，皆勳業爛然，聲垂後世，尤顯著易見者。是言雖玄妙，而道實非玄妙。即以玄妙爲道，則彼博大①平易，人當共由者，將何以名之耶？大抵命名道家之故，實由於老子之《道德經》，以首句之道字德字而得名，如《關雎》、《麟趾》之類。古人著書素有此體；非老子深意所在，無關宏旨者；乃掇取其書之半名而爲其一家之專號，恐非老子之所願。且老子書本名《道德經》，非名道經；與其掇其半名而曰道家，何如掇其全名而曰道德家之爲愈耶？縱横一家，僅蘇、張數人爲之，持其利口長舌，巧捷齊給，遊説于諸侯之庭，以獵一時之富貴。此在戰國之世，説士之風盛行，固足以驚人而動衆，而究無切實之學問，若儒、墨、名、法諸家，足以成一家言；不特其意在希榮取寵，異于古之行人之官；且誇誕無學，又與遠

① “大”原作“太”，今改正。

西之雄辯家相去絶遠也。況縱横者，一縱一横，迥不相侔；蓋蘇、張之術不同，宗旨各别，明爲二家，安可納於一家耶？雜家之學，兼儒、墨，合名、法，而兼取各家之長。大抵諸子之書，不能屬於各專家者，可以隸於雜家，此在學者分析學術之派别，以寓天下之群書；其于各有專家之名者，既各從其類；若夫既無專名，又不能附於各家之下，則不能不以雜家之名統括之；此誠爲不得已之苦心！（按近學者於分析事類或條舉約章，往往有列舉及總括之二法：其可以指數者既列舉於前，恐有罣漏則以凡字及其他字以總括於其後。九流之中有雜家，想其命名之故，理亦猶是。然如其説，則宜以雜家居九流之末，列於第九，其理始順。今班志列雜家於第八，反居農家之前者，亦未可解。豈以農家之學傳者甚微，不及雜家之盛，故列之於前耶？）然既曰雜，則並畜兼收，宗旨必不純一。古之名爲一家之學者，必有純一之宗旨以貫徹其初終。既雜矣，何家之可言？雜則非家；家則不雜；未可混而一之，既曰雜，又曰家，則不詞之甚！況雜家之學，出於議官；名之曰雜，與議官之意何涉？是則雜家之名，於理亦未當矣。凡玆之類，命名之意，均未有安。總之儒爲學士之通稱，非孔門所得獨有。道爲學問之總匯，非老莊所得自私。曰縱横，曰雜，又未得爲專家之名。然九流之名，其來已久；而儒、道二字又常見於秦漢以前之書；韓非子亦以儒墨並稱爲顯學；則劉、班二氏必有所承受。至若命名始於何人？其意又何在？則不可考而知也。

三十七、江山淵　論道家爲百家所從出

百家之學，俱源於史，上已詳述之矣。然則春秋、戰國以前，學在官而不在民。自史官失守，而百家之學，即聯鑣而齊起，並轡而交馳乎？非也。其起也有先後焉；有程式焉；有遞嬗相生之道焉。蓋言其末流，雖並轡聯鑣，各不相謀。而溯其初起之源，則實統於一。一者何？即道家，是也。道家者，上所以接史官之傳，下所以開百家之學者也。道家之學，較諸家爲最早；然所謂早者，非專指老子之時言之也。諸家之學，皆起於春秋、戰國之時。道家之學，則在春秋、戰國以前，而源於有史之初。夫史官之初設，所以製文字，掌文書。（按《周禮·天官》序官，史十有二人注史掌書者，又疏史主造文書也。）蓋立史官以製文字；文字既成，復專爲史官所司。然文字之興，肇於黃帝之世；（按製文字者爲倉頡，倉頡爲黃帝史臣。）而黃帝固爲道家之始祖。是時百學未興，道家即巋然以立。然則謂有史官，即有道家，可也。謂有文字，即有道家，亦無不可也。自是厥後爲人君者，皆以道家之術治天下。如堯之讓天下，舜之無爲而治，禹之節儉，湯之身爲犧牲，武王之大賚，皆深得道家之精意。即在下者，如巢許、務光之徒，敝屣天下，自樂其樂，亦默傳道家之遺風。其他著書立說以行於世者：如殷之伊尹，周之鬻子、太公，齊之管仲，皆盛行於一時。可見其學之盛，而其來已久！蓋自黃帝以後，老子以前，上下二千年，惟道家之學，扶輿磅礴，而無他家立足於其間。然則是時舍道家外，殆無學之可言矣！上古三代之世，學在官而不在民。草野之士，莫由登大雅之堂；惟老子世爲史官，得以掌數千年學庫之管鑰，而司其啟閉；故老子一出，遂盡洩天地之秘藏，集古今之大成！學者宗之，天下風靡。道家之學，遂普及於民間；即儒家書所載如長沮、桀溺、接輿、荷蕢、石門之倫，亦皆道家之徒。則其流行之盛，亦可想見。然是時諸家之學，尚未興也。道家之徒既衆，遂分途而趨，各得其師之一端，演而爲諸家之學；而九流之名以興焉。道家之學，無所不賅；徹上徹下，亦實亦虛；學之者不得其全，遂分爲數派：其得道家之玄虛一派者，爲名家，爲陰陽家，及後世之清談家、神仙符籙家。得道家之踐實一派者，爲儒家。得道家之刻忍一派者，爲法家。得道家之陰謀一派者，爲兵家，爲縱橫家。得道家之慈儉一派者，爲墨家。得道家之齊萬物、平貴賤一派者，爲農家。得道家之寓言一派者，爲小說家。傳道家之學而不純，更雜以諸家之說者爲雜家。是春秋、戰國之世，百家爭鳴，雖各張一幟，勢若水火；而其授受之淵源，實一一出於道家。諸子之書具在；間有散佚不存者，古籍亦載其遺說；其學之所自來，可按而尋也。道家之言，半涉玄虛。老、莊、列、文之書，皆寄想於無何有之鄉，游神於窵窅寥廓之地，眇然而莫得其朕。名家、陰陽家宗之。名家堅白異同之辯，以及"雞三足"、"卵有毛"之說，多涉虛想。陰陽家談天雕龍之術，亦虛言其理，不徵其數。（本章學誠說。）故惠施爲名家之鉅子，嘗問道於莊周。尹文子亦名家之學，劉向論其學本於黃老。此名家出於道家之證也。黃帝爲道家之祖；陰陽家亦有《黃帝泰素》二十篇。（劉向《別録》："或言韓公諸孫之所作，言陰陽五行以爲黃帝之道也，故曰《泰素》。"）南公本道家者流；陰陽家又有《南公》三十一篇。（考《史記·項羽本紀》：楚南公曰："楚雖三户，亡秦必楚也。"《正義》引《虞喜志》云：南公者道士，識興廢之數。按道士者言其爲道家之士，猶儒家之稱儒士也。）而道家小天地；鄒衍因推言九州爲小。此陰陽家出於道家之證也。蓋名家、陰陽家之學，皆本道家玄虛之說。而推求其故；或辨論其是非；或推詰其終始。然由前一派，又變爲晉之清談。由後一派，而後世之神仙符籙家，又依附其陰陽五行之説；蓋愈變而愈遠矣！道家之言，雖涉於虚，而其學實徵於實；小之足以保身；大之足以治國；故三代以前之文化，及西漢之治術，皆食道家之賜；此其已試之效，載於史乘，尤彰明而較著者。儒家以踐實爲務，以身體力行爲歸；其義即本於道家。《六經》爲道家所舊有。孔子曾問禮於老聃，奉之爲嚴師（見《史記》）；儒學脱胎於道家，無可諱言；故孔子竊比於老彭而有猶龍之歎。（按老子、老聃、老彭即一人，詳見下第十二章。）太公爲道家之鉅子；而《六韜》亦列於儒家。筦子明道家之用，其書有《内業》；儒家亦有《内業》十五篇。（按《漢志》儒家《内業》十五篇不知作書者。王應麟考證曰：筦子有《内業篇》，此書恐亦其類。）至若孟子痛闢楊墨，不遺餘力；而無一語及老子；此蓋淵源所自，不敢輕議其師也。此儒家出於道家之證也。道家之學，雖徵於實；然亦非守實而不知變。惟無爲而無不爲，必相時而後動；無躁進以希功；蓋道家之學，最善於忍者也，如老子所謂“名與身孰親”，所謂“功成而弗居”，所謂“功成名遂身退”，所謂“夫惟不争，故無尤”，所謂“無遺身殃，是謂襲常”，所謂“知足不辱，知止不殆”；大氐其學不好名，不尚賢，不貴難得之貨，不見可欲，非極善忍者，斷不能爲此！蓋道家既以善忍爲能事；而老子生當亂世，尤不敢放論以賈禍；故以忍辱爲高；此亦明哲保身之良法。然大凡能忍天下之所不能忍者，其心必極殘忍者也；故申、韓宗之，一變而爲刻薄寡恩之行，而法家於以立！（按忍有二義：一曰堅忍，一曰殘忍，大抵能堅忍者性多殘忍，性殘忍者亦善於堅忍，所謂怒者常情，笑者不可測也。清儒魏祥説黄老之後爲申、韓，曾本此理論之。其言曰：“忍者必陰性，陰者必毒。女子之爲質婉孌而多美，柔澤而善從，匿影閨房之中，勢氣不出壼閾。然一言而破國，一笑可以傾城，虺蛇潛於空洞，人或經年不見，出而螫人，則人必死。”其譬雖略失於苛，然亦確有至理。）故申不害、韓非之學，皆本於黄老（《史記》謂申子之學本於黄老而主刑名。韓子喜刑名法術而其歸本于黄老），太史公以老、莊、申、韓合傳，言“申、韓慘覈少恩，皆原於《道德》之意”。韓非著書，亦有《解老》、《喻老》之篇。《管子》一書，《漢志》列於道家；《隋志》以後，則入於法家。而《慎子》亦法家之徒；（按《漢志》法家有《慎子》四十二篇。）荀子謂其蔽於法而不知賢。(按不知賢即老子之不尚賢。)楊倞注亦謂:“其術本黄老,歸刑名,多明不尚賢不使能之道。”《太平御覽》引《慎子》云:“昔者天子手能衣而宰夫設服;足能行而相者導進;口能言而行人稱辭。”又云:“不瞽不聾,不能爲公。”此皆黄老清静無爲之旨。又道家有《鄭長者》一篇;班氏曰:“先韓子,韓子稱之。”今考韓非書,亦每引鄭長者之言,是可知法家諸人無一不本于黄老者;此法家出於道家之證也。道家善忍,忍則必陰;(本魏詳説。)故黄帝有《陰符經》。太公之謀亦曰《陰符》。後世之縱横家、兵家,皆由是出焉。《陰符經》爲言兵之書;後世兵家咸本其謀。蓋用兵之道,雖貴於正;而行兵之術,不妨出於奇;此兵家之學,所以權謀爲先。(按《漢志》兵家四類,首列權謀。)然道家沈機觀變,最精於謀;若施之于戰陳之間,天下遂莫與敵。如太公之言曰:“鷙鳥將擊,其勢必伏。至人將動,必有愚色。”此即兵家示敵以弱之術也。老子之言曰:“將欲翕之,必固張之。將欲奪之,必固與之。”此即兵家餌敵之策也。又曰:“知其雄,守其雌。”此即兵家知己知彼,百戰百勝之道也。又如老子曰:“天下皆謂吾大似不肖。”莊子曰:“呼我爲牛,則應之曰牛。呼我爲馬,則應之曰馬。”亦即范蠡“吾雖靦然人面,吾猶禽獸”之意也。(按蠡亦兵家,《漢志》有《范蠡》二篇。)大氐道家之術,最堅忍而陰鷙;兵家即師其術以用兵;故五兵戰法,始于道家之黄帝。太公爲道家之鉅子,而《漢志》道家有《太公》二百三十七篇,《謀》八十一篇,《言》七十一篇,《兵》八十五篇,皆言兵之書。(李靖曰:“謀所謂陰謀不可以言窮,言不可以兵窮,兵不可以財窮,此三門也。”)《史記·齊世家》亦云:“後世之言兵及周之陰權,皆宗太公爲本謀。”兵家有《范蠡》,今其書雖亡;而《國語·越語下》篇多載其語;吕祖謙謂其多與《管子·勢篇》相出入;則其學亦必出於道家之管子。他若《漢志》兵家所録《黄帝》十六篇,《太壹兵法》一篇,《地典》六篇,皆黄帝之書。(按《隋志》有《黄帝太壹兵曆》,即《太壹兵法》無疑。《帝王世紀》云:黄帝以風后配上台,天老配中台,五聖配下台,謂之三公。其餘知天規紀地典。則《地典》亦出於黄帝也。)班氏論兵陰陽,推《刑德》亦黄帝之術。(按《尉繚子·天官篇》:梁惠王問曰:黄帝《刑德》可以百勝,有之乎?對曰:刑以伐之,德以守之,所謂天官時日陰陽向背也,人事而已矣。則推《刑德》亦黄帝之術明甚。)又《封胡》

五篇，《風后》十三篇，《力牧》十五篇，《鬼谷區》三篇，《蚩尤》二篇，皆黄帝之臣，道家之流。（按《管子·五行篇》：黄帝得蚩尤而明於天道。則蚩尤亦黄帝臣也。蓋古代蚩尤有數人：有爲天子之蚩尤，如應劭謂蚩尤古天子，好五兵是也。有庶人之蚩尤，如臣瓚謂蚩尤庶人之貪者是也。有與黄帝戰之蚩尤，如《史記》言黄帝與蚩尤戰於涿鹿之野是也。有黄帝臣之蚩尤，如《管子》云云是也。考《史記·高帝紀》謂祠黄帝祭蚩尤於沛庭。又《隋志》有《黄帝蚩尤兵法》一卷。則《漢志》所言蚩尤，必黄帝之臣無疑。）至若道家所録，往往互見於兵家。《劉略》兵家更有伊尹、太公、管子、鶡冠子諸人。是道家者流，殆無不知兵者。此兵家出於道家之證也。若縱横家者，亦堅忍而陰鷙者也。縱横家以蘇、張爲最著。蘇秦受妻嫂之辱，張儀受館人之毆，而忍辱負恥，志不少衰；蓋其學亦出於《陰符經》。考蘇、張皆師鬼谷子。鬼谷子善陰謀，其書有《陰符》、《七術》及《揣摩》諸篇。《戰國策》亦言："蘇秦發書陳篋數十。得《太公》、《陰符》之謀，伏而誦之，簡練以爲揣摩。"是則縱横家之學，出於《陰符經》無疑。《史記》又言："鬼谷子長於養性治身。蘇秦、張儀師之，受縱横之事。其後秦、儀復往見；先生乃正席而坐，嚴顔而言，告二子以全身之道。"是即老子明哲保身之旨也。蘇、張既傳鬼谷之學，出而縱横捭闔，鼓其如簧之舌，而發爲違心之論，取功名富貴如拾芥。是亦老子翕張與奪之術也。縱横家又有《蒯子》五篇；考《漢書·蒯通傳》謂："論戰國時説士權變。"按所謂權變者，即權謀之謂。是可知縱横家之學，以權謀爲宗；與兵家同。此縱横家出於道家之證也。道家雖善忍，而仍以慈儉爲宗。老子之言曰："天下之寶三：一曰慈。二曰儉。三曰不爲天下先。"《道德》五千言，可以此三者楢之。其曰："不爲天下先。"楊朱之學所從出也。其曰"慈"，曰"儉"，墨翟之學所從出也。墨子得道家之慈，故有《兼愛》之篇；得道家之儉，故有《節用》、《節葬》之篇。惟其慈，故不嗜殺人。老子曰："以道佐人主者，不以兵强天下。"又曰："天下有道，却走馬以糞。天下無道，戎馬生於郊。"此即墨子《非攻》之旨也。（按惟慈故能勇，墨子爲宋守，其服役者百八十人，可使赴湯踏刃，蓋人能以慈，故人樂爲之效死也。此派後世任俠之墨宗之。）亦惟儉，故不尚奇巧。老子曰："人多技巧，奇物滋起。"此即墨子《經説》之旨也。雖其他不能盡同。老子欲棄義；墨子則有《貴義篇》。老子欲不尚賢；墨子則有《尚賢篇》。此則正言若反，相反而實相成。蓋墨子之學，雖本於道家，亦採於儒學。故《淮南子·要略訓》稱："墨子學儒者之業，受孔子之術。"其與老子之説相背者，皆採於儒家者也。汪中謂："墨學出於史佚、史角。"史佚、史角皆史官，與老子之爲柱下史同。其出於史佚、史角，即出於道家也。《莊子·天下篇》論列諸家，首舉墨子而言；雖譏其道過於觳；然終美之曰："墨子，真天下之好也！將求之不得也！雖枯槁不舍也！才士也！"莊子於諸子之學，多所呰毀；獨於關尹、老聃無毀辭；尹、聃之外，於墨子亦譽之者多；與對於惠施諸人辭調大異；蓋以其同出於老氏也。楊朱亦道家别派；故孟子書以楊、墨並稱。大抵楊氏偏於爲我；墨氏偏於爲人；皆得道家之一偏；故莊子雖譽之而亦略有所譏。然墨子之所得，亦實較諸子爲最多也。此墨家出於道家之證也。道家之學，既以慈儉爲宗。儉則自食其力；慈則視物我爲一體；此其道，農家宗之。農家之書，今已盡佚，無從考見；惟據孟子所載許行之言，可略得其梗概。大抵農家之學，力苦以自食，使天下無逸民；且盡君臣並耕，盡去上下之序；蓋慨戰國之世，君權過重，荒淫酣嬉，而民受其虐；故發爲此匡救之論。（按農家專重論理，非泛言種植農藝之事，與後世之農家迥别。）亦即道家絶去禮法，平上下尊卑之序，使萬物得其大齊之旨也。故亢倉子爲道家者流；而其書亦有《農道之篇》。農家有《神農》二十篇。（按《氾勝之書》，亦引神農之教。）管子爲道家，亦引《神農之教》曰："一穀不登減一穀，穀之法十倍。"《吕氏春秋》，道家兼雜家言；亦引《神農之教》曰："士有當年而不耕者，則天下或受其饑。女有當年而不績者，則天下或受其寒。"是亦農家均勞逸之旨也。此農家出於道家之證也。道家之學，既包羅萬有；識大識小，罔不賅備；然生於亂世，不敢放言高論以招當世之忌。故莊、列著書，寓言居半；或借人借事以寫意，或并其人其事而無之。小説家本之，因以掇拾瑣聞，藉以風世。（按小説家雖在九流之外，不能與諸子並；然《班志》仍列于諸子略，想亦當爲一時之尚也。）故《漢志》小説家有《黄帝説》四篇，《伊尹説》二十七篇，《鬻子説》十九篇；而黄帝爲道家之祖；伊尹、鬻子亦皆道家者流；雖其書爲後人依託，然其言必近於道家無疑。考《史記·殷本紀》載伊尹從湯言素王及九主之事。《伊尹説》所載，亦必其事，（故王應麟《藝文志考證》，即引此以爲證。）然劉向《別録》云：“九主者：有法君、專君、授君、勞君、寄君、等君、破君、國君、三歲任君凡九品。”（按其言甚奇，頗有合於今日君主民主之制。）其言絶與道家相類。又有《宋子》十八篇；班氏曰：“其言黄老意。”《莊子・天下篇》曰：“不累於俗，不飾於物，不苟於人，不忮於衆，願天下之安寧以活民命；人我之養畢足而止。以此白心，古之道術有在於是者；宋鈃、尹文聞其風而悦之”云云。蓋即隱合道家之旨。（按尹文子雖列名家，劉向亦言其學本於黄老。）荀子引宋子曰：“明見侮之不辱，使人不鬬。”（按莊子亦云宋鈃、尹文見侮不辱，救民之鬬。）又曰：“人之情欲寡，而皆以己之情欲爲多；是過也。”皆純然道家之言。又有《務成子》十一篇；荀子謂“舜學於務成昭”，當即其人。楊倞注：“尸子曰：‘務成昭之教舜曰：避天下之逆。從天下之順；天下不足取。避天下之順，從天下之逆；天下不足先。’”其言亦與道家相符契。又有《待詔臣安成未央術》一篇；應劭曰：“道家也；好養生術，爲未央之術。”又有《待詔臣饒心術》二十五篇；（劉向《別録》云：饒齊人也，不知其姓，武帝時待詔，作書名曰《心術》。）以心術名書，似非閭里小知者之所及。當亦道家之言。又有《青史子》五十七篇；班氏曰：“古史官記事也。”則亦與道家出於史官同。他若《封禪方説》十八篇，爲武帝時之書；（見《班注》。）其時方士最盛，争言封禪事；則此書當爲方士所作，而冒稱道家之支流者。此小説家出於道家之證也。然以上諸家，皆道家之支流也，亦皆得道家之一偏者也。其有得道家之正傳，而所得亦較諸家爲多者，曰雜家。惟其學雖本於道家，而亦旁通博綜，更兼采儒、墨、名、法之説。故世名之曰雜家。此不過采諸家之説以濬其流，以見王道之無不貫；而其歸宿固仍在道家也。雜家之書，最著者爲《吕氏春秋》。其書有《八覽》、《六論》、《十二紀》之稱，雖由門下士雜纂而成；而其《八覽》、《六論》實采於黄老；又以有《十二紀》以紀歲時，故名曰《春秋》；而《春秋》之名，亦本於道家所世傳之史。次若《淮南子》亦半近道家之言。淮南王安本喜黄老之學，其書分内外篇；顔師古曰：“内篇論道；外篇雜説。”所謂論道者，蓋論道家之道也。又次如《鶡冠子》，《漢志》列於道家，後世則列於雜家；今其書猶存；韓愈謂其詞雜黄老、刑名；宋濂亦云：“所謂天用四時，地用五行，天子執事以守中央；此亦黄老之至言；蓋其學實道家而兼雜家言者也。”又次如《尸子》；《穀梁傳》論舞夏，引尸子言，謂：“自天子至諸侯皆用八佾。”則尸子必長於禮；然禮亦道家之所守也。（故孔子問禮於老聃。）《後漢書注》謂：“尸佼作書二十篇；内十九篇陳道德仁義之紀。”所謂道德者，當即老子《道德經》之旨，而以道德仁義爲次；亦老子“失道而後德，失德而後仁，失仁而後義”之意也。他若《孔甲》、《盤盂》，班氏列雜家之首；而孔甲爲黄帝之史。考蔡邕銘論謂：“黄帝有巾機之法，孔甲有《盤盂》之戒。”則其書與道家所録之《黄帝銘》六篇，大旨相同。此可見凡雜家之學，皆以道家爲本，而兼采於諸家。此又雜家出於道家之證也。然則道家之學，爲百家所從出；溯源尋本，厥理最明；雖爲余一人之創言，而實非余一人之誣語。惟其中以儒、法、名、墨、雜、兵諸家所得於道家爲最多；故其傳獨盛。陰陽、縱横、農、小説諸家所得於道家爲略少；故其傳亦甚微。故雖同出於道家而有盛衰之别；由於其所得之多少而分；亦猶同在孔門而有登堂入室之不同；不足怪也！大氐古今學術之分合，以老子爲一大關鍵。老子以前，學傳於官；故只有道家而無它家，其學定於一尊。老子始官而終隱，學始傳於弟子；故由道家散爲諸家，而成爲九流之派别。是老子爲當時諸家之大師；或親受業於其門，或轉輾相授，故諸子著書每多攻擊，而罕有詆及老子之言；則不敢背本忘師之故。惟同一大師，而弟子則異派，則由於本其師説而附益以己見，遂致殊途；亦猶儒分爲八，墨分爲三，不足怪也。同一大師，而弟子則操戈於同室；則由於各務求其説之勝，遂至於交攻；亦猶同出孔門而有孟、荀之相非；亦無足怪也。或疑道家既爲諸家之大師，何以諸子之學，有與道家絶異者？然椎輪爲大輅之始；大輅寧有椎輪之質！增冰爲積水所成；積水曾微增冰之凜！（語本昭明太子，見《文選序》。）諸子各因師以明道，非屈道以徇師。遠西哲學家有言曰：“吾愛吾師，吾尤愛真理。”故諸子雖出於道家，亦不能與道家盡同；亦猶曾子之有吴起；墨子之有墨者夷之。即老、莊同爲道家，而其學亦略異；無足怪也！或又疑道家既爲諸子之大師；何以諸子之學，有軼過於道家者？又何以道家之傳，後世殆絶；而儒家爲道家所出，反歷千萬禩而不衰耶？此則自來學術之傳授，均以後來者居上。前人發其端，其力難。後人揚其緒，其力易。故荀子之言曰：“青出於藍而勝於藍。冰成於水而寒于水。”亦猶鄭玄之經傳於馬融，而鄭之學則優於馬；亦無足怪也。是可見老子以前，道家獨盛。老子以後，百家朋興。而諸子之學，雖支分派别，源遠流歧；而溯其授受之淵源，咸萌芽於道家；實瞭然無可疑。故司馬談論六家要旨，首推道家。司馬遷撰《史記》先黄老而後六經；蓋溯其學術所自來，而不能强爲倒置也。乃班固則反詆其是非謬於聖人；韓愈之徒，更力闢老氏而深非其吾師弟子之言；下至宋儒，又咸以老子爲異端，詆之不遺餘力。抑何未之深思，數典而自忘其祖耶？

（中華書局，1924年7月再版）

校訂後記

上世紀20年代初，在北大國學門與“古史辨派”的共同推動下，“整理國故”運動迅速高漲。作爲傳統文化研究與傳承的重鎮，全國各大學文科紛紛成立國學研究機構，影響所及，甚至連大學入學考試也常有國學知識之測驗，且考題逐年增加。教育部遂鼓勵當時的高級中學開設“國學概論”課程，但必修選修隨意，也沒有指定統一教材，直到1922年11月新學制（即“壬戌學制”）課程頒佈，這門課才最終得以確立。《國學必讀》即是錢基博先生爲普及國學常識而編選的一部中學教科書，由上海中華書局出版。它自民國十三年（1924年）四月付印問世以來，流傳江南各校，深得高級中學普通科和師範科師生的歡迎，影響非常廣泛。

其實，當年的“國學運動”，類似現在所謂的“國學熱”。只不過彼“熱”非此“熱”，各有各的“情勢”，各有各的“熱”法而已。不過，時過境遷，在“國學熱”經由電視講壇進入百姓視野、傳統文化過度娛樂化而國學常識極度匱乏的當下，聽聽昨天的那些國學運動宣導者們怎麼説，是一種補課，更是一種參照。然而，在我們這個“主編”滿街走、選本漫天飛的時代，要找到一本合適的國學選本并不容易。因爲選本所顯示的，往往并非作者的特色，倒是選者的學養和眼光，就此而論，《國學必讀》無疑是一部值得推介和認真研究的經典選本。

《國學必讀》分上下兩册，上册爲“文學通論”，凡收録三十七家文章四十四篇，雜記七十五則，目的是使學生“讀之而古今文章之利病，可以析焉”；下册爲“國故概論”，凡收録二十家文章三十六篇，雜記三則，目的亦是使學生“讀之而古今學術之源流於是備焉”。

爲什麼要這樣編排呢？錢先生解釋説：“先之以文學通論者，曾滌生有言：‘古聖觀天地之文，獸迒鳥跡而作書契，於是乎有文。文與文相生而爲字，字與字相續而成句，句與句相續而成篇，……古聖之精神語笑，胥寓於此。差若毫釐，謬以千里；詞氣之緩急，韻味之厚薄，屬文者一不慎則規模立變，讀書者一不慎則鹵莽無知！’故知舍文學無以通國學之郵矣。題之曰國學必讀，而不曰國文者，蓋國文不過國學之一，而國學可以賅國文言之也；曰必讀，謂非籀讀此編，觀其會通，未足與語於國學也。”由此可知，錢先生編選此書的真實目的，在辨章學術，牖啓途轍。他雖然把“國學”類分爲通論、經學、小學、史學、子學、文學六部分，其中國文（文學）不過國學之一，但是文學可以“通國學之郵”，是治國學的基礎，故單獨拈出，作爲上册。他同時還指出，這些選文又是“必讀”的，“非籀讀此編，觀其會通，未足與語於國學也”。

《國學必讀》選文是非常精粹的。因爲中學生基礎有限，要學的東西又太多了，如果不善於引導，所選文章要麼艱澀而阻進學之途，要麼東抓一把，西抓一把，漫無系統，效果未必就好。所以，選文過程中既要考慮知識系統的合理搭配，又要考慮中學生的實際需求，深入淺出，才能學有所成。

選文上起三國魏，下至民國，有一千七百年的時間跨度，各個時代（除元朝）都有文章入選，而又突出了清代和民國的作品。前者在上册入選二十三篇，雜記六十四則，占十分之五六，在下册比重驟降，只入選六篇，雜記三則，還不到十分之二。后者在上册入選十五篇，占十分之三，在下册比重猛增，入選二十九篇，占十分之七八。我個人以爲，錢先生這樣處理是恰當的。傳統的經、史、子、集四部之學，在清代大都獲得了長足發展，取得過驕人的成績，尤其是古典詩文到了清代，體裁和風格已經非常完善和成熟，而對古典詩文的精細研究，尤以桐城派諸大家爲翹楚。所以研究文學，不可抹煞清代學術的既有成果。進入民國後，隨著儒學式微，歐化之風漸强，經學日益被邊緣化，直至消亡。史學則“借屍還魂”，出現了一種畸形的繁榮局面，在西方學術體系無情的衝擊下，子學的下場最爲悲慘，不僅名號被消解了，而且不得不按哲學史、思想史、學術史等西學範式進行分科改造，削足適履，面目全非，完全喪失了自身的中國特色。與子學比較而言，集部之學的遭遇也不見得好多少，一變而爲白話文學，再變而爲革命文學，損失的不僅僅是古典文學這座“半壁江山”。遥想當年，陳獨秀、胡適等人借助“新文化運動”這面大旗，白話文運動先行，繼而提倡新詩、白話小説、平民文學等——“你方唱罷我登場”——“文學革命”干得真是轟轟烈烈。到了1920年，除了全國各大報刊改用白話之外，教育部又頒令初小“國文”科改爲“國語”科，白話文學如願以償取得了“文學正統”的地位。而“整理國故”運動，實際上更多偏重於史學。可以说，編選者對選文的斟酌取舍，客觀反映了清代至民國學術發展的特點和發展走向。

上册“文學通論”略分爲古代文論和現代文論兩部分。

一、古代文論：收録二十一家文章共三十三篇，均取材於書牘、筆記、序跋、論説，甄選極精，目的在于辨章集部之源流正變。比如録清章學誠《文集》、惲敬《大雲山房文稿二集叙録》，意在闡明集部之緣起；録梁昭明太子《文選序》、清李兆洛《駢體文鈔序》、阮元《文言説》、方苞《古文約選序例》，則旨在究明文集類次之體要而窮其流變；録清劉大櫆《論文偶記》五則、姚鼐《復魯絜非論文分陰柔陽剛書》，以辨析音節之高下疏密和文氣之陰柔陽剛。選文短小，讀起來方便，消化起來也容易。哪怕片言隻語，亦足以抉發文心，讓初學者受益無窮。

二、現代文論：收録十五家文章共十九篇。首先，選録了一組有關翻譯名詞的討論文章，分别爲清吴汝綸《與嚴幾道論譯西書書》、嚴復《譯〈天演論〉例言》、胡以魯《論譯名》、容伯挺《致〈甲寅〉記者論譯名》和章士釗《答容挺公論譯名》。1914年11月，以章士釗、胡以魯、容伯挺、朱自清等人爲代表，掀起了一場“譯名大討論”。上列後三篇文章，反映的就是這場翻譯史上著名的大辯論。它不僅奠定了中國翻譯理論的基本格局，而且對此後現代漢語的發展，也產生了深遠的影響。其次，作爲新文化運動的重要組成部分之一，“文學革命”的實績不容回避。選文以梁啓超《中學以上作文教學法》開篇，有的放矢，便於初學。繼之以胡適《談新詩》和《論短篇小説》二文，論及歐化的白話文、新詩、短篇小説。在理論探討方面，胡適《文學改良芻議》與胡先驌《中國文學改良論》，胡懷琛《新派詩説》與蔡達《詩之研究》，可以看作二組具有論戰性質的文章。論戰雙方雖略帶意氣，但各抒己見，態度還算客觀公允。最後，輯録了一組通論性質的文章，涉及學科建設，分别爲國語文法、修辭學、文學批評等，共同構成了二十世紀文學研究現代化進程的一份證言。

下册“國故概論”，分别按通論、經學、小學、史學、子學來進行輯録。這可以看作錢先生“國學”分類思想的最早表述。但“通論”不能名學，再加上單獨成册的“文學概論”，似乎可成爲國學的五分法。1926 年，錢基博先生編撰《國學文選類纂》時，則將“國學”明確分爲六類：“曰小學之部，曰經學之部，曰子學之部，曰史學之部，曰文學之部，曰校讎目録之部”①；不僅延續了五分法的類目，而且還增加了“校讎目録學”，故可稱爲國學的六分法。讓人心生疑問的是，兩種國學分類思想，哪一種才是錢先生的成熟看法呢？如果五分法僅僅是考慮到中學生初涉國學殿堂，對於他們來説，校讎目録之學又實在是過於艱澀了，所以才決定不選這類的文章。那麽，矛盾自然也就不成立了。如果不然，是不是可以這樣理解：錢先生對國學分類的認識，也有一個逐步深化的過程。以下按通論、經學、小學、史學、子學五部分，分别予以簡要的介紹：

一、通論：收録十家文章共十二篇，分别爲夏曾佑《孔子學説》、梁啓超《治國學的兩條大路》、章炳麟《中國文學的根源和近代學問的發達》、《教育的根本要從自國自心發出來》、胡適《清代學者的治學方法》、《研究

① 1925 年 4 月，錢先生在《新教育》雜誌第十卷第三期上，發表《“古書治要”之教材舉例》一文，將“古書治要”（即校讎學）課程之教材分爲六類：曰小學源流，曰經部源流，曰子部源流，曰史部源流，曰集部源流，曰古書源流。他對第六類“古書源流”的解釋是：而終之以“古書源流”，則所以觀其會通明其關係，而“辨古書部次類例之大凡”者也。此與《國學文選類纂》的國學分類并不矛盾。

國故的方法》、劉文典《怎樣叫做中西學術之溝通》、陳嘉異《東方文化與吾人之大任》、陳啓天《中國古代名學論略》、樊炳清《最近二十年間中國舊學之進步》、江亢虎《中國文化及於西方之影響》、錢基博《某社存古小學教學意見書》，都是通論性質的文章。這些選文内容豐富，涉及國學的方方面面，比如：道、儒、墨三家學術之介紹，治國學的方法，學習國學的意義，中國古代名學概論，中西文化之溝通與互補，小學生閲讀傳統文化典籍之次第等等，都是中學生學習國學所“必讀”的。錢先生對此意趣最濃，所輯篇目也最多。

二、經學：收録六家文章共六篇，以辨章經學之源流，爲有志於經學的後來者指明了一條以貫通古今之法治經的門徑。首録唐陸德明《經典釋文叙録》，叙《六經》及《孝經》、《論語》在先秦至兩漢之間的授受傳承，示經今古文學之顯隱。錢先生一貫認爲：“通經之法，要在明經傳之别，通今古之殊。”[①] 據此，他又輯録了清龔自珍《六經正名》，以考證經傳的沿革，復録魏源《兩漢經師今古文家法考序》，以明今古文家法之分殊及其學術流變，次録胡培翬《詁經文鈔序》、陳壽祺《經郛條例》二文，叙述清儒治經的方法，以求“開設户牖，啓示途轍”[②]，真正发挥了目録爲學術研究導航的作用。末録錢基博《師範學校讀經科教授進程説明書》，詳細闡發江蘇省立第三師範學校開設讀經課程之旨趣，爲研讀經學的中學生打開了一扇窗户。作者指出：“師範學校之讀經，其旨趣與大學文科之治經不同。蓋大學文科治經之所以，在講學，在董理國故。而師範學校之讀經，則重經世，重修養人格。”

三、小學：收録七家文章共八篇。小學是“審形聲，明訓詁”之學，所以錢先生輯録“國故概論”時將小學單列爲一類。而讀古經古書，必先識古字。識古字之形，曉古語之聲，方能解古書之義。字類定於形，字義生於聲。知古字之形聲，才可辨今字形聲之正誤。因此，形聲乃識字之本。故而輯録了清錢大昕《十駕齋養新録·論古書音讀》三則、陳壽祺《漢讀舉例》，用以辨小學之音讀；録江謙《古今音異讀表序》、金可莊《聲音學

① 《國學文選類纂·乙集叙目》，商務印書館 1931 年 5 月版，第 2 頁。
② 《國學文選類纂·乙集叙目》，商務印書館 1931 年 5 月版，第 2 頁。

聽講録》，章炳麟《古音娘日二紐歸泥説》，揭示了中國古音的演變過程。衆所周知，古音學的全盛期是清朝，雖然清代學者確認了先秦古音與後代語音并不相同，但對古音的聲母問題，却很少論列；其間只有錢大昕做過專門研究，論定古無輕唇音與舌上音。章炳麟進一步論證古代“娘”、“日”二聲母歸於泥纽，確定古代聲母爲二十一個，從而推進了古音學的研究。録梁啓超《從發音上研究中國文字之源》，文中列出了許多説明“音近義通”的例證，從古語音之原以求古文字之原。録章炳麟《中國文字略説》，闡明文字學的內涵和流變。末録錢基博《吴江沈潁若先生〈文字源流〉後序》，以英文與中文進行比較研究，説明中西文字之“形聲雖殊”，而“所以爲傳達言語之具者實同”，則擴展了研讀小學的路徑。小學的學術流變一目了然，學者可循此脈絡上下求索。

四、史學：收録三家文章共四篇。首録清龔自珍《古史鈎沉論二》，所以探古史之源頭。次録梁啓超《五千年史勢鳥瞰》和《歷史統計學》二文：前者介紹了一種研究中國文化史的新方法——歷史地理學，來説明地理環境“不徒在物的方面，而兼及心的方面，往往因地理影響，形成民族特别性格。而此種性格，遞代遺傳，旋爲歷史上主要之原動力……故治史者於地理之背景，終不能蔑視也”。後者則介紹了另一種研究中國史的新方法——歷史統計學，1922 年，梁啓超首次提出“歷史統計學”的概念，這使他成爲中國本土最早宣導歷史統計學的史學家。而且，他還身體力行，在歷史文化地理和佛教史等領域的研究中卓有成效地加以運用，同時又提出了許多研究的設想。梁啓超對歷史地理學和歷史統計學的宣導與實踐，對二十世紀史學界産生了巨大的影響，使得這兩門新興學科的運用幾乎成了一種學術時尚。儘管人們對其評價并不完全一致，如今重讀舊文，仍給予我們許多啓迪。末録柳詒徵《正史之史料》。此文發表於 1923 年 3 月的《史地學報》，正值“疑古思潮”風發泉涌之時，柳詒徵不僅考察了正史之前、一家所撰史書、衆手所修史書等三類史料的來源，而且對疑古派治史學的方法與某些偏頗的結論表示了懷疑，并率直地提出了批評：“要之史書無一事無來歷，其小有出入，乃一時之疏，非故意以誤後人，不得執一以疑其百也。今不務考其本源，而憑空言出私見，冀以補其遺而正其訛，吾不知其可也。”

五、子學：收録五家文章共七篇。讀子部之書，不可不知諸子之起源與派别以探究其學術流變。首録夏曾佑《周秦之際之學派》、章炳麟《論諸子的大概》，究明諸子學之所自起。晚清以來，西學東漸，墨學中興，諸子學因之風靡一時，後生小子，惟新是鶩，聲氣標榜，無不奉胡適《諸子不出於王官論》以爲圭臬。作爲《中國哲學史大綱》之骨架的“諸子不出於王官論”，是胡適的一大創見。此學説的建立，根於“進化論”的觀念，借助了晚清經今文家説和杜威式的實用主義，推翻舊説而取代之，從而開創了關於諸子學起源的自由解釋之風氣，對二十世紀二三十年代史學界中的“疑古”、“釋古”、“信古”各派均有深遠影響，并最終導致傳統文化式微，經學一變而爲子學之附庸，最終又使子學成爲“中國哲學史”、“中國思想史”。面對時賢好爲疑古，不思“綜貫史志”，但執己見，坐儒家以萬惡之名，學術之跡因以不明，柳詒徵發表了《論近人講諸子學者之失》一文，針砭時弊，逐一辯駁。文末略云：“吾爲此論，非好與諸氏辯難。只以今之學者不肯潛心讀書，而又喜聞新説；根柢本自淺薄，一聞諸氏之言，便奉爲枕中鴻寶，非儒謗古，大言不慚；則國學淪胥，實諸氏之過也。諸氏自有其所長，故亦當世之學者。第下筆不慎，習於詆訶。其書流布人間，幾使人人養成山膏之習；故不得不引繩披根以箴其失。至於所言之淺俚，故不值海内鴻博者一哂也。”後來者眼明，庶幾不負柳先生的良苦用心。末録江山淵《論子部之沿革興廢》、《論九流之名稱》、《論道家爲百家所從出》三文，以闡明九流十家之分殊和流變，以及道家“上接史官之傳，下開百家之學”的特殊地位。

不過，《國學必讀》也有個别類目的選文不盡如人意。比如“小學”部分的選文，就過於偏重音韻學而疏於文字學、訓詁學方面的内容。好在《國學必讀》出版後不久，錢基博先生就意識到了這個問題。故而他編撰《國學文選類纂》一書時，特地有針對性地調整文字、音韻、訓詁三部分選文的比例，彌補了缺憾。所以，《國學必讀》與《國學文選類纂》相爲表裏，對讀最佳。

與許多民國選本一樣，本書也有一個“作者録”，置於分册目録之前，言簡意賅，恰似一篇篇精彩的作者小傳，頗具特色。比如李兆洛條曰：“時論盛推方、姚，崇散行而薄駢偶，崇八家而輕六朝。而申耆則以爲唐宋作者，無不導源漢魏；漢魏之駢偶，實唐宋散行之祖；輯《駢體文鈔》七十一卷，以當桐城姚氏之《古文辭類纂》。於是陽湖派别張一軍，與桐城抗顔行矣!”筆勢雄健，意氣淩雲。再比如章炳麟條曰：“其治小學，以音韻爲骨幹。謂文字先有聲，然後有形；字之創造及其孳乳，皆以音衍。其精義多先儒所未發。”評騭精當，讚賞之意溢於言表。又曰：“雖然章氏謹守家法，而門户之見，時不能免。如治小學排斥鐘鼎文、龜甲文；治經學排斥今文派。”錢先生秉承史家傳統，不替賢者生者諱，直斥章氏治學之非。又比如柳詒徵條曰：“而柳氏不徇衆好，獨以爲古人古書不可輕疑。章氏比之‘鳳鳴高岡’。其爲人美須髯，善譚議。治中國史學尤精洽，採摭極博，而議論有裁斷。”寥寥數語，就將柳先生爲人爲學之風格神采，刻畫無遺，栩栩如在目前。

此次重印《國學必讀》，乃根據中華書局民國十三年（1924 年）七月再版本進行點校整理。點校時，鑒於民國時期著述通例，只對小部分標點做了改動，至於句中明顯的錯、訛、衍、脱等文字，則用注脚予以簡要説明；翻譯名詞一仍其舊，惟對那些與今日通行譯法有明顯差異者，則用注脚予以標明；而書中引文非不通處，概不訂正，以見原貌。結構方面，自然把繁體豎排版改爲繁體横排版，上下分册一仍其舊，并按出版社的要求，將分别位於上下册的“目録”、“作者録”和“作者待訪録”都收歸一處。其中，“作者録”按出生先後排序，内容也有少量合并；“作者待訪録”中六人之簡歷，由校訂者據網路資料撰寫，詳見各自篇題注脚；惟金可莊之生平史料，尚付闕如，敬乞海内知者有以教我。

辛卯秋日傅宏星謹識
於湖南科技學院國學研究所